普通高等学校应用型教材

·会计·

税务会计

（第5版）

TAX ACCOUNTING

主　编◎梁文涛
副主编◎苏　杉　张清亮

中国人民大学出版社
·北京·

图书在版编目（CIP）数据

税务会计/梁文涛主编. --5版. --北京：中国人民大学出版社，2023.1
普通高等学校应用型教材. 会计
ISBN 978-7-300-31216-3

Ⅰ. ①税… Ⅱ. ①梁… Ⅲ. ①税务会计-高等学校-教材 Ⅳ. ①F810.62

中国版本图书馆 CIP 数据核字（2022）第 205746 号

普通高等学校应用型教材·会计
税务会计（第5版）
主　编　梁文涛
副主编　苏　杉　张清亮
Shuiwu Kuaiji

出版发行	中国人民大学出版社		
社　　址	北京中关村大街31号	邮政编码	100080
电　　话	010－62511242（总编室）		010－62511770（质管部）
	010－82501766（邮购部）		010－62514148（门市部）
	010－62515195（发行公司）		010－62515275（盗版举报）
网　　址	http://www.crup.com.cn		
经　　销	新华书店		
印　　刷	北京七色印务有限公司	版　　次	2018年1月第1版
开　　本	787mm×1092mm　1/16		2023年1月第5版
印　　张	29.5 插页 1	印　　次	2024年5月第4次印刷
字　　数	626 000	定　　价	64.00元

前　言

“税务会计”课程是应用型院校财经专业的一门专业核心课，服务于会计专业人才培养目标，培养具有一定税务会计实务操作能力的应用型人才。本课程坚持“理实一体、学做合一”，以涉税岗位能力的培养为主线，直接为培养学生从事税务会计工作应具备的纳税计算能力、税务会计核算能力和纳税申报能力服务。

《税务会计》（第5版）配备《〈税务会计（第5版）〉习题集》（这两本教材统称为“本套教材”）。《税务会计》（第5版）（简称“本教材”）的内容包括税务会计总论、增值税会计、消费税会计、企业所得税会计、个人所得税会计、其他税种会计（上）、其他税种会计（下）共七章。为培养高端应用型税务会计人才，本教材从“工作引例”“情境引例”“工作实例”等方面对税务会计实例进行分析与操作，主要讲授企业税务会计实际工作所必需的各税种的计算、会计核算和纳税申报等问题，突出税务会计的实用性和应用性，让学生在学习税务会计理论知识的同时，提升税务会计的实践和应用能力。“税务会计”课程的前置课程为“税法”，后续课程为“纳税筹划”，读者可以同时选用本套教材的作者在中国人民大学出版社出版的《税法》（第6版）、《〈税法（第6版）〉习题集》、《纳税筹划》（第6版）和《〈纳税筹划（第6版）〉习题集》教材。

本套教材在借鉴大量优秀前期成果的基础上，结合作者对税法理论与实践的认识编写而成，具有以下特色。

1. 落实立德树人，实施课程思政

为落实立德树人、实施课程思政，本教材在每章开头设置“素养提升”。任课教师在讲解教材具体内容时，可以参照“素养提升”的思路来体现课程思政。

根据《财政部关于印发〈会计人员职业道德规范〉的通知》（财会〔2023〕1号），为贯彻落实党中央、国务院关于加强社会信用体系建设的决策部署，推进会计诚信体系建设，提高会计人员职业道德水平，根据《中华人民共和国会计法》、《会计基础工作规范》，财政部研究制定了《会计人员职业道德规范》。根据《会计人员职业道德规范》，将新时代会计人员职业道德要求总结提炼为三条核心表述，即：（1）坚持诚信，守法奉公；（2）坚持准则，守责敬业；（3）坚持学习，守正创新。

学习本套教材，要求学生提升会计职业道德修养。通过“坚持诚信，守法奉公”要求学生在未来税务会计工作中符合自律要求，通过“坚持准则，守责敬业”要求学生在未来税务会计工作中符合履职要求，通过“坚持学习，守正创新”要求学生在未来税务会计工作中符合发展要求。

2. 案例经典、丰富，实用性和应用性强

本教材在讲授税务会计理论知识的基础上，更加注重税务会计的实用性和应用性，着重培养学生的应用和实践能力。全书从作者多年归纳整理的税务会计实例和疑难问题中，选取 200 多个有代表性的税务会计实例和疑难问题，通过“工作引例”“情境引例”“工作实例”等方式融入教材中。通过对这 200 多个税务会计实例和疑难问题的解析，让学生较好地把握税务会计的精髓和思想。

3. 编写体例、形式和内容适合应用型人才培养特点

本套教材强调“理实一体、学做合一”，更加突出实践性，力求实现情境化教学。教材编写形式和内容适合应用型人才培养特点。

本教材每章开头设置“能力目标”，让学生首先能够明确本章的学习目标。在每章具体学习之前设置“工作引例”，在每节具体学习之前设置“情境引例”，激发学生的学习兴趣。在税务会计知识的讲授过程中，一方面设置“点拨指导”“特别提示”“归纳总结”“知识链接”等模块，再次激发学生的学习兴趣；另一方面融入税务会计实例，通过“工作实例”“工作要求”“工作实施”对税务会计实例进行分析与操作，让学生体验案例学习的趣味，又一次激发学生的学习兴趣。在每章的最后设置“技能训练”“实战演练”，并配备单独的《〈税务会计（第 5 版）〉习题集》，设置“技能训练”（含单项选择题、多项选择题、判断题、业务题、综合题共 5 种题型）和“实战演练”，让学生通过训练和实战进一步理解和掌握所学知识。

4. 按照新企业会计准则、新税法编写，体现最新的全面营改增、深化增值税改革有关政策（含 13%和 9%的增值税新税率）和个人所得税法等内容

本教材本次加印根据截稿之日（2023 年 5 月 21 日）的最新会计和税收政策编写，在以后加印、修订或再版时，都将根据最新会计和税收政策及时修正和完善并在配套课件中同步体现。本次再版教材根据最新企业会计准则、财会〔2016〕22 号文件、全面营改增税收政策、自 2022 年 7 月 1 日起施行的《中华人民共和国印花税法》、自 2021 年 9 月 1 日起施行的《中华人民共和国城市维护建设税法》、自 2021 年 9 月 1 日起施行的《中华人民共和国契税法》、自 2020 年 9 月 1 日起施行的《中华人民共和国资源税法》、自 2019 年 7 月 1 日起施行的《中华人民共和国车辆购置税法》、自 2019 年 4 月 1 日起执行的深化增值税改革有关政策（含 13%和 9%的增值税新税率），以及自 2019 年 1 月 1 日起正式施行的《中华人民共和国个人所得税法》、《中华人民共和国个人所得税法实施条例》和《个人所得税专项附加扣除暂行办法》等最新税收政策进行编写。同时，本教材根据《国家税务总局关于简并税费申报有关事项的公告》（国家税务总局公告 2021 年第 9 号）、《国家税务总局关于增值税 消费税与附加税费申报表整合有关事项的公告》（国家税务总局公告 2021 年第 20 号）、《国家税务总局关于进一步实施小微企业“六税两费”减免政策有关征管问题的公告》（国家税务总局公告 2022 年第 3 号）、《国家税务总局关于修订发布〈个人所得税专项附加扣除操作办法（试行）〉的公告》（国家税务总局公告 2022 年第 7 号）、《国家税务总局关于实施〈中华人民共和国印花税法〉等有关事项的公告》等文件，对纳税申报表、税费申报表等进行了修订。

5. 教学资源丰富

本教材给任课教师提供 PPT 教学课件、教学大纲、“技能训练”和“实战演练”的参考答案电子版等资源。选用本套教材作为学生教材的任课教师经过实名注册认证后，可通过中国人民大学出版社网站索取上述课程资源。

6. 提供最新法律法规库链接

本套教材提供最新法律法规库链接，读者可以通过法律法规库查询各个税种的最新法律法规文件。具体可登录 http://www.chinatax.gov.cn/chinatax/n810341/n810825，或者扫描以下二维码（注：通过电脑登录可以按照税种查询最新法律法规文件）。

本套教材在出版过程中，得到了中国人民大学出版社相关工作人员的大力支持与帮助，在此表示特别的感谢；本套教材在撰写过程中，参考借鉴了大量本学科相关著作、教材与论文，在此向各位作者表示由衷的感谢。由于作者水平所限，以及会计、税收等法律、法规、政策不断修订变化，本套教材定会存在不当之处，读者在实际运用时应当以最新的法律、法规、政策为准。同时，竭诚欢迎广大读者批评指正。若有意见、建议或指正，请发送至本套教材的邮箱：nashuichouhua@126.com。本套教材任课教师 QQ 群号：498267290（仅供任课教师加入，加入时请说明单位、姓名）。

本教材由梁文涛担任主编，苏杉、张清亮担任副主编。

本套教材的题目中所涉及的单位名称、个人姓名等单位和个人的相关信息纯属虚构，如有雷同，纯属巧合。

本套教材不仅可以作为应用型院校的教材，也可以作为各种财税培训机构的培训教材，同时适合企业董事长、经理、财务主管、税务经理、会计人员、税务人员、税务律师、注册会计师、税务师、会计师、管理会计师、纳税筹划师等各类关心财税的人士阅读。

目　录

第1章

税务会计总论

素养提升

构建“亲清”新型的税企关系，培养德才兼备的财税人才。

1. 税务机关：搭建税企沟通桥梁，优化税收营商环境，更好服务市场主体，贡献税务智慧力量。

2. 税务会计：配合税务机关工作，充分运用税收优惠，做好税务会计工作，合法依规算税报税。

能力目标

（1）能识记税务会计的含义。

（2）能明确税务会计与财务会计的联系与区别、税务会计的基本前提、税务会计的核算原则、税务会计的目标、税务会计的岗位职责。

（3）能对税务会计科目进行设置。

工作引例

税务会计的岗位职责

王丽是某高校会计专业大二学生，对于毕业以后的工作有些迷茫，便利用假期到企业调研。在调研中，王丽被企业的税务会计岗位吸引，并与企业的税务会计人员进行交流，发现税务会计是一个比较有发展前景的工作岗位。

通过调研，王丽了解到，企业不仅面临投资融资、生产经营等问题，同时还面临重大的税收问题。近几年，随着我国税收体制进一步改革深化，金税四期工程建设的开启，税收征收管理机制日益规范化和透明化，国家对企业偷（逃）税、漏税等违法行为的处罚力度也在逐步加大，传统的财务会计已经难以应对复杂烦琐的税收问题。

目前，很多企业的财务会计人员对税收问题一知半解，造成涉税账目混乱，涉税处理不规范，一方面，很可能错误运用税收政策导致偷（逃）税、漏税等违法行为；另一方面，有可能不精通税收优惠政策导致多缴“冤枉税”。因此，企业急需既懂会计又懂税务的复合型专业人才——税务会计人员，这不仅仅是为了利用好税收优惠政策以避免多缴税，更是为了做到依法纳税，同时又能够规避涉税风险，使企业能够健康平稳地发展。

税务会计能够从传统的财务会计中细化分离出来，不仅是由于其“会计＋税务”复合型的专业特点，更是我国市场经济发展和税收体制改革的必然结果。税务会计越来越受到企业的认可和青睐，其发展前途较为可观。

工作要求

通过调研，总结税务会计的岗位职责。

工作引例解析　见本章第1节。

第1节　税务会计的认知

情境引例

有人认为对会计专业学生开设“财务会计”和“税法”课程就行了，不需要再开设“税务会计”（或者“纳税会计”）课程。这种观点正确吗？

一、税务会计的含义

税收会计、税务会计与纳税会计是三个极易混淆的概念，三者的内涵不同。若站在征税主体（包括税务机关、海关）的角度，税务会计称为“税收会计”（即征税主体税务会计）；若站在纳税主体（又称纳税人，包括法人、自然人和其他组织）的角度，税务会计称为“纳税会计”（即纳税主体税务会计）。本教材主要研究纳税主体涉税会计事项的处理，因此采用的“税务会计”一词指的是“纳税会计”（即纳税主体税务会计）。

我国税务会计专家盖地认为，税务会计是以所涉税境的现行税收法规为准绳，运用会计学的理论、方法和程序，对企业涉税会计事项进行确认、计量、记录和申报（报告），以实现企业最大税收利益的一门专业会计。

我国台湾税务会计专家卓敏枝、卢联生、庄传成认为，税务会计者，乃是一门以法令规定为准绳，以会计技术为工具，平时负责汇集企业各项交易活动、股东可抵扣税额与未分配盈余计算之合法凭证，并加以整理、记录、分类、汇总，进而年度终了加以结算、编表、申报、纳税的社会（人文）科学。

日本税务会计专家武田昌辅认为，税务会计是为计算法人税法中的课税所得而设立的会计，它不是制度会计，而是以企业会计为依据，按税法的要求对既定的盈利进行加工、修正的会计。

美国税务会计专家吉特曼认为，税务会计主要是处理某项目何时被确认为收入或费用账务问题的一种专业会计。

本教材认为，税务会计是以税法为准绳，以货币为主要计量单位，运用会计的专门理论和方法，对纳税人的应纳税额进行确认、计算、会计核算、纳税筹划①和申报缴纳等工作的一种专业会计管理活动。

【特别提示】由于我国纳税人负有教育费附加、地方教育附加等附加费的缴纳义务，严格来说，税务会计应当称为“税费会计”，同理，纳税申报应当称为“税费申报”，纳税筹划应当称为“税费筹划”，等等。为统一起见，本教材整体上仍采用“税务会计”“纳税申报”“纳税筹划”等专业术语。

二、税务会计与财务会计的联系与区别

税务会计是社会经济发展到一定历史阶段后从传统的财务会计中细化分离出来的。税务会计与财务会计均属于企业的会计体系，两者在会计主体、记账基础、核算前提等方面基本相同，但在会计目标、会计对象、会计核算的法律依据、提供的信息和会计核算基础等方面存在一定的区别。

（一）税务会计与财务会计的联系

1. 税务会计以财务会计为基础

税务会计作为一项专业活动并不是单独存在的，它是会计的一个特殊领域，是以财务会计为基础的。财务会计生成了较为健全完善的财务数据和信息，作为编制财务会计报告的基本财务资料。实践中，税务会计的资料（数据和信息）大多来源于财务会计资料（数据和信息）。

2. 税务会计与财务会计之间存在协调性

税务会计对财务会计处理中与现行税法不相符的会计事项，需要按照税法的规定进行计算、调整，并在会计分录中予以体现，这样相关的税务会计处理又会反过来影响财务会计，并将其影响体现在财务会计账簿以及最终的财务会计报告之中。

（二）税务会计与财务会计的区别

1. 会计目标不同

财务会计的目标主要是向投资者、债权人、政府部门、社会公众、企业管理决策者

① 广义的税务会计包括纳税筹划，由于纳税筹划可独立作为一门课程，本教材不包括纳税筹划的内容。

等相关信息使用者提供企业的财务状况、经营成果和现金流量等信息；税务会计的目标主要是向税务机关、海关、企业管理决策者等相关信息使用者提供纳税活动方面的信息。

2. 会计对象不同

财务会计的对象是核算和监督企业生产经营活动所引起的资金运动和变化；税务会计的对象是核算和监督企业纳税活动所引起的资金运动和变化。

3. 会计核算的法律依据不同

财务会计核算的法律依据是会计法、会计准则和会计制度等会计法律法规；税务会计核算的法律依据除了会计法、会计准则和会计制度等会计法律法规之外，更加侧重于税收法律法规（简称税法）。目前我国的税收法律法规与会计法律法规存在较多差异，主要表现在收入的确认、费用的确认、资产的取得和期末计价等方面。当会计法律法规与税收法律法规不一致时，税务会计应当以税收法律法规为依据来调整财务会计的核算结果。

4. 提供的信息不同

财务会计通过对经济业务事项的核算工作，主要编制资产负债表、利润表和现金流量表，反映企业的财务状况、经营成果和现金流量，为相关信息使用者提供财务会计方面的信息；税务会计通过对应纳税额的确认、计算、会计核算、纳税筹划和申报缴纳等工作，主要编制纳税申报表及应缴税款明细表，列明应缴税款、预缴税款、未缴税款、减免税款和应退税款等内容，为相关信息使用者提供纳税活动方面的信息。

5. 会计核算基础不同

财务会计主要遵循会计法、会计准则和会计制度等会计法律法规，强调提供会计信息的真实性和可靠性，因此，其核算基础是权责发生制；税务会计则要兼顾会计法律法规和税收法律法规，关注纳税主体的现金支付能力，因此，其核算基础是权责发生制和收付实现制及两者的有机结合。

【情境引例解析】

有人认为会计专业学生开设“财务会计”和“税法”课程就行了，不需要再开设“税务会计”课程。这种观点是错误的。

第一，财务会计和税务会计是不同的学科，虽然有一定的联系，但也有很大的不同。目前我国绝大多数财务会计教材中的例题在涉及一些复杂的税收问题时，往往通过“假设不考虑相关税费”搪塞过去，但实务中企业要考虑税费的处理。

第二，税务会计中虽有部分税法知识，但税法知识只是税务会计的基础知识。广义的税务会计主要包括五个部分，分别是税法、纳税计算、涉税业务的账务处理、纳税申报、纳税筹划。其中最核心的是涉税业务的账务处理，也就是如何对涉税业务做会计分录。有的学校在开设“税务会计”课程之前已经开设“税法”课程，则在开设“税务会计”课程时可以选用包含税法知识少的税务会计教材。有的学校想系统讲授纳税筹划，则可以在开设“税务会计”课程的基础上单独开设“纳税筹划”课程；反之，则可以把税务会计与纳税筹划作为一门课程。

第三，税务会计绝对不是财务会计和税法的简单相加。例如本教材“增值税会计”这一章就有 100 多个涉税业务的账务处理实例，这些实例绝大多数是在财务会计和税法中学不到的，但在税务会计工作中是常用的。如果只学习财务会计和税法，大多数学生就不能独立解答本教材中涉税业务的账务处理实例。

三、税务会计的基本前提

由于税务会计是以财务会计为基础的，财务会计的基本前提中有些也适用于税务会计，如会计分期、货币计量等，但因税法的特殊性，税务会计的基本前提也有其特殊性。

（一）纳税主体

纳税主体就是通常所称的纳税人或纳税义务人，即依法直接负有纳税义务的法人、自然人和其他组织。纳税主体与财务会计中的会计主体有一定的联系，但又有一定的区别。在一般情况下，会计主体同时也是纳税主体。例如，某工业企业既是会计主体，同时又是纳税主体。但在某些特殊或特定情况下，会计主体不一定是纳税主体，纳税主体也不一定是会计主体。例如，由于个体工商户独立进行会计核算，个体工商户是会计主体，但个体工商户不是企业所得税的纳税主体，却是个人所得税和其他某些税种的纳税主体；由于其他个人（指个体工商户以外的个人，即自然人）不进行会计核算，其他个人不是会计主体，却是个人所得税和其他某些税种的纳税主体。

（二）持续经营

持续经营是指企业的生产经营活动将按照既定的目标持续不断地进行下去，在可以预见的将来，不会面临破产清算或者注销。持续经营是增值税留抵、增值税期末留抵税额退税制度、企业所得税递延、亏损弥补、享受跨期税收优惠、税收返还或退还的前提条件。

（三）货币时间价值

货币时间价值是指货币随着时间的推移而增加的价值。货币时间价值这一基本前提是税收立法、税收征收管理的出发点。因此，税法对各个税种均明确规定了纳税义务发生时间、纳税期限、纳税申报期限、税款缴纳期限等。在纳税筹划实务中，纳税人延期纳税就是利用了货币时间价值。纳税人在合法合理的前提下，采取递延确认收入或加速确认费用的方式便可以达到延期纳税的目的。

（四）纳税期限

纳税期限是指纳税人按照税法规定缴纳税款的期限，有按年纳税、按期纳税和按次纳税之分，一般为一个时间段。纳税人不能自己决定其纳税期限，而必须根据税法的规定来确定自己的纳税期限。例如，根据税法的规定，增值税的纳税期限分别为1日、3日、5日、10日、15日、1个月或者1个季度；不能按照固定期限纳税的，可以按次纳税。而企业所得税按年计征，分月或者分季预缴，年终汇算清缴，多退少补。企业所得税的纳税年度，自公历1月1日起至12月31日止。企业在一个纳税年度的中间开业，或者由于合并、关闭等原因终止经营活动，使该纳税年度的实际经营期不足12个月的，应当以其实际经营期为一个纳税年度。企业清算时，应当以清算期间作为一个纳税年度。自年度终了之日起5个月内，向税务机关报送年度企业所得税纳税申报表，并汇算清缴，结清应缴应退税款。企业在年度中间终止经营活动的，应当自实际经营终止之日起60日内，向税务机关办理当期企业所得税汇算清缴。

四、税务会计的核算原则

税务会计虽然是从财务会计中细化分离出来的，但由于税法的特殊性，税务会计核算除遵循财务会计的核算原则外，还应遵循以下原则。

（一）合法性原则

合法性原则是指税务会计人员对涉税事项严格按照税法规定的同时兼顾会计法律法规进行核算，即正确确认税基和税率，计算应纳税额，进行会计核算，并及时、准确地申报缴纳税款。合法性原则要求税务会计人员平时应当按会计准则进行会计核算，但在计算应纳税额和纳税申报时，若税法与会计法律法规不一致，则必须按税法的规定进行调整。

（二）及时性原则

及时性原则是指税务会计人员对涉税事项严格按照税法规定的时间计算应纳税额，进行会计核算，并申报缴纳税款。税法的许多规定都具有时效性，如纳税申报期限、税款缴纳期限、税收优惠政策的享受期限等。税务会计人员应当及时关注和学习税收法律法规的变化，及时计算申报缴纳税款，及时向税务机关或海关提供纳税资料。

（三）筹划性原则

筹划性原则是指纳税人在不违反法律的前提下，通过对企业设立、筹资、投资、经营、股利分配、产权重组等活动中的涉税事项事先策划和安排，制定相应的纳税方案，来实现企业价值最大化等目标。筹划性原则是税务会计人员在进行纳税筹划工作时应当重点考虑的原则。

（四）收付实现制与权责发生制相结合的原则

权责发生制也称为应计制，是指收入、费用的确认应当以取得收取款项的权利或发生支付款项的义务作为确认的标志，而非以实际收到或支付货币作为确认的标志。收付实现制也称为现金制，是指收入、费用的确认以实际收到或支付货币作为确认的标志。

权责发生制下的会计核算有利于正确反映企业的经营成果，但不利于反映企业的现金流量。我国企业会计准则规定，企业应当以权责发生制为基础进行会计确认、计量和报告。而企业缴纳税款是现金的净流出，企业在缴纳税款时必须考虑自身的现金支付能力。另外，财务会计的会计信息质量要求中的谨慎性所要求列入的某些减值准备、预计费用等，在税务会计中一般情况下是不被接受的。这是因为税务会计具有“强调成本费用实际发生才能确认”的限制条件，以达到保障国家税收收入的目的。因此，在收入的确认和费用的确认上（尤其是费用的确认上），税务会计在遵循权责发生制原则的基础上应结合一定的收付实现制原则。

五、税务会计的目标

税务会计既要以国家税法为准绳，兼顾遵守会计法律制度，认真履行纳税义务，又要在不违反税法和会计法律制度的前提下，追求与纳税相关的企业价值最大化。因此税务会计的主要目标包括以下方面。

（一）依法纳税，履行纳税人应尽的义务

税务会计人员要对企业生产经营活动中的应纳税额进行确认、计算、会计核算、纳税筹划和申报缴纳等工作。就应纳税款的申报缴纳工作来说，税务会计人员应当及时准确地填报纳税申报表等纳税资料，及时足额地缴纳各种税款，认真履行纳税人应尽的义务。

（二）正确进行纳税处理，维护纳税人的合法权益

税务会计人员应当依法及时准确地进行纳税申报，及时足额地缴纳各种税款。如遇特殊情况，不能按时进行纳税申报或者不能按时缴纳税款，企业有权申请延期申报或申请延期缴纳税款。企业对税务机关、海关做出的具体行政行为不服的，有权申请行政复议，依法向人民法院起诉。企业在处理各种纳税问题时，应当充分行使自己的权利，维护自身的合法权益。

（三）向税务会计信息使用者提供纳税活动方面的信息

税务会计人员向各级税务机关、海关提供纳税活动方面的信息，作为评定纳税人信用等级、税收立法等方面的主要依据；向企业的投资者、债权人、企业管理决策者等提供纳税活动方面的信息，作为其进行投融资决策、经营决策等的重要依据；向社会公开纳税活动方面的信息，让社会公众了解企业纳税义务的履行情况、纳税信用等级、对社

会的税收贡献额等，促使企业重视纳税问题，维护企业形象。

（四）合理选择纳税方案，科学进行纳税筹划

税务会计要服从实现企业价值最大化这一最终目标，因此，税务会计人员应当在企业生产经营的各个环节对涉税事项事前进行税负的测算并制定相应的纳税方案，事中进行税负控制与调节，事后进行税负分析与总结等。这既是税务会计人员进行纳税筹划工作的重要目标，也是纳税人行使合法权利的具体体现。

（五）依照法律规定，严格控制涉税风险

税务会计人员需要不断提高自身的专业素质和能力，依照相关税收和会计法律法规的规定，完成对应纳税额的确认、计算、会计核算、纳税筹划和申报缴纳等工作，将涉税风险严格控制在最小范围内。税务会计人员不仅应当避免因适用法律规定错误等导致偷（逃）税、漏税等而面临的补税、罚款、滞纳金、刑罚、纳税信用、社会声誉损害等风险的产生，而且应当避免因自身专业素质和能力的欠缺而未能运用相关税收优惠政策等导致的多缴税风险的产生。

【工作引例解析】

税务会计的岗位职责主要有：

（1）负责对各税种进行计算、审核、复核。

（2）负责对各税种进行会计核算，登记涉税账簿。

（3）负责对各税种进行纳税筹划，在合法合理的前提下确定纳税方案，并降低纳税风险。

（4）负责对各税种进行纳税申报和税款缴纳。

（5）根据前期实缴税款情况及当前税收政策对本单位年度及月度应纳税额做出合理调整、预测。

（6）负责建立健全本单位纳税内部控制制度。

（7）负责向财政机关、市场监督管理机关、审计机关、税务机关、海关等提供相关财税资料，协助税务机关开展对本单位有关信息及税源的调查工作。

（8）负责维护纳税系统信息的核对与检查，并反馈信息给相关部门。

（9）负责向市场监督管理机关、税务机关等办理“一照一码”登记、设立税务登记、变更税务登记、停业复业登记、跨区域涉税事项报验管理、注销税务登记等工作。

（10）负责及时收集、反馈财政机关、市场监督管理机关、审计机关、税务机关、海关等发布的最新政策文件资料，以及参加各项市场监督管理、税务例会。

（11）负责向国家行政部门，如财政机关、税务机关、海关等申请财税优惠政策。

（12）完成上级领导交办的其他临时性工作。

第 2 节　税务会计科目的设置

情境引例

我国现行的税种是否都通过“税金及附加”科目核算？

在企业税务会计工作中，涉税业务核算的主要一级会计科目有“应交税费”“税金及附加”“在建工程”“固定资产”“无形资产”“所得税费用”“递延所得税资产”“递延所得税负债”“以前年度损益调整”“资产处置损益”“其他收益”“营业外收入”“营业外支出”“应收出口退税款”等。

一、“应交税费”科目的设置

“应交税费”科目核算企业按照税法规定计算应缴纳的各种税费，包括增值税、消费税、企业所得税、个人所得税、资源税、城镇土地使用税、城市维护建设税、教育费附加、地方教育附加、房产税、土地增值税、车船税等。企业应当或者可以不预先计提的税金（即应当或者可以在发生纳税义务的当期缴纳，而不是以后期间缴纳），如印花税、车辆购置税、契税、耕地占用税等，可以不通过本科目核算，而是直接借记相关科目，贷记“银行存款”科目。其中，企业按规定计算确定与经营活动相关的印花税并缴纳时，借记“税金及附加”科目，贷记“银行存款”科目；企业按规定计算确定与经营活动相关的车辆购置税并缴纳时，借记“固定资产”等科目，贷记“银行存款”科目；企业按规定计算确定与经营活动相关的契税并缴纳时，借记“在建工程”“固定资产”“无形资产”等科目，贷记“银行存款”科目；企业按规定计算确定与经营活动相关的耕地占用税并缴纳时，借记“在建工程”“固定资产”“无形资产”等科目，贷记“银行存款”科目。当然，若印花税、车辆购置税、契税、耕地占用税等预先计提而在以后期间缴纳，或者企业有会计核算的需要，则通过“应交税费”科目核算。

本科目按照“应交税费”的税种进行明细核算。就增值税而言，一般纳税人应当在“应交税费”科目下设置“应交增值税”“未交增值税”“预交增值税”“待抵扣进项税额”“待认证进项税额”“待转销项税额”“增值税留抵税额”“简易计税”“转让金融商品应交增值税”“代扣代交增值税”“增值税检查调整”11 个二级明细科目；小规模纳税人应当在“应交税费”科目下设置“应交增值税”“转让金融商品应交增值税”“代扣代交增值税”3 个二级明细科目。就增值税以外的其他税种而言，纳税人一般情况下应当在“应交税费”科目下各设 1 个（特殊情况下可以设置 2 个或多个）二级明细科目。

本科目期末如为贷方余额，反映企业尚未缴纳的税费；期末如为借方余额，反映企业多缴或尚未抵扣的税费。

（一）“应交税费——应交增值税”科目的设置

增值税一般纳税人应在“应交税费——应交增值税”明细账内设置“进项税额”“销项税额抵减”“已交税金”“转出未交增值税”“减免税款”“出口抵减内销产品应纳税额”“销项税额”“出口退税”“进项税额转出”“转出多交增值税”等专栏，详见第2章“增值税会计”。

增值税小规模纳税人的“应交税费——应交增值税”明细科目不设置专栏。

（二）“应交税费——未交增值税”“应交税费——预交增值税”“应交税费——待抵扣进项税额”“应交税费——待认证进项税额”“应交税费——待转销项税额”“应交税费——增值税留抵税额”“应交税费——简易计税”“应交税费——转让金融商品应交增值税”“应交税费——代扣代交增值税”“应交税费——增值税检查调整”等科目的设置

以上科目的设置详见第2章“增值税会计”。

（三）“应交税费——应交消费税”“应交税费——应交城市维护建设税”“应交税费——应交教育费附加”“应交税费——应交地方教育附加”“应交税费——应交资源税”“应交税费——应交房产税”“应交税费——应交城镇土地使用税”“应交税费——应交车船税”等科目的设置

企业按规定计算应缴纳的与生产经营活动有关的消费税、城市维护建设税、教育费附加、地方教育附加、资源税、房产税、城镇土地使用税、车船税等，借记“税金及附加”“固定资产清理”等科目，贷记上述科目。实际缴纳或补缴时，借记上述科目，贷记“银行存款”科目。

【点拨指导】对于待抵扣（扣除）的消费税，为了更加明确地对其进行核算，借鉴增值税的会计科目设置，可以增设“应交税费——待抵扣消费税额”明细科目，该科目的借方反映待抵扣的消费税额，贷方反映实际抵扣了的消费税额。

（四）“应交税费——应交土地增值税”科目的设置

企业转让的国有土地使用权连同地上建筑物及其附着物一并通过“固定资产”或“在建工程”等科目核算，转让时按应缴纳的土地增值税额，借记“固定资产清理”科目，贷记本科目。房地产开发企业转让其开发的房地产按应缴纳的土地增值税额，借记“税金及附加”科目，贷记本科目。实际缴纳或补缴时，借记本科目，贷记“银行存款”科目。

（五）“应交税费——应交所得税”科目的设置

“应交税费——应交所得税”科目反映企业所得税的当期应缴、实际缴纳和退补情况。本科目的贷方反映当期应缴和应补缴的企业所得税，借方反映实际缴纳和补缴的企业所得税；贷方余额反映当期应缴未缴的企业所得税，借方余额反映多缴的企业所得税。纳税人应当按照当期应缴或应补缴的企业所得税，借记“所得税费用——当期所得税费用”科目，贷记本科目。实际缴纳或补缴时，借记本科目，贷记“银行存款”科目。

【特别提示】“应交税费——应交所得税”科目是“应交税费——应交企业所得税”科目的简称。实务中，企业也可以使用“应交税费——应交企业所得税”科目。

（六）“应交税费——应交个人所得税”“应交税费——代扣代交个人所得税”科目的设置

个人（主要指个体工商户、个人独资企业、合伙企业）按规定自行申报时计算的应缴纳的个人所得税额，借记“所得税费用”等科目，贷记“应交税费——应交个人所得税”科目。实际缴纳或补缴时，借记本科目，贷记“银行存款”科目。

企业按规定计算应代扣代缴的个人所得税时，借记“应付职工薪酬”等科目，贷记“应交税费——代扣代交个人所得税”科目。实际缴纳或补缴时，借记本科目，贷记“银行存款”科目。

二、“税金及附加”科目的设置

“税金及附加”科目核算企业经营活动发生的消费税、城市维护建设税、教育费附加、地方教育附加、资源税、房产税、城镇土地使用税、车船税、印花税等相关税费。企业按规定计算确定的与经营活动相关的税费，借记本科目，贷记“应交税费”等科目（其中，印花税由于一般情况下不预先计提，而是直接缴纳，企业按规定计算确定与经营活动相关的印花税并缴纳时，借记本科目，贷记“银行存款”科目）。期末，应将本科目的余额转入“本年利润”科目。

【情境引例解析】

我国现行的税种中多数是通过“税金及附加”科目核算的，还有一些税种不通过该科目核算。举例来说：(1) 一般情况下，增值税不构成企业的损益，不通过损益类科目核算；(2) 企业所得税通过“所得税费用”科目核算；(3) 企业作为扣缴义务人代扣代缴的个人所得税，实际上是由个人承担的，也不构成企业的损益，不通过损益类科目核算；(4) 车辆购置税、契税、耕地占用税等税种通过“在建工程”“固定资产”“无形资产”等科目核算。

三、“在建工程”“固定资产”“无形资产”等科目的设置

企业应当或者可以不预先计提的税金（即应当或者可以在发生纳税义务的当期缴

纳，而不是以后期间缴纳），除了印花税通过“税金及附加”科目核算外，车辆购置税、契税、耕地占用税等税种通过“在建工程”“固定资产”“无形资产”等科目核算。其中，企业按规定计算确定与经营活动相关的车辆购置税并缴纳时，借记“固定资产”等科目，贷记“银行存款”科目；企业按规定计算确定与经营活动相关的契税并缴纳时，借记“在建工程”“固定资产”“无形资产”等科目，贷记“银行存款”科目；企业按规定计算确定与经营活动相关的耕地占用税并缴纳时，借记“在建工程”“固定资产”等科目，贷记“银行存款”科目。

四、“所得税费用”科目的设置

“所得税费用”科目核算企业根据企业会计准则确认的应从当期利润总额中扣除的所得税费用。本科目应当按照“当期所得税费用”“递延所得税费用”进行明细核算。期末，应将本科目的余额转入“本年利润”科目，结转后本科目无余额。

资产负债表日，企业根据按税法规定计算确定的当期应缴纳的企业所得税额，借记“所得税费用——当期所得税费用”科目，贷记“应交税费——应交所得税”科目。

资产负债表日，递延所得税资产的应有余额大于“递延所得税资产”科目余额的，按其差额（若初次确认递延所得税资产，则按初次确认的递延所得税资产金额）确认，借记“递延所得税资产”科目，贷记“所得税费用——递延所得税费用”“资本公积——其他资本公积”等科目；递延所得税资产的应有余额小于“递延所得税资产”科目余额的，做相反的会计分录。

资产负债表日，递延所得税负债的应有余额大于“递延所得税负债”科目余额的，按其差额（若初次确认递延所得税负债，则按初次确认的递延所得税负债金额）确认，借记“所得税费用——递延所得税费用”“资本公积——其他资本公积”等科目，贷记“递延所得税负债”科目；递延所得税负债的应有余额小于“递延所得税负债”科目余额的，做相反的会计分录。

五、“递延所得税资产”科目的设置

“递延所得税资产”科目核算企业根据企业会计准则确认的可抵扣暂时性差异产生的所得税资产。根据税法规定可用以后年度税前利润（实际上应为应纳税所得额）弥补的亏损产生的所得税资产，也通过本科目核算。本科目应当按照可抵扣暂时性差异等项目进行明细核算。

资产负债表日，若企业初次确认递延所得税资产，借记“递延所得税资产”科目，贷记“所得税费用——递延所得税费用”科目。以后各期的资产负债表日递延所得税资产的应有余额大于其账面余额的，应按其差额确认，借记“递延所得税资产”科目，贷记“所得税费用——递延所得税费用”等科目；资产负债表日递延所得税资产的应有余额小于其账面余额的，做相反的会计分录。

企业合并中取得资产、负债的入账价值与其计税基础不同形成可抵扣暂时性差异的，应于购买日确认递延所得税资产，借记本科目，贷记“商誉”等科目。

与直接计入所有者权益的交易或事项相关的递延所得税资产，借记本科目，贷记“资本公积——其他资本公积”科目。

资产负债表日，预计未来期间很可能无法获得足够的应纳税所得额用于抵扣可抵扣暂时性差异的，按原已确认的递延所得税资产中应减记的金额，借记“所得税费用——递延所得税费用”“资本公积——其他资本公积”等科目，贷记本科目。

本科目期末余额在借方，反映企业已确认的递延所得税资产的余额。

六、“递延所得税负债”科目的设置

“递延所得税负债”科目核算企业根据企业会计准则确认的应纳税暂时性差异产生的所得税负债。本科目应当按照应纳税暂时性差异项目进行明细核算。

资产负债表日，若企业初次确认递延所得税负债，借记“所得税费用——递延所得税费用”科目，贷记“递延所得税负债”科目。以后各期的资产负债表日递延所得税负债的应有余额大于其账面余额的，应按其差额确认，借记“所得税费用——递延所得税费用”等科目，贷记“递延所得税负债”科目；资产负债表日递延所得税负债的应有余额小于其账面余额的，做相反的会计分录。

企业合并中取得资产、负债的入账价值与其计税基础不同形成应纳税暂时性差异的，应于购买日确认递延所得税负债，同时调整商誉，借记“商誉”等科目，贷记本科目。

与直接计入所有者权益的交易或事项相关的递延所得税负债，借记“资本公积——其他资本公积”科目，贷记本科目。

本科目期末余额在贷方，反映企业已确认的递延所得税负债的余额。

七、“以前年度损益调整”科目的设置

“以前年度损益调整”科目核算企业本年度发生的调整以前年度损益的事项，以及本年度发现的重要前期差错更正涉及调整以前年度损益的事项。企业在资产负债表日至财务报告批准报出日之间发生的需要调整报告年度损益的事项，也通过本科目核算。

企业调整增加以前年度利润或减少以前年度亏损，借记有关科目，贷记本科目；调整减少以前年度利润或增加以前年度亏损，做相反的会计分录。

由于以前年度损益调整增加的所得税费用以及汇算清缴调增的所得税费用，借记本科目，贷记“应交税费——应交所得税”等科目；由于以前年度损益调整减少的所得税费用以及汇算清缴调减的所得税费用，做相反的会计分录。

经上述调整后，应将本科目的余额转入“利润分配——未分配利润”科目。本科目

如为贷方余额，借记本科目，贷记“利润分配——未分配利润”科目；如为借方余额，做相反的会计分录。本科目结转后应无余额。

【点拨指导】“以前年度损益调整”科目主要调整的是以前年度损益的事项、本年度发现的重要前期差错更正涉及调整以前年度损益的事项，以及企业在资产负债表日至财务报告批准报出日之间发生的需要调整报告年度损益的事项，作为损益类项目的过渡性科目，其余额最终转入“利润分配——未分配利润”科目。该调整金额不体现在本期利润表上，而是体现在未分配利润中。

八、“资产处置损益”科目的设置

“资产处置损益”科目核算企业出售划分为持有待售的非流动资产（金融工具、长期股权投资和投资性房地产除外）或处置组（子公司和业务除外）时确认的处置利得或损失，以及处置未划分为持有待售的固定资产、在建工程、生产性生物资产及无形资产而产生的处置利得或损失。非货币性资产交换中换出非流动资产（金融工具、长期股权投资和投资性房地产除外）产生的利得或损失也通过本科目核算。

本科目期末应从其借方或者贷方结转至“本年利润”科目，结转后应无余额。

九、“其他收益”科目的设置

“其他收益”科目核算计入其他收益的政府补助，以及其他与日常活动相关且计入其他收益的项目。按照财政部《关于〈关于深化增值税改革有关政策的公告〉适用〈增值税会计处理规定〉有关问题的解读》的要求，生产、生活性服务业纳税人实际缴纳增值税时，按应纳税额借记“应交税费——未交增值税”等科目，按实际纳税金额贷记“银行存款”科目，按加计抵减的金额贷记“其他收益”科目。企业作为个人所得税的扣缴义务人，根据《中华人民共和国个人所得税法》（简称《个人所得税法》）收到的扣缴税款手续费，应作为其他与日常活动相关的收益通过本科目核算。

本科目期末应从其借方结转至“本年利润”科目，结转后应无余额。

十、“营业外收入”科目的设置

“营业外收入”科目核算企业发生的除营业利润以外的收益，主要包括与企业日常活动无关的政府补助、盘盈利得、捐赠利得（企业接受股东或股东的子公司直接或间接的捐赠，经济实质属于股东对企业的资本性投入的除外）、非流动资产毁损报废收益等。非流动资产毁损报废收益是指非流动资产因自然灾害等原因发生毁损、已丧失使用功能等原因而报废清理所产生的清理收益。

本科目期末应从其借方结转至“本年利润”科目，结转后应无余额。

十一、“营业外支出”科目的设置

“营业外支出”科目核算企业发生的除营业利润以外的支出，主要包括捐赠支出、非常损失、盘亏损失、罚款支出、非流动资产毁损报废损失等。非流动资产毁损报废损失是指非流动资产因自然灾害等原因发生毁损、已丧失使用功能等原因而报废清理所产生的清理损失。

【特别提示】企业在不同交易中形成的非流动资产毁损报废收益和损失不得相互抵销，应分别通过“营业外收入”科目和“营业外支出”科目进行核算。

本科目期末应从其贷方结转至“本年利润”科目，结转后应无余额。

十二、“应收出口退税款”科目的设置

“应收出口退税款”科目可以设置“应收出口退税款——增值税”“应收出口退税款——消费税”两个明细科目。“应收出口退税款——增值税”科目的借方反映销售出口货物、劳务、服务或者无形资产按规定向税务机关申报应退回的增值税额，贷方反映实际收到的出口货物、劳务、服务或者无形资产应退回的增值税额，期末借方余额反映尚未收到的应退增值税额。“应收出口退税款——消费税”科目的借方反映销售出口应税消费品按规定向税务机关申报应退回的消费税额，贷方反映实际收到的出口应税消费品应退回的消费税额，期末借方余额反映尚未收到的应退消费税额。

技能训练

1. 税务会计与财务会计有哪些联系与区别?
2. 在企业税务会计工作中，涉税业务核算的主要一级会计科目有哪些?

实战演练

将全班同学分成若干小组，每组 10 人左右。每组寻找 50 个自己直接或者间接认识的公司的会计主管，通过电话、电子邮件调查问卷、网页版调查问卷或者纸质版调查问卷的方式，调查该会计主管获取了哪些职业或者执业资格（包括会计师、经济师、审计师、税务师、资产评估师、注册会计师），调查职业或者执业资格获取的难易程度并排序，调查职业或者执业资格的重要程度并排序。

要求：

（1）设计会计主管获取的职业或者执业资格调查问卷。

（2）对会计主管获取的职业或者执业资格调查结果进行分析。

第2章

增值税会计

素养提升

纳税人应当充分运用国家出台的增值税税收政策，促进产业行业发展，合法合规纳税。

1. 我国出台了小微企业暂免征收增值税的优惠政策，有利于支持小微企业发展，扩大就业，改善民生，增强市场活力，促进国家经济的繁荣发展。

2. 我国出台了与农产品相关的增值税减免税政策，有利于鼓励农业生产，保护农业生产者的利益，保障国家的粮食安全。

能力目标

(1) 能根据相关业务资料计算增值税。

(2) 能设置增值税的会计科目，能根据相关业务资料对增值税进行会计核算。

(3) 能根据相关业务资料填写增值税及附加税费申报表及其附表，并能进行增值税的纳税申报。

工作引例

一、一般纳税人增值税的计算、会计核算和纳税申报

西安光明有限责任公司为增值税一般纳税人；登记注册类型为其他有限责任公司；法定代表人为刘光明；地址为西安市新城区光华路53号，电话为029-888888××；所属行业为制造业，生产销售微波炉，出厂不含税单价为400元/台，成本为300元/台；开户银行及账号为中国工商银行西安光华路支行，3301022009011507777；纳税人识别号为91110100000010022P。

2022年6月，西安光明有限责任公司发生的经济业务如下：

(1) 1日，向当地A商场销售微波炉200台，并开具增值税专用发票，单价（不含增值税）为400元/台，销售额为80 000元，并约定对方10天内付款可享受不含税价款5%的现金折扣（现金折扣不考虑增值税）。西安光明有限责任公司基于对A商场的了解，预计A商场10天内付款的概率为95%，10天后付款的概率为5%。西安光明有限责任公司认为按照最有可能发生的金额能够更好地预测其有权获取的对价金额。该批微波炉6月1日已经发给A商场，A商场于6月7日付款，于是西安光明有限责任公司在结算时给予A商场5%的现金折扣。该批微波炉在发出时，其控制权由西安光明有限责任公司转移给A商场。

(2) 8日，销售300台微波炉给外地B客户并开具增值税普通发票，价税合计135 600元。支付的运输费用价税合计6 540元，收到的增值税专用发票上注明运费金额6 000元、增值税额540元。货物已发出，该外地B客户款项未付。该批微波炉在发出时，其控制权由西安光明有限责任公司转移给B客户。

(3) 9日，拨付3台微波炉给本公司职工使用，但未开具发票。该批微波炉在拨付时，其控制权由西安光明有限责任公司转移给本公司职工。

(4) 10日，没收逾期仍未收回的包装物押金56 500元，确认收入但未开具发票。西安光明有限责任公司没收包装物押金，表明该包装物的控制权由西安光明有限责任公司转移给客户。

(5) 11日，购进作为原材料的零部件一批，取得的增值税专用发票上注明价款180 000元、增值税额23 400元；支付的运费价税合计2 180元，取得的增值税专用发票上注明运费金额2 000元、增值税额180元。上述货款未付，运费已支付，货物已运达本公司并入库。

(6) 12日，购进冰箱配件一批，货款已付，取得的增值税专用发票上注明金额90 000元、增值税额11 700元，货物尚未验收入库。

(7) 13日，从小规模纳税人处购进零件，总价为120 000元，取得增值税普通发票，该零件已入库，款项已付。

(8) 15日，从一般纳税人处购进零件72 000元（含增值税），取得增值税普通发票，该零件已入库，款项已付。

(9) 16日，为推广新型微波炉，采用“以旧换新”方式向消费者个人销售新产品，共收取现金412 000元（已扣除收购旧微波炉抵价40 000元），并开具增值税普通发票。该批微波炉已经发出，且在发出时，其控制权由西安光明有限责任公司转移给消费者个人。

(10) 18日，购置办公用电脑一批，取得的增值税专用发票上注明价款60 000元、增值税额7 800元，款项已付。

(11) 20日，购进办公用消耗材料一批，取得的增值税专用发票上注明价款500元、增值税额65元。办公用材料直接交付办公科室使用，款项已付。

(12) 21日，建职工食堂，领用上月购进的原材料钢材一批，实际成本为40 000

元，取得增值税专用发票，该批钢材的进项税额为5 200元，已在购进当期申报抵扣。

(13) 25日，接受某单位投资转入生产用材料一批，并取得增值税专用发票，发票上注明价款110 000元、增值税额14 300元，材料已验收入库。

(14) 30日，委托加工物资一批，并支付加工费，取得的增值税专用发票上注明价款8 600元、增值税额1 118元，款项已付。

另外，西安光明有限责任公司不适用小微企业“六税两费”减免政策；西安光明有限责任公司于2022年6月10日缴纳上期应缴未缴增值税32 000元；西安光明有限责任公司取得的增值税专用发票2022年6月均符合抵扣规定；西安光明有限责任公司2022年7月10日对2022年6月的增值税进行纳税申报。

工作要求

(1) 计算西安光明有限责任公司2022年6月的应纳增值税。

(2) 对西安光明有限责任公司2022年6月发生的经济业务以及2022年7月缴纳增值税的业务进行账务处理。

(3) 西安光明有限责任公司2022年7月10日对2022年6月的增值税进行纳税申报，填写“增值税及附加税费申报表（一般纳税人适用）”及其附表。

工作引例解析一 见本章第3节。

二、小规模纳税人增值税的计算、会计核算和纳税申报

西安正信财务咨询有限公司为小规模纳税人，纳税人识别号为9137070572481267A，按月进行增值税纳税申报。2022年1月，该公司发生的经济业务如下：

(1) 10日，为北京某工业企业（一般纳税人）提供内部控制咨询服务，取得含增值税收入303 000元，并开具增值税专用发票。

(2) 18日，为河北某商业企业（小规模纳税人）提供财务咨询服务，取得含增值税收入202 000元，并开具增值税普通发票。

2022年1月，西安正信财务咨询有限公司减按1%的征收率征收增值税，并于2022年2月8日对2022年1月的增值税进行纳税申报。

工作要求

(1) 计算西安正信财务咨询有限公司2022年1月的应纳增值税。

(2) 对西安正信财务咨询有限公司2022年1月发生的经济业务以及2022年2月缴纳增值税的业务进行账务处理。

(3) 西安正信财务咨询有限公司2022年2月8日对2022年1月的增值税进行纳税申报，填写“增值税及附加税费申报表（小规模纳税人适用）”及其附表。

工作引例解析二 见本章第3节。

第1节　增值税的认知

情境引例

甲公司为增值税一般纳税人，本年[①]1月新购一辆大客车作为班车用于接送员工上下班，请问甲公司对此能否抵扣进项税额？

一、增值税的概念与改革历程

（一）增值税的概念

增值税是对在中华人民共和国境内销售货物或者提供加工、修理修配劳务（“加工、修理修配劳务”简称“劳务”），销售服务、无形资产、不动产以及进口货物的企业单位和个人，就其取得货物、劳务、服务、无形资产、不动产的增值额以及进口货物的金额为计税依据而课征的一种流转税。

（二）增值税的改革历程

我国自1979年开始在部分城市试行增值税，1982年财政部制定了《增值税暂行办法》，自1983年1月1日开始在全国试行，并分别于1984年、1993年、2009年和2012年进行了四次重要改革。现行的增值税制度以2008年11月10日国务院颁布的国务院令第538号《中华人民共和国增值税暂行条例》（简称《增值税暂行条例》）为基础。

1984年的第一次改革属于增值税的过渡阶段。此时的增值税是在产品税的基础上征收的，征税范围较窄，税率档次较多，计算方式复杂，留有产品税的痕迹，属变性增值税。

1993年的第二次改革属于增值税的规范阶段。参照国际通行做法，结合我国实际情况，扩大了征税范围，减并了税率，规范了计算方法，开始进入国际通行的规范化行列。

2009年的第三次改革属于增值税的转型阶段。自2009年1月1日起，符合规定的固定资产进项税额允许抵扣，实现了生产型增值税向消费型增值税的转型。

2012年起的第四次改革属于增值税的营改增阶段。交通运输业和部分现代服务业率先由征收营业税改为征收增值税，扩大了增值税的征税范围。

财政部、国家税务总局2011年11月16日公布了营改增试点方案，交通运输业和

---

① 如无特殊说明，本书中的本年均指2023年。

部分现代服务业营改增自2012年1月1日起在上海等地实施。自2012年8月1日起至2012年底，将交通运输业和部分现代服务业作为营改增的试点范围，由上海市分批扩大至北京、天津、江苏、浙江、安徽、福建、湖北、广东、厦门、深圳10个省、直辖市、计划单列市。经国务院批准，自2013年8月1日起，在全国范围内开展交通运输业（除铁路运输外）和部分现代服务业营改增试点。自2014年1月1日起，营改增试点扩大到铁路运输和邮政服务业。自2014年6月1日起，营改增试点扩大到电信业。自2016年5月1日起，将建筑业、房地产业、金融业、生活服务业4个行业纳入营改增试点范围。至此，营业税全部改征增值税。

二、增值税的征税范围

（一）增值税征税范围的基本规定

1. 销售或者进口货物

销售货物是指有偿转让货物的所有权。进口货物是指申报进入中国海关境内的货物。只要是报关进口的应税货物，均属于增值税的征税范围，除享受免税政策外，在进口环节缴纳增值税。

【点拨指导】有偿是指从购买方取得货币、货物或者其他经济利益。货物是指除土地、房屋和其他建筑物等一切不动产之外的有形动产，包括电力、热力、气体在内。

2. 提供（销售）加工、修理修配劳务

加工是指受托加工货物，即委托方提供原材料及主要材料，受托方按照委托方的要求制造货物并收取加工费的业务；修理修配是指受托对损伤和丧失功能的货物进行修复，使其恢复原状和功能的业务。

提供加工、修理修配劳务是指有偿提供加工、修理修配劳务，但单位或者个体工商户聘用的员工为本单位或者雇主提供加工、修理修配劳务，则不包括在内。

在我国境内销售货物或者提供加工、修理修配劳务是指：（1）销售货物的起运地或者所在地在境内；（2）提供的应税劳务发生地在境内。

3. 销售服务、无形资产或者不动产

在我国境内销售服务、无形资产或者不动产，是指有偿提供服务、有偿转让无形资产或者不动产，但属于下列非经营活动的情形除外：

（1）行政单位收取的同时满足以下条件的政府性基金或者行政事业性收费：由国务院或者财政部批准设立的政府性基金，由国务院或者省级人民政府及其财政、价格主管部门批准设立的行政事业性收费；收取时开具省级以上（含省级）财政部门监（印）制的财政票据；所收款项全额上缴财政。

（2）单位或者个体工商户聘用的员工为本单位或者雇主提供取得工资的服务。

（3）单位或者个体工商户为聘用的员工提供服务。

（4）财政部和国家税务总局规定的其他情形。

在境内销售服务、无形资产或者不动产，是指：（1）服务（租赁不动产除外）或者无形资产（自然资源使用权除外）的销售方或者购买方在境内；（2）所销售或者租赁的不动产在境内；（3）所销售自然资源使用权的自然资源在境内；（4）财政部和国家税务总局规定的其他情形。

（二）销售服务、无形资产或者不动产的具体内容

1. 销售服务

销售服务是指提供交通运输服务、邮政服务、电信服务、建筑服务、金融服务、现代服务、生活服务。

（1）交通运输服务。交通运输服务是指利用运输工具将货物或者旅客送达目的地，使其空间位置得到转移的业务活动，包括陆路运输服务、水路运输服务、航空运输服务和管道运输服务。

【特别提示】水路运输的程租、期租业务属于交通运输服务中的水路运输服务；航空运输的湿租业务属于交通运输服务中的航空运输服务；水路运输的光租业务和航空运输的干租业务属于现代服务中的经营租赁服务。

（2）邮政服务。邮政服务是指中国邮政集团公司及其所属邮政企业提供邮件寄递、邮政汇兑、机要通信和邮政代理等邮政基本服务的业务活动，包括邮政普遍服务、邮政特殊服务和其他邮政服务。

（3）电信服务。电信服务是指利用有线、无线的电磁系统或者光电系统等各种通信网络资源，提供语音通话服务，传送、发射、接收或者应用图像、短信等电子数据和信息的业务活动，包括基础电信服务和增值电信服务。

（4）建筑服务。建筑服务是指各类建筑物、构筑物及其附属设施的建造、修缮、装饰，线路、管道、设备、设施等的安装以及其他工程作业的业务活动，包括工程服务、安装服务、修缮服务、装饰服务和其他建筑服务。

（5）金融服务。金融服务是指经营金融保险的业务活动，包括贷款服务、直接收费金融服务、保险服务和金融商品转让。

（6）现代服务。现代服务是指围绕制造业、文化产业、现代物流产业等提供技术性、知识性服务的业务活动，包括研发和技术服务、信息技术服务、文化创意服务、物流辅助服务、租赁服务、鉴证咨询服务、广播影视服务、商务辅助服务和其他现代服务。

（7）生活服务。生活服务是指为满足城乡居民日常生活需求提供的各类服务活动，包括文化体育服务、教育医疗服务、旅游娱乐服务、餐饮住宿服务、居民日常服务和其他生活服务。

2. 销售无形资产

销售无形资产是指转让无形资产所有权或者使用权的业务活动。无形资产是指不具

实物形态，但能带来经济利益的资产，包括技术、商标、著作权、商誉、自然资源使用权和其他权益性无形资产。

技术包括专利技术和非专利技术。

自然资源使用权包括土地使用权、海域使用权、探矿权、采矿权、取水权和其他自然资源使用权。

其他权益性无形资产包括基础设施资产经营权、公共事业特许权、配额、经营权（包括特许经营权、连锁经营权、其他经营权）、经销权、分销权、代理权、会员权、席位权、网络游戏虚拟道具、域名、名称权、肖像权、冠名权、转会费等。

3. 销售不动产

销售不动产是指转让不动产所有权的业务活动。不动产是指不能移动或者移动后会引起性质、形状改变的财产，包括建筑物、构筑物等。

建筑物包括住宅、商业营业用房、办公楼等可供居住、工作或者进行其他活动的建造物。

构筑物包括道路、桥梁、隧道、水坝等建造物。

转让建筑物有限产权或者永久使用权的，转让在建的建筑物或者构筑物所有权的，以及在转让建筑物或者构筑物时一并转让其所占土地的使用权的，按照销售不动产缴纳增值税。

（三）增值税征收范围的特殊规定

1. 视同销售货物

单位或者个体工商户的下列行为，视同销售货物：

（1）将货物交付其他单位或者个人代销。

（2）销售代销货物。

（3）设有两个以上机构并实行统一核算的纳税人，将货物从一个机构移送其他机构用于销售，但相关机构设在同一县（市）的除外。

（4）将自产或者委托加工的货物用于非增值税应税项目。

（5）将自产、委托加工的货物用于集体福利或者个人消费。

（6）将自产、委托加工或者购进的货物作为投资，提供给其他单位或者个体工商户。

（7）将自产、委托加工或者购进的货物分配给股东或者投资者。

（8）将自产、委托加工或者购进的货物无偿赠送其他单位或者个人。

上述第（5）项所称“集体福利或者个人消费”是指企业内部设置的供职工使用的食堂、浴室、理发室、宿舍、幼儿园等福利设施及设备、物品等，或者以福利、奖励、津贴等形式发放给职工个人的物品。

【特别提示】全面试行营改增后，由于营业税退出了历史舞台，上述第（4）项的“非增值税应税项目”已经失去意义。根据财税〔2016〕36号文件精神及增值税相关原理，上述第（4）项失效。

2. 视同销售服务、无形资产或者不动产

下列情形视同销售服务、无形资产或者不动产：

（1）单位或者个体工商户向其他单位或者个人无偿提供服务，但用于公益事业或者以社会公众为对象的除外。

（2）单位或者个人向其他单位或者个人无偿转让无形资产或者不动产，但用于公益事业或者以社会公众为对象的除外。

（3）财政部和国家税务总局规定的其他情形。

【特别提示】纳税人出租不动产，租赁合同中约定免租期的，不属于视同销售服务。

3. 混合销售行为

一项销售行为如果既涉及货物又涉及服务，为混合销售。从事货物的生产、批发或者零售的单位和个体工商户的混合销售行为，按照销售货物缴纳增值税；其他单位和个体工商户的混合销售行为，按照销售服务缴纳增值税。

上述从事货物的生产、批发或者零售的单位和个体工商户，包括以从事货物的生产、批发或者零售为主，并兼营销售服务的单位和个体工商户在内。

4. 兼营行为

纳税人销售货物、加工修理修配劳务、服务、无形资产或不动产适用不同税率或者征收率的，应当分别核算适用不同税率或者征收率的销售额；未分别核算销售额的，按照以下方法从高适用税率或者征收率：

（1）兼有不同税率的销售货物、加工修理修配劳务、服务、无形资产或不动产，从高适用税率。

（2）兼有不同征收率的销售货物、加工修理修配劳务、服务、无形资产或不动产，从高适用征收率。

（3）兼有不同税率和征收率的销售货物、加工修理修配劳务、服务、无形资产或不动产，从高适用税率。

【特别提示】判断混合销售的关键是“同时”；判断兼营的关键是“并”。

三、增值税的纳税人

增值税的纳税人是指税法规定负有缴纳增值税义务的单位和个人。在中华人民共和国境内销售货物或提供加工、修理修配劳务（简称劳务），销售服务、无形资产、不动产以及进口货物的单位和个人，为增值税的纳税人。

单位是指企业、行政单位、事业单位、军事单位、社会团体及其他单位；个人是指个体工商户和其他个人。

对于销售货物、提供加工修理修配劳务或者进口货物的行为，单位租赁或者承包给其他单位或者个人经营的，以承租人或者承包人为纳税人。

对于销售服务、无形资产或者不动产的行为，单位以承包、承租、挂靠方式经营的，承包人、承租人、挂靠人（统称承包人）以发包人、出租人、被挂靠人（统称发包人）名义对外经营并由发包人承担相关法律责任的，以该发包人为纳税人；否则，以承包人为纳税人。2017年7月1日（含）以后，资管产品运营过程中发生的增值税应税行为，以资管产品管理人为增值税纳税人。

按照经营规模的大小和会计核算健全与否等标准，增值税纳税人可分为一般纳税人和小规模纳税人两大类。

（一）增值税一般纳税人

一般纳税人是指年应征增值税销售额（简称年应税销售额，指的是销售货物、劳务、服务、无形资产、不动产年应征增值税销售额之和）超过税法规定的小规模纳税人标准（自2018年5月1日起，小规模纳税人的标准为500万元及以下）的企业和企业性单位。一般纳税人的特点是增值税进项税额可以抵扣销项税额。下列纳税人不属于一般纳税人（或者可选择不作为一般纳税人）：

（1）年应税销售额未超过小规模纳税人标准的企业（不属于一般纳税人，但符合一定条件的可申请成为一般纳税人）。

（2）除个体工商户以外的其他个人（不属于一般纳税人）。

（3）非企业性单位、不经常发生增值税应税行为的企业（针对销售货物，提供加工、修理修配劳务的纳税人，年应税销售额超过小规模纳税人标准的，可选择不作为一般纳税人）。

（4）不经常发生应税行为的单位和个体工商户（针对销售服务、无形资产或不动产的纳税人，年应税销售额超过小规模纳税人标准的，可选择不作为一般纳税人）。

在税务机关登记的一般纳税人，可按税法规定计算应纳税额，并使用增值税专用发票。对符合一般纳税人条件但不办理一般纳税人登记手续的纳税人，应按销售额依照增值税税率计算应纳税额，不得抵扣进项税额，也不得使用增值税专用发票。

【特别提示】年应税销售额并不是纳税人某一纳税年度的应税销售额，而是纳税人在连续不超过12个月或4个季度的经营期内（含未取得销售收入的月份或季度）累计应征增值税销售额，包括纳税申报销售额、稽查查补销售额、纳税评估调整销售额。纳税申报销售额是指纳税人自行申报的全部应征增值税销售额，其中包括免税销售额和税务机关代开发票销售额。

【点拨指导】增值税一般纳税人的特点是在一般计税方法下增值税进项税额可以从销项税额中抵扣（购进扣税法）。

（二）增值税小规模纳税人

小规模纳税人是指年应税销售额在规定标准以下，并且会计核算不健全，不能按规定报送有关税务资料的增值税纳税人。小规模纳税人的标准如下：

（1）自2018年5月1日起，增值税小规模纳税人的标准统一为年应税销售额500万元及以下。

（2）年应税销售额超过小规模纳税人标准的其他个人（指个体工商户以外的个人）。

（3）年应税销售额超过小规模纳税人标准的非企业性单位、不经常发生应税行为的企业（针对销售货物、提供加工修理修配劳务的纳税人）；年应税销售额超过小规模纳税人标准但不经常发生应税行为的单位和个体工商户（针对销售服务、无形资产或者不动产的纳税人）。

小规模纳税人会计核算健全，能够提供准确税务资料的，可以向主管税务机关办理一般纳税人资格登记，成为一般纳税人。

除国家税务总局另有规定外，登记为一般纳税人后，不得转为小规模纳税人。

四、增值税的扣缴义务人

中华人民共和国境外的单位或者个人在境内提供加工、修理修配劳务，在境内未设有经营机构的，以其境内代理人为增值税扣缴义务人；在境内没有代理人的，以购买方为增值税扣缴义务人。

境外的单位或者个人在境内发生应税行为（销售服务、无形资产或不动产），在境内未设有经营机构的，以购买方为增值税扣缴义务人。财政部和国家税务总局另有规定的除外。

应扣缴增值税额＝购买方支付的价款÷(1＋税率)×税率

五、增值税税率和征收率

一般纳税人一般情况下采用一般计税方法并适用税率。自2017年7月1日起，将原来的增值税税率13%调整为11%。自2018年5月1日起，增值税一般纳税人发生增值税应税销售行为或者进口货物，原适用17%和11%税率的，分别调整为16%和10%。自2019年4月1日起，增值税一般纳税人发生增值税应税销售行为或者进口货物，原适用16%税率的，税率调整为13%；原适用10%税率的，税率调整为9%。一般纳税人特殊情况下采用简易计税方法并适用征收率。小规模纳税人缴纳增值税采用简易计税方法并适用征收率。

（一）基本税率

增值税的基本税率为13%，适用于纳税人销售或者进口货物（适用9%的低税率的除外）、提供加工修理修配劳务、销售有形动产租赁服务。

（二）低税率

1. 9%的低税率

（1）一般纳税人销售或者进口下列货物，税率为9%：1）粮食等农产品、食用植物油、食用盐；2）自来水、暖气、冷气、热水、煤气、石油液化气、天然气、二甲醚、沼气、居民用煤炭制品；3）图书、报纸、杂志、音像制品、电子出版物；4）饲料、化肥、农药、农机、农膜；5）国务院规定的其他货物。

（2）一般纳税人销售交通运输、邮政、基础电信、建筑、不动产租赁服务，销售不动产，转让土地使用权，税率为9%。

2. 6%的低税率

一般纳税人销售增值电信服务、金融服务、现代服务和生活服务，销售土地使用权以外的无形资产，税率为6%。

（三）零税率

（1）纳税人出口货物或者劳务，税率为零；但是，国务院另有规定的除外。

（2）境内单位和个人跨境销售国务院规定范围内的服务或者无形资产（统称跨境应税行为），税率为零。

（四）征收率

我国增值税的法定征收率是3%，一些特殊项目适用3%的征收率减按2%征收。全面试行营改增后与不动产有关的特殊项目适用5%的征收率，一些特殊项目适用5%的征收率减按1.5%征收。

自2020年3月1日至2021年3月31日，湖北省增值税小规模纳税人，适用3%征收率的应税销售收入，免征增值税；适用3%预征率的预缴增值税项目，暂停预缴增值税。自2023年1月1日至2023年12月31日，增值税小规模纳税人适用3%征收率的应税销售收入，减按1%征收率征收增值税；适用3%预征率的预缴增值税项目，减按1%预征率预缴增值税。

自2023年1月1日至2023年12月31日，国家税务总局关于增值税小规模纳税人减免增值税等政策有关征管事项规定如下：

（1）增值税小规模纳税人（以下简称小规模纳税人）发生增值税应税销售行为，合计月销售额未超过10万元（以1个季度为1个纳税期的，季度销售额未超过30万元）的，免征增值税。

小规模纳税人发生增值税应税销售行为，合计月销售额超过10万元（以1个季度为1个纳税期的，季度销售额超过30万元），但扣除本期发生的销售不动产的销售额后未超过10万元（以1个季度为1个纳税期的，季度销售额未超过30万元）的，其销售货物、劳务、服务、无形资产取得的销售额免征增值税。

（2）适用增值税差额征税政策的小规模纳税人，以差额后的销售额确定是否可以享受“自2023年1月1日至2023年12月31日，对月销售额10万元（以1个季度为1个纳税期的，季度销售额30万元）以下（含本数）的增值税小规模纳税人，免征增值税”规定中的免征增值税政策。

《增值税及附加税费申报表（小规模纳税人适用）》中的“免税销售额”相关栏次，填写差额后的销售额。

（3）《中华人民共和国增值税暂行条例实施细则》第九条所称的其他个人，采取一次性收取租金形式出租不动产取得的租金收入，可在对应的租赁期内平均分摊，分摊后的月租金收入未超过10万元的，免征增值税。

（4）小规模纳税人取得应税销售收入，适用“自2023年1月1日至2023年12月31日，对月销售额10万元（以1个季度为1个纳税期的，季度销售额30万元）以下（含本数）的增值税小规模纳税人，免征增值税”规定中的免征增值税政策的，纳税人可就该笔销售收入选择放弃免税并开具增值税专用发票。

（5）小规模纳税人取得应税销售收入，适用“自2023年1月1日至2023年12月31日，增值税小规模纳税人适用3%征收率的应税销售收入，减按1%征收率征收增值税”政策的，应按照1%征收率开具增值税发票。纳税人可就该笔销售收入选择放弃减税并开具增值税专用发票。

（6）小规模纳税人取得应税销售收入，纳税义务发生时间在2022年12月31日前并已开具增值税发票，如发生销售折让、中止或者退回等情形需要开具红字发票，应开具对应征收率红字发票或免税红字发票；开票有误需要重新开具的，应开具对应征收率红字发票或免税红字发票，再重新开具正确的蓝字发票。

（7）小规模纳税人发生增值税应税销售行为，合计月销售额未超过10万元（以1个季度为1个纳税期的，季度销售额未超过30万元）的，免征增值税的销售额等项目应填写在《增值税及附加税费申报表（小规模纳税人适用）》“小微企业免税销售额”或者“未达起征点销售额”相关栏次；减按1%征收率征收增值税的销售额应填写在《增值税及附加税费申报表（小规模纳税人适用）》“应征增值税不含税销售额（3%征收率）”相应栏次，对应减征的增值税应纳税额按销售额的2%计算填写在《增值税及附加税费申报表（小规模纳税人适用）》“本期应纳税额减征额”及《增值税减免税申报明细表》减税项目相应栏次。

（8）按固定期限纳税的小规模纳税人可以选择以1个月或1个季度为纳税期限，一经选择，一个会计年度内不得变更。

（9）按照现行规定应当预缴增值税税款的小规模纳税人，凡在预缴地实现的月销售额未超过10万元（以1个季度为1个纳税期的，季度销售额未超过30万元）的，当期无需预缴税款。在预缴地实现的月销售额超过10万元（以1个季度为1个纳税期的，季度销售额超过30万元）的，适用3%预征率的预缴增值税项目，减按1%预征率预缴增值税。

（10）小规模纳税人中的单位和个体工商户销售不动产，应按其纳税期、上述第（9）条以及其他现行政策规定确定是否预缴增值税；其他个人销售不动产，继续按照现行规定征免增值税。

（11）纳税人《财政部 税务总局关于明确增值税小规模纳税人减免增值税等政策的公告》（财政部 税务总局公告 2023 年第 1 号）第四条规定申请办理抵减或退还已缴纳税款，如果已经向购买方开具了增值税专用发票，应先将增值税专用发票追回。

【知识链接】纳税人销售货物、加工修理修配劳务、服务、无形资产或不动产，适用不同税率或者征收率的，应当分别核算适用不同税率或者征收率的销售额；未分别核算销售额的，从高适用税率或者征收率。

六、增值税一般计税方法下应纳税额的计算

我国增值税一般纳税人在一般计税方法下应纳税额的计算实行购进扣税法。一般纳税人在一般计税方法下销售货物、劳务、服务、无形资产、不动产（统称应税销售行为），应纳税额为当期销项税额抵扣当期进项税额后的余额。其应纳增值税的计算公式为：

应纳增值税＝当期销项税额－当期准予抵扣的进项税额
＝当期销售额×适用税率－当期准予抵扣的进项税额

式中，当期是个很重要的时间限定，是指税务机关依照税法对纳税人确定的纳税期间。只有在纳税期间内实际发生的销项税额、进项税额才是法定的当期销项税额、进项税额。如果当期销项税额小于当期准予抵扣的进项税额，则当期不足抵扣的部分可以结转到下期继续抵扣。

（一）销售额的确定

1. 一般销售方式下销售额的确定

销售额为纳税人发生应税销售行为收取的全部价款和价外费用，但是不包括收取的销项税额。

价外费用包括向购货方收取的手续费、补贴、基金、集资费、返还利润、奖励费、违约金、滞纳金、延期付款利息、赔偿金、包装费、包装物租金、储备费、优质费、运输装卸费、代收款项、代垫款项及其他各种性质的价外费用。但下列项目不包括在内：

（1）向购买方收取的销项税额。

（2）受托加工应征消费税的消费品所代收代缴的消费税。

（3）同时符合以下条件的代垫运输费用：承运部门将运输费用发票开具给购买方的；纳税人（销货方）将该项发票转交给购买方的。

(4) 同时符合以下条件代为收取的政府性基金或者行政事业性收费：由国务院或者财政部批准设立的政府性基金，由国务院或者省级人民政府及其财政、价格主管部门批准设立的行政事业性收费；收取时开具省级以上财政部门印制的财政票据；所收款项全额上缴财政。

(5) 销售货物的同时代办保险等而向购买方收取的保险费，以及向购买方收取的代购买方缴纳的车辆购置税、车辆牌照费。

(6) 以委托方名义开具发票代委托方收取的款项。

【特别提示】 价外费用（价外向购买方收取的手续费、违约金、延期付款利息、赔偿金、包装费、优质费等）一般情况下都是含增值税的，无论其在会计上如何核算，均应按适用税率换算成不含增值税价格并入销售额计算应纳税额。

【点拨指导】 增值税属于价外税，一般情况下，题目中会明确指出销售额是否含增值税。在未明确指出的情况下，需要注意以下原则：(1) 商业企业的"零售价"肯定含增值税；(2) 增值税专用发票和增值税普通发票注明的不含税金额（不含税销售额）肯定不含增值税；(3) 增值税专用发票和增值税普通发票上注明的价税合计金额肯定含增值税；(4) 价外费用和收取的包装物押金视为含增值税收入。

2. 价税合并收取情况下销售额的确定

纳税人采用销售额和销项税额合并定价的，需将含税销售额换算成不含税销售额，按下列公式计算不含税销售额：

不含税销售额＝含税销售额÷(1＋增值税税率)

【点拨指导】 一般纳税人采用一般计税方法计算销项税额的基数"销售额"是不含税的，小规模纳税人或一般纳税人采用简易计税方法计算应纳增值税额的基数"销售额"也是不含税的。如果是含税销售额，要先换算成不含税销售额后再计算。

3. 需要核定的销售额的确定

纳税人发生应税销售行为的价格明显偏低并无正当理由的，由主管税务机关核定其销售额。纳税人发生视同提供应税行为而无销售额的，由主管税务机关按照下列顺序核定其销售额：

(1) 按照纳税人最近时期销售同类货物、服务、无形资产或不动产的平均价格确定。

(2) 按照其他纳税人最近时期销售同类货物、服务、无形资产或不动产的平均价格确定。

(3) 按照组成计税价格确定。组成计税价格的计算公式如下。

1) 若销售的是服务、无形资产或不动产，或者销售的货物不属于消费税应税消费品，则

组成计税价格＝成本＋利润＝成本×(1＋成本利润率)

2) 若销售的货物属于消费税应税消费品，则计算公式分别如下。

第一，实行从价定率办法计算纳税的组成计税价格的计算公式为：

组成计税价格＝成本＋利润＋消费税
＝成本×(1＋成本利润率)＋消费税
＝成本×(1＋成本利润率)÷(1－消费税比例税率)

第二，实行从量定额办法计算纳税的组成计税价格的计算公式为：

组成计税价格＝成本＋利润＋消费税
＝成本×(1＋成本利润率)＋消费税
＝成本×(1＋成本利润率)＋课税数量×消费税定额税率

第三，实行复合计税办法计算纳税的组成计税价格的计算公式为：

组成计税价格＝成本＋利润＋消费税
＝成本×(1＋成本利润率)＋消费税
＝[成本×(1＋成本利润率)＋课税数量×消费税定额税率]
÷(1－消费税比例税率)

式中，成本利润率由国家税务总局规定。

【点拨指导】在视同销售及视同提供应税行为中：(1) 有“同类货物”“同类服务、无形资产或不动产”的，直接按照“纳税人、其他纳税人”最近时期“同类货物”“同类服务、无形资产或不动产”的平均价格确定销售额即可；(2) 没有“同类货物”“同类服务、无形资产或不动产”的，才需要计算组成计税价格来确定销售额。

4. 销售额应以人民币计算

纳税人按照人民币以外的货币结算销售额的，应当以外币价格折合成人民币计算，其销售额的人民币折合率可以选择销售额发生的当天或者当月1日的人民币汇率中间价。纳税人应当事先确定采用何种折合率，一旦确定12个月内不得变更。

5. 纳税人兼营免税、减税项目

纳税人兼营免税、减税项目的，应当分别核算免税、减税项目的销售额；未分别核算销售额的，不得免税、减税。

（二）销项税额的确定

一般纳税人在一般计税方法下发生应税销售行为，按照销售额和税法规定的税率计算收取的增值税额，为销项税额。其计算公式为：

销项税额＝销售额×适用税率

式中，销售额不包括向购买方收取的增值税额。

（三）进项税额的确定

纳税人购进货物、劳务、服务、无形资产、不动产支付或者负担的增值税额，为进项税额。

1. 准予从销项税额中抵扣的进项税额

（1）从销售方取得的增值税专用发票（含税控机动车销售统一发票）上注明的增值税税额。

（2）从海关取得的海关进口增值税专用缴款书上注明的增值税税额。

（3）自 2018 年 5 月 1 日起，纳税人购进农产品，原适用 11%扣除率的，扣除率调整为 10%。自 2019 年 4 月 1 日起，纳税人购进农产品，原适用 10%扣除率的，扣除率调整为 9%。自 2019 年 4 月 1 日起，纳税人购进农产品，按下列规定抵扣进项税额：

1）除第 2）项规定外，纳税人购进农产品，取得一般纳税人开具的增值税专用发票或海关进口增值税专用缴款书的，以增值税专用发票或海关进口增值税专用缴款书上注明的增值税额为进项税额；从按照简易计税方法依照 3%征收率计算缴纳增值税的小规模纳税人处取得增值税专用发票的，以增值税专用发票上注明的金额和 9%的扣除率计算进项税额；取得（开具）农产品销售发票或收购发票的，以农产品销售发票或收购发票上注明的农产品买价和 9%的扣除率计算进项税额（买价是指纳税人购进农产品在农产品收购发票或者销售发票上注明的价款和按照规定缴纳的烟叶税）。

2）自 2019 年 4 月 1 日起的营改增试点期间，纳税人购进用于生产或者委托加工 13%税率货物的农产品，按照 10%的扣除率计算进项税额。

【点拨指导】 自 2019 年 4 月 1 日起，纳税人购进用于生产或委托加工 13%税率货物的农产品，在购买时先抵扣 9%，领用用于生产或委托加工 13%税率货物时再抵扣 1%。

3）继续推进农产品增值税进项税额核定扣除试点，纳税人购进农产品进项税额已实行核定扣除的，仍按照《财政部 国家税务总局关于在部分行业试行农产品增值税进项税额核定扣除办法的通知》（财税〔2012〕38 号）、《财政部 国家税务总局关于扩大农产品增值税进项税额核定扣除试点行业范围的通知》（财税〔2013〕57 号）执行。其中，《农产品增值税进项税额核定扣除试点实施办法》（财税〔2012〕38 号附件 1）第四条第（二）项规定的扣除率调整为 9%；第（三）项规定的扣除率调整为按上述第 1）项、第 2）项规定执行。

4）纳税人从批发、零售环节购进适用免征增值税政策的蔬菜、部分鲜活肉蛋而取得的普通发票，不得作为计算抵扣进项税额的凭证。

5）纳税人购进农产品既用于生产销售或委托加工 13%税率货物又用于生产销售其他货物服务的，应当分别核算用于生产销售或委托加工 13%税率货物和其他货物服务的农产品进项税额。未分别核算的，统一以增值税专用发票或海关进口增值税专用缴款书上注明的增值税额为进项税额，或以农产品收购发票或者销售发票上注明的农产品买价和 9%的扣除率计算进项税额。

6）销售发票是指农业生产者销售自产农产品适用免征增值税政策而开具的增值税普通发票。

（4）自境外单位或者个人购进劳务、服务、无形资产或境内的不动产，从税务机关或者扣缴义务人取得的代扣代缴税款的完税凭证上注明的增值税额。

（5）自2019年4月1日起，购进国内旅客运输服务，其进项税额允许从销项税额中抵扣。纳税人购进国内旅客运输服务未取得增值税专用发票的，暂按照以下规定确定进项税额：

1）取得增值税电子普通发票的，为发票上注明的税额。

2）取得注明旅客身份信息的航空运输电子客票行程单的，为按照下列公式计算的进项税额：

航空旅客运输进项税额＝(票价＋燃油附加费)÷(1＋9%)×9%

3）取得注明旅客身份信息的铁路车票的，为按照下列公式计算的进项税额：

铁路旅客运输进项税额＝票面金额÷(1＋9%)×9%

4）取得注明旅客身份信息的公路、水路等其他客票的，为按照下列公式计算的进项税额：

公路、水路等其他旅客运输进项税额＝票面金额÷(1＋3%)×3%

【特别提示】加计抵减政策

自2023年1月1日至2023年12月31日，增值税加计抵减政策按照以下规定执行：

（1）允许生产性服务业纳税人按照当期可抵扣进项税额加计5%抵减应纳税额。生产性服务业纳税人，是指提供邮政服务、电信服务、现代服务、生活服务取得的销售额占全部销售额的比重超过50%的纳税人。

（2）允许生活性服务业纳税人按照当期可抵扣进项税额加计10%抵减应纳税额。生活性服务业纳税人，是指提供生活服务取得的销售额占全部销售额的比重超过50%的纳税人。

（3）纳税人适用加计抵减政策的其他有关事项，按照《财政部 税务总局 海关总署关于深化增值税改革有关政策的公告》（财政部 税务总局 海关总署公告2019年第39号）、《财政部 税务总局关于明确生活性服务业增值税加计抵减政策的公告》（财政部 税务总局公告2019年第87号）等有关规定执行。

（4）符合《财政部 税务总局 海关总署关于深化增值税改革有关政策的公告》（2019年第39号）、1号公告规定的生产性服务业纳税人，应在年度首次确认适用5%加计抵减政策时，通过电子税务局或办税服务厅提交《适用5%加计抵减政策的声明》（略）；符合《财政部 税务总局关于明确生活性服务业增值税加计抵减政策的公告》（2019年第87号）、1号公告规定的生活性服务业纳税人，应在年度首次确认适用10%加计抵减政策时，通过电子税务局或办税服务厅提交《适用10%加计抵减政策的声明》（略）。

（5）纳税人适用加计抵减政策的其他征管事项，按照《国家税务总局关于国内旅客运输服务进项税抵扣等增值税征管问题的公告》（2019年第31号）第二条等有关规定执行。

【点拨指导】增值税一般纳税人从小规模纳税人处取得的增值税普通发票，不得作为进项税额抵扣的凭据（购进国内旅客运输服务等特殊情况除外）；但一般纳税人取得由税务机关为小规模纳税人代开或者小规模纳税人自行开具的增值税专用发票，且该增值税专用发票符合抵扣规定，则可以将增值税专用发票上注明的税额作为进项税额抵扣（假设小规模纳税人适用的增值税征收率为3%，则一般纳税人一般按不含税价款的3%作为进项税额抵扣）。

【点拨指导】视同销售行为所涉及的购进货物、劳务、服务、无形资产或者不动产的进项税额，凡符合规定的，允许从销项税额中抵扣。

2. 不得从销项税额中抵扣的进项税额

（1）用于简易计税方法计税项目、免征增值税项目、集体福利或者个人消费的购进货物、劳务、服务、无形资产和不动产。其中涉及的固定资产、无形资产、不动产，仅指专用于上述项目的固定资产、无形资产（不包括其他权益性无形资产）、不动产。纳税人的交际应酬消费属于个人消费。

【特别提示】自2018年1月1日起，纳税人租入固定资产、不动产，既用于一般计税方法计税项目，又用于简易计税方法计税项目、免征增值税项目、集体福利或者个人消费的，其进项税额准予从销项税额中全额抵扣。

【情境引例解析】

根据《增值税暂行条例》的规定，用于简易计税方法计税项目、免征增值税项目、集体福利或者个人消费的购进货物、劳务、服务、无形资产和不动产的进项税额不得从销项税额中抵扣。因此，甲公司购入的大客车用于接送员工上下班，属于用于集体福利，其进项税额不得抵扣。

（2）非正常损失的购进货物，以及相关的劳务和交通运输服务。

（3）非正常损失的在产品、产成品所耗用的购进货物（不包括固定资产）、劳务和交通运输服务。

（4）非正常损失的不动产，以及该不动产所耗用的购进货物、设计服务和建筑服务。

（5）非正常损失的不动产在建工程所耗用的购进货物、设计服务和建筑服务。

纳税人新建、改建、扩建、修缮、装饰不动产，均属于不动产在建工程。

非正常损失是指管理不善造成货物被盗、丢失、霉烂变质，以及违反法律法规造成货物或者不动产被依法没收、销毁、拆除的情形。

（6）购进的旅客运输服务、贷款服务、餐饮服务、居民日常服务和娱乐服务。

上述第（4）（5）项所称货物，是指构成不动产实体的材料和设备，包括建筑装饰材料和给排水、采暖、卫生、通风、照明、通讯、煤气、消防、中央空调、电梯、电气、智能化楼宇设备及配套设施。

【特别提示】纳税人购进货物、劳务、服务、无形资产或不动产，取得的增值税扣税凭证不符合法律、行政法规或者国务院税务主管部门有关规定的，其进项税额不得从销项税额中抵扣。增值税扣税凭证是指增值税专用发票、海关进口增值税专用缴款书、农产品收购发票或者销售发票（含农产品核定扣除的进项税额）、代扣代缴税收完税凭证和符合规定的国内旅客运输发票等。

（四）进口货物增值税应纳税额的计算

不同于一般增值税在生产、批发、零售等环节征税，进口增值税是专门在进口环节征收的一种增值税。

【特别提示】进口增值税实际上属于增值税进项税。

我国税法规定，纳税人进口货物，按照组成计税价格和规定的增值税税率计算增值税额，不得抵扣任何税额（在计算进口环节的增值税额时，不得抵扣发生在我国境外的各种税金）。组成计税价格和应纳税额的计算如下。

进口货物计算增值税应纳税额的公式如下：

应纳税额＝组成计税价格×增值税税率

其中，组成计税价格的计算公式如下：

（1）若进口货物不属于消费税应税消费品，则

组成计税价格＝关税完税价格＋关税

（2）若进口货物属于消费税应税消费品，则计算公式分别如下。

1）实行从价定率办法计算纳税的组成计税价格的计算公式为：

$$\text{组成计税价格}=\text{关税完税价格}+\text{关税}+\text{消费税}$$
$$=(\text{关税完税价格}+\text{关税})\div(1-\text{消费税比例税率})$$

2）实行从量定额办法计算纳税的组成计税价格的计算公式为：

$$\text{组成计税价格}=\text{关税完税价格}+\text{关税}+\text{消费税}$$
$$=\begin{matrix}\text{关税完税}\\\text{价格}\end{matrix}+\text{关税}+\begin{matrix}\text{海关核定的应税}\\\text{消费品的进口数量}\end{matrix}\times\begin{matrix}\text{消费税}\\\text{定额税率}\end{matrix}$$

3）实行复合计税办法计算纳税的组成计税价格的计算公式为：

$$\text{组成计税价格}=\text{关税完税价格}+\text{关税}+\text{消费税}$$
$$=\left(\begin{matrix}\text{关税完税}\\\text{价格}\end{matrix}+\text{关税}+\begin{matrix}\text{海关核定的应税}\\\text{消费品的进口数量}\end{matrix}\times\begin{matrix}\text{消费税}\\\text{定额税率}\end{matrix}\right)\div\left(1-\begin{matrix}\text{消费税}\\\text{比例税率}\end{matrix}\right)$$

七、增值税简易计税方法下应纳税额的计算

小规模纳税人发生应税销售行为，实行按照销售额乘以征收率计算应纳税额的简易计税方法，并不得抵扣进项税额。一般纳税人特殊情况下也采用简易计税方法。其应纳

税额计算公式为：

应纳增值税＝销售额×征收率

简易计税方法的销售额不包括其应纳增值税额。纳税人采用销售额和应纳增值税额合并定价方法的，应将其换算为不含税销售额，按照下列公式计算销售额：

销售额＝含税销售额÷(1＋征收率)

一般纳税人发生财政部和国家税务总局规定的特定应税行为，可以选择按照简易计税方法计税，但一经选定，36 个月内不得变更。

【特别提示】自 2020 年 2 月 1 日起，增值税小规模纳税人（其他个人除外）发生增值税应税行为，需要开具增值税专用发票的，可以自愿使用增值税发票管理系统自行开具。选择自行开具增值税专用发票的小规模纳税人，税务机关不再为其代开增值税专用发票。

【知识链接】小规模纳税人不得抵扣进项税额。另外，小规模纳税人取得的销售额与一般纳税人类似，均为销售货物、加工修理修配劳务、服务、无形资产或不动产向购买方收取的全部价款和价外费用，不包括收取的增值税额。

八、增值税的征收管理

（一）增值税的纳税义务发生时间

（1）采取直接收款方式销售货物的，不论货物是否发出，其纳税义务的发生时间均为收到销售款项或者取得索取销售款项凭据的当天；先开具发票的，其纳税义务的发生时间为开具发票的当天。纳税人发生应税行为（销售服务、无形资产或不动产）的，其纳税义务的发生时间为收讫销售款项或者取得索取销售款项凭据的当天；先开具发票的，其纳税义务的发生时间为开具发票的当天。

【特别提示】对于纳税人发生应税行为（销售服务、无形资产或不动产）来说，收讫销售款项是指纳税人销售服务、无形资产、不动产过程中或者完成后收到款项。取得索取销售款项凭据的当天是指书面合同确定的付款日期；未签订书面合同或者书面合同未确定付款日期的，为服务、无形资产转让完成的当天或者不动产权属变更的当天。

（2）采取托收承付和委托银行收款方式销售货物的，其纳税义务的发生时间为发出货物并办妥托收手续的当天。

（3）采取赊销和分期收款方式销售货物的，其纳税义务的发生时间为书面合同约定的收款日期的当天；无书面合同的或者书面合同没有约定收款日期的，其纳税义务的发生时间为货物发出的当天。

（4）采取预收货款方式销售货物的，其纳税义务的发生时间为货物发出的当天；但生产销售生产工期超过12个月的大型机械设备、船舶、飞机等货物的，其纳税义务的发生时间为收到预收款或者书面合同约定的收款日期的当天。

纳税人提供租赁服务采取预收款方式的，其纳税义务发生时间为收到预收款的当天。

（5）纳税人提供建筑服务取得预收款，应在收到预收款时，以取得的预收款扣除支付的分包款后的余额，按照规定的预征率预缴增值税。按照现行规定应在建筑服务发生地预缴增值税的项目，纳税人收到预收款时在建筑服务发生地预缴增值税。按照现行规定无须在建筑服务发生地预缴增值税的项目，纳税人收到预收款时在机构所在地预缴增值税。适用一般计税方法计税的项目预征率为2%，适用简易计税方法计税的项目预征率为3%。

（6）纳税人提供建筑服务，被工程发包方从应支付的工程款中扣押的质押金、保证金，未开具发票的，其纳税义务的发生时间为纳税人实际收到质押金、保证金的当天。

（7）纳税人从事金融商品转让的，其纳税义务的发生时间为金融商品所有权转移的当天。

（8）委托其他纳税人代销货物的，其纳税义务的发生时间为收到代销单位的代销清单或者收到全部或部分货款的当天。未收到代销清单及货款的，其纳税义务的发生时间为发出代销货物满180天的当天。

（9）证券公司、保险公司、金融租赁公司、证券基金管理公司、证券投资基金以及其他经中国人民银行、银保监会、证监会批准成立且经营金融保险业务的机构发放贷款后，自结息日起90天内发生的应收未收利息按现行规定缴纳增值税，自结息日起90天后发生的应收未收利息暂不缴纳增值税，待实际收到利息时按规定缴纳增值税。

（10）销售应税劳务的，其纳税义务的发生时间为提供劳务同时收讫销售款项或者取得索取销售款项凭据的当天。

（11）纳税人发生视同销售货物行为（不包括代销行为）的，其纳税义务的发生时间为货物移送的当天。纳税人发生视同销售服务、无形资产或不动产行为的，其纳税义务发生时间为服务、无形资产转让完成的当天或者不动产权属变更的当天。

（12）纳税人进口货物的，其纳税义务发生的时间为报关进口的当天。

（13）增值税扣缴义务发生时间为纳税人增值税纳税义务发生的当天。

（二）增值税的纳税期限

增值税的纳税期限分别为1日、3日、5日、10日、15日、1个月或者1个季度。纳税人的具体纳税期限由主管税务机关根据纳税人应纳税额的大小分别核定。以1个季度为纳税期限的规定适用于小规模纳税人、银行、财务公司、信托投资公司、信用社，以及财政部和国家税务总局规定的其他纳税人。不能按照固定期限纳税的，可以按次纳税。

纳税人以1个月或者1个季度为1个纳税期的，自纳税期满之日起15日内申报纳税；以1日、3日、5日、10日或者15日为1个纳税期的，自纳税期满之日起5日内预缴税款，于次月1日起15日内申报纳税并结清上月应纳税款。

扣缴义务人解缴税款的期限，按照上述规定执行。

纳税人进口货物，应当自海关填发海关进口增值税专用缴款书之日起15日内缴纳税款。

（三）增值税的纳税地点

（1）固定业户应当向其机构所在地或者居住地主管税务机关申报纳税。总机构和分支机构不在同一县（市）的，应当分别向各自所在地的主管税务机关申报纳税；经财政部和国家税务总局或者其授权的财政和税务机关批准，可以由总机构汇总向总机构所在地的主管税务机关申报纳税。

（2）固定业户到外县（市）销售货物或者劳务，应当向其机构所在地的主管税务机关报告外出经营事项，并向其机构所在地的主管税务机关申报纳税；未报告的，应当向销售地或者劳务发生地的主管税务机关申报纳税；未向销售地或劳务发生地的主管税务机关申报纳税的，由其机构所在地的主管税务机关补征税款。

（3）非固定业户销售货物、劳务、服务、无形资产或不动产，应当向销售地、劳务发生地或者应税行为（销售服务、无形资产或不动产）发生地主管税务机关申报纳税；未申报纳税的，由其机构所在地或者居住地主管税务机关补征税款。

（4）其他个人提供建筑服务，销售或者租赁不动产，转让自然资源使用权，应向建筑服务发生地、不动产所在地、自然资源所在地主管税务机关申报纳税。

（5）纳税人进口货物，应当向报关地海关申报纳税。

（6）扣缴义务人应当向其机构所在地或者居住地主管税务机关申报缴纳其扣缴的税款。

第2节 增值税的会计核算

情境引例

购买方已认证①的增值税专用发票，出现开具红字增值税专用发票的情形，需要退回销售方吗？

① 认证分为通过扫描进行认证、通过勾选确认进行认证，目前一般不再通过扫描进行认证，而是通过勾选确认进行认证，即通过在增值税发票综合服务平台勾选确认的方式进行认证。例如，甲公司取得的增值税专用发票本年1月符合抵扣规定（即本年1月进项税额从销项税额中进行了抵扣），需要甲公司务必在本年2月初的纳税申报期内，对取得的增值税专用发票通过增值税发票综合服务平台进行勾选确认。

一、增值税会计科目及专栏的设置

【点拨指导】本节内容主要根据《财政部关于印发〈增值税会计处理规定〉的通知》（财会〔2016〕22号）（简称22号文件）以及《关于〈增值税会计处理规定〉有关问题的解读》编写。

（一）增值税一般纳税人会计科目及专栏的设置

增值税一般纳税人应当在“应交税费”科目下设置“应交增值税”“未交增值税”“预交增值税”“待抵扣进项税额”“待认证进项税额”“待转销项税额”“增值税留抵税额”“简易计税”“转让金融商品应交增值税”“代扣代交增值税”“增值税检查调整”共11个明细科目。

(1)“应交增值税”明细科目。“应交增值税”明细科目的借、贷方需要核算许多经济内容，借方既要核算进项税额，又要核算预缴的税金等；贷方既要核算销项税额，又要核算出口退税、进项税额转出等。“应交增值税”明细科目如果仍使用三栏式账户，则不能详细地核算企业增值税的计提、扣减、预缴、缴纳等情况。因此，在账户设置上采用了多栏式账户的方式，在“应交税费——应交增值税”账户的借方和贷方分别设了若干个专栏进行核算。

增值税一般纳税人应在“应交增值税”明细账内设置“进项税额”“销项税额抵减”“已交税金”“转出未交增值税”“减免税款”“出口抵减内销产品应纳税额”“销项税额”“出口退税”“进项税额转出”“转出多交增值税”等专栏。“应交税费——应交增值税”明细账如表2-1所示。

表2-1 “应交税费——应交增值税”明细账

略	借方							贷方					借或贷	余额
	合计	进项税额	销项税额抵减	已交税金	转出未交增值税	减免税款	出口抵减内销产品应纳税额	合计	销项税额	出口退税	进项税额转出	转出多交增值税		

1)“进项税额”专栏，记录一般纳税人购进货物、加工修理修配劳务、服务、无形资产或不动产而支付或负担的、准予从当期销项税额中抵扣的增值税额。

【点拨指导】22号文件此处对“进项税额”专栏的定义，与财税〔2016〕36号文件附件1第二十四条的规定“进项税额，是指纳税人购进货物、加工修理修配劳务、服务、无形资产或不动产，支付或者负担的增值税额”相比，其内容增加了“准予从当期销项税额中抵扣的增值税额”。这意味着不得从当期销项税额中抵扣的增值税额，不能通过“进项税额”专栏核算。

然而，根据《关于〈增值税会计处理规定〉有关问题的解读》，一般纳税人购进货物、加工修理修配劳务、服务、无形资产或不动产，用于简易计税方法计税项目、免征增值税项目、集体福利或个人消费等，其进项税额按照现行增值税制度规定不得从销项税额中抵扣的，取得增值税专用发票时，应借记相关成本费用或资产科目，借记“应交税费——待认证进项税额”科目，贷记“银行存款”“应付账款”等科目。经税务机关认证后，根据有关“进项税额”“进项税额转出”专栏及“待认证进项税额”明细科目的核算内容，先转入“进项税额”专栏，借记“应交税费——应交增值税（进项税额）”科目，贷记“应交税费——待认证进项税额”科目；按现行增值税制度规定转出时，记入“进项税额转出”专栏，借记相关成本费用或资产科目，贷记“应交税费——应交增值税（进项税额转出）”科目。不得从当期销项税额中抵扣的增值税额，在会计处理的过程中仍然要先通过“进项税额”专栏核算。

因此，22 号文件对“进项税额”专栏的定义表述不确切，建议将其定义修改为：“进项税额”专栏，记录一般纳税人购进货物、加工修理修配劳务、服务、无形资产或不动产而支付或负担的、准予从当期销项税额中抵扣的增值税额，以及不得从当期销项税额中抵扣的将要转出的进项税额。

对于一般纳税人购进货物、加工修理修配劳务、服务、无形资产或不动产而支付或负担的、不准予从当期销项税额中抵扣的增值税额，即税法规定不得抵扣的进项税额，按照 22 号文件以及《关于〈增值税会计处理规定〉有关问题的解读》，应当分三步处理。

（1）一般纳税人购进货物、加工修理修配劳务、服务、无形资产或不动产而支付或负担的，按照税法规定不得抵扣的进项税额，当期取得增值税扣税凭证（以增值税专用发票为例）时：

借：原材料等
　　应交税费——待认证进项税额
　贷：银行存款等

（2）取得的增值税专用发票符合抵扣规定时：

借：应交税费——应交增值税（进项税额）
　贷：应交税费——待认证进项税额

事实上，如果取得增值税专用发票的当月就符合抵扣规定，可以将上述两步合并为：

借：原材料等
　　应交税费——应交增值税（进项税额）
　贷：银行存款等

（3）按现行增值税制度规定转出时：

借：原材料等

贷：应交税费——应交增值税（进项税额转出）

2）“销项税额抵减”专栏，记录一般纳税人按照现行增值税制度规定因扣减销售额而减少的销项税额。

3）“已交税金”专栏，记录一般纳税人当月已交纳的应交增值税额。

【点拨指导】22号文件此处对“已交税金”专栏的定义使用“交”字不确切，建议将其定义修改为：“已交税金”专栏，记录一般纳税人当月已缴纳的应缴增值税额。

【点拨指导】“已交税金”专栏是22号文件保留的原来规定中的专栏，但注意不要与“应交税费——预交增值税”明细科目的核算内容混淆。

《增值税暂行条例》第二十三条规定，增值税的纳税期限分别为1日、3日、5日、10日、15日、1个月或者1个季度。纳税人的具体纳税期限，由主管税务机关根据纳税人应纳税额的大小分别核定；不能按照固定期限纳税的，可以按次纳税。纳税人以1个月或者1个季度为1个纳税期的，自期满之日起15日内申报纳税；以1日、3日、5日、10日或者15日为1个纳税期的，自期满之日起5日内预缴税款，于次月1日起15日内申报纳税并结清上月应纳税款。按照上述规定，一般纳税人以1日、3日、5日、10日或者15日为1个纳税期的，自期满之日起5日内预缴税款时，应借记“应交税费——应交增值税（已交税金）”科目，贷记“银行存款”科目。

4）“转出未交增值税”和“转出多交增值税”专栏，分别记录一般纳税人月度终了转出当月应交未交或多交的增值税额。

【点拨指导】22号文件此处对“转出未交增值税”和“转出多交增值税”专栏的定义使用“交”字不确切，建议将其定义修改为：“转出未交增值税”和“转出多交增值税”专栏，分别记录一般纳税人月度终了转出当月应缴未缴或多缴的增值税额。

【归纳总结】（1）月份终了，将当月应缴未缴的增值税额从“应交税费——应交增值税”明细科目转入“应交税费——未交增值税”明细科目。

借：应交税费——应交增值税（转出未交增值税）

贷：应交税费——未交增值税

（2）月份终了，将当月多缴的增值税额从“应交税费——应交增值税”明细科目转入“应交税费——未交增值税”明细科目。

借：应交税费——未交增值税

贷：应交税费——应交增值税（转出多交增值税）

（3）月份终了，将当月预缴的增值税额从“应交税费——预交增值税”明细科目转入“应交税费——未交增值税”明细科目。

借：应交税费——未交增值税

贷：应交税费——预交增值税

（4）当月申报期内缴纳以前期间未缴的增值税额（或者下个月申报期内缴纳本月的

增值税额）。

借：应交税费——未交增值税

贷：银行存款

5）“减免税款”专栏，记录一般纳税人按现行增值税制度规定准予减免的增值税额。

【点拨指导】22号文件此处对“减免税款”的定义不够严谨。如果一般纳税人适用简易计税方法时发生减免税额的情况，则不应使用“应交税费——应交增值税（减免税款）”科目，而应使用“应交税费——简易计税”科目。因此，该专栏实际上是核算一般纳税人适用一般计税方法时发生减免税额的情况。建议将其定义改为：“减免税款”专栏，记录一般纳税人按现行增值税制度规定适用一般计税方法时准予减免的增值税额。

6）“出口抵减内销产品应纳税额”专栏，记录实行“免、抵、退”办法的一般纳税人按规定计算的出口货物的进项税额抵减内销产品的应纳税额。

【点拨指导】22号文件此处对“出口抵减内销产品应纳税额”的定义不够严谨。事实上，“出口抵减内销产品应纳税额”专栏，并非记录实行“免、抵、退”办法的一般纳税人按规定计算的出口货物的进项税额抵减内销产品的应纳税额。

例如，甲公司为一家生产企业，是增值税一般纳税人，实行“免、抵、退”办法，当月货物全部自营出口，无内销收入，当月实现出口（外销）货物离岸价折合人民币800万元，出口货物征税率为13%，退税率为9%，当月可抵扣的进项税额为60万元，则

$$\text{当期免抵退税不得免征和抵扣税额(即进项税额转出)}=\text{当期出口货物离岸价}\times\text{外汇人民币牌价}\times\left(\text{出口货物征税率}-\text{出口货物退税率}\right)-\text{当期免抵退税不得免征和抵扣税额抵减额}$$

$$=800\times(13\%-9\%)-0=32(\text{万元})$$

$$\text{当期应纳税额}=\text{当期内销货物的销项税额}-\left(\text{当期全部进项税额}-\text{当期免抵退税不得免征和抵扣税额}\right)-\text{上期留抵税额}$$

$$=0-(60-32)-0=-28(\text{万元})$$

应纳税额小于0，说明当期期末留抵税额为28万元。

$$\text{当期免抵退税额}=\text{出口货物离岸价}\times\text{外汇人民币牌价}\times\text{出口货物退税率}-\text{免抵退税额抵减额}$$

$$=800\times9\%-0=72(\text{万元})$$

当期期末留抵税额28万元＜当期免抵退税额72万元，因此

当期应退税额＝当期期末留抵税额＝28(万元)

当期免抵税额＝当期免抵退税额－当期应退税额＝72－28＝44(万元)

此处的当期免抵税额在账务上即为“出口抵减内销产品应纳税额”，但是进项税额

并未抵减内销产品的应纳税额，因为本例中根本就没有内销收入。

因此，建议将“出口抵减内销产品应纳税额”的定义修改为：“出口抵减内销产品应纳税额”专栏，记录实行“免、抵、退”办法的一般纳税人按规定计算的当期免抵税额。

7）“销项税额”专栏，记录一般纳税人销售货物、加工修理修配劳务、服务、无形资产或不动产应收取的增值税额。

【点拨指导】 22 号文件此处“应收取”的表述不确切，应当为“应收取”或者“已收取”。因此，建议将其定义改为：“销项税额”专栏，记录一般纳税人销售货物、加工修理修配劳务、服务、无形资产或不动产而收取的增值税额。

8）“出口退税”专栏，记录一般纳税人出口货物、加工修理修配劳务、服务、无形资产按规定退回的增值税额。

【点拨指导】 22 号文件此处对于“出口退税”专栏定义不准确。

一方面，“按规定退回的增值税额”与“按规定应退回的增值税额”并不完全是一个概念。例如，实行“免、退”办法的外贸企业当期计算的应退回的增值税额，应记入该专栏，但是该企业当期不一定会实际收到应退回的增值税，有可能是应收应退回的增值税。因此“应退回”比“退回”更确切。

另一方面，实行“免、抵、退”办法的生产企业记入“出口退税”专栏的是免抵退税额，而非按规定退回的增值税额或者按规定应退回的增值税额。例如，甲公司为一家生产企业，是增值税一般纳税人，实行“免、抵、退”办法，当月货物全部自营出口，无内销收入。当月实现出口（外销）货物离岸价折合人民币 800 万元，出口货物征税率为 13%，退税率为 9%，当月可抵扣的进项税额为 60 万元，则

$$\begin{aligned}\begin{matrix}\text{当期免抵退税不得免征和抵扣}\\\text{税额(即进项税额转出)}\end{matrix} &= \begin{matrix}\text{当期出口}\\\text{货物离岸价}\end{matrix} \times \begin{matrix}\text{外汇人民币}\\\text{牌价}\end{matrix} \times \left(\begin{matrix}\text{出口货物}\\\text{征税率}\end{matrix} - \begin{matrix}\text{出口货物}\\\text{退税率}\end{matrix}\right)\\ &\quad - \text{当期免抵退税不得免征和抵扣税额抵减额}\\ &= 800\times(13\%-9\%)-0=32(\text{万元})\end{aligned}$$

$$\begin{aligned}\begin{matrix}\text{当期}\\\text{应纳税额}\end{matrix} &= \begin{matrix}\text{当期内销货物的}\\\text{销项税额}\end{matrix} - \left(\begin{matrix}\text{当期全部}\\\text{进项税额}\end{matrix} - \begin{matrix}\text{当期免抵退税不得}\\\text{免征和抵扣税额}\end{matrix}\right) - \begin{matrix}\text{上期}\\\text{留抵税额}\end{matrix}\\ &= 0-(60-32)-0=-28(\text{万元})\end{aligned}$$

应纳税额小于 0，说明当期期末留抵税额为 28 万元。

$$\begin{aligned}\begin{matrix}\text{当期免抵}\\\text{退税额}\end{matrix} &= \begin{matrix}\text{出口货物}\\\text{离岸价}\end{matrix} \times \begin{matrix}\text{外汇人民币}\\\text{牌价}\end{matrix} \times \begin{matrix}\text{出口货物}\\\text{退税率}\end{matrix} - \begin{matrix}\text{免抵退税额}\\\text{抵减额}\end{matrix}\\ &= 800\times 9\%-0=72(\text{万元})\end{aligned}$$

当期期末留抵税额 28 万元＜当期免抵退税额 72 万元，因此

$$\text{当期应退税额}=\text{当期期末留抵税额}=28(\text{万元})$$

$$\text{当期免抵税额}=\text{当期免抵退税额}-\text{当期应退税额}=72-28=44(\text{万元})$$

其账务处理如下。

借：应收出口退税款——增值税　　280 000

　　应交税费——应交增值税（出口抵减内销产品应纳税额）　　440 000

　贷：应交税费——应交增值税（出口退税）　　720 000

上述会计分录中的数据来源于甲公司《免抵退税申报汇总表》中的相关数据，其中应收出口退税款为28万元，免抵税额为44万元。此时，“出口退税”专栏并不是按规定退回的增值税额或者按规定应退回的增值税额28万元，而是免抵退税额72万元。

在生产企业采用的“免、抵、退”办法下，“出口退税”专栏的金额一般情况下等于税务机关审核的《免抵退税申报汇总表》中免抵退税额的当期数；而在外贸企业采用的“免、退”办法下，可以将“出口退税”专栏定义为：记录外贸企业一般纳税人出口货物、加工修理修配劳务、服务、无形资产按“免、抵、退”办法直接计算的应退回的增值税额。因此，建议将“出口退税”专栏的定义修改为：“出口退税”专栏，记录一般纳税人出口货物、加工修理修配劳务、服务、无形资产按“免、抵、退”办法计算的当期免抵退税额或按“免、退”办法直接计算的应退回的增值税额。

9）“进项税额转出”专栏，记录一般纳税人购进货物、加工修理修配劳务、服务、无形资产或不动产等发生非正常损失以及其他原因而不应从销项税额中抵扣、按规定转出的进项税额。

（2）“未交增值税”明细科目，核算一般纳税人月度终了从“应交增值税”或“预交增值税”明细科目转入当月应交未交、多交或预缴的增值税额，以及当月交纳以前期间未交的增值税额。

【点拨指导】22号文件此处“当月应交未交、多交或预缴的增值税额”中的“交”和“缴”混用，不统一。事实上对于税款的缴纳或者交纳，用“缴”更为适合。22号文件中的会计科目“应交税费——应交增值税”中用的是“交”，这已经不容易改为“缴”，但会计科目之外最好统一为“缴”，下同。因此，建议将其定义修改为：“未交增值税”明细科目，核算一般纳税人月度终了从“应交增值税”或“预交增值税”明细科目转入当月应缴未缴、多缴或预缴的增值税额，以及当月缴纳以前期间未缴的增值税额。

（3）“预交增值税”明细科目，核算一般纳税人转让不动产、提供不动产经营租赁服务、提供建筑服务、采用预收款方式销售自行开发的房地产项目等，以及其他按现行增值税制度规定应预缴的增值税额。

【点拨指导】22号文件此处对于“预交增值税”明细科目定义不准确。一般纳税人只有在适用一般计税方法时发生的预缴行为，才可使用“应交税费——预交增值税”科目，而一般纳税人选择简易计税方法时发生的预缴行为，应使用“应交税费——简易计税”科目。因此，建议将“预交增值税”明细科目的定义修改为：“预交增值税”明细科目，核算一般纳税人适用一般计税方法时转让不动产、提供不动产经营租赁服务、提供建筑服务、采用预收款方式销售自行开发的房地产项目等，以及其他按现行增值税制度规定应预缴的增值税额。

【特别提示】“预交增值税”是22号文件增加的二级明细科目。它解决了一般纳税人转让不动产、提供不动产经营租赁服务、提供建筑服务、采用预收款方式销售自行开发的房地产项目等，以及其他按现行增值税制度规定应预缴的增值税额在哪个科目核算的问题，原来一般记入“已交税金”专栏，现在明确记入“预交增值税”明细科目。月份终了，将当月预缴的增值税额从“应交税费——预交增值税”科目转入“未交增值税”明细科目，借记“应交税费——未交增值税”科目，贷记“应交税费——预交增值税”科目。

（4）“待抵扣进项税额”明细科目，核算一般纳税人已取得增值税扣税凭证并经税务机关认证，按照现行增值税制度规定准予以后期间从销项税额中抵扣的进项税额，包括：一般纳税人自2016年5月1日后取得并按固定资产核算的不动产或者2016年5月1日后取得的不动产在建工程，按现行增值税制度规定准予以后期间从销项税额中抵扣的进项税额（自2019年4月1日起，分期抵扣规定停止执行，即纳税人取得不动产或者不动产在建工程的进项税额不再分2年抵扣。此前按照分期抵扣规定尚未抵扣完毕的待抵扣进项税额，可自2019年4月税款所属期起从销项税额中抵扣）；实行纳税辅导期管理的一般纳税人取得的尚未交叉稽核比对的增值税扣税凭证上注明或计算的进项税额。

（5）“待认证进项税额”明细科目，核算一般纳税人由于未经税务机关认证而不得从当期销项税额中抵扣的进项税额，包括：一般纳税人已取得增值税扣税凭证、按照现行增值税制度规定准予从销项税额中抵扣，但尚未经税务机关认证的进项税额；一般纳税人已申请稽核但尚未取得稽核相符结果的海关缴款书进项税额。

【点拨指导】22号文件上述条款的最后一句“一般纳税人已申请稽核但尚未取得稽核相符结果的海关缴款书进项税额”表述有一定的问题。实务中基本上不存在已申请稽核但尚未取得稽核相符结果的情况，因为一旦申请稽核，很快就会取得稽核相符的结果。更为重要的是，上述条款遗漏了尚未申请稽核的情况。建议将上述条款修改为：一般纳税人已取得海关缴款书，但尚未申请稽核或者已申请稽核但尚未取得稽核相符结果的海关缴款书进项税额。

【归纳总结】对“应交税费——待抵扣进项税额”明细科目、“应交税费——待认证进项税额”明细科目、“应交税费——应交增值税（进项税额）”明细科目、“应交税费——应交增值税（进项税额转出）”明细科目的区分如下：

（1）“应交税费——待抵扣进项税额”明细科目，核算的是已认证但是按规定以后期间才能抵扣的进项税额。

（2）“应交税费——待认证进项税额”明细科目，核算的是还没有认证，但是以后期间可以认证的进项税额。

（3）“应交税费——应交增值税（进项税额）”明细科目，核算认证通过或不需要认证当期准予抵扣的进项税额。

（4）“应交税费——应交增值税（进项税额转出）”明细科目，核算认证通过或不需要认证而已经从销项税额中抵扣，但由于后来改变用途或发生非正常损失等原因，而不应从销项税额中抵扣、按规定需要转出的进项税额。

(6)“待转销项税额”明细科目，核算一般纳税人销售货物、加工修理修配劳务、服务、无形资产或不动产，已确认相关收入（或利得）但尚未发生增值税纳税义务而需于以后期间确认为销项税额的增值税额。

【点拨指导】22 号文件的上述条款只描述了一般纳税人采用一般计税方法的此类业务，却未提及一般纳税人采用简易计税方法的此类业务，也未提及小规模纳税人采用简易计税方法的此类业务。因此，“需于以后期间确认为销项税额的增值税额”的说法不准确，因为简易计税方法的“增值税额”（或者称为“应纳增值税额”）不能称为销项税额。建议将此处“应交税费——待转销项税额”的名称改为“应交税费——待转增值税额”，用来统一核算一般纳税人采用一般计税方法的此类业务、一般纳税人采用简易计税方法的此类业务，以及小规模纳税人的此类业务。

【点拨指导】增设“待转销项税额”科目的目的在于解决税会差异的会计处理问题。经济业务已满足会计准则规定的确认收入的条件，但是未达到增值税纳税义务发生时间，此时便会产生税会差异。例如一般纳税人销售货物，已经发出货物且符合收入确认条件，但既未取得销售款项或索取销售款项的凭据，也未开具销售发票，此时应在会计上确认收入，但在税法上无须确认增值税。

在 22 号文件发布之前，对于这种情况，账务处理上一般只计入不含增值税收入，不计提增值税。但是这种做法会导致“应收账款”等科目核算不准确。22 号文件采用待转销项税额的方式，比较合理地解决了上述问题。

例如，在 22 号文件发布前，甲公司（一般纳税人）向客户乙公司销售货物，不含增值税价格为 200 万元，满足会计准则的收入确认条件，但尚未达到增值税纳税义务发生时间，其账务处理为：

借：应收账款——乙公司	2 000 000
贷：主营业务收入	2 000 000

这种账务处理下，与客户乙公司的应收账款往来款显示为 200 万元，该金额是不正确的，正确的应当是 2 000 000×(1＋增值税税率)。而按照 22 号文件的规定，这个问题得以解决。其账务处理为：

借：应收账款——乙公司	2 000 000×(1＋增值税税率)
贷：主营业务收入	2 000 000
应交税费——待转销项税额	2 000 000×增值税税率

《国家税务总局关于增值税纳税义务发生时间有关问题的公告》（国家税务总局公告 2011 年第 40 号）规定，纳税人生产经营活动中采取直接收款方式销售货物，已将货物移送对方并暂估销售收入入账，但既未取得销售款项或取得索取销售款项凭据也未开具销售发票的，其增值税纳税义务发生时间为取得销售款项或取得索取销售款项凭据的当天；先开具发票的，为开具发票的当天。上述税法的规定与此账务处理方式在原理上是一致的。

(7)“增值税留抵税额”明细科目，核算兼有销售服务、无形资产或者不动产的原增值税一般纳税人，截至纳入营改增试点之日前的增值税期末留抵税额按照现行增值税制度规定不得从销售服务、无形资产或不动产的销项税额中抵扣的增值税留抵税额。

【点拨指导】《国家税务总局关于调整增值税一般纳税人留抵税额申报口径的公告》（国家税务总局公告2016年第75号）已经将营改增前增值税留抵税额挂账的规定取消，相应地，这个科目在2016年12月申报期只能使用一次，之后取消使用。

(8)“简易计税”明细科目，核算一般纳税人采用简易计税方法发生的增值税计提、扣减、预缴、缴纳等业务。

【特别提示】“简易计税”明细科目与“未交增值税”明细科目的区别：“简易计税”明细科目承担了一般纳税人适用简易计税方法计税的几乎全部职能，即计提、扣减、预缴、缴纳等，这与“未交增值税”明细科目核算的单一职能有所区别。小规模纳税人的“应交增值税”明细科目也是同样的情况，承担了小规模纳税人计税的几乎全部职能，即计提、扣减、预缴、缴纳等。实务中，建议在“简易计税”明细科目下设置“计提”“扣减”“预缴”“缴纳”专栏。

(9)“转让金融商品应交增值税”明细科目，核算增值税纳税人转让金融商品发生的增值税额。

【特别提示】全面试行营改增后，金融商品持有期间（含到期）利息（保本收益、报酬、资金占用费、补偿金等）收入应当按照贷款服务缴纳增值税，这部分税金不在“转让金融商品应交增值税”科目核算。

(10)“代扣代交增值税”明细科目，核算纳税人购进在境内未设经营机构的境外单位或个人在境内的应税行为代扣代缴的增值税。

【点拨指导】对于境内增值税扣缴义务人代扣代缴境外纳税人增值税的，在22号文件发布前并无明确的文件规定对其账务核算进行规范，核算也比较混乱，有的计入应交税费，有的计入其他应付款，还有的计入应付账款等。22号文件统一规定，此种扣缴的情况通过“应交税费——代扣代交增值税”明细科目核算，虽然扣缴的增值税不属于扣缴义务人的应纳税费，但是参照会计准则中对于企业扣缴个人所得税的做法，将其计入应交税费也比较合理。

(11)“增值税检查调整”明细科目。根据《国家税务总局关于印发〈增值税日常稽查办法〉的通知》（国税发〔1998〕44号）的规定，增值税一般纳税人在税务机关对其增值税纳税情况进行检查后，凡涉及应交增值税账务调整的，应设立“应交税费——增值税检查调整”专门科目。凡检查后应调减账面进项税额或调增账面销项税额和进项税额转出的，借记有关科目，贷记“应交税费——增值税检查调整”科目；凡检查后应调增账面进项税额或调减账面销项税额和进项税额转出的，借记“应交税费——增值税检查调整”科目，贷记有关科目；全部调账事项入账后，应对该科目的余额进行处理，处理后，该科目无余额。

【点拨指导】《中华人民共和国会计法》第八条规定，国家实行统一的会计制度。国家统一的会计制度由国务院财政部门根据本法制定并公布。国务院有关部门可以依照本法和国家统一的会计制度制定对会计核算和会计监督有特殊要求的行业实施国家统一的会计制度的具体办法或者补充规定，报国务院财政部门审核批准。这说明国家税务总局作为国务院有关部门可以制定对会计核算和会计监督有特殊要求的行业实施国家统一的会计制度的具体办法或者补充规定。

【特别提示】相比之前的增值税会计处理文件，22号文件规定，从原来的两个明细科目（二级科目）"应交增值税""未交增值税"增加为10个明细科目。但22号文件没有涉及"应交税费"科目下设置的"增值税检查调整"明细科目。22号文件废止的两个文件分别是《营业税改征增值税试点有关企业会计处理规定》（财会〔2012〕13号）和《关于小微企业免征增值税和营业税的会计处理规定》（财会〔2013〕24号）。而"应交税费——增值税检查调整"是在《国家税务总局关于印发〈增值税日常稽查办法〉的通知》（国税发〔1998〕44号）中规定的，由于该文件是国家税务总局制定的，财政部不能发文废止，"应交税费——增值税检查调整"这个明细科目依然有效。因此，增值税的明细科目共有11个（10+1）。

（二）增值税小规模纳税人会计科目的设置

小规模纳税人只需在"应交税费"科目下设置"应交增值税"明细科目，不需要设置一般纳税人设置的专栏及除"转让金融商品应交增值税""代扣代交增值税"外的明细科目。

【点拨指导】小规模纳税人发生的业务比一般纳税人简单，只需在"应交税费"科目下设置"应交增值税""转让金融商品应交增值税""代扣代交增值税"三个明细科目，以减轻小规模纳税人的核算压力。

【归纳总结】"应交税费——应交增值税"明细科目核算小规模纳税人除转让金融商品以及代扣代缴业务以外的应纳税额，发生的纳税义务（计提）在本科目贷方反映，扣减、预缴、缴纳均在本科目借方反映。采购业务对应的进项税额，即使取得增值税专用发票等合规扣税凭证，也应当在发生时记入成本费用或资产科目，不得记入本科目借方。

"应交税费——转让金融商品应交增值税"明细科目核算小规模纳税人转让金融商品应纳增值税额，产生的转让收益按应纳税额在本科目贷方反映，实际缴纳时在本科目借方反映。产生转让损失，按现行政策规定可在年内抵减的，应将结转下月可抵减的应纳税额在本科目借方反映，年末本科目如有借方余额，则应自本科目贷方结转至"投资收益"科目借方。

"应交税费——代扣代交增值税"明细科目核算小规模纳税人购买在境内未设经营机构的境外单位或个人在境内的应税行为代扣代缴的增值税。发生的代扣代缴义务在本科目贷方反映，实际缴纳时在本科目借方反映。

二、销售等业务增值税的会计核算

（一）一般销售业务增值税的会计核算

企业销售货物、加工修理修配劳务、服务、无形资产或不动产，应当按应收或已收的金额，借记“应收账款”“应收票据”“银行存款”等科目；按取得的收入金额，贷记“主营业务收入”“其他业务收入”“固定资产清理”等科目；按现行增值税制度规定计算的销项税额（或采用简易计税方法计算的应纳增值税额），贷记“应交税费——应交增值税（销项税额）”或“应交税费——简易计税”科目（小规模纳税人应贷记“应交税费——应交增值税”科目）。发生销售退回的，应根据按规定开具的红字增值税专用发票做相反的会计分录。

【点拨指导】22号文件上述条款的最后一句只提到了红字增值税专用发票，未考虑到红字增值税普通发票。建议将上述条款修改为：发生销售退回的，应根据按规定开具的红字增值税专用发票、红字增值税普通发票做相反的会计分录。下同。

1. 采用直接收款方式销售货物的销项税额或应纳增值税额的会计核算

企业采取直接收款方式销售货物的，不论货物是否发出，其纳税义务发生时间均为收到销售款项或者取得索取销售款项凭据的当天。企业生产经营活动中采取直接收款方式销售货物，已将货物移送对方并暂估销售收入入账，但既未收到销售款项或取得索取销售款项凭据也未开具销售发票的，其增值税纳税义务发生时间为收到销售款项或取得索取销售款项凭据的当天；先开具发票的，为开具发票的当天。

（1）销售除固定资产以外的货物的销项税额或应纳增值税额的会计核算。企业销售除固定资产以外的货物，应当按应收或已收的金额，借记“应收账款”“应收票据”“银行存款”等科目；按取得的收入金额，贷记“主营业务收入”“其他业务收入”等科目；按现行增值税制度规定计算的销项税额（或采用简易计税方法计算的应纳增值税额），贷记“应交税费——应交增值税（销项税额）”或“应交税费——简易计税”科目（小规模纳税人应贷记“应交税费——应交增值税”科目）。发生销售退回的，应根据按规定开具的红字增值税专用发票做相反的会计分录。

【工作实例2-1】 甲公司为增值税一般纳税人，本年2月采取直接收款方式销售A产品一批，开具的增值税专用发票上注明价款600 000元、增值税额78 000元。A产品的成本为400 000元。产品已发出，款项以银行存款收讫。甲公司将该批A产品的控制权于本年2月5日转移给乙公司。

【工作要求】对甲公司上述业务进行账务处理。

【工作实施】（1）确认销售时：

借：银行存款	678 000	
贷：主营业务收入		600 000

应交税费——应交增值税（销项税额） 78 000

（2）结转成本时：

借：主营业务成本 400 000

贷：库存商品 400 000

（2）一般纳税人销售自己使用过的应征消费税的摩托车、汽车、游艇以外的固定资产（不动产除外，下同）的销项税额或应纳增值税额的会计核算。一般纳税人销售自己使用过的应征消费税的摩托车、汽车、游艇以外的固定资产，根据不同方法计算出应缴纳的增值税。将固定资产转入清理时，冲销其账面原值、累计折旧及减值准备，借记“固定资产清理”“累计折旧”“固定资产减值准备”等科目，贷记“固定资产”科目；发生各项清理支出时，借记“固定资产清理”科目，贷记“银行存款”等科目。在销售时，如果企业销售的是已使用过的、可抵扣增值税进项税额的固定资产（增值税转型之后购入，主要指的是2009年1月1日之后），因该项固定资产在原取得时其增值税进项税额已记入“应交税费——应交增值税（进项税额）”科目，销售时按适用税率13%或9%计算确定增值税销项税额，企业应借记“银行存款”等科目，贷记“固定资产清理”“应交税费——应交增值税（销项税额）”（按13%或9%的税率）科目；如果销售的固定资产是在增值税转型之前（主要指的是2008年12月31日之前）购入的，在购入时，增值税进项税额不能抵扣而已计入固定资产成本，即进项税额未记入“应交税费——应交增值税（进项税额）”科目，则其出售视为旧货销售，按照4%的征收率减半计算缴纳增值税（自2014年7月1日起，按照3%的征收率减按2%计算缴纳增值税），企业应借记“银行存款”等科目，贷记“固定资产清理”“应交税费——简易计税”（按照4%的征收率计算，自2014年7月1日起，按照3%的征收率计算）科目，同时，借记“应交税费——简易计税”（按照2%（即4%－2%）计算，自2014年7月1日起，按照1%（即3%－2%）计算）科目，贷记“其他收益”（生产经营期间正常销售固定资产的情形）或者“营业外收入——政府补助”（因自然灾害等原因发生毁损、已丧失使用功能等原因而报废清理固定资产的情形）科目。[①] 按生产经营期间正常销售固定资产所产生的损失，借记“资产处置损益”科目，贷记“固定资产清理”科目；或者按生产经营期间正常销售固定资产所产生的利得，借记“固定资产清理”科目，贷记“资产处置损益”科目。按因自然灾害等原因发生毁损、已丧失使用功能等原因而报废清理固定资产所产生的清理损失，借记“营业外支出——非流动资产毁损报废损失”科目，贷记“固定资产清理”科目；或者按因自然灾害等原因发生毁损、已丧失使用功能等原因而报废清理固定资产所产生的清理收益，借记“固定资产清理”科目，贷记“营业外收入——非流动资产毁损报废收益”科目。

① 有观点认为，不分情况，一律记入“其他收益”科目；另有观点认为，不分情况，一律记入“营业外收入——政府补助”科目。下同。

【工作实例2-2】 甲公司为增值税一般纳税人，2019年7月出售一台使用过的设备，原价为234 000元（含增值税），购入时间为2011年7月，且购入时取得增值税专用发票，发票上注明价款200 000元、增值税额34 000元[①]，甲公司取得的增值税专用发票2011年7月符合抵扣规定。该设备的折旧年限为10年，采用直线法计提折旧，不考虑净残值。2019年7月，售价为56 500元（含增值税），该设备销售时适用13%的增值税税率。

【工作要求】 对甲公司上述业务进行账务处理。

【工作实施】（1）购入设备时：

借：固定资产　200 000

　　应交税费——应交增值税（进项税额）（234 000÷(1+17%)×17%）　34 000

　贷：银行存款　234 000

（2）设备转入清理时：

借：固定资产清理　40 000

　　累计折旧（200 000÷10×8）　160 000

　贷：固定资产　200 000

（3）收到价款时：

借：银行存款　56 500

　贷：固定资产清理（56 500÷(1+13%)）　50 000

　　　应交税费——应交增值税（销项税额）（56 500÷(1+13%)×13%）　6 500

（4）结转设备出售净损益时：

借：固定资产清理（50 000－40 000）　10 000

　贷：资产处置损益　10 000

【工作实例2-3】 甲公司为增值税一般纳税人，2019年12月出售一台使用过的设备，原价为234 000元（含增值税，该设备购买时适用17%的增值税税率）[②]，购入时间为2008年12月，折旧年限为20年，采用直线法计提折旧，不考虑净残值。2019年12月，售价为56 500元（含增值税），按简易计税方法依照3%的征收率减按2%征收增值税，并开具增值税普通发票。

【工作要求】 对甲公司上述业务进行账务处理。

【工作实施】 因该设备购入时间为2008年12月（增值税转型之前），固定资产的原值为234 000元（购入的增值税进项税额计入设备成本）。由于该设备出售时间为2019

---

① 自2018年5月1日起，原17%的增值税税率调整为16%；自2019年4月1日起，原16%的增值税税率调整为13%。因此本题该设备购买时适用的增值税税率仍为17%。

② 自2018年5月1日起，原17%的增值税税率调整为16%；自2019年4月1日起，原16%的增值税税率调整为13%。因此本题该设备购买时适用的增值税税率仍为17%。

年 12 月，该设备出售视为旧货销售，按简易计税方法依照 3%的征收率减按 2%征收增值税。

（1）购入设备时：

借：固定资产	234 000	
贷：银行存款		234 000

（2）设备转入清理时：

借：固定资产清理	105 300	
累计折旧（234 000÷20×11）	128 700	
贷：固定资产		234 000

（3）收到价款时：

借：银行存款	56 500.00	
贷：固定资产清理（56 500÷(1+3%)）		54 854.37
应交税费——简易计税（56 500÷(1+3%)×3%）		1 645.63
借：应交税费——简易计税（56 500÷(1+3%)×(3%−2%)）	548.54	
贷：其他收益		548.54

（4）结转设备出售净损益时：

借：资产处置损益	50 445.63	
贷：固定资产清理（105 300−54 854.37）		50 445.63

（3）一般纳税人销售自己使用过的应征消费税的摩托车、汽车、游艇等固定资产的销项税额或应纳增值税额的会计核算。一般纳税人销售 2013 年 8 月 1 日之前购入的自用应征消费税的摩托车、汽车、游艇等固定资产，按照 4%的征收率减半征收增值税（自 2014 年 7 月 1 日起，按照简易办法[①]依照 3%的征收率减按 2%征收增值税）。一般纳税人销售 2013 年 8 月 1 日之后购入的自用应征消费税的摩托车、汽车、游艇等固定资产，按照 13%的税率计算缴纳增值税。

将固定资产转入清理时，冲销其账面原值、累计折旧及减值准备，借记“固定资产清理”“累计折旧”“固定资产减值准备”等科目，贷记“固定资产”科目。发生各项清理支出时，借记“固定资产清理”科目，贷记“银行存款”等科目。在销售时，按照取得的销售收入和计算的增值税额，借记“银行存款”等科目，贷记“固定资产清理”“应交税费——简易计税”（若一般纳税人销售 2013 年 8 月 1 日之前购入的自用应征消费税的摩托车、汽车、游艇等固定资产，按照 4%的征收率计算，自 2014 年 7 月 1 日起，按照 3%的征收率计算）科目，同时，借记“应交税费——简易计税”（按照 2%（即 4%−2%）计算，自 2014 年 7 月 1 日起，按照 1%（即 3%−2%）计算）科目，贷记“其他收益”（生产经营期间正常销售固定资产）或者“营业外收入——政府补助”

① 简易办法，又称简易方法、简易计税方法。不同税法文件用词不尽相同，但以上三种用词是一个意思。

（因自然灾害等原因发生毁损、已丧失使用功能等原因而报废清理固定资产的情形）科目；或者贷记“固定资产清理”“应交税费——应交增值税（销项税额）”（若一般纳税人销售2013年8月1日之后购入的自用应征消费税的摩托车、汽车、游艇等固定资产，按13%的税率计算）科目。按生产经营期间正常销售固定资产所产生的损失，借记“资产处置损益”科目，贷记“固定资产清理”科目；或按生产经营期间正常销售固定资产所产生的利得，借记“固定资产清理”科目，贷记“资产处置损益”科目。按因自然灾害等原因发生毁损、已丧失使用功能等原因而报废清理固定资产所产生的清理损失，借记“营业外支出——非流动资产毁损报废损失”科目，贷记“固定资产清理”科目；或者按因自然灾害等原因发生毁损、已丧失使用功能等原因而报废清理固定资产所产生的清理收益，借记“固定资产清理”科目，贷记“营业外收入——非流动资产毁损报废收益”科目。

【工作实例2-4】 甲公司为增值税一般纳税人，2019年7月因经营业务调整，出售两辆使用过的小汽车。第一辆小汽车于2013年7月购入，其账面原值为90 000元，已计提折旧54 000元，以60 000元（含增值税）的价格出售，甲公司向对方开具增值税普通发票，款项已收妥存入银行。第二辆小汽车于2014年7月购入，购入时取得增值税专用发票，发票上注明价款120 000元、增值税额20400元，甲公司取得的增值税专用发票2014年7月符合抵扣规定，该小汽车账面原值为120 000元，已计提折旧60 000元，以50 000元（含增值税）的价格出售，甲公司向对方开具增值税专用发票，款项已收妥存入银行。

【工作要求】对甲公司上述业务进行账务处理。

【工作实施】（1）第一辆小汽车相关业务。

1）将第一辆小汽车转入清理时：

借：固定资产清理	36 000	
累计折旧	54 000	
贷：固定资产——小汽车		90 000

2）收到出售第一辆小汽车的价款时：

借：银行存款	60 000.00	
贷：固定资产清理		58 252.43
应交税费——简易计税（60 000÷(1+3%)×3%）		1 747.57
借：应交税费——简易计税（60 000÷(1+3%)×(3%-2%)）	582.52	
贷：其他收益		582.52

3）结转第一辆小汽车出售净损益时：

借：固定资产清理（58 252.43-36 000）	22 252.43	
贷：资产处置损益		22 252.43

（2）第二辆小汽车相关业务。

1）将第二辆小汽车转入清理时：

借：固定资产清理	60 000	

　　累计折旧　　60 000
　贷：固定资产——小汽车　　120 000

2）收到出售第二辆小汽车的价款时：

借：银行存款　　50 000.00
　贷：固定资产清理（50 000÷(1+13%)）　　44 247.79
　　应交税费——应交增值税（销项税额）（50 000÷(1+13%)×13%）
　　　　5 752.21

3）结转第二辆小汽车出售净损益时：

借：资产处置损益　　15 752.21
　贷：固定资产清理（60 000−44 247.79）　　15 752.21

（4）小规模纳税人销售自己使用过的固定资产的会计核算。小规模纳税人（除其他个人外）销售自己使用过的固定资产，减按 2%的征收率征收增值税。这里指的是小规模纳税人适用 3%征收率减按 2%征收，其销售额和应纳增值税的计算公式如下：

销售额＝含增值税销售额÷(1+3%)

应纳增值税＝销售额×2%

其他个人销售自己使用过的固定资产，免征增值税。

小规模纳税人将固定资产转入清理时，冲销其账面原值、累计折旧及减值准备，借记“固定资产清理”“累计折旧”“固定资产减值准备”等科目，贷记“固定资产”科目；发生各项清理支出时，借记“固定资产清理”科目，贷记“银行存款”等科目；在销售时，按照取得的销售收入和计算的增值税额，借记“银行存款”等科目，贷记“固定资产清理”“应交税费——应交增值税”（按照 3%的征收率计算）等科目，同时，借记“应交税费——应交增值税”（按照 1%（即 3%−2%）计算）科目，贷记“其他收益”（生产经营期间正常销售固定资产）或者“营业外收入——政府补助”（因自然灾害等原因发生毁损、已丧失使用功能等原因而报废清理固定资产的情形）科目。按生产经营期间正常销售固定资产所产生的损失，借记“资产处置损益”科目，贷记“固定资产清理”科目；或者按生产经营期间正常销售固定资产所产生的利得，借记“固定资产清理”科目，贷记“资产处置损益”科目。按因自然灾害等原因发生毁损、已丧失使用功能等原因而报废清理固定资产所产生的清理损失，借记“营业外支出——非流动资产毁损报废损失”科目，贷记“固定资产清理”科目；或者按因自然灾害等原因发生毁损、已丧失使用功能等原因而报废清理固定资产所产生的清理收益，借记“固定资产清理”科目，贷记“营业外收入——非流动资产毁损报废收益”科目。

【工作实例 2-5】 甲公司为增值税小规模纳税人，2020 年 1 月因经营业务调整，出售一台使用过的机器设备。该机器设备账面原值为 10 000 元，已计提折旧 2 000 元，以 12 000 元（含增值税）的价格出售。甲公司向对方开具了增值税普通发票，款项已收妥存入银行。

【工作要求】对甲公司上述业务进行账务处理。

【工作实施】(1) 机器设备转入清理时：

借：固定资产清理　8 000
　　累计折旧　2 000
　贷：固定资产——机器设备　10 000

(2) 收到出售机器设备的价款时：

借：银行存款　12 000.00
　贷：固定资产清理　11 650.49
　　　应交税费——应交增值税（12 000÷(1+3%)×3%）　349.51
借：应交税费——应交增值税（12 000÷(1+3%)×(3%−2%)）　116.50
　贷：其他收益　116.50

(3) 结转机器设备出售净损益时：

借：固定资产清理（11 650.49−8 000）　3 650.49
　贷：资产处置损益　3 650.49

2. 采用托收承付或委托收款方式销售货物的销项税额或应纳增值税额的会计核算

企业采用托收承付或委托收款方式销售货物的，其纳税义务发生时间为发出货物并办妥托收手续的当天。企业采用托收承付或委托收款方式销售货物，应当根据托收承付或委托收款结算凭证和发票，按应收的金额，借记“应收账款”科目；按取得的收入金额，贷记“主营业务收入”“其他业务收入”等科目；按现行增值税制度规定计算的销项税额（或采用简易计税方法计算的应纳增值税额），贷记“应交税费——应交增值税（销项税额）”或“应交税费——简易计税”科目（小规模纳税人应贷记“应交税费——应交增值税”科目）。

【工作实例2-6】 甲公司为增值税一般纳税人，本年7月20日采用托收承付结算方式向外地乙公司销售A产品一批，甲公司已将货物发出，开具的增值税专用发票上注明价款200 000元、增值税额26 000元。甲公司以现金代垫运费872元，并已向银行办妥托收手续。该批A产品的成本为150 000元。托运方将增值税专用发票开具给乙公司，注明运费800元、增值税额72元，甲公司将该发票转交给乙公司。该批A产品在发出时，其控制权由甲公司转移给乙公司。乙公司取得的增值税专用发票本年7月均符合抵扣规定。

【工作要求】(1) 对甲公司上述业务进行账务处理。

(2) 对乙公司上述业务进行账务处理。

【工作实施】(1) 甲公司的账务处理如下。

借：应收账款——乙公司　226 872
　贷：主营业务收入　200 000

应交税费——应交增值税（销项税额） 26 000
库存现金 872
借：主营业务成本 150 000
贷：库存商品 150 000

（2）乙公司的账务处理如下。

借：原材料（200 000＋800） 200 800
应交税费——应交增值税（进项税额）（26 000＋72） 26 072
贷：应付账款——甲公司 226 872

3. 采用赊销或分期收款方式销售货物的销项税额或应纳增值税额的会计核算

按照国家统一的会计制度确认收入或利得的时点早于按照增值税制度确认增值税纳税义务发生时点的，应将相关销项税额记入“应交税费——待转销项税额”科目，待实际发生纳税义务时再转入“应交税费——应交增值税（销项税额）”或“应交税费——简易计税”科目（小规模纳税人应贷记“应交税费——应交增值税”科目）。

《企业会计准则第 14 号——收入》（2017 年 7 月 5 日发布，2018 年 1 月 1 日实施）及其应用指南将赊销或分期收款销售商品的收入确认与会计处理分为两种类型：不具有融资性质和具有融资性质。在实务中，赊销或分期收款销售商品是否具有融资性质，一般根据赊销或分期收款期限的长短，但同时需要进行会计职业判断。最简单的判断标准是看未来收款额（赊销）或各期收款总额之和（分期收款销售商品）是否比合同或协议签订之日商品的正常市场价格高。如果未来收款额（赊销）或各期收款总额之和（分期收款销售商品）高于货物当前的市价，则说明购货方延期支付货款付出了货币时间价值的代价，销货方因延期收取货款可以取得相当于货币时间价值的收益，按企业会计准则的规定，应将其确认为融资收益，且赊销或分期收款销售商品是否具有融资性质完全取决于交易双方的意愿和交易本身的特性。不过未必收款递延时间越长，融资收益就一定越高，有时递延收款时间可能未超过一年，未来收款额（赊销）或各期收款总额之和（分期收款销售商品）也会超过当前商品售价，所以递延收款时间长短不足以作为判断交易是否具有融资性质的依据。在会计处理上，递延收款时间长短将影响确认应收款项时所采用的科目：递延收款时间在一年以内的应当采用“应收账款”科目；一年以上的应当采用“长期应收款”科目。从税收法规和会计准则相互协调的角度看，会计处理中，“应交税费——应交增值税（销项税额）”的确认时间和金额计算应遵循税收法规的规定。对赊销或分期收款销售商品业务收入金额的确定，需要区分两种情况：一是实质上不具有融资性质的，收入金额应按从购货方应收的合同或协议价款来确定；二是实质上具有融资性质的，收入金额应按其未来现金流量现值或商品现销价格来确定。

采取赊销或分期收款方式销售货物，其纳税义务发生时间为书面合同约定的收款日期的当天；无书面合同的或者书面合同没有约定收款日期的，其纳税义务发生时间为货物发出的当天（也就是说，书面合同约定的收款日期的当天或者货物发出的当天，应当开具增值税专用发票或者普通发票，确认纳税义务。同时需要注意的是，先开具发票的，为开具发票的当天，这种情况下，实际上相当于采用直接收款方式销售商品）。采取赊销或分期收款方式销售货物，会计上要求在满足收入确认条件时就要确认收入，一般情况下，发出商品时，会计上就需要确认收入。

企业采取赊销或分期收款方式销售货物，如果不具有融资性质，则以合同金额确认收入，其会计处理与税法规定基本相同。在发出货物时，应当借记“应收账款”或“长期应收款”科目，贷记“主营业务收入”“应交税费——待转销项税额”科目；同时，结转销售成本。按合同约定的收款日期开具发票时，借记“银行存款”“应交税费——待转销项税额”等科目，贷记“应收账款”或“长期应收款”、“应交税费——应交增值税（销项税额）”或“应交税费——简易计税”科目（小规模纳税人应贷记“应交税费——应交增值税”科目）。

企业采取赊销或分期收款方式销售货物，如果具有融资性质，则其会计处理与税法规定不一致。在发出货物时，按应收合同或协议价款，借记“应收账款”或“长期应收款”科目；按应收合同或协议价款的公允价值（未来现金流量现值），贷记“主营业务收入”科目；按未来应确认的增值税额，贷记“应交税费——待转销项税额”等科目；按其差额，贷记“未实现融资收益”科目；同时，结转销售成本。按合同约定的收款日期开具发票时，借记“银行存款”“应交税费——待转销项税额”等科目，贷记“应收账款”或“长期应收款”、“应交税费——应交增值税（销项税额）”或“应交税费——简易计税”科目（小规模纳税人应贷记“应交税费——应交增值税”科目）。在合同或协议期间按照应收款项的摊余成本和实际利率计算确定的摊销金额，冲减财务费用。未实现融资收益在收款期内按实际利率法摊销，摊销结果与直线法相差不大时，也可以采用直线法摊销。

【工作实例2-7】 甲公司为增值税一般纳税人，2019年4月以赊销方式向乙公司销售A产品共计80 000元（不含增值税），未来应确认的增值税额为10 400元，产品实际成本为50 000元，按合同规定，收款日期为2019年9月15日，且甲公司于2019年9月15日开具增值税专用发票（假设该赊销业务不具有融资性质）。该批A产品已经发出，且在发出时，其控制权由甲公司转移给乙公司。2019年5月以分期收款方式向丙公司销售B产品共计100 000元（不含增值税），未来应确认的增值税额为13 000元，产品实际成本为70 000元，按合同规定，未来分两次等额收款，收款日期分别为2019年6月15日、2019年12月15日，且甲公司于2019年6月15日、2019年12月15日分别等额开具增值税专用发票（该分期收款销售业务不具有融资性质）。该批B产品已经发出，且在发出时，其控制权由甲公司转移给丙公司。

【工作要求】 对甲公司上述业务进行账务处理。

【工作实施】 (1) 4月甲公司以赊销方式销售A产品的相关业务。

1) 4月甲公司发出A产品时：

借：应收账款　90 400
　贷：主营业务收入　80 000
　　应交税费——待转销项税额　10 400
借：主营业务成本　50 000
　贷：库存商品　50 000

2）若在合同约定的收款日期收到款项，则甲公司 9 月 15 日开具增值税专用发票，并计算增值税销项税额，进行如下账务处理。

借：银行存款　90 400
　应交税费——待转销项税额　10 400
　贷：应收账款　90 400
　　应交税费——应交增值税（销项税额）　10 400

若在合同约定的收款日期未收到款项，则甲公司 9 月 15 日开具增值税专用发票，并计算增值税销项税额，进行如下账务处理。

借：应交税费——待转销项税额　10 400
　贷：应交税费——应交增值税（销项税额）　10 400

（2）5 月甲公司以分期收款方式销售 B 产品的相关业务。

1）5 月甲公司发出 B 产品时：

借：应收账款　113 000
　贷：主营业务收入　100 000
　　应交税费——待转销项税额　13 000
借：主营业务成本　70 000
　贷：库存商品　70 000

2）若在合同约定的收款日期分别收到款项，则甲公司 6 月 15 日和 12 月 15 日分别开具增值税专用发票，并计算增值税销项税额，分别进行如下账务处理。

借：银行存款　56 500
　应交税费——待转销项税额　6 500
　贷：应收账款　56 500
　　应交税费——应交增值税（销项税额）　6 500

若在合同约定的收款日期未收到款项，则甲公司 6 月 15 日和 12 月 15 日分别开具增值税专用发票，并计算增值税销项税额，分别进行如下账务处理。

借：应交税费——待转销项税额　6 500
　贷：应交税费——应交增值税（销项税额）　6 500

【工作实例 2-8】　甲公司为增值税一般纳税人，2020 年 1 月以分期收款方式向乙公司销售一套大型设备，合同约定的不含增值税销售价格为 1 900 000 元，未来应确认的增值税额为 247 000 元，从 2020 年起分 5 次于每年 12 月 31 日等额收取货款。该大型设备成本为 1 200 000 元。在现销方式下，该大型设备的不含增值税销售价格为 1 520 000 元。

该套设备已于2020年1月1日发出，甲公司在合同约定的日期收到相应价款和增值税，并开具增值税专用发票（该分期收款销售业务具有融资性质）。该套设备在发出时，其控制权由甲公司转移给乙公司。

【工作要求】对甲公司上述业务进行账务处理。

【工作实施】甲公司应当确认的销售商品收入金额为1 520 000元。根据未来5年收款额的现值等于现销方式下应收款项金额，可以得出：

$$1\ 900\ 000 \div 5 \times (P/A, i, 5) = 1\ 520\ 000$$

即

$$380\ 000 \times (P/A, i, 5) = 1\ 520\ 000$$

可在多次测试的基础上，用插值法计算折现率。

当$i=7\%$时，$380\ 000 \times 4.100\ 2 = 1\ 558\ 076 > 1\ 520\ 000$。

当$i=8\%$时，$380\ 000 \times 3.992\ 7 = 1\ 517\ 226 < 1\ 520\ 000$。

因此，$7\% < i < 8\%$，用插值法计算如下：

现值	利率
1 558 076	7%
1 520 000	i
1 517 226	8%

$$(1\ 558\ 076 - 1\ 520\ 000) \div (1\ 558\ 076 - 1\ 517\ 226) = (7\% - i) \div (7\% - 8\%)$$

$$i = 7.93\%$$

每期财务费用和已收本金计算表如表2-2所示。

表2-2 每期财务费用和已收本金计算表　　单位：元

日期	未收本金 ①=上期①-上期④	财务费用 ②=①×7.93%	收现总额 ③	已收本金 ④=③-②
2020年1月1日	1 520 000			
2020年12月31日	1 520 000	120 536	380 000	259 464
2021年12月31日	1 260 536	99 960.50	380 000	280 039.50
2022年12月31日	980 496.50	77 753.37	380 000	302 246.63
2023年12月31日	678 249.87	53 785.21	380 000	326 214.79
2024年12月31日	352 035.08	27 964.92*	380 000	352 035.08
总额		380 000	1 900 000	1 520 000

*尾数调整：27 964.92=380 000-120 536-99 960.50-77 753.37-53 785.21。

根据表2-2中的计算结果，甲公司各期的会计核算如下。

(1) 2020年1月1日销售设备时：

借：长期应收款　　2 147 000

贷：主营业务收入		1 520 000
未实现融资收益		380 000
应交税费——待转销项税额		247 000
借：主营业务成本	1 200 000	
贷：库存商品		1 200 000

(2) 2020 年 12 月 31 日收到货款和增值税时：

借：银行存款	429 400	
应交税费——待转销项税额	49 400	
贷：长期应收款		429 400
应交税费——应交增值税（销项税额）		49 400
借：未实现融资收益	120 536	
贷：财务费用		120 536

(3) 2021 年 12 月 31 日收到货款和增值税时：

借：银行存款	429 400	
应交税费——待转销项税额	49 400	
贷：长期应收款		429 400
应交税费——应交增值税（销项税额）		49 400
借：未实现融资收益	99 960.50	
贷：财务费用		99 960.50

(4) 2022 年 12 月 31 日收到货款和增值税时：

借：银行存款	429 400	
应交税费——待转销项税额	49 400	
贷：长期应收款		429 400
应交税费——应交增值税（销项税额）		49 400
借：未实现融资收益	77 753.37	
贷：财务费用		77 753.37

(5) 2023 年 12 月 31 日收到货款和增值税时：

借：银行存款	429 400	
应交税费——待转销项税额	49 400	
贷：长期应收款		429 400
应交税费——应交增值税（销项税额）		49 400
借：未实现融资收益	53 785.21	
贷：财务费用		53 785.21

(6) 2024 年 12 月 31 日收到货款和增值税时：

借：银行存款	429 400	
应交税费——待转销项税额	49 400	

贷：长期应收款　429 400
　　应交税费——应交增值税（销项税额）　49 400
借：未实现融资收益　27 964.92
　贷：财务费用　27 964.92

4. 采用预收货款方式销售货物的销项税额或应纳增值税额的会计核算

企业采取预收货款方式销售货物，其纳税义务发生时间为货物发出的当天，但生产销售生产工期超过12个月的大型机械设备、船舶、飞机等货物，其纳税义务发生时间为收到预收款或者书面合同约定的收款日期的当天。企业采取预收货款方式销售货物，会计处理与税法的规定基本一致，除了生产销售生产工期超过12个月的大型机械设备、船舶、飞机等货物以外，企业收到预收货款时，不做销售处理，等到发出产品时才做销售处理。纳税人在收到预收货款时，应借记"银行存款"科目，贷记"合同负债"科目；发出商品时，确认收入及补收货款，借记"合同负债""银行存款"等科目，贷记"主营业务收入"、"应交税费——应交增值税（销项税额）"或"应交税费——简易计税"（小规模纳税人应贷记"应交税费——应交增值税"）等科目，同时结转已销商品成本。

【特别提示】根据《企业会计准则第14号——收入》，合同负债是指企业已收或应收客户对价而应向客户转让商品的义务。如企业在转让承诺的商品之前已收取的款项。企业在向客户转让商品之前，客户已经支付合同对价或企业已经取得无条件收取合同对价权利的，企业应当在客户实际支付款项与到期应支付款项孰早时点，按照该已收或应收的金额，借记"银行存款""应收账款""应收票据"等科目，贷记"合同负债"科目；企业向客户转让相关商品时，借记"合同负债"科目，贷记"主营业务收入""其他业务收入"等科目。涉及增值税的，还应进行相应的处理。

企业因转让商品收到的预收款适用《企业会计准则第14号——收入》进行会计处理时，不再使用"预收账款"科目及"递延收益"科目。

【工作实例2-9】 甲服装厂为增值税一般纳税人，本年1月8日收到某批发公司预付服装款50 000元，2月28日甲服装厂发出服装并开具增值税专用发票，发票上注明价款60 000元、增值税额7 800元，同时补收货款。该批服装的控制权在甲服装厂发出服装时转移给乙公司。

【工作要求】对甲服装厂上述业务进行账务处理。

【工作实施】（1）收到预付款时：

借：银行存款　50 000
　贷：合同负债　50 000

（2）发出货物时：

借：合同负债　50 000
　　银行存款　17 800

贷：主营业务收入　60 000

　　应交税费——应交增值税（销项税额）　7 800

5. 销售（提供）加工修理修配劳务的销项税额或应纳增值税额的会计核算

企业销售加工修理修配劳务，其纳税义务发生时间为提供劳务同时收讫销售款项或者取得索取销售款项凭据的当天。企业销售加工修理修配劳务，应当按应收或已收的金额，借记“应收账款”“应收票据”“银行存款”等科目；按取得的收入金额，贷记“主营业务收入”“其他业务收入”等科目；按现行增值税制度规定计算的销项税额（或采用简易计税方法计算的应纳增值税额），贷记“应交税费——应交增值税（销项税额）”或“应交税费——简易计税”科目（小规模纳税人应贷记“应交税费——应交增值税”科目）。发生销售退回的，应根据按规定开具的红字增值税专用发票做相反的会计分录。

【特别提示】 企业发生合同履约成本时，借记“合同履约成本”科目，贷记“银行存款”“应付职工薪酬”“原材料”“累计折旧”“累计摊销”等科目；对合同履约成本进行摊销时，借记“主营业务成本”“其他业务成本”等科目，贷记“合同履约成本”科目。涉及增值税的，还应进行相应的处理。企业结转已销售商品或提供服务成本时，借记“主营业务成本”“其他业务成本”等科目，贷记“库存商品”“合同履约成本”等科目。

【工作实例2-10】 甲公司是一家汽修厂，为增值税一般纳税人，本年7月为乙公司修理一辆汽车，修理完毕后收取修理费并开具增值税专用发票，发票上注明价款10 000元、增值税额1 300元，款项已存入银行。乙公司已经取得甲公司提供修理服务（劳务）的控制权。在修理过程中，甲公司发生劳务成本4 000元（均为维修工人薪酬）、更换零件等耗用原材料3 000元。

【工作要求】 对甲公司上述业务进行账务处理。

【工作实施】

（1）发生合同履约成本时：

借：合同履约成本（4 000＋3 000）　7 000

　贷：应付职工薪酬　4 000

　　　原材料　3 000

（2）确认修理收入时：

借：银行存款　11 300

　贷：主营业务收入　10 000

　　　应交税费——应交增值税（销项税额）　1 300

（3）对合同履约成本进行摊销时：

借：主营业务成本　7 000

　贷：合同履约成本　7 000

6. 销售（提供）服务的销项税额或应纳增值税额的会计核算①

企业销售服务的，其纳税义务发生时间为收讫销售款项或者取得索取销售款项凭据的当天；先开具发票的，为开具发票的当天。企业提供租赁服务采取预收款方式的，其纳税义务发生时间为收到预收款的当天。企业销售服务（除采取预收款方式提供租赁服务以外），应当按应收或已收的金额，借记“应收账款”“应收票据”“银行存款”等科目；按取得的收入金额，贷记“主营业务收入”“其他业务收入”等科目；按现行增值税制度规定计算的销项税额（或采用简易计税方法计算的应纳增值税额），贷记“应交税费——应交增值税（销项税额）”或“应交税费——简易计税”科目（小规模纳税人应贷记“应交税费——应交增值税”科目）。发生销售退回的，应根据按规定开具的红字增值税专用发票做相反的会计分录。

企业采取预收款方式提供租赁服务，应当按预收的价税合计金额，借记“银行存款”等科目；按未来应当确认的收入金额，贷记“预收账款”；按现行增值税制度规定计算的销项税额（或采用简易计税方法计算的应纳增值税额），贷记“应交税费——应交增值税（销项税额）”或“应交税费——简易计税”科目（小规模纳税人应贷记“应交税费——应交增值税”科目）。发生销售退回的，应根据按规定开具的红字增值税专用发票做相反的会计分录。

【工作实例2-11】 甲宾馆为增值税一般纳税人，本年5月提供住宿服务取得含增值税收入2 120 000元，按照适用税率开具了增值税专用发票，款项已存入银行。客户已经取得甲宾馆提供住宿服务的控制权。本年5月，甲宾馆计提与宾馆经营直接相关的客房以及客房内的设备家具等折旧100 000元、甲宾馆土地使用权摊销费用70 000元。住宿服务适用的增值税税率为6%。

【工作要求】对甲宾馆上述业务进行账务处理。

【工作实施】

（1）确认资产的折旧费、摊销费时：

借：合同履约成本	170 000	
贷：累计折旧		100 000
累计摊销		70 000

（2）确认住宿服务收入时：

借：银行存款	2 120 000	
贷：主营业务收入［2 120 000÷(1+6%)］		2 000 000
应交税费——应交增值税（销项税额）［2 120 000÷(1+6%)×6%］		120 000

（3）对合同履约成本进行摊销时：

借：主营业务成本	170 000	

① 此处的销售（提供）服务的销项税额或应纳增值税额的会计核算不考虑金融商品转让增值税的会计核算。金融商品转让增值税的会计核算在本节其他部分阐述。

贷：合同履约成本 170 000

【工作实例 2-12】 甲租赁公司为增值税一般纳税人，本年 1 月 1 日与乙公司签订经营租赁合同，合同约定甲租赁公司向乙公司出租一台设备，租期为 12 个月，租金共计 6.78 万元（含增值税），租赁开始日为 2 月 1 日，双方约定乙公司要在 1 月 15 日向甲租赁公司一次性全额支付租金。甲租赁公司本年 1 月 15 日收到乙公司支付的租金 6.78 万元（含增值税）并存入银行。甲租赁公司对于该设备每月计提折旧 3 500 元。

【工作要求】对甲租赁公司上述业务进行账务处理。

【工作实施】纳税人提供租赁服务采取预收款方式的，其纳税义务发生时间为收到预收款的当天。甲租赁公司应于 1 月 15 日对收到的预付款计提销项税额。有形动产租赁服务适用的增值税税率为 13%，则

$$本年1月甲租赁公司应计提的销项税额=6.78\div(1+13\%)\times13\%=0.78(万元)$$

（1）1 月 15 日收到预收款时：

借：银行存款 67 800

贷：预收账款 60 000

应交税费——应交增值税（销项税额） 7 800

（2）对于某一时段内履行的履约义务，企业应当在该段时间内按照履约进度确认收入。在租赁期限内（本年 2 月至下年 1 月）的每月月末，甲租赁公司分别确认收入时：

借：预收账款（60 000÷12） 5 000

贷：主营业务收入 5 000

（3）在租赁期限内（本年 2 月至下年 1 月）的每月月末，甲租赁公司计提设备折旧时：

借：主营业务成本 3 500

贷：累计折旧 3 500

7. 销售无形资产的销项税额或应纳增值税额的会计核算

企业销售无形资产的，其纳税义务发生时间为收讫销售款项或者取得索取销售款项凭据的当天；先开具发票的，为开具发票的当天。

企业销售无形资产，应当按应收或已收的金额，借记“应收账款”“应收票据”“银行存款”等科目；按取得的收入或利得（或者损失）金额，贷记“主营业务收入”[①]“其他业务收入”[②]“资产处置损益”[③] 等科目；按现行增值税制度规定计算的销项税额（或采用简易计税方法计算的应纳增值税额），贷记“应交税费——应交增值税（销项税额）”或“应交税费——简易计税”科目（小规模纳税人应贷记“应交税费——应交增值税”科目）。

① 若为销售或转让无形资产使用权即出租无形资产使用权，且为主营业务。

② 若为销售或转让无形资产使用权即出租无形资产使用权，且为非主营业务。

③ 若为销售或转让无形资产所有权。

发生销售退回的，应根据按规定开具的红字增值税专用发票做相反的会计分录。

【工作实例2-13】 甲公司为增值税一般纳税人，本年5月出售一项商标所有权，取得含增值税收入848 000元，款项已存入银行。该商标所有权的原购入成本为1 500 000元，出售时已摊销金额为1 000 000元，该商标未计提减值准备。

【工作要求】对甲公司上述业务进行账务处理。

【工作实施】商标权的所有权转让适用的增值税税率为6%，则

甲公司应计提的销项税额＝848 000÷(1＋6%)×6%＝48 000(元)

借：银行存款	848 000	
累计摊销	1 000 000	
贷：无形资产——商标权		1 500 000
应交税费——应交增值税（销项税额）		48 000
资产处置损益（848 000＋1 000 000－1 500 000－48 000）		300 000

【工作实例2-14】 甲公司为增值税一般纳税人，现将某商标权的使用权转让（出租）给乙公司，合同规定出租期限为两年（2023年5月至2025年4月），每月租金收入为20 000元（不含增值税），每月月初收取当月租金。2023年5月1日收到当月的租金及增值税合计21 200元，已办理进账手续。该商标权每月的摊销额为8 000元。乙公司已经取得甲公司提供租赁服务的控制权。

【工作要求】对甲公司上述2023年5月的业务进行账务处理。

【工作实施】转让（出租）商标权的使用权适用的增值税税率为6%，则

2023年5月甲公司应计提的销项税额＝21 200÷(1＋6%)×6%＝1 200(元)

（1）2023年5月1日取得（或确认）租金收入时：

借：银行存款	21 200	
贷：其他业务收入		20 000
应交税费——应交增值税（销项税额）		1 200

（2）2023年5月31日进行摊销时：

借：其他业务成本	8 000	
贷：累计摊销		8 000

8. 销售不动产的销项税额或应纳增值税额的会计核算

企业销售不动产的，其纳税义务发生时间为收讫销售款项或者取得索取销售款项凭据的当天；先开具发票的，为开具发票的当天。企业销售不动产，应当按应收或已收的金额，借记“应收账款”“应收票据”“银行存款”等科目；按取得的收入金额，贷记“主营业务收入”“其他业务收入”“固定资产清理”等科目；按现行增值税制度规定计算的销项税额（或采用简易计税方法计算的应纳增值税额），贷记“应交税费——应交

增值税（销项税额）”或“应交税费——简易计税”科目（小规模纳税人应贷记“应交税费——应交增值税”科目）。发生销售退回的，应根据按规定开具的红字增值税专用发票做相反的会计分录。

（1）房地产企业销售自行开发的房地产项目的销项税额或应纳增值税额的会计核算。房地产企业销售自行开发的房地产项目，应当按应收或已收的金额，借记“应收账款”“应收票据”“银行存款”等科目；按取得的收入金额，贷记“主营业务收入”“其他业务收入”等科目；按现行增值税制度规定计算的销项税额（或采用简易计税方法计算的应纳增值税额），贷记“应交税费——应交增值税（销项税额）”或“应交税费——简易计税”科目（小规模纳税人应贷记“应交税费——应交增值税”科目）。发生销售退回的，应根据按规定开具的红字增值税专用发票做相反的会计分录。

【工作实例 2-15】 甲房地产公司为增值税一般纳税人，自行开发了某房地产项目，施工许可证注明的开工日期是 2016 年 4 月 1 日。2019 年 5 月该公司销售了该项目的一批房产，共取得含增值税收入 1 155 万元，同时办妥了房屋产权转移手续。这批房产对应的土地价款为 654 万元。计算增值税时，该公司选择了简易计税方法。

【工作要求】对甲房地产公司上述业务进行账务处理。

【工作实施】一般纳税人销售自行开发的房地产老项目，可以选择适用简易计税方法按照 5%的征收率计税。一经选择简易计税方法计税的，36 个月内不得变更为一般计税方法计税。

房地产老项目是指：(1)《建筑工程施工许可证》注明的合同开工日期在 2016 年 4 月 30 日前的房地产项目；(2)《建筑工程施工许可证》未注明合同开工日期或者未取得《建筑工程施工许可证》，但建筑工程承包合同注明的开工日期在 2016 年 4 月 30 日前的建筑工程项目。

一般纳税人销售自行开发的房地产老项目适用简易计税方法计税的，以取得的全部价款和价外费用为销售额，不得扣除对应的土地价款。

应纳增值税＝1 155÷(1＋5%)×5%＝55(万元)

借：银行存款	11 550 000	
贷：主营业务收入		11 000 000
应交税费——简易计税		550 000

【工作实例 2-16】 在工作实例 2-15 中，假设在计算增值税时，该公司选择了一般计税方法，其他资料不变。

【工作要求】对甲房地产公司上述业务进行账务处理。

【工作实施】房地产开发企业中的一般纳税人销售自行开发的房地产项目，适用一般计税方法计税，按照取得的全部价款和价外费用，扣除当期销售房地产项目对应的土地价款后的余额计算销售额。

销售额＝(全部价款和价外费用－当期允许扣除的土地价款)÷(1＋9%)

土地价款所对应的税额(销项税额抵减额)=654÷(1+9%)×9%=54(万元)

应纳增值税=(全部价款和价外费用−当期允许扣除的土地价款)÷(1+9%)×9%

=(1 155−654)÷(1+9%)×9%=41.367(万元)

借：银行存款　　11 550 000

　贷：主营业务收入（11 550 000÷(1+9%)）　　10 596 330

　　　应交税费——应交增值税（销项税额）　　953 670

借：应交税费——应交增值税（销项税额抵减）　　540 000

　贷：主营业务成本　　540 000

【工作实例2-17】 在工作实例2-15中，假设施工许可证注明的开工日期是2016年5月1日，其他资料不变。

【工作要求】 对甲房地产公司上述业务进行账务处理。

【工作实施】 纳税人销售自行开发的房地产项目，适用一般计税方法，其账务处理可参照工作实例2-16。

房地产企业预售自行开发的房地产项目的销项税额或应纳增值税额的会计核算见本节“四、差额征税的会计核算”中的“（一）企业发生相关成本费用允许扣减销售额的增值税的会计核算”。

（2）除房地产企业销售自行开发的房地产项目以外销售不动产的销项税额或应纳增值税额的会计核算。[①] 除房地产企业销售自行开发的房地产项目以外的销售不动产应通过“固定资产清理”账户核算，根据按规定收取的增值税额，贷记“应交税费——应交增值税（销项税额）”或“应交税费——简易计税”科目（小规模纳税人应贷记“应交税费——应交增值税”科目）；按发生的净损益，记入“资产处置损益”科目。

【工作实例2-18】 甲市A公司为增值税一般纳税人，2020年1月销售位于乙市的写字楼，并于当月办妥了相关产权转移手续。该写字楼于2016年1月购置并投入使用，投入使用前发生的成本为685万元，销售写字楼取得含增值税收入1 000万元。在销售过程中应缴纳土地增值税80万元，已用银行存款缴纳，假设销售过程中无其他费用。投入使用时，该公司预计该写字楼可使用50年，按平均年限法计提折旧，无残值。计算增值税时，该公司转让不动产选择了简易计税方法。假设该公司本期无其他销售行为，也无可抵扣进项税额和期初留抵税额。

【工作要求】 对A公司上述业务进行账务处理。

【工作实施】 一般纳税人转让其2016年4月30日前取得（不含自建）的不动产，可以选择适用简易计税方法，以取得的全部价款和价外费用扣除不动产购置原价或者取

① 包括销售以直接购买、接受捐赠、接受投资入股、自建以及抵债等各种形式取得的不动产的销项税额或应纳增值税额的会计核算，不包括房地产开发企业销售自行开发的房地产项目的销项税额或应纳增值税额的会计核算。

得不动产时的作价后的余额为销售额，按照5%的征收率计算增值税应纳税额。纳税人应按照上述计税方法向不动产所在地主管税务机关预缴税款，向机构所在地主管税务机关申报纳税。

$$\text{应预缴增值税}=\left(\begin{matrix}\text{全部价款}\\\text{和价外费用}\end{matrix}-\begin{matrix}\text{不动产购置原价或者}\\\text{取得不动产时的作价}\end{matrix}\right)\div(1+5\%)\times 5\%$$

$$=(10\,000\,000-6\,850\,000)\div(1+5\%)\times 5\%$$

$$=150\,000(\text{元})$$

应纳增值税＝应预缴增值税＝150 000(元)

借：固定资产清理　6 302 000

　　累计折旧（6 850 000÷50÷12×48）　548 000

　贷：固定资产　6 850 000

借：银行存款　10 000 000.00

　贷：固定资产清理　9 523 809.52

　　　应交税费——简易计税（10 000 000÷(1+5%)×5%）　476 190.48

借：应交税费——简易计税（6 850 000÷(1+5%)×5%）　326 190.48

　贷：固定资产清理　326 190.48

上述两个会计分录也可以合并为：

借：银行存款　10 000 000

　贷：固定资产清理　9 850 000

　　　应交税费——简易计税(10 000 000÷(1+5%)×5%－6 850 000÷(1+5%)×5%)　150 000

借：固定资产清理　800 000

　贷：应交税费——应交土地增值税　800 000

借：固定资产清理（9 523 809.52＋326 190.48－6 302 000－800 000）　2 748 000

　贷：资产处置损益　2 748 000

向不动产所在地主管税务机关预缴税款时：

借：应交税费——简易计税　150 000

　贷：银行存款　150 000

下月申报期内向机构所在地主管税务机关申报纳税时，向不动产所在地主管税务机关预缴的税款（150 000元）和向机构所在地主管税务机关申报纳税额（476 190.48－326 190.48＝150 000元）相等，即不需要补缴增值税，因此只进行纳税申报，不做会计分录。

【工作实例2-19】 在工作实例2-18中，假设在计算增值税时，该公司选择了一般计税方法，其他资料不变。

【工作要求】对A公司上述业务进行账务处理。

【工作实施】一般纳税人转让其2016年4月30日前取得（不含自建）的不动产，选择适用一般计税方法的，以取得的全部价款和价外费用为销售额计算增值税应纳税额。纳税人应以取得的全部价款和价外费用扣除不动产购置原价或者取得不动产时的作价后的余额，按照5%的预征率向不动产所在地主管税务机关预缴税款，向机构所在地主管税务机关申报纳税。

$$\begin{aligned}\text{应预缴增值税} &= \left(\begin{matrix}\text{全部价款}\\\text{和价外费用}\end{matrix} - \begin{matrix}\text{不动产购置原价或者}\\\text{取得不动产时的作价}\end{matrix}\right)\div(1+5\%)\times 5\% \\ &= (10\ 000\ 000-6\ 850\ 000)\div(1+5\%)\times 5\% \\ &= 150\ 000(\text{元})\end{aligned}$$

$$\text{增值税销项税额}=10\ 000\ 000\div(1+9\%)\times 9\%=825\ 688.07(\text{元})$$

借：固定资产清理　6 302 000
　　累计折旧（6 850 000÷50÷12×48）　548 000
　贷：固定资产　6 850 000

借：银行存款　10 000 000.00
　贷：固定资产清理　9 174 311.93
　　　应交税费——应交增值税（销项税额）（10 000 000÷(1+9%)×9%）　825 688.07

借：固定资产清理　800 000
　贷：应交税费——应交土地增值税　800 000

借：固定资产清理（9 174 311.93－6 302 000－800 000）　2 072 311.93
　贷：资产处置损益　2 072 311.93

向不动产所在地主管税务机关预缴税款时：

借：应交税费——预交增值税　150 000
　贷：银行存款　150 000

该公司本期无其他销售行为，也无可抵扣进项税额和期初留抵税额。

$$\text{应纳增值税}=825\ 688.07-0-0=825\ 688.07(\text{元})$$

月份终了，将当月应缴未缴增值税额从“应交税费——应交增值税”科目转入“应交税费——未交增值税”科目时：

借：应交税费——应交增值税（转出未交增值税）　825 688.07
　贷：应交税费——未交增值税　825 688.07

月份终了，将当月预缴的增值税额自“应交税费——预交增值税”科目转入“应交税费——未交增值税”科目时：

借：应交税费——未交增值税　150 000
　贷：应交税费——预交增值税　150 000

下月申报期内向机构所在地主管税务机关申报纳税时：

借：应交税费——未交增值税（825 688.07－150 000） 675 688.07

贷：银行存款 675 688.07

【工作实例2-20】 在工作实例2-18中，假设该写字楼的销售时间为2021年1月，购置并投入使用的时间为2017年1月，其他资料不变。

【工作要求】 对A公司上述业务进行账务处理。

【工作实施】 一般纳税人转让其2016年5月1日后取得（不含自建）的不动产，适用一般计税方法，以取得的全部价款和价外费用为销售额计算增值税应纳税额。纳税人应以取得的全部价款和价外费用扣除不动产购置原价或者取得不动产时的作价后的余额，按照5%的预征率向不动产所在地主管税务机关预缴税款，向机构所在地主管税务机关申报纳税。其会计处理可参照工作实例2-19。

【工作实例2-21】 甲市B公司为增值税一般纳税人，2020年1月销售位于乙市的自建写字楼，并于当月办妥了相关产权转移手续。该写字楼于2016年1月建成并投入使用，投入使用前发生的建设成本为685万元，销售写字楼取得的含增值税收入为1 000万元。在销售过程中应纳土地增值税80万元，已用银行存款缴纳，假设销售过程中无其他费用。投入使用时，甲公司预计该写字楼可使用50年，按直线法计提折旧，无残值。计算增值税时，甲公司转让不动产选择了简易计税方法。假设甲公司本期无其他销售行为，也无可抵扣进项税额和期初留抵税额。

【工作要求】 对B公司上述业务进行账务处理。

【工作实施】 一般纳税人转让其2016年4月30日前自建的不动产，可以选择适用简易计税方法，以取得的全部价款和价外费用为销售额，按照5%的征收率计算增值税应纳税额。纳税人应按照上述计税方法向不动产所在地主管税务机关预缴税款，向机构所在地主管税务机关申报纳税。

应预缴增值税＝10 000 000÷(1＋5%)×5%＝476 190.48(元)

应纳增值税＝应预缴增值税＝476 190.48(元)

借：固定资产清理 6 302 000

累计折旧（6 850 000÷50÷12×48） 548 000

贷：固定资产 6 850 000

借：银行存款 10 000 000.00

贷：固定资产清理 9 523 809.52

应交税费——简易计税（10 000 000÷(1＋5%)×5%） 476 190.48

借：固定资产清理 800 000

贷：应交税费——应交土地增值税 800 000

借：固定资产清理（9 523 809.52－6 302 000－800 000） 2 421 809.52

贷：资产处置损益 2 421 809.52

向不动产所在地主管税务机关预缴税款时：

借：应交税费——简易计税　　476 190.48

　贷：银行存款　　476 190.48

下月申报期内向机构所在地主管税务机关申报纳税时，向不动产所在地主管税务机关预缴的税款（476 190.48 元）和向机构所在地主管税务机关申报纳税额（476 190.48 元）相等，即不需要补缴增值税，因此只进行纳税申报，不做会计分录。

【工作实例 2-22】 在工作实例 2-21 中，假设在计算增值税时，B 公司选择了一般计税方法，其他资料不变。

【工作要求】 对 B 公司上述业务进行账务处理。

【工作实施】 一般纳税人转让其 2016 年 4 月 30 日前自建的不动产，选择适用一般计税方法的，以取得的全部价款和价外费用为销售额计算增值税应纳税额。纳税人应以取得的全部价款和价外费用，按照 5%的预征率向不动产所在地主管税务机关预缴税款，向机构所在地主管税务机关申报纳税。

应预缴增值税＝10 000 000÷(1＋5%)×5%＝476 190.48(元)

增值税销项税额＝10 000 000÷(1＋9%)×9%＝825 688.07(元)

借：固定资产清理　　6 302 000

　　累计折旧（6 850 000÷50÷12×48）　　548 000

　贷：固定资产　　6 850 000

借：银行存款　　10 000 000.00

　贷：固定资产清理　　9 174 311.93

　　应交税费——应交增值税（销项税额）（10 000 000÷(1＋9%)×9%）

　　825 688.07

借：固定资产清理　　800 000

　贷：应交税费——应交土地增值税　　800 000

借：固定资产清理（9 174 311.93－6 302 000－800 000）　　2 072 311.93

　贷：资产处置损益　　2 072 311.93

向不动产所在地主管税务机关预缴税款时：

借：应交税费——预交增值税　　476 190.48

　贷：银行存款　　476 190.48

甲公司本期无其他销售行为，也无可抵扣进项税额和期初留抵税额，因此应纳增值税额为 825 688.07 元。

月份终了，将当月应缴未缴增值税额从“应交税费——应交增值税”科目转入“应交税费——未交增值税”科目时：

借：应交税费——应交增值税（转出未交增值税）　　825 688.07

　贷：应交税费——未交增值税　　825 688.07

月份终了，将当月预缴的增值税额自“应交税费——预交增值税”科目转入“应交税费——未交增值税”科目时：

借：应交税费——未交增值税　　476 190.48

　贷：应交税费——预交增值税　　476 190.48

下月申报期内向机构所在地主管税务机关申报纳税时：

借：应交税费——未交增值税（825 688.07－476 190.48）　　349 497.59

　贷：银行存款　　349 497.59

【工作实例 2－23】 在工作实例 2－21 中，假设该写字楼的销售时间为 2021 年 1 月，2016 年 5 月 10 日开始自建，投入使用的时间为 2017 年 1 月，其他资料不变。

【工作要求】对 B 公司上述业务进行账务处理。

【工作实施】一般纳税人转让其 2016 年 5 月 1 日后自建的不动产，适用一般计税方法，以取得的全部价款和价外费用为销售额计算增值税应纳税额。纳税人应以取得的全部价款和价外费用，按照 5%的预征率向不动产所在地主管税务机关预缴税款，向机构所在地主管税务机关申报纳税。其会计处理可参照工作实例 2－22。

9. 按照国家统一的会计制度确认收入或利得的时点早于按照增值税制度确认增值税纳税义务发生时点的销项税额或应纳增值税额的会计核算

按照国家统一的会计制度确认收入或利得的时点早于按照增值税制度确认增值税纳税义务发生时点的，应将相关销项税额记入“应交税费——待转销项税额”科目，待实际发生纳税义务时再转入“应交税费——应交增值税（销项税额）”或“应交税费——简易计税”科目。

【点拨指导】22 号文件的上述条款只描述了一般纳税人采用一般计税方法的此类业务，却未提及一般纳税人采用简易计税方法的此类业务，也未提及小规模纳税人采用简易计税方法的此类业务，因此“应将相关销项税额”的说法不准确。因为简易计税方法的“增值税额”（或者称为“应纳增值税额”）不能称为“销项税额”，建议将此处“应交税费——待转销项税额”的名称改为“应交税费——待转增值税额”，用来统一核算一般纳税人采用一般计税方法的此类业务、一般纳税人采用简易计税方法的此类业务，以及小规模纳税人的此类业务。下同。

“待实际发生纳税义务时再转入‘应交税费——应交增值税（销项税额）’或‘应交税费——简易计税’科目”，此处说法也不准确，应当修改为：待实际发生纳税义务时再转入“应交税费——应交增值税（销项税额）”或“应交税费——简易计税”科目（小规模纳税人应转入“应交税费——应交增值税”科目）。

企业提供建筑服务，在向业主办理工程价款结算时，借记“应收账款”“合同资产”“银行存款”等科目，贷记“主营业务收入”等科目，同时贷记“应交税费——应交增值税（销项税额）”等科目。企业向业主办理工程价款结算的时点早于增值税纳税义务发生时点的，应贷记“应交税费——待转销项税额”等科目，待增值税纳税义务发生时再转入“应交税费——应交增值税（销项税额）”等科目。

【工作实例2-24】 甲公司是一家建筑企业，为增值税一般纳税人，现为乙公司（为增值税一般纳税人）提供公路建筑服务（甲公司采用一般计税方法），合同总价为22亿元（不含增值税），其中质押金为2亿元（不含增值税）。合同约定：2019年11月1日甲公司先从乙公司收取工程款20亿元（不含增值税）及其增值税，另外2亿元（不含增值税）的质押金由乙公司在支付款项时扣押，质保期为1年。2019年11月1日甲公司从乙公司收取工程款20亿元（不含增值税）及其增值税，并开具给乙公司增值税专用发票，发票上注明价款20亿元、增值税额1.8亿元，款项已存入银行。2020年11月1日，质保期满，建筑工程未发生质量问题。2020年12月1日甲公司实际收到乙公司曾扣押的2亿元（不含增值税）质押金，并开具给乙公司增值税专用发票，发票上注明价款2亿元、增值税额0.18亿元，款项已存入银行。

【工作要求】 对甲公司上述业务进行账务处理。

【工作实施】 纳税人提供建筑服务，被工程发包方从应支付的工程款中扣押的质押金、保证金，未开具发票的，以纳税人实际收到质押金、保证金的当天为纳税义务发生时间。上述政策的应用有一个前提“未开具发票的”，即质押金、保证金没有开具发票，纳税义务发生的时间为实际收到质押金、保证金的当天。

（1）2019年11月1日，应收工程款及增值税时：

借：银行存款　　2 180 000 000
　　合同资产——质押金　　218 000 000
　贷：主营业务收入　　2 200 000 000
　　　应交税费——应交增值税（销项税额）　　180 000 000
　　　　　　　——待转销项税额　　18 000 000

（2）2020年11月1日，质保期满时：

借：应收账款——质押金　　218 000 000
　贷：合同资产——质押金　　218 000 000

（3）2020年12月1日，收到质押金时：

借：银行存款　　218 000 000
　贷：应收账款——质押金　　218 000 000
借：应交税费——待转销项税额　　18 000 000
　贷：应交税费——应交增值税（销项税额）　　18 000 000

10. 按照增值税制度确认增值税纳税义务发生时点早于按照国家统一的会计制度确认收入或利得的时点的销项税额或应纳增值税额的会计核算

按照增值税制度确认增值税纳税义务发生时点早于按照国家统一的会计制度确认收入或利得的时点的，应将应纳增值税额，借记“应收账款”科目，贷记“应交税费——应交增值税（销项税额）”或“应交税费——简易计税”科目；按照国家统一的会计制度确认收入或利得时，应按扣除增值税销项税额后的金额确认收入。

【点拨指导】22 号文件上述条款中“借记‘应收账款’科目”的说法不全面，因为确认收入前计提增值税时，不一定借记“应收账款”科目，也有可能冲销预收账款，还有可能计入其他应收款或其他应付款，甚至直接计入银行存款，所以不能简单地认为一定会记入“应收账款”科目。建议修改为：借记“应收账款”等科目。

【点拨指导】22 号文件上述条款只描述了一般纳税人的会计核算，却未提及小规模纳税人的会计核算，因此，“贷记‘应交税费——应交增值税（销项税额）’或‘应交税费——简易计税’科目”这一说法也不准确，应当修改为：贷记“应交税费——应交增值税（销项税额）”或“应交税费——简易计税”科目（小规模纳税人贷记“应交税费——应交增值税”科目）。“按照国家统一的会计制度确认收入或利得时，应按扣除增值税销项税额后的金额确认收入”这一描述不严谨，不一定是扣除“销项税额”，也有可能是扣除一般纳税人简易计税方法下的应纳增值税额或者小规模纳税人的应纳增值税额。建议将“扣除增值税销项税额”改为“扣除增值税销项税额或者应纳增值税额”。

企业提供建筑服务，在向业主办理工程价款结算时，借记“应收账款”“合同资产”“银行存款”等科目，贷记“主营业务收入”等科目，同时，贷记“应交税费——应交增值税（销项税额）”等科目；增值税纳税义务发生的时点早于企业向业主办理工程价款结算时点的，应借记“银行存款”等科目，贷记“预收账款”“应交税费——应交增值税（销项税额）”等科目。

【工作实例 2-25】 甲公司为增值税一般纳税人，本年 7 月采用托收承付方式向丙公司销售一批商品，开具的增值税专用发票上注明价款 100 000 元、增值税额 13 000 元。该批商品成本为 60 000 元。甲公司在售出该批商品时已得知丙公司现金流转发生暂时困难，但为了减少存货积压，以及维持与丙公司长期以来建立的商业关系，甲公司仍将商品发出并办妥托收手续。

【工作要求】对甲公司上述业务进行账务处理。

【工作实施】销售货物或者应税劳务，纳税义务发生时间为收讫销售款项或者取得索取销售款项凭据的当天；先开具发票的，为开具发票的当天。纳税人先开发票时，增值税纳税义务发生时间先于会计收入确认时间。采取托收承付和委托银行收款方式销售货物的，纳税义务发生时间为发出货物并办妥托收手续的当天。

（1）甲公司发出商品时，已得知丙公司现金流转发生暂时困难，由于商品控制权未转移给丙公司，此时会计上不能确认收入。但甲公司将商品发出并办妥托收手续时，税法上的增值税纳税义务已经发生。

借：发出商品	60 000	
贷：库存商品		60 000
借：合同资产	13 000	
贷：应交税费——应交增值税（销项税额）		13 000

（2）甲公司得知丙公司经营情况出现好转，丙公司承诺近期付款时，商品控制权确定转移给丙公司，会计上应确认收入。

借：应收账款（100 000＋13 000）　113 000
　贷：主营业务收入　100 000
　　　合同资产　13 000
借：主营业务成本　60 000
　贷：发出商品　60 000

11. 混合销售行为的销项税额或应纳增值税额的会计核算

一项销售行为如果既涉及货物又涉及服务，为混合销售。从事货物的生产、批发或者零售的单位和个体工商户的混合销售行为，按照销售货物缴纳增值税；其他单位和个体工商户的混合销售行为，按照销售服务缴纳增值税。从事货物的生产、批发或者零售的单位和个体工商户，包括以从事货物的生产、批发或者零售为主，兼营销售服务的单位和个体工商户在内。

企业发生混合销售行为，应当按应收或已收的金额，借记“应收账款”“应收票据”“银行存款”等科目；按取得的收入金额，贷记“主营业务收入”“其他业务收入”等科目；按现行增值税制度规定计算的销项税额（或采用简易计税方法计算的应纳增值税额），贷记“应交税费——应交增值税（销项税额）”或“应交税费——简易计税”科目（小规模纳税人应贷记“应交税费——应交增值税”科目）。

【工作实例2-26】 甲商场为增值税一般纳税人，本年1月销售一批空调并为客户提供安装服务，空调价款为90 400元（含增值税），另收取安装费7 910元（含增值税）。甲商场已经发出空调并安装完毕，货款与安装费均以银行存款收讫。该批空调在发出时，其控制权由甲商场转移给客户；客户已经取得甲商场提供安装服务的控制权。

【工作要求】 对甲商场上述业务进行账务处理。

【工作实施】 甲商场销售空调并为客户提供安装服务的行为，属于从事货物的生产、批发或者零售的单位和个体工商户的混合销售行为，因此按照销售货物缴纳增值税。

$$
\begin{aligned}
\text{甲商场当期销项税额} &= [90\ 400 \div (1+13\%) + 7\ 910 \div (1+13\%)] \times 13\% \\
&= 11\ 310(\text{元})
\end{aligned}
$$

借：银行存款　98 310
　贷：主营业务收入　80 000
　　　其他业务收入　7 000
　　　应交税费——应交增值税（销项税额）　11 310

12. 兼营行为的销项税额或应纳增值税额的会计核算

企业销售货物、加工修理修配劳务、服务、无形资产或不动产适用不同税率或者征收率的，应当分别核算适用不同税率或者征收率的销售额。未分别核算销售额的，按照以下方法适用税率或者征收率：(1) 兼有不同税率的销售货物、加工修理修配劳务、服务、无形资产或不动产，从高适用税率；(2) 兼有不同征收率的销售货物、加工修理修配劳务、服务、无形资产或不动产，从高适用征收率；(3) 兼有不同税率和征收率的销售货物、加工修理修配劳务、服务、无形资产或不动产，从高适用税率。

企业发生兼营行为，如果分别核算适用不同税率或者征收率的销售额，则应当按应收或已收的金额，借记“应收账款”“应收票据”“银行存款”等科目；按取得的收入金额，贷记“主营业务收入”“其他业务收入”等科目；按现行增值税制度规定计算的销项税额（或采用简易计税方法计算的应纳增值税额），贷记“应交税费——应交增值税（销项税额）”或“应交税费——简易计税”科目（小规模纳税人应贷记“应交税费——应交增值税”科目）。

【工作实例2-27】 甲公司为增值税一般纳税人，本年1月向乙公司销售一批设备1 200 000元（不含增值税），该批设备当月已经发给乙公司。本年1月甲公司又向丙公司提供餐饮服务，取得销售额30 000元（不含增值税），丙公司当月已经接受该餐饮服务。甲公司对以上两种业务分别核算，并按照各自的适用税率分别开具了增值税专用发票，款项均已结清并存入银行。该批设备在发出时，其控制权由甲公司转移给乙公司；丙公司已经取得甲公司提供餐饮服务的控制权。

【工作要求】 对甲公司上述业务进行账务处理。

【工作实施】 销售设备（货物）的增值税适用税率为13%，提供餐饮服务的增值税适用税率为6%。

$$\begin{aligned}\text{甲公司应计提的销项税额} &= 1\ 200\ 000\times13\%+30\ 000\times6\% \\ &= 157\ 800(\text{元})\end{aligned}$$

借：银行存款	1 356 000	
贷：主营业务收入		1 200 000
应交税费——应交增值税（销项税额）（1 200 000×13%）		156 000
借：银行存款	31 800	
贷：其他业务收入		30 000
应交税费——应交增值税（销项税额）（30 000×6%）		1 800

或者可以将上述两个分录合并为：

借：银行存款	1 387 800	
贷：主营业务收入		1 200 000
其他业务收入		30 000
应交税费——应交增值税（销项税额）		157 800

（二）视同销售业务增值税的会计核算

企业发生税法上视同销售的行为，应当按照企业会计准则等相关规定进行相应的会计处理，并按照现行增值税制度规定计算的销项税额（或采用简易计税方法计算的应纳增值税额），借记“应付职工薪酬”“利润分配”等科目，贷记“应交税费——应交增值税（销项税额）”或“应交税费——简易计税”（小规模纳税人应贷记“应交税费——应交增值税”）等科目。

1. 将货物交付他人代销和销售代销货物的销项税额或应纳增值税额的会计核算

委托其他纳税人代销货物的，其纳税义务发生时间为收到代销单位的代销清单或者收到全部或者部分货款的当天。未收到代销清单及货款的，其纳税义务发生时间为发出代销货物满180天的当天。

根据受托方是否有对受托商品实质上的市场定价权，可将委托（受托）代销行为分为视同买断和收取手续费两种方式。若代理商有实质市场定价权，则为视同买断方式；若代理商没有实质市场定价权，则为收取手续费方式。

（1）视同买断方式的代销行为销项税额或应纳增值税额的会计核算。视同买断方式的代销行为指的是双方签订合同或协议，实际售价由受托方自定，委托方按合同收取代销货款，实际售价与合同价之间的差额归受托方。这种方式又具体分为不附退回条款的视同买断方式和附退回条款的视同买断方式。

1）不附退回条款的视同买断方式（包销方式）。这种方式下受托方在取得代销商品后，无论是否能够卖出、是否获利，均与委托方无关，受托方均不能把商品退回委托方，因此这种方式下委托方和受托方之间的代销商品交易，与委托方直接销售商品给受托方没有实质区别，在符合商品收入确认条件时，委托方应确认相关销售商品收入，受托方作为购进商品处理。

2）附退回条款的视同买断方式（非包销方式）。这种方式下受托方可以把没有卖出的商品退回委托方，或受托方因代销商品出现亏损可以要求委托方补偿，委托方在发出委托代销商品时并未转移商品控制权，因此不确认销售收入和销项税额（或采用简易计税方法计算的应纳增值税额），受托方也不作为购进商品处理。受托方将商品销售后，按实际售价确认销售收入，并向委托方开具代销清单；委托方收到代销清单时，再确认本企业的销售收入。在会计处理上，对于委托方来说，发出委托代销商品时应按发出的委托代销货物的实际成本，借记“发出商品”科目，贷记“库存商品”“原材料”“周转材料”等科目。收到受托方开具的代销清单时，才确认销售收入和销项税额（或采用简易计税方法计算的应纳增值税额），借记“应收账款”“银行存款”等科目，贷记“主营业务收入”、“应交税费——应交增值税（销项税额）”或“应交税费——简易计税”（小规模纳税人应贷记“应交税费——应交增值税”）等科目，同时借记“主营业务成本”科目，贷记“发出商品”科目。对于受托方来说，收到委托方发来的委托代销货物时，按接受价或含增值税价，借记“受托代销商品”科目，贷记“受托代销商品款”科目；若受托方为零售企业且采用售价金额核算法来核算存货成本，还应按代理商品的进销差价，贷记“商品进销差价”科目。受托方销售代销货物时，既要确认代销货物的销售收入、销售成本，又要确认代销货物的销项税额（或采用简易计税方法计算的应纳增值税额）。

【工作实例2-28】 本年1月，甲公司（增值税一般纳税人）委托乙公司（增值税一般纳税人）销售A商品60件，协议价均为每件180元（不含增值税），A商品成本为每件80元，增值税税率为13%。合同约定A商品的具体市场定价由乙公司自定，同时约定将来受托方乙公司有未售出商品时可以将商品退回委托方甲公司。本年3月，乙公司按每件200元（不含增值税）的价格出售给顾客后，向甲公司开具代销清单。甲公司本年3月收到乙公司开来的代销清单时开具增值税专用发票，发票上注明价款10 800元、增值税额1 404元，但双方尚未结算相关款项。乙公司取得的增值税专用发票本年3月符合抵扣规定。本年5月双方结清相关款项。

【工作要求】（1）对视同买断方式下委托方甲公司上述业务进行账务处理。

（2）对视同买断方式下受托方乙公司上述业务进行账务处理。

【工作实施】（1）甲公司的账务处理如下。

1）本年1月，发出代理销售A商品时：

借：发出商品	4 800	
贷：库存商品		4 800

2）本年3月，收到乙公司开来的代销清单，并开具增值税专用发票时：

借：应收账款——乙公司	12 204	
贷：主营业务收入		10 800
应交税费——应交增值税（销项税额）		1 404

同时：

借：主营业务成本	4 800	
贷：发出商品		4 800

3）本年5月，收到乙公司结清的款项时：

借：银行存款	12 204	
贷：应收账款——乙公司		12 204

（2）乙公司的账务处理如下。

1）本年1月，收到代销的A商品时：

借：受托代销商品	10 800	
贷：受托代销商品款		10 800

2）本年3月，销售代销商品，并结转成本及确认付款义务时：

借：银行存款	13 560	
贷：主营业务收入（60×200）		12 000
应交税费——应交增值税（销项税额）（60×200×13%）		1 560

同时：

借：主营业务成本　　10 800
　贷：受托代销商品　　10 800
借：受托代销商品款　　10 800
　贷：应付账款——甲公司　　10 800

3）本年3月，开具代销清单并收到甲公司开具的增值税专用发票且符合抵扣规定时：

借：应交税费——应交增值税（进项税额）　　1 404
　贷：应付账款——甲公司　　1 404

4）本年5月，结清代销款项时：

借：应付账款——甲公司　　12 204
　贷：银行存款　　12 204

（2）收取手续费方式的代销行为销项税额或应纳增值税额的会计核算。收取手续费方式的代销行为指的是双方签订合同或协议，实际售价由委托方确定，委托方按合同收取代销货款，受托方根据合同的约定向委托方收取手续费的销售方式。这种方式下委托方在收到代销清单时确认销售收入，受托方在商品销售后按合同约定确认手续费收入。

在会计处理上，对于委托方来说，发出委托代销商品时并未转移商品控制权，因此不确认销售收入和销项税额（或采用简易计税方法计算的应纳增值税额），而应按发出的委托代销货物的实际成本，借记“发出商品”科目，贷记“库存商品”“原材料”“周转材料”等科目。收到受托方开具的代销清单时，才确认销售收入和销项税额（或采用简易计税方法计算的应纳增值税额），借记“应收账款”“银行存款”等科目，贷记“主营业务收入”、“应交税费——应交增值税（销项税额）”或“应交税费——简易计税”（小规模纳税人应贷记“应交税费——应交增值税”）等科目，同时借记“主营业务成本”科目，贷记“发出商品”科目。委托方还应按应付或实际支付的代理手续费借记“销售费用”科目，按当月已认证的可抵扣增值税额，借记“应交税费——应交增值税（进项税额）”科目，按当月未认证的可抵扣增值税额，借记“应交税费——待认证进项税额”科目，贷记“银行存款”“应收账款”等科目（若采用简易计税方法或者未取得合法的扣税凭证，则进项税额记入“销售费用”科目）。对于受托方来说，收到委托方发来的委托代销货物时，按接受价或含增值税价，借记“受托代销商品”科目，贷记“受托代销商品款”科目；若受托方为零售企业且采用售价金额核算法来核算存货成本，还应按代理商品的进销差价，贷记“商品进销差价”科目。受托方销售代销货物后，不确认代销货物的销售收入、销售成本，但要确认代销货物的销项税额（或采用简易计税方法计算的应纳增值税额），还要将代销手续费收入作为“主营业务收入”或者“其他业务收入”入账，同时确认代销手续费收入的销项税额。

【工作实例2-29】 本年1月，甲公司（增值税一般纳税人）委托乙公司（增值税一般纳税人）销售A商品100件，协议价均为每件200元（不含增值税），A商品成本为每件 120 元，增值税税率为 13%。甲公司按不含增值税售价的 10%支付乙公司手续费（不含增值税）。本年 3 月，乙公司按每件 200 元（不含增值税）的价格出售给顾客后，向甲公司开具代销清单。甲公司收到乙公司开来的代销清单时开具给乙公司代销货物的增值税专用发票，发票上注明价款 20 000 元、增值税额 2 600 元，乙公司取得的增值税专用发票本年 3 月符合抵扣规定；同时甲公司确认应当支付给乙公司的手续费（实际未支付，而是将来抵顶乙公司为甲公司代销商品的应付账款），收到乙公司开具手续费的增值税专用发票，发票上注明手续费 2 000 元、增值税额 120 元，甲公司取得的增值税专用发票本年 3 月符合抵扣规定。但本年 3 月双方尚未结算相关款项。本年 5 月双方结清相关款项。

【工作要求】（1）对收取手续费方式下委托方甲公司上述业务进行账务处理。

（2）对收取手续费方式下受托方乙公司上述业务进行账务处理。

【工作实施】（1）甲公司的账务处理如下。

1）本年 1 月，发出代销的 A 商品时：

借：发出商品	12 000	
贷：库存商品		12 000

2）本年 3 月，收到乙公司开来的代销清单，并开具增值税专用发票时：

借：应收账款——乙公司	22 600	
贷：主营业务收入		20 000
应交税费——应交增值税（销项税额）		2 600

同时：

借：主营业务成本	12 000	
贷：发出商品		12 000

3）本年 3 月，计提手续费并收到乙公司开具的增值税专用发票且符合抵扣规定时：

借：销售费用（20 000×10%）	2 000	
应交税费——应交增值税（进项税额）（2 000×6%）	120	
贷：应收账款——乙公司		2 120

若对于支付的代销手续费，委托方甲公司从受托方乙公司取得的是增值税普通发票，则增值税进项税额不能抵扣，应计入销售费用，账务处理如下。

借：销售费用	2 120	
贷：应收账款——乙公司		2 120

4）本年 5 月，收到乙公司结清的款项时：

借：银行存款	20 480	
贷：应收账款——乙公司（22 600－2 120）		20 480

（2）乙公司的账务处理如下。

1）本年 1 月，收到代销的 A 商品时：

借：受托代销商品	20 000	
贷：受托代销商品款		20 000

2）本年3月，销售代销商品时：

借：银行存款　22 600

　贷：应付账款——甲公司　20 000

　　　应交税费——应交增值税（销项税额）　2 600

3）本年3月，开具代销清单并收到甲公司开具的增值税专用发票且符合抵扣规定时：

借：应交税费——应交增值税（进项税额）　2 600

　贷：应付账款——甲公司　2 600

4）本年3月，注销“受托代销商品款”和“受托代销商品”科目时：

借：受托代销商品款　20 000

　贷：受托代销商品　20 000

5）本年3月，确认代销手续费收入，并开具增值税专用发票时：

借：应付账款——甲公司　2 120

　贷：主营业务收入（或其他业务收入）　2 000

　　　应交增值税（销项税额）　120

6）本年5月，结清代销款项时：

借：应付账款——甲公司（2 600+20 000−2 120）　20 480

　贷：银行存款　20 480

或者，乙公司的账务处理如下（初级会计职称考试《初级会计实务》教材中的会计处理做法）。

1）本年1月，收到代销的A商品时：

借：受托代销商品　20 000

　贷：受托代销商品款　20 000

2）本年3月，销售代销商品时：

借：银行存款　22 600

　贷：受托代销商品　20 000

　　　应交税费——应交增值税（销项税额）　2 600

3）本年3月，开具代销清单并收到甲公司开具的增值税专用发票且符合抵扣规定时：

借：应交税费——应交增值税（进项税额）　2 600

　贷：应付账款——甲公司　2 600

借：受托代销商品款　20 000

　贷：应付账款——甲公司　20 000

4）本年3月，确认代销手续费收入，并开具增值税专用发票时：

借：应付账款——甲公司　2 120

　贷：主营业务收入（或其他业务收入）　2 000

　　　应交增值税（销项税额）　120

5）本年5月，结清代销款项时：

借：应付账款——甲公司（2 600+20 000−2 120）　20 480

　贷：银行存款　20 480

2. 将货物在两个机构之间移送的销项税额或应纳增值税额的会计核算

单位或个体工商户的下列行为，视同销售货物计算销项税额或应纳增值税额：设有两个以上机构并实行统一核算的纳税人，将货物从一个机构移送到其他机构用于销售，但相关机构设在同一县（市）的除外。

《国家税务总局关于企业所属机构间移送货物征收增值税问题的通知》（国税发〔1998〕137 号）规定，《中华人民共和国增值税暂行条例实施细则》第四条视同销售货物行为的第（三）项所称的用于销售，是指受货机构发生以下情形之一的经营行为：一是向购货方开具发票；二是向购货方收取货款。受货机构的货物移送行为有上述两项情形之一的，应当向所在地税务机关缴纳增值税；未发生上述两项情形的，则应由总机构统一缴纳增值税。如果受货机构只就部分货物向购买方开具发票或收取货款，则应当区别不同情况计算并分别向总机构所在地或分支机构所在地缴纳税款。企业可根据实际情况在计算缴纳增值税时进行相应的会计处理。

如果异地受货机构（受货方）发生向购货方开具发票或向购货方收取货款这两项情形之一（受货机构具备向购货方开票的资格或者有权向购货方收取货款），则受货机构向购货方开具发票或向购货方收取货款时，应当向受货机构所在地税务机关缴纳增值税。这种情况下，移送货物的一方（移货方）的货物移送行为应视同销售，在货物移送当天应当开具增值税发票，统一核算的机构（一般是移货方）应当借记“库存商品——受货方”“应交税费——应交增值税（进项税额）”“应交税费——待认证进项税额”等科目（受货方若为一般纳税人且采用简易计税方法，则最终应将进项税额记入“库存商品——受货方”科目；受货方若为小规模纳税人，则将进项税额直接记入“库存商品——受货方”科目），贷记“库存商品——移货方”“应交税费——应交增值税（销项税额）”（移货方若为一般纳税人且采用简易计税方法，则将应纳增值税额记入“应交税费——简易计税”科目；移货方若为小规模纳税人，则将应纳增值税额记入“应交税费——应交增值税”科目），当期移货方应当向其所在地计提增值税销项税额或应纳增值税额，受货方若符合抵扣规定，则可以在其所在地计提可抵扣的增值税。异地受货机构（受货方）向购货方开具发票或向购货方收取货款时，应当借记“应收账款”“银行存款”等科目，贷记“主营业务收入”、“应交税费——应交增值税（销项税额）”或“应交税费——简易计税”（小规模纳税人应贷记“应交税费——应交增值税”）等科目，同时借记“主营业务成本”科目，贷记“库存商品——受货方”科目，且受货方应当向其所在地税务机关缴纳增值税。

如果异地受货机构（受货方）未向购货方开具发票，也未向购货方收取货款（受货机构既不具备向购货单位开票的资格，又无权向购货方收取货款），则此时移送货物的一方（移货方）的货物移送行为不属于“用于销售”。也就是说，移货方不能视同销售计算缴纳增值税，等到产品实际对外销售时，统一核算的机构再确认收入计算缴纳增值税，并向移货方所在地税务机关缴纳增值税。而统一核算的机构对于货物移送行为只做货物进、销、存仓库保管账，不做涉税的会计处理。

【工作实例2-30】 甲公司和下属的乙分支机构均为增值税一般纳税人，分别位于A市和B市，并实行统一核算，乙分支机构具备向购货方开票的资格或者有权向购货方收取货款。本年1月甲公司将自产货物100件调往乙分支机构用于销售。该自产货物每件不含增值税售价为1 000元，成本为800元。甲公司本年1月向乙分支机构开具增值税专用发票，且乙分支机构取得的增值税专用发票本年1月符合抵扣规定。本年3月乙分支机构将其全部发出销售给丙公司，并由乙分支机构向购买方丙公司开具增值税专用发票，该批货物已经发出，款项以银行存款收讫。该批货物在发出销售给丙公司时，其控制权转移给丙公司。该货物适用的增值税税率为13%。

【工作要求】 对甲公司上述业务进行账务处理。

【工作实施】 甲公司和下属的乙分支机构实行统一核算，因此统一进行会计核算。

（1）本年1月甲公司向乙分支机构移送货物并开具增值税专用发票，乙分支机构取得的增值税专用发票本年1月符合抵扣规定时：

借：库存商品——乙分支机构（800×100）　80 000
　　应交税费——应交增值税（进项税额）（1 000×100×13%）　13 000
　贷：库存商品——甲公司　80 000
　　　应交税费——应交增值税（销项税额）　13 000

需要注意的是：本年1月13 000元的销项税额在甲公司所在地计提，本年1月13 000元的进项税额在乙分支机构所在地作为可抵扣的增值税。

（2）本年3月乙分支机构对外销售货物给丙公司，向丙公司开具增值税专用发票并收取货款时：

借：银行存款　113 000
　贷：主营业务收入　100 000
　　　应交税费——应交增值税（销项税额）　13 000
借：主营业务成本　80 000
　贷：库存商品——乙分支机构　80 000

需要注意的是：本年3月13 000元的销项税额在乙分支机构所在地计提。

【工作实例2-31】 甲公司和下属的乙分支机构均为增值税一般纳税人，分别位于A市和B市，并实行统一核算，乙分支机构既不具备向购货单位开票的资格，也无权向购货方收取货款。本年1月甲公司将自产货物100件调往乙分支机构用于销售。该自产货物每件不含增值税售价为1 000元，成本为800元。本年3月甲公司通过乙分支机构将其全部发出销售给丙公司，并由甲公司向购买方丙公司开具增值税专用发票，该批货物已经发出，款项以银行存款收讫。该批货物在发出销售给丙公司时，其控制权转移给丙公司。该货物适用的增值税税率为13%。

【工作要求】 对甲公司上述业务进行账务处理。

【工作实施】 甲公司和下属的乙分支机构实行统一核算，因此统一进行会计核算。

（1）本年1月甲公司将自产货物调往乙分支机构用于销售，由于甲公司向购买方丙公司开具增值税专用发票，且收到货款，因此甲公司移送货物到乙分支机构的行为不属于视同销售，此时不需要缴纳增值税。甲公司对于货物移送行为只做货物进、销、存仓库保管账，不做涉税的会计处理。

（2）本年 3 月甲公司通过乙分支机构对外销售货物给丙公司，向丙公司开具增值税专用发票并收取货款时：

借：银行存款	113 000	
贷：主营业务收入		100 000
应交税费——应交增值税（销项税额）		13 000
借：主营业务成本	80 000	
贷：库存商品		80 000

需要注意的是：本年 3 月 13 000 元的销项税额在甲公司所在地计提。

3. 将自产、委托加工的货物用于集体福利或个人消费的销项税额或应纳增值税额的会计核算

企业将自产、委托加工的货物用于集体福利或个人消费的，税法上应于货物移送时视同销售，计算销项税额或应纳增值税额，会计上应当确认收入。

企业应借记“应付职工薪酬——非货币性福利”等科目，按最近时期同类货物的平均销售价格或组成计税价格，贷记“主营业务收入”“其他业务收入”等科目；按最近时期同类货物的平均销售价格或组成计税价格和规定的增值税税率计算的销项税额或者采用简易计税方法计算的应纳增值税额，贷记“应交税费——应交增值税（销项税额）”或“应交税费——简易计税”（小规模纳税人应贷记“应交税费——应交增值税”）等科目；同时结转该货物的成本，借记“主营业务成本”“其他业务成本”等科目，贷记“库存商品”科目。

【点拨指导】将自产、委托加工的货物用于个人消费，会计上应当确认收入。但将自产、委托加工的货物用于集体福利，在会计上是否确认收入，有两种观点。一种观点认为：将自产、委托加工的货物用于集体福利，会计上应当确认收入。初级会计职称考试教材《初级会计实务》便持这一观点。另一种观点认为：将自产、委托加工的货物用于集体福利，至少不符合《企业会计准则第 14 号——收入》收入确认条件中的“企业因向客户转让商品而有权取得的对价很可能收回”这一条，因此会计上不确认收入。

本教材采用第一种观点。

【工作实例 2-32】 甲公司是一家彩电生产企业，为增值税一般纳税人，有职工 200 名，其中一线生产工人 170 名，总部管理人员 30 名。本年 2 月甲公司决定以其生产的液晶彩色电视机作为福利实际发放给职工。该液晶彩色电视机的单位成本为 10 000 元，单位计税价格（公允价值）为 14 000 元，适用的增值税税率为 13%。该批液晶彩色电视机在发放给职工时，其控制权由甲公司转移给职工。

【工作要求】对甲公司上述业务进行账务处理。

【工作实施】（1）决定发放非货币性福利时：

计入生产成本的金额＝170×14 000×(1＋13%)＝2 689 400(元)

计入管理费用的金额＝30×14 000×(1＋13%)＝474 600(元)

借：生产成本	2 689 400
管理费用	474 600
贷：应付职工薪酬——非货币性福利	3 164 000

（2）实际发放非货币性福利时：

增值税销项税额＝170×14 000×13%＋30×14 000×13%＝364 000(元)

借：应付职工薪酬——非货币性福利	3 164 000
贷：主营业务收入	2 800 000
应交税费——应交增值税（销项税额）	364 000
借：主营业务成本	2 000 000
贷：库存商品	2 000 000

4. 将自产、委托加工或购进的货物作为投资的销项税额或应纳增值税额的会计核算

企业将自产、委托加工或购进的货物作为投资，提供给其他单位或个体工商户，税法上应于货物移送时视同销售，计算销项税额或应纳增值税额。

对于同一控制下企业合并形成的长期股权投资，合并方将自产、委托加工或购进的货物作为投资，即合并方以转让非现金资产作为合并对价的，应在合并日按取得被合并方所有者权益在最终控制方合并财务报表中的账面价值的份额作为初始投资成本，借记“长期股权投资”科目（投资成本），按应享有被投资单位已宣告但尚未发放的现金股利或利润，借记“应收股利”科目，按支付的合并对价的账面价值，贷记或借记有关非现金资产科目（实际上应为贷记有关非现金资产，借记有关非现金资产备抵科目），如为贷方差额，贷记“资本公积——资本溢价或股本溢价”科目；如为借方差额，借记“资本公积——资本溢价或股本溢价”科目，资本公积（资本溢价或股本溢价）不足冲减的，应依次借记“盈余公积”“利润分配——未分配利润”科目。

对于非同一控制下企业合并形成的长期股权投资，合并方将自产、委托加工或购进的货物作为投资，即合并方以转让非现金资产作为合并对价的，应在购买日按照支付的现金、付出的非现金货币性资产、发生或承担的负债的公允价值（如果是存货、无形资产或者固定资产等，实际上为公允价值＋增值税）作为初始投资成本计量确定合并成本（不含应自被投资单位收取的现金股利或利润，即不含应享有被投资单位已宣告但尚未发放的现金股利或利润），借记“长期股权投资”科目（投资成本），按应享有被投资单位已宣告但尚未发放的现金股利或利润，借记“应收股利”科目，按付出的合并对价的账面价值，贷记或借记有关资产、负债科目（实际上应为贷记有关资产、负债科目，借记有关资产类备抵科目），按发生的直接相关费用（如资产处置费用），贷记“银行存款”等科目，按其差额，贷记“主营业务收入”“资产处置损益”“投资收益”等科目或借记“管理费用”“资产处置损益”“主营业务成本”等科目。

对于以非企业合并方式（以企业合并以外的方式）取得（形成）的长期股权投资，涉及将自产、委托加工或购进的货物作为投资的，属于以债务重组、非货币性资产交换等方式取得的长期股权投资的情形，其初始投资成本应按照《企业会计准则第12号——债务重组》和《企业会计准则第7号——非货币性资产交换》的规定确定。

【工作实例2-33】 A公司和B公司为同一母公司最终控制下的两家公司，均为增值税一般纳税人。本年5月1日，A公司以账面价值为5 000 000元、公允价值为6 000 000元的库存商品为对价，取得母公司拥有的B公司100%的股权，并于当日起能够对B公司实施控制。合并后B公司仍维持其独立法人地位继续经营。本年5月1日母公司合并报表中B公司的净资产账面价值为7 000 000元。A公司和B公司在合并前采用的会计政策相同。A公司和B公司适用的增值税税率均为13%，不考虑其他因素。

【工作要求】 对A公司上述业务进行账务处理。

【工作实施】 本例中，A公司和B公司为同一母公司最终控制下的两家公司，A公司取得长期股权投资应按应享有母公司合并财务报表中的B公司账面价值的份额计算确定。

借：长期股权投资	7 000 000	
贷：库存商品		5 000 000
应交税费——应交增值税（销项税额）（6 000 000×13%）		780 000
资本公积——股本溢价（7 000 000－5 000 000－780 000）		1 220 000

【工作实例2-34】 C公司和D公司为非同一控制下的两家公司。本年6月30日，C公司以账面价值为5 000 000元、公允价值为6 000 000元的库存商品为对价，取得D公司60%的股权。本年6月30日D公司的可辨认净资产公允价值为7 000 000元。C公司和D公司适用的增值税税率均为13%，不考虑其他因素。

【工作要求】 对C公司上述业务进行账务处理。

【工作实施】 本例中，长期股权投资成本应按非现金货币性资产的公允价值作为初始投资成本计量。

借：长期股权投资	6 780 000	
贷：主营业务收入		6 000 000
应交税费——应交增值税（销项税额）（6 000 000×13%）		780 000
借：主营业务成本	5 000 000	
贷：库存商品		5 000 000

【工作实例2-35】 甲公司和乙公司为非同一控制下的两家公司。本年1月31日，甲公司以本公司库存商品为对价取得乙公司有表决权的股份20%，准备长期持有

该股份。甲公司该商品账面余额600 000元，市场价为800 000元，未计提存货跌价准备，甲公司销售该库存商品适用的增值税税率为13%。假定不考虑其他因素影响。

【工作要求】对甲公司上述业务进行账务处理。

【工作实施】

借：长期股权投资　904 000

　贷：主营业务收入　800 000

　　　应交税费——应交增值税（销项税额）（800 000×13%）　104 000

借：主营业务成本　600 000

　贷：库存商品　600 000

5. 将自产、委托加工或购进的货物分配给股东或投资者的销项税额或应纳增值税额的会计核算

企业将自产、委托加工或购进的货物分配给股东或投资者，税法上应于货物移送时视同销售，计算销项税额或应纳增值税额，会计上应确认收入。企业应借记“应付利息”“应付股利”等科目；按最近时期同类货物的平均销售价格或组成计税价格，贷记“主营业务收入”“其他业务收入”等科目；按最近时期同类货物的平均销售价格或组成计税价格和规定的增值税税率计算的销项税额或者采用简易计税方法计算的应纳增值税额，贷记“应交税费——应交增值税（销项税额）”或“应交税费——简易计税”（小规模纳税人应贷记“应交税费——应交增值税”）等科目；同时结转该货物成本。

【工作实例2-36】 甲公司为增值税一般纳税人，本年4月将生产的一批库存商品作为股利分配给股东乙公司。该批库存商品市场售价为200 000元，实际成本为163 000元。该批库存商品的增值税税率为13%。该批库存商品已经发出，且在发出时，其控制权由甲公司转移给乙公司。

【工作要求】对甲公司上述业务进行账务处理。

【工作实施】（1）分配股利时：

借：应付股利　226 000

　贷：主营业务收入　200 000

　　　应交税费——应交增值税（销项税额）（200 000×13%）　26 000

（2）结转该批库存商品成本时：

借：主营业务成本　163 000

　贷：库存商品　163 000

6. 将自产、委托加工或购进的货物无偿赠送的销项税额或应纳增值税额的会计核算

企业将自产、委托加工或购进的货物无偿赠送其他单位或者个人时，无论是公益性捐赠还是非公益性捐赠，税法上均应于货物移送时视同销售，计算销项税额或应纳增值税额，但会计上不确认收入。企业应借记“营业外支出”等科目；按最近时期同类货物的平均销售价格或组成计税价格和规定的增值税税率计算的销项税额或者采用简易计税方法计算的应纳增值税额，贷记“应交税费——应交增值税（销项税额）”或“应交税费——简易计税”（小规模纳税人应贷记“应交税费——应交增值税”）等科目；按该货物的成本，贷记“库存商品”等科目。

【点拨指导】企业将自产、委托加工或购进的货物无偿赠送其他单位或者个人的行为虽然发生了控制权的转移，但作为赠出方的企业并未获得经济利益，企业资产、所有者权益都没有增加。无偿赠送不是企业的经营活动，更不是实质上的销售行为，不符合《企业会计准则第 14 号——收入》收入确认条件中的“企业因向客户转让商品而有权取得的对价很可能收回”这一条，会计上不能作为收入处理，只能按成本进行结转。

【工作实例 2-37】 甲公司为增值税一般纳税人，本年 1 月将自产的大衣 1 000 件直接捐赠给灾区，该大衣每件成本为 200 元，每件不含增值税售价为 300 元。

【工作要求】对甲公司上述业务进行账务处理。

【工作实施】

借：营业外支出	239 000
贷：库存商品（200×1 000）	200 000
应交税费——应交增值税（销项税额）（300×1 000×13%）	39 000

本例中，由于《中华人民共和国企业所得税法》（简称《企业所得税法》）与企业会计准则对收入的确认存在差异，即企业所得税需要确认收入，而会计上不确认收入，因此需在企业所得税纳税申报时进行纳税调整。在计算企业所得税时，应调增收入 300 000 元，调增成本 200 000 元。此外，由于企业的直接捐赠不能在企业所得税税前扣除，还需调增应纳税所得额 239 000 元。

7. 无偿提供服务、转让无形资产或不动产的销项税额或应纳增值税额的会计核算

下列情形视同销售服务、无形资产或不动产：（1）单位或者个体工商户向其他单位或者个人无偿提供服务，但用于公益事业或者以社会公众为对象的除外；（2）单位或者个人向其他单位或者个人无偿转让无形资产或不动产，但用于公益事业或者以社会公众为对象的除外；（3）财政部和国家税务总局规定的其他情形。需要注意的是，纳税人出租不动产，租赁合同中约定免租期的，不属于视同销售服务。

企业发生视同销售服务、无形资产或不动产的，税法上其纳税义务发生时间为服务、无形资产转让完成的当天或者不动产权属变更的当天，但会计上不确认收入（由于与交易相关的经济利益未流入企业，不符合收入确定条件）。对于无偿提供服务，企业应借记“营业外支出”等科目；按最近时期销售服务、无形资产或不动产的平均价格和规定的增值税税率计算的销项税额或者采用简易计税方法计算的应纳增值税额，贷记“应交税费——应交增值税（销项税额）”或“应交税费——简易计税”（小规模纳税人应贷记“应交税费——应交增值税”）等科目。对于无偿转让无形资产或不动产，除了计提销项税额或应纳增值税额外，还应对无形资产或不动产进行相关的账务处理。

【工作实例2-38】 甲会计师事务所为增值税一般纳税人，本年5月10日派出注册会计师张某参加乙公司高管座谈会，免费给乙公司提供有关企业重组业务的财税咨询服务2小时，甲会计师事务所此类咨询服务不含增值税价格为2 000元/小时。

【工作要求】对甲会计师事务所上述业务进行账务处理。

【工作实施】甲会计师事务所提供的免费咨询服务应视同销售服务计算增值税。

增值税销项税额＝2×2 000×6%＝240(元)

借：营业外支出	240	
贷：应交税费——应交增值税（销项税额）		240

（三）其他特殊销售业务增值税的会计核算

1. 非货币性资产交换的销项税额或应纳增值税额的会计核算

非货币性资产交换是指企业主要以固定资产、无形资产、投资性房地产和长期股权投资等非货币性资产进行的交换。该交换不涉及或只涉及少量的货币性资产（即补价）。大多数非货币性资产交换适用《企业会计准则第7号——非货币性资产交换》，但下列各项适用其他相关会计准则：

（1）企业以存货换取客户的非货币性资产的，适用《企业会计准则第14号——收入》。

（2）非货币性资产交换中涉及企业合并的，适用《企业会计准则第20号——企业合并》《企业会计准则第2号——长期股权投资》《企业会计准则第33号——合并财务报表》。

（3）非货币性资产交换中涉及由《企业会计准则第22号——金融工具确认和计量》规范的金融资产的，金融资产的确认、终止确认和计量适用《企业会计准则第22号——金融工具确认和计量》和《企业会计准则第23号——金融资产转移》。

（4）非货币性资产交换中涉及由《企业会计准则第21号——租赁》规范的使用权资产或应收融资租赁款等的，相关资产的确认、终止确认和计量适用《企业会计准则第21号——租赁》。

（5）非货币性资产交换的一方直接或间接对另一方持股且以股东身份进行交易的，或者非货币性资产交换的双方均受同一方或相同多方最终控制，且该非货币性资产交换的交易实质是交换的一方向另一方进行了权益性分配或交换的一方接受了另一方权益性投入的，适用权益性交易的有关会计处理规定。

《企业会计准则第7号——非货币性资产交换》规定，非货币性资产交换同时满足下列条件的，应当以公允价值为基础进行计量：（1）该项交换具有商业实质；（2）换入资产或换出资产的公允价值能够可靠地计量。不满足上述条件的非货币性资产交换，应当以账面价值为基础计量。

（1）以公允价值计量的非货币性资产交换的销项税额或应纳增值税额的会计核算。

《企业会计准则第7号——非货币性资产交换》规定，以公允价值为基础计量的非货币性资产交换，对于换入资产，应当以换出资产的公允价值和应支付的相关税费作为换入资产的成本进行初始计量；对于换出资产，应当在终止确认时，将换出资产的公允价值与其账面价值之间的差额计入当期损益。有确凿证据表明换入资产的公允价值更加可靠的，对于换入资产，应当以换入资产的公允价值和应支付的相关税费作为换入资产的初始计量金额；对于换出资产，应当在终止确认时，将换入资产的公允价值与换出资产账面价值之间的差额计入当期损益。

【特别提示】以公允价值为基础计量的非货币性资产交换，涉及补价的，应当按照下列规定进行处理：

（1）支付补价的，以换出资产的公允价值，加上支付补价的公允价值和应支付的相关税费，作为换入资产的成本；换出资产的公允价值与其账面价值之间的差额计入当期损益。有确凿证据表明换入资产的公允价值更加可靠的，以换入资产的公允价值和应支付的相关税费作为换入资产的初始计量金额，换入资产的公允价值减去支付补价的公允价值，与换出资产账面价值之间的差额计入当期损益。

（2）收到补价的，以换出资产的公允价值，减去收到补价的公允价值，加上应支付的相关税费，作为换入资产的成本；换出资产的公允价值与其账面价值之间的差额计入当期损益。有确凿证据表明换入资产的公允价值更加可靠的，以换入资产的公允价值和应支付的相关税费作为换入资产的初始计量金额，换入资产的公允价值加上收到补价的公允价值，与换出资产账面价值之间的差额计入当期损益。

【工作实例2-39】 甲、乙公司均为增值税一般纳税人，适用的增值税税率均为13%。本年8月甲公司以生产经营过程中使用的一台设备（2009年1月1日以后购入）交换乙公司生产的一批打印机，换入的打印机作为固定资产管理。设备的账面原价为120万元，假设在交换日的累计折旧为30万元，公允价值为80万元，发生清理设备费用1.2万元。打印机的账面价值为100万元，在交换日的市场价格为80万元，计税价格等于市场价格。乙公司换入甲公司的设备是生产打印机过程中需要使用的设备。甲、乙公司分别向对方开具不含税价款为80万元的增值税专用发票，且各自取得的增值税专用发票本年8月均符合抵扣规定。该项交换具有商业实质，换入资产和换出资产的公允价值能够可靠地计量。

【工作要求】（1）对甲公司上述业务进行账务处理。

（2）对乙公司上述业务进行账务处理。

【工作实施】（1）甲公司的账务处理如下。

借：固定资产清理	900 000	
累计折旧	300 000	
贷：固定资产——设备		1 200 000
借：固定资产清理	12 000	
贷：银行存款		12 000

借：固定资产——打印机　800 000
　　应交税费——应交增值税（进项税额）（800 000×13%）　104 000
　　资产处置损益（912 000+104 000−800 000−104 000）　112 000
　贷：固定资产清理　912 000
　　　应交税费——应交增值税（销项税额）（800 000×13%）　104 000

（2）乙公司的账务处理如下。

借：固定资产——设备　800 000
　　应交税费——应交增值税（进项税额）（800 000×13%）　104 000
　贷：主营业务收入　800 000
　　　应交税费——应交增值税（销项税额）（800 000×13%）　104 000
借：主营业务成本　1 000 000
　贷：库存商品——打印机　1 000 000

（2）以账面价值计量的非货币性资产交换的销项税额或应纳增值税额的会计核算。以账面价值计量的非货币性资产交换，对于换入资产，企业应当以换出资产的账面价值和应支付的相关税费作为换入资产的初始计量金额；对于换出资产，终止确认时不确认损益。

【特别提示】以账面价值为基础计量的非货币性资产交换，涉及补价的，应当按照下列规定进行处理：

（1）支付补价的，以换出资产的账面价值，加上支付补价的账面价值和应支付的相关税费，作为换入资产的初始计量金额，不确认损益。

（2）收到补价的，以换出资产的账面价值，减去收到补价的公允价值，加上应支付的相关税费，作为换入资产的初始计量金额，不确认损益。

【工作实例2-40】 甲公司和乙公司均为增值税一般纳税人。甲公司本年1月以其拥有的专利权交换乙公司拥有的商标权。在交换日，甲公司拥有的专利权账面原价为5 000 000元，累计已摊销金额为1 400 000元，已计提无形资产减值准备600 000元；乙公司商标权的账面原价为4 000 000元，累计已摊销金额为600 000元，乙公司没有为该项商标权计提减值准备。甲公司因转让专利权向乙公司开具的增值税专用发票上注明的价款为3 400 000元，增值税额为204 000元，乙公司取得的增值税专用发票本年1月符合抵扣规定。乙公司因转让商标权向甲公司开具的增值税专用发票上注明的价款为3 400 000元，增值税额为204 000元，甲公司取得的增值税专用发票本年1月符合抵扣规定。假设除增值税以外，整个交易过程中没有发生其他相关税费。该项交换不具有商业实质。

【工作要求】（1）对甲公司上述业务进行账务处理。

（2）对乙公司上述业务进行账务处理。

【工作实施】由于该项交换不具有商业实质，甲公司、乙公司换入资产的成本均应按照换出资产的账面价值确定，不确认损益。

（1）甲公司的账务处理如下。

借：无形资产——商标权（5 000 000＋204 000－204 000－1 400 000－600 000）

3 000 000

应交税费——应交增值税（进项税额）　204 000

累计摊销　1 400 000

无形资产减值准备　600 000

贷：无形资产——专利权　5 000 000

应交税费——应交增值税（销项税额）　204 000

（2）乙公司的账务处理如下。

借：无形资产——专利权（4 000 000＋204 000－204 000－600 000）

3 400 000

应交税费——应交增值税（进项税额）　204 000

累计摊销　600 000

贷：无形资产——商标权　4 000 000

应交税费——应交增值税（销项税额）　204 000

2. 将资产用于抵债的销项税额或应纳增值税额的会计核算

企业将增值税应税范围的资产用于抵付应付债务属于债务重组，用于抵债的资产应于移送环节做视同销售处理。

债务重组以资产清偿债务方式进行的，债务人应当将所清偿债务账面价值与转让资产账面价值之间的差额计入当期损益，涉及增值税的，应当同时计提增值税的销项税额或者应纳增值税额，贷记“应交税费——应交增值税（销项税额）”或“应交税费——简易计税”科目（小规模纳税人应贷记“应交税费——应交增值税”科目）。

债务重组采用以资产清偿债务或者将债务转为权益工具方式进行的，债权人应当在受让的相关资产符合其定义和确认条件时予以确认。作为增值税一般纳税人的债权人对于受让的资产，若符合进项税额抵扣规定，则按当月已认证的可抵扣增值税额，借记“应交税费——应交增值税（进项税额）”科目；按当月未认证的可抵扣增值税额，借记“应交税费——待认证进项税额”科目［小规模纳税人以及按照简易计税方法计税的一般纳税人购进货物、加工修理修配劳务、服务、无形资产或不动产支付或者承担的增值税不记入“应交税费——应交增值税（进项税额）”或“应交税费——待认证进项税额”等科目，而记入“在途物资”（或“材料采购”）或“原材料”、“库存商品”、“生产成本”、“固定资产”等科目］。

【工作实例 2-41】 甲、乙公司均为增值税一般纳税人。本年 3 月，乙公司向甲公司销售原材料一批，应收甲公司款项的入账金额为 230 000 元。本年 7 月甲公司与其原材料供应商乙公司签订债务重组协议，乙公司同意甲公司以所产的库存商品（机器设备）抵付应付的原材料款项 230 000 元。该批库存商品的市场价格为 160 000 元（不含税）。甲公司向乙公司开具增值税专用发票，发票上注明价款 160 000 元、增值税额 20 800 元，该批库存商品的实际成本为 140 000 元；甲公司为运送该批库存商品以银行存款支付运费 436 元（含增值税），取得专业运输公司开具的增值税专用发票，发票上注明运费 400 元、增值税额 36 元。该批库存商品已经发出，且在发出时，其控制权由甲公司转移给乙公司。乙公司将甲公司用以抵债的库存商品（机器设备）作为固定资产核算。当日，乙公司应收款项的公允价值为 180 800 元，已计提坏账准备 40 000 万元，甲公司应付款项的账面价值仍为 230 000 元。甲、乙公司取得的增值税专用发票本年 7 月均符合抵扣规定。

【工作要求】（1）对甲公司上述业务进行账务处理。

（2）对乙公司上述业务进行账务处理。

【工作实施】（1）甲公司（债务人）的账务处理如下。

债务重组收益＝230 000＋36－140 000－20 800－436＝68 800(元)

借：应付账款　230 000
　应交税费——应交增值税（进项税额）　36
　贷：库存商品　140 000
　　应交税费——应交增值税（销项税额）　20 800
　　银行存款　436
　　其他收益——债务重组收益　68 800

（2）乙公司（债权人）的账务处理如下。

借：固定资产　160 000
　应交税费——应交增值税（进项税额）　20 800
　坏账准备　40 000
　投资收益［(230 000－40 000)－180 800］　9 200
　贷：应收账款　230 000

3. 销售折让、中止或者退回以及提供折扣的销项税额或应纳增值税额的会计核算

（1）销售折让、中止或者退回的销项税额或应纳增值税额的会计核算。纳税人适用一般计税方法的，因销售折让、中止或者退回而退还给购买方的增值税额，应当从当期的销项税额中扣减；因销售折让、中止或者退回而收回的增值税额，应当从当期的进项税额中扣减。纳税人适用简易计税方法的，因销售折让、中止或者退回而退还给购买方的销售额，应当从当期销售额中扣减。扣减当期销售额后仍有余额造成多缴的税款，可以从以后的应纳税额中扣减。纳税人发生应税行为，开具增值税专用发票后，发生开票有误或者销售折让、中止、退回等情形的，应当按照国家税务总局的规定开具红字增值税专用发票；未按照规定开具红字增值税专用发票的，不得扣减销项税额或者销售额。

销售方凭税务机关系统校验通过的《开具红字增值税专用发票信息表》开具红字增

值税专用发票的，在增值税发票管理新系统（简称新系统）中以销项负数开具。借记“主营业务收入”、“应交税费——应交增值税（销项税额）”或“应交税费——简易计税”（小规模纳税人应借记“应交税费——应交增值税”）等科目（登账时用红字在贷方登记），贷记“应收账款”“银行存款”“财务费用”等科目（登账时用红字在借方登记）；同时，借记“库存商品”科目（登账时用红字在贷方登记），贷记“主营业务成本”科目（登账时用红字在借方登记）。

【工作实例2-42】 甲公司为增值税一般纳税人，本年8月销售给乙公司一批产品，开具增值税专用发票，注明价款100 000元、增值税额13 000元，该批产品已经发出，款项以银行存款收讫。该批产品的成本为75 000元。该批产品在发出时，其控制权由甲公司转移给乙公司。本年9月由于发现质量不符合要求，双方协商折让20%。甲公司凭税务机关系统校验通过的《开具红字增值税专用发票信息表》开具红字增值税专用发票，在新系统中以销项负数开具，注明折让价款20 000元、增值税额2 600元，甲公司通过银行汇出款项。

【工作要求】 对甲公司上述业务进行账务处理。

【工作实施】（1）销售产品时：

借：银行存款　　113 000

　贷：主营业务收入　　100 000

　　　应交税费——应交增值税（销项税额）　　13 000

借：主营业务成本　　75 000

　贷：库存商品　　75 000

（2）发生折让时：

借：主营业务收入　　20 000

　　应交税费——应交增值税（销项税额）　　2 600

　贷：银行存款　　22 600

需要注意的是：实际登账时，“主营业务收入”“应交税费——应交增值税（销项税额）”应以红字计入贷方发生额。

借：银行存款　　[22 600]

　贷：主营业务收入　　[20 000]

　　　应交税费——应交增值税（销项税额）　　[2 600]

【工作实例2-43】 甲公司为增值税一般纳税人，本年5月向乙公司提供货物运输服务，甲公司开具的增值税专用发票上注明价款20 000元、增值税额1 800元。乙公司已经取得甲公司提供运输服务的控制权。由于甲公司原因，货物延迟1个月送达，后来双方协商折让10%，甲公司按照现行税法规定开具红字增值税专用发票。款项尚未结算。

【工作要求】 对甲公司上述业务进行账务处理。

【工作实施】（1）提供运输服务时：

借：应收账款——乙公司　21 800
　贷：主营业务收入　20 000
　　应交税费——应交增值税（销项税额）　1 800

（2）发生折让时：甲公司按照税法规定开具红字增值税专用发票，冲销主营业务收入2 000元和增值税额180元。

借：应收账款——乙公司　[2 180]
　贷：主营业务收入　[2 000]
　　应交税费——应交增值税（销项税额）　[180]

【工作实例2-44】 甲公司为增值税一般纳税人，本年5月赊销给乙公司一批产品，开具增值税专用发票，注明价款200 000元、增值税额26 000元，该批产品当月发给乙公司。该批产品在发出时，其控制权由甲公司转移给乙公司。后来因产品质量问题，经双方协商后乙公司于本年6月全部退货。甲公司凭税务机关系统校验通过的《开具红字增值税专用发票信息表》开具红字增值税专用发票，在新系统中以销项负数开具，注明价款200 000元、增值税额26 000元，该批货物成本为150 000元。

【工作要求】 对甲公司上述业务进行账务处理。

【工作实施】（1）销售产品时：

借：应收账款　226 000
　贷：主营业务收入　200 000
　　应交税费——应交增值税（销项税额）　26 000
借：主营业务成本　150 000
　贷：库存商品　150 000

（2）销售退回时：

借：应收账款　[226 000]
　贷：主营业务收入　[200 000]
　　应交税费——应交增值税（销项税额）　[26 000]
借：主营业务成本　[150 000]
　贷：库存商品　[150 000]

（2）提供折扣的销项税额或应纳增值税额的会计核算。

1）折扣销售的销项税额或应纳增值税额的会计核算。折扣销售即会计上的商业折扣，是指销售方在销售货物、加工修理修配劳务、服务、无形资产或不动产时，由于购买方购买数量较多或与销售方有特殊关系等原因而给予对方价格优惠（直接打折）。纳税人采取折扣销售方式销售货物，如果销售额和折扣额在同一张发票上分别注明，可按折扣后的销售额征收增值税；如果将折扣额另开发票，不论其在财务上如何处理，均不得从销售额中减除折扣额。纳税人发生应税行为，将价款和折扣额在同一张发票上分别注明的，以折扣后的价款为销售额；未在同一张发票上分别注明的，以价款为销售额，不得扣减折扣额。销售额和折扣额在同一张发票上分别注明，是指销售额和折扣额在同一张发票上的“金额”栏分别注明的，可按折扣后的销售额征收增值税。未在同一张发票上的“金额”栏注明折扣额，而仅在发票上的“备注”栏注明折扣额的，折扣额不得从销售额中减除。

【点拨指导】折扣销售仅限于对货物价格的折扣，如果销售方将自产、委托加工或者购进的货物用于实物折扣（例如，实务中的“买一赠一”“买一赠二”“买二赠一”等），则该实物价款不能从货物销售额中减除，且该实物应按“视同销售货物”中“将自产、委托加工或者购进的货物无偿赠送其他单位或者个人”的行为计算缴纳增值税。这主要指的是对用于实物折扣的实物（赠送的礼品）单独开具发票，或者不开具发票而直接按出库处理，需要对其视同销售缴纳增值税。

纳税人可以将实物折扣转变为价格折扣，即纳税人可以将用于实物折扣的实物（赠送的礼品）的实际价值并入商品价格中，再将实物（礼品）价格作为折扣，在同一张发票上的“金额”栏注明折扣额。纳税人也可以将实物（礼品）作为所销售商品的组合，在开具销售发票时，将实际收到的销售金额按销售货物和随同销售赠送货物的公允价值的比例来分摊确认其销售收入，同时应将销售货物和随同销售赠送货物的品名、数量以及按各项商品公允价值的比例分摊确认的价格在同一张发票上的“金额”栏分别注明。这样纳税人既可节税，又可避免不必要的处罚。

【工作实例 2-45】 甲公司为增值税一般纳税人，本年 8 月为扩大销售向乙公司销售其产品，实行八折优惠，该批产品已经发出，款项以银行存款收讫。假设销售产品 100 件，产品原价为每件 800 元（不含增值税），折扣后的价格为每件 640 元（不含增值税），且折扣额与销售额在同一张发票上的“金额”栏分别注明。该产品成本为每件 500 元，适用的增值税税率为 13%。该批产品在发出时，其控制权由甲公司转移给乙公司。

【工作要求】对甲公司上述业务进行账务处理。

【工作实施】

借：银行存款	72 320	
贷：主营业务收入（640×100）		64 000
应交税费——应交增值税（销项税额）（640×100×13%）		8 320
借：主营业务成本	50 000	
贷：库存商品		50 000

【工作实例 2-46】 甲公司为增值税一般纳税人，本年 5 月向乙公司提供货物运输服务，原价为 900 000 元（不含增值税），由于运输量大，双方协商给予 10%的折扣。甲公司开具的增值税专用发票上注明价款 810 000 元、增值税额 72 900 元，款项尚未收取。乙公司已经取得甲公司提供运输服务的控制权。

【工作要求】对甲公司上述业务进行账务处理。

【工作实施】

借：应收账款——乙公司　　882 900
　贷：主营业务收入　　810 000
　　应交税费——应交增值税（销项税额）　　72 900

【工作实例2-47】 甲超市为增值税一般纳税人，本年1月开展一次促销活动，采用“买一赠一”的方式销售西装，即顾客每购买一套西装可获赠一条领带。每套西装的不含增值税价格为3 000元，每条领带的不含增值税价格为1 000元。当月甲超市采用“买一赠一”的方式销售西装100套。已知每套西装和每条领带的成本分别为2 000元和600元。甲超市将销售西装和随同西装赠送的领带品名、数量以及按各项商品公允价值的比例分摊确认的价格在同一张发票上的“金额”栏分别注明。该批西装和领带已经发出，且在发出时，其控制权由甲超市转移给顾客。

【工作要求】对甲超市上述业务进行账务处理。

【工作实施】

增值税销项税额＝3 000×100×13%＝39 000(元)

销售西装应分摊的收入＝3 000×100×3 000÷(3 000＋1 000)＝225 000(元)

赠送领带应分摊的收入＝3 000×100×1 000÷(3 000＋1 000)＝75 000(元)

借：银行存款　　339 000
　贷：主营业务收入——西装　　225 000
　　　　　　　　——领带　　75 000
　　应交税费——应交增值税（销项税额）　　39 000

借：主营业务成本　　260 000
　贷：库存商品——西装　　200 000
　　　　　　——领带　　60 000

2）销售折扣的销项税额或应纳增值税额的会计核算。销售折扣即会计上的现金折扣，是指销货方在销售货物或应税劳务后，为了鼓励购货方及早偿还货款而协议许诺给予购货方的一种折扣优待，即对在折扣期内付款的客户，按销售货款给予一定比例的价款减让。

《关于严格执行企业会计准则 切实做好企业2021年年报工作的通知》（财会〔2021〕32号）规定：“企业应当按照新收入准则的相关规定，根据与客户的合同条款、并结合其以往的习惯做法确定合同的交易价格。企业在销售商品时给予客户的现金折扣，应当按照新收入准则中关于可变对价的相关规定进行会计处理。”

根据《企业会计准则第14号——收入》的规定，企业与客户的合同中约定的对价金额可能是固定的，也可能会因折扣、价格折让、返利、退款、奖励积分、激励措施、业绩奖金、索赔等因素而变化。此外，根据一项或多项或有事项的发生而收取不同对价金额的合同，也属于可变对价的情形。

若合同中存在可变对价，企业应当对计入交易价格的可变对价进行估计。企业应当按照期望值或最可能发生金额确定可变对价的最佳估计数。但是，企业不能在两种方法之间随意进行选择。期望值是按照各种可能发生的对价金额及相关概率计算确定的金额；最可能发生金额是一系列可能发生的对价金额中最可能发生的单一金额，即合同最可能产生的单一结果。此外，需要注意的是，企业确定可变对价金额之后，计入交易价格的可变对价金额还应满足限制条件，即包含可变对价的交易价格，应当不超过在相关不确定性消除时，累计已确认的收入极可能不会发生重大转回的金额。企业在评估累计已确认收入是否极可能不会发生重大转回时，应当同时考虑收入转回的可能性及其比重。每一资产负债表日，企业应当重新估计应计入交易价格的可变对价金额。

对于销售折扣，企业选择总价法还是净价法进行会计处理，取决于对可变对价最佳估计数的判断。若对可变对价最佳估计数判断为总价，则为总价法。在总价法下，如果购买方能够在折扣期内付款，企业应按购买方获得的销售折扣金额调减营业收入。若对可变对价最佳估计数判断为净价，则为净价法。在净价法下，如果购买方未能在折扣期内付款，企业应按购买方放弃的销售折扣金额调增营业收入。

【工作实例2-48】 甲公司和乙公司均为增值税一般纳税人。甲公司本年9月销售一批产品给乙公司，开具增值税专用发票给乙公司，发票上注明价款100 000元、增值税额13 000元，规定销售折扣条件为“2/10，1/20，n/30”（合同规定计算折扣按照不含增值税的价款计算）。甲公司基于对乙公司的了解，预计乙公司10天内付款的概率为90%，10～20天内付款的概率为5%，20天后付款的概率为5%。甲公司认为按照最可能发生金额能够更好地预测其有权获取的对价金额。该批产品成本为80 000元。乙公司取得的增值税专用发票本年9月符合抵扣规定。该批产品已经发出，且在发出时，其控制权由甲公司转移给乙公司。

【工作要求】（1）对销货方甲公司上述业务进行账务处理。

（2）对购货方乙公司上述业务进行账务处理。

【工作实施】（1）销售方甲公司的账务处理如下：

1）产品发出并办妥托收手续时：

甲公司认为按照最可能发生金额能够更好地预测其有权获取的对价金额，因此甲公司应确认的销售商品收入的金额＝100 000×(1－2%)＝98 000（元）。

借：应收账款（98 000＋13 000）	111 000	
贷：主营业务收入		98 000
应交税费——应交增值税（销项税额）		13 000
借：主营业务成本	80 000	
贷：库存商品		80 000

2）如果乙公司在10天内付款，则收款时：

借：银行存款　　111 000
　贷：应收账款　　111 000

如果乙公司在11～20天内付款，则收款时：

借：银行存款　　112 000
　贷：应收账款　　111 000
　　主营业务收入　　1 000

如果乙公司在20天后付款，则收款时：

借：银行存款　　113 000
　贷：应收账款　　111 000
　　主营业务收入　　2 000

（2）购买方乙公司的账务处理如下：

1）收到货物及结算凭证时：

借：原材料　　100 000
　应交税费——应交增值税（进项税额）　　13 000
　贷：应付账款　　113 000

2）如果乙公司在10天内付款，则付款时：

借：应付账款　　113 000
　贷：银行存款　　111 000
　　财务费用　　2 000

如果乙公司在11～20天内付款，则付款时：

借：应付账款　　113 000
　贷：银行存款　　112 000
　　财务费用　　1 000

如果乙公司在20天后付款，则付款时：

借：应付账款　　113 000
　贷：银行存款　　113 000

4. 商业企业以返利、返点、促销费、进店费、展示费、管理费等名义向生产企业收取的各种费用增值税的会计核算

商业企业以返利、返点、促销费、进店费、展示费、管理费等名义向生产企业收取的各种费用的财税处理，分为两种情况。

（1）商业企业收取与商品销售量、销售额无必然联系的各项费用增值税的会计核算。对商业企业向供货方收取的与商品销售量、销售额无必然联系，且商业企业向供货方提供一定劳务的收入，例如进场费、广告促销费、上架费、展示费等，不属于平销返利。商业企业不按照平销返利的方式冲减当期购入货物的增值税进项税额，而应按收取的进场费、广告促销费、上架费、展示费适用的税率缴纳增值税。其中，进场费、上架费按不动产租赁服务缴纳增值税（适用 9%的增值税税率）；广告促销费、展示费按广告服务缴纳增值税（适用 6%的增值税税率）。商业企业应当向供货方开具增值税专用发票或普通发票，供货方对此类费用作为销售费用列支。

【工作实例 2-49】 甲公司是一家商业企业，乙公司是一家生产企业，均为增值税一般纳税人。乙公司是甲公司的常年货物供应商。本年 7 月甲公司共从乙公司购货 113 000 元，取得乙公司开具的增值税专用发票，发票上注明价款 100 000 元、增值税额 13 000 元，货款未付，甲公司取得的增值税专用发票本年 7 月符合抵扣规定。乙公司向甲公司销售的这批货物成本为 80 000 元。本年 7 月甲公司从乙公司收取广告促销费 10 600 元，向乙公司开具的增值税专用发票上注明广告促销款 10 000 元、增值税额 600 元；乙公司用银行存款支付广告促销费，该广告促销费与商品销售量、销售额无必然联系，乙公司取得的增值税专用发票本年 7 月符合抵扣规定。本年 10 月，甲公司以购进价格将该批货物全部对外销售。本年 11 月甲公司向乙公司支付所欠货款。

【工作要求】 对甲公司和乙公司上述业务进行账务处理。

【工作实施】（1）商业企业甲公司的账务处理如下。

1）本年 7 月甲公司从乙公司购进货物时：

借：库存商品	100 000	
应交税费——应交增值税（进项税额）	13 000	
贷：应付账款		113 000

2）本年 7 月甲公司从乙公司收取广告促销费时：

借：银行存款	10 600	
贷：其他业务收入（10 600÷(1+6%)）		10 000
应交税费——应交增值税（销项税额）(10 600÷(1+6%)×6%)		600

3）本年 10 月甲公司对外销售货物并结转成本时：

借：银行存款	113 000	
贷：主营业务收入		100 000
应交税费——应交增值税（销项税额）		13 000
借：主营业务成本	100 000	
贷：库存商品		100 000

4）本年 11 月甲公司向乙公司支付所欠货款时：

借：应付账款	113 000	
贷：银行存款		113 000

（2）供货方乙公司的账务处理如下。

1）本年 7 月乙公司向甲公司销售货物并结转成本时：

借：应收账款	113 000	
贷：主营业务收入		100 000
应交税费——应交增值税（销项税额）		13 000

借：主营业务成本　　80 000
　贷：库存商品　　80 000

2）本年7月乙公司向甲公司支付广告促销费时：

借：销售费用　　10 000
　　应交税费——应交增值税（进项税额）　　600
　贷：银行存款　　10 600

3）本年11月乙公司从甲公司收回货款时：

借：银行存款　　113 000
　贷：应收账款　　113 000

（2）商业企业收取与商品销售量、销售额挂钩的各种返还收入的增值税的会计核算。对商业企业向供货方收取的与商品销售量、销售额挂钩（如以一定比例、金额、数量计算）的各种返还收入，均应按照平销返利行为的有关规定冲减当期增值税进项税额。应冲减进项税额的计算公式为：

当期应冲减的进项税额＝当期取得的返还资金÷(1＋所购货物适用增值税税率)×所购货物适用增值税税率

其他增值税一般纳税人向供货方收取的各种收入的纳税处理，比照上述规定执行。

商业企业收到的平销返利实质上是供货方对商业企业进销差价损失的弥补，且一般是在商品售出后结算的。在这种情况下，商业企业在冲减“应交税费——进项税额（进项税额转出）”的同时应冲减“主营业务成本”；若商品尚未售出就收到返利，则冲减“库存商品”；若到次年才收到返利，则应通过“以前年度损益调整”来调整核算。

生产企业（供货方）对给予商业企业的平销返利可以按销售折让或者折扣销售进行处理。若在商品售出后结算平销返利，则在实际返还时按有关规定开具红字增值税专用发票冲销销售收入和冲减销项税额；若商品尚未售出就支付返利，则将返利（即折扣金额）和销售价款开在同一张发票上，进行会计处理时可以直接按折扣后的金额入账；若到次年才支付返利，则应通过“以前年度损益调整”来调整核算。

【工作实例2-50】 甲公司是一家商业企业，丙公司是一家生产企业，均为增值税一般纳税人。丙公司是甲公司的常年货物供应商。本年10月甲公司共向丙公司购货113 000元，取得丙公司开具的增值税专用发票，发票上注明价款100 000元、增值税额13 000元，货款未付，甲公司取得的增值税专用发票本年10月符合抵扣规定。丙公司向甲公司销售的这批货物成本为80 000元。本年11月，甲公司以购进价格将该批货物全部对外销售，当月甲公司按货物含增值税销售额的10%与丙公司结算返利，甲公司从丙公司收到11 300元现金返利。

【工作要求】 对甲公司和丙公司上述业务进行账务处理。

【工作实施】（1）商业企业甲公司的账务处理如下。

1）本年 10 月甲公司从丙公司购进货物时：

借：库存商品　100 000
　　应交税费——应交增值税（进项税额）　13 000
　贷：应付账款　113 000

2）本年 11 月甲公司对外销售货物并结转成本时：

借：银行存款　113 000
　贷：主营业务收入　100 000
　　　应交税费——应交增值税（销项税额）　13 000
借：主营业务成本　100 000
　贷：库存商品　100 000

3）本年 11 月甲公司从丙公司收到返利时：

进项税额转出＝11 300÷(1＋13%)×13%＝1 300(元)

借：银行存款　11 300
　贷：主营业务成本　10 000
　　　应交税费——应交增值税（进项税额转出）　1 300

（2）供货方丙公司的账务处理如下。

1）本年 10 月丙公司向甲公司销售货物并结转成本时：

借：银行存款　113 000
　贷：主营业务收入　100 000
　　　应交税费——应交增值税（销项税额）　13 000
借：主营业务成本　80 000
　贷：库存商品　80 000

2）本年 11 月丙公司向甲公司支付返利时：

借：银行存款　11 300
　贷：主营业务收入　10 000
　　　应交税费——应交增值税（销项税额）　1 300

5. 以旧换新的销项税额或应纳增值税额的会计核算

企业采取以旧换新的方式销售货物，应按新货物的同期销售价格确定销售额。考虑到金银首饰以旧换新业务的特殊情况，对金银首饰以旧换新业务，可以按销售方实际收取的不含增值税的全部价款征收增值税。企业应按扣除回收旧货物应收或实收价税合计后的金额，借记“银行存款”“库存现金”“应收账款”“应收票据”等科目；按回收的旧货物所抵价款，借记“原材料”“库存商品”等科目（若一般纳税人在一般计税方法下回收旧货物时，取得对方开具的增值税专用发票等扣税凭证，则按当月已认证的可抵扣增值税额，借记“应交税费——应交增值税（进项税额）”科目；按当月未认证的可抵扣增值税额，借记“应交税费——待认证进项税额”科目）；按新货物正常对外销售不含增值税价款，贷记“主营业务收入”科目，并按此不含增值税价款计算增值税销项税额或者应纳增值税额，贷记“应交税费——应交增值税（销项税额）”或“应交税费——简易计税”（小规模纳税人应贷记“应交税费——应交增值税”）等科目。

【工作实例2-51】 甲商场为增值税一般纳税人，本年10月采取以旧换新的方式向个人消费者销售彩电100台，彩电零售价为1 130元/台，收回的旧彩电作价300元/台，甲商场向个人消费者共收取现金83 000元。该批彩电已经发出，且在发出时，其控制权由甲公司转移给个人消费者。

【工作要求】 对甲商场上述业务进行账务处理。

【工作实施】

借：库存现金　　83 000

　　库存商品——旧彩电（300×100）　　30 000

　贷：主营业务收入［1 130×100÷(1+13%)］　　100 000

　　　应交税费——应交增值税（销项税额）［1 130×100÷(1+13%)×13%］　　13 000

6. 包装物销售、包装物租金及押金的销项税额或应纳增值税额的会计核算

(1) 包装物销售的销项税额或应纳增值税额的会计核算。随同产品出售单独计价的包装物，在随同产品出售时要单独计价，单独反映其销售收入和销售成本，其销项税额或应纳增值税额在确认销售收入的同时一并计算。企业应借记“银行存款”“应收账款”“应收票据”等科目，贷记“主营业务收入”、“其他业务收入——包装物”、“应交税费——应交增值税（销项税额）”或“应交税费——简易计税”（小规模纳税人应贷记“应交税费——应交增值税”）等科目，同时结转成本，借记“主营业务成本”科目，贷记“库存商品”科目，借记“其他业务成本”科目，贷记“周转材料——包装物”科目。随同商品出售而不单独计价的包装物，包装物收入实际上并入在商品收入中，企业在确认商品收入的同时，结转商品成本，并按包装物的实际成本计入销售费用。企业应借记“银行存款”“应收账款”“应收票据”等科目，贷记“主营业务收入”、“应交税费——应交增值税（销项税额）”或“应交税费——简易计税”（小规模纳税人应贷记“应交税费——应交增值税”）等科目，同时借记“主营业务成本”科目，贷记“库存商品”科目，借记“销售费用”科目，贷记“周转材料——包装物”科目。

【工作实例2-52】 甲公司为增值税一般纳税人，本年7月将附带包装物的A产品100件对外销售，包装物单独计价，开具的增值税专用发票上注明A产品价款200 000元、包装物价款80 000元、A产品增值税额26 000元、包装物增值税额10 400元。该批A产品和包装物已经发出，款项以银行存款收讫。附带包装物的A产品的单位实际成本为1 500元，包装物的单位成本为600元。该批A产品和包装物在发出时，其控制权由甲公司转移给客户。

【工作要求】 对甲公司上述业务进行账务处理。

【工作实施】（1）确认销售收入时：

借：银行存款　　316 400

　贷：主营业务收入——A产品　　200 000

　　其他业务收入——包装物　　80 000

　　应交税费——应交增值税（销项税额）（26 000＋10 400）　　36 400

（2）结转成本时：

借：主营业务成本　　150 000

　贷：库存商品　　150 000

借：其他业务成本　　60 000

　贷：周转材料——包装物　　60 000

（2）包装物租金的销项税额或应纳增值税额的会计核算。根据增值税相关政策，包装物租金属于价外费用，应并入销售额计算销项税额或应纳增值税额，价外费用属于含增值税收入，应换算成不含增值税收入计算缴纳增值税。根据全面试行营改增相关政策，销售货物的同时收取包装物租金的行为属于混合销售行为，应当根据主业销售货物的税率缴纳增值税。不管选择按照以上哪种规定来确认纳税行为，其应纳税额的计算和会计处理方式是相同的。企业应借记“银行存款”“应收账款”“应收票据”等科目；按产品销售收入，贷记“主营业务收入”科目；按包装物租金收入换算成的不含增值税收入，贷记“其他业务收入”科目；按计算出的销项税额或者应纳增值税额，贷记“应交税费——应交增值税（销项税额）”或“应交税费——简易计税”（小规模纳税人应贷记“应交税费——应交增值税”）等科目。

【工作实例2-53】 甲公司为增值税一般纳税人，本年7月销售给乙公司B产品一批，价款为40 000元（不含增值税），增值税额为5 200元，同时出租包装物100个，共收取租金3 390元（含增值税），该批B产品当月已经发出，款项以银行存款收讫。该批B产品的成本为20 000元。该批B产品在发出时，其控制权由甲公司转移给乙公司。

【工作要求】 对甲公司上述业务进行账务处理。

【工作实施】（1）确认销售收入时：

借：银行存款　　48 590

　贷：主营业务收入——B产品　　40 000

　　其他业务收入——包装物租金（3 390÷(1＋13%)）　　3 000

　　应交税费——应交增值税（销项税额）

　　（5 200＋3 390÷(1＋13%)×13%）　　5 590

（2）结转成本时：

借：主营业务成本　　20 000

贷：库存商品　　20 000

（3）包装物押金的销项税额或应纳增值税额的会计核算。一般情况下，企业为销售货物而出租出借包装物收取的押金，单独记账核算且时间在1年以内（以12个月为限）又未过期的，不并入销售额征税，但对因逾期未收回包装物不再退还的押金，应按所包装货物的适用税率计算销项税额或应纳增值税额。其中，逾期是指按合同约定实际逾期，或以1年为期限，对收取1年以上的押金，无论是否退还均并入销售额征税。当然，在将包装物押金并入销售额征税时，需要先将该押金换算为不含税价。对于个别包装物周转使用期限较长的，报经税务机关确定后，可适当放宽逾期期限。从1995年6月1日起，对销售除啤酒、黄酒以外的其他酒类产品而收取的包装物押金，无论是否返还以及会计上如何核算，均应并入当期销售额征税。对销售啤酒、黄酒所收取的包装物押金，按上述一般包装物押金的规定处理。因此销售酒类产品收取的包装物押金分为两种情况：一是啤酒、黄酒的包装物押金，其会计核算与一般包装物押金的税务处理相同；二是除啤酒、黄酒以外的其他酒类产品的包装物押金，无论该押金是否返还以及会计上如何核算，均应在收取押金时并入当期销售额计算缴纳增值税。对于一般情况下的包装物押金，在收到押金时，应借记“银行存款”科目，贷记“其他应付款”科目，若在规定期限内收回包装物押金，再做相反的分录。而若在规定期限内未收回包装物，不再退还押金，则借记“其他应付款”科目；按包装物押金换算成的不含增值税收入，贷记“其他业务收入”科目；按计算出的销项税额或应纳增值税额，贷记“应交税费——应交增值税（销项税额）”或“应交税费——简易计税”（小规模纳税人应贷记“应交税费——应交增值税”）等科目；同时结转包装物成本，借记“其他业务成本”科目，贷记“周转材料——包装物”科目。

【工作实例2-54】 甲公司为增值税一般纳税人，本年7月销售电脑取得收入60 000元（不含增值税），同时出借包装物一批，收到包装物押金1 130元，该批电脑已经发出，款项以银行存款收讫。电脑成本为50 000元，包装物成本为800元。该批电脑在发出时，其控制权由甲公司转移给客户。

【工作要求】 对甲公司上述业务进行账务处理。

【工作实施】（1）销售电脑并收到包装物押金时：

借：银行存款	68 930	
贷：主营业务收入		60 000
应交税费——应交增值税（销项税额）		7 800
其他应付款——存入保证金		1 130

（2）结转电脑成本时：

借：主营业务成本	50 000	
贷：库存商品		50 000

(3) 退还或者没收包装物押金时：

1) 如果出借的包装物在约定期限或者 1 年内收回，则收回包装物并退还包装物押金时：

借：其他应付款——存入保证金　　1 130

　　贷：银行存款　　1 130

2) 如果出借的包装物逾期或者超过 1 年仍未收回，没收包装物押金，则确认收入及销项税额，同时结转包装物成本。

借：其他应付款——存入保证金　　1 130

　　贷：其他业务收入（1 130÷(1+13%)）　　1 000

　　　　应交税费——应交增值税（销项税额）（1 130÷(1+13%)×13%）　　130

借：其他业务成本　　800

　　贷：周转材料——包装物　　800

7. 全面试行营改增前已确认收入，此后产生增值税纳税义务的事项的会计核算

企业营改增前已确认收入，但因未产生营业税纳税义务而未计提营业税的，在达到增值税纳税义务时点时，企业应在确认增值税销项税额或者应纳增值税额的同时冲减当期收入，借记"主营业务收入"科目，贷记"应交税费——应交增值税（销项税额）"或"应交税费——简易计税"科目；已经计提营业税且未缴纳的，在达到增值税纳税义务时点时，应借记"应交税费——应交营业税""应交税费——应交城市维护建设税""应交税费——应交教育费附加"等科目，贷记"主营业务收入"科目，并根据调整后的收入计算确定记入"应交税费——待转销项税额"科目的金额，同时冲减收入。调整后的收入是指按照现行增值税制度调整后的收入，即不含增值税销售额。

【点拨指导】已经计提营业税且未缴纳的，在达到增值税纳税义务时点时，应借记"应交税费——应交营业税""应交税费——应交城市维护建设税""应交税费——应交教育费附加"等科目，贷记"主营业务收入"科目（22 号文件此处错误，应该贷记"营业税金及附加"或"税金及附加"科目），并根据调整后的收入计算确定记入"应交税费——待转销项税额"科目（22 号文件此处错误，应该是"应交税费——应交增值税（销项税额）"或"应交税费——简易计税"科目（小规模纳税人应记入"应交税费——应交增值税"科目））的金额，同时冲减收入。该调整后的收入是指按照现行增值税制度调整后的收入，即不含增值税销售额。

全面试行营改增后，"营业税金及附加"科目名称调整为"税金及附加"，该科目核算企业经营活动发生的消费税、城市维护建设税、资源税、教育费附加、房产税、城镇土地使用税、车船税、印花税等相关税费；利润表中的"营业税金及附加"项目调整为"税金及附加"项目。

【知识链接】22 号文件发布前，"四小税"（房产税、城镇土地使用税、车船税、印花税）计入管理费用，22 号文件将其统一记入"税金及附加"科目，这与《小企业会计准则》的规定一致。另外还应当注意的是，22号文件并未明确说明地方教育附加、地方水利基金以及残疾人保障金是否记入“税金及附加”科目，本书认为应当记入“税金及附加”科目。

【工作实例2-55】 甲公司位于市区，全面试行营改增前取得收入为500万元，营业税税率为3%，2016年4月确认收入，已经计提营业税且未缴纳。2016年5月产生增值税纳税义务，增值税采用简易计税方法，适用征收率为3%。城市维护建设税税率为7%，教育费附加征收率为3%。

【工作要求】对甲公司上述业务进行账务处理。

【工作实施】根据增值税纳税义务发生时间判定原则，该业务应缴纳增值税。

（1）全面试行营改增前企业需计提营业税和城市维护建设税及教育费附加，因此2016年4月进行的账务处理如下。

1）确认收入时：

借：银行存款 5 000 000

　贷：主营业务收入 5 000 000

2）计提营业税和城市维护建设税及教育费附加时：

借：营业税金及附加[①] 165 000

　贷：应交税费——应交营业税（5 000 000×3%） 150 000

　　——应交城市维护建设税（150 000×7%） 10 500

　　——应交教育费附加（150 000×3%） 4 500

（2）全面试行营改增后企业应当缴纳增值税，因此2016年5月需要进行账务调整。

1）冲减营业税和城市维护建设税及教育费附加时：

借：应交税费——应交营业税 150 000

　——应交城市维护建设税 10 500

　——应交教育费附加 4 500

　贷：营业税金及附加[②] 165 000

2）计提增值税并冲减收入时：

应纳增值税＝15÷3%÷(1＋3%)×3%＝14.56(万元)

借：主营业务收入 145 600

　贷：应交税费——简易计税 145 600

（四）小规模纳税人销售等业务应纳增值税额的会计核算

小规模纳税人销售货物、加工修理修配劳务、服务、无形资产或不动产，应当按应

① 全面试行营改增后，即2016年5月1日后“营业税金及附加”科目名称调整为“税金及附加”，但是2016年4月仍然使用“营业税金及附加”科目。

② 此处为冲减2016年4月计提的“营业税金及附加”科目金额。

收或已收的金额，借记“应收账款”“应收票据”“银行存款”等科目；按取得的收入金额，贷记“主营业务收入”“其他业务收入”“固定资产清理”等科目；按现行增值税制度规定计算的应纳增值税额，贷记“应交税费——应交增值税”科目。发生销售退回的，应根据按规定开具的红字增值税专用发票做相反的会计分录。

【工作实例2-56】 甲公司为增值税小规模纳税人，2020年1月采取直接收款方式销售A产品一批，开具的增值税普通发票上注明价款3 000元、增值税额90元。A产品的成本为2 000元。该批A产品已发出，款项以银行存款收讫。该批A产品在发出时，其控制权由甲公司转移给客户。甲公司2020年1月销售A产品适用的增值税征收率为3%。

【工作要求】 对甲公司上述业务进行账务处理。

【工作实施】

借：银行存款	3 090	
贷：主营业务收入		3 000
应交税费——应交增值税		90
借：主营业务成本	2 000	
贷：库存商品		2 000

三、购进等业务增值税的会计核算

（一）一般购进业务进项税额的会计核算

一般纳税人购进货物、加工修理修配劳务、服务、无形资产或不动产，按应计入相关成本费用或资产的金额，借记“在途物资”或“原材料”、“库存商品”、“委托加工物资”、“生产成本”、“无形资产”、“固定资产”、“管理费用”等科目；按当月已认证的可抵扣增值税额，借记“应交税费——应交增值税（进项税额）”科目；按当月未认证的可抵扣增值税额，借记“应交税费——待认证进项税额”科目（小规模纳税人购进货物、加工修理修配劳务、服务、无形资产或不动产支付或者承担的增值税不记入“应交税费——应交增值税（进项税额）”或“应交税费——待认证进项税额”等科目，而记入“在途物资”（或“材料采购”）或“原材料”、“库存商品”、“生产成本”、“固定资产”、“管理费用”等科目。一般纳税人适用简易方法时以及一般纳税人适用一般方法但取得增值税普通发票等情形时，购进货物、加工修理修配劳务、服务、无形资产或不动产支付或者承担的增值税不记入“应交税费——应交增值税（进项税额）”或“应交税费——待认证进项税额”等科目，而记入“在途物资”（或“材料采购”）或“原材料”、“库存商品”、“生产成本”、“固定资产”、“管理费用”等科目。下同）；按应付或实际支付的金额，贷记“应付账款”“应付票据”“银行存款”等科目。发生退货的，如原增值税专用发票已做认证，应根据税务机关开具的红字增值税专用发票做相反的会计分录；

如原增值税专用发票未做认证，应将发票退回并做相反的会计分录。

【点拨指导】22号文件上述条款中借记“在途物资”或“原材料”科目不全面，应当考虑到计划成本法，加上“材料采购”，即借记“在途物资”（或“材料采购”）或“原材料”科目。下同。

1. 购进货物的进项税额的会计核算

一般纳税人购进货物，按应计入相关成本费用或资产的金额，借记“在途物资”（或“材料采购”）或“原材料”、“库存商品”、“生产成本”、“固定资产”、“管理费用”等科目；按当月已认证的可抵扣增值税额，借记“应交税费——应交增值税（进项税额）”科目；按当月未认证的可抵扣增值税额，借记“应交税费——待认证进项税额”科目；按应付或实际支付的金额，贷记“应付账款”“应付票据”“银行存款”等科目。

【点拨指导】自2020年3月1日起，增值税一般纳税人取得2017年1月1日及以后开具的增值税专用发票、海关进口增值税专用缴款书、机动车销售统一发票、收费公路通行费增值税电子普通发票，取消认证确认、稽核比对、申报抵扣的期限。纳税人在进行增值税纳税申报时，应当通过本省（自治区、直辖市和计划单列市）增值税发票综合服务平台对上述扣税凭证信息进行用途确认。

【工作实例2-57】 甲公司为增值税一般纳税人，原材料成本核算采用实际成本法。甲公司本年1月购入原材料200千克，单价为6元/千克，取得的增值税专用发票上注明价款1 200元、增值税额156元。本年1月货款已支付，原材料尚未到达。本年2月收到原材料，并验收入库。甲公司取得的增值税专用发票本年1月符合抵扣规定。

【工作要求】对甲公司上述业务进行账务处理。

【工作实施】（1）本年1月购入原材料，取得增值税专用发票且取得的增值税专用发票本年1月符合抵扣规定，并支付货款时：

借：在途物资	1 200
应交税费——应交增值税（进项税额）	156
贷：银行存款	1 356

（2）本年2月收到原材料，并验收入库时：

借：原材料	1 200
贷：在途物资	1 200

【工作实例2-58】 甲公司为增值税一般纳税人，原材料成本的核算采用实际成本法。甲公司本年1月购入原材料200千克，单价为6元/千克，取得的增值税专用发票上注明价款1 200元、增值税额156元。货款已支付，材料已验收入库。甲公司在本年3月初的纳税申报期内，才对取得的增值税专用发票通过增值税发票综合服务平台进行勾选确认。

【工作要求】对甲公司上述业务进行账务处理。

【工作实施】（1）本年1月购入货物时：

借：原材料	1 200

应交税费——待认证进项税额　　156

贷：银行存款　　1 356

（2）本年3月初的纳税申报期内，才对取得的增值税专用发票通过增值税发票综合服务平台进行勾选确认，因此本年2月符合抵扣规定（注：实务中一般某月抵扣，次月初的纳税申报期内勾选认证并申报抵扣）：

借：应交税费——应交增值税（进项税额）　　156

贷：应交税费——待认证进项税额　　156

2. 进口货物的进项税额的会计核算

适用一般计税方法的一般纳税人进口货物，按应计入相关成本费用或资产的金额，借记“在途物资”（或“材料采购”）或“原材料”、“库存商品”、“生产成本”、“固定资产”、“管理费用”等科目；按从海关取得的海关进口增值税专用缴款书上注明的增值税额（已申请稽核并取得稽核相符结果的海关缴款书进项税额），借记“应交税费——应交增值税（进项税额）”科目；按从海关取得的海关进口增值税专用缴款书上注明的增值税额（尚未申请稽核或者已申请稽核但尚未取得稽核相符结果的海关缴款书进项税额），借记“应交税费——待认证进项税额”科目；按应付或实际支付的金额，贷记“应付账款”“应付票据”“银行存款”等科目。适用简易计税方法的一般纳税人或者小规模纳税人进口货物支付或者承担的增值税不记入“应交税费——应交增值税（进项税额）”或“应交税费——待认证进项税额”等科目，而记入“在途物资”（或“材料采购”）或“原材料”、“库存商品”、“生产成本”、“固定资产”、“管理费用”等科目），按应付或实际支付的金额，贷记“应付账款”“应付票据”“银行存款”等科目。

【工作实例2-59】 甲公司为增值税一般纳税人，本年7月从国外进口一批布料并已验收入库，海关完税凭证上注明的价款为200 000元，已知其关税税率为10%。甲公司原材料成本的核算采用实际成本法。从海关取得的海关进口增值税专用缴款书上注明增值税额28 600元，该海关进口增值税专用缴款书本年7月已经申请稽核比对并且稽核比对结果为相符。

【工作要求】对甲公司上述业务进行账务处理。

【工作实施】

该批布料进口时应纳关税＝200 000×10%＝20 000(元)

该批布料进口时应纳增值税＝(200 000＋20 000)×13%＝28 600(元)

借：原材料（200 000＋20 000）　　220 000

应交税费——应交增值税（进项税额）　　28 600

贷：银行存款　　248 600

3. 购进免税农产品的进项税额的会计核算

自2019年4月1日起，纳税人购进农产品，按下列规定抵扣进项税额：

（1）除第（2）项规定外，纳税人购进农产品，取得一般纳税人开具的增值税专用发票或海关进口增值税专用缴款书的，以增值税专用发票或海关进口增值税专用缴款书上注明的增值税额为进项税额；从按照简易计税方法依照3%征收率计算缴纳增值税的小规模纳税人处取得增值税专用发票的，以增值税专用发票上注明的金额和9%的扣除率计算进项税额；取得（开具）农产品销售发票或收购发票的，以农产品销售发票或收购发票上注明的农产品买价和9%的扣除率计算进项税额（买价是指纳税人购进农产品在农产品收购发票或者销售发票上注明的价款和按照规定缴纳的烟叶税）。

（2）自2019年4月1日起的营改增试点期间，纳税人购进用于生产或者委托加工13%税率货物的农产品，按照10%的扣除率计算进项税额。

【点拨指导】自2019年4月1日起，纳税人购进用于生产销售或委托加工13%税率货物的农产品，在购买时先抵扣9%，领用用于生产销售或委托加工13%税率货物时再抵扣1%。

（1）"增值税及附加税费申报表附列资料（二）"中增加的"加计扣除农产品进项税额"栏用来单独体现未纳入农产品增值税进项税额核定扣除试点范围的纳税人，将购进的农产品用于生产销售或委托加工13%税率货物时，为维持原农产品扣除力度不变或者变化不大而加计扣除的农产品进项税额，相当于1%扣除率的部分。

（2）未纳入农产品增值税进项税额核定扣除试点范围的纳税人，在购进农业生产者自产农产品或者从小规模纳税人处购进农产品的当期，凭取得（开具）的农产品销售发票、收购发票和增值税专用发票按照9%扣除率计算当期可抵扣的进项税额，填入"增值税及附加税费申报表附列资料（二）"第6栏"农产品收购发票或者销售发票"。如纳税人购进的农产品（包括购进时取得增值税专用发票、海关进口增值税专用缴款书、农产品收购发票或者销售发票等情形）用于生产销售或委托加工13%税率货物，于生产领用当期按简并税率前的扣除率10%与9%之间的差额计算当期可加计扣除的农产品进项税额，填入"增值税及附加税费申报表附列资料（二）"第8a栏"加计扣除农产品进项税额""税额"。

自2019年4月1日起：

$$\text{加计扣除农产品进项税额}=\text{当期生产领用农产品已按9\%税率(扣除率)抵扣税额}\div 9\%\times(10\%-9\%)$$

（3）继续推进农产品增值税进项税额核定扣除试点，纳税人购进农产品进项税额已实行核定扣除的，仍按照《财政部 国家税务总局关于在部分行业试行农产品增值税进项税额核定扣除办法的通知》（财税〔2012〕38号）、《财政部 国家税务总局关于扩大农产品增值税进项税额核定扣除试点行业范围的通知》（财税〔2013〕57号）执行。其中，《农产品增值税进项税额核定扣除试点实施办法》（财税〔2012〕38号附件1）第四条第（二）项规定的扣除率调整为9%；第（三）项规定的扣除率调整为按上述第（1）项、第（2）项规定执行。

【点拨指导】《农产品增值税进项税额核定扣除试点实施办法》第四条第（二）项的内容调整为：试点纳税人购进农产品直接销售的，农产品增值税进项税额按照以下方法核定扣除：

$$\text{当期允许抵扣农产品增值税进项税额}=\frac{\text{当期销售农产品数量}}{1-\text{损耗率}}\times\text{农产品平均购买单价}\times\frac{9\%}{1+9\%}$$

$$\text{损耗率}=\frac{\text{损耗数量}}{\text{购进数量}}$$

《农产品增值税进项税额核定扣除试点实施办法》第四条第（三）项的内容调整为：试点纳税人购进农产品用于生产经营且不构成货物实体的（包括包装物、辅助材料、燃料、低值易耗品等），增值税进项税额按照以下方法核定扣除：

$$\text{当期允许抵扣农产品增值税进项税额}=\text{当期耗用农产品数量}\times\text{农产品平均购买单价}\times\frac{\text{扣除率}}{1+\text{扣除率}}$$

式中，扣除率调整为按上述第（1）项、第（2）项规定执行。农产品单耗数量、农产品耗用率和损耗率统称为农产品增值税进项税额扣除标准。

（4）纳税人从批发、零售环节购进适用免征增值税政策的蔬菜、部分鲜活肉蛋而取得的普通发票，不得作为计算抵扣进项税额的凭证。

（5）纳税人购进农产品既用于生产销售或委托加工13%税率货物又用于生产销售其他货物服务的，应当分别核算用于生产销售或委托加工13%税率货物和其他货物服务的农产品进项税额。未分别核算的，统一以增值税专用发票或海关进口增值税专用缴款书上注明的增值税额为进项税额，或以农产品收购发票或销售发票上注明的农产品买价和9%的扣除率计算进项税额。

（6）销售发票是指农业生产者销售自产农产品适用免征增值税政策而开具的普通发票。购进免税农产品进项税额的会计核算具体分为以下两种情况：

一是农产品增值税进项税额核定扣除试点行业范围以外的一般纳税人购进农产品进项税额的会计核算。农产品增值税进项税额核定扣除试点行业范围以外的一般纳税人购进农产品，按应计入相关成本费用或资产的金额，借记“在途物资”（或“材料采购”）或“原材料”、“库存商品”、“生产成本”、“管理费用”等科目。取得一般纳税人开具的增值税专用发票或海关进口增值税专用缴款书的，以增值税专用发票或海关进口增值税专用缴款书上注明的增值税额为进项税额；从按照简易计税方法依照3%征收率计算缴纳增值税的小规模纳税人处取得增值税专用发票的，以增值税专用发票上注明的金额和9%的扣除率计算进项税额；取得（开具）农产品销售发票或收购发票的，以农产品销售发票或收购发票上注明的农产品买价和9%的扣除率计算进项税额，借记“应交税费——应交增值税（进项税额）”科目。按应付或实际支付的金额，贷记“应付账款”“应付票据”“银行存款”等科目。

【工作实例2-60】 甲公司为一家食品公司，属于农产品增值税进项税额核定扣除试点行业范围以外的一般纳税人。本年8月甲公司以现金向农民收购一批免税农产品A，法定收购凭证注明买价100 000元，并于本年9月领用全部农产品A生产增值税税率为13%的饼干。本年10月甲公司以现金向农民收购一批免税农产品B，法定收购凭证注明买价200 000元，并于本年11月将农产品B全部直接对外销售，同时开具增值税专用发票，注明价款210 000元、增值税额18 900元。该批农产品B已经发出，款项以银行存款收讫。甲公司原材料成本的核算采用实际成本法。该批农产品B在发出时，其控制权由甲公司转移给客户。

【工作要求】对甲公司上述业务进行账务处理。

【工作实施】（1）本年8月甲公司购入免税农产品A时：

可抵扣的进项税额＝100 000×9％＝9 000(元)

借：原材料（100 000－9 000）	91 000
应交税费——应交增值税（进项税额）	9 000
贷：库存现金	100 000

（2）本年9月甲公司领用农产品A生产增值税税率为13％的饼干时：

$$\text{加计扣除农产品进项税额}=\frac{\text{当期生产领用农产品已按}}{\text{9\%税率(扣除率)抵扣税额}}\div 9\%\times(10\%-9\%)$$

$$=9\,000\div 9\%\times(10\%-9\%)$$

$$=1\,000(\text{元})$$

借：生产成本	90 000
应交税费——应交增值税（进项税额）	1 000
贷：原材料	91 000

（3）本年10月甲公司购入免税农产品B时：

可抵扣的进项税额＝200 000×9％＝18 000(元)

借：库存商品（200 000－18 000）	182 000
应交税费——应交增值税（进项税额）	18 000
贷：库存现金	200 000

（4）本年11月甲公司将农产品B全部直接对外销售时：

借：银行存款	228 900
贷：主营业务收入	210 000
应交税费——应交增值税（销项税额）	18 900
借：主营业务成本	182 000
贷：库存商品	182 000

二是农产品增值税进项税额核定扣除试点行业范围以内的一般纳税人购进农产品进项税额的会计核算。农产品增值税进项税额核定扣除试点行业范围以内的一般纳税人购进农产品，若取得农产品增值税专用发票和海关进口增值税专用缴款书，应按照注明的金额及增值税额一并计入所购农产品成本；若自行开具农产品收购发票和取得农产品销

售发票，应按照注明的买价直接计入所购农产品成本。也就是说，实行《农产品增值税进项税额核定扣除试点实施办法》的纳税人（简称试点纳税人）在购进农产品时不计提增值税进项税额，直接按照含增值税购买价款借记“在途物资”“材料采购”等科目，贷记“库存现金”等科目。货物验收入库后，再由“在途物资”“材料采购”科目转入“原材料”“库存商品”等科目。

试点纳税人按照《农产品增值税进项税额核定扣除试点实施办法》的规定准确计算当期允许抵扣的农产品增值税进项税额，应从“主营业务成本”“其他业务成本”“销售费用”等相关科目转入“应交税费——应交增值税（进项税额）”科目。

需要注意的是，试点纳税人应自执行《农产品增值税进项税额核定扣除试点实施办法》之日起，将期初库存农产品以及库存半成品、产成品耗用的农产品增值税进项税额做转出处理，以避免重复抵扣增值税进项税额。

首先，以购进农产品为原料生产货物的试点纳税人，其农产品增值税进项税额可按照投入产出法、成本法和参照法核定。

第一，投入产出法。在投入产出法下，参照国家标准、行业标准（包括行业公认标准和行业平均耗用值），确定销售单位数量货物耗用外购农产品的数量（以下称农产品单耗数量）。

当期允许抵扣的农产品增值税进项税额依据农产品单耗数量、当期销售货物数量、农产品平均购买单价（含税，下同）和农产品增值税进项税额扣除率（简称扣除率）计算。其计算公式为：

$$\begin{array}{c}\text{当期允许抵扣的农产品}\\\text{增值税进项税额}\end{array}=\begin{array}{c}\text{当期农产品}\\\text{耗用数量}\end{array}\times\begin{array}{c}\text{农产品平均}\\\text{购买单价}\end{array}\times\text{扣除率}\div(1+\text{扣除率})$$

$$\begin{array}{c}\text{当期农产品}\\\text{耗用数量}\end{array}=\begin{array}{c}\text{当期销售货物数量(不含采购除农产品}\\\text{以外的半成品生产的货物数量)}\end{array}\times\begin{array}{c}\text{农产品}\\\text{单耗数量}\end{array}$$

对以单一农产品原料生产多种货物或者以多种农产品原料生产多种货物的，在核算当期农产品耗用数量和平均购买单价时，应依据合理的方法归集和分配。

农产品平均购买单价是指购买农产品的期末平均买价，不包括买价之外单独支付的运费和入库前的整理费用。期末平均买价的计算公式为：

$$\begin{array}{c}\text{期末平均}\\\text{买价}\end{array}=\left(\begin{array}{c}\text{期初库存}\\\text{农产品数量}\end{array}\times\begin{array}{c}\text{期初}\\\text{平均买价}\end{array}+\begin{array}{c}\text{当期购进}\\\text{农产品数量}\end{array}\times\begin{array}{c}\text{当期}\\\text{买价}\end{array}\right)\div\left(\begin{array}{c}\text{期初库存}\\\text{农产品数量}\end{array}+\begin{array}{c}\text{当期购进}\\\text{农产品数量}\end{array}\right)$$

扣除率为销售货物的适用税率。

【工作实例 2-61】 甲公司为增值税一般纳税人，是一家乳制品公司，实行《农产品增值税进项税额核定扣除试点实施办法》，采用投入产出法计算可抵扣的农产品增值税进项税额。甲公司本年 12 月从牧场购入原乳 5 000 吨，取得的农产品销售发票注明价格3 250万元，款项已通过银行存款全部支付。当月对外销售6 000吨巴氏杀菌牛奶，并开具增值税专用发票，注明价款24 000万元、增值税额2 160万元，其成本为12 000万元。该批巴氏杀菌牛奶已经发出，款项以银行存款收讫。甲公司原材料成本的核算采用实际成本法，原乳单耗数量为1.02吨，原乳平均购买单价为5 000元/吨。该批巴氏杀菌牛奶在发出时，其控制权由甲公司转移给客户。巴氏杀菌牛奶适用的增值税税率为9%。

【工作要求】对甲公司上述业务进行账务处理。

【工作实施】扣除率为销售货物的适用税率，巴氏杀菌牛奶的适用税率为9%。

该企业采用投入产出法，则

$$\begin{aligned}\text{当期允许抵扣的农产品增值税进项税额}&=\text{当期农产品耗用数量}\times\text{农产品平均购买单价}\times\text{扣除率}\div(1+\text{扣除率})\\&=\text{当期销售货物数量(不含采购除农产品以外的半成品生产的货物数量)}\times\text{农产品单耗数量}\\&\quad\times\text{农产品平均购买单价}\times\text{扣除率}\div(1+\text{扣除率})\\&=6\ 000\times1.02\times5\ 000\times9\%\div(1+9\%)\\&=2\ 526\ 605.50(\text{元})\end{aligned}$$

（1）从牧场购进原乳时：

借：在途物资　　32 500 000

　贷：银行存款　　32 500 000

（2）购进的原乳验收入库时：

借：原材料　　32 500 000

　贷：在途物资　　32 500 000

（3）销售巴氏杀菌牛奶时：

借：银行存款　　261 600 000

　贷：主营业务收入　　240 000 000

　　应交税费——应交增值税（销项税额）（240 000 000×9%）　　21 600 000

借：主营业务成本　　120 000 000

　贷：库存商品　　120 000 000

（4）12月按投入产出法计算可以抵扣的进项税额时：

借：应交税费——应交增值税（进项税额）　　2 526 605.50

　贷：主营业务成本　　2 526 605.50

第二，成本法。在成本法下，依据试点纳税人年度会计核算资料，计算确定耗用农产品的外购金额占生产成本的比例（以下称农产品耗用率）。当期允许抵扣的农产品增值税进项税额依据当期主营业务成本、农产品耗用率以及扣除率计算。其公式为：

$$\frac{\text{当期允许抵扣的农产品}}{\text{增值税进项税额}}=\frac{\text{当期主营}}{\text{业务成本}}\times\frac{\text{农产品}}{\text{耗用率}}\times\text{扣除率}\div(1+\text{扣除率})$$

$$\text{农产品耗用率}=\text{上年投入生产的农产品外购金额}\div\text{上年生产成本}$$

农产品外购金额（含税）不包括不构成货物实体的农产品（包括包装物、辅助材料、燃料、低值易耗品等）和在购进农产品之外单独支付的运费、入库前的整理费用。

对以单一农产品原料生产多种货物或者以多种农产品原料生产多种货物的，在核算当期主营业务成本以及核定农产品耗用率时，试点纳税人应依据合理的方法归集和分配。

农产品耗用率由试点纳税人向主管税务机关申请核定。

年度终了，主管税务机关应根据试点纳税人本年实际对当年已抵扣的农产品增值税进项税额进行纳税调整，重新核定当年的农产品耗用率，并作为下一年度的农产品耗用率。

扣除率为销售货物的适用税率。

【工作实例 2-62】 甲公司是一家白酒生产企业，为增值税一般纳税人，实行《农产品增值税进项税额核定扣除试点实施办法》，采用成本法计算可抵扣的农产品增值税进项税额。甲公司本年 12 月向农民收购一批粮食作为原料加工生产白酒，收购发票上注明的粮食收购价格为 20 000 元。款项已通过库存现金全部支付。当月甲公司对外销售白酒 6 吨，并开具增值税专用发票，注明价款 120 000 元、增值税额 15 600 元，其成本为 80 000 元。该批白酒已经发出，款项以银行存款收讫。甲公司原材料成本的核算采用实际成本法，经税务机关审定的农产品耗用率为 35%。该批白酒在发出时，其控制权由甲公司转移给客户。

【工作要求】 对甲公司上述业务进行账务处理。

【工作实施】 扣除率为销售货物的适用税率，白酒的适用税率为 13%。

该企业采用成本法，则

$$\frac{\text{当期允许抵扣的农产品}}{\text{增值税进项税额}}=\frac{\text{当期主营}}{\text{业务成本}}\times\frac{\text{农产品}}{\text{耗用率}}\times\text{扣除率}\div(1+\text{扣除率})$$

$$=80\ 000\times35\%\times13\%\div(1+13\%)=3\ 221.24(\text{元})$$

（1）向农民收购粮食时：

借：在途物资　　20 000

　　贷：库存现金　　20 000

（2）购进的粮食验收入库时：

借：原材料　　20 000

　　贷：在途物资　　20 000

（3）销售白酒时：

借：银行存款　　135 600

贷：主营业务收入　　120 000
　　应交税费——应交增值税（销项税额）　　15 600
借：主营业务成本　　80 000
　贷：库存商品　　80 000
借：税金及附加　　30 000
　贷：应交税费——应交消费税（120 000×20%+6×1 000×2×0.5）　　30 000

（4）12月按成本法计算可以抵扣的进项税额时：

借：应交税费——应交增值税（进项税额）　　3 221.24
　贷：主营业务成本　　3 221.24

第三，参照法。在参照法下，新办的试点纳税人或者试点纳税人新增产品的，试点纳税人可参照所属行业或者生产结构相近的其他试点纳税人确定农产品单耗数量或者农产品耗用率。次年，试点纳税人向主管税务机关申请核定当期的农产品单耗数量或者农产品耗用率，并据此计算确定当年允许抵扣的农产品增值税进项税额，同时对上年增值税进项税额进行调整。核定的进项税额超过实际抵扣的增值税进项税额的，其差额部分可以结转下期继续抵扣；核定的进项税额低于实际抵扣的增值税进项税额的，其差额部分应按现行增值税的有关规定将进项税额做转出处理。

其次，试点纳税人购进农产品直接销售的，农产品增值税进项税额按照以下方法核定扣除：

$$\begin{array}{c}\text{当期允许抵扣的农产品}\\\text{增值税进项税额}\end{array}=\begin{array}{c}\text{当期销售}\\\text{农产品数量}\end{array}\div(1-\text{损耗率})\times\begin{array}{c}\text{农产品平均}\\\text{购买单价}\end{array}\times 9\%\div(1+9\%)$$

$$\text{损耗率}=\text{损耗数量}\div\text{购进数量}$$

【工作实例2-63】 甲公司是一家植物油生产企业，为增值税一般纳税人，实行《农产品增值税进项税额核定扣除试点实施办法》。甲公司本年12月向农民收购200吨花生作为原材料，收购发票上注明的花生收购价格为200 000元，款项已通过库存现金全部支付。当月甲公司将其中的100吨花生直接销售给另一家植物油生产企业，开具增值税专用发票，注明价款120 000元、增值税额10 800元，对应的成本为100 000元。该批花生已经发出，款项以银行存款收讫。甲公司的花生损耗率为0，花生平均购买单价为1 090元/吨，原材料成本的核算方法采用实际成本法。该批花生在发出时，其控制权由甲公司转移给客户。

【工作要求】 对甲公司上述业务进行账务处理。

【工作实施】 该公司将购进的100吨花生直接对外销售，则

$$\begin{aligned}\begin{array}{c}\text{当期允许抵扣的农产品}\\\text{增值税进项税额}\end{array}&=\begin{array}{c}\text{当期销售}\\\text{农产品数量}\end{array}\div(1-\text{损耗率})\times\begin{array}{c}\text{农产品平均}\\\text{购买单价}\end{array}\times 9\%\div(1+9\%)\\&=100\div(1-0)\times 1\,090\times 9\%\div(1+9\%)\\&=9\,000(\text{元})\end{aligned}$$

（1）向农民收购花生时：

借：在途物资　　200 000

　贷：库存现金　　200 000

（2）购进的花生验收入库时：

借：原材料　　200 000

　贷：在途物资　　200 000

（3）销售花生时：

借：银行存款　　130 800

　贷：其他业务收入　　120 000

　　　应交税费——应交增值税（销项税额）（120 000×9%）　　10 800

借：其他业务成本　　100 000

　贷：原材料　　100 000

（4）12月计算可以抵扣的进项税额时：

借：应交税费——应交增值税（进项税额）　　9 000

　贷：其他业务成本　　9 000

最后，试点纳税人购进农产品用于生产经营且不构成货物实体的（包括包装物、辅助材料、燃料、低值易耗品等），增值税进项税额按照以下方法核定扣除：

$$\text{当期允许抵扣的农产品增值税进项税额}=\text{当期耗用农产品数量}\times\text{农产品平均购买单价}\times\text{扣除率}\div(1+\text{扣除率})$$

农产品单耗数量、农产品耗用率和损耗率统称为农产品增值税进项税额扣除标准（简称扣除标准）。

4. 购进（接受）加工修理修配劳务的进项税额的会计核算

一般纳税人购进加工修理修配劳务，按应计入相关成本费用或资产的金额，借记“委托加工物资”“生产成本”“管理费用”等科目；按当月已认证的可抵扣增值税额，借记“应交税费——应交增值税（进项税额）”科目；按当月未认证的可抵扣增值税额，借记“应交税费——待认证进项税额”科目；按应付或实际支付的金额，贷记“应付账款”“应付票据”“银行存款”等科目。

【工作实例2-64】 甲公司为增值税一般纳税人，本年5月拨付原材料80 000元，委托外单位配套加工，以转账支票支付加工费，取得受托方开具的增值税专用发票，发票上注明加工费30 000元、增值税额3 900元，材料加工完毕按实际成本验收入库。甲公司取得的增值税专用发票本年5月符合抵扣规定。

【工作要求】对甲公司上述业务进行账务处理。

【工作实施】（1）拨付委托加工材料时：

借：委托加工物资　80 000
　贷：原材料　80 000

（2）支付加工费时：

借：委托加工物资　30 000
　应交税费——应交增值税（进项税额）　3 900
　贷：银行存款　33 900

（3）加工完毕验收入库时：

借：原材料（或库存商品）　110 000
　贷：委托加工物资　110 000

5. 购进（接受）服务的进项税额的会计核算

一般纳税人购进服务，按应计入相关成本费用或资产的金额，借记“在途物资”（或“材料采购”）或“原材料”、“库存商品”、“生产成本”、“销售费用”、“管理费用”等科目；按当月已认证的可抵扣增值税额，借记“应交税费——应交增值税（进项税额）”科目；按当月未认证的可抵扣增值税额，借记“应交税费——待认证进项税额”科目；按应付或实际支付的金额，贷记“应付账款”“应付票据”“银行存款”等科目。

【工作实例2-65】 甲公司为增值税一般纳税人，本年7月就有关经营事宜向某管理咨询公司咨询，支付咨询费用价税合计848元，取得的管理咨询公司开具的增值税专用发票上注明咨询费用800元、增值税额48元。甲公司取得的增值税专用发票本年7月符合抵扣规定。

【工作要求】 对甲公司上述业务进行账务处理。

【工作实施】

借：管理费用　800
　应交税费——应交增值税（进项税额）　48
　贷：银行存款　848

【工作实例2-66】 甲公司为增值税一般纳税人，本年7月从乙公司购入A材料2 000千克，单价为3元/千克，取得的乙公司开具的增值税专用发票上注明价款6 000元、增值税额780元；另支付给丙运输公司运费109元，取得的丙运输公司开具的增值税专用发票上注明运输费用100元、增值税额9元。上述款项均已支付，材料验收入库。甲公司原材料成本的核算采用实际成本法。甲公司取得的增值税专用发票本年7月符合抵扣规定。

【工作要求】 对甲公司上述业务进行账务处理。

【工作实施】

借：原材料（6 000+100）　6 100
　应交税费——应交增值税（进项税额）（780+9）　789
　贷：银行存款　6 889

6. 购进无形资产的进项税额的会计核算

一般纳税人购进无形资产，按应计入相关成本费用或资产的金额，借记“无形资产”等科目；按当月已认证的可抵扣增值税额，借记“应交税费——应交增值税（进项税额）”科目；按当月未认证的可抵扣增值税额，借记“应交税费——待认证进项税额”科目；按应付或实际支付的金额，贷记“应付账款”“应付票据”“银行存款”等科目。

【工作实例 2-67】 甲公司为增值税一般纳税人，本年 1 月从乙公司购入一项专利权，取得的增值税专用发票上注明价款 100 000 元、增值税额 6 000 元。甲公司取得的增值税专用发票本年 1 月符合抵扣规定。

【工作要求】 对甲公司上述业务进行账务处理。

【工作实施】

借：无形资产——专利权	100 000
应交税费——应交增值税（进项税额）	6 000
贷：银行存款（100 000+6 000）	106 000

7. 购进不动产或不动产在建工程按规定进项税额分年抵扣的会计核算

一般纳税人自 2016 年 5 月 1 日后取得并按固定资产核算的不动产，以及 2016 年 5 月 1 日后取得的不动产在建工程，其进项税额按现行增值税制度规定自取得之日起分 2 年从销项税额中抵扣（第一年抵扣比例为 60%，第二年抵扣比例为 40%）的，应当按取得成本，借记“固定资产”“在建工程”等科目；按当期可抵扣的增值税额，借记“应交税费——应交增值税（进项税额）”科目；按以后期间可抵扣的增值税额，借记“应交税费——待抵扣进项税额”科目；按应付或实际支付的金额，贷记“应付账款”“应付票据”“银行存款”等科目。尚未抵扣的进项税额待以后期间允许抵扣时，按允许抵扣的金额，借记“应交税费——应交增值税（进项税额）”科目，贷记“应交税费——待抵扣进项税额”科目。自 2019 年 4 月 1 日起，上述规定停止执行，即纳税人取得不动产或者不动产在建工程的进项税额不再分 2 年抵扣。此前按照上述规定尚未抵扣完毕的待抵扣进项税额，可自 2019 年 4 月税款所属期起从销项税额中抵扣。

【工作实例 2-68】 甲公司为增值税一般纳税人，本年 7 月购入一栋办公楼，取得的增值税专用发票上注明价款 2 000 000 元、增值税额 180 000 元。当月用银行存款支付款项，办妥相关产权转移手续。甲公司取得的增值税专用发票本年 7 月符合抵扣规定。

【工作要求】 对甲公司上述业务进行账务处理。

【工作实施】

借：固定资产——办公楼	2 000 000
应交税费——应交增值税（进项税额）	180 000
贷：银行存款	2 180 000

8. 货物等已验收入库但尚未取得增值税扣税凭证的会计核算

一般纳税人购进的货物等已到达并验收入库，但尚未收到增值税扣税凭证并未付款的，应在月末按货物清单或相关合同协议上的价格暂估入账，不需要将增值税的进项税额暂估入账（财政部《关于〈增值税会计处理规定〉有关问题的解读》规定，暂估入账的金额不包含增值税进项税额。一般纳税人购进劳务、服务等但尚未取得增值税扣税凭证的，比照处理），借记"原材料""库存商品""固定资产""无形资产"等科目，贷记"应付账款""预付账款"等科目。下月初，用红字冲销原暂估入账金额。待取得相关增值税扣税凭证并经认证后，按应计入相关成本费用或资产的金额，借记"原材料""库存商品""固定资产""无形资产"等科目；按可抵扣的增值税额，借记"应交税费——应交增值税（进项税额）"科目；按应付金额，贷记"应付账款"等科目。

【点拨指导】22号文件上述条款将采购暂估的条件之一描述为"尚未收到增值税扣税凭证并未付款的"，对于"购进的货物等已到达并验收入库，尚未取得增值税扣税凭证但已经预付部分或者全部款项"的情况，此处并没有包含。因此，此处对于采购暂估中"并未付款"的字眼不够准确，建议修改为：尚未收到增值税扣税凭证并未付款的或已经预付部分或者全部款项的。

【知识链接】在22号文件发布前，对于采购暂估是否需要同时暂估进项税额，一直没有明确规定，争议也比较大。以原材料不含税价格为10 000元、进项税额为300元为例，实务中共有三种会计核算方式曾被采用。

第一种：

借：原材料	10 000	
贷：应付账款		10 000

第二种：

借：原材料	10 000	
其他应收款——进项税额	300	
贷：应付账款		10 300

第三种：

借：原材料	10 300	
贷：应付账款		10 300

现在22号文件和财政部《关于〈增值税会计处理规定〉有关问题的解读》明确规定，采用第一种方式进行会计核算，采购暂估时不需要暂估进项税额，也就是说，暂估入账的金额不包含增值税进项税额。

【特别提示】财政部《关于〈增值税会计处理规定〉有关问题的解读》规定，暂估入账的金额不包含增值税进项税额。一般纳税人购进劳务、服务等但尚未取得增值税扣税凭证的，比照处理。本书认为这是在22号文件的基础上进一步增加了劳务与服务的内容，当然还有无形资产和不动产，因此增加"等"字以求全面。不过，这一条款存在以下问题：如果购进货物、加工修理修配劳务、服务、无形资产或不动产属于不得抵扣事项，则实际上应当直接以价税合计暂估，只有这样才符合事实。

【工作实例 2-69】 甲公司为增值税一般纳税人，本年 6 月购进一批货物，用于生产产品，已经验收入库，但尚未收到增值税扣税凭证并未付款，相关合同协议上的价格为 100 万元（不含增值税）。甲公司本年 7 月 20 日取得增值税专用发票，发票上注明价款 100 万元、增值税额 13 万元，该增值税专用发票本年 7 月符合抵扣规定。

【工作要求】 对甲公司上述业务进行账务处理。

【工作实施】（1）一般纳税人购进的货物等已到达并验收入库，但尚未收到增值税扣税凭证并未付款，在月末（6 月末）按货物清单或相关合同协议上的价格 100 万元暂估入账时：

借：原材料	1 000 000	
贷：应付账款		1 000 000

（2）甲公司本年 7 月 1 日用红字冲销原暂估入账金额时：

借：原材料	[1 000 000]	
贷：应付账款		[1 000 000]

（3）甲公司本年 7 月取得增值税专用发票，发票上注明价款 100 万元、增值税额 13 万元，且该增值税专用发票本年 7 月符合抵扣规定时：

借：原材料	1 000 000	
应交税费——应交增值税（进项税额）	130 000	
贷：应付账款		1 130 000

（二）视同购进业务进项税额的会计核算

1. 受托代销行为的进项税额的会计核算

参见本节“二、销售等业务增值税的会计核算”中“（二）视同销售业务增值税的会计核算”中的“1. 将货物交付他人代销和销售代销货物的销项税额或应纳增值税额的会计核算”。

2. 将货物在两个机构之间移送的进项税额的会计核算

参见本节“二、销售等业务增值税的会计核算”中“（二）视同销售业务增值税的会计核算”中的“2. 将货物在两个机构之间移送的销项税额或应纳增值税额的会计核算”。

3. 接受投资的进项税额的会计核算

一般纳税人接受投资者以货物、加工修理修配劳务、服务、无形资产或不动产的投资时，按应计入相关成本费用或资产的金额，借记“在途物资”（或“材料采购”）或“原材料”、“库存商品”、“生产成本”、“无形资产”、“固定资产”、“管理费用”等科目；按当月已认证的可抵扣增值税额，借记“应交税费——应交增值税（进项税额）”科目；按当月未认证的可抵扣增值税额，借记“应交税费——待认证进项税额”科目；按接受的实物投资总额，贷记“实收资本”“股本”“资本公积”等科目。

【工作实例2-70】 甲公司为增值税一般纳税人，本年7月收到乙公司A材料一批作为实物投资，确认总价值为226 000元，同时收到投资方乙公司开具的增值税专用发票，发票上注明价款200 000元、增值税额26 000元。甲公司对原材料成本的核算采用实际成本法。甲公司取得的增值税专用发票本年7月符合抵扣规定。

【工作要求】 对甲公司上述业务进行账务处理。

【工作实施】

借：原材料——A材料　　200 000

　　应交税费——应交增值税（进项税额）　　26 000

　贷：实收资本——乙公司　　226 000

4. 接受分配的进项税额的会计核算

一般纳税人接受被投资者以货物、加工修理修配劳务、服务、无形资产或不动产的利润分配时（即接受实物股利时），按应计入相关成本费用或资产的金额，借记“在途物资”（或“材料采购”）或“原材料”、“库存商品”、“生产成本”、“无形资产”、“固定资产”、“管理费用”等科目；按当月已认证的可抵扣增值税额，借记“应交税费——应交增值税（进项税额）”科目；按当月未认证的可抵扣增值税额，借记“应交税费——待认证进项税额”科目；按接受的实物分配总额，贷记“应收股利”等科目。

【工作实例2-71】 甲公司为增值税一般纳税人，本年7月收到乙公司发放的实物股利A产品，将其作为原材料入账，确认总价值为113 000元，同时收到乙公司开具的增值税专用发票，发票上注明价款100 000元、增值税额13 000元。甲公司对原材料成本的核算采用实际成本法。甲公司取得的增值税专用发票本年7月符合抵扣规定。

【工作要求】 对甲公司上述业务进行账务处理。

【工作实施】

借：原材料——A产品　　100 000

　　应交税费——应交增值税（进项税额）　　13 000

　贷：应收股利——乙公司　　113 000

5. 接受无偿赠送的进项税额的会计核算

一般纳税人接受捐赠者以货物、加工修理修配劳务、服务、无形资产或不动产的无偿赠送时，按应计入相关成本费用或资产的金额，借记“在途物资”（或“材料采购”）或“原材料”、“库存商品”、“生产成本”、“无形资产”、“固定资产”、“管理费用”等科目；按当月已认证的可抵扣增值税额，借记“应交税费——应交增值税（进项税额）”科目；按当月未认证的可抵扣增值税额，借记“应交税费——待认证进项税额”科目；按接受的实物捐赠总额，贷记“营业外收入”等科目。

【工作实例2-72】 甲公司为增值税一般纳税人，本年7月接受乙公司捐赠的一批 A 材料，取得的增值税专用发票上注明价款 20 000 元、增值税额 2 600 元。材料已验收入库。甲公司对原材料成本的核算采用实际成本法。甲公司取得的增值税专用发票本年 7 月符合抵扣规定。

【工作要求】对甲公司上述业务进行账务处理。

【工作实施】

借：原材料——A 材料	20 000
应交税费——应交增值税（进项税额）	2 600
贷：营业外收入	22 600

【工作实例 2 - 73】 甲会计师事务所为增值税一般纳税人，本年 5 月 10 日派出注册会计师张某参加乙公司高管座谈会，免费给乙公司提供有关企业重组业务的财税咨询服务 1 小时，甲会计师事务所此类咨询服务不含增值税价格为 1 200 元/小时。乙公司为增值税一般纳税人，取得甲会计师事务所开具的增值税专用发票，发票上注明价款 1 200 元、增值税额 72 元。乙公司取得的增值税专用发票本年 5 月符合抵扣规定。

【工作要求】对乙公司上述业务进行账务处理。

【工作实施】

借：管理费用	1 200
应交税费——应交增值税（进项税额）	72
贷：营业外收入	1 272

（三）其他特殊购进业务进项税额的会计核算

1. 非货币性资产交换的进项税额的会计核算

参见本节“二、销售等业务增值税的会计核算”中“（三）其他特殊销售业务增值税的会计核算”中的“1. 非货币性资产交换的销项税额或应纳增值税额的会计核算”。

2. 接受抵债资产的进项税额的会计核算

参见本节“二、销售等业务增值税的会计核算”中“（三）其他特殊销售业务增值税的会计核算”中的“2. 将资产用于抵债的销项税额或应纳增值税额的会计核算”。

3. 接受购进折让、中止或者退回以及接受折扣的进项税额的会计核算

（1）接受销售折让、中止或者退回的进项税额的会计核算。发生退货的，如原增值税专用发票已做认证，应根据税务机关开具的红字增值税专用发票做相反的会计分录；如原增值税专用发票未做认证，应将发票退回并做相反的会计分录。

【点拨指导】22 号文件上述条款中的“如原增值税专用发票已做认证，应根据税务机关开具的红字增值税专用发票做相反的会计分录”，表述不准确。红字增值税专用发票一般情况下是销售方开具的，不是税务机关开具的。只有税务机关为小规模纳税人代开的增值税专用发票，需要开具红字增值税专用发票的，才由税务机关开具，实际操作时按照一般纳税人开具红字增值税专用发票的方法处理。

【点拨指导】22号文件上述条款中的“如原增值税专用发票未做认证，应将发票退回并做相反的会计分录”，表述不严谨。如果原增值税专用发票未认证，但发票已跨月，则不仅应将发票退回，而且需要取得销售方开具的红字增值税专用发票，并做相反的会计分录，销售方收回的原发票无须作废。

【特别提示】22号文件的上述规定没有考虑到购进折让、中止的情况，实际上购进折让、中止应当比照购货退回的账务处理进行。

根据《国家税务总局关于红字增值税发票开具有关问题的公告》（国家税务总局公告2016年第47号）的规定，增值税一般纳税人开具增值税专用发票后，发生销货退回、开票有误、应税服务中止等情形但不符合发票作废条件，或者因销货部分退回及发生销售折让，需要开具红字专用发票的，按以下方法处理：

1）购买方取得专用发票已用于申报抵扣的，购买方可在新系统中填开并上传《开具红字增值税专用发票信息表》（以下简称《信息表》），在填开《信息表》时不填写相对应的蓝字专用发票信息，应暂依《信息表》所列增值税额从当期进项税额中转出（根据《关于印发〈增值税会计处理规定〉的通知》（财会〔2016〕22号），应当冲减“应交税费——应交增值税（进项税额）”）①，待取得销售方开具的红字专用发票后，与《信息表》一并作为记账凭证。

购买方取得专用发票未用于申报抵扣但发票联或抵扣联无法退回的，购买方填开《信息表》时应填写相对应的蓝字专用发票信息。

销售方开具专用发票尚未交付购买方，以及购买方未用于申报抵扣并将发票联及抵扣联退回的，销售方可在新系统中填开并上传《信息表》。销售方填开《信息表》时应填写相对应的蓝字专用发票信息。

2）主管税务机关通过网络接收纳税人上传的《信息表》，系统自动校验通过后，生成带有“红字发票信息表编号”的《信息表》，并将信息同步至纳税人端系统中。

3）销售方凭税务机关系统校验通过的《信息表》开具红字专用发票，在新系统中以销项负数开具。红字专用发票应与《信息表》一一对应。

4）纳税人也可凭《信息表》电子信息或纸质资料到税务机关对《信息表》内容进行系统校验。

纳税人需要开具红字增值税普通发票的，可以在所对应的蓝字发票金额范围内开具多份红字发票。红字机动车销售统一发票需与原蓝字机动车销售统一发票一一对应。

---

① 根据《国家税务总局关于红字增值税发票开具有关问题的公告》（国家税务总局公告2016年第47号）的规定，此类事项需从当期进项税额中转出，即计入“应交税费——应交增值税（进项税额转出）”科目，这样的好处是可以在增值税纳税申报时，直接将该类数据填入“增值税及附加税费申报表附列资料（本期进项税额明细）（二）”的第20栏“红字专用发票信息表注明的进项税额”中，这样操作比较简单。而根据《关于印发〈增值税会计处理规定〉的通知》（财会〔2016〕22号），此类事项是冲减“应交税费——应交增值税（进项税额）”科目，这样的话，在增值税纳税申报时，对该类数据先需要从“冲减的进项税额”中转到“进项税额转出”中后再对“增值税及附加税费申报表附列资料（本期进项税额明细）（二）进行填报，这样操作比较复杂。本书建议采用计入“应交税费——应交增值税（进项税额转出）”科目的方式。

【情境引例解析】

《国家税务总局关于修订〈增值税专用发票使用规定〉的通知》（国税发〔2006〕156号）第二十五条规定，用于抵扣增值税进项税额的专用发票应经税务机关认证相符（国家税务总局另有规定的除外）。认证相符的专用发票应作为购买方的记账凭证，不得退还销售方。本规定所称认证，是税务机关通过防伪税控系统对专用发票所列数据的识别、确认。本规定所称认证相符，是指纳税人识别号无误，专用发票所列密文解译后与明文一致。因此，已认证相符的增值税专用发票的发票联和抵扣联不得退还销售方。

【点拨指导】发生购货退回需要区分两种情况：

第一种情况，购货方发生退货且原增值税专用发票已进行认证（勾选确认），应根据销售方开具的红字增值税专用发票做相反的会计分录。

例如，甲公司为增值税一般纳税人，本年6月购买材料，取得的增值税专用发票上注明价款80万元、增值税额10.4万元，甲公司取得的增值税专用发票本年6月符合抵扣规定（甲公司在本年7月初的纳税申报期内，对取得的增值税专用发票通过增值税发票综合服务平台进行了勾选确认）。入库前发现该材料物资有质量问题，要求全部退回货物。要求：对甲公司上述业务进行账务处理。

（1）甲公司取得的增值税专用发票本年6月符合抵扣规定：

借：在途物资	800 000	
应交税费——应交增值税（进项税额）	104 000	
贷：应付账款		904 000

（2）购货方全部退回货物，但已认证相符（勾选确认）的增值税专用发票的发票联和抵扣联不应退还销售方。购货方的原始凭证是取得的红字专用发票和《信息表》。购货方根据销售方开具的红字增值税专用发票做相反的会计分录时：

借：应付账款	904 000	
贷：在途物资		800 000
应交税费——应交增值税（进项税额）		104 000

第二种情况，购货方发生退货且原增值税专用发票未进行认证（未勾选确认），若发票未跨月，则购货方应将发票退回并做相反的会计分录，销货方将原发票作废；若发票已跨月，则购货方应将发票退回，且需要销售方开具红字发票处理，原发票无须作废，购货方做相反的会计分录。

例如，甲、乙公司均为增值税一般纳税人，本年6月甲公司从乙公司购买材料，取得的增值税专用发票上注明价款80万元、增值税额10.4万元，甲公司取得的乙公司开具的增值税专用发票本年6月不符合抵扣规定（甲公司在本年7月初的纳税申报期内，未对取得的增值税专用发票通过增值税发票综合服务平台进行勾选确认）。甲公司入库前发现该材料物资有质量问题，要求全部退回货物。要求：对甲公司上述业务进行账务处理。

(1) 甲公司取得的增值税专用发票本年6月不符合抵扣规定：

借：在途物资　800 000
　　应交税费——待认证进项税额　104 000
　贷：应付账款　904 000

(2) 甲公司发生退货且原增值税专用发票未进行认证（未勾选确认），若发票未跨月（本年6月发生退货），则甲公司应将发票退回并做相反的会计分录，乙公司将原发票作废；若发票已跨月（本年7月或者本年7月以后发生退货），则甲公司应将发票退回，且需要乙公司开具红字发票处理，原发票无须作废，甲公司做相反的会计分录。

借：应付账款　904 000
　贷：在途物资　800 000
　　　应交税费——待认证进项税额　104 000

【工作实例2-74】 甲公司为增值税一般纳税人，本年6月10日采用托收承付结算方式（验单付款）从乙公司购进A材料，已经委托银行付款，取得的增值税专用发票上注明价款5 000元、增值税额650元，该发票本年6月符合抵扣规定。本年8月10日材料运到，验收后因质量不符合约定而要求全部退货，并于本年8月12日在新系统中填开并上传《信息表》。本年8月15日将货物退回。乙公司凭税务机关系统校验通过的《信息表》开具红字增值税专用发票，甲公司于本年8月20日收到乙公司开来的红字增值税专用发票及款项。甲公司原材料成本的核算采用实际成本法。

【工作要求】 对甲公司上述业务进行账务处理。

【工作实施】 (1) 6月10日收到乙公司转来的托收承付结算凭证及发票时：

借：在途物资——A材料　5 000
　　应交税费——应交增值税（进项税额）　650
　贷：银行存款　5 650

(2) 8月12日在新系统中填开并上传《信息表》，暂依《信息表》所列增值税额从当期进项税额中转出（根据《关于印发〈增值税会计处理规定〉的通知》（财会〔2016〕22号），应当冲减“应交税费——应交增值税（进项税额）”）[①]。

借：应收账款——乙公司　650
　贷：应交税费——应交增值税（进项税额转出）　650

（或者：

借：应收账款——乙公司　650
　贷：应交税费——应交增值税（进项税额）　650）

(3) 8月15日将货物退回时：

借：应收账款——乙公司　5 000
　贷：在途物资——A材料　5 000

① 本书建议采用计入“应交税费——应交增值税（进项税额转出）”科目的方式。

（4）8月20日收到乙公司开来的红字增值税专用发票及款项时，与《信息表》一并作为记账凭证。

借：银行存款　　5 650
　贷：应收账款——乙公司　　5 650

【工作实例2-75】 甲公司为增值税一般纳税人，本年2月10日采用托收承付结算方式（验单付款）从乙公司购进A材料，已经委托银行付款，取得的增值税专用发票上注明价款10 000元、增值税额1 300元，该发票本年2月符合抵扣规定。本年3月15日材料验收入库时发现质量不符，经与销货方协商后同意折让20%，并按扣除折让后的金额入账。甲公司于本年3月18日在新系统中填开并上传《信息表》。乙公司凭税务机关系统校验通过的《信息表》开具红字增值税专用发票，甲公司于本年3月25日收到乙公司开来的红字增值税专用发票及款项。甲公司原材料成本的核算采用实际成本法。

【工作要求】对甲公司上述业务进行账务处理。

【工作实施】（1）2月10日验单付款时：

借：在途物资——A材料　　10 000
　　应交税费——应交增值税（进项税额）　　1 300
　贷：银行存款　　11 300

（2）3月15日材料验收入库，按扣除折让后的金额入账时：

借：原材料　　8 000
　　应收账款——乙公司（10 000×20%）　　2 000
　贷：在途物资　　10 000

（3）3月18日在新系统中填开并上传《信息表》，暂依《信息表》所列增值税额从当期进项税额中转出（根据《关于印发〈增值税会计处理规定〉的通知》（财会〔2016〕22号），应当冲减"应交税费——应交增值税（进项税额）"）。

借：应收账款——乙公司　　260
　贷：应交税费——应交增值税（进项税额转出）（1 300×20%）　　260

（或者：

借：应收账款——乙公司　　260
　贷：应交税费——应交增值税（进项税额）　　260）

（4）3月25日收到乙公司开来的红字增值税专用发票及款项时，与《信息表》一并作为记账凭证。

借：银行存款　　2 260
　贷：应收账款——乙公司　　2 260

（2）接受折扣的进项税额的会计核算。参见本节"二、销售等业务增值税的会计核算"中"（三）其他特殊销售业务增值税的会计核算"中"3. 销售折让、中止或者退回以及提供折扣的销项税额或应纳增值税额的会计核算”中的“（2）提供折扣的销项税额或应纳增值税额的会计核算”。

（四）购进等业务进项税额不得抵扣的会计核算

1. 购进货物、加工修理修配劳务、服务、无形资产或不动产，用于简易计税方法计税项目、免征增值税项目、集体福利或个人消费等进项税额不得抵扣的会计核算

一般纳税人购进货物、加工修理修配劳务、服务、无形资产或不动产，用于简易计税方法计税项目、免征增值税项目、集体福利或个人消费等，其进项税额按照现行增值税制度规定不得从销项税额中抵扣的，取得增值税专用发票时，应借记相关成本费用或资产科目，借记“应交税费——待认证进项税额”科目，贷记“银行存款”“应付账款”等科目；经税务机关认证后，根据有关“进项税额”“进项税额转出”专栏及“待认证进项税额”明细科目的核算内容，先转入“进项税额”专栏，借记“应交税费——应交增值税（进项税额）”科目，贷记“应交税费——待认证进项税额”科目；按现行增值税制度规定转出时，记入“进项税额转出”专栏，借记相关成本费用或资产科目，贷记“应交税费——应交增值税（进项税额转出）”科目。

【知识链接】根据财税〔2016〕36号文件的规定，按照相关规定不得抵扣且未抵扣进项税额的固定资产、无形资产、不动产，发生用途改变，用于允许抵扣进项税额的应税项目，可在用途改变的次月按照下列公式计算可以抵扣的进项税额：

$$\text{可以抵扣的进项税额}=\text{固定资产、无形资产、不动产净值}\div(1+\text{适用税率})\times\text{适用税率}$$

上述可以抵扣的进项税额应取得合法有效的增值税扣税凭证。因此在实务中，企业应当取得合法有效的增值税扣税凭证，并且进行认证，以具备可以抵扣进项税额的必要条件。

【工作实例2-76】 甲公司为增值税一般纳税人，本年7月购入一批笔记本电脑，取得的增值税专用发票上注明价款100 000元、增值税额13 000元，货款已用银行存款支付。本年8月甲公司准备将上述电脑用于行政管理人员福利，并于本年8月实际发放福利，且在本年9月初的纳税申报期内，对取得的增值税专用发票通过增值税发票综合服务平台进行了勾选确认。

【工作要求】对甲公司上述业务进行账务处理。

【工作实施】（1）本年7月，购入笔记本电脑时：

借：库存商品	100 000	
应交税费——待认证进项税额	13 000	
贷：银行存款		113 000

（2）甲公司取得的增值税专用发票本年8月符合抵扣规定时：

借：应交税费——应交增值税（进项税额）	13 000	

贷：应交税费——待认证进项税额　　13 000

（3）本年 8 月，决定发放福利时：

借：管理费用　　113 000

贷：应付职工薪酬——非货币性福利　　113 000

（4）本年 8 月，实际发放福利时：

借：库存商品　　13 000

贷：应交税费——应交增值税（进项税额转出）　　13 000

借：应付职工薪酬——非货币性福利　　113 000

贷：库存商品　　113 000

或者合并为一步：

借：应付职工薪酬——非货币性福利　　113 000

贷：库存商品　　100 000

应交税费——应交增值税（进项税额转出）　　13 000

2. 兼营简易计税方法计税项目、免征增值税项目而无法划分不得抵扣的进项税额的会计核算

适用一般计税方法的纳税人，兼营简易计税方法计税项目、免征增值税项目而无法划分不得抵扣的进项税额的，按照下列公式计算不得抵扣的进项税额：

$$\text{不得抵扣的进项税额} = \text{当期无法划分的全部进项税额} \times \left(\text{当期简易计税方法计税项目销售额} + \text{免征增值税项目销售额}\right) \div \text{当期全部销售额}$$

主管税务机关可以按照上述公式依据年度数据对不得抵扣的进项税额进行清算。其会计核算类似于“一般纳税人购进货物、加工修理修配劳务、服务、无形资产或不动产，用于简易计税方法计税项目、免征增值税项目、集体福利或个人消费等进项税额不得抵扣的会计核算”。

【工作实例 2-77】 甲公司为增值税一般纳税人，本年 8 月购入一批材料，既用于一般计税项目，又用于简易计税方法计税项目和免征增值税项目的生产，价款为 80 000 元，增值税额为 10 400 元，并且无法划分不得抵扣的进项税额。当月一般计税项目销售额为 70 000 元，简易计税方法计税项目销售额为 60 000 元，免征增值税项目销售额为 30 000 元。

【工作要求】 对甲公司上述业务进行账务处理。

【工作实施】

$$\text{不得抵扣的进项税额} = \text{当期无法划分的全部进项税额} \times \left(\text{当期简易计税方法计税项目销售额} + \text{免征增值税项目销售额}\right) \div \text{当期全部销售额}$$

$$= 10\,400 \times (60\,000 + 30\,000) \div (70\,000 + 60\,000 + 30\,000)$$

$$= 5\,850(\text{元})$$

（1）购入材料时：

借：原材料　80 000

　应交税费——待认证进项税额　10 400

　贷：银行存款　90 400

（2）取得的增值税专用发票符合抵扣规定时：

借：应交税费——应交增值税（进项税额）　10 400

　贷：应交税费——待认证进项税额　10 400

（3）进项税额转出时：

借：主营业务成本（或原材料）　5 850

　贷：应交税费——应交增值税（进项税额转出）　5 850

3. 进项税额抵扣情况发生改变的会计核算

因发生非正常损失或改变用途等，原已计入进项税额、待抵扣进项税额或待认证进项税额，但按现行增值税制度规定不得从销项税额中抵扣的，借记“待处理财产损溢”“应付职工薪酬”“固定资产”“无形资产”等科目，贷记“应交税费——应交增值税（进项税额转出）”、“应交税费——待抵扣进项税额”或“应交税费——待认证进项税额”科目；原不得抵扣且未抵扣进项税额的固定资产、无形资产等，因改变用途等用于允许抵扣进项税额的应税项目的，应按允许抵扣的进项税额，借记“应交税费——应交增值税（进项税额）”科目，贷记“固定资产”“无形资产”等科目。固定资产、无形资产等经上述调整后，应按调整后的账面价值在剩余使用寿命内计提折旧或摊销。

（1）因发生非正常损失导致进项税额抵扣情况发生改变的会计核算。货物因管理不善发生的非正常损失（如因保管不善而发生货物被盗等），其进项税额不允许抵扣，对于原已计入进项税额、待抵扣进项税额或待认证进项税额，但按现行增值税制度规定不得从销项税额中抵扣的情况，企业应借记“待处理财产损溢”科目，贷记“原材料”、“库存商品”、“应交税费——应交增值税（进项税额转出）”、“应交税费——待抵扣进项税额”或“应交税费——待认证进项税额”等科目。

货物非因管理不善发生的非正常损失（如自然灾害等），其进项税额可以抵扣，原已计入进项税额、待抵扣进项税额或待认证进项税额的，无须对进项税额进行转出，也无须对待抵扣进项税额或待认证进项税额进行冲减，企业应按损失货物的成本，借记“待处理财产损溢”科目，贷记“原材料”“库存商品”等科目。

在按管理权限报经批准后应做如下会计核算：对于入库的残料价值，借记“原材料”等科目；对于应由保险公司和过失人负担的赔款，借记“其他应收款”科目；扣除残料价值和应由保险公司、过失人负担的赔款后的净损失，属于管理不善等非正常损失的，借记“管理费用”科目，属于自然灾害等非正常损失的，借记“营业外支出”科目。同时，贷记“待处理财产损溢”科目。

【知识链接】固定资产发生的非正常损失不通过“待处理财产损溢”科目核算，而通过“固定资产清理”科目核算，且净损失一律记入“营业外支出”科目。

【工作实例2-78】 甲公司本年7月由于保管不善，原材料A发生非正常损失，其实际成本为3 000元（购入时取得增值税专用发票，发票上注明价款3 000元、增值税额390元）；在产品D发生非正常损失，其实际成本为22 000元，其中所耗原材料B的成本为12 000元（购入时取得增值税专用发票，发票上注明价款12 000元、增值税额1 560元）；产成品E发生非正常损失，其实际成本为20 000元，其中所耗原材料C的成本为10 000元（购入时取得增值税专用发票，发票上注明价款10 000元、增值税额1 300元）。上述增值税专用发票在原材料购入当月均符合抵扣规定。假设最终损失由保险公司和甲公司保管员张某各负担30%，剩余40%作为一般经营损失。

【工作要求】对甲公司上述业务进行账务处理。

【工作实施】(1) 购入原材料时：

借：原材料——A	3 000	
——B	12 000	
——C	10 000	
应交税费——应交增值税（进项税额）	3 250	
贷：银行存款		28 250

(2) 发生非正常损失时：

原材料进项税额转出＝3 000×13%＝390(元)

在产品进项税额转出＝12 000×13%＝1 560(元)

产成品进项税额转出＝10 000×13%＝1 300(元)

借：待处理财产损溢——待处理流动资产损溢	3 390	
贷：原材料——A		3 000
应交税费——应交增值税（进项税额转出）		390
借：待处理财产损溢——待处理流动资产损溢	23 560	
贷：生产成本		22 000
应交税费——应交增值税（进项税额转出）		1 560
借：待处理财产损溢——待处理流动资产损溢	21 300	
贷：库存商品		20 000
应交税费——应交增值税（进项税额转出）		1 300

(3) 报经批准核销时：

借：其他应收款——保险公司（48 250×30%）	14 475	
——张某（48 250×30%）	14 475	
管理费用（48 250×40%）	19 300	
贷：待处理财产损溢——待处理流动资产损溢（3 390＋23 560＋21 300）		48 250

【工作实例2-79】 接工作实例2-78，这些原材料在购入时取得的是增值税普通发票，此时原材料A的成本变为3 390元，原材料B的成本变为13 560元，原材料C的成本变为11 300元。

【工作要求】对甲公司上述业务进行账务处理。

【工作实施】（1）购入原材料时：

借：原材料——A	3 390
——B	13 560
——C	11 300
贷：银行存款	28 250

（2）购入原材料时取得的是增值税普通发票，因此进项税额不能抵扣，发生非正常损失时不做进项税额转出，则发生非正常损失时：

借：待处理财产损溢——待处理流动资产损溢	48 250
贷：原材料	3 390
生产成本	23 560
库存商品	21 300

（3）报经批准核销时：

借：其他应收款——保险公司（48 250×30%）	14 475
——张某（48 250×30%）	14 475
管理费用（48 250×40%）	19 300
贷：待处理财产损溢——待处理流动资产损溢	48 250

（2）因改变用途导致进项税额抵扣情况发生改变的会计核算。购入原材料、固定资产、无形资产等因改变用途等，原可以抵扣进项税额且已计入进项税额、待抵扣进项税额或待认证进项税额，但按现行增值税制度规定不得从销项税额中抵扣的，借记“应付职工薪酬”“原材料”“固定资产”“无形资产”等科目，贷记“应交税费——应交增值税（进项税额转出）”、“应交税费——待抵扣进项税额”或“应交税费——待认证进项税额”科目；原不得抵扣且未抵扣进项税额的原材料、固定资产、无形资产等，因改变用途等用于允许抵扣进项税额的应税项目的，应按允许抵扣的进项税额，借记“应交税费——应交增值税（进项税额）”科目，贷记“固定资产”“无形资产”等科目。

【工作实例2-80】 甲食品加工厂（简称甲工厂）为增值税一般纳税人，共有员工200人，其中生产工人180人，厂部管理人员20人。本年12月，由于本年10月购入的食用植物油富余，甲工厂决定将其购进的食用植物油作为福利发放给员工，每人当月发放2桶。该食用植物油系生产用原料，于本年10月购买，每桶采购成本为80元，共计32 000元（不含增值税），甲工厂购买时取得增值税专用发票，发票上注明价款32 000元、增值税额2 880元。甲工厂取得的增值税专用发票本年10月符合抵扣规定。

【工作要求】对甲工厂上述业务进行账务处理。

【工作实施】（1）本年10月购买食用植物油时：

借：原材料　32 000

　应交税费——待认证进项税额　2 880

　贷：银行存款　34 880

（2）本年10月取得的增值税专用发票符合抵扣规定时：

借：应交税费——应交增值税（进项税额）　2 880

　贷：应交税费——待认证进项税额　2 880

（3）本年12月确认应付职工薪酬时：

借：生产成本（180×2×80×(1+9%)）　31 392

　管理费用（20×2×80×(1+9%)）　3 488

　贷：应付职工薪酬——非货币性福利（31 392+3 488）　34 880

（4）本年12月给职工实际发放食用植物油时：

借：原材料　2 880

　贷：应交税费——应交增值税（进项税额转出）　2 880

借：应付职工薪酬——非货币性福利　34 880

　贷：原材料　34 880

或者合并为一个分录：

借：应付职工薪酬——非货币性福利　34 880

　贷：原材料　32 000

　　应交税费——应交增值税（进项税额转出）　2 880

【工作实例2-81】 甲公司为增值税一般纳税人，本年5月将一台员工食堂用的空调调整到财务办公室使用，该空调购置时间为本年1月，原值为2 260元。购置空调时取得增值税专用发票，发票上注明价款2 000元、增值税额260元。甲公司取得的增值税专用发票本年3月符合抵扣规定。该空调折旧采用直线法，折旧年限为5年，净残值率为5%。

【工作要求】对甲公司上述业务进行账务处理。

【工作实施】（1）甲公司本年1月取得增值税专用发票但没有认证时：

借：固定资产——空调　2 000

　应交税费——待认证进项税额　260

　贷：银行存款　2 260

（2）甲公司取得的增值税专用发票本年3月符合抵扣规定时：

借：应交税费——应交增值税（进项税额）　260

　贷：应交税费——待认证进项税额　260

（3）甲公司本年3月进项税额转出时：

借：固定资产——空调　260

　贷：应交税费——应交增值税（进项税额转出）　260

（4）本年5月将员工食堂用的空调调整到财务办公室使用。不得抵扣且未抵扣进项税额的固定资产、无形资产、不动产发生用途改变，用于允许抵扣进项税额的应税项目，可在用途改变的次月按照下列公式计算可以抵扣的进项税额：

本年5月末的固定资产净值＝2 260－2 260×(1－5%)÷5÷12×4
＝2 116.87(元)

可以抵扣的进项税额＝固定资产净值÷(1＋适用税率)×适用税率
＝2 116.87÷(1＋13%)×13%＝243.53(元)

借：应交税费——应交增值税（进项税额）　243.53
　贷：固定资产——空调　243.53

【工作实例2-82】 甲公司为增值税一般纳税人，本年6月购进办公楼用于办公，取得的增值税专用发票上注明价款24 000万元、增值税额2 160万元，甲公司取得的增值税专用发票本年6月符合抵扣规定。该办公楼折旧采用直线法，折旧年限为20年，假设不考虑净残值。本年12月，将办公楼改造成员工食堂。

【工作要求】 对甲公司上述业务进行账务处理。

【工作实施】（1）本年6月购进办公楼时：

借：固定资产　240 000 000
　　应交税费——应交增值税（进项税额）　21 600 000
　贷：银行存款　261 600 000

（2）本年7月起计提折旧，每月折旧金额为100万元（24 000÷20÷12）。每月计提折旧时：

借：管理费用　1 000 000
　贷：累计折旧　1 000 000

（3）本年12月，将办公楼改造成员工食堂。已抵扣进项税额的不动产发生非正常损失或者改变用途，用于简易计税方法计税项目、免征增值税项目、集体福利或者个人消费的，按照下列公式计算不得抵扣的进项税额，并从当期进项税额中扣减。

不得抵扣的进项税额＝已抵扣进项税额×不动产净值率

式中　不动产净值率＝不动产净值÷不动产原值×100%
＝(24 000－24 000÷20÷12×6)÷24 000×100%
＝97.5%

不得抵扣的进项税额＝已抵扣进项税额×不动产净值率
＝2 160×97.5%
＝2 106(万元)

借：固定资产　21 060 000
　贷：应交税费——应交增值税（进项税额转出）　21 060 000

【工作实例2-83】 甲公司为增值税一般纳税人，本年5月购入不动产A楼用于员工食堂，该不动产购入时价格为2 000万元，增值税额为180万元，购买时取得增值税专用发票，款项以银行存款支付。甲公司取得的增值税专用发票本年7月符合抵扣规定。该楼折旧采用直线法，折旧年限为20年，假设不考虑净残值。本年11月A楼由员工食堂转为办公楼。

【工作要求】对甲公司上述业务进行账务处理。

【工作实施】(1) 本年5月取得增值税专用发票但没有认证时：

借：固定资产——A楼	20 000 000	
应交税费——待认证进项税额	1 800 000	
贷：银行存款		21 800 000

(2) 取得的增值税专用发票本年7月符合抵扣规定时：

借：应交税费——应交增值税（进项税额）	1 800 000	
贷：应交税费——待认证进项税额		1 800 000

(3) 甲公司本年11月进项税额转出时：

借：固定资产——A楼	1 800 000	
贷：应交税费——应交增值税（进项税额转出）		1 800 000

(4) 本年11月A楼由员工食堂转为办公楼。按照规定不得抵扣进项税额的不动产，发生用途改变，用于允许抵扣进项税额项目的，按照下列公式在改变用途的次月计算可抵扣进项税额。

可抵扣进项税额＝增值税扣税凭证注明或计算的进项税额×不动产净值率

式中　不动产净值率＝不动产净值÷不动产原值×100%

不动产净值＝2 180－2 180÷20÷12×6＝2 126(万元)

不动产净值率＝2 126÷2 180×100%＝97.5%

可抵扣进项税额＝增值税扣税凭证注明或计算的进项税额×不动产净值率

＝180×97.5%

＝175.5(万元)

本年12月（即为改变用途的次月）可抵扣进项税额从销项税额中抵扣时：

借：应交税费——应交增值税（进项税额）	1 755 000	
贷：固定资产——A楼		1 755 000

(3) 购货过程中发生短缺或毁损的情况下进项税额的会计核算。由于材料短缺或毁损的原因不同，其损失的承担者不同，短缺或毁损材料损失中所含的进项税额的会计处理也不同。

购进货物在运输途中的合理损耗，其进项税额应予以抵扣。对于运输途中的合理损耗部分的金额，计入采购货物的成本。

销货方造成的短缺或毁损，若销货方决定近期内予以补货，则短缺材料的进项税额暂不得抵扣，补来材料验收入库后，方可予以抵扣；若销货方决定退赔货款，则应视不同情况比照销货退回或折让进行处理。

购进货物在运输途中因管理不善发生的非正常损失（如因保管不善而发生货物被盗等），原已计入进项税额、待抵扣进项税额或待认证进项税额，但按现行增值税制度规定不得从销项税额中抵扣的，借记“待处理财产损溢”科目，贷记“在途物资”（或“材料采购”）、“原材料”、“库存商品”、“应交税费——应交增值税（进项税额转出）”、“应交税费——待抵扣进项税额”或“应交税费——待认证进项税额”等科目。

购进货物途中非因管理不善发生的非正常损失（如自然灾害等），其进项税额可以抵扣，无须做进项税额转出。应当按损失货物的成本，借记“待处理财产损溢”科目，贷记“在途物资”（或“材料采购”）、“原材料”、“库存商品”等科目。

在按管理权限报经批准后应进行如下会计核算：对于入库的残料价值，借记“原材料”等科目；对于应由保险公司和过失人负担的赔款，借记“其他应收款”科目；扣除残料价值和应由保险公司、过失人负担的赔款后的净损失，属于管理不善等非正常损失的，借记“管理费用”科目，属于自然灾害等非正常损失的，借记“营业外支出”科目。同时，贷记“待处理财产损溢”科目。

【工作实例2-84】 甲公司为增值税一般纳税人，本年1月从外地购进一批材料，取得的增值税专用发票上注明价款100 000元、增值税额13 000元，甲公司取得的增值税专用发票本年1月符合抵扣规定。上述款项以银行存款支付。2月货物验收入库时发现丢失20%，经查由业务员张三管理不善造成。按管理权限报经批准，材料损失中的20%由张某赔偿，材料损失中的80%计入管理费用。甲公司原材料成本的核算采用实际成本法。

【工作要求】 对甲公司上述业务进行账务处理。

【工作实施】（1）购入材料时：

借：在途物资　　100 000
　　应交税费——应交增值税（进项税额）　　13 000
　贷：银行存款　　113 000

（2）材料验收入库时，丢失的20%材料由管理不善造成，应当做进项税额转出处理：

借：原材料　　80 000
　　待处理财产损溢——待处理流动资产损溢　　22 600
　贷：在途物资　　100 000
　　　应交税费——应交增值税（进项税额转出）（100 000×20%×13%）
　　　　2 600

或者分成两个会计分录：

借：原材料　　80 000

待处理财产损溢——待处理流动资产损溢 20 000
贷：在途物资 100 000
借：待处理财产损溢——待处理流动资产损溢 2 600
贷：应交税费——应交增值税（进项税额转出） 2 600
（3）报经批准时：
借：其他应收款——张某（22 600×20%） 4 520
管理费用（22 600×80%） 18 080
贷：待处理财产损溢——待处理流动资产损溢 22 600

（五）购买方作为扣缴义务人的增值税的会计核算

境外单位或个人在境内发生应税行为，在境内未设有经营机构的，以购买方为增值税扣缴义务人。适用一般计税方法的境内一般纳税人自境外单位或者个人购进劳务、服务、无形资产或者境内的不动产，从税务机关或者扣缴义务人取得的代扣代缴税款的完税凭证上注明的增值税额准予从销项税额中抵扣。适用一般计税方法的境内一般纳税人自境外单位或者个人购进劳务、服务、无形资产或境内不动产，按应计入相关成本费用或资产的金额，借记“生产成本”“无形资产”“固定资产”“管理费用”等科目；按可抵扣的增值税额，借记“应交税费——应交增值税（进项税额）”科目（适用简易计税方法的境内一般纳税人或者小规模纳税人应按上述增值税额借记相关成本费用或资产科目）；按应付或实际支付的金额，贷记“应付账款”等科目；按应代扣代缴的增值税额，贷记“应交税费——代扣代交增值税”科目。实际缴纳代扣代缴增值税时，按代扣代缴的增值税额，借记“应交税费——代扣代交增值税”科目，贷记“银行存款”科目。

【工作实例2-85】 甲公司为增值税一般纳税人，本年9月1日从境外乙公司购买了一项专利权，协议规定价格为63.6万元（含增值税），尚未付款，尚未取得解缴税款的完税凭证。境外乙公司在我国境内未设立经营机构。本年9月10日甲公司支付给乙公司相关款项。

【工作要求】 对甲公司上述业务进行账务处理。

【工作实施】 由于境外乙公司在我国境内未设立经营机构，甲公司应当作为其增值税和企业所得税的扣缴义务人。

甲公司应代扣代缴增值税＝63.6÷(1＋6%)×6%＝3.6(万元)

甲公司应代扣代缴企业所得税＝63.6÷(1＋6%)×10%＝6(万元)

（1）从境外购买专利权时：
借：无形资产 600 000
应交税费——应交增值税（进项税额） 36 000
贷：应付账款（600 000－60 000） 540 000

应交税费——代扣代交增值税　　36 000
　　——代扣代交所得税　　60 000

（2）支付给乙公司款项时：

借：应付账款　　540 000
　贷：银行存款　　540 000

（3）实际缴纳代扣代缴增值税和企业所得税，并取得解缴税款的完税凭证时：

借：应交税费——代扣代交增值税　　36 000
　　——代扣代交所得税　　60 000
　贷：银行存款　　96 000

【点拨指导】22号文件上述条款中的“按可抵扣的增值税额，借记‘应交税费——应交增值税（进项税额）’科目”，实际上并不确切。由于“进项税额”专栏记录一般纳税人购进货物、加工修理修配劳务、服务、无形资产或不动产而支付或负担的，准予从当期销项税额中抵扣的增值税额，而此时尚未代扣代缴增值税，并未取得解缴税款的完税凭证，没有可抵扣的增值税额。本书结合《财政部办公厅关于征求〈关于增值税会计处理的规定（征求意见稿）〉意见的函》（财办会〔2016〕27号）认为，此处应当是“应交税费——待认证进项税额”，前提是将“应交税费——待认证进项税额”明细科目重新定义为：“待认证进项税额”明细科目核算一般纳税人由于未取得增值税扣税凭证或未经税务机关认证而不得从当期销项税额中抵扣的进项税额。结合本例，修改后的账务处理如下。

（1）从境外购买专利权时：

借：无形资产　　600 000
　应交税费——待认证进项税额　　36 000
　贷：应付账款　　540 000
　　应交税费——代扣代交增值税　　36 000
　　　——代扣代交所得税　　60 000

（2）支付给乙公司款项时：

借：应付账款　　540 000
　贷：银行存款　　540 000

（3）实际缴纳代扣代缴增值税和企业所得税，并取得解缴税款的完税凭证时：

借：应交税费——代扣代交增值税　　36 000
　　——代扣代交所得税　　60 000
　贷：银行存款　　96 000

借：应交税费——应交增值税（进项税额）　　36 000
　贷：应交税费——待认证进项税额　　36 000

（六）小规模纳税人购进等业务增值税的会计核算

小规模纳税人购买物资、服务、无形资产或不动产，取得增值税专用发票，发票上注明的增值税应计入相关成本费用或资产，不通过“应交税费——应交增值税”科目核算。

【点拨指导】这里印证了小规模纳税人可以取得增值税专用发票。但是 22 号文件的上述规定仅仅提到了取得“增值税专用发票”的情况，而在实务中还有小规模纳税人取得“增值税普通发票”的情况。另外，22 号文件的其他地方与税法文件常用的说法是“货物、加工修理修配劳务、服务、无形资产或不动产”，而非“物资、服务、无形资产或不动产”。因此建议将上述条款修改为：小规模纳税人购买货物、加工修理修配劳务、服务、无形资产或不动产，取得增值税专用发票或者增值税普通发票，发票上注明的增值税应计入相关成本费用或资产，不通过“应交税费——应交增值税”科目核算。

【工作实例 2－86】 甲公司为增值税小规模纳税人，本年 7 月购入原材料。销售材料方为增值税一般纳税人，开具给甲公司的增值税专用发票上注明价款 800 元、增值税额 104 元。款项未付。

【工作要求】对甲公司上述业务进行账务处理。

【工作实施】

借：原材料	904	
贷：应付账款		904

【工作实例 2－87】 甲公司为增值税小规模纳税人，本年 1 月接受咨询服务。提供咨询服务方为增值税一般纳税人，开具给甲公司增值税普通发票，发票上注明价款 5 000 元、增值税额 300 元。款项已付。

【工作要求】对甲公司上述业务进行账务处理。

【工作实施】

借：管理费用	5 300	
贷：银行存款		5 300

四、差额征税的会计核算

（一）企业发生相关成本费用允许扣减销售额的增值税的会计核算

按现行增值税制度规定企业发生相关成本费用允许扣减销售额的，发生成本费用时，按应付或实际支付的金额，借记“主营业务成本”“存货”“合同履约成本”等科目，贷记“应付账款”“应付票据”“银行存款”等科目。待取得合规增值税扣税凭证且纳税义务发生时，按照允许抵扣的税额，借记“应交税费——应交增值税（销项税额抵减）”或“应交税费——简易计税”科目（小规模纳税人应借记“应交税费——应交增值税”科目），贷记“主营业务成本”“存货”“合同履约成本”等科目。

【工作实例2-88】 甲房地产开发公司（简称甲公司）为增值税一般纳税人，本年5月获取一块土地进行房地产开发，该房地产项目为A小区，可供销售建筑面积为50万平方米，支付土地出让金5 000万元。A小区于本年9月1日达到预售条件并取得预售许可证，本年9—11月甲公司陆续与客户签订商品房预售合同并收到客户支付的预售款共计65 400万元（假设每个月各收到预售款21 800万元）。本年9—11月甲公司支付给建安企业的含增值税工程价款共21 800万元，取得建安企业开具的增值税专用发票但于本年9—11月没有认证，发票上注明价款20 000万元、增值税额1 800万元，甲公司本年9—11月取得的上述增值税专用发票于本年12月经勾选确认（认证）后均符合抵扣规定。本年12月，A小区竣工，甲公司办理已预售房屋的交房手续，并与客户签订正式的商品房销售合同，且向业主开具了增值税普通发票。截至本年12月，甲公司累计销售建筑面积为33万平方米，累计预收房款65 400万元，累计预缴增值税1 800万元，期初留抵进项税额500万元，不考虑其他支出项目。甲公司对该房地产项目选择一般计税方法。该批房地产在办理房屋的交房手续并与客户签订正式的商品房销售合同时，其控制权由甲公司转移给客户。

【工作要求】 对甲公司上述业务进行账务处理。

【工作实施】（1）本年5月甲公司取得土地，支付土地出让金时：

借：开发成本——土地出让金　　50 000 000

　贷：银行存款　　50 000 000

（2）本年9月收到房屋预售款时：

借：银行存款　　218 000 000

　贷：合同负债　　218 000 000

本年10月申报期内对9月的房屋预售款预缴增值税时：

借：应交税费——预交增值税（218 000 000÷(1+9%)×3%）　　6 000 000

　贷：银行存款　　6 000 000

（3）本年10月收到房屋预售款时：

借：银行存款　　218 000 000

　贷：合同负债　　218 000 000

本年11月申报期内对10月的房屋预售款预缴增值税时：

借：应交税费——预交增值税（218 000 000÷(1+9%)×3%）　　6 000 000

　贷：银行存款　　6 000 000

（4）本年11月收到房屋预售款时：

借：银行存款　　218 000 000

　贷：合同负债　　218 000 000

本年12月申报期内对11月的房屋预售款预缴增值税时：

借：应交税费——预交增值税（218 000 000÷(1+9%)×3%）　　6 000 000

　贷：银行存款　　6 000 000

（5）本年9—11月甲公司支付工程价款，取得建安企业增值税专用发票但没有认证时（本会计分录由多笔业务合并，实务中需要分别做会计分录）：

借：开发成本——建筑安装费　　200 000 000
　　应交税费——待认证进项税额　　18 000 000
　贷：银行存款　　218 000 000

（6）本年9—11月取得的增值税专用发票于本年12月符合抵扣规定时：

借：应交税费——应交增值税（进项税额）　　18 000 000
　贷：应交税费——待认证进项税额　　18 000 000

（7）本年12月确认收入和结转成本时：

$$\text{当期允许扣除的土地价款}=\text{当期销售房地产项目建筑面积}\div\text{房地产项目可供销售建筑面积}\times\text{支付的土地价款}$$

$$=33\div50\times5\,000=3\,300(\text{万元})$$

$$\text{土地价款所对应的税额}=3\,300\div(1+9\%)\times9\%=272.48(\text{万元})$$

$$\text{应纳增值税}=\left(\text{全部价款和价外费用}-\text{当期允许扣除的土地价款}\right)\div(1+9\%)\times9\%$$

$$=(65\,400-3\,300)\div(1+9\%)\times9\%$$

$$=5\,127.52(\text{万元})$$

借：合同负债　　654 000 000
　贷：主营业务收入　　600 000 000
　　　应交税费——应交增值税（销项税额）　　54 000 000
借：应交税费——应交增值税（销项税额抵减）　　2 724 800
　贷：主营业务成本　　2 724 800
借：开发产品（33 000 000+200 000 000）　　233 000 000
　贷：开发成本——土地出让金　　33 000 000
　　　　　　　——建筑安装费　　200 000 000
借：主营业务成本　　233 000 000
　贷：开发产品　　233 000 000

（8）本年12月底结转预缴税金时：

借：应交税费——未交增值税（6 000 000+6 000 000+6 000 000）
　　18 000 000
　贷：应交税费——预交增值税　　18 000 000

（9）本年12月31日转出应缴未缴增值税时：

借：应交税费——应交增值税（转出未交增值税）
　　（54 000 000－2 724 800－18 000 000[①]－5 000 000）　　28 275 200

① 此处的18 000 000元为第（6）笔会计分录中的本年12月可以抵扣的进项税额。

贷：应交税费——未交增值税　28 275 200

（10）次年1月申报期内申报缴纳增值税时：

借：应交税费——未交增值税（28 275 200－18 000 000①）　10 275 200

贷：银行存款　10 275 200

【工作实例2-89】 甲公司是一家劳务派遣公司，为增值税一般纳税人，提供劳务派遣服务，选择按照简易计税方法差额纳税。本年1月因提供劳务派遣服务而从用工单位乙公司取得含增值税销售额为8.4万元，款项已存入银行，代用工单位乙公司支付给劳务派遣员工工资、福利和为其办理社会保险及住房公积金的金额为4.2万元，款项以银行存款支付。用工单位乙公司已经取得甲公司提供劳务派遣服务的控制权。

【工作要求】 对甲公司上述业务进行账务处理。

【工作实施】 一般纳税人提供劳务派遣服务，可以按照《财政部 国家税务总局关于全面推开营业税改征增值税试点的通知》（财税〔2016〕36号）的有关规定，以取得的全部价款和价外费用为销售额，按照一般计税方法计算缴纳增值税；也可以选择差额纳税，以取得的全部价款和价外费用，扣除代用工单位支付给劳务派遣员工的工资、福利和为其办理社会保险及住房公积金后的余额为销售额，按照简易计税方法依5%的征收率计算缴纳增值税。

（1）确认劳务派遣收入时：

借：银行存款　84 000

贷：主营业务收入（84 000÷(1+5%)）　80 000

应交税费——简易计税（84 000÷(1+5%)×5%）　4 000

（2）确认劳务派遣员工工资、福利和为其办理社会保险及住房公积金时：

借：主营业务成本　42 000

贷：应付职工薪酬　42 000

（3）支付给劳务派遣员工工资、福利和为其办理社会保险及住房公积金时：

借：应付职工薪酬　42 000

贷：银行存款　42 000

（4）待取得合规增值税扣税凭证且纳税义务发生时：

借：应交税费——简易计税　2 000

贷：主营业务成本　2 000

（5）本年2月初申报期内缴纳增值税时：

应纳增值税＝4 000－2 000＝2 000（元）

借：应交税费——简易计税　2 000

贷：银行存款　2 000

① 此处的18 000 000元为第（8）笔会计分录中转入“未交增值税”中的“预交增值税”。

【工作实例2-90】 甲建筑公司（简称甲公司）为增值税一般纳税人，本年7月提供某项建筑服务（不跨年度），采用简易计税方法。工程完工后办理结算并收取业主全部工程款100万元，自建部分发生的成本为16万元，支付乙公司（与甲公司在同一县）分包款80万元。甲公司向业主开具了增值税专用发票。业主已经取得甲公司提供建筑服务的控制权。

【工作要求】 对甲公司上述业务进行账务处理。

【工作实施】

$$\text{甲公司按差额计算的应纳增值税}=(1\ 000\ 000-800\ 000)\div(1+3\%)\times3\%=5\ 825.24(\text{元})$$

甲公司按全额向业主开具建筑服务增值税发票，发票价款（不含增值税）、增值税额计算如下：

$$\text{价款}=1\ 000\ 000\div(1+3\%)=970\ 873.79(\text{元})$$

$$\text{增值税额}=1\ 000\ 000\div(1+3\%)\times3\%=29\ 126.21(\text{元})$$

建筑业差额纳税属于可以全额开具增值税专用发票的情况，不通过新系统差额纳税功能开具。业主（若为一般纳税人）取得的增值税专用发票符合抵扣规定时，可以抵扣进项税额29 126.21元。

（1）自建发生合同成本时：

借：合同履约成本	160 000	
贷：原材料、应付职工薪酬等		160 000

（2）支付乙公司分包款时：

借：合同履约成本	800 000	
贷：银行存款		800 000

（3）取得乙公司开具的分包发票时：

$$\text{允许抵减的税额}=800\ 000\div(1+3\%)\times3\%=23\ 300.97(\text{元})$$

借：应交税费——简易计税	23 300.97	
贷：合同履约成本		23 300.97

（4）确认收入并结转成本时：

$$\text{合同收入}=1\ 000\ 000\div(1+3\%)=970\ 873.79(\text{元})$$

$$\text{合同成本}=160\ 000+(800\ 000-23\ 300.97)=936\ 699.03(\text{元})$$

借：合同结算——收入结转	970 873.79	
贷：主营业务收入		970 873.79
借：主营业务成本	936 699.03	
贷：合同履约成本		936 699.03

（5）结算并实际收到合同价款时：

借：银行存款　　1 000 000

　　贷：合同结算——价款结算　　970 873.79

　　　　应交税费——简易计税　　29 126.21

（6）本年8月初申报期内缴纳增值税时：

应纳增值税＝29 126.21－23 300.97＝5 825.24(元)

借：应交税费——简易计税　　5 825.24

　　贷：银行存款　　5 825.24

若在“简易计税”明细科目下设置“计提”“扣减”“预缴”“缴纳”专栏，则进行以下会计处理。

（1）自建发生合同成本时：

借：合同履约成本　　160 000

　　贷：原材料、应付职工薪酬等　　160 000

（2）支付乙公司分包款时：

借：合同履约成本　　800 000

　　贷：银行存款　　800 000

（3）取得乙公司开具的分包发票时：

允许抵减的税额＝800 000÷(1＋3%)×3%＝23 300.97(元)

借：应交税费——简易计税（扣减）　　23 300.97

　　贷：合同履约成本　　23 300.97

（4）确认收入并结转成本时：

合同收入＝1 000 000÷(1＋3%)＝970 873.79(元)

合同成本＝160 000＋(800 000－23 300.97)＝936 699.03(元)

借：合同结算——收入结转　　970 873.79

　　贷：主营业务收入　　970 873.79

借：主营业务成本　　936 699.03

　　贷：合同履约成本　　936 699.03

（5）结算并实际收到合同价款时：

借：银行存款　　1 000 000

　　贷：合同结算——价款结算　　970 873.79

　　　　应交税费——简易计税（计提）　　29 126.21

（6）将“应交税费——简易计税”各专栏对冲时：

应纳增值税＝29 126.21－23 300.97＝5 825.24(元)

借：应交税费——简易计税（计提）　　29 126.21

贷：应交税费——简易计税（缴纳）　　5 825.24

——简易计税（扣减）　　23 300.97

（7）本年 8 月初申报期内缴纳增值税时：

借：应交税费——简易计税（缴纳）　　5 825.24

贷：银行存款　　5 825.24

（二）金融商品转让的增值税的会计核算

金融商品实际转让月末，如产生转让收益，则按应纳税额借记“投资收益”等科目，贷记“应交税费——转让金融商品应交增值税”科目；如产生转让损失，则按可结转下月抵扣税额，借记“应交税费——转让金融商品应交增值税”科目，贷记“投资收益”等科目。交纳增值税时，应借记“应交税费——转让金融商品应交增值税”科目，贷记“银行存款”科目。年末，本科目如有借方余额，则借记“投资收益”等科目，贷记“应交税费——转让金融商品应交增值税”科目。

【点拨指导】22 号文件此处“交纳增值税时”应当改为“缴纳增值税时”。

【特别提示】金融商品转让按照卖出价扣除买入价后的余额为销售额。转让金融商品出现的正负差，按盈亏相抵后的余额为销售额。若相抵后出现负差，可结转下一纳税期与下期转让金融商品销售额相抵，但年末仍出现负差的，不得转入下一会计年度。金融商品的买入价可以选择按照加权平均法或者移动加权平均法进行核算，选择后 36 个月内不得变更。金融商品转让不得开具增值税专用发票。

【点拨指导】如产生转让损失，则按可结转下月抵扣税额，借记“应交税费——转让金融商品应交增值税”科目，贷记“投资收益”等科目。22 号文件此处使用“抵扣”一词不确切，在增值税的概念中，只有进项税额抵扣销项税额才能称为“抵扣”，此处可以改为“抵减”。

【工作实例 2-91】 甲公司于本年 5 月 30 日在公开市场购入乙公司股票 10 万股，每股成本价为 10 元。本年 12 月 31 日全部卖出，售价为每股 12 元。假设不考虑其他因素。

丙公司于本年 8 月 30 日在公开市场购入丁公司股票 10 万股，每股成本价为 12 元。本年 12 月 31 日全部卖出，售价为每股 10 元。假设不考虑其他因素。

【工作要求】（1）对甲公司上述业务进行账务处理。

（2）对丙公司上述业务进行账务处理。

【工作实施】（1）甲公司的账务处理如下。

1）本年 12 月 31 日转让乙公司股票时：

转让乙公司股票应纳增值税$=(12\times10-10\times10)\div(1+6\%)\times6\%=1.13$(万元)

借：其他货币资金——存出投资款　　1 200 000

贷：交易性金融资产　　1 000 000

投资收益　　200 000

借：投资收益　　11 300

　　贷：应交税费——转让金融商品应交增值税　　11 300

2）次年1月申报期内缴纳增值税时：

借：应交税费——转让金融商品应交增值税　　11 300

　　贷：银行存款　　11 300

（2）丙公司的账务处理如下。

1）本年12月31日转让丁公司股票时：

转让丁公司股票可抵减增值税＝(12×10－10×10)÷(1＋6%)×6%＝1.13(万元)

借：其他货币资金——存出投资款　　1 000 000

　　投资收益　　200 000

　　贷：交易性金融资产　　1 200 000

借：应交税费——转让金融商品应交增值税　　11 300

　　贷：投资收益　　11 300

2）本年12月31日转出“应交税费——转让金融商品应交增值税”科目借方余额时，由于“应交税费——转让金融商品应交增值税”借方余额1.13万元到年末还挂在账上，应全额转入投资收益。

借：投资收益　　11 300

　　贷：应交税费——转让金融商品应交增值税　　11 300

五、出口退税的会计核算

为核算纳税人出口业务应收取的出口退税款，设置“应收出口退税款”科目。“应收出口退税款”科目可以设置“应收出口退税款——增值税”“应收出口退税款——消费税”两个明细科目。“应收出口退税款——增值税”科目的借方反映销售出口货物、劳务、服务或者无形资产按规定向税务机关申报应退回的增值税额，贷方反映实际收到的出口货物、劳务、服务或者无形资产应退回的增值税额，期末借方余额反映尚未收到的应退增值税额。“应收出口退税款——消费税”科目的借方反映销售出口应税消费品按规定向税务机关申报应退回的消费税额，贷方反映实际收到的出口应税消费品应退回的消费税额，期末借方余额反映尚未收到的应退消费税额。

【特别提示】22号文件出台之前，有的企业通过“其他应收款——出口退税”来核算纳税人出口货物应收取的出口退税款。为了统一起见，22号文件设置“应收出口退税款”科目，用来核算纳税人出口业务应收取的出口退税款。

【知识链接】

1. 出口货物或者加工修理修配劳务退（免）税办法的种类

适用增值税退（免）税政策的出口货物或者劳务，按照下列规定实行增值税“免、抵、退”办法（又称“免抵退税”办法）或“免、退”办法（又称“免退税”办法、“先征后退”办法）。

（1）“免、抵、退”办法。生产企业出口自产货物和视同自产货物及对外提供加工修理修配劳务，以及《财政部 国家税务总局关于出口货物劳务增值税和消费税政策的通知》（财税〔2012〕39号）附件5列名生产企业出口非自产货物，免征增值税，相应的进项税额抵减应纳增值税额（不包括适用增值税“即征即退”“先征后退”政策的应纳增值税额），未抵减完的部分予以退还。

（2）“免、退”办法。不具有生产能力的出口企业（以下称外贸企业）或其他单位出口货物或者劳务，免征增值税，相应的进项税额予以退还。

2. 出口货物或者加工修理修配劳务退（免）税的计税依据

就票据来说，出口货物或者劳务的增值税退（免）税的计税依据，按出口货物或者劳务的出口发票（外销发票）、其他普通发票或购进出口货物或者劳务的增值税专用发票、海关进口增值税专用缴款书确定。

就金额来说，出口货物或者劳务的增值税退（免）税的计税依据，对于生产企业而言，一般是扣减所含保税和免税金额之后的离岸价格；对于外贸企业而言，一般是购进货物或者劳务增值税专用发票注明的金额或海关进口增值税专用缴款书注明的完税价格。

3. 出口货物或者加工修理修配劳务退（免）税的增值税退税率

除单独规定外，出口货物的退税率为其适用征税率。出口企业委托加工修理修配货物，其加工修理修配费用的退税率为出口货物的退税率。

适用不同退税率的货物应分开核算，凡未分开核算而划分不清适用税率的，一律从低适用退税率。

【知识链接】

1. 出口服务或者无形资产增值税退（免）税办法的种类

适用增值税退（免）税政策的出口服务或者无形资产，按照下列规定实行增值税“免、抵、退”办法或“免、退”办法。

（1）“免、抵、退”办法。境内的单位和个人提供适用增值税零税率的服务或者无形资产，如果属于适用增值税一般计税方法的，生产企业实行“免、抵、退”办法，外贸企业直接将服务或自行研发的无形资产出口，视同生产企业连同其出口货物统一实行“免、抵、退”办法。

（2）“免、退”办法。外贸企业外购服务或者无形资产出口实行“免、退”办法。

另外，出口服务或者无形资产退（免）税有以下几项特殊规定：

（1）境内的单位和个人提供适用增值税零税率的服务或者无形资产，如果属于适用简易计税方法的，实行免征增值税办法。

（2）按照国家有关规定应取得相关资质的国际运输服务项目，纳税人取得相关资质的，适用增值税零税率政策；未取得的，适用增值税免税政策。

(3) 境内的单位或个人提供程租服务，如果租赁的交通工具用于国际运输服务和我国港澳台地区运输服务，由出租方按规定申请适用增值税零税率。

(4) 境内的单位和个人向境内单位或个人提供期租、湿租服务，如果承租方利用租赁的交通工具向其他单位或个人提供国际运输服务和我国港澳台地区运输服务，由承租方适用增值税零税率。境内的单位或个人向境外单位或个人提供期租、湿租服务，由出租方适用增值税零税率。

(5) 境内单位和个人以无运输工具承运方式提供的国际运输服务，由境内实际承运人适用增值税零税率；无运输工具承运业务的经营者适用增值税免税政策。

2. 出口服务或者无形资产增值税退（免）税的计税依据

(1) 实行“免、抵、退”办法的零税率服务或者无形资产退（免）税的计税依据。

1) 以铁路运输方式载运旅客的，为按照铁路合作组织清算规则清算后的实际运输收入。

2) 以铁路运输方式载运货物的，为按照《铁路运输进款清算办法》，对“发站”或“到站（局）”名称包含“境”字的货票上注明的运输费用以及直接相关的国际联运杂费清算后的实际运输收入。

3) 以航空运输方式载运货物或旅客的，如果国际运输或我国港澳台地区运输各航段由多个承运人承运，为中国航空结算有限责任公司清算后的实际收入；如果国际运输或我国港澳台地区运输各航段由一个承运人承运，为提供航空运输服务取得的收入。

4) 其他实行“免、抵、退”办法的增值税零税率服务或者无形资产，为提供增值税零税率服务或者无形资产取得的收入。

(2) 实行“免、退”办法的零税率服务或者无形资产退（免）税的计税依据。

1) 从境内单位或者个人购进出口零税率服务或者无形资产的，为取得的提供方开具的增值税专用发票上注明的金额。

2) 从境外单位或者个人购进出口零税率服务或者无形资产的，为取得的解缴税款的完税凭证上注明的金额。

(3) 根据出口价格的高低实行退（免）税办法的服务或者无形资产，如果主管税务机关认定出口价格偏高，有权按照核定的出口价格计算退（免）税。核定的出口价格低于外贸企业购进价格的，低于部分对应的进项税额不予退税，转入成本。

3. 出口服务或者无形资产的增值税退税率

出口服务或者无形资产的退税率为其按照销售服务或者无形资产规定适用的增值税税率。

(一) 未实行“免、抵、退”办法出口退税的会计核算

未实行“免、抵、退”办法（未实行“免、抵、退”办法，则实行的是“免、退”办法）的一般纳税人出口业务按规定退税的，按规定计算的应收出口退税额，借记“应收出口退税款——增值税”科目，贷记“应交税费——应交增值税（出口退税）”科目；收到出口退税时，借记“银行存款”科目，贷记“应收出口退税款——增值税”科目；

退税额低于购进时取得的增值税专用发票上的增值税额的差额，借记“主营业务成本”科目，贷记“应交税费——应交增值税（进项税额转出）”科目。

【特别提示】“免、退”办法是指不具有生产能力的出口企业或其他单位出口货物、加工修理修配劳务、服务或者无形资产，免征增值税，相应的进项税额予以退还。该办法目前主要适用于外贸出口企业。

1. 外贸企业出口委托加工修理修配货物以外的货物

增值税应退税额＝购进出口货物的增值税专用发票或海关进口增值税专用缴款书注明的金额×出口货物退税率

2. 外贸企业出口委托加工修理修配货物

增值税应退税额＝加工修理修配费用增值税专用发票注明的金额×出口货物退税率

退税率低于适用税率的，相应计算出的差额部分的税款为不予退税金额，须做进项税额转出处理，计入出口货物劳务成本。

不予退税金额（进项税额转出额）＝购进出口货物的增值税专用发票或海关进口增值税专用缴款书注明的金额或者加工修理修配费用增值税专用发票注明的金额×（出口货物征税率－出口货物退税率）

3. 外贸企业出口服务或者无形资产

境内的单位和个人提供适用增值税零税率的服务或者无形资产，如果属于适用增值税一般计税方法的，外贸企业外购服务或者无形资产出口实行“免、退”办法。

外贸企业外购服务或者无形资产出口时，免征增值税，其对应的外购服务或者无形资产的进项税额予以退还。外贸企业外购服务或者无形资产出口免退税的计算公式为：

外贸企业外购服务或者无形资产出口应退税额＝外贸企业外购服务或者无形资产出口免退税计税依据×零税率服务或者无形资产增值税退税率

【工作实例 2-92】 甲公司是一家外贸公司，拥有进出口经营权，为增值税一般纳税人，本年 2 月从某日用化妆品公司购进出口用护发品（不属于应缴消费税的高档化妆品）500 箱，取得的增值税专用发票上注明价款 60 万元、增值税额 7.8 万元，货款已用银行存款支付。当月该批护发品已全部出口，售价为每箱 200 美元（当日汇率为 1 美元＝6.8 元人民币），申请退税的单证齐全，款项尚未收到。该批护发品增值税退税率为 9%。甲公司取得的增值税专用发票本年 2 月符合抵扣规定。该批护发品在出口时，其控制权由甲公司转移给客户。

【工作要求】（1）计算甲公司应退的增值税额。

（2）对甲公司上述业务进行账务处理。

【工作实施】

(1) 出口货物应退增值税=600 000×9%=54 000(元)

(2) 甲公司的账务处理如下。

1) 购进商品时：

借：库存商品　600 000
　　应交税费——应交增值税（进项税额）　78 000
　贷：银行存款　678 000

2) 出口销售时：

借：应收账款　680 000
　贷：主营业务收入（200×500×6.8）　680 000
借：主营业务成本　600 000
　贷：库存商品　600 000

3) 申报退税时：

借：应收出口退税款——增值税　54 000
　贷：应交税费——应交增值税（出口退税）　54 000

4) 收到退税款时：

借：银行存款　54 000
　贷：应收出口退税款——增值税　54 000

5) 不予退还的部分做进项税额转出时：

增值税进项税额转出=78 000−54 000=24 000(元)

借：主营业务成本　24 000
　贷：应交税费——应交增值税（进项税额转出）　24 000

【工作实例2-93】 甲公司是一家外贸公司，拥有进出口经营权，为增值税一般纳税人。本年7月甲公司外购国内乙设计公司服务106 000元，取得乙设计公司开具的增值税专用发票，发票上注明价款100 000元、增值税额6 000元，然后甲公司以120 000元的价格出口给日本丙公司。甲公司取得的增值税专用发票本年7月符合抵扣规定。

【工作要求】(1) 计算甲公司应退的增值税额。

(2) 对甲公司上述业务进行账务处理。

【工作实施】

(1) 出口服务应退增值税=100 000×6%=6 000(元)

(2) 甲公司的账务处理如下。

1) 申报退税时：

借：应收出口退税款——增值税　6 000
　贷：应交税费——应交增值税（出口退税）　6 000

2）收到退税款时：

借：银行存款 6 000

　贷：应收出口退税款——增值税 6 000

（二）实行“免、抵、退”办法出口退税的会计核算

以出口货物为例，实行“免、抵、退”办法的一般纳税人出口货物，在货物出口销售后结转产品销售成本时，按规定计算的退税额低于购进时取得的增值税专用发票上的增值税额的差额，借记“主营业务成本”科目，贷记“应交税费——应交增值税（进项税额转出）”科目；按规定计算的当期出口货物的进项税抵减内销产品的应纳税额，借记“应交税费——应交增值税（出口抵减内销产品应纳税额）”科目，贷记“应交税费——应交增值税（出口退税）”科目。在规定期限内，内销产品的应纳税额不足以抵减出口货物的进项税额，不足部分按有关税法规定给予退税的，应在实际收到退税款时，借记“银行存款”科目，贷记“应交税费——应交增值税（出口退税）”科目。

【特别提示】生产企业出口自产货物和视同自产货物及对外提供加工修理修配劳务，除另有规定外，增值税一律实行“免、抵、退”办法。以出口货物为例，“免”是指对生产企业出口的自产货物，免征本企业生产销售环节增值税（指的是免征出口销售环节的增值税销项税额）；“抵”是指生产企业出口自产货物所耗用的原材料、零部件、燃料、动力等所含应予退还的进项税额，先抵顶内销货物的应纳税额（指的是内销产品销项税额－内销产品进项税额－上期留抵税额）；“退”是指生产企业出口的自产货物，在当月内应抵顶的进项税额大于内销货物的应纳税额时，对未抵顶完的进项税额部分按规定予以退税。

“免、抵、退”办法的计算步骤如下：

第一步：免。免征生产销售环节的增值税（即出口货物时免征增值税销项税额）。

第二步：剔。

$$\begin{array}{c}\text{免抵退税不得免征和抵扣税额}\\\text{（即进项税额转出额）}\end{array}=\begin{array}{c}\text{当期出口货物}\\\text{离岸价格}\end{array}\times\begin{array}{c}\text{外汇人民币}\\\text{牌价}\end{array}\times\left(\begin{array}{c}\text{出口货物}\\\text{征税率}\end{array}-\begin{array}{c}\text{出口货物}\\\text{退税率}\end{array}\right)-\begin{array}{c}\text{免抵退税不得免征}\\\text{和抵扣税额抵减额}\end{array}$$

$$\begin{array}{c}\text{免抵退税不得免征}\\\text{和抵扣税额抵减额}\end{array}=\begin{array}{c}\text{免税购进}\\\text{原材料价格}\end{array}\times\left(\begin{array}{c}\text{出口货物}\\\text{征税率}\end{array}-\begin{array}{c}\text{出口货物}\\\text{退税率}\end{array}\right)$$

第三步：抵。

$$\begin{array}{c}\text{当期}\\\text{应纳税额}\end{array}=\begin{array}{c}\text{当期内销货物的}\\\text{销项税额}\end{array}-\left(\begin{array}{c}\text{当期全部}\\\text{进项税额}\end{array}-\begin{array}{c}\text{当期免抵退税不得}\\\text{免征和抵扣税额}\end{array}\right)-\begin{array}{c}\text{上期}\\\text{留抵税额}\end{array}$$

本步计算结果如为正数，则是应纳税额，不涉及退税，但涉及免抵；如为负数，则其绝对值为当期期末退税前的留抵税额。这样，才进入下一步对比大小并计算应退税额。

第四步：退。首先计算免抵退税额。

$$\text{免抵退税额}=\text{当期出口货物离岸价格}\times\text{外汇人民币牌价}\times\text{出口货物退税率}-\text{免抵退税额抵减额}$$

免抵退税额抵减额＝免税购进原材料价格×出口货物退税率

然后运用孰低原则确定出口退税额，并确定退税之外的免抵税额。

（1）当期期末退税前的留抵税额≤当期免抵退税额时：

当期应退税额＝当期期末退税前的留抵税额

当期免抵税额＝当期免抵退税额－当期应退税额

当期期末退税后的留抵税额(结转下期继续留抵税额)＝0

（2）当期期末退税前的留抵税额＞当期免抵退税额时：

当期应退税额＝当期免抵退税额

当期免抵税额＝0

当期期末退税后的留抵税额（结转下期继续留抵税额）＝当期期末退税前的留抵税额－当期应退税额

【特别提示】按照纳税人是否兼营货物出口，零税率服务或者无形资产增值税免抵退税纳税人分为专营零税率服务或者无形资产纳税人和兼营货物出口的零税率服务或者无形资产纳税人。

1. 专营零税率服务或者无形资产纳税人免抵退增值税的计算

专营零税率服务或者无形资产纳税人免抵退税的计算程序和方法如下。

（1）当期零税率服务或者无形资产免抵退税额的计算。

$$\text{当期零税率服务或者无形资产免抵退税额}=\text{当期零税率服务或者无形资产免抵退税计税价格}\times\text{外汇人民币牌价}\times\text{零税率服务或者无形资产增值税退税率}$$

（2）当期应退税额和当期免抵税额的计算。

1）当期期末退税前的留抵税额≤当期免抵退税额时：

当期应退税额＝当期期末退税前的留抵税额

当期免抵税额＝当期免抵退税额－当期应退税额

当期期末退税前的留抵税额为当期“增值税及附加税费申报表（一般纳税人适用)”中的“期末留抵税额”。

2）当期期末退税前的留抵税额＞当期免抵退税额时：

当期应退税额＝当期免抵退税额

当期免抵税额＝0

3）当期应纳税额＝当期销项税额－当期进项税额－上期留抵进项税额

2. 兼营货物出口的零税率服务或者无形资产纳税人免抵退增值税的计算

实行“免、抵、退”办法的增值税零税率服务或者无形资产提供者如果同时出口货物和劳务（劳务指对外加工修理修配劳务，下同）且未分别核算，应一并计算免抵退税。税务机关在审批时，应按照增值税零税率服务或者无形资产、出口货物劳务免抵退税额的比例划分其退税额和免抵税额。

出口货物征税率和退税率不一致，产生免抵退税不得免征和抵扣税额的，出口货物必须在出口业务单证齐全和系统信息齐全的条件下方可办理申报，两个因素共同影响出口退税免抵退增值税的计算。

兼营货物出口的零税率服务或者无形资产纳税人免抵退增值税计算公式调整如下：

当期免抵退税额＝当期零税率服务或者无形资产免抵退税额＋当期出口货物免抵退税额

＝当期零税率服务或者无形资产免抵退税计税价格×外汇人民币牌价×零税率服务或者无形资产退税率

＋当期出口货物的离岸价格×外汇人民币牌价×出口货物退税率

当期应纳税额＝当期内销货物、劳务的销项税额－(当期进项税额－当期免抵退税不得免征和抵扣税额)－上期留抵进项税额

式中

当期免抵退税不得免征和抵扣税额＝当期出口货物离岸价×外汇人民币牌价×(出口货物征税率－出口货物退税率)

－免抵退税不得免征和抵扣税额抵减额

免抵退税不得免征和抵扣税额抵减额＝免税购进原材料价格×(出口货物征税率－出口货物退税率)

（1）当期应纳税额＜0，且当期期末退税前的留抵税额≤当期免抵退税额时：

当期应退税额＝当期期末退税前的留抵税额

当期免抵税额＝当期免抵退税额－当期应退税额

当期期末退税前的留抵税额为当期“增值税及附加税费申报表（一般纳税人适用）”中的“期末留抵税额”。

（2）当期应纳税额＜0，且当期期末退税前的留抵税额＞当期免抵退税额时：

当期应退税额＝当期免抵退税额

当期免抵税额＝0

（3）当期有应纳税额（即应纳税额＞0）时：

当期免抵税额＝当期免抵退税额

【特别提示】实行“免、抵、退”办法的一般纳税人出口货物，在货物出口销售后结转产品销售成本时，按规定计算的退税额低于购进时取得的增值税专用发票上的增值税额的差额，借记“主营业务成本”科目，贷记“应交税费——应交增值税（进项税额转出）”科目。

22号文件此处表述不确切。实行“免、抵、退”办法的一般纳税人出口货物，当期不得免征和抵扣税额的计算公式为：

$$\text{当期免抵退税不得免征和抵扣税额(即进项税额转出额)}=\text{当期出口货物离岸价}\times\text{外汇人民币折合率}\times\left(\text{出口货物适用税率}-\text{出口货物退税率}\right)-\text{当期不得免征和抵扣税额抵减额}$$

从公式中可以看出，不得免征和抵扣税额的计算方式与退税额以及取得的专用发票上的增值税额无任何关系，该段仅适用于外贸企业“免、退”办法下的出口退税。一般来讲，“免抵退税”业务中的进项税额转出额，根据经税务机关审核的免抵退税申报汇总表中的“免抵退不得免征和抵扣税额”的当期数列示金额进行会计核算即可。

【点拨指导】在规定期限内，内销产品的应纳税额不足以抵减出口货物的进项税额，不足部分按有关税法规定给予退税的，应在实际收到退税款时，借记“银行存款”科目，贷记“应交税费——应交增值税（出口退税）”科目。

22号文件此处错误，应当是贷记“应收出口退税款——增值税”。实际上，无论何时收到退税款，均应通过“应收出口退税款”科目核算企业应收和已收的退税款。例如，甲公司为一家生产企业，是增值税一般纳税人，实行“免、抵、退”办法，当期免抵退税额为88万元，应退税额为12万元，免抵税额为76万元，其账务处理如下。

借：应收出口退税款——增值税　　120 000
　　应交税费——应交增值税（出口抵减内销产品应纳税额）　　760 000
　贷：应交税费——应交增值税（出口退税）　　880 000

实际收到退税款时：

借：银行存款　　120 000
　贷：应收出口退税款——增值税　　120 000

由此可见，实际收到的退税款并不一定与“应交税费——应交增值税（出口退税）”科目的金额相等。根据上述会计分录，实际收到的退税款为12万元，而“应交税费——应交增值税（出口退税）”科目为88万元，该错误的原因在于，22号文件误以为“应交税费——应交增值税（出口退税）”科目记录一般纳税人出口货物、加工修理修配劳务、服务、无形资产按规定退回的增值税额。实际上，“应交税费——应交增值税（出口退税）”科目记录一般纳税人出口货物、加工修理修配劳务、服务、无形资产按“免、抵、退”办法计算的当期免抵退税额或按“免、退”办法直接计算的应退回的增值税额。从22号文件原文对于“出口退税”专栏的定义中也可看出其错误根源。

【工作实例2-94】 甲公司是一家拥有进出口经营权的生产企业，为增值税一般纳税人，对自产货物经营出口销售及国内销售。甲公司本年1月购进所需原材料，取得的增值税专用发票上注明价款4 000 000元、增值税额520 000元，货款已用银行存款支付；内销货物取得销售额3 000 000元（不含增值税），内销货物成本为2 000 000元，该批货物已经发出，款项以银行存款收讫，该批货物在发出时，其控制权由甲公司转移给客户；出口货物离岸价折合人民币24 000 000元，出口货物成本为16 000 000元，款项尚未收到，该批货物在出口时，其控制权由甲公司转移给客户。上期留抵税款50 000元，增值税税率为13%，退税率为12%。甲公司取得的增值税专用发票本年1月符合抵扣规定。

【工作要求】对甲公司上述业务进行账务处理。

【工作实施】（1）购进原材料时：

借：原材料	4 000 000	
应交税费——应交增值税（进项税额）	520 000	
贷：银行存款		4 520 000

（2）货物外销（出口）时：

借：应收账款	24 000 000	
贷：主营业务收入		24 000 000
借：主营业务成本	16 000 000	
贷：库存商品		16 000 000

（3）货物内销时：

借：银行存款	3 390 000	
贷：主营业务收入		3 000 000
应交税费——应交增值税（销项税额）		390 000
借：主营业务成本	2 000 000	
贷：库存商品		2 000 000

（4）计算月末当期免抵退税不得免征和抵扣税额，做进项税额转出时：

$$\text{当期免抵退税不得免征和抵扣税额}=\text{当期出口货物离岸价}\times\text{外汇人民币牌价}\times\left(\text{出口货物征税率}-\text{出口货物退税率}\right)-\text{免抵退税不得免征和抵扣税额抵减额}$$

$$=24\ 000\ 000\times(13\%-12\%)-0=240\ 000(\text{元})$$

借：主营业务成本	240 000	
贷：应交税费——应交增值税（进项税额转出）		240 000

（5）计算应纳税额。

$$\text{当期应纳税额}=\text{当期内销货物的销项税额}-\left(\text{当期全部进项税额}-\text{当期免抵退税不得免征和抵扣税额}\right)-\text{上期留抵税额}$$

$=390\ 000-(520\ 000-240\ 000)-50\ 000=60\ 000$(元)

由于当期应纳税额=60 000元>0，说明当期期末退税前的留抵税额为0，当期应退税额为0，无须做会计分录。

(6) 计算免抵退税额和免抵税额。

$$\text{当期免抵退税额}=\text{当期出口货物离岸价格}\times\text{外汇人民币牌价}\times\text{出口货物退税率}-\text{免抵退税额抵减额}$$

$=24\ 000\ 000\times12\%-0$

$=2\ 880\ 000$(元)

当期期末退税前的留抵税额=0

当期应退税额=0

当期免抵税额=当期免抵退税额−当期应退税额

=当期免抵退税额−0

=当期免抵退税额

=2 880 000(元)

当期期末退税后的留抵税额(结转下期继续留抵税额)=0

计提免抵税额时：

借：应交税费——应交增值税（出口抵减内销产品应纳税额） 2 880 000

　贷：应交税费——应交增值税（出口退税） 2 880 000

(7) 本年1月31日转出应缴未缴增值税时：

借：应交税费——应交增值税（转出未交增值税） 60 000

　贷：应交税费——未交增值税 60 000

(8) 本年2月申报期内申报缴纳增值税时：

借：应交税费——未交增值税 60 000

　贷：银行存款 60 000

【工作实例2-95】 接工作实例2-94，如果甲公司本年1月购进所需原材料，取得的增值税专用发票上注明价款5 000 000元、增值税额650 000元，货款已用银行存款支付。其他条件不变。

【工作要求】 对甲公司上述业务进行账务处理。

【工作实施】 (1) 购进原材料时：

借：原材料 5 000 000

　　应交税费——应交增值税（进项税额） 650 000

　贷：银行存款 5 650 000

(2) 货物外销（出口）时：

借：应收账款 24 000 000

　贷：主营业务收入 24 000 000

借：主营业务成本　　16 000 000

　贷：库存商品　　16 000 000

（3）货物内销时：

借：银行存款　　3 390 000

　贷：主营业务收入　　3 000 000

　　应交税费——应交增值税（销项税额）　　390 000

借：主营业务成本　　2 000 000

　贷：库存商品　　2 000 000

（4）计算月末当期免抵退税不得免征和抵扣税额，做进项税额转出时：

$$\text{当期免抵退税不得免征和抵扣税额}=\text{当期出口货物离岸价}\times\text{外汇人民币牌价}\times\left(\text{出口货物征税率}-\text{出口货物退税率}\right)-\text{免抵退税不得免征和抵扣税额抵减额}$$
$$=24\ 000\ 000\times(13\%-12\%)-0=240\ 000(\text{元})$$

借：主营业务成本　　240 000

　贷：应交税费——应交增值税（进项税额转出）　　240 000

（5）计算应纳税额。

$$\text{当期应纳税额}=\text{当期内销货物的销项税额}-\left(\text{当期全部进项税额}-\text{当期免抵退税不得免征和抵扣税额}\right)-\text{上期留抵税额}$$
$$=390\ 000-(650\ 000-240\ 000)-50\ 000=-70\ 000(\text{元})$$

由于当期应纳税额＝－70 000元＜0，说明当期期末退税前的留抵税额为70 000元，无须做会计分录。当期期末退税前的留抵税额70 000元为当期“增值税及附加税费申报表（一般纳税人适用）”中的“期末留抵税额”。

（6）计算免抵退税额、应退税额和免抵税额。

$$\text{当期免抵退税额}=\text{当期出口货物离岸价格}\times\text{外汇人民币牌价}\times\text{出口货物退税率}-\text{免抵退税额抵减额}$$
$$=24\ 000\ 000\times12\%-0=2\ 880\ 000(\text{元})$$

由于当期期末退税前的留抵税额70 000元＜当期免抵退税额2 880 000元，因此

$$\text{当期应退税额}=\text{当期期末退税前的留抵税额}=70\ 000(\text{元})$$
$$\text{当期免抵税额}=\text{当期免抵退税额}-\text{当期应退税额}$$
$$=2\ 880\ 000-70\ 000=2\ 810\ 000(\text{元})$$
$$\text{当期期末退税后的留抵税额（结转下期继续留抵税额）}=\text{当期期末退税前的留抵税额}-\text{当期应退税额}$$
$$=70\ 000-70\ 000=0(\text{元})$$

计提免抵税额并申报退税时：

借：应收出口退税款——增值税　　70 000
　　应交税费——应交增值税（出口抵减内销产品应纳税额）　　2 810 000
　贷：应交税费——应交增值税（出口退税）　　2 880 000

（7）收到退税款时：

借：银行存款　　70 000
　贷：应收出口退税款——增值税　　70 000

【工作实例2-96】 接工作实例2-94，如果甲公司本年1月购进所需原材料，取得的增值税专用发票上注明价款30 000 000元、增值税额3 900 000元，货款已用银行存款支付。其他条件不变。

【工作要求】 对甲公司上述业务进行账务处理。

【工作实施】（1）购进原材料时：

借：原材料　　30 000 000
　　应交税费——应交增值税（进项税额）　　3 900 000
　贷：银行存款　　33 900 000

（2）货物外销（出口）时：

借：应收账款　　24 000 000
　贷：主营业务收入　　24 000 000
借：主营业务成本　　16 000 000
　贷：库存商品　　16 000 000

（3）货物内销时：

借：银行存款　　3 390 000
　贷：主营业务收入　　3 000 000
　　　应交税费——应交增值税（销项税额）　　390 000
借：主营业务成本　　2 000 000
　贷：库存商品　　2 000 000

（4）计算月末当期免抵退税不得免征和抵扣税额，做进项税额转出时：

$$\text{当期免抵退税不得免征和抵扣税额}=\text{当期出口货物离岸价}\times\text{外汇人民币牌价}\times\left(\text{出口货物征税率}-\text{出口货物退税率}\right)-\text{免抵退税不得免征和抵扣税额抵减额}$$

$$=24\ 000\ 000\times(13\%-12\%)-0=240\ 000(\text{元})$$

借：主营业务成本　　240 000
　贷：应交税费——应交增值税（进项税额转出）　　240 000

（5）计算应纳税额。

$$\text{当期应纳税额}=\text{当期内销货物的销项税额}-\left(\text{当期全部进项税额}-\text{当期免抵退税不得免征和抵扣税额}\right)-\text{上期留抵税额}$$

$$=390\ 000-(3\ 900\ 000-240\ 000)-50\ 000=-3\ 320\ 000(\text{元})$$

由于当期应纳税额=－3 320 000元<0，说明当期期末退税前的留抵税额为3 320 000元，无须做会计分录。当期期末退税前的留抵税额3 320 000元为当期“增值税及附加税费申报表（一般纳税人适用）”中的“期末留抵税额”。

(6) 计算免抵退税额、应退税额和免抵税额。

$$\begin{matrix}\text{当期免抵}\\\text{退税额}\end{matrix}=\begin{matrix}\text{当期出口货物}\\\text{离岸价格}\end{matrix}\times\begin{matrix}\text{外汇人民币}\\\text{牌价}\end{matrix}\times\begin{matrix}\text{出口货物}\\\text{退税率}\end{matrix}-\begin{matrix}\text{免抵退税}\\\text{额抵减额}\end{matrix}$$

$$=24\ 000\ 000\times12\%-0=2\ 880\ 000(\text{元})$$

由于当期期末退税前的留抵税额3 320 000元>当期免抵退税额2 880 000元，因此

当期应退税额=当期免抵退税额=2 880 000(元)

当期免抵税额=当期免抵退税额－当期应退税额=2 880 000－2 880 000=0

$$\begin{matrix}\text{当期期末退税后的留抵税额}\\\text{（结转下期继续留抵税额）}\end{matrix}=\text{当期期末退税前的留抵税额}-\text{当期应退税额}$$

$$=3\ 320\ 000-2\ 880\ 000=440\ 000(\text{元})$$

申报退税时：

借：应收出口退税款——增值税　　2 880 000

　贷：应交税费——应交增值税（出口退税）　　2 880 000

(7) 收到退税款时：

借：银行存款　　2 880 000

　贷：应收出口退税款——增值税　　2 880 000

【工作实例2-97】 山西甲安装设计公司（简称甲公司）为增值税一般纳税人，不符合增值税加计抵减政策，已办理出口退（免）税认定手续，设计服务的征税率和退税率均为6%，期初留抵税额为8 000元。本年1月和2月发生如下业务：

(1) 1月10日，为山东乙公司提供安装服务，开具增值税专用发票，发票上注明价款100万元、增值税额9万元，款项未收。乙公司已经取得甲公司提供安装服务的控制权。

(2) 1月15日，为法国的一家企业提供设计服务，《技术出口合同登记证》上的成交价格为8万欧元，1月1日人民币对欧元的汇率中间价为8.0；1月18日收到法国客户支付的全部设计费，该项设计服务的部分业务由山西丙设计公司承担，当日甲公司就该设计服务支付给丙设计公司设计费12.72万元（含增值税），并取得丙设计公司开具的增值税专用发票，发票上注明价款12万元、增值税额0.72万元。法国客户已经取得甲公司提供设计服务的控制权。

(3) 1月12日，购进一台专用设备，取得的增值税专用发票上注明价款60万元、增值税额7.8万元，设备款转账付讫。

(4) 1月20日，支付北京丁律师事务所（一般纳税人）法律顾问费，取得的增值

税专用发票上注明价款50万元、增值税额3万元，法律顾问费转账付讫20万元，余款未付。

（5）2月8日，该公司向主管税务机关办理“免、抵、退”申报，2月25日收到税务机关审批的汇总表。

（6）2月27日，收到退税款。

甲公司取得的增值税专用发票本年1月符合抵扣规定。

【工作要求】（1）计算甲公司上述业务的出口退税额。

（2）对甲公司上述业务进行账务处理。

【工作实施】（1）相关计算如下。

当期应纳税额＝90 000－(7 200＋78 000＋30 000)－8 000＝－33 200(元)

由于当期应纳税额＝－33 200元＜0，说明当期期末退税前的留抵税额＝33 200（元），当期期末退税前的留抵税额33 200元为当期“增值税及附加税费申报表（一般纳税人适用）”中的“期末留抵税额”。

当期免抵退税额＝80 000×8×6%＝38 400(元)

由于当期期末退税前的留抵税额33 200元＜当期免抵退税额38 400元，因此

当期应退税额＝当期期末退税前的留抵税额＝33 200(元)

当期免抵税额＝当期免抵退税额－当期应退税额＝38 400－33 200＝5 200(元)

当期期末退税后的留抵税额（结转下期继续留抵税额）＝当期期末退税前的留抵税额－当期应退税额＝33 200－33 200＝0(元)

（2）账务处理如下。

1）国内提供服务时：

借：应收账款	1 090 000	
贷：主营业务收入		1 000 000
应交税费——应交增值税（销项税额）		90 000

2）出口服务时：

借：银行存款（80 000×8）	640 000	
贷：主营业务收入		640 000

支付给丙设计公司设计费时：

借：主营业务成本	120 000	
应交税费——应交增值税（进项税额）	7 200	
贷：银行存款		127 200

3）购进设备时：

借：固定资产	600 000	

　　应交税费——应交增值税（进项税额）　　78 000
　贷：银行存款　　678 000

4）结算法律顾问费时：

借：管理费用　　500 000
　　应交税费——应交增值税（进项税额）　　30 000
　贷：银行存款　　200 000
　　　其他应付款　　330 000

5）计提免抵税额并申报退税时：

借：应收出口退税款——增值税　　33 200
　　应交税费——应交增值税（出口抵减内销产品应纳税额）　　5 200
　贷：应交税费——应交增值税（出口退税）　　38 400

6）收到退税款时：

借：银行存款　　33 200
　贷：应收出口退税款——增值税　　33 200

六、月末转出多缴增值税和未缴增值税的会计核算

月度终了，企业应当将当月应交未交或多交的增值税自“应交增值税”明细科目转入“未交增值税”明细科目。对于当月应交未交的增值税，借记“应交税费——应交增值税（转出未交增值税）”科目，贷记“应交税费——未交增值税”科目；对于当月多交的增值税，借记“应交税费——未交增值税”科目，贷记“应交税费——应交增值税（转出多交增值税）”科目。

【点拨指导】22 号文件上述除会计科目之外的语句中用“交”不合理，应当用“缴”；“企业”一词范围太广，应当改为“一般纳税人”。

【工作实例 2-98】 甲公司为增值税一般纳税人，本年 5 月申报期内缴纳 4 月应纳增值税后，“应交税费——应交增值税”科目无余额；本年 5 月发生允许抵扣的进项税额合计 120 000 元，销项税额合计 140 000 元，其他增值税明细科目无发生额，当月未缴纳当月应纳增值税。乙公司本年 5 月申报期内缴纳 4 月应纳增值税后，“应交税费——应交增值税”科目无余额；本年 5 月发生允许抵扣的进项税额合计 120 000 元，销项税额合计 140 000 元，当月缴纳当月应纳增值税 40 000 元。

【工作要求】（1）对甲公司期末结转增值税业务进行账务处理。

（2）对乙公司当月缴纳当月应纳增值税以及期末结转增值税业务进行账务处理。

【工作实施】

（1）甲公司 5 月应纳增值税＝140 000－120 000＝20 000（元）

当月未缴纳当月应纳增值税，则

月末应纳增值税＝20 000（元）

月末转出未缴增值税时：

借：应交税费——应交增值税（转出未交增值税） 20 000

贷：应交税费——未交增值税 20 000

（2）乙公司5月应纳增值税＝140 000－120 000＝20 000(元)

当月缴纳当月应纳增值税40 000元，则

当月多缴增值税＝40 000－20 000＝20 000(元)

乙公司5月缴纳5月应纳增值税时：

借：应交税费——应交增值税（已交税金） 40 000

贷：银行存款 40 000

月末转出多缴增值税时：

借：应交税费——未交增值税 20 000

贷：应交税费——应交增值税（转出多交增值税） 20 000

七、缴纳增值税的会计核算

（一）缴纳当月应缴增值税的会计核算

企业交纳当月应交的增值税，借记“应交税费——应交增值税（已交税金）”科目（小规模纳税人应借记“应交税费——应交增值税”科目），贷记“银行存款”科目。

【点拨指导】22号文件上述除会计科目之外的语句中用“交”不合理，应当用“缴”。

【点拨指导】22号文件上述表述不严谨，应当是一般纳税人采用一般计税方法缴纳当月应缴纳的增值税，借记“应交税费——应交增值税（已交税金）”科目；一般纳税人采用简易计税方法缴纳当月应缴纳的增值税，借记“应交税费——简易计税”科目（小规模纳税人应借记“应交税费——应交增值税”科目），贷记“银行存款”科目。

【特别提示】纳税人以1日、3日、5日、10日或者15日为1个纳税期的，自期满之日起5日内预缴税款，于次月1日起15日内申报纳税并结清上月应纳税款。那么，纳税人以1日、3日、5日、10日或者15日为1个纳税期的，自期满之日起5日内预缴税款，就属于“缴纳当月应缴增值税”的情况。

【工作实例2-99】 甲公司为增值税一般纳税人，采用一般计税方法，税务机关将其纳税期限核定为15日。本年9月1日销售一批货物，开具增值税专用发票，发票上注明价款10 000元、增值税额1 300元。该批货物已经发出，款项尚未收到。假设当期没有进项税可以抵扣。本年9月18日预缴税款1 300元。该批货物在发出时，其控制权由甲公司转移给客户。

【工作要求】对甲公司上述业务进行账务处理。

【工作实施】

本年 9 月 1 日销售一批货物时：

借：应收账款　　11 300

　贷：主营业务收入　　10 000

　　　应交税费——应交增值税（销项税额）　　1 300

本年 9 月 18 日预缴税款时：

借：应交税费——应交增值税（已交税金）　　1 300

　贷：银行存款　　1 300

（二）缴纳以前期间未缴增值税的会计核算

企业交纳以前期间未交的增值税，借记“应交税费——未交增值税”科目，贷记“银行存款”科目。

【点拨指导】 22 号文件上述除会计科目之外的语句中用“交”不合理，应当用“缴”。

【点拨指导】 22 号文件对缴纳以前期间未缴增值税的会计核算遗漏了一般纳税人简易计税和小规模纳税人的情况。缴纳以前期间未缴增值税，可分为三种情况：（1）一般纳税人适用一般计税方法的，通过“应交税费——未交增值税”科目核算；（2）一般纳税人适用简易计税方法的，通过“应交税费——简易计税”科目核算；（3）小规模纳税人通过“应交税费——应交增值税”科目核算。22 号文件该条款只描述了第一种情况下缴纳以前期间未缴增值税的会计核算，遗漏了后两种情况的会计核算。

【工作实例 2－100】 甲公司为增值税一般纳税人，采用一般计税方法。本年 5 月购进货物，发生允许抵扣的进项税额合计 160 000 元，本月初无留抵进项税额；本月对外销售货物，取得销项税额合计 320 000 元。本年 6 月 12 日，甲公司依法申报缴纳 5 月应缴未缴增值税。

【工作要求】 对甲公司上述业务进行账务处理。

【工作实施】

本月应纳增值税＝320 000－160 000＝160 000(元)

（1）本年 5 月 31 日，甲公司转出本月应缴未缴增值税时：

借：应交税费——应交增值税（转出未交增值税）　　160 000

　贷：应交税费——未交增值税　　160 000

（2）本年 6 月 12 日，甲公司申报缴纳上月应缴未缴增值税时：

借：应交税费——未交增值税　　160 000

　贷：银行存款　　160 000

（三）预缴增值税的会计核算

企业预缴增值税时，借记“应交税费——预交增值税”科目，贷记“银行存款”科目。月末，企业应将“预交增值税”明细科目的余额转入“未交增值税”明细科目，借记“应交税费——未交增值税”科目，贷记“应交税费——预交增值税”科目。房地产开发企业等在预缴增值税后，应直至纳税义务发生时方可从“应交税费——预交增值税”科目结转至“应交税费——未交增值税”科目。

【点拨指导】22号文件对预缴增值税的会计核算遗漏了一般纳税人按照简易计税办法和小规模纳税人的情况。预缴增值税可分为三种情况：(1) 一般纳税人适用一般计税方法的，通过“应交税费——预交增值税”科目核算预缴的增值税；(2) 一般纳税人适用简易计税方法的，通过“应交税费——简易计税”科目核算预缴的增值税；(3) 小规模纳税人通过“应交税费——应交增值税”科目核算预缴的增值税。22号文件该条款只描述了第一种情况下预缴增值税的会计核算，遗漏了其他两种情况的会计核算。

【工作实例2-101】 甲房地产开发公司（简称甲公司）注册地位于北京市朝阳区，为增值税一般纳税人，目前共有A，B两个开发项目，均适用一般计税方法。A项目位于北京市朝阳区，尚处在建阶段，已取得预售许可证，本年10月预售收入为5 450万元。B项目位于北京市昌平区，为现房，建筑面积为10万平方米，本年10月共销售230套房，建筑面积为2万平方米，取得预售收入95 920万元。A，B项目均未成立独立的项目公司，立项等手续均由甲公司办理。假设不考虑城市维护建设税、教育费附加和地方教育附加。

【工作要求】对甲公司上述业务进行账务处理。

【工作实施】本年11月申报期内：

A项目应向朝阳区主管税务机关预缴增值税＝5 450÷(1＋9%)×3%
＝150(万元)

B项目应向昌平区主管税务机关预缴增值税＝95 920÷(1＋9%)×3%
＝2 640(万元)

预缴增值税时：

借：应交税费——预交增值税（1 500 000＋26 400 000）　　27 900 000
　贷：银行存款　　27 900 000

八、减免增值税的会计核算

（一）直接减免增值税的会计核算

对于当期直接减免的增值税，借记“应交税费——应交增值税（减免税款）”科目，贷记损益类相关科目（“其他收益”等科目）。

【点拨指导】22 号文件对减免增值税的会计核算遗漏了一般纳税人按照简易计税办法和小规模纳税人的情况。减免增值税可分为三种情况：(1) 一般纳税人适用一般计税方法的，通过“应交税费——应交增值税（减免税款）”科目核算减免的增值税；(2) 一般纳税人适用简易计税方法的，通过“应交税费——简易计税”科目核算减免的增值税；(3) 小规模纳税人通过“应交税费——应交增值税”科目核算减免的增值税。22 号文件该条款只描述了第一种情况下减免增值税的会计核算，遗漏了其他两种情况的会计核算。

【点拨指导】对于一般纳税人销售增值税免税项目的账务处理有两种观点：(1) 需要计算销售增值税免税项目的销项税额，具体来说，先用销售额除以（1＋增值税税率）换算成不含增值税价格，再乘以增值税税率计算销项税额；对于直接免征的增值税，通过“应交税费——应交增值税（减免税款）”科目核算。(2) 不需要计算销售增值税免税项目的销项税额，而是将免征的增值税直接计入主营业务收入；对于直接免征的增值税，不需要单独进行会计核算。本书认为：从开具发票和纳税申报的角度来说，较为合理的会计核算应为上述第 (2) 种观点。

【特别提示】财政部会计司曾于 2021 年 5 月 12 日对“增值税免税的农业企业，免征增值税部分是否需要计入‘其他收益’”这个问题进行了回复：对于当期直接免征的增值税，企业无需进行账务处理［即上述【点拨指导】中的第 (2) 种观点］；对于当期直接减免的增值税，企业应当根据《增值税会计处理规定》（财会〔2016〕22 号）的相关规定进行会计处理，借记“应交税费——应交增值税（减免税款）”科目，贷记“其他收益”科目。本书作者认为财政部会计司回复中的直接免征指的是免征增值税（针对增值税免税项目），直接减免指的是减征增值税（针对增值税减税项目）。

【归纳总结】本书认为：对于当期直接免征的增值税，企业无需专门针对免征的增值税进行账务处理（举例见【工作实例 2-102】）；对于当期直接减征或者扣减的增值税，企业应当根据《增值税会计处理规定》（财会〔2016〕22 号）的相关规定进行会计处理，一般纳税人适用一般计税方法的，借记“应交税费——应交增值税（减免税款）”科目（一般纳税人适用简易计税方法的，借记“应交税费——简易计税”科目；小规模纳税人借记“应交税费——应交增值税”科目），贷记“其他收益”科目（举例见【工作实例 2-103】）。

【知识链接】《增值税专用发票使用规定》第十条规定，销售免税货物不得开具专用发票，法律、法规及国家税务总局另有规定的除外。这意味着销售免税货物一般情况下只能开具普通发票。

【工作实例 2-102】 甲公司是一家生产销售避孕药品的企业，为增值税一般纳税人。本年 6 月，甲公司销售避孕药品共取得收入 2 260 000 元。该批避孕药品已经发出，款项已存入银行。本年 6 月，甲公司购进用于生产避孕药品的原材料一批，取得的增值税专用发票上注明价款 1 000 000 元，增值税额 130 000 元，款项以银行存款支付。该批避孕药品在发出时，其控制权由甲公司转移给客户。根据税法规定，避孕药品免征增值税。避孕药品若放弃免增值税，则适用的增值税税率为13%；甲公司不放弃享受避孕药品免增值税的优惠政策。甲公司取得的增值税专用发票本年6月勾选确认（认证）通过。

【工作要求】对甲公司上述业务进行账务处理。

【工作实施】

（1）第一种观点：

购进原材料时：

借：原材料　　1 000 000

　　应交税费——应交增值税（进项税额）　　130 000

　贷：银行存款　　1 130 000

购进的原材料用于免征增值税项目，进项税额转出时：

借：原材料　　130 000

　贷：应交税费——应交增值税（进项税额转出）　　130 000

销售产品时：

借：银行存款　　2 260 000

　贷：主营业务收入　　2 000 000

　　　应交税费——应交增值税（销项税额）　　260 000

确认免征的增值税时：

借：应交税费——应交增值税（减免税款）　　260 000

　贷：其他收益　　260 000

（2）第二种观点：

购进原材料时：

借：原材料　　1 000 000

　　应交税费——应交增值税（进项税额）　　130 000

　贷：银行存款　　1 130 000

购进的原材料用于免征增值税项目，进项税额转出时：

借：原材料　　130 000

　贷：应交税费——应交增值税（进项税额转出）　　130 000

销售产品时（免征的增值税不需要单独确认）：

借：银行存款　　2 260 000

　贷：主营业务收入　　2 260 000

以上两种观点对计算企业所得税的应纳税所得额的影响是一致的。本书采用第二种观点。

【点拨指导】对于一般纳税人销售免税农产品的会计处理有三种观点：（1）需要计算销售免税农产品的增值税销项税额，具体来说，用销售额直接乘以9%计算销项税额，而不是先除以（1+9%）换算成不含增值税价格再乘以9%计算销项税额；对于直接免征的增值税，通过“应交税费——应交增值税（减免税款）”科目核算。（2）需要计算销售免税农产品增值税销项税额，具体来说，先用销售额除以（1+9%）换算成不含增值税价再乘以9%计算销项税额；对于直接免征的增值税，通过“应交税费——应交增值税（减免税款）”科目核算。（3）不需要计算销售免税农产品增值税销项税额，而将免征的增值税直接计入主营业务收入；对于直接免征的增值税，不需要单独进行会计核算。

例如，甲农民专业合作社（简称甲合作社）为增值税一般纳税人，本年7月销售本社成员自产西瓜，开具金额为220元的普通发票。该批西瓜已经发出，款项已存入银行。该批西瓜在发出时，其控制权由甲合作社转移给客户。要求：对甲合作社上述业务进行账务处理。

发票开具时，发票上注明金额220元，税率注明免税，税额为0。

下面根据实务中的三种观点进行会计处理（假设不考虑购进原材料的会计处理）：

（1）计算销售免税农产品增值税销项税额时，用销售额直接乘以9%。

借：银行存款	220.00	
贷：主营业务收入（220×(1−9%)）		200.20
应交税费——应交增值税（销项税额）（220×9%）		19.80
借：应交税费——应交增值税（减免税款）	19.80	
贷：其他收益		19.80

（2）计算销售免税农产品增值税销项税额时，先用销售额除以（1+9%）换算成不含增值税价格再乘以9%。

借：银行存款	220.00	
贷：主营业务收入（220÷(1+9%)）		201.83
应交税费——应交增值税（销项税额）（220÷(1+9%)×9%）		18.17
借：应交税费——应交增值税（减免税款）	18.17	
贷：其他收益		18.17

（3）不计算销售免税农产品增值税销项税额，而将免征的增值税直接计入主营业务收入。

借：银行存款	220	
贷：主营业务收入		220

对增值税进行纳税申报时，在“增值税及附加税费申报表附列资料（一）”的“销售额”和“增值税及附加税费申报表（一般纳税人适用）”的“免税销售额”处均应填写220，因此按照第（3）种观点会使账表、账票相符，完美且简单。本书认为，从开具发票和纳税申报的角度来说，较为合理的会计核算应为上述第（3）种观点。

【工作实例2-103】 甲公司是一家生产企业，为增值税一般纳税人。本年1月，甲公司购进原材料一批，取得的增值税专用发票上注明价款100 000元，增值税额13 000元，款项以银行存款支付。甲公司取得的增值税专用发票本年1月符合抵扣规定。本年1月，甲公司销售产品共取得含增值税销售收入339 000元，开具增值税专用发票，发票上注明价款300 000万元，增值税额39 000元，款项已存入银行。该批产品在发出时，其控制权由甲公司转移给客户。甲公司本年1月1日招用自主就业退役士兵1名，与其签订3年期限劳动合同并依法缴纳社会保险费。自签订劳动合同并缴纳社会保险当月起，在3年内按实际招用人数予以定额（当地的定额标准为每人每年6 000元）依次扣减增值税、城市维护建设税、教育费附加、地方教育附加和企业所得税优惠。

【工作要求】对甲公司上述业务进行账务处理。

【工作实施】

根据《财政部 税务总局 退役军人部关于进一步扶持自主就业退役士兵创业就业有关税收政策的通知》（财税〔2019〕21号）的规定，企业招用自主就业退役士兵，与其签订1年以上期限劳动合同并依法缴纳社会保险费的，自签订劳动合同并缴纳社会保险当月起，在3年内按实际招用人数予以定额依次扣减增值税、城市维护建设税、教育费附加、地方教育附加和企业所得税优惠。定额标准为每人每年6 000元，最高可上浮50%，各省、自治区、直辖市人民政府可根据本地区实际情况在此幅度内确定具体定额标准（该税收政策执行期限为2019年1月1日至2021年12月31日，根据《财政部 国家税务总局关于延长部分税收优惠政策执行期限的公告》（财政部 税务总局公告2022年第4号），该税收政策执行期限延长至2023年12月31日）。

（1）购进原材料时：

借：原材料	100 000	
应交税费——应交增值税（进项税额）	13 000	
贷：银行存款		113 000

（2）销售产品时：

借：银行存款	339 000	
贷：主营业务收入		300 000
应交税费——应交增值税（销项税额）		39 000

（3）扣减增值税时：

借：应交税额——应交增值税（减免税款）	6 000	
贷：其他收益		6 000

（4）本年1月31日转出应缴未缴增值税时：

借：应交税费——应交增值税（转出未交增值税）（39 000－13 000－6 000）	20 000	
贷：应交税费——未交增值税		20 000

（5）本年2月申报期内申报缴纳增值税时：

借：应交税费——未交增值税	20 000	
贷：银行存款		20 000

（二）先征后返、先征后退和即征即退增值税的会计核算

1. 先征后返增值税的会计核算

企业销售货物时应正常计税，即借记“银行存款”“应收账款”等科目，贷记“主营业务收入”、“应交税费——应交增值税（销项税额）”或“应交税费——简易计税”（小规模纳税人应贷记“应交税费——应交增值税”）等科目，并按规定纳税期限正常纳税。若本月缴纳本月应缴纳的增值税，则借记“应交税费——应交增值税（已交税金）”或“应交税费——简易计税”科目（小规模纳税人应借记“应交税费——应交增值税”科目），贷记“银行存款”科目；若本月缴纳以前期间应缴未缴增值税，则借记“应交税费——未交增值税”或“应交税费——简易计税”科目（小规模纳税人应借记“应交税费——应交增值税”科目），贷记“银行存款”科目。在确认先征后返增值税时，借记“其他应收款”科目，贷记“其他收益”科目；日后收到退税款时，借记“银行存款”科目，贷记“其他应收款”科目。

【点拨指导】《企业会计准则第 16 号——政府补助》规定，与企业日常活动相关的政府补助，应当按照经济业务实质，计入其他收益或冲减相关成本费用。与企业日常活动无关的政府补助，应当计入营业外收支。

对于各种税收返还及减免，如果属于日常活动范畴，则记入“其他收益”科目；如果与企业日常活动无关，则记入“营业外收入”科目。一般情况下，若政府补助补偿的成本费用属于营业利润中的项目，或该政府补助与企业日常销售行为密切相关（如增值税先征后返、先征后退、即征即退等），则认为该政府补助与日常活动相关，应当记入“其他收益”科目。否则，就与企业日常活动无关，应当记入“营业外收入”科目。

2. 先征后退增值税的会计核算

同本部分“1. 先征后返增值税的会计核算”。

3. 即征即退增值税的会计核算

企业销售货物时应正常计税，即借记“银行存款”“应收账款”等科目，贷记“主营业务收入”、“应交税费——应交增值税（销项税额）”或“应交税费——简易计税”（小规模纳税人应贷记“应交税费——应交增值税”）等科目，并按规定纳税期限正常缴税。若本月缴纳本月应缴纳的增值税，则借记“应交税费——应交增值税（已交税金）”或“应交税费——简易计税”科目（小规模纳税人应借记“应交税费——应交增值税”科目），贷记“银行存款”科目；若本月缴纳以前期间应缴未缴增值税，则借记“应交税费——未交增值税”或“应交税费——简易计税”科目（小规模纳税人应借记“应交税费——应交增值税”科目），贷记“银行存款”科目。在收到退税款时，借记“银行存款”科目，贷记“其他收益”科目（最后一步账务处理也可分为两步：在确认即征即退增值税时，借记“其他应收款”科目，贷记“其他收益”科目；在收到退税款时，借记“银行存款”科目，贷记“其他应收款”科目）。

【归纳总结】“即征即退”“先征后退”“先征后返”大同小异。即征即退、先征后退的税款由税务机关退还；先征后返的税款由财政机关返还。三种方式取得的时间是不同的，即征即退最快，先征后退次之，先征后返最慢。这三种优惠都是在增值税正常缴纳之后的退库，并不影响增值税计算抵扣链条的完整性。在销售货物时，可以按规定开具增值税专用发票，正常计算销项税额，购买方也可以按规定抵扣。

【工作实例2-104】 甲公司是一家软件开发企业，为增值税一般纳税人，本年6月销售自行开发的软件产品，取得销售额100 000元（不含增值税），开具增值税专用发票。该批软件产品已经发出，款项以银行存款收讫。本月开发软件产品的可抵扣增值税进项税额为5 000元，本月无其他增值税事项。该批软件产品在发出时，其控制权由甲公司转移给客户。

【工作要求】对甲公司上述业务进行账务处理。

【工作实施】增值税一般纳税人销售自行开发的软件产品，按13%税率征收增值税后，对其增值税实际税负超过3%的部分实行即征即退政策。

应纳增值税＝100 000×13%－5 000＝8 000(元)

实际增值税税负＝8 000÷100 000×100%＝8%＞3%

应退增值税＝8 000－100 000×3%＝5 000(元)

(1) 销售软件时：

借：银行存款	113 000	
贷：主营业务收入		100 000
应交税费——应交增值税（销项税额）		13 000

(2) 本年6月30日转出应缴未缴增值税时：

借：应交税费——应交增值税（转出未交增值税）	8 000	
贷：应交税费——未交增值税		8 000

(3) 本年7月申报期内申报缴纳增值税时：

借：应交税费——未交增值税	8 000	
贷：银行存款		8 000

(4) 收到即征即退应退税款时：

借：银行存款	5 000	
贷：其他收益		5 000

(三) 生产、生活性服务业纳税人抵减应纳税额的会计核算

自2023年1月1日至2023年12月31日，允许生产性服务业纳税人按照当期可抵扣进项税额加计5%抵减应纳税额；允许生活性服务业纳税人按照当期可抵扣进项税额加计10%抵减应纳税额。生产、生活性服务业纳税人取得资产或接受劳务时，应当按照《增值税会计处理规定》的相关规定对增值税相关业务进行会计处理；实际缴纳增值

税时，按应纳税额借记“应交税费——未交增值税”等科目，按实际纳税金额贷记“银行存款”科目，按加计抵减金额贷记“其他收益”科目。

【工作实例2-105】 甲公司是一家生活性服务企业，为增值税一般纳税人，本年10月销项税额为150 000元，进项税额为100 000元。

【工作要求】 对甲公司上述业务进行账务处理。

【工作实施】 自2023年1月1日至2023年12月31日，允许生活性服务业纳税人按照当期可抵扣进项税额加计10%抵减应纳税额。

加计抵减税额＝100 000×10%＝10 000(元)

(1) 10月31日，甲公司转出本月应缴未缴增值税时：

借：应交税费——应交增值税（转出未交增值税）(150 000－100 000)	50 000	
贷：应交税费——未交增值税		50 000

(2) 11月申报期内，甲公司申报缴纳本年10月应缴未缴增值税时：

借：应交税费——未交增值税	50 000	
贷：银行存款（50 000－10 000）		40 000
其他收益		10 000

九、增值税期末留抵税额的会计核算

纳入营改增试点当月月初，原增值税一般纳税人应按不得从销售服务、无形资产或不动产的销项税额中抵扣的增值税留抵税额，借记“应交税费——增值税留抵税额”科目，贷记“应交税费——应交增值税（进项税额转出）”科目。待以后期间允许抵扣时，按允许抵扣的金额，借记“应交税费——应交增值税（进项税额）”科目，贷记“应交税费——增值税留抵税额”科目。

【特别提示】 22号文件上述规定的出现，是因为《财政部 国家税务总局关于全面推开营业税改征增值税试点的通知》（财税〔2016〕36号）规定，原增值税一般纳税人兼有销售服务、无形资产或者不动产的，截至纳入营改增试点之日前的增值税期末留抵税额，不得从销售服务、无形资产或不动产的销项税额中抵扣。上述规定中的“不得从销售服务、无形资产或不动产的销项税额中抵扣”的留抵税额简称“挂账留抵税额”。也就是说，这部分留抵税额只能从以后的原增值税业务的销项税额中继续抵扣，具体来说，即按照一般货物及劳务销项税额比例来计算可抵扣税额及应纳税额。但由于计算复杂，填表也复杂，企业实际操作很不方便，对税收也无实质影响，大部分企业都未认真执行，因此上述规定在自2016年12月1日起施行的《国家税务总局关于调整增值税一般纳税人留抵税额申报口径的公告》（国家税务总局公告2016年第75号）中取消了。也就是说，原增值税一般纳税人截至2016年11月30日尚未抵扣完的“挂账留抵税额”，在2016年12月可以一次性结转抵扣。

【工作实例2-106】 甲公司为增值税一般纳税人，于2016年5月营改增，2016年4月期末留抵税额为100万元。假设2016年5—10月没有发生业务，2016年11月销售货物及劳务产生销项税额300万元，销售营改增试点服务、无形资产或不动产产生销项税额200万元，当月新增可抵扣的进项税额总计450万元。

【工作要求】对甲公司上述业务进行账务处理。

【工作实施】4月30日结转不得从销售服务、无形资产或不动产的销项税额中抵扣的增值税留抵税额时：

借：应交税费——增值税留抵税额　　1 000 000

　贷：应交税费——应交增值税（进项税额转出）　　1 000 000

11月不考虑留抵税额时的应纳税额＝(300＋200)－450＝50(万元)

按照11月销项税额的比例，将11月不考虑前期留抵的增值税应纳税额（50万元）划分为两部分：

属于不考虑留抵税额时销售货物及劳务的应纳税额＝50×300÷(300＋200)＝30(万元)

属于不考虑留抵税额时销售服务、无形资产或不动产的应纳税额＝50×200÷(300＋200)＝20(万元)

甲公司需要从上月增值税留抵税额100万元中拿出30万元从当期销售货物及劳务的应纳税额（30万元）中抵扣，其余70万元（100－30）继续挂账留抵。

按2016年12月1日前的纳税申报规则，甲公司11月销售货物及劳务的应纳税额为0（30－30），销售服务、无形资产或不动产的应纳税额为20万元，“期末留抵税额”本年累计余额为70万元。

根据国家税务总局公告2016年第75号文件，12月1日，“期末留抵税额”70万元一次性转入进项税额。

借：应交税费——应交增值税（进项税额）　　700 000

　贷：应交税费——增值税留抵税额　　700 000

十、增值税税控系统专用设备和技术维护费用抵减增值税额的会计核算

按现行增值税制度规定，企业初次购买增值税税控系统专用设备支付的费用以及缴纳的技术维护费允许在增值税应纳税额中全额抵减的，按规定抵减的增值税应纳税额，借记“应交税费——应交增值税（减免税款）”科目（小规模纳税人应借记“应交税费——应交增值税”科目），贷记“管理费用”等科目。

【点拨指导】22号文件此处表述不全面。如果一般纳税人适用简易计税方法，发生减免税额的情况，则不应使用“应交税费——应交增值税（减免税款）”科目，而应使用“应交税费——简易计税”科目。建议修改为：按现行增值税制度规定，企业初次购

买增值税税控系统专用设备支付的费用以及缴纳的技术维护费允许在增值税应纳税额中全额抵减的，按规定抵减的增值税应纳税额，借记“应交税费——应交增值税（减免税款）”或“应交税费——简易计税”科目（小规模纳税人应借记“应交税费——应交增值税”科目），贷记“管理费用”等科目。

【点拨指导】《财政部关于印发〈营业税改征增值税试点有关企业会计处理规定〉的通知》（财会〔2012〕13号）[①] 规定，企业购入增值税税控系统专用设备，按实际支付或应付的金额，借记“固定资产”科目，贷记“银行存款”“应付账款”等科目。按规定抵减的增值税应纳税额，借记“应交税费——应交增值税（减免税款）”科目，贷记“递延收益”科目。按期计提折旧，借记“管理费用”等科目，贷记“累计折旧”科目；同时，借记“递延收益”科目，贷记“管理费用”等科目。企业发生技术维护费，按实际支付或应付的金额，借记“管理费用”等科目，贷记“银行存款”等科目。按规定抵减的增值税应纳税额，借记“应交税费——应交增值税（减免税款）”科目，贷记“管理费用”等科目。

财会〔2012〕13号文件将企业购入增值税税控系统专用设备和企业发生技术维护费业务分为计入固定资产和管理费用两种情况，并且计入固定资产时，还需同时记入“递延收益”科目。22号文件将其统一为冲销管理费用。

《财政部办公厅关于征求〈关于增值税会计处理的规定（征求意见稿）〉意见的函》（财办会〔2016〕27号）规定，按现行增值税制度规定，企业初次购买增值税税控系统专用设备支付的费用以及缴纳的技术维护费允许在增值税应纳税额中全额抵减的，按规定抵减的增值税应纳税额，借记“应交税费——应交增值税（减免税款）”科目（小规模纳税人应借记“应交税费——应交增值税”科目），贷记“管理费用”等科目。增值税税控系统专用设备作为固定资产核算的，则贷记“递延收益”科目；在后续固定资产折旧期间，借记“递延收益”科目，贷记“管理费用”等科目。

与财会〔2012〕13号文件和财办会〔2016〕27号文件相比，22号文件不再要求增值税税控系统专用设备作为固定资产核算，不再要求记入“递延收益”科目，然后分期冲减管理费用，而是一次性冲减管理费用，即一次性费用化。

【工作实例2-107】 甲公司是一家新设公司，为增值税一般纳税人，采用一般计税方法。本年5月甲公司用银行存款支付初次购买增值税税控系统专用设备的费用以及缴纳技术维护费，取得的增值税专用发票价税合计3 390元。

【工作要求】对甲公司上述业务进行账务处理。

【工作实施】（1）支付初次购买增值税税控系统专用设备的费用以及缴纳技术维护费时：

借：管理费用	3 390	
贷：银行存款		3 390

（2）取得的增值税专用发票价税合计3 390元抵减增值税应纳税额时：

① 现已作废。

借：应交税费——应交增值税（减免税款）　3 390
　贷：管理费用　3 390

【工作实例 2-108】 甲公司是一家新设公司，为增值税小规模纳税人。本年5月甲公司用银行存款支付初次购买增值税税控系统专用设备的费用以及缴纳技术维护费，取得的增值税专用发票价税合计3 300元。

【工作要求】对甲公司上述业务进行账务处理。

【工作实施】(1) 支付初次购买增值税税控系统专用设备的费用以及缴纳技术维护费时：

借：管理费用　3 300
　贷：银行存款　3 300

(2) 取得的增值税专用发票价税合计3 300元抵减增值税应纳税额时：

借：应交税费——应交增值税　3 300
　贷：管理费用　3 300

十一、小微企业免征增值税的会计核算

小微企业在取得销售收入时，应当按照税法的规定计算应交增值税，并确认为应交税费，在达到增值税制度规定的免征增值税条件时，将有关应交增值税转入当期损益（"其他收益"科目）。

【点拨指导】22号文件上述表述不确切，建议修改为：小微企业在取得销售收入时，应当按照税法的规定计算应当缴纳的增值税，并记入"应交税费——应交增值税"科目；在达到增值税制度规定的免征增值税条件时，再从"应交税费——应交增值税"科目转入当期损益（"其他收益"科目）。

【特别提示】根据国家税务总局12366的答复，小微企业免征的增值税不属于企业所得税不征税收入的范围，应计入企业当年收入总额申报缴纳企业所得税，但对于"小规模纳税人减按1%征收率征收增值税"来说，由于小规模纳税人在开具增值税发票时按照1%征收率换算为不含税收入，且按照1%计算增值税额，小规模纳税人享受的2%的增值税减免税实际上已经包含在企业所得税应税收入中，因此，对此小规模纳税人享受的2%的增值税减免税，不应重复计入企业当年收入总额申报缴纳企业所得税。实际工作中，纳税人在具体操作时请咨询当地税务机关。

【工作实例 2-109】 甲公司为增值税小规模纳税人，选择以1个季度为增值税的纳税期。本年第一季度甲公司销售产品，共取得含增值税收入202 000元（假设只发生1笔销售业务）。甲公司本年第一季度减按1%征收率征收增值税。

【工作要求】对甲公司上述业务进行账务处理。

【工作实施】自2023年1月1日至2023年12月31日，增值税小规模纳税人发生增值税应税销售行为，合计月销售额未超过10万元（以1个季度为1个纳税期的，季

度销售额未超过 30 万元，下同）的，免征增值税。小规模纳税人发生增值税应税销售行为，合计月销售额超过 10 万元（以 1 个季度为 1 个纳税期的，季度销售额 30 万元），但扣除本期发生的销售不动产的销售额后未超过 10 万元（以 1 个季度为 1 个纳税期的，季度销售额 30 万元）的，其销售货物、劳务、服务、无形资产取得的销售额免征增值税。适用增值税差额征税政策的小规模纳税人，以差额后的销售额确定是否可以享受"自 2023 年 1 月 1 日至 2023 年 12 月 31 日，对月销售额 10 万元（以 1 个季度为 1 个纳税期的，季度销售额 30 万元）以下（含本数）的增值税小规模纳税人，免征增值税"规定中的免征增值税政策。按固定期限纳税的小规模纳税人可以选择以 1 个月或 1 个季度为纳税期限，一经选择，一个会计年度内不得变更。

本年第一季度甲公司共取得不含增值税收入＝202 000÷(1＋1％)＝200 000(元)＝20(万元)＜30(万元)，因此，免征增值税。

借：银行存款	202 000	
贷：主营业务收入（202 000÷(1＋1％)）		200 000
应交税费——应交增值税（202 000÷(1＋1％)×1％）		2 000
借：应交税费——应交增值税	2 000	
贷：其他收益		2 000

十二、增值税账务调整的会计核算

按照《国家税务总局关于印发〈增值税日常稽查办法〉的通知》（国税发〔1998〕44 号）的规定，增值税一般纳税人在税务机关对其增值税纳税情况进行检查后，凡涉及应交增值税账务调整的，应设立"应交税费——增值税检查调整"专门账户。凡检查后应调减账面进项税额或调增销项税额和进项税额转出的数额的，借记有关科目，贷记"应交税费——增值税检查调整"科目；凡检查后应调增账面进项税额或调减销项税额和进项税额转出的数额的，借记"应交税费——增值税检查调整"科目，贷记有关科目；全部调账事项入账后，应结出本账户的余额，并对该余额进行处理。

（1）若本账户的余额在借方，全部视同留抵进项税额，按借方余额数，借记"应交税费——应交增值税（进项税额）"科目，贷记"应交税费——增值税检查调整"科目。

（2）若本账户的余额在贷方，且"应交税费——应交增值税"账户无余额，按贷方余额数，借记"应交税费——增值税检查调整"科目，贷记"应交税费——未交增值税"科目。

（3）若本账户的余额在贷方，"应交税费——应交增值税"账户有借方余额且等于或大于这个贷方余额，按贷方余额数，借记"应交税费——增值税检查调查"科目，贷记"应交税费——应交增值税"科目。

（4）若本账户的余额在贷方，"应交税费——应交增值税"账户有借方余额但小于这个贷方余额，应将这两个账户的余额冲出，其差额贷记"应交税费——未交增值税"科目。

上述账务调整应按纳税期逐期进行。

【工作实例2-110】 甲公司是一家工业企业，为增值税一般纳税人。本年1月，市税务局稽查局对甲公司上年度缴纳增值税的情况进行检查时发现：上年度12月，甲公司的存货因管理不善发生非正常损失，全部记入“管理费用”科目，但相应的增值税进项税额2 000元并未转出；将自产产品作为福利发放给企业管理人员，未按视同销售进行税务处理，少计算增值税销项税额3 000元。甲公司上年度12月底“应交税费——未交增值税”科目的借方余额为1 000元。据此，稽查局做出补缴增值税4 000元（2 000+3 000-1 000），加收滞纳金和罚款6 000元的决定。甲公司当即缴纳了上述税款、滞纳金和罚款。

【工作要求】 对甲公司上述业务进行账务处理。

【工作实施】（1）市税务局稽查局对甲公司上年度缴纳增值税的情况进行检查前，甲公司转出多缴增值税时：

借：应交税费——未交增值税	1 000
贷：应交税费——应交增值税（转出多交增值税）	1 000

（2）检查后，发生非正常损失的存货对应的增值税进项税额转出时：

借：以前年度损益调整	2 000
贷：应交税费——增值税检查调整	2 000

（3）检查后，补提视同销售的增值税销项税额时：

借：以前年度损益调整	3 000
贷：应付职工薪酬	3 000
借：应付职工薪酬	3 000
贷：应交税费——增值税检查调整	3 000

（4）检查后，缴纳查补的增值税、滞纳金和罚款时：

“应交税费——增值税检查调整”明细科目的贷方余额为5 000元，上年度12月“应交税费——未交增值税”科目的期末借方余额为1 000元，将“应交税费——增值税检查调整”科目的贷方余额冲销“应交税费——未交增值税”科目借方余额。

借：应交税费——增值税检查调整（2 000+3 000）	5 000
贷：应交税费——未交增值税	5 000
借：应交税费——未交增值税（5 000-1 000）	4 000
营业外支出——税收罚款和滞纳金	6 000
贷：银行存款	10 000

十三、“应交税费”科目下的各明细科目在财务报表相关项目中的列示

“应交税费”科目下的“应交增值税”“未交增值税”“待抵扣进项税额”“待认证进项税额”“增值税留抵税额”等明细科目期末借方余额应根据情况，在资产负债表中的

“其他流动资产”或“其他非流动资产”项目列示；“应交税费——待转销项税额”等科目期末贷方余额应根据情况，在资产负债表中的“其他流动负债”或“其他非流动负债”项目列示；“应交税费”科目下的“未交增值税”“简易计税”“转让金融商品应交增值税”“代扣代交增值税”等科目期末贷方余额，应在资产负债表中的“应交税费”项目列示。

【点拨指导】财会〔2012〕13 号文件（现已作废）规定，“应交税费——增值税留抵税额”科目期末余额应根据其流动性在资产负债表中的“其他流动资产”或“其他非流动资产”项目列示。该文件只是针对“应交税费——增值税留抵税额”科目进行了借方余额重分类的规定，未涉及其他应交税费的相关科目。22 号文件将其扩展到应交税费所有的科目，较好地体现了资产负债观。

应交税费分为三种情况在资产负债表中列示：

(1)“应交税费”科目下的“应交增值税”“未交增值税”“待抵扣进项税额”“待认证进项税额”“增值税留抵税额”等明细科目期末借方余额，列示在资产负债表中的“其他流动资产”或“其他非流动资产”项目。

(2)“应交税费——待转销项税额”等科目期末贷方余额，列示在资产负债表中的“其他流动负债”或“其他非流动负债”项目。

(3)“应交税费”科目下的“未交增值税”“简易计税”“转让金融商品应交增值税”“代扣代交增值税”等科目期末贷方余额，列示在资产负债表中的“应交税费”项目。

因此，原应交税费的余额只有在第（3）种情况下才保留在资产负债表中的“应交税费”项目列示。

【特别提示】22 号文件并没有明确“预交增值税”明细科目期末余额在报表中的列示方法，这可能是认为该明细科目期末应无余额，因此未对其进行规范。

实际上，对于房地产开发企业已预缴未发生纳税义务、建筑业企业异地一般计税方法计税项目、纳税人出租或转让异地不动产适用一般计税方法计税的，“预交增值税”明细科目可能有期末余额。因此，有必要对其报表列示进行规范。

根据 22 号文件精神以及“预交增值税”的业务实质，应将其在资产负债表中的“其他流动资产”或“其他非流动资产”项目列示。

第 3 节　增值税的纳税申报

情境引例

甲公司在纳税申报时，对于营改增后的销售服务、无形资产或者不动产，是否应在“增值税及附加税费申报表（一般纳税人适用）”第 3 栏“应税劳务销售额”中单独反映？

一、一般纳税人增值税的纳税申报

（一）申报及缴纳程序

一般纳税人办理纳税申报，需要经过抄报税、发票认证、纳税申报、税款缴纳、清卡解锁等工作。

1. 抄报税

抄税是指开票纳税人在次月的纳税申报期内将防伪税控系统中本月开具的增值税发票的信息读入纳税人开发票使用的金税盘中；报税是指纳税人将金税盘中的开票信息报送给税务机关。纳税人在征期内登入开票软件，通过“报税处理”功能中的“网上抄报”系统自动实现抄报税功能，将纳税人的开票信息联网上报给税务机关。实务中，税务会计人员在次月的纳税申报期内将税控盘插入电脑的USB孔并打开后，便自动进行抄报税。

2. 发票认证

增值税一般纳税人本期申报抵扣的增值税专用发票必须先进行认证，纳税人可以持增值税专用发票的抵扣联在办税服务厅认证窗口认证，或进行远程认证（指的是网上增值税专用发票认证，包括扫描认证、勾选确认认证两种）。未经认证的，不得申报抵扣。自2019年3月1日起，将取消增值税发票认证（指的是扫描认证）的纳税人范围扩大至全部一般纳税人。一般纳税人取得增值税发票（包括增值税专用发票、机动车销售统一发票、收费公路通行费增值税电子普通发票，下同）后，可以自愿使用增值税发票综合服务平台查询、选择用于申报抵扣、出口退税或者代办退税的增值税发票信息（一般称作发票勾选确认认证）。纳税人取得增值税发票，通过增值税发票综合服务平台未查询到对应发票信息的，仍可进行扫描认证。扫描专用发票认证在本月末进行，而通过增值税发票综合服务平台进行发票勾选确认认证一般在次月纳税申报期内进行。

3. 纳税申报

本步纳税申报主要是指提交纳税申报表等资料，而广义的纳税申报包括第一步抄报税。纳税申报工作可分为上门申报和网上申报。纳税人在次月1日起15日内，不论有无销售额，均应按主管税务机关核定的纳税期限按期向当地税务机关申报。

上门申报是指纳税人到办税服务大厅纳税申报窗口请购，或到税务局网站下载、打印整套“增值税及附加税费申报表（一般纳税人适用）”，依填报说明，填写一式两份纸质报表或在税务局网站上直接填写申报表。纳税人携带填写好的“增值税及附加税费申报表（一般纳税人适用）”和相关资料到办税服务厅纳税窗口进行纳税申报。

网上申报是指纳税人通过网络，填写增值税纳税申报相关表格，并向主管税务机关提交纳税申报表等资料的一种纳税申报方法。目前，我国大多数地区已经实行网上申报。

4. 税款缴纳

对于实行税库银联网的纳税人，税务机关将纳税申报表单据送到纳税人的开户银行，由银行进行自动转账处理；而对于未实行税库银联网的纳税人，应当到税务机关指定的银行进行现金缴纳或通过微信、支付宝扫描申报网页中的缴款二维码进行直接缴纳。

5. 清卡解锁

网上申报成功后，纳税人需再次登入开票软件，执行“清卡解锁”操作，本步操作是将开票信息进行整理，纳税人可以转入下期进行开票处理。

【点拨指导】如果企业在征期内没有按期进行纳税申报或执行“清卡解锁”操作，则金税盘将自动锁死，纳税人将无法进行下期的购买发票和开票处理。

（二）纳税申报时需提交的资料

增值税一般纳税人纳税申报，必须实行电子信息采集。使用防伪税控系统开具增值税专用发票的纳税人，在抄税、报税成功后方可向所在地税务局办税服务厅进行纳税申报。

增值税一般纳税人对增值税进行纳税申报时，应当填报“增值税及附加税费预缴表附列资料（附加税费情况表）”（略），以及“增值税及附加税费预缴表”（略）；“增值税及附加税费申报表附列资料（一）（本期销售情况明细）”（见表2-3）、“增值税及附加税费申报表附列资料（二）（本期进项税额明细）”（见表2-4）、“增值税及附加税费申报表附列资料（三）（服务、不动产和无形资产扣除项目明细）”（略）、“增值税及附加税费申报表附列资料（四）（税额抵减情况表）”（略）、“增值税及附加税费申报表（一般纳税人适用）附列资料（五）（附加税费情况表）”（见表2-5）、“增值税减免税申报明细表”（略），以及“增值税及附加税费申报表（一般纳税人适用）”（见表2-6）。

【情境引例解析】

不需要在该栏次单独反映，该栏次填写的是加工修理修配的增值税劳务的销售额。营改增销售服务、无形资产或者不动产的在“增值税及附加税费申报表（一般纳税人适用）”中没有单独的栏次体现，只加总体现在“增值税及附加税费申报表（一般纳税人适用）”的第1栏。

【工作引例解析一】

(1) 计算西安光明有限责任公司2022年6月的应纳增值税。

1) 逐笔分析经济业务，确定是销项税额还是进项税额，并计算出具体数额。

第1笔业务：销项税额＝80 000×13％＝10 400(元)

第2笔业务：销项税额＝135 600÷(1＋13％)×13％＝15 600(元)

进项税额＝540(元)

第3笔业务：销项税额＝400×3×13％＝156(元)

表 2-3 增值税及附加税费申报表附列资料（一）

（本期销售情况明细）

税款所属时间：2022 年 06 月 01 日至 2022 年 06 月 31 日

纳税人名称：（公章）西安光明有限责任公司　　　　金额单位：元（列至角分）

项目及栏次				开具增值税专用发票		开具其他发票		未开具发票		纳税检查调整		合计			服务、不动产和无形资产扣除项目本期实际扣除金额	扣除后	
				销售额	销项（应纳）税额	销售额	销项（应纳）税额	销售额	销项（应纳）税额	销售额	销项（应纳）税额	销售额	销项（应纳）税额	价税合计		含税（免税）销售额	销项（应纳）税额
				1	2	3	4	5	6	7	8	9=1+3+5+7	10=2+4+6+8	11=9+10	12	13=11−12	14=13÷(100%+税率或征收率)×税率或征收率
一、一般计税方法计税	全部征税项目	13%税率的货物及加工修理修配劳务	1	80 000.00	10 400.00	520 000.00	67 600.00	51 200.00	6 656.00			651 200.00	84 656.00	—	—	—	—
		13%税率的服务、不动产和无形资产	2														
		9%税率的货物及加工修理修配劳务	3											—	—	—	—
		9%税率的服务、不动产和无形资产	4														
		6%税率	5														
	其中：即征即退项目	即征即退货物及加工修理修配劳务	6	—	—	—	—	—	—	—	—			—	—	—	—
		即征即退服务、不动产和无形资产	7	—	—	—	—	—	—	—	—						
二、简易计税方法计税	全部征税项目	6%征收率	8							—	—			—	—	—	—
		5%征收率的货物及加工修理修配劳务	9a							—	—			—	—	—	—
		5%征收率的服务、不动产和无形资产	9b							—	—						
		4%征收率	10							—	—			—	—	—	—
		3%征收率的货物及加工修理修配劳务	11							—	—			—	—	—	—
		3%征收率的服务、不动产和无形资产	12							—	—						
		预征率　%	13a							—	—						
		预征率　%	13b							—	—						
		预征率　%	13c							—	—						
	其中：即征即退项目	即征即退货物及加工修理修配劳务	14	—	—	—	—	—	—	—	—			—	—	—	—
		即征即退服务、不动产和无形资产	15	—	—	—	—	—	—	—	—						
三、免抵退税		货物及加工修理修配劳务	16	—	—		—		—	—	—		—	—	—	—	—
		服务、不动产和无形资产	17	—	—		—		—	—	—		—				—
四、免税		货物及加工修理修配劳务	18				—		—	—	—		—	—	—	—	—
		服务、不动产和无形资产	19	—	—		—		—	—	—		—				—

表 2-4　增值税及附加税费申报表附列资料（二）

（本期进项税额明细）

税款所属时间：2022 年 06 月 01 日至 2022 年 06 月 30 日

纳税人名称：（公章）西安光明有限责任公司　　　　金额单位：元（列至角分）

一、申报抵扣的进项税额				
项目	栏次	份数	金额	税额
（一）认证相符的增值税专用发票	1=2+3	8	457 100.00	59 103.00
其中：本期认证相符且本期申报抵扣	2	8	457 100.00	59 103.00
前期认证相符且本期申报抵扣	3			
（二）其他扣税凭证	4=5+6+7+8a+8b			
其中：海关进口增值税专用缴款书	5			
农产品收购发票或者销售发票	6			
代扣代缴税收缴款凭证	7		—	
加计扣除农产品进项税额	8a	—	—	
其他	8b			
（三）本期用于购建不动产的扣税凭证	9			
（四）本期用于抵扣的旅客运输服务扣税凭证	10			
（五）外贸企业进项税额抵扣证明	11	—	—	
当期申报抵扣进项税额合计	12=1+4+11	8	457 100.00	59 103.00
二、进项税额转出额				
项目	栏次	税额		
本期进项税额转出	13=14 至 23 之和	5 200.00		
其中：免税项目用	14			
集体福利、个人消费	15	5 200.00		
非正常损失	16			
简易计税方法征税项目用	17			
免抵退税办法不得抵扣的进项税额	18			
纳税检查调减进项税额	19			
红字专用发票信息表注明的进项税额	20			
上期留抵税额抵减欠税	21			
上期留抵税额退税	22			
异常凭证转出进项税额	23a			
其他应作进项税额转出的情形	23b			
三、待抵扣进项税额				
项目	栏次	份数	金额	税额
（一）认证相符的增值税专用发票	24	—	—	—
期初已认证相符但未申报抵扣	25			
本期认证相符且本期未申报抵扣	26			
期末已认证相符但未申报抵扣	27			
其中：按照税法规定不允许抵扣	28			
（二）其他扣税凭证	29=30 至 33 之和			
其中：海关进口增值税专用缴款书	30			
农产品收购发票或者销售发票	31			
代扣代缴税收缴款凭证	32		—	
其他	33			
	34			
四、其他				
项目	栏次	份数	金额	税额
本期认证相符的增值税专用发票	35	8	457 100.00	59 103.00
代扣代缴税额	36	—	—	

表 2－5　增值税及附加税费申报表（一般纳税人适用）附列资料（五）

（附加税费情况表）①

税（费）款所属时间：2022 年 06 月 01 日至 2022 年 06 月 30 日

纳税人名称：（公章）西安光明有限责任公司　　　　金额单位：元（列至角分）

<table>
<tr><td colspan="5" rowspan="2">本期是否适用小微企业“六税两费”减免政策</td><td colspan="2" rowspan="2">□是　☑否</td><td colspan="3">减免政策适用主体</td><td colspan="5">□个体工商户　□小型微利企业</td></tr>
<tr><td colspan="3">适用减免政策起止时间</td><td colspan="5">年　月至　年　月</td></tr>
<tr><td colspan="2" rowspan="3">税（费）种</td><td colspan="3">计税（费）依据</td><td rowspan="2">税（费）率（%）</td><td rowspan="2">本期应纳税（费）额</td><td colspan="2">本期减免税（费）额</td><td colspan="2">小微企业“六税两费”减免政策</td><td colspan="2">试点建设培育产教融合型企业</td><td rowspan="2">本期已缴税（费）额</td><td rowspan="2">本期应补（退）税（费）额</td></tr>
<tr><td>增值税税额</td><td>增值税免抵税额</td><td>留抵退税本期扣除额</td><td>减免性质代码</td><td>减免税（费）额</td><td>减征比例（%）</td><td>减征额</td><td>减免性质代码</td><td>本期抵免金额</td></tr>
<tr><td>1</td><td>2</td><td>3</td><td>4</td><td>5=(1+2−3)×4</td><td>6</td><td>7</td><td>8</td><td>9=(5−7)×8</td><td>10</td><td>11</td><td>12</td><td>13=5−7−9−11−12</td></tr>
<tr><td>城市维护建设税</td><td>1</td><td>30 753.00</td><td></td><td></td><td>7%</td><td>2 152.71</td><td></td><td></td><td></td><td></td><td>——</td><td>——</td><td></td><td>2 152.71</td></tr>
<tr><td>教育费附加</td><td>2</td><td>30 753.00</td><td></td><td></td><td>3%</td><td>922.59</td><td></td><td></td><td></td><td></td><td></td><td></td><td></td><td>922.59</td></tr>
<tr><td>地方教育附加</td><td>3</td><td>30 753.00</td><td></td><td></td><td>2%</td><td>615.06</td><td></td><td></td><td></td><td></td><td></td><td></td><td></td><td>615.06</td></tr>
<tr><td>合计</td><td>4</td><td>——</td><td>——</td><td>——</td><td>——</td><td>3 690.36</td><td></td><td></td><td>——</td><td></td><td>——</td><td></td><td></td><td>3 690.36</td></tr>
<tr><td colspan="5" rowspan="3">本期是否适用试点建设培育产教融合型企业抵免政策</td><td colspan="2" rowspan="3">□是　☑否</td><td colspan="5">当期新增投资额</td><td>5</td><td colspan="2"></td></tr>
<tr><td colspan="5">上期留抵可抵免金额</td><td>6</td><td colspan="2"></td></tr>
<tr><td colspan="5">结转下期可抵免金额</td><td>7</td><td colspan="2"></td></tr>
<tr><td colspan="7" rowspan="3">可用于扣除的增值税留抵退税额使用情况</td><td colspan="5">当期新增可用于扣除的留抵退税额</td><td>8</td><td colspan="2"></td></tr>
<tr><td colspan="5">上期结存可用于扣除的留抵退税额</td><td>9</td><td colspan="2"></td></tr>
<tr><td colspan="5">结转下期可用于扣除的留抵退税额</td><td>10</td><td colspan="2"></td></tr>
</table>

① 本表属于第 6 章“其他税种会计（上）”的第 2 节“城市维护建设税、教育费附加和地方教育附加会计”的学习内容。

表 2－6　增值税及附加税费申报表

（一般纳税人适用）①

根据国家税收法律法规及增值税相关规定制定本表。纳税人不论有无销售额，均应按税务机关核定的纳税期限填写本表，并向当地税务机关申报。

税款所属时间：自 2022 年 06 月 01 日至 2022 年 06 月 30 日　　　填表日期：2022 年 07 月 10 日

金额单位：元（列至角分）

纳税人识别号（统一社会信用代码）：91110100000010022P　　　所属行业：制造业

纳税人名称：西安光明有限责任公司	法定代表人姓名	刘光明	注册地址	西安市新城区光华路 53 号	生产经营地址	西安市新城区光华路 53 号	
开户银行及账号	中国工商银行西安光华路支行，330102200901150777	登记注册类型	其他有限责任公司	电话号码	029－888888××		

项目		栏次	一般项目		即征即退项目	
			本月数	本年累计	本月数	本年累计
销售额	（一）按适用税率计税销售额	1	651 200.00	略		
	其中：应税货物销售额	2	651 200.00	略		
	应税劳务销售额	3				
	纳税检查调整的销售额	4				
	（二）按简易办法计税销售额	5				
	其中：纳税检查调整的销售额	6				
	（三）免、抵、退办法出口销售额	7			—	—
	（四）免税销售额	8			—	—
	其中：免税货物销售额	9			—	—
	免税劳务销售额	10			—	—
税款计算	销项税额	11	84 656.00	略		
	进项税额	12	59 103.00	略		
	上期留抵税额	13				—
	进项税额转出	14	5 200.00	略		
	免、抵、退应退税额	15			—	—
	按适用税率计算的纳税检查应补缴税额	16			—	—
	应抵扣税额合计	17=12+13－14－15+16	53 903.00	—		—
	实际抵扣税额	18（如 17＜11，则为 17，否则为 11）	53 903.00	略		
	应纳税额	19=11－18	30 753.00	略		

① 本表也属于第 6 章“其他税种会计（上）”的第 2 节“城市维护建设税、教育费附加和地方教育附加会计”的学习内容。

税款计算	期末留抵税额	20=17−18				—
	简易计税办法计算的应纳税额	21				
	按简易计税办法计算的纳税检查应补缴税额	22			—	—
	应纳税额减征额	23				
	应纳税额合计	24=19+21−23	30 753.00	略		
税款缴纳	期初未缴税额（多缴为负数）	25	32 000.00	略		
	实收出口开具专用缴款书退税额	26			—	—
	本期已缴税额	27=28+29+30+31				
	①分次预缴税额	28		—		—
	②出口开具专用缴款书预缴税额	29		—	—	—
	③本期缴纳上期应纳税额	30	32 000.00	略		
	④本期缴纳欠缴税额	31				
	期末未缴税额（多缴为负数）	32=24+25+26−27	30 753.00	略		
	其中：欠缴税额（≥0）	33=25+26−27	0.00	—		—
	本期应补（退）税额	34=24−28−29	30 753.00	—		—
	即征即退实际退税额	35	—	—		
	期初未缴查补税额	36			—	—
	本期入库查补税额	37			—	—
	期末未缴查补税额	38=16+22+36−37			—	—
附加税费	城市维护建设税本期应补（退）税额	39	2 152.71	略	—	—
	教育费附加本期应补（退）费额	40	922.59	略	—	—
	地方教育附加本期应补（退）费额	41	615.06	略	—	—

声明：此表是根据国家税收法律法规及相关规定填写的，本人（单位）对填报内容（及附带资料）的真实性、可靠性、完整性负责。 纳税人（签章）：西安光明有限责任公司　2022年07月10日	
经办人：略 经办人身份证号：略 代理机构签章： 代理机构统一社会信用代码：	受理人： 受理税务机关（章）： 受理日期：　　年　月　日

第 4 笔业务：销项税额＝56 500÷(1＋13%)×13%＝6 500(元)

第 5 笔业务：进项税额＝23 400＋180＝23 580(元)

第 6 笔业务：进项税额＝11 700(元)

第 7 笔业务：无进项税额。

第 8 笔业务：无进项税额。

第 9 笔业务：销项税额＝(412 000＋40 000)÷(1＋13%)×13%＝52 000(元)

第 10 笔业务：进项税额＝7 800(元)

第 11 笔业务：进项税额＝65(元)

第 12 笔业务：将购进的原材料用于建设职工食堂，属于将购进的货物用于集体福利的情形，其进项税额不得抵扣。由于其进项税额已在购进当月申报抵扣，2022 年 6 月应做进项税额转出处理。

进项税额转出＝5 200(元)

第 13 笔业务：进项税额＝14 300(元)

第 14 笔业务：进项税额＝1 118(元)

2）计算本期销项税额。

销项税额合计＝10 400＋15 600＋156＋6 500＋52 000＝84 656(元)

3）计算本期可抵扣的进项税额。

可抵扣的进项税额合计＝540＋23 580＋11 700＋7 800＋65＋14 300＋1 118－5 200
＝53 903(元)

4）计算本期应纳增值税额。

本月应纳增值税额＝本期销项税额－本期可抵扣进项税额
＝84 656－53 903＝30 753(元)

(2) 对西安光明有限责任公司 2022 年 6 月发生的经济业务以及 2022 年 7 月缴纳增值税的业务进行账务处理。

第 1 笔业务：

确认收入时：

借：应收账款（76 000＋10 400）	86 400	
贷：主营业务收入（80 000×(1－5%)）		76 000
应交税费——应交增值税（销项税额）		10 400

结转成本时：

借：主营业务成本	60 000	
贷：库存商品		60 000

收到款项时：

借：银行存款	86 400	

贷：应收账款　86 400

第 2 笔业务：

确认收入时：

借：应收账款　135 600

贷：主营业务收入　120 000

应交税费——应交增值税（销项税额）　15 600

支付运输费时：

借：销售费用　6 000

应交税费——应交增值税（进项税额）　540

贷：银行存款　6 540

结转成本时：

借：主营业务成本　90 000

贷：库存商品　90 000

第 3 笔业务：

确认收入时：

借：应付职工薪酬——非货币性福利　1 356

贷：主营业务收入　1 200

应交税费——应交增值税（销项税额）　156

结转成本时：

借：主营业务成本　900

贷：库存商品　900

第 4 笔业务：

借：其他应付款　56 500

贷：其他业务收入（56 500÷(1+13%)）　50 000

应交税费——应交增值税（销项税额）　6 500

第 5 笔业务：

借：原材料　182 000

应交税费——应交增值税（进项税额）　23 580

贷：应付账款（180 000+23 400）　203 400

银行存款　2 180

第 6 笔业务：

借：在途物资　90 000

应交税费——应交增值税（进项税额）　11 700

贷：银行存款　101 700

第 7 笔业务：

借：原材料　120 000

贷：银行存款 120 000

第 8 笔业务：

借：原材料 72 000

贷：银行存款 72 000

第 9 笔业务：

借：库存现金 412 000

原材料 40 000

贷：主营业务收入（(412 000+40 000)÷(1+13%)） 400 000

应交税费——应交增值税（销项税额） 52 000

第 10 笔业务：

借：固定资产——电脑 60 000

应交税费——应交增值税（进项税额） 7 800

贷：银行存款 67 800

第 11 笔业务：

借：管理费用 500

应交税费——应交增值税（进项税额） 65

贷：银行存款 565

第 12 笔业务：

借：在建工程 45 200

贷：原材料 40 000

应交税费——应交增值税（进项税额转出） 5 200

第 13 笔业务：

借：原材料 110 000

应交税费——应交增值税（进项税额） 14 300

贷：实收资本 124 300

第 14 笔业务：

借：委托加工物资 8 600

应交税费——应交增值税（进项税额） 1 118

贷：银行存款 9 718

另外，2022 年 6 月 10 日缴纳上月应缴未缴增值税时：

借：应交税费——未交增值税 32 000

贷：银行存款 32 000

2022 年 6 月 30 日转出当月应缴未缴增值税时：

借：应交税费——应交增值税（转出未交增值税） 30 753

贷：应交税费——未交增值税 30 753

2022年7月10日缴纳2022年6月应缴未缴增值税时：

借：应交税费——未交增值税　　30 753

　贷：银行存款　　30 753

(3) 西安光明有限责任公司2022年7月10日对2022年6月的增值税进行纳税申报，填写“增值税及附加税费申报表（一般纳税人适用）”及其附表。

第一步：根据“应交税费——应交增值税”明细账和相应的增值税发票等原始凭证，填写“增值税及附加税费申报表附列资料（一）（本期销售情况明细）”（见表2-3）、“增值税及附加税费申报表附列资料（二）（本期进项税额明细）”（见表2-4）、“增值税及附加税费申报表（一般纳税人适用）附列资料（五）（附加税费情况表）”（见表2-5）。

“增值税及附加税费申报表附列资料（一）（本期销售情况明细）”（见表2-3）中填制的数据确定如下：

第1栏次中第1列的销售额＝80 000(元)

第1栏次中第2列的销项税额＝10 400(元)

第1栏次中第3列的销售额＝120 000＋400 000＝520 000(元)

第1栏次中第4列的销项税额＝15 600＋52 000＝67 600(元)

第1栏次中第5列的销售额＝1 200＋50 000＝51 200(元)

第1栏次中第6列的销项税额＝156＋6 500＝6 656(元)

第1栏次中第9列的销售额＝80 000＋520 000＋51 200＝651 200(元)

第1栏次中第10列的销项税额＝10 400＋67 600＋6 656＝84 656(元)

“增值税及附加税费申报表附列资料（二）（本期进项税额明细）”（见表2-4）中填制的数据确定如下：

第1栏次中的金额＝457 100(元)

第1栏次中的税额＝59 103(元)

第2栏次中的金额＝6 000＋180 000＋2 000＋90 000＋60 000＋500＋110 000＋8 600
＝457 100(元)

第2栏次中的税额＝540＋23 400＋180＋11 700＋7 800＋65＋14 300＋1 118
＝59 103(元)

第12栏次中的金额＝457 100(元)

第12栏次中的税额＝59 103(元)

第13栏次中的税额＝5 200(元)

第15栏次中的税额＝5 200(元)

第35栏次中的金额＝第1栏次中的金额＝457 100(元)

第35栏次中的税额＝第1栏次中的税额＝59 103(元)

第二步：根据"应交税费——应交增值税"明细账和相应的增值税发票等原始凭证、"增值税及附加税费申报表附列资料（一）（本期销售情况明细）"（见表2-3）、"增值税及附加税费申报表附列资料（二）（本期进项税额明细）"（见表2-4）、"增值税及附加税费申报表（一般纳税人适用）附列资料（五）（附加税费情况表）"（见表2-5）等，填写"增值税及附加税费申报表（一般纳税人适用）"（见表2-6）（网上申报时，在填完附列资料等相关附表后，主表"增值税及附加税费申报表（一般纳税人适用）"大部分数据自动生成）。

二、小规模纳税人增值税的纳税申报

小规模纳税人对增值税进行纳税申报时，应当填报"增值税及附加税费预缴表附列资料（附加税费情况表）"（略），以及"增值税及附加税费预缴表"（略）；"增值税及附加税费申报表（小规模纳税人适用）附列资料（一）（服务、不动产和无形资产扣除项目明细）"（略）、"增值税及附加税费申报表（小规模纳税人适用）附列资料（二）（附加税费情况表）"（见表2-7）、"增值税减免税申报明细表"（见表2-8），以及"增值税及附加税费申报表（小规模纳税人适用）"（见表2-9）。

表2-7 增值税及附加税费申报表（小规模纳税人适用）附列资料（二）（附加税费情况表）[①]

税（费）款所属时间：2022年01月01日至2022年01月31日

纳税人名称：（公章）西安正信财务咨询有限公司　　　　金额单位：元（列至角分）

税（费）种	计税（费）依据	税（费）率（%）	本期应纳税（费）额	本期减免税（费）额		增值税小规模纳税人"六税两费"减征政策		本期已缴税（费）额	本期应补（退）税（费）额
	增值税税额			减免性质代码	减免税（费）额	减征比例（%）	减征额		
	1	2	3=1×2	4	5	6	7=(3−5)×6	8	9=3−5−7−8
城市维护建设税	5 000.00	7	350.00			50%	175.00		175.00
教育费附加	5 000.00	3	150.00			50%	75.00		75.00
地方教育附加	5 000.00	2	100.00			50%	50.00		50.00
合计	—	—	600.00	—		—	300.00		300.00

① 本表属于第6章"其他税种会计（上）"的第2节"城市维护建设税、教育费附加和地方教育附加会计"的学习内容。

表2-8　增值税减免税申报明细表

税款所属时间：自2022年01月01日至2022年01月31日

纳税人名称：（公章）西安正信财务咨询有限公司　　　　金额单位：元（列至角分）

一、减税项目						
减税性质代码及名称	栏次	期初余额	本期发生额	本期应抵减税额	本期实际抵减税额	期末余额
		1	2	3=1+2	4≤3	5=3-4
合计	1		10 000.00	10 000.00	10 000.00	
	2					
	3					
	4					
	5					
	6					

二、免税项目						
免税性质代码及名称	栏次	免征增值税项目销售额	免税销售额扣除项目本期实际扣除金额	扣除后免税销售额	免税销售额对应的进项税额	免税额
		1	2	3=1-2	4	5
合计	7					
出口免税	8		—	—	—	
其中：跨境服务	9		—	—	—	
	10				—	
	11				—	
	12				—	
	13				—	
	14				—	
	15				—	
	16				—	

表2-9　增值税及附加税费申报表

（小规模纳税人适用）①

纳税人识别号（统一社会信用代码）：9137070572481267A

纳税人名称：西安正信财务咨询有限公司　　　　金额单位：元（列至角分）

税款所属期：2022年01月01日至2022年01月31日　　　　填表日期：2022年02月08日

一、计税依据	项目	栏次	本期数		本年累计	
			货物及劳务	服务、不动产和无形资产	货物及劳务	服务、不动产和无形资产
	（一）应征增值税不含税销售额（3%征收率）	1		500 000.00		略

① 本表的第23～25栏次属于第6章“其他税种会计（上）”的第2节“城市维护建设税、教育费附加和地方教育附加会计”的学习内容。

续表

	项目	栏次	本期数		本年累计	
			货物及劳务	服务、不动产和无形资产	货物及劳务	服务、不动产和无形资产
一、计税依据	增值税专用发票不含税销售额	2		300 000.00		略
	其他增值税发票不含税销售额	3		200 000.00		略
	（二）应征增值税不含税销售额（5%征收率）	4	—		—	
	增值税专用发票不含税销售额	5	—		—	
	其他增值税发票不含税销售额	6	—		—	
	（三）销售使用过的固定资产不含税销售额	7（7≥8）		—		—
	其中：其他增值税发票不含税销售额	8		—		—
	（四）免税销售额	9=10+11+12				
	其中：小微企业免税销售额	10				
	未达起征点销售额	11				
	其他免税销售额	12				
	（五）出口免税销售额	13（13≥14）				
	其中：其他增值税发票不含税销售额	14				
二、税款计算	本期应纳税额	15		15 000.00		略
	本期应纳税额减征额	16		10 000.00		略
	本期免税额	17				
	其中：小微企业免税额	18				
	未达起征点免税额	19				
	应纳税额合计	20=15−16		5 000.00		略
	本期预缴税额	21			—	—
	本期应补（退）税额	22=20−21		5 000.00	—	—
三、附加税费	城市维护建设税本期应补（退）税额	23	175.00			
	教育费附加本期应补（退）费额	24	75.00			
	地方教育附加本期应补（退）费额	25	50.00			

声明：此表是根据国家税收法律法规及相关规定填写的，本人（单位）对填报内容（及附带资料）的真实性、可靠性、完整性负责。

纳税人（签章）：西安正信财务咨询有限公司　2022 年 02 月 08 日

续表

经办人：略 经办人身份证号：略 代理机构签章： 代理机构统一社会信用代码：	受理人： 受理税务机关（章）： 受理日期：　　　年　月　日

【工作引例解析二】

(1) 计算西安正信财务咨询有限公司2022年1月的应纳增值税。

第1笔业务：提供内部控制咨询服务并开具增值税专用发票，因此

应纳增值税＝303 000÷(1＋1%)×1%＝3 000(元)

第2笔业务：提供财务咨询服务并开具增值税普通发票，因此

应纳增值税＝202 000÷(1＋1%)×1%＝2 000(元)

2022年1月应纳增值税合计＝3 000＋2 000＝5 000(元)

2022年1月应补(退)税额＝5 000(元)

(2) 对西安正信财务咨询有限公司2022年1月发生的经济业务以及2022年2月缴纳增值税的业务进行账务处理。

第1笔业务：

借：银行存款　303 000

　贷：主营业务收入　300 000

　　应交税费——应交增值税　3 000

第2笔业务：

借：银行存款　202 000

　贷：主营业务收入　200 000

　　应交税费——应交增值税　2 000

另外，2022年2月8日缴纳2022年1月应缴未缴增值税时：

借：应交税费——应交增值税　5 000

　贷：银行存款　5 000

(3) 西安正信财务咨询有限公司2022年2月8日对2022年1月的增值税进行纳税申报，填写“增值税及附加税费申报表（小规模纳税人适用)”及其附表。

根据“应交税费——应交增值税”明细账和相应的增值税发票等原始凭证，填写“增值税及附加税费申报表（小规模纳税人适用）附列资料（二）（附加税费情况表)”(见表2-7)、“增值税减免税申报明细表”（见表2-8)、“增值税及附加税费申报表(小规模纳税人适用)”(见表2-9)。

其中，根据《国家税务总局关于支持个体工商户复工复业等税收征收管理事项的公告》(国家税务总局公告2020年第5号）的填写规定，“增值税及附加税费申报表（小规模纳税人适用)”(见表2-9）中填制的数据确定如下：

第 1 栏次中的服务、不动产和无形资产本期不含税销售额

=(303 000+202 000)÷(1+1%)=500 000(元)

第 2 栏次中的服务、不动产和无形资产本期不含税销售额

=303 000÷(1+1%)=300 000(元)

第 3 栏次中的服务、不动产和无形资产本期不含税销售额

=202 000÷(1+1%)=200 000(元)

第 15 栏次中的服务、不动产和无形资产本期应纳税额

=500 000×3%=15 000(元)

第 16 栏次中的服务、不动产和无形资产本期应纳税额减征额

=500 000×(3%-1%)=10 000(元)

第 20 栏次中的服务、不动产和无形资产本期应纳税额合计

=15 000-10 000=5 000(元)

或　　=500 000×1%=5 000(元)

技能训练

1. 甲公司为增值税一般纳税人，本年 3 月 1 日购入一幢办公楼，取得的增值税专用发票上注明价款 1 000 万元、增值税额 90 万元，以上款项通过银行转账方式支付。甲公司取得的增值税专用发票本年 3 月符合抵扣规定。甲公司将该办公楼作为固定资产核算，假设不考虑契税。

要求：对甲公司相关业务进行账务处理。

2. 甲公司为增值税一般纳税人，本年 3 月接受乙公司通过一台设备和一批原材料进行的投资，取得的增值税专用发票上注明设备价款 200 万元、增值税额 26 万元，原材料价款 100 万元、增值税额 13 万元。投资后乙公司占有甲公司实收资本 260 万元。甲公司取得的增值税专用发票本年 3 月符合抵扣规定。

要求：对甲公司相关业务进行账务处理。

3. 甲公司为增值税一般纳税人，本年 3 月将本年 2 月购进的不含增值税价格为 200 000 元的布料（原材料）用于车间生产工人职工福利。甲公司取得的增值税专用发票本年 2 月符合抵扣规定。

要求：对甲公司本年 2 月和 3 月的相关业务进行账务处理。

4. 甲公司为增值税一般纳税人，本年 1 月购入一批用于生产产品的原材料，已经验收入库，尚未收到增值税扣税凭证，因此并未付款，1 月末按货物清单或相关合同协议上的价格 200 万元暂估入账。本年 2 月中旬取得增值税专用发票，发票上注明金额 200 万元、增值税额 26 万元，并于本年 4 月初的纳税申报期内对取得的增值税专用发票通过增值税发票综合服务平台进行勾选确认。

要求：对甲公司相关业务进行账务处理。

5. 甲公司是一家房地产开发企业，为增值税一般纳税人。2019 年 6 月 1 日甲公司开工建设某住宅小区，至 2022 年 8 月 31 日全部竣工决算。甲公司按一般计税方法计算缴纳增值税。开发成本中地价款为 10 000 万元，土地面积为 15 000 平方米，可供销售的建筑面积为 40 000 平方米。2022 年 9 月甲公司销售收入为 29 000 万元，销售建筑面积为 21 800 平方米。

要求：对甲公司销项税额的抵减进行账务处理。

实战演练

甲自行车厂为增值税一般纳税人，其生产的自行车出厂不含税单价为 300 元/辆。2020 年 1 月留抵税额为 4 000 元。2020 年 2 月该厂购销情况如下：

（1）2 月 1 日向当地百货大楼销售 1 000 辆自行车，该批自行车全部发出，双方约定百货大楼在 10 日内付清货款，甲自行车厂给予了不含税价格 8%的现金折扣。甲自行车厂基于对当地百货大楼的了解，预计该百货大楼 10 天内付款的概率为 95%，10 天后付款的概率为 5%。甲自行车厂认为按照最可能发生金额能够更好地预测其有权获取的对价金额。该批自行车在发出时，其控制权由甲自行车厂转移给当地百货大楼。当地百货大楼于 2 月 8 日付款，并按照不含税价格享受了 8%的现金折扣。

（2）向外地特约经销点销售 500 辆自行车（款项未收），并支付运输单位运费 9 810 元（含税），收到的增值税专用发票上注明运费 9 000 元、增值税额 810 元。该批自行车已经发出，且在发出时，其控制权由甲自行车厂转移给外地特约经销点。

（3）销售本厂 2013 年 5 月购置后自用的小轿车一辆，该小轿车原价为 200 000 元，累计计提折旧 50 000 元，现对外售价为 120 000 元（含税），向购买方开具增值税普通发票。甲自行车厂同时承担销售小轿车的运费 1 090 元，取得的增值税专用发票上注明运费 1 000 元、增值税额 90 元。

（4）当期发出包装物收取押金 50 000 元，逾期仍未收回的包装物押金为 60 000 元。甲自行车厂没收包装物押金，表明该包装物的控制权由甲自行车厂转移给客户。

（5）购进自行车零部件、原材料取得的专用发票上注明销售金额 200 000 元、增值税额 26 000 元。

（6）从某小规模纳税人购进自行车零件，价税合计支付 100 000 元，取得小规模纳税人开具的增值税专用发票（2020 年 2 月，该小规模纳税人销售自行车零件，适用的增值税征收率为 3%）。

甲公司取得的增值税专用发票 2020 年 2 月均符合抵扣规定。

要求：

（1）计算甲自行车厂可抵扣的进项税额。

（2）计算甲自行车厂销售自行车的销项税额。

（3）计算甲自行车厂包装物押金的销项税额。

（4）计算甲自行车厂销售使用过的小轿车的应纳税额。

（5）计算甲自行车厂应纳增值税的合计数。

（6）对甲自行车厂的相关业务进行账务处理。

第3章

消费税会计

素养提升

纳税人应当充分运用国家出台的消费税税收政策，促进产业行业发展，合法合规纳税。

1. 我国对过度消费不利于人类健康的消费品（如烟、酒）征收消费税，有利于引导群众健康消费，维护社会秩序稳定。

2. 我国对某些不可再生和替代的稀缺消费品（如成品油、木制一次性筷子、实木地板）征收消费税，有利于引导群众节约资源，促进环境保护。

能力目标

（1）能根据相关业务资料计算消费税。

（2）能设置消费税的会计科目，并根据相关业务资料对消费税进行会计核算。

（3）能根据相关业务资料填写消费税及附加税费申报表及其附表，并进行消费税的纳税申报。

工作引例

消费税的计算、会计核算和纳税申报

陕西金帝卷烟有限公司为增值税一般纳税人，纳税人识别号为91410150258325261X，主要生产销售金帝牌卷烟，金帝牌卷烟平均售价为100元/条（不含增值税）。2022年6月发生的经济业务如下：

（1）移送烟叶一批，委托某县城加工厂加工烟丝1.5吨，烟叶成本为300 000元。该加工厂提供辅料，加工后直接发给陕西金帝卷烟有限公司，共收取辅料及加工费50 000元，开具增值税专用发票给陕西金帝卷烟有限公司（受托方没有同类产品售价），陕西金帝卷烟有限公司收到加工厂的消费税代收代缴税款凭证。陕西金帝卷烟有限公司的生产车间本月领用委托加工收回烟丝的60%用于继续生产金帝牌卷烟。陕西金帝卷烟有限公司期初库存无委托加工收回的烟丝。

(2) 外购已税烟丝，取得增值税专用发票，注明金额500 000元、增值税额65 000元，生产车间本月领用其中的80%用于连续生产金帝牌卷烟。陕西金帝卷烟有限公司期初库存无外购已税的烟丝。

(3) 向当地某烟草商贸公司销售金帝牌卷烟100标准箱（1标准箱=250标准条，1标准条=200支），取得不含税销售额2 500 000元，并收取包装物租金共计226 000元，货物已经发出，款项已收到。该批卷烟在发出时，其控制权由陕西金帝卷烟有限公司转移给该烟草商贸公司。

(4) 本月没收金帝牌卷烟逾期包装物押金56 500元。

另外，陕西金帝卷烟有限公司不适用小微企业“六税两费”减免政策。陕西金帝卷烟有限公司2022年5月应缴未缴消费税为1 100 000元，2022年6月12日缴纳2022年5月应缴未缴消费税1 100 000元。陕西金帝卷烟有限公司取得的增值税专用发票2022年6月均符合抵扣规定。陕西金帝卷烟有限公司2022年7月9日对2022年6月的消费税进行纳税申报。卷烟消费税定额税率为每支0.003元。卷烟每标准条对外调拨价格在70元以上（含70元）的，消费税比例税率为56%；70元以下的，消费税比例税率为36%。烟丝消费税税率为30%。

工作要求

(1) 计算陕西金帝卷烟有限公司2022年6月的应纳消费税。

(2) 对陕西金帝卷烟有限公司2022年6月发生的经济业务以及2022年7月缴纳消费税的业务进行账务处理。

(3) 陕西金帝卷烟有限公司2022年7月9日对2022年6月的消费税进行纳税申报，填写“消费税及附加税费申报表”及其附表。

工作引例解析 见本章第3节。

第1节 消费税的认知

情境引例

根据税法规定，销售金银首饰在零售环节缴纳消费税。甲公司委托其他单位加工金银首饰，是否需要缴纳消费税？

一、消费税的概念

消费税是指对特定的消费品和消费行为在特定的环节征收的一种流转税。具体来说，是指对在我国境内从事生产、委托加工、进口、批发或者零售应税消费品的单位和个人，就其消费品的销售额、销售数量或者销售额与销售数量相结合征收的一种流转税。

二、消费税的纳税环节

（一）生产应税消费品

生产应税消费品在生产销售环节征税。纳税人将生产的应税消费品换取生产资料、消费资料、投资入股、偿还债务，以及用于连续生产应税消费品以外的其他方面，都应缴纳消费税。

【点拨指导】生产销售环节是消费税征收的主要环节。

（二）委托加工应税消费品

委托加工应税消费品是指委托方提供原料和主要材料，受托方只收取加工费和代垫部分辅助材料加工的应税消费品。由受托方提供原材料或其他情形的一律不能视同委托加工应税消费品。

【点拨指导】对于由受托方提供原材料生产的应税消费品，或者受托方先将原材料卖给委托方，再接受加工的应税消费品，以及由受托方以委托方名义购进原材料生产的应税消费品，不论在财务上是否按销售处理，都不得作为委托加工应税消费品，而应当按照销售自制应税消费品缴纳消费税。

委托加工的应税消费品，除受托方为个人外，由受托方向委托方交货时代收代缴消费税税款；委托个人加工的应税消费品，由委托方收回后缴纳消费税。

（三）进口应税消费品

单位和个人进口应税消费品，于报关进口时由海关代征消费税。

（四）批发应税消费品

1. 批发卷烟

卷烟消费税在生产和批发两个环节征收。自2009年5月1日起，在卷烟批发环节加征一道从价税。在中华人民共和国境内从事卷烟批发业务的单位和个人，批发销售的所有牌号规格的卷烟，按其销售额（不含增值税）征收5%的消费税。纳税人应将卷烟销售额与其他商品销售额分开核算，未分开核算的，一并征收消费税。纳税人销售给纳税人以外的单位和个人的卷烟于销售时纳税。纳税人之间销售的卷烟不缴纳消费税。卷烟批发企业的机构所在地，总机构与分支机构不在同一地区的，由总机构申报纳税。自2015年5月10日起，将卷烟批发环节从价税税率由5%提高至11%，并按0.005元/支加征从量税。纳税人兼营卷烟批发和零售业务的，应当分别核算批发和零售环节的销售额、销售数量；未分别核算批发和零售环节销售额、销售数量的，按照全部销售额、销售数量计征批发环节消费税。

【点拨指导】烟草批发企业将卷烟销售给零售单位的，要加征一道11%的从价税，并按0.005元/支加征从量税；烟草批发企业将卷烟销售给其他烟草批发企业的，不缴纳消费税。烟草批发企业在计算应纳税额时，不得扣除卷烟中已含的生产环节的消费税税款。

【特别提示】卷烟在生产环节、批发环节征收两次消费税，但这两个环节一般不是同一纳税人，卷烟生产企业是生产环节的纳税人，批发企业是批发环节的纳税人。其中，生产环节实行从价定率和从量定额相结合的复合计征方法，自2015年5月10日起批发环节也复合计征。

2. 批发电子烟

自2022年11月1日起，将电子烟纳入消费税征收范围，在烟税目下增设电子烟子目。在中华人民共和国境内生产（进口）、批发电子烟的单位和个人为消费税纳税人。

电子烟生产环节纳税人，是指取得烟草专卖生产企业许可证，并取得或经许可使用他人电子烟产品注册商标（以下称持有商标）的企业。通过代加工方式生产电子烟的，由持有商标的企业缴纳消费税。电子烟批发环节纳税人，是指取得烟草专卖批发企业许可证并经营电子烟批发业务的企业。电子烟进口环节纳税人，是指进口电子烟的单位和个人。

纳税人生产、批发电子烟的，按照生产、批发电子烟的销售额计算纳税。电子烟生产环节纳税人采用代销方式销售电子烟的，按照经销商（代理商）销售给电子烟批发企业的销售额计算纳税。纳税人进口电子烟的，按照组成计税价格计算纳税。

电子烟生产环节纳税人从事电子烟代加工业务的，应当分开核算持有商标电子烟的销售额和代加工电子烟的销售额；未分开核算的，一并缴纳消费税。

（五）零售应税消费品

1. 零售金银首饰、铂金首饰和钻石及钻石饰品

经国务院批准，自1995年1月1日起，金银首饰消费税由生产销售环节征收改为零售环节征收。改在零售环节征收消费税的金银首饰仅限于金基、银基合金首饰及金、银和金基、银基合金的镶嵌首饰。自2002年1月1日起，钻石及钻石饰品消费税改为零售环节征收。自2003年5月1日起，铂金首饰消费税改为零售环节征收。金银首饰、铂金首饰和钻石及钻石饰品适用的消费税税率为5%。其消费税的计税依据是不含增值税的销售额。

对既销售金银首饰，又销售非金银首饰的生产、经营单位，应将两类商品划分清楚，分别核算销售额。凡划分不清楚或不能分别核算的，在生产环节销售的，一律从高适用税率征收消费税；在零售环节销售的，一律按金银首饰征收消费税。金银首饰与其他产品组成成套消费品销售的，应按销售额全额征收消费税。

金银首饰连同包装物一起销售的，无论包装物是否单独计价，也无论会计上如何核算，均应并入金银首饰的销售额，计征消费税。

带料加工的金银首饰，应按受托方销售的同类金银首饰的销售价格确定计税依据征收消费税。没有同类金银首饰销售价格的，按照组成计税价格计算纳税。

纳税人采用以旧换新（含翻新改制）方式销售的金银首饰，应按实际收取的不含增值税的全部价款作为计税依据征收消费税。

【特别提示】上述以旧换新（含翻新改制）方式销售金银首饰计税依据的规定其实质是抵减了旧的部分的价值。这与增值税对金银首饰的相关规定是一致的。

【情境引例解析】

《财政部 国家税务总局关于调整金银首饰消费税纳税环节有关问题的通知》（财税字〔1994〕95号）规定，委托加工（另有规定者除外）、委托代销金银首饰的，受托方也是纳税人。据此，甲公司委托的“其他单位”若不属于个体工商户，则甲公司不需要缴纳消费税；若属于个体工商户，则甲公司需要缴纳消费税。

2. 零售超豪华小汽车

自2016年12月1日起，“小汽车”税目下增设“超豪华小汽车”子税目。征收范围为每辆零售价格130万元（不含增值税）及以上的乘用车和中轻型商用客车，即乘用车和中轻型商用客车子税目中的超豪华小汽车。对超豪华小汽车，在生产（进口）环节按现行税率征收消费税的基础上，在零售环节加征消费税，税率为10%。将超豪华小汽车销售给消费者的单位和个人为超豪华小汽车零售环节纳税人。

【归纳总结】消费税属于价内税，一般情况下只征收一次，只有卷烟、电子烟、超豪华小汽车例外。

三、消费税的纳税人

消费税的纳税人是指在中华人民共和国境内（起运地或者所在地在境内）生产、委托加工和进口《中华人民共和国消费税暂行条例》（简称《消费税暂行条例》）规定的消费品的单位和个人，以及国务院确定的销售（批发或零售）《消费税暂行条例》规定的消费品的其他单位和个人。

四、消费税的税目和税率

（一）消费税的税目

我国消费税的税目共有15个，分别是：（1）烟；（2）酒；（3）高档化妆品；（4）贵重首饰及珠宝玉石；(5) 鞭炮、焰火；(6) 成品油；(7) 摩托车；(8) 小汽车；(9) 高尔夫球及球具；(10) 高档手表；(11) 游艇；(12) 木制一次性筷子；(13) 实木地板；(14) 电池；(15) 涂料。其中，有些还包括若干子目。

(二) 消费税的税率

消费税的税率包括比例税率和定额税率两类。消费税的税率见“应税消费品名称、税率和计量单位对照表”(如表3-1)。

表3-1 应税消费品名称、税率和计量单位对照表

应税消费品名称（税目）	比例税率	定额税率	计量单位
一、烟			
1. 卷烟			
(1) 工业			
①甲类卷烟（调拨价70元（不含增值税）/条以上（含70元））	56%	30元/万支	万支
②乙类卷烟（调拨价70元（不含增值税）/条以下）	36%	30元/万支	
(2) 商业批发	11%	50元/万支	
2. 雪茄烟	36%	——	支
3. 烟丝	30%	——	千克
4. 电子烟			
(1) 工业	36%	——	盒
(2) 商业批发	11%	——	盒
二、酒			
1. 白酒	20%	0.5元/500克（毫升）	500克（毫升）
2. 黄酒	——	240元/吨	吨
3. 啤酒			
(1) 甲类啤酒（出厂价格3 000元（不含增值税）/吨以上（含3 000元））	——	250元/吨	吨
(2) 乙类啤酒（出厂价格3 000元（不含增值税）/吨以下）	——	220元/吨	
4. 其他酒	10%	——	吨
三、高档化妆品	15%	——	实际使用计量单位
四、贵重首饰及珠宝玉石			
1. 金银首饰、铂金首饰和钻石及钻石饰品	5%	——	实际使用计量单位
2. 其他贵重首饰和珠宝玉石	10%	——	

续表

应税消费品名称（税目）	比例税率	定额税率	计量单位
五、鞭炮、焰火	15%	——	实际使用计量单位
六、成品油			
1. 汽油	——	1.52元/升	升
2. 柴油	——	1.20元/升	
3. 航空煤油	——	1.20元/升	
4. 石脑油	——	1.52元/升	
5. 溶剂油	——	1.52元/升	
6. 润滑油	——	1.52元/升	
7. 燃料油	——	1.20元/升	
七、摩托车			
1. 气缸容量（排气量，下同）=250毫升	3%	——	辆
2. 气缸容量>250毫升	10%	——	
八、小汽车			
1. 乘用车			
(1) 气缸容量（排气量，下同）≤1.0升	1%	——	辆
(2) 1.0升<气缸容量≤1.5升	3%	——	
(3) 1.5升<气缸容量≤2.0升	5%	——	
(4) 2.0升<气缸容量≤2.5升	9%	——	
(5) 2.5升<气缸容量≤3.0升	12%	——	
(6) 3.0升<气缸容量≤4.0升	25%	——	
(7) 气缸容量>4.0升	40%	——	
2. 中轻型商用客车	5%	——	
3. 超豪华小汽车	10%	——	
九、高尔夫球及球具	10%	——	实际使用计量单位
十、高档手表	20%	——	只
十一、游艇	10%	——	艘
十二、木制一次性筷子	5%	——	万双
十三、实木地板	5%	——	平方米
十四、电池	4%	——	只
十五、涂料	4%	——	吨

【特别提示】 15个税目中，黄酒、啤酒、成品油实行的是单一的定额税率，其他大多数应税消费品均为单一的比例税率。需要注意的是，卷烟、白酒实行复合税率（同时适用比例税率与定额税率的一种特殊形式，其本身并不是一种税率）的复合征收办法。

【点拨指导】 纳税人兼营不同税率的应税消费品，应当分别核算不同税率应税消费品的销售额或销售数量。未分别核算销售额或销售数量的，或者将不同税率的应税消费品组成成套消费品的，从高适用税率。

五、消费税应纳税额的计算

（一）从价定率征收应纳税额的计算

从价定率征收，即根据不同的应税消费品确定不同的比例税率。

应纳消费税＝应税消费品的销售额×比例税率

式中，销售额为纳税人销售应税消费品向购买方收取的全部价款和价外费用，包括消费税，但不包括应向购买方收取的增值税。价外费用是指价外向购买方收取的手续费、补贴、基金、集资费、返还利润、奖励费、违约金、滞纳金、延期付款利息、赔偿金、代收款项、代垫款项、包装费、包装物租金、储备费、优质费、运输装卸费以及其他各种性质的价外收费。但下列项目不包括在销售额内：

（1）同时符合以下条件的代垫运输费用：承运部门的运输费用发票开具给购买方的；纳税人将该项发票转交给购买方的。

（2）同时符合以下条件代为收取的政府性基金或者行政事业性收费：由国务院或者财政部批准设立的政府性基金，由国务院或者省级人民政府及其财政、价格主管部门批准设立的行政事业性收费；收取时开具省级以上财政部门印制的财政票据；所收款项全额上缴财政。

应税消费品在缴纳消费税时，与一般货物一样，还要缴纳增值税。因此，《中华人民共和国消费税暂行条例实施细则》（简称《消费税暂行条例实施细则》）明确规定，应税消费品的销售额，不包括应向购货方收取的增值税税款。如果纳税人应税消费品的销售额中未扣除增值税税款或者因不得开具增值税专用发票而发生价款和增值税税款合并收取的，在计算消费税时，应当换算为不含增值税税款的销售额。其换算公式为：

应税消费品的销售额＝含增值税的销售额÷(1＋增值税税率或征收率)

【知识链接】 一般情况下，从价计征计算消费税的销售额与计算增值税销项税额的销售额是同一数值。

【特别提示】 在从价定率征收方法下，应纳消费税的计算取决于应纳消费税的销售额和适用税率两个因素，此处的“销售额”与增值税中的“销售额”基本一致（特殊情况除外），销售额为纳税人销售应税消费品向购买方收取的全部价款和价外费用，都是不含增值税（价外税）但含消费税（价内税）的销售额。如果销售额为含增值税的销售额，则必须换算成不含增值税的销售额。

【点拨指导】应税消费品连同包装物销售的，无论包装物是否单独计价以及在会计上如何核算，均应并入应税消费品的销售额缴纳消费税。如果包装物不作价随同产品销售，而是收取押金，此项押金则不应并入应税消费品的销售额征税。但对因逾期未收回的包装物不再退还的或者已收取的时间超过12个月的押金，应并入应税消费品的销售额，按照应税消费品的适用税率缴纳消费税。对既作价随同应税消费品销售，又另外收取押金的包装物，凡纳税人在规定的期限内没有退还的，其押金均应并入应税消费品的销售额，按照应税消费品的适用税率缴纳消费税。

从1995年6月1日起，对酒类（黄酒、啤酒除外）生产企业销售酒类产品而收取的包装物押金，无论押金是否返还以及在会计上如何核算，均需并入酒类产品销售额，依据酒类产品的适用税率计征消费税。

纳税人用于换取生产资料和消费资料、投资入股和抵偿债务等方面的应税消费品，应当以纳税人同类应税消费品的最高销售价格作为计税依据计算征收消费税。纳税人将自己生产的应税消费品用于其他方面的（如发放福利），以纳税人最近时期同类货物的平均销售价格作为计税依据计算征收消费税。

【特别提示】纳税人通过自设非独立核算门市部销售的自产应税消费品，应按门市部对外销售额或者销售数量征收消费税。

（二）从量定额征收应纳税额的计算

从量定额征收，即根据不同的应税消费品确定不同的单位税额。

应纳消费税＝应税消费品的销售数量×单位税额

式中，应税消费品的销售数量具体规定为：销售（包括出厂销售[①]、批发、零售）应税消费品的，为应税消费品的销售（包括出厂销售、批发、零售）数量；自产自用应税消费品的，为应税消费品的移送使用数量；委托加工应税消费品的，为纳税人收回的应税消费品数量；进口应税消费品的，为海关核定的应税消费品的进口征税数量。

（三）从价定率和从量定额复合征收应纳税额的计算

从价定率和从量定额复合征收，即以两种方法计算的应纳税额之和为该应税消费品的应纳税额。在现行消费税的征收范围中，我国目前只对卷烟和白酒（粮食白酒和薯类白酒）采用复合征收方法。

应纳消费税＝应税消费品的销售额×比例税率＋应税消费品的销售数量×单位税额

① 出厂销售又称生产销售。

式中，销售额为纳税人生产销售卷烟、白酒向购买方收取的全部价款和价外费用。销售数量为纳税人生产销售、进口、委托加工、自产自用卷烟或白酒的销售数量、海关核定数量、委托方收回数量和移送使用数量。

（四）应税消费品已纳税款的扣除

（1）应税消费品若是用外购已缴纳消费税的应税消费品连续生产出来的，在对这些连续生产出来的应税消费品征税时，按当期生产领用数量计算准予扣除的外购应税消费品已缴纳的消费税税款。扣除范围包括：

1）外购已税烟丝生产的卷烟；

2）外购已税高档化妆品生产的高档化妆品；

3）外购已税珠宝玉石生产的贵重首饰及珠宝玉石；

4）外购已税鞭炮、焰火生产的鞭炮、焰火；

5）外购已税杆头、杆身和握把为原料生产的高尔夫球杆；

6）外购已税木制一次性筷子为原料生产的木制一次性筷子；

7）外购已税实木地板为原料生产的实木地板；

8）外购已税汽油、柴油、石脑油、燃料油、润滑油为原料生产的应税成品油。

【特别提示】自2015年5月1日起，从葡萄酒生产企业购进、进口葡萄酒连续生产应税葡萄酒的，准予从葡萄酒消费税应纳税额中扣除所耗用应税葡萄酒已纳消费税税款。

（2）委托加工的应税消费品，委托方用于连续生产应税消费品的，所纳税款准予按规定扣除；直接出售的，不再缴纳消费税。委托方将收回的应税消费品以不高于受托方的计税价格出售的，为直接出售，不再缴纳消费税；委托方以高于受托方的计税价格出售的，不属于直接出售，须按照规定申报缴纳消费税，在计税时准予扣除受托方已代收代缴的消费税。

委托加工的应税消费品已由受托方代收代缴消费税，因此，委托方收回货物后用于连续生产应税消费品的，其已纳税款准予按照规定从连续生产的应税消费品应纳税额中扣除。扣除范围包括：

1）以委托加工收回的已税烟丝为原料生产的卷烟；

2）以委托加工收回的已税高档化妆品为原料生产的高档化妆品；

3）以委托加工收回的已税珠宝玉石为原料生产的贵重首饰及珠宝玉石；

4）以委托加工收回的已税鞭炮、焰火为原料生产的鞭炮、焰火；

5）以委托加工收回的已税杆头、杆身和握把为原料生产的高尔夫球杆；

6）以委托加工收回的已税木制一次性筷子为原料生产的木制一次性筷子；

7）以委托加工收回的已税实木地板为原料生产的实木地板；

8）以委托加工收回的已税汽油、柴油、石脑油、燃料油、润滑油为原料生产的应税成品油。

【归纳总结】增值税与消费税抵扣（扣除）的不同点为：在计算增值税一般纳税人的当期增值税应纳税额时，取得增值税专用发票等合法扣税凭证并符合抵扣规定的，可以全额抵扣，与当期生产领用数量无关，增值税采用的是购进扣税法，但在计算消费税时，对于外购或委托加工收回的应税消费品用于连续生产应税消费品的，准予扣除的消费税与当期生产领用数量有关，强调的是配比原则。增值税与消费税抵扣（扣除）的相同点为：增值税和消费税抵扣（扣除）的目的一样，均为避免重复征税。

（五）自产自用应税消费品应纳税额的计算

纳税人自产自用应税消费品用于连续生产应税消费品的，在自产自用环节不缴纳消费税；凡用于其他方面的，一律于移送使用时，按视同销售依法缴纳消费税。若为从量征收，则应按照纳税人自产自用应税消费品的移送使用数量计算缴纳消费税；若为从价征收，则应按照纳税人生产的同类应税消费品的销售价格计算缴纳消费税，没有同类应税消费品销售价格的，按照组成计税价格计算缴纳消费税。

上述用于其他方面是指用于本企业连续生产非应税消费品、在建工程、管理部门、非生产机构、提供劳务、馈赠、赞助、集资、广告、样品、职工福利、奖励等方面。

（1）实行从价定率办法计算纳税的自产自用应税消费品应纳税额的计算公式为：

应纳消费税＝同类应税消费品销售价格或者组成计税价格×比例税率

组成计税价格＝(成本＋利润)÷(1－比例税率)

＝成本×(1＋成本利润率)÷(1－比例税率)

（2）实行从量定额办法计算纳税的自产自用应税消费品应纳税额的计算公式为：

应纳消费税＝自产自用数量×定额税率

（3）实行复合计税办法计算纳税的自产自用应税消费品应纳税额的计算公式为：

应纳消费税＝同类应税消费品销售价格或者组成计税价格×比例税率

＋自产自用数量×定额税率

组成计税价格＝(成本＋利润＋自产自用数量×定额税率)÷(1－比例税率)

＝[成本×(1＋成本利润率)＋自产自用数量×定额税率]

÷(1－比例税率)

【点拨指导】用于连续生产的应税消费品，是指纳税人将自产自用的应税消费品作为直接材料生产最终应税消费品，自产自用应税消费品构成最终应税消费品的实体，如卷烟厂生产的烟丝用于本厂连续生产卷烟等。因为最终产品卷烟也是应税消费品，需要缴纳消费税，所以在领用烟丝环节没有必要纳税（外购烟丝或委托加工烟丝用于连续生产卷烟则可以按规定扣除已纳税款），避免重复征税（消费税一般只征一次）。

（六）委托加工应税消费品应纳税额的计算

委托加工的应税消费品按照受托方的同类应税消费品的销售价格计算缴纳消费税；没有同类应税消费品销售价格的，按照组成计税价格计算缴纳消费税。

（1）实行从价定率办法计算纳税的委托加工应税消费品应纳税额的计算公式为：

应纳消费税＝同类应税消费品销售价格或者组成计税价格×比例税率

组成计税价格＝(材料成本＋加工费)÷(1－比例税率)

（2）实行从量定额办法计算纳税的委托加工应税消费品应纳税额的计算公式为：

应纳消费税＝委托加工数量×定额税率

（3）实行复合计税办法计算纳税的委托加工应税消费品应纳税额的计算公式为：

应纳消费税＝同类应税消费品销售价格或者组成计税价格×比例税率＋委托加工数量×定额税率

组成计税价格＝(材料成本＋加工费＋委托加工数量×定额税率)÷(1－比例税率)

【点拨指导】材料成本是指委托方所提供加工材料的实际成本。委托加工应税消费品的纳税人，必须在委托加工合同上如实注明（或者以其他方式提供）材料成本，凡未提供材料成本的，受托方主管税务机关有权核定其材料成本。加工费是指受托方加工应税消费品向委托方收取的全部费用（包括代垫的辅助材料实际成本）。

（七）进口的应税消费品应纳税额的计算

进口的应税消费品按照组成计税价格或进口数量和规定的税率计算缴纳消费税。

（1）实行从价定率办法计算纳税的进口应税消费品应纳税额的计算公式为：

应纳消费税＝组成计税价格×比例税率

组成计税价格＝(关税完税价格＋关税)÷(1－比例税率)

（2）实行从量定额办法计算纳税的进口应税消费品应纳税额的计算公式为：

应纳消费税＝海关核定的应税消费品的进口数量×定额税率

（3）实行复合计税办法计算纳税的进口应税消费品应纳税额的计算公式为：

$$\text{应纳消费税}=\text{组成计税价格}\times\text{比例税率}+\text{海关核定的应税消费品的进口数量}\times\text{定额税率}$$

$$\text{组成计税价格}=\left(\text{关税完税价格}+\text{关税}+\text{海关核定的应税消费品的进口数量}\times\text{定额税率}\right)\div\left(1-\text{比例税率}\right)$$

【归纳总结】应税消费品在自产自用、委托加工、进口三种情况下的组成计税价格有个共同特点，即都要除以（1－比例税率），这是因为分子部分本身不包含消费税，而消费税属于价内税（指的是消费税应当含在价格即计税依据中），其计税依据应当包含消费税本身，因此用分子除以（1－比例税率）就相当于加上了消费税。

六、消费税的征收管理

（一）消费税的纳税义务发生时间

（1）纳税人销售应税消费品的，按不同的销售结算方式，其纳税义务发生时间也不同，具体情况如下：

1）采取赊销和分期收款结算方式的，其纳税义务发生时间为书面合同约定的收款日期的当天，书面合同没有约定收款日期或者无书面合同的，其纳税义务发生时间为发出应税消费品的当天。

2）采取预收货款结算方式的，其纳税义务发生时间为发出应税消费品的当天。

3）采取托收承付和委托银行收款方式的，其纳税义务发生时间为发出应税消费品并办妥托收手续的当天。

4）采取其他结算方式的，其纳税义务发生时间为收讫销售款项或者取得索取销售款项凭据的当天。

（2）纳税人自产自用应税消费品的，其纳税义务发生时间为移送使用的当天。

（3）纳税人委托加工应税消费品的，其纳税义务发生时间为纳税人提货的当天。

（4）纳税人进口应税消费品的，其纳税义务发生时间为报关进口的当天。

（二）消费税的纳税期限

消费税的纳税期限分别为1日、3日、5日、10日、15日、1个月或者1个季度。纳税人的具体纳税期限由主管税务机关根据纳税人应纳税额的大小分别核定；不能按照固定期限纳税的，可以按次纳税。

纳税人以1个月或者1个季度为一个纳税期的，自期满之日起15日内申报纳税；纳税人以1日、3日、5日、10日、15日为一个纳税期的，自期满之日起5日内预缴税款，于次月1日起15日内申报纳税并结清上月应纳税款。

纳税人进口应税消费品，应当自海关填发海关进口消费税专用缴款书之日起15日内缴纳税款。

【知识链接】消费税纳税义务发生时间和纳税期限的规定与增值税一致。

（三）消费税的纳税地点

（1）纳税人销售的应税消费品以及自产自用的应税消费品，除国务院财政、税务主管部门另有规定外，应当向纳税人机构所在地或者居住地的主管税务机关申报纳税。

（2）委托加工的应税消费品，除受托方为个人外，由受托方向机构所在地或居住地主管税务机关缴纳消费税税款；委托个人加工的应税消费品，由委托方向其机构所在地或者居住地主管税务机关申报纳税。

【特别提示】受托方是除个人以外的单位的，由受托方代收代缴消费税；特别注意受托方是个人的，由委托方自己申报缴纳消费税。另外，个人包括个体工商户和其他个人，其中，其他个人是指个体工商户以外的自然人。

(3) 进口的应税消费品，由进口人或者其代理人向报关地海关申报纳税。

(4) 纳税人到外县（市）销售或者委托外县（市）代销自产应税消费品的，于应税消费品销售后，向机构所在地或居住地主管税务机关申报纳税。

(5) 纳税销售的应税消费品，如因质量等原因，由购买者退回时，经由所在地主管税务机关审核批准后，可退还已征收的消费税税款，但不能自行直接抵减应纳消费税税款。

第2节 消费税的会计核算

情境引例

委托加工的应税消费品，消费税与增值税的计算有什么不同?

一、消费税会计科目的设置

为了正确反映和核算消费税有关纳税事项，纳税人应在“应交税费”科目下设置“应交消费税”明细科目。该科目的借方反映纳税人实际缴纳的消费税额和待抵扣的消费税额；贷方反映按规定应缴纳的消费税额。期末贷方余额反映尚未缴纳的消费税额；期末借方余额反映多缴或待抵扣的消费税额。

对于委托加工业务代收代缴的消费税额，为了更加明确地对其进行核算，借鉴增值税的会计科目设置，受托方可以增设“代收代交消费税”明细科目。该科目的借方反映受托方实际缴纳代收代缴的消费税额，贷方反映受托方从委托方收取代收代缴的消费税额。

对于待抵扣（扣除）的消费税，为了更加明确地对其进行核算，借鉴增值税的会计科目设置，可以增设“待抵扣消费税额”明细科目。该科目的借方反映待抵扣的消费税额，贷方反映实际抵扣了的消费税额。如果纳税人不设置“应交税费——待抵扣消费税额”科目，则通过“应交税费——应交消费税”科目核算，但如果通过“应交税费——应交消费税”科目核算“待抵扣消费税额”，则在未全部领用可以抵扣消费税的应税消费品时，就存在一定的难处，不易清楚核算，详见工作实例3-8。

消费税属于价内税，即销售额中含有应负担的消费税额，在计算（计提）消费税时，还应设置与之相应的会计科目，如“税金及附加”“在途物资”“原材料”“库存商品”“生产成本”“制造费用”“在建工程”“固定资产”“管理费用”“销售费用”“资产处置损益”“营业外支出”“长期股权投资”“应付职工薪酬”等。

二、消费税的会计核算实务

（一）直接销售应税消费品的会计核算

纳税人将生产的应税消费品直接对外销售的，在计算应缴纳的消费税额时，通过“税金及附加”科目核算。纳税人计提应缴纳的消费税额时，借记“税金及附加”科目，贷记“应交税费——应交消费税”科目；同时，还要进行与收入和增值税有关的会计处理。实际缴纳消费税时，借记“应交税费——应交消费税”科目，贷记“银行存款”科目。发生销货退回及退税时，做相反的会计分录。

【工作实例3-1】 甲公司为增值税一般纳税人，本年1月销售一批自产的鞭炮，成本为13 000元，不含增值税售价为20 000元，增值税税率为13%，鞭炮的消费税税率为15%。该批鞭炮已发出，款项尚未收到。该批鞭炮在发出时，其控制权由甲公司转移给乙公司。

【工作要求】对甲公司上述业务进行账务处理。

【工作实施】

（1）确认收入时：

借：应收账款	22 600	
贷：主营业务收入		20 000
应交税费——应交增值税（销项税额）（20 000×13%）		2 600

（2）结转成本时：

借：主营业务成本	13 000	
贷：库存商品		13 000

（3）计提消费税时：

借：税金及附加	3 000	
贷：应交税费——应交消费税（20 000×15%）		3 000

（4）本年2月申报期内实际缴纳消费税时：

借：应交税费——应交消费税	3 000	
贷：银行存款		3 000

【工作实例3-2】 甲公司是一家生产金银首饰的厂家，为增值税一般纳税人，本年1月销售给乙金店一批其自产的金银首饰，成本为25 000元，不含增值税售价为40 000元，该批金银首饰已经发出，款项以银行存款收讫。该批金银首饰在发出时，其控制权由甲公司转移给乙金店。乙金店是一家零售金银首饰的商家，为增值税一般纳税人。乙金店本年1月从甲公司购进的金银首饰取得了增值税专用发票，该增值税专用发票本年1月符合抵扣规定。乙金店本年2月零售给消费者该批金银首饰，取得不含增值税金额50 000元，款项以现金收讫。乙金店采用进价核算制进行核算。该批金银首饰

在零售售出时，其控制权由乙金店转移给消费者。

【工作要求】(1) 对甲公司上述业务进行账务处理。

(2) 对乙金店上述业务进行账务处理。

【工作实施】(1) 甲公司的账务处理如下。

应纳增值税＝40 000×13%＝5 200(元)

1) 确认收入时：

借：银行存款	45 200	
贷：主营业务收入		40 000
应交税费——应交增值税（销项税额）		5 200

2) 结转成本时：

借：主营业务成本	25 000	
贷：库存商品		25 000

(2) 乙金店的账务处理如下。

1) 乙金店本年 1 月从甲公司购进金银首饰时：

借：库存商品	40 000	
应交税费——应交增值税（进项税额）	5 200	
贷：银行存款		45 200

2) 乙金店本年 2 月零售给消费者该批金银首饰时：

应纳增值税＝50 000×13%＝6 500(元)

应纳消费税＝50 000×5%＝2 500(元)

①确认收入时：

借：库存现金	56 500	
贷：主营业务收入		50 000
应交税费——应交增值税（销项税额）		6 500

②结转成本时：

借：主营业务成本	40 000	
贷：库存商品		40 000

③计提消费税时：

借：税金及附加	2 500	
贷：应交税费——应交消费税		2 500

④本年 3 月申报期内实际缴纳消费税时①：

借：应交税费——应交消费税	2 500	
贷：银行存款		2 500

① 本章后面的例题中，大多数省略次月申报期内实际缴纳消费税的会计处理。

【工作实例3-3】 甲卷烟生产企业为增值税一般纳税人，本年1月按60元/标准条的调拨价格（不含增值税）销售600标准箱M牌号卷烟给乙卷烟批发企业，开具给乙卷烟批发企业增值税专用发票，甲卷烟生产企业销售的600标准箱M牌号卷烟成本为4 000 000元。该批卷烟已经发出，款项尚未收到。该批卷烟在发出时，其控制权由甲卷烟生产企业转移给乙卷烟批发企业。乙卷烟批发企业为增值税一般纳税人，其取得的增值税专用发票本年1月符合抵扣规定。乙卷烟批发企业本年2月将上月购入的600标准箱M牌号卷烟对外全部批发销售，其中批发给另一卷烟批发企业400箱、零售烟草专卖店150箱、零售商店50箱，每箱不含税批发价格均为20 000元。1标准箱=250标准条，1标准条=200支。该批卷烟已经发出，款项尚未收到。该批卷烟在发出时，其控制权由乙卷烟批发企业转移给客户。

【工作要求】（1）对甲卷烟生产企业上述业务进行账务处理。

（2）对乙卷烟批发企业上述业务进行账务处理。

【工作实施】卷烟消费税在生产和批发两个环节征收。

卷烟生产环节（含进口）消费税的从价税税率为：（1）甲类卷烟，即每标准条（200支，下同）调拨价格在70元（不含增值税）以上（含70元）的卷烟，税率调整为56%。（2）乙类卷烟，即每标准条调拨价格在70元（不含增值税）以下的卷烟，税率调整为36%。卷烟的从量定额税率为0.003元/支。

卷烟批发环节的纳税人销售给纳税人以外的单位和个人的卷烟于销售时纳税。纳税人之间销售的卷烟不缴纳消费税。自2009年5月1日起，卷烟在批发环节加征一道5%的从价税。自2015年5月10日起，将卷烟批发环节从价税税率由5%提高至11%，并按0.005元/支加征从量税。

（1）甲卷烟生产企业的账务处理如下。

$$\text{甲卷烟生产企业的增值税销项税额}=60\times250\times600\times13\%=1\ 170\ 000(\text{元})$$

$$\begin{aligned}\text{甲卷烟生产企业的应纳消费税}&=60\times250\times600\times36\%+600\times250\times200\times0.003\\&=3\ 330\ 000(\text{元})\end{aligned}$$

甲卷烟生产企业本年1月销售卷烟时：

借：应收账款	10 170 000	
贷：主营业务收入（60×600×250）		9 000 000
应交税费——应交增值税（销项税额）		1 170 000
借：主营业务成本	4 000 000	
贷：库存商品		4 000 000
借：税金及附加	3 330 000	
贷：应交税费——应交消费税		3 330 000

（2）乙卷烟批发企业的账务处理如下。

1）乙卷烟批发企业本年1月采购卷烟时：

借：库存商品　　9 000 000
　　应交税费——应交增值税（进项税额）　　1 170 000
　贷：应付账款　　10 170 000

2）乙卷烟批发企业本年2月批发卷烟时：

乙卷烟批发企业的增值税销项税额＝20 000×(400＋150＋50)×13%
＝1 560 000(元)

乙卷烟批发企业批发给另一卷烟批发企业400箱卷烟不缴纳消费税。

乙卷烟批发企业批发给零售烟草专卖店150箱、零售商店50箱卷烟应纳消费税＝20 000×(150＋50)×11%＋(150＋50)×250×200×0.005＝490 000(元)

借：应收账款　　13 560 000
　贷：主营业务收入（20 000×600）　　12 000 000
　　　应交税费——应交增值税（销项税额）　　1 560 000
借：主营业务成本　　9 000 000
　贷：库存商品　　9 000 000
借：税金及附加　　490 000
　贷：应交税费——应交消费税　　490 000

【工作实例3-4】 甲小汽车生产企业为增值税一般纳税人，本年1月按200万元的价格（不含增值税）销售超豪华小汽车1辆给乙汽车门店，并开具增值税专用发票。甲小汽车生产企业销售的超豪华小汽车成本为120万元，消费税税率为25%。该批超豪华小汽车在发出时，其控制权由甲小汽车生产企业转移给乙汽车门店。乙汽车门店为增值税一般纳税人，其取得的增值税专用发票本年1月符合抵扣规定。乙汽车门店本年2月将上月购入的超豪华小汽车对外零售，取得不含增值税收入250万元。该批超豪华小汽车货物已经发出，款项以银行存款收讫。该批超豪华小汽车在发出时，其控制权由乙汽车门店转移给客户。

【工作要求】（1）对甲小汽车生产企业上述业务进行账务处理。

（2）对乙汽车门店上述业务进行账务处理。

【工作实施】 对超豪华小汽车，在生产（进口）环节按现行税率征收消费税的基础上，在零售环节加征消费税，税率为10%。超豪华小汽车零售环节消费税应纳税额的计算公式为：

应纳消费税＝零售环节销售额(不含增值税，下同)×零售环节税率

（1）甲小汽车生产企业的账务处理如下。

甲小汽车生产企业的增值税销项税额＝2 000 000×13%＝260 000(元)

甲小汽车生产企业的应纳消费税＝2 000 000×25%＝500 000(元)

甲小汽车生产企业销售超豪华小汽车时：

借：银行存款　2 260 000
　贷：主营业务收入　2 000 000
　　应交税费——应交增值税（销项税额）　260 000

借：主营业务成本　1 200 000
　贷：库存商品　1 200 000

借：税金及附加　500 000
　贷：应交税费——应交消费税　500 000

（2）乙汽车门店的账务处理如下。

1）乙汽车门店采购超豪华小汽车时：

借：库存商品　2 000 000
　应交税费——应交增值税（进项税额）　260 000
　贷：银行存款　2 260 000

2）乙汽车门店零售超豪华小汽车时：

乙汽车门店的增值税销项税额＝2 500 000×13%＝325 000(元)

乙汽车门店的应纳消费税＝2 500 000×10%＝250 000(元)

借：银行存款　2 825 000
　贷：主营业务收入　2 500 000
　　应交税费——应交增值税（销项税额）　325 000

借：主营业务成本　2 000 000
　贷：库存商品　2 000 000

借：税金及附加　250 000
　贷：应交税费——应交消费税　250 000

（二）自产自用应税消费品的会计核算

1. 纳税人将自产的应税消费品用于本单位连续生产非应税消费品、在建工程、管理部门、非生产机构、提供劳务、馈赠、赞助、集资、广告、样品、职工福利、奖励等方面消费税的会计核算

纳税人将自产的应税消费品用于本单位连续生产非应税消费品、在建工程、管理部门、非生产机构、提供劳务、馈赠、赞助、集资、广告、样品、职工福利、奖励等方面，一律视同销售处理，在移送使用时按同类消费品价格或组成计税价格计算增值税（若不属于增值税视同销售行为，则不需要计算缴纳增值税）和消费税。纳税人在按规定计提应缴纳的消费税额时，借记“生产成本”“制造费用”“在建工程”“固定资产”“管理费用”“销售费用”“资产处置损益”“营业外支出”“应付职工薪酬”“税金及附加”等科目，贷记“应交税费——应交消费税”等科目。

【工作实例3-5】 甲汽车制造厂为增值税一般纳税人，本年1月将自产的一辆乘用车（气缸容量为2.0升）用于管理部门，同类汽车不含增值税销售价格为300 000元，该汽车成本为150 000元，消费税税率为5%。

【工作要求】（1）计算甲汽车制造厂的应纳消费税。

（2）对甲汽车制造厂上述业务进行账务处理。

【工作实施】将应税消费品用于管理部门，增值税不视同销售，消费税视同销售。

应纳消费税＝300 000×5%＝15 000(元)

借：固定资产	165 000	
贷：库存商品		150 000
应交税费——应交消费税		15 000

【工作实例3-6】 甲化妆品公司为增值税一般纳税人，本年1月将自产的一批高档化妆品发放给员工，同类高档化妆品不含增值税平均销售价格为220 000元，该高档化妆品成本为140 000元，高档化妆品的消费税税率为15%。该批高档化妆品在发给员工时，其控制权由甲公司转移给员工。

【工作要求】（1）计算甲化妆品公司的应纳增值税和消费税。

（2）对甲化妆品公司上述业务进行账务处理。

【工作实施】将应税消费品用于个人消费，增值税和消费税均视同销售。

应纳增值税＝220 000×13%＝28 600(元)

应纳消费税＝220 000×15%＝33 000(元)

借：应付职工薪酬——非货币性福利	248 600	
贷：主营业务收入		220 000
应交税费——应交增值税（销项税额）		28 600
借：主营业务成本	140 000	
贷：库存商品		140 000
借：税金及附加	33 000	
贷：应交税费——应交消费税		33 000

2. 纳税人用于换取生产资料和消费资料、投资入股和抵偿债务等方面的应税消费品的会计核算

纳税人用于换取生产资料和消费资料、投资入股和抵偿债务等方面的应税消费品，应当以纳税人同类应税消费品的最高销售价格作为计税依据计算消费税，按同类应税消费品的平均销售价格作为计税依据计算增值税。纳税人在计提应缴纳的消费税额时，借记“原材料”“管理费用”“长期股权投资”“应付账款”“税金及附加”等科目，贷记“应交税费——应交消费税”等科目。

【工作实例3-7】 甲公司和乙客运公司为非同一控制下的两家公司，均为增值税一般纳税人。其中，甲公司是一家汽车制造企业。本年1月甲公司以本公司自产的乘用车20辆为对价取得乙客运公司有表决权的股份20%，准备长期持有该股份。甲公司同类乘用车每辆不含增值税平均销售价格为130 000元（不含增值税，下同），每辆最高销售价格为150 000元，该批乘用车每辆的账面余额为100 000元，未计提存货跌价准备。该批乘用车当月已经发给乙客运公司。该批乘用车适用的消费税税率为5%。该批乘用车在发出时，其控制权由甲公司转移给乙客运公司。

【工作要求】（1）计算甲公司的应纳增值税和应纳消费税。

（2）对甲公司上述业务进行账务处理。

【工作实施】

应纳增值税＝130 000×20×13%＝338 000(元)

应纳消费税＝150 000×20×5%＝150 000(元)

借：长期股权投资（2 600 000＋338 000）	2 938 000	
贷：主营业务收入（130 000×20）		2 600 000
应交税费——应交增值税（销项税额）		338 000
借：主营业务成本（100 000×20）	2 000 000	
贷：库存商品		2 000 000
借：税金及附加	150 000	
贷：应交税费——应交消费税		150 000

有观点认为甲公司的账务处理如下。

借：长期股权投资（2 600 000＋338 000＋150 000）	3 088 000	
贷：主营业务收入（130 000×20）		2 600 000
应交税费——应交增值税（销项税额）		338 000
应交税费——应交消费税		150 000
借：主营业务成本（100 000×20）	2 000 000	
贷：库存商品		2 000 000

（三）外购应税消费品已纳消费税税款扣除的会计核算

外购已税消费品连续生产应税消费品销售时，可在税法规定的扣税范围内按当期生产领用数量计算准予扣除的外购应税消费品已纳的消费税税款。对于准予扣除的外购应税消费品已纳的消费税税款，有两种账务处理方式：一种是外购应税消费品时，将外购应税消费品已纳的消费税税款记入"原材料"的成本中，借记"原材料"等科目，贷记"银行存款"等科目；纳税人将外购已税消费品用于连续生产应税消费品时，应先按照当期生产领用应税消费品的买价（或数量）计算准予扣除的外购应税消费品已纳的消费税税款，然后按照根据规定计算（计提）的消费税税款扣除按照当期生产领用应税消费品的买价（或数量）计算准予扣除的外购应税消费品已纳的消费税税款后的余额，借记“税金及附加”科目，贷记“应交税费——应交消费税”科目。另一种是将外购应税消费品已纳的消费税税款单独记入“应交税费——待抵扣消费税额”科目的借方（如果纳税人不设置“应交税费——待抵扣消费税额”科目，则记入“应交税费——应交消费税”科目的借方），借记“应交税费——待抵扣消费税额”等科目，贷记“银行存款”等科目；纳税人将外购已税消费品用于连续生产应税消费品时，应按照当期生产领用应税消费品的买价（或数量）计算准予扣除的外购应税消费品已纳的消费税税款，借记“应交税费——应交消费税”科目，贷记“应交税费——待抵扣消费税额”科目（如果纳税人不设置“应交税费——待抵扣消费税额”科目，则不做该笔会计分录。如果纳税人不设置“应交税费——待抵扣消费税额”科目，而通过“应交税费——应交消费税”科目核算“待抵扣消费税额”，则在未全部领用可以抵扣消费税的应税消费品时，就存在一定的难处，不易清楚核算。此时只能在会计分录中核算计提的消费税，无法核算抵扣的消费税，需要由税务会计人员在账外记录本期可以抵扣的消费税和尚未抵扣的消费税，详见工作实例 3-8)，同时按照根据规定计算（计提）的消费税额，借记“税金及附加”科目，贷记“应交税费——应交消费税”科目；缴纳消费税时，按照根据规定计算（计提）的消费税税款扣除按照当期生产领用应税消费品的买价（或数量）计算准予扣除的外购应税消费品已纳的消费税税款后的余额，借记“应交税费——应交消费税”科目，贷记“银行存款”科目。

【点拨指导】对外购已税消费品直接出售的，出售时不再缴纳消费税（除了卷烟的批发环节、超豪华小汽车的零售环节还需要加征消费税外），相应地，外购应税消费品已纳消费税税款也不能扣除。

【工作实例 3-8】 甲化妆品生产企业为增值税一般纳税人，本年 1 月从乙化妆品生产企业购进高档保湿精华一批（外购的高档保湿精华期初库存为 0），取得的增值税专用发票上注明不含增值税价款 200 万元，该增值税专用发票本年 1 月符合抵扣规定；当月领用其中的 60%（即期末库存的外购高档保湿精华为 40%）生产高档保湿粉底液并全部销售给丙公司，向丙公司开具的增值税专用发票上注明不含增值税价款 1 000 万元。该批高档保湿粉底液已经发出，款项以银行存款收讫。该批高档保湿粉底液的成本共计 500 万元。该批高档保湿粉底液在发出时，其控制权由甲化妆品生产企业转移给丙公司。高档化妆品的消费税税率为 15%。

【工作要求】对甲化妆品生产企业上述业务进行账务处理。

【工作实施】(1) 购进高档保湿精华时：

借：原材料	2 000 000
应交税费——应交增值税（进项税额）(2 000 000×13%)	260 000
贷：银行存款	2 260 000

(2) 销售高档保湿粉底液时：

$$\text{当期准予扣除的外购应税消费品已纳税款}=\text{当期准予扣除的外购应税消费品买价}\times\text{外购应税消费品适用税率}$$

$$=\left(\text{期初库存的外购应税消费品买价}+\text{当期购进的外购应税消费品买价}-\text{期末库存的外购应税消费品买价}\right)\times\text{外购应税消费品适用税率}$$

$$=(0+200-200\times 40\%)\times 15\%$$

$$=18\text{(万元)}$$

应纳消费税＝1 000×15%－200×60%×15%＝132(万元)

应纳增值税＝1 000×13%－200×13%＝104(万元)

1）确认收入时：

借：银行存款	11 300 000
贷：主营业务收入	10 000 000
应交税费——应交增值税（销项税额）（10 000 000×13%）	1 300 000

2）结转成本时：

借：主营业务成本	5 000 000
贷：库存商品	5 000 000

3）计提消费税时：

借：税金及附加	1 320 000
贷：应交税费——应交消费税	1 320 000

4）次月申报期内实际缴纳消费税时：

借：应交税费——应交消费税	1 320 000
贷：银行存款	1 320 000

【点拨指导】针对工作实例 3-8，另一种观点认为，应将外购应税消费品已纳的消费税税款记入“应交税费——待抵扣消费税额”科目的借方（如果纳税人不设置“应交税费——待抵扣消费税额”科目，则记入“应交税费——应交消费税”科目的借方），而不记入“原材料”科目的借方。这样会使产品的成本随之降低至 4 820 000 元（5 000 000－300 000×60%）。甲化妆品生产企业的账务处理如下。

（1）购进高档保湿精华时：

借：原材料	1 700 000
应交税费——应交增值税（进项税额）	260 000
——待抵扣消费税额（2 000 000×15%）	300 000
贷：银行存款	2 260 000

如果纳税人不设置“应交税费——待抵扣消费税额”科目，则

借：原材料	1 700 000
应交税费——应交增值税（进项税额）	260 000
——应交消费税（2 000 000×15%）	300 000

贷：银行存款 2 260 000

（2）销售高档保湿粉底液时：

1）确认收入时：

借：银行存款 11 300 000

贷：主营业务收入 10 000 000

应交税费——应交增值税（销项税额）（10 000 000×13%） 1 300 000

2）结转成本时：

借：主营业务成本 4 820 000

贷：库存商品 4 820 000

3）计提和抵扣消费税时：

借：税金及附加 1 500 000

贷：应交税费——应交消费税（10 000 000×15%） 1 500 000

借：应交税费——应交消费税（2 000 000×60%×15%） 180 000

贷：应交税费——待抵扣消费税额 180 000

如果纳税人不设置“应交税费——待抵扣消费税额”科目，而通过“应交税费——应交消费税”科目核算“待抵扣消费税额”，则在未全部领用可以抵扣消费税的应税消费品时（例如，本例中领用60%），就存在一定的难处，不易清楚核算。此时只能在会计分录中核算计提的消费税，无法核算抵扣的消费税，需要由税务会计人员在账外记录本期可以抵扣的消费税=2 000 000×60%×15%=180 000（元），尚未抵扣的消费税=300 000－180 000=120 000（元）。

借：税金及附加（10 000 000×15%） 1 500 000

贷：应交税费——应交消费税 1 500 000

4）次月申报期内实际缴纳消费税时：

借：应交税费——应交消费税（1 500 000－180 000） 1 320 000

贷：银行存款 1 320 000

与前一种处理方式相比，这种处理方式对利润表的利润最终没有影响，实际上相当于将前一种处理方式记入“原材料”科目的金额300 000元记入“应交税费——待抵扣消费税额”科目，进而影响“税金及附加”“库存商品”“主营业务成本”科目的金额。

【工作实例3-9】 乙化妆品生产企业为增值税一般纳税人，本年1月从丙化妆品生产企业购进高档保湿精华一批（外购的高档保湿精华期初库存为0），取得的增值税专用发票上注明不含增值税价款200万元，该增值税专用发票本年1月符合抵扣规定；当月将其全部销售给丁公司，向丁公司开具的增值税专用发票上注明不含增值税价款230万元。该批高档保湿精华已经发出，款项以银行存款收讫。该批高档保湿精华在发出时，其控制权由乙化妆品生产企业转移给丁公司。

【工作要求】 对乙化妆品生产企业上述业务进行账务处理。

【工作实施】

借：库存商品　2 000 000
　　应交税费——应交增值税（进项税额）（2 000 000×13%）　260 000
　贷：银行存款　2 260 000
借：银行存款　2 599 000
　贷：主营业务收入　2 300 000
　　　应交税费——应交增值税（销项税额）（2 300 000×13%）　299 000
借：主营业务成本　2 000 000
　贷：库存商品　2 000 000

（四）应税消费品包装物及包装物押金消费税的会计核算

1. 随同产品出售单独计价的包装物消费税的会计核算

随同产品出售单独计价的包装物，纳税人应借记“银行存款”等科目；按销售产品的收入贷记“主营业务收入”科目，按销售包装物的收入贷记“其他业务收入”科目；按应计提的增值税销项税额或应纳增值税额，贷记“应交税费——应交增值税（销项税额）”或“应交税费——简易计税”（小规模纳税人应贷记“应交税费——应交增值税”）科目；按应缴纳的消费税额，借记“税金及附加”科目，贷记“应交税费——应交消费税”科目；同时结转产品成本和包装物的成本，借记“主营业务成本”科目，贷记“库存商品”科目，借记“其他业务成本”科目，贷记“周转材料——包装物”科目。

【工作实例3-10】 甲酒厂为增值税一般纳税人，本年1月异地销售粮食白酒130千克，出厂价格共计8 000元（不含增值税），成本为4 200元。包装物单独计价，收取包装物价款600元（不含增值税），包装物成本为300元。该批粮食白酒和包装物已经发出，以上款项尚未收到。该批粮食白酒和包装物控制权由甲酒厂转移给客户。粮食白酒的消费税从价税率为20%，从量税率为0.5元/500克。

【工作要求】（1）计算甲酒厂的应纳增值税和应纳消费税。

（2）对甲酒厂上述业务进行账务处理。

【工作实施】（1）计算甲酒厂的应纳增值税和应纳消费税。

应纳消费税＝8 000×20%＋130×2×0.5＋600×20%＝1 850(元)

应纳增值税＝8 000×13%＋600×13%＝1 118(元)

（2）甲酒厂的账务处理如下。

借：应收账款　9 718
　贷：主营业务收入　8 000
　　　其他业务收入　600
　　　应交税费——应交增值税（销项税额）　1 118
借：主营业务成本　4 200

贷：库存商品　　4 200

借：其他业务成本　　300

贷：周转材料——包装物　　300

借：税金及附加　　1 850

贷：应交税费——应交消费税　　1 850

2. 随同产品出售不单独计价的包装物消费税的会计核算

随同产品出售且不单独计价的包装物，其包装物收入随同所销售的产品一同计入产品销售收入。因此，出售包装物应缴纳的消费税与销售产品应缴纳的消费税一同记入“税金及附加”科目。

3. 出租、出借包装物逾期未收回而没收的押金消费税的会计核算

一般情况下，纳税人出租、出借的包装物收取的押金，借记“银行存款”科目，贷记“其他应付款”科目；纳税人出租、出借包装物逾期未收回而没收的包装物押金，应借记“其他应付款”科目，贷记“其他业务收入”科目，并按应缴纳的消费税额，借记“税金及附加”科目，贷记“应交税费——应交消费税”科目。特殊情况下，从1995年6月1日起，对酒类（黄酒、啤酒除外）生产企业销售酒类产品而收取的包装物押金，无论押金是否返还以及在会计上如何核算，均需并入酒类产品销售额，依据酒类产品的适用税率计征消费税。

【点拨指导】黄酒、啤酒、成品油作为从量计征消费税的应税消费品，其包装物押金不计征消费税（由于从量计征而非从价计征，因此无法征收包装物押金的消费税）。

【工作实例3-11】 甲公司为增值税一般纳税人，本年1月销售鞭炮一批，不含增值税价格为30 000元，收取包装物押金3 390元，产品成本为22 000元，包装物成本为1 500元。该批鞭炮货物已经发出，款项以银行存款收讫。该批鞭炮在发出时，其控制权由甲公司转移给客户。鞭炮的消费税税率为15%。

【工作要求】对甲公司上述业务进行账务处理。

【工作实施】（1）销售产品时：

借：银行存款　　37 290

贷：主营业务收入　　30 000

应交税费——应交增值税（销项税额）（30 000×13%）　　3 900

其他应付款——存入保证金　　3 390

借：主营业务成本　　22 000

贷：库存商品　　22 000

（2）计提消费税时：

借：税金及附加（30 000×15%）　　4 500

贷：应交税费——应交消费税　　4 500

（3）退还或者没收包装物押金时：

1）若购买方到期前返还包装物，甲公司退还包装物押金，则

借：其他应付款——存入保证金　　3 390
　贷：银行存款　　3 390

2）若购买方逾期未返还包装物，甲公司没收包装物押金，则

借：其他应付款——存入保证金　　3 390
　贷：其他业务收入（3 390÷(1+13%)）　　3 000
　　应交税费——应交增值税（销项税额）(3 390÷(1+13%)×13%)　　390
借：税金及附加　　450
　贷：应交税费——应交消费税（3 390÷(1+13%)×15%）　　450
借：其他业务成本　　1 500
　贷：周转材料——包装物　　1 500

【工作实例3-12】 甲公司是一家粮食白酒、啤酒生产销售企业，为增值税一般纳税人，在销售啤酒和白酒的同时收取包装物押金。本年1月销售白酒、啤酒给乙公司的情况如下：

（1）销售白酒20万千克，不含增值税销售收入为1 000 000元，该白酒的成本为500 000元；另外收取包装物押金11 300元，约定3个月后由乙公司返还包装物。该批白酒已经发出，款项以银行存款收讫。该批白酒在发出时，其控制权由甲公司转移给乙公司。若本年4月乙公司未能返还包装物，则甲公司没收包装物押金，该包装物成本为8 000元。白酒的消费税从价税率为20%，从量税率为0.5元/500克。

（2）销售啤酒100吨，取得不含增值税销售收入260 000元，该啤酒的成本为180 000元；取得随同产品出售但单独计价的包装物不含增值税销售收入100 000元，该单独计价的包装物的成本为80 000元；另外还有一部分约定3个月后返还的包装物，对其收取包装物押金11 300元，该包装物成本为7 000元。该批啤酒已经发出，款项以银行存款收讫。该批啤酒在发出时，其控制权由甲公司转移给乙公司。若本年4月乙公司未能返还包装物，则甲公司没收包装物押金11 300元。每吨啤酒出厂价格（含包装物及包装物押金）在3 000元（不含3 000元，不含增值税）以下的，消费税单位税额为220元/吨；每吨啤酒出厂价格在3 000元（含3 000元，不含增值税）以上的，消费税单位税额为250元/吨。

【工作要求】 对甲公司上述业务进行账务处理。

【工作实施】（1）销售白酒的账务处理如下。

1）本年1月销售白酒时：

借：银行存款　　1 141 300
　贷：主营业务收入　　1 000 000
　　应交税费——应交增值税（销项税额）（1 000 000×13%）　　130 000
　　其他应付款——存入保证金　　11 300
借：主营业务成本　　500 000
　贷：库存商品　　500 000

2）计提销售白酒的应纳消费税时：

销售 20 万千克白酒的应纳消费税＝100×20％＋20×2×0.5＝40(万元)

借：税金及附加　　400 000
　　贷：应交税费——应交消费税　　400 000

3）计提包装物押金的应纳增值税和应纳消费税时：

包装物押金的应纳增值税＝11 300÷(1＋13％)×13％＝1 300(元)
包装物押金的应纳消费税＝11 300÷(1＋13％)×20％＝2 000(元)

借：销售费用　　3 300
　　贷：应交税费——应交增值税（销项税额）　　1 300
　　　　　　　　——应交消费税　　2 000

或

借：销售费用　　1 300
　　贷：应交税费——应交增值税（销项税额）　　1 300
借：税金及附加　　2 000
　　贷：应交税费——应交消费税　　2 000

4）本年 4 月包装物到期时：

①若乙公司返还包装物，甲公司退回包装物押金，则

借：其他应付款——存入保证金　　11 300
　　贷：银行存款　　11 300

②若乙公司未能返还包装物，甲公司没收包装物押金，则

借：其他应付款——存入保证金　　11 300
　　贷：其他业务收入　　11 300
借：其他业务成本　　8 000
　　贷：周转材料——包装物　　8 000

(2）销售啤酒的账务处理如下。

1）本年 1 月销售啤酒时：

借：银行存款　　293 800
　　贷：主营业务收入　　260 000
　　　　应交税费——应交增值税（销项税额）　　33 800
借：主营业务成本　　180 000
　　贷：库存商品　　180 000

包装物随同产品出售但单独计价时：

借：银行存款　　113 000
　　贷：其他业务收入　　100 000
　　　　应交税费——应交增值税（销项税额）　　13 000
借：其他业务成本　　80 000

贷：周转材料——包装物　　80 000

收取包装物押金时：

借：银行存款　　11 300

贷：其他应付款——存入保证金　　11 300

2）计提销售啤酒应纳消费税时：

每吨啤酒出厂价格（含包装物及包装物押金）＝［260 000＋100 000＋11 300÷(1＋13%)］÷100

＝3 700(元)

由于每吨啤酒出厂价格 3 700 元＞3 000 元，因此单位税额为 250 元/吨。

销售啤酒应纳消费税＝100×250＝25 000(元)

借：税金及附加　　25 000

贷：应交税费——应交消费税　　25 000

3）本年 4 月包装物到期时：

① 若乙公司返还包装物，甲公司退回包装物押金，则

借：其他应付款——存入保证金　　11 300

贷：银行存款　　11 300

② 若乙公司未能返还包装物，甲公司没收包装物押金，则

借：其他应付款——存入保证金　　11 300

贷：其他业务收入　　10 000

应交税费——应交增值税（销项税额）　　1 300

借：其他业务成本　　7 000

贷：周转材料——包装物　　7 000

（五）委托加工应税消费品的会计核算

纳税人委托加工的应税消费品由受托方在向委托方交货时代收代缴消费税。根据《财政部 国家税务总局关于〈中华人民共和国消费税暂行条例实施细则〉有关条款解释的通知》（财法〔2012〕8 号）的规定，《中华人民共和国消费税暂行条例实施细则》（财政部令第 51 号）第七条第二款规定，“委托加工的应税消费品直接出售的，不再缴纳消费税”。现将这一规定的含义解释如下：委托方将收回的应税消费品，以不高于受托方的计税价格出售的，为直接出售，不再缴纳消费税；委托方以高于受托方的计税价格出售的，不属于直接出售，需按照规定申报缴纳消费税，在计税时准予扣除受托方已代收代缴的消费税。

委托方收回应税消费品后，如果以不高于受托方的计税价格出售，则在销售时不再缴纳消费税。委托方在委托加工后提货时，应将受托方代收代缴的消费税随同应支付的加工费一并计入委托加工的应税消费品成本，借记“委托加工物资”等科目，贷记“银

行存款”等科目。以不高于受托方的计税价格出售时，不再缴纳消费税，此时无须对消费税进行账务处理。

委托方收回应税消费品后，如果以高于受托方的计税价格出售，须按照规定申报缴纳消费税，在计税时准予扣除受托方代收代缴的消费税。这种情况下，委托方在委托加工后提货并销售有两种账务处理方式：一种是，委托方在委托加工后提货时，将受托方代收代缴的消费税随同应支付的加工费一并计入委托加工的应税消费品成本，借记“委托加工物资”等科目，贷记“银行存款”等科目；以高于受托方的计税价格出售时，按照根据规定计算（计提）的消费税扣除受托方代收代缴的消费税后的金额，借记“税金及附加”科目，贷记“应交税费——应交消费税”科目。另一种是，委托方在委托加工后提货时，将受托方代收代缴的消费税额单独记入“应交税费——待抵扣消费税额”科目的借方（如果纳税人不设置“应交税费——待抵扣消费税额”科目，则记入“应交税费——应交消费税”科目的借方），借记“应交税费——待抵扣消费税额”等科目，贷记“银行存款”等科目（如果纳税人不设置“应交税费——待抵扣消费税额”科目，而通过“应交税费——应交消费税”科目核算“待抵扣消费税额”，则借记“应交税费——应交消费税”等科目，贷记“银行存款”等科目）；以高于受托方的计税价格出售时，按之前支付的受托方代收代缴的消费税额，借记“应交税费——应交消费税”科目，贷记“应交税费——待抵扣消费税额”科目（如果纳税人不设置“应交税费——待抵扣消费税额”科目，则不做该笔会计分录。如果纳税人不设置“应交税费——待抵扣消费税额”科目，而通过“应交税费——应交消费税”科目核算“待抵扣消费税额”，在未全部销售该应税消费品时，就存在一定的难处，不易清楚核算。此时只能在会计分录中核算计提的消费税，无法核算抵扣的消费税，需要由税务会计人员在账外记录本期可以抵扣的消费税和尚未抵扣的消费税，道理与工作实例 3－8 类似），同时按照根据规定计算（计提）的消费税额，借记“税金及附加”科目，贷记“应交税费——应交消费税”科目；缴纳消费税时，按照根据规定计算（计提）的消费税扣除受托方代收代缴的消费税后的金额，借记“应交税费——应交消费税”科目，贷记“银行存款”科目。

【情境引例解析】

委托加工的应税消费品计算消费税时，应按受托方同类应税消费品的销售价格或组成计税价格计算；而计算增值税（对于受托方是销项税，对于委托方是进项税）时，应按受托方收取的加工费（包括代垫的辅助材料成本）计算。

【工作实例 3－13】 甲酒厂为增值税一般纳税人，本年 1 月将库存自产的半成品酒（为生产该半成品酒而耗用了以前期间购进的原材料，涉及的进项税额已经于以前期间抵扣）发出，委托外协单位乙酒厂加工调和成葡萄酒收回后直接对外出售，发出半成品酒的账面成本为 700 000 元，支付加工费 220 000 元（不含增值税），取得乙酒厂开具的增值税专用发票，该增值税专用发票本年 1 月符合抵扣规定；外协单位乙酒厂（受托方）同类消费品计税销售额为 1 300 000 元（不含增值税）。加工完毕验收入库待售，次月甲酒厂将全部葡萄酒以 1 200 000 元的价格（不含增值税）对外销售。该批葡萄酒已经发出，款项以银行存款收讫。该批葡萄酒在发出时，其控制权由甲酒厂转移给客户。葡萄酒的消费税税率为10%。

【工作要求】（1）计算本年1月甲酒厂的增值税进项税额。

（2）计算本年1月由乙酒厂代收代缴的消费税。

（3）对委托方甲酒厂上述业务进行账务处理。

（4）对受托方乙酒厂上述业务进行账务处理。

【工作实施】

（1）甲酒厂的增值税进项税额=220 000×13%=28 600(元)

（2）由乙酒厂(受托方)代收代缴的消费税=1 300 000×10%=130 000(元)

（3）委托方甲酒厂的账务处理如下。

1）发出半成品时：

借：委托加工物资	700 000	
贷：原材料		700 000

2）支付加工费及相关税金（包括委托加工费、委托加工环节由受托方代收代缴的消费税、委托加工环节的增值税）时：

借：委托加工物资（220 000+130 000）	350 000	
应交税费——应交增值税（进项税额）	28 600	
贷：银行存款		378 600

3）加工完毕收回入库时：

借：库存商品（700 000+350 000）	1 050 000	
贷：委托加工物资		1 050 000

4）次月将全部葡萄酒以1 200 000元的价格（不含增值税）对外销售，其价格不高于受托方葡萄酒的计税价格1 300 000元，因此只计算缴纳增值税，不再计算缴纳消费税。

应纳增值税=1 200 000×13%=156 000(元)

借：银行存款	1 356 000	
贷：主营业务收入		1 200 000
应交税费——应交增值税（销项税额）		156 000
借：主营业务成本	1 050 000	
贷：库存商品		1 050 000

（4）受托方乙酒厂的账务处理如下。

1）收取加工费时：

借：银行存款	248 600	
贷：其他业务收入		220 000
应交税费——应交增值税（销项税额）		28 600

2）收取代收的消费税时：

借：银行存款　　130 000

贷：应交税费——应交消费税（或者“应交税费——代收代交消费税”）　　130 000

3）缴纳代收的消费税时：

借：应交税费——应交消费税（或者“应交税费——代收代交消费税”）　　130 000

贷：银行存款　　130 000

【工作实例 3-14】 甲酒厂为增值税一般纳税人，本年1月将以前月份生产的库存半成品酒发出，委托外协单位乙酒厂加工调和成葡萄酒收回后直接对外出售，发出半成品酒的账面成本为700 000元，支付加工费220 000元（不含增值税），取得乙酒厂开具的增值税专用发票，该增值税专用发票本年1月符合抵扣规定；外协单位乙酒厂（受托方）同类消费品计税销售额为1 300 000元（不含增值税）。加工完毕验收入库待售，次月甲酒厂将全部葡萄酒以1 400 000元的价格（不含增值税）对外销售。该批葡萄酒已经发出，款项以银行存款收讫。该批葡萄酒在发出时，其控制权由甲酒厂转移给客户。葡萄酒的消费税税率为10%。

【工作要求】（1）计算甲酒厂的增值税进项税额。

（2）计算由乙酒厂代收代缴的消费税。

（3）对委托方甲酒厂上述业务进行账务处理。

（4）对受托方乙酒厂上述业务进行账务处理。

【工作实施】

（1）甲酒厂的增值税进项税额=220 000×13%=28 600(元)

（2）由乙酒厂(受托方)代收代缴的消费税=1 300 000×10%=130 000(元)

（3）委托方甲酒厂的账务处理如下。

1）发出半成品酒时：

借：委托加工物资　　700 000

贷：原材料　　700 000

2）支付加工费及相关税金（包括委托加工费、委托加工环节由受托方代收代缴的消费税、委托加工环节的增值税）时：

借：委托加工物资（220 000+130 000）　　350 000

应交税费——应交增值税（进项税额）　　28 600

贷：银行存款　　378 600

3）加工完毕收回入库时：

借：库存商品（700 000+350 000）　　1 050 000

贷：委托加工物资　　1 050 000

4）次月将全部葡萄酒以1 400 000元的价格（不含增值税）对外销售，其价格高于受托方葡萄酒的计税价格1 300 000元，因此既要计算缴纳增值税，又要按照差额计算缴纳消费税。

应纳增值税=1 400 000×13%=182 000(元)

应纳消费税=1 400 000×10%−130 000=10 000(元)

①确认收入时：

借：银行存款　　1 582 000

　贷：主营业务收入　　1 400 000

　　应交税费——应交增值税（销项税额）　　182 000

②结转成本时：

借：主营业务成本　　1 050 000

　贷：库存商品　　1 050 000

③计提消费税时：

借：税金及附加　　10 000

　贷：应交税费——应交消费税　　10 000

④次月申报期内实际缴纳消费税时：

借：应交税费——应交消费税　　10 000

　贷：银行存款　　10 000

(4) 受托方乙酒厂的账务处理如下。

1) 收取加工费时：

借：银行存款　　248 600

　贷：其他业务收入　　220 000

　　应交税费——应交增值税（销项税额）　　28 600

2) 收取代收的消费税时：

借：银行存款　　130 000

　贷：应交税费——应交消费税（或者“应交税费——代收代交消费税”）　　130 000

3) 缴纳代收的消费税时：

借：应交税费——应交消费税（或者“应交税费——代收代交消费税”）　　130 000

　贷：银行存款　　130 000

【点拨指导】针对工作实例3-14，另一种观点认为：应将受托方代收代缴的消费税额单独记入“应交税费——待抵扣消费税额”科目的借方（如果纳税人不设置“应交税费——待抵扣消费税额”科目，则记入“应交税费——应交消费税”科目的借方），而非记入“委托加工物资”科目的借方。这样会使产品的成本随之降低。

委托方甲酒厂的账务处理如下。

(1) 发出半成品时：

借：委托加工物资 700 000

贷：原材料 700 000

(2) 支付加工费及相关税金（包括委托加工费、委托加工环节由受托方代收代缴的消费税、委托加工环节的增值税）时：

借：委托加工物资 220 000

应交税费——应交增值税（进项税额） 28 600

——待抵扣消费税额 130 000

贷：银行存款 378 600

如果纳税人不设置“应交税费——待抵扣消费税额”科目，则

借：委托加工物资 220 000

应交税费——应交增值税（进项税额） 28 600

——应交消费税 130 000

贷：银行存款 378 600

(3) 加工完毕收回入库时：

借：库存商品（700 000＋220 000） 920 000

贷：委托加工物资 920 000

(4) 次月将全部葡萄酒以1 400 000元的价格（不含增值税）对外销售，其价格高于受托方葡萄酒的计税价格1 300 000元，因此既要计算缴纳增值税，又要按照差额计算缴纳消费税。

应纳增值税＝1 400 000×13%＝182 000(元)

应纳消费税＝1 400 000×10%－130 000＝10 000(元)

1) 确认收入时：

借：银行存款 1 582 000

贷：主营业务收入 1 400 000

应交税费——应交增值税（销项税额） 182 000

2) 结转成本时：

借：主营业务成本 920 000

贷：库存商品 920 000

3) 计提和抵扣消费税时：

借：税金及附加 140 000

贷：应交税费——应交消费税 140 000

借：应交税费——应交消费税 130 000

贷：应交税费——待抵扣消费税额 130 000

如果纳税人不设置“应交税费——待抵扣消费税额”科目，而通过“应交税费——应交消费税”科目核算“待抵扣消费税额”，则

借：税金及附加　　140 000

　贷：应交税费——应交消费税　　140 000

4）次月申报期内实际缴纳消费税时：

借：应交税费——应交消费税（140 000－130 000）　　10 000

　贷：银行存款　　10 000

两种账务处理方式不同，但对当期利润的影响是一样的。第一种方式将委托加工环节的消费税130 000元计入产品成本（先记入“委托加工物资”账户，后转入“库存商品”账户），因此在产品销售环节，“主营业务成本”账户多结转130 000元；第二种方式将委托加工环节的消费税130 000元记入“应交税费——待抵扣消费税额”账户的借方，而在销售环节，“税金及附加”账户多记130 000元。“主营业务成本”账户与“税金及附加”账户同为利润表项目的减项，因此对最终利润的影响是一样的。

【工作实例3-15】 甲卷烟厂为增值税一般纳税人，本年1月委托乙工厂加工烟丝，甲卷烟厂提供烟叶价款为56 000元，支付加工费21 000元（不含增值税），取得乙工厂开具的增值税专用发票，该增值税专用发票本年1月符合抵扣规定。乙工厂无同类产品价格。甲卷烟厂和乙工厂的增值税税率均为13%，烟丝消费税税率为30%。甲卷烟厂收回烟丝后本月全部继续加工成乙类卷烟销售。当月销售40个标准箱，每标准条调拨价为50元（每标准箱的卷烟数量为50 000支，可换算为250标准条，该卷烟适用的消费税比例税率为36%，定额税率为每标准箱150元）。当月销售卷烟的成本为200 000元。该批乙类卷烟已经发出，款项以银行存款收讫。该批乙类卷烟在发出时，其控制权由甲卷烟厂转移给客户。甲卷烟厂期初库存委托加工收回的烟丝已缴纳消费税20 000元，期末库存委托加工的烟丝已缴纳消费税20 000元。

【工作要求】（1）计算甲卷烟厂销售卷烟的销售收入。

（2）计算甲卷烟厂销售卷烟的应纳增值税。

（3）计算受托方乙工厂代收代缴的消费税及甲卷烟厂当月销售卷烟实际应纳消费税。

（4）对委托方甲卷烟厂上述业务进行账务处理。

（5）对受托方乙工厂上述业务进行账务处理。

【工作实施】

（1）甲卷烟厂销售卷烟的销售收入＝50×250×40＝500 000(元)

（2）甲卷烟厂销售卷烟的应纳增值税＝500 000×13%＝65 000(元)

（3）由受托方乙工厂代收代缴的消费税＝(56 000＋21 000)÷(1－30%)×30%
＝33 000(元)

甲卷烟厂销售卷烟的应纳消费税＝500 000×36%＋150×40＝186 000(元)

甲卷烟厂当月销售卷烟实际应纳消费税＝186 000－33 000＝153 000(元)

（4）委托方甲卷烟厂的账务处理如下。

1）发出委托加工材料时：

借：委托加工物资　　56 000

贷：原材料　56 000

2）支付委托加工费时：

借：委托加工物资　21 000

应交税费——应交增值税（进项税额）（21 000×13%）　2 730

贷：银行存款　23 730

3）支付受托方代收代缴的消费税时：

借：应交税费——待抵扣消费税额　33 000

贷：银行存款　33 000

如果纳税人不设置“应交税费——待抵扣消费税额”科目，则

借：应交税费——应交消费税　33 000

贷：银行存款　33 000

4）加工的烟丝收回入库时：

借：原材料（56 000+21 000）　77 000

贷：委托加工物资　77 000

5）销售卷烟取得收入并结转成本时：

借：银行存款　565 000

贷：主营业务收入　500 000

应交税费——应交增值税（销项税额）　65 000

借：主营业务成本　200 000

贷：库存商品　200 000

6）计提消费税时：

借：税金及附加　186 000

贷：应交税费——应交消费税　186 000

7）抵扣消费税时：

当月准予抵扣的消费税额=20 000+33 000−20 000=33 000(元)

借：应交税费——应交消费税　33 000

贷：应交税费——待抵扣消费税额　33 000

（如果纳税人不设置“应交税费——待抵扣消费税额”科目，则不做该笔会计分录。）

8）下月初实际缴纳消费税时：

借：应交税费——应交消费税（186 000−33 000）　153 000

贷：银行存款　153 000

（5）受托方乙工厂的账务处理如下。

1）收取加工费时：

借：银行存款　23 730

贷：其他业务收入　21 000

应交税费——应交增值税（销项税额） 2 730

2）收取代收的消费税时：

借：银行存款 33 000

贷：应交税费——应交消费税（或者“应交税费——代收代交消费税”） 33 000

3）缴纳代收的消费税时：

借：应交税费——应交消费税（或者“应交税费——代收代交消费税”） 33 000

贷：银行存款 33 000

（六）进口应税消费品的会计核算

进口应税消费品时，进口单位缴纳的消费税应计入应税消费品的成本。按进口成本连同应纳关税、消费税，借记“固定资产”“原材料”“在途物资”“库存商品”等科目。由于进口货物向海关缴税与提货联系在一起，即缴税后方能提货，为简化核算，关税、消费税可以不通过“应交税费”科目核算，直接贷记“银行存款”“应付账款”等科目。若情况特殊，先提货后缴税，也可以通过“应交税费”科目核算。

【工作实例3-16】 甲公司为增值税一般纳税人，本年1月从国外进口一辆小汽车，其关税完税价格为30 000美元，海关征收关税税率为50%，款项已开出支票支付。按照税法规定，该小汽车适用从价定率办法计算征收消费税，其消费税税率为3%，当月1日汇率为1美元兑6.2元人民币。甲公司从海关取得海关进口增值税专用缴款书，该海关进口增值税专用缴款书本年1月已经申请稽核比对并且稽核比对结果为相符。

【工作要求】（1）计算甲公司进口应税消费品的组成计税价格。

（2）计算甲公司的应纳增值税和应纳消费税。

（3）对甲公司上述业务进行账务处理。

【工作实施】

（1）消费税组成计税价格＝(30 000×6.2＋30 000×6.2×50%)÷(1－3%)

＝287 628.87(元)

（2）应纳消费税＝287 628.87×3%＝8 628.87(元)

应纳增值税＝(30 000×6.2＋30 000×6.2×50%＋8 628.87)×13%

＝37 391.75(元)

（3）甲公司的账务处理如下。

1）支付外商货款及缴纳进口关税时：

借：在途物资 279 000

贷：银行存款 279 000

2）计算消费税时：

借：在途物资　　8 628.87
　　贷：应交税费——应交消费税　　8 628.87

3）缴纳进口消费税时：

借：应交税费——应交消费税　　8 628.87
　　贷：银行存款　　8 628.87

4）缴纳进口增值税时：

借：应交税费——应交增值税（进项税额）　　37 391.75
　　贷：银行存款　　37 391.75

或将上述分录合并为：

借：在途物资（30 000×6.2+30 000×6.2×50%+8 628.87）　　287 628.87
　　应交税费——应交增值税（进项税额）　　37 391.75
　　贷：银行存款　　325 020.62

（七）消费税出口退（免）税的会计核算

有出口经营权的外贸企业购进应税消费品直接出口，以及外贸企业受其他外贸企业委托代理出口应税消费品，在出口销售环节免征消费税，并可退还生产环节的消费税。

【点拨指导】外贸企业只有受其他外贸企业委托，代理出口应税消费品才可办理退税，外贸企业受其他企业（主要是非生产性的一般商贸企业）委托，代理出口应税消费品是不予退（免）税的。

另外，根据《财政部 国家税务总局关于出口货物劳务增值税和消费税政策的通知》（财税〔2012〕39 号）的规定，出口企业出口或视同出口适用增值税退（免）税的货物，免征消费税，如果属于购进出口的货物，退还前一环节对其已征的消费税。

出口货物的消费税应退税额的计税依据，按购进出口货物的消费税专用缴款书和海关进口消费税专用缴款书确定。

【点拨指导】具体来说，出口货物的消费税应退税额的计税依据，按购进的用于出口货物的“出口货物消费税专用缴款书”或进口的用于出口货物的“海关进口消费税专用缴款书”确定。

【特别提示】《国家税务总局关于使用出口货物消费税专用缴款书管理办法的通知》（国税明电〔1993〕71 号）的规定：（1）出口企业直接从生产企业收购消费税应税货物用于出口的，由生产企业所在地税务机关在征税时开具“出口货物消费税专用缴款书”（以下简称“专用税票”）；（2）专用税票经税务、国库（经收处）收款盖章后，由生产企业转交出口企业，在货物出口后据以申请退还消费税；（3）出口企业将收购的已征收消费税的货物销售给其他企业出口的，可由主管其出口退税的税务机关在专用税票上盖章或者开具专用税票分割单交其他企业据以申请退税。

属于从价定率计征消费税的，出口货物的消费税应退税额的计税依据为已征且未在内销应税消费品应纳税额中抵扣的购进出口货物金额；属于从量定额计征消费税的，出口货物的消费税应退税额的计税依据为已征且未在内销应税消费品应纳税额中抵扣的购进出口货物数量；属于复合计征消费税的，出口货物的消费税应退税额的计税依据按从价定率和从量定额的计税依据分别确定。

从价定率计征消费税应退税额＝从价定率计征消费税的退税计税依据×比例税率

＝已征且未在内销应税消费品应纳税额中抵扣的购进出口货物金额×比例税率

从量定额计征消费税应退税额＝从量定额计征消费税的退税计税依据×定额税率

＝已征且未在内销应税消费品应纳税额中抵扣的购进出口货物数量×定额税率

复合计征消费税应退税额＝从价定率计征消费税的退税计税依据×比例税率＋从量定额计征消费税的退税计税依据×定额税率

＝已征且未在内销应税消费品应纳税额中抵扣的购进出口货物金额×比例税率

＋已征且未在内销应税消费品应纳税额中抵扣的购进出口货物数量×定额税率

【工作实例3-17】 甲外贸公司为增值税一般纳税人，本年1月从乙化妆品厂购入高档化妆品一批，款项以银行存款支付（乙化妆品厂该批高档化妆品的成本为130万元），甲外贸公司取得的增值税专用发票注明价款200万元、增值税额26万元，取得的出口货物消费税专用缴款书上注明计税金额200万元，消费税税额30万元。上述增值税专用发票本年1月符合抵扣规定。甲外贸公司本年2月将该批高档化妆品销往国外，离岸价格为120万美元（当日外汇牌价为1美元兑6.3元人民币），款项已存入银行，甲外贸公司按规定申报办理消费税退税。该批高档化妆品在出口时，其控制权由甲外贸公司转移给客户。高档化妆品的消费税税率为15%，消费税退税率为15%，增值税退税率为9%。

【工作要求】（1）计算甲外贸公司的应退消费税和应退增值税。

（2）对乙化妆品厂上述业务进行账务处理。

（3）对甲外贸公司上述业务进行账务处理。

【工作实施】

（1）应退消费税＝2 000 000×15%＝300 000(元)

应退增值税＝2 000 000×9%＝180 000(元)

(2) 乙化妆品厂的账务处理如下。

1) 确认收入时:

借:银行存款	2 260 000	
贷:主营业务收入		2 000 000
应交税费——应交增值税(销项税额)		260 000

2) 结转成本时:

借:主营业务成本	1 300 000	
贷:库存商品		1 300 000

3) 计提消费税时:

借:税金及附加(2 000 000×15%)	300 000	
贷:应交税费——应交消费税		300 000

4) 缴纳消费税时:

借:应交税费——应交消费税	300 000	
贷:银行存款		300 000

(3) 甲外贸公司的账务处理如下。

1) 购入高档化妆品时:

借:库存商品	2 000 000	
应交税费——应交增值税(进项税额)	260 000	
贷:银行存款		2 260 000

2) 高档化妆品报关出口时(出口时免征增值税和消费税):

借:银行存款(1 200 000×6.3)	7 560 000	
贷:主营业务收入		7 560 000

3) 结转销售成本时:

借:主营业务成本	2 000 000	
贷:库存商品		2 000 000

4) 不予退还的增值税做进项税额转出时:

借:主营业务成本(2 000 000×(13%-9%))	80 000	
贷:应交税费——应交增值税(进项税额转出)		80 000

5) 申请退税时:

借:应收出口退税款——增值税	180 000	
——消费税	300 000	
贷:应交税费——应交增值税(出口退税)		180 000
主营业务成本		300 000

6) 收到出口退税款时:

借:银行存款	480 000	

贷：应收出口退税款——增值税　　180 000
　　　　　　　　　——消费税　　300 000

（八）缴纳消费税的会计核算

纳税人缴纳消费税通过“应交税费——应交消费税”以及“银行存款”两个科目核算。纳税人应当按照应缴纳的消费税额，借记“应交税费——应交消费税”科目，贷记“银行存款”科目。

缴纳消费税的会计核算在前面的例题中已经多次举例，这里不再赘述。

（九）减免消费税的会计核算

1. 直接减免消费税的会计核算

纳税人对法定直接减免的消费税，国家未指定特定用途的，可以不进行会计处理。但严谨起见，应当先借记“税金及附加”等科目，贷记“应交税费——应交消费税”科目，然后借记“应交税费——应交消费税”科目，贷记“其他收益”“营业外收入”“税金及附加”等科目。

【点拨指导】纳税人先借记“税金及附加”等科目，贷记“应交税费——应交消费税”科目，然后借记“应交税费——应交消费税”科目，贷记“其他收益”“营业外收入”“税金及附加”等科目，实际上相当于没有做会计分录。

纳税人对法定直接减免的消费税，国家指定特定用途的，应当先借记“税金及附加”等科目，贷记“应交税费——应交消费税”科目，再借记“应交税费——应交消费税”科目，贷记“实收资本”等科目。

2. 先征后返、先征后退和即征即退消费税的会计核算

纳税人对实行先征后返、先征后退和即征即退消费税的减免方式，应当先按正常计税要求计算缴纳消费税，并进行相应的会计核算。本月缴纳以前期间应缴未缴的消费税，借记“应交税费——应交消费税”科目，贷记“银行存款”科目；在收到退税款时，借记“银行存款”科目，贷记“其他收益”科目（最后一步账务处理也可分为两步：在确认先征后返、先征后退或即征即退消费税时，借记“其他应收款”科目，贷记“其他收益”科目；日后收到退税款时，借记“银行存款”科目，贷记“其他应收款”科目）。

“先征后返、先征后退和即征即退消费税的会计核算”与第2章第2节中“八、减免增值税的会计核算”中的“（二）先征后返、先征后退和即征即退增值税的会计核算”类似，这里不再赘述。

第3节　消费税的纳税申报

情境引例

实务中，消费税税务会计工作是按照消费税的计算、消费税的账务处理（会计核算）、消费税纳税申报的顺序进行的吗?

纳税人对消费税进行纳税申报时，应当填报“本期准予扣除税额计算表”①（见表3－2)、“本期准予扣除税额计算表（成品油消费税纳税人适用）”②（略)、“本期减（免）税额明细表”（略)、“本期委托加工收回情况报告表”（略)、“卷烟批发企业月份销售明细清单（卷烟批发环节消费税纳税人适用）”③（略)、“卷烟生产企业合作生产卷烟消费税情况报告表（卷烟生产环节消费税纳税人适用）”④（略)、“消费税附加税费计算表”（见表3－3)、“消费税及附加税费申报表”（见表3－4)。

表3－2　本期准予扣除税额计算表　　金额单位：元（列至角分）

准予扣除项目 \ 应税消费品名称			卷烟			合计
一、本期准予扣除的委托加工应税消费品已纳税款计算	期初库存委托加工应税消费品已纳税款	1	0.00			
	本期收回委托加工应税消费品已纳税款	2	150 000.00			
	期末库存委托加工应税消费品已纳税款	3	60 000.00			
	本期领用不准予扣除委托加工应税消费品已纳税款	4	0.00			
	本期准予扣除委托加工应税消费品已纳税款	5=1+2-3-4	90 000.00			

① 本表由外购（含进口）或委托加工收回应税消费品用于连续生产应税消费品、委托加工收回的应税消费品以高于受托方计税价格出售的纳税人（成品油消费税纳税人除外）填写。

② 本表由外购（含进口）或委托加工收回已税汽油、柴油、石脑油、润滑油、燃料油（以下简称应税油品）用于连续生产应税消费品的成品油消费税纳税人填写。

③ 本表由卷烟批发环节消费税纳税人填报，于办理消费税纳税申报时一并报送。

④ 本表由卷烟生产环节消费税纳税人填报，未发生合作生产卷烟业务的纳税人不填报本表。

续表

准予扣除项目			应税消费品名称	卷烟			合计
二、本期准予扣除的外购应税消费品已纳税款计算	（一）从价计税	期初库存外购应税消费品买价	6	0.00			
		本期购进应税消费品买价	7	500 000.00			
		期末库存外购应税消费品买价	8	100 000.00			
		本期领用不准予扣除外购应税消费品买价	9	0.00			
		适用税率	10	30%			
		本期准予扣除外购应税消费品已纳税款	11=(6+7−8−9)×10	120 000.00			
	（二）从量计税	期初库存外购应税消费品数量	12				
		本期外购应税消费品数量	13				
		期末库存外购应税消费品数量	14				
		本期领用不准予扣除外购应税消费品数量	15				
		适用税率	16				
		计量单位	17				
		本期准予扣除的外购应税消费品已纳税款	18=(12+13−14−15)×16				
三、本期准予扣除税款合计			19=5+11+18	210 000.00			

表3-3　消费税附加税费计算表①　　　金额单位：元（列至角分）

本期是否适用小微企业“六税两费”减免政策			□是　☑否	减免政策适用主体		增值税小规模纳税人：□是　□否 增值税一般纳税人：□个体工商户　□小型微利企业			
				适用减免政策起止时间		年　月　至　年　月			
税（费）种	计税（费）依据	税（费）率（%）	本期应纳税（费）额	本期减免税（费）额		小微企业“六税两费”减免政策		本期已缴税（费）额	本期应补（退）税（费）额
	消费税税额			减免性质代码	减免税（费）额	减征比例（%）	减征额		
	1	2	3=1×2	4	5	6	7=(3−5)×6	8	9=3−5−7−8
城市维护建设税	1 345 000.00	7%	94 150.00						94 150.00
教育费附加	1 345 000.00	3%	40 350.00						40 350.00
地方教育附加	1 345 000.00	2%	26 900.00						26 900.00
合计	—	—	161 400.00	—		—			161 400.00

① 本表属于第6章“其他税种会计（上）”的第2节“城市维护建设税、教育费附加和地方教育附加会计”的学习内容。

表3-4 消费税及附加税费申报表[①]

税款所属期：自2022年06月01日至2022年06月30日

纳税人识别号（统一社会信用代码）：91410150258325261X

纳税人名称：（公章）陕西金帝卷烟有限公司　　金额单位：人民币元（列至角分）

项目 应税消费品名称	适用税率		计量单位	本期销售数量	本期销售额	本期应纳税额
	定额税率	比例税率				
	1	2	3	4	5	6＝1×4＋2×5
卷烟	30元	56%	万支	500.00	2 750 000.00	1 555 000.00
合计	—	—	—	—	—	1 555 000.00

	栏次	本期税费额
本期减（免）税额	7	0.00
期初留抵税额	8	0.00
本期准予扣除税额	9	210 000.00
本期应扣除税额	10＝8＋9	210 000.00
本期实际扣除税额	11［10＜(6－7)，则为10，否则为6－7］	210 000.00
期末留抵税额	12＝10－11	0.00
本期预缴税额	13	0.00
本期应补（退）税额	14＝6－7－11－13	1 345 000.00
城市维护建设税本期应补（退）税额	15	94 150.00
教育费附加本期应补（退）费额	16	40 350.00
地方教育附加本期应补（退）费额	17	26 900.00

声明：此表是根据国家税收法律法规及相关规定填写的，本人（单位）对填报内容（及附带资料）的真实性、可靠性、完整性负责。

纳税人（签章）：陕西金帝卷烟有限公司　2022年07月09日

经办人：略 经办人身份证号：略 代理机构签章： 代理机构统一社会信用代码：	受理人： 受理税务机关（章）： 受理日期：　年　月　日

【工作引例解析】

（1）计算陕西金帝卷烟有限公司2022年6月的应纳消费税。

1）逐笔分析经济业务，确定本期每笔经济业务应纳消费税或者可抵扣（扣除）消费税。

① 本表的第15～17栏次属于第6章“其他税种会计（上）”的第2节“城市维护建设税、教育费附加和地方教育附加会计”的学习内容。

第1笔业务：

委托加工环节受托方代收代缴的消费税＝(300 000＋50 000)÷(1－30%)×30%
＝150 000(元)

生产车间本月领用委托加工收回烟丝的60%用于连续生产金帝牌卷烟，则

可以扣除的烟丝消费税＝150 000×60%＝90 000(元)

第2笔业务：生产车间本月领用外购烟丝的80%用于连续生产金帝牌卷烟，则

可以扣除的烟丝消费税＝500 000×30%×80%＝120 000(元)

第3笔业务：

100标准箱＝100×250＝25 000(标准条)＝25 000×200＝5 000 000(支)

销售卷烟应纳消费税＝2 500 000×56%＋226 000÷(1＋13%)×56%
＋5 000 000×0.003
＝1 527 000(元)

第4笔业务：

没收包装物押金应纳消费税＝56 500÷(1＋13%)×56%＝28 000(元)

2）计算本期应纳消费税以及本期应补（退）消费税。

本期应纳消费税＝1 527 000＋28 000＝1 555 000(元)

本期应补(退)消费税＝1 555 000－90 000－120 000＝1 345 000(元)

（2）对陕西金帝卷烟有限公司2022年6月发生的经济业务以及2022年7月缴纳消费税的业务进行账务处理。

第1笔业务：

发出委托加工材料时：

借：委托加工物资	300 000	
贷：原材料		300 000

支付委托加工费时：

借：委托加工物资	50 000	
应交税费——应交增值税（进项税额）	6 500	
贷：银行存款		56 500

支付受托方代收代缴的消费税时：

借：应交税费——待抵扣消费税额	150 000	
贷：银行存款		150 000

加工的烟丝收回入库时：

借：原材料（300 000＋50 000）	350 000	

贷：委托加工物资　350 000

抵扣消费税时：

借：应交税费——应交消费税　90 000

贷：应交税费——待抵扣消费税额　90 000

第 2 笔业务：

外购已税烟丝时：

借：原材料　350 000

应交税费——应交增值税（进项税额）　65 000

——待抵扣消费税额　150 000

贷：银行存款　565 000

抵扣消费税时：

借：应交税费——应交消费税　120 000

贷：应交税费——待抵扣消费税额　120 000

第 3 笔业务：

销售卷烟取得收入并结转成本时：

借：银行存款　3 051 000

贷：主营业务收入　2 500 000

其他业务收入（226 000÷(1+13%)）　200 000

应交税费——应交增值税（销项税额）((2 500 000+200 000)×13%)

351 000

结转成本分录略。

计提消费税时：

借：税金及附加　1 527 000

贷：应交税费——应交消费税　1 527 000

第 4 笔业务：

没收金帝牌卷烟逾期包装物押金 56 500 元时：

借：其他应付款——存入保证金　56 500

贷：其他业务收入　50 000

应交税费——应交增值税（销项税额）　6 500

借：税金及附加　28 000

贷：应交税费——应交消费税　28 000

另外，2022 年 6 月 12 日缴纳 2022 年 5 月应缴未缴消费税时：

借：应交税费——应交消费税　1 100 000

贷：银行存款　1 100 000

2022 年 7 月 9 日缴纳 2022 年 6 月应缴未缴消费税时：

借：应交税费——应交消费税（1 527 000+28 000−90 000−120 000）

1 345 000

贷：银行存款　　1 345 000

（3）陕西金帝卷烟有限公司2022年7月9日对2022年6月的消费税进行纳税申报，填写“消费税及附加税费申报表”及其附表。

第一步：根据“应交税费——应交消费税”明细账，填写“本期准予扣除税额计算表”（见表3-2）、“本期委托加工收回情况报告表”（略）、“消费税附加税费计算表”（见表3-3）。

第二步：根据“应交税费——应交消费税”明细账、“本期准予扣除税额计算表”（见表3-2）、“本期委托加工收回情况报告表”（略）、“消费税附加税费计算表”（见表3-3）等，填写“消费税及附加税费申报表”（见表3-4）。

【情境引例解析】

实务中，消费税的计算应当与消费税的账务处理（会计核算）同步进行。最终根据“应交税费——应交消费税”明细账，汇总计算消费税，并填写“消费税及附加税费申报表”。

技能训练

1. 甲酒厂为增值税一般纳税人，本年1月用粮食白酒10吨抵偿乙农场大米款80 000元，该批粮食白酒的成本共计35 000元。该批粮食白酒本月售价为每吨4 800～5 200元，平均销售价格为每吨5 000元（不含增值税）。该批粮食白酒已经发出，且在发出时，其控制权由甲酒厂转移给胜利农场。

要求：

（1）计算甲酒厂的增值税销项税额。

（2）计算甲酒厂的应纳消费税。

（3）对甲酒厂相关业务进行账务处理。

2. 甲汽车制造厂为增值税一般纳税人，本年1月销售小汽车10辆，出厂不含税售价为每辆150 000元。该批小汽车已经发出，款项以银行存款收讫。该批小汽车在发出时，其控制权由甲汽车制造厂转移给客户。小汽车消费税税率为9%。

要求：对甲汽车制造厂相关业务进行账务处理。

3. 甲珠宝店为增值税一般纳税人，本年1月将从金银首饰生产厂家购入的金手镯100克奖励给业绩优秀的管理人员，购入的金手镯取得增值税专用发票，发票上注明不含增值税价款60 000元。该增值税专用发票本年1月符合抵扣规定。当月同样金手镯的零售价格为678元/克。

要求：对甲珠宝店相关业务进行账务处理。

实战演练

甲公司是一家白酒生产企业，为增值税一般纳税人，本年3月发生以下业务：

（1）向某烟酒专卖店销售粮食白酒 30 000 千克，开具增值税普通发票，取得含税收入 3 390 000 元，另收取品牌使用费 678 000 元、包装物租金 452 000 元。该批粮食白酒已经发出，上述款项均以银行存款收讫。该批粮食白酒在发出时，其控制权由甲公司转移给烟酒专卖店。

（2）提供 150 000 元的原材料委托乙公司加工散装药酒 1 000 千克，收回时向乙公司支付不含增值税的加工费 20 000 元，并取得乙公司开具的增值税专用发票；乙公司代收代缴消费税，且无同类消费品的价格。甲公司取得的增值税专用发票本年 3 月符合抵扣规定。

（3）委托加工收回后将其中 900 千克散装药酒继续加工成瓶装药酒 1 800 瓶，以不含税售价每瓶 150 元通过非独立核算门市部销售完毕，该批瓶装药酒已经发出，款项以银行存款收讫，该批瓶装药酒在发出时，其控制权由甲公司转移给客户。将剩余 100 千克散装药酒作为福利发放给职工，同类药酒的不含税销售价格为每千克 180 元，该批散装药酒已经发放给职工且在发放给职工时，其控制权由甲公司转移给职工。

药酒的消费税税率为 10%，白酒的消费税税率为 20%加 0.5 元/500 克。

要求：

（1）计算甲公司本年 3 月向烟酒专卖店销售粮食白酒的应纳消费税。

（2）计算乙公司本年 3 月应代收代缴的消费税。

（3）计算甲公司本年 3 月销售瓶装药酒的应纳消费税。

（4）计算甲公司本年 3 月发放给职工散装药酒的应纳消费税。

（5）对甲公司相关业务进行账务处理。

第4章

企业所得税会计

素养提升

纳税人应当充分运用国家出台的企业所得税税收政策，促进产业行业发展，合法合规纳税。

1. 我国出台了从事农、林、牧、渔业项目并有所得的企业所得税免税与减税政策，有利于鼓励农、林、牧、渔业生产，保护农、林、牧、渔业生产者的利益，保障人民基本生活物资充足，满足人民基本生活需要。

2. 我国出台了国家需要重点扶持的高新技术企业减按15%的税率征收企业所得税的优惠政策，有利于扶持高新技术企业加大科研力度，发展智能产业，拓展智能生活。

能力目标

（1）能根据相关业务资料计算企业所得税。

（2）能设置企业所得税的会计科目，并根据相关业务资料对企业所得税进行会计核算。

（3）能根据相关业务资料填写企业所得税预缴纳税申报表和年度纳税申报表，并进行企业所得税的预缴纳税申报和年度汇算清缴纳税申报。

工作引例

企业所得税的计算、会计核算和纳税申报

山东宏远有限公司为居民企业，其纳税人识别号为91370722004056710T，企业从业人数每一个季度均为500人，资产总额每一个季度均为6 000万元，所属行业为工业企业（制造业企业）。2021年度境内经营业务如下：

（1）取得销售收入3 000万元。

（2）发生销售成本1 500万元。

(3) 发生销售费用700万元(其中含广告费和业务宣传费合计500万元)、管理费用600万元(其中含业务招待费20万元、2021年7月发生的用于X产品新技术的研究开发费用共计50万元且未形成无形资产)、财务费用50万元(均为利息支出)。

(4) 发生各种税金200万元(含增值税150万元)。

(5) 发生固定资产处置净损益(收益)100万元(会计上记入“资产处置损益”科目,而非“营业外收入”科目),发生无形资产处置净损益(损失)2万元(会计上记入“资产处置损益”科目,而非“营业外支出”科目)。

(6) 营业外支出78万元(含通过公益性社会团体向C市D希望小学捐款2万元,支付的税收滞纳金76万元)。

(7) 2021年7月取得直接投资于其他居民企业连续12个月以上的权益性投资收益40万元(已在被投资方所在地按15%的税率缴纳企业所得税)。

(8) 计入成本、费用的实发工资总额为150万元,拨缴职工工会经费3万元,支出职工福利费25万元、职工教育经费14.25万元。

(9) 山东宏远有限公司在A,B两国设有分支机构,在A国的分支机构的税后所得为35万元,A国企业所得税税率为30%;在B国的分支机构的税后所得为32万元,B国企业所得税税率为20%。在A,B两国已分别缴纳企业所得税15万元、8万元。假设A,B两国应纳税所得额的计算与我国税法相同。山东宏远有限公司选择“分国(地区)不分项”的方法计算其来源于境外的应纳税所得额。

山东宏远有限公司2021年度无以前年度亏损(2016—2020年均无亏损),2021年度前三季度已经预缴企业所得税34.25万元,2021年第四季度营业收入为800万元,营业成本为400万元,利润总额为50万元,第四季度预缴企业所得税12.5万元。

根据规定,“企业10月份预缴申报第3季度(按季预缴)或9月份(按月预缴)企业所得税时,可以自主选择就当年前三季度研发费用享受加计扣除优惠政策。对10月份预缴申报期未选择享受研发费用加计扣除优惠政策的,可以在办理当年度企业所得税汇算清缴时统一享受。”山东宏远有限公司选择2022年办理2021年度企业所得税汇算清缴时统一享受研发费用加计扣除优惠政策。

另外,该公司为员工缴纳各类基本社会保障性缴款60万元,未缴纳补充养老和医疗保险,为员工缴纳住房公积金40万元,未超过当地政府规定标准。

工作要求

(1) 计算山东宏远有限公司2021年度企业所得税汇算清缴时应补(退)缴的企业所得税。

(2) 对山东宏远有限公司2021年度的递延所得税费用进行账务处理。

(3) 对山东宏远有限公司2021年第四季度的预缴企业所得税进行账务处理。

(4) 对山东宏远有限公司2022年5月15日的企业所得税汇算清缴进行账务处理。

(5) 山东宏远有限公司2022年1月12日对2021年第四季度的预缴企业所得税进行纳税申报,填写2021年第四季度的“中华人民共和国企业所得税月(季)度预缴纳税申报表（A类）”及其附表。

(6) 山东宏远有限公司2022年5月15日进行企业所得税年度纳税申报（企业所得税汇算清缴），填写2021年度的“中华人民共和国企业所得税年度纳税申报表（A类）”及其附表。

工作引例解析 见本章第3节。

第1节　企业所得税的认知

情境引例

甲公司因厂房搬迁，变更了主管税务机关，请问搬迁之前未弥补完的亏损可否继续弥补？

一、企业所得税的概念

企业所得税是对在中华人民共和国境内的企业和其他取得收入的组织的生产经营所得和其他所得征收的一种税。

二、企业所得税的纳税人

企业分为居民企业和非居民企业。居民企业是指依法在中国境内成立，或者依照外国（地区）法律成立但实际管理机构在中国境内的企业。非居民企业是指依照外国（地区）法律成立且实际管理机构不在中国境内，但在中国境内设立机构、场所的，或者在中国境内未设立机构、场所，但有来源于中国境内所得的企业。

【知识链接】个人独资企业投资者和合伙企业自然人合伙人不适用《企业所得税法》，不作为企业所得税的纳税人。个人独资企业投资者和合伙企业自然人合伙人适用《个人所得税法》，对个人独资企业投资者和合伙企业自然人合伙人只征收个人所得税。

三、企业所得税的征税对象

居民企业应当就其来源于中国境内、境外的所得作为征税对象缴纳企业所得税。

非居民企业在中国境内设立机构、场所的，应当就其所设机构、场所取得的来源于中国境内的所得，以及发生在中国境外但与其所设机构、场所有实际联系的所得，缴纳企业所得税。

非居民企业在中国境内未设立机构、场所的，或者虽设立机构、场所但取得的所得与其所设机构、场所没有实际联系的，应当就其来源于中国境内的所得缴纳企业所得税。

四、企业所得税的税率

（一）基本税率

企业所得税的基本税率为 25%，适用于居民企业和在中国境内设有机构、场所且所得与其所设机构、场所有实际联系的非居民企业。

（二）优惠税率

（1）对符合条件的小型微利企业，减按 20%的税率征收企业所得税。

【点拨指导】自 2019 年 1 月 1 日至 2021 年 12 月 31 日，对小型微利企业年应纳税所得额不超过 100 万元的部分，减按 25%计入应纳税所得额，按 20%的税率缴纳企业所得税；对年应纳税所得额超过 100 万元但不超过 300 万元的部分，减按 50%计入应纳税所得额，按 20%的税率缴纳企业所得税。上述小型微利企业是指从事国家非限制和禁止行业，且同时符合年度应纳税所得额不超过 300 万元、从业人数不超过 300 人、资产总额不超过 5 000 万元等三个条件的企业。自 2021 年 1 月 1 日至 2022 年 12 月 31 日，对小型微利企业年应纳税所得额不超过 100 万元的部分，在上述优惠政策基础上，再减半征收企业所得税，即减按 12.5%计入应纳税所得额，按 20%的税率缴纳企业所得税。自 2022 年 1 月 1 日至 2024 年 12 月 31 日，对小型微利企业年应纳税所得额超过 100 万元但不超过 300 万元的部分，减按 25%计入应纳税所得额，按 20%的税率缴纳企业所得税。自 2023 年 1 月 1 日至 2024 年 12 月 31 日，对小型微利企业年应纳税所得额不超过 100 万元的部分，减按 25%计入应纳税所得额，按 20%的税率缴纳企业所得税。

（2）对国家需要重点扶持的高新技术企业，减按 15%的税率征收企业所得税。

（3）非居民企业在中国境内未设立机构、场所的，或者虽设立机构、场所但取得的所得与其所设机构、场所没有实际联系的所得，适用税率为 20%，但实际征税时减按 10%的税率征收企业所得税，以支付人为扣缴义务人。

五、企业所得税应纳税所得额和应纳税额的计算

企业所得税应纳税所得额是企业所得税的计税依据。应纳税所得额为企业每一纳税年度的收入总额减去不征税收入、免税收入、各项扣除，以及弥补以前年度亏损之后的余额，共有两种计算方法。

直接计算法下的计算公式为：

应纳税所得额＝收入总额－不征税收入额－免税收入额－各项扣除额
－准予弥补的以前年度亏损额

间接计算法下的计算公式为：

应纳税所得额＝利润总额±纳税调整项目金额

企业所得税应纳税额的计算公式为：

应纳企业所得税＝应纳税所得额×适用税率－减免税额－抵免税额

式中，减免税额和抵免税额是指依照《企业所得税法》和国务院的税收优惠规定减征、免征和准予抵免的应纳税额。

【点拨指导】我国的财务会计只设置一套账簿，而税务会计不需要单独设置一套账簿，因此对于税法与会计规定不一致的内容，应当在会计利润的基础上，按税法规定对其进行纳税调整，以求得税法口径的应纳税所得额。

【特别提示】会计利润与应纳税所得额是两个不同计算口径的所得，一个反映会计收益，一个反映税收收益，计算应纳企业所得税的依据是税收收益。

（一）收入总额

收入总额是指以货币形式和非货币形式从各种来源取得的收入，包括销售货物收入、提供劳务收入、转让财产收入、股息及红利等权益性投资收益、利息收入、租金收入、特许权使用费收入、接受捐赠收入和其他收入。

（二）不征税收入

收入总额中的下列收入为不征税收入。

（1）财政拨款。它是指各级政府对纳入预算管理的事业单位、社会团体等组织拨付的财政资金，但国务院和国务院财政、税务主管部门另有规定的除外。

（2）依法收取并纳入财政管理的行政事业性收费、政府性基金。行政事业性收费是指依照法律法规等有关规定，按照国务院规定程序批准，在实施社会公共管理，以及在向公民、法人或者其他组织提供特定公共服务过程中，向特定对象收取并纳入财政管理的费用。政府性基金是指企业依照法律、行政法规等有关规定，代政府收取的具有专项用途的财政资金。

（3）国务院规定的其他不征税收入。它是指企业取得的，由国务院财政、税务主管部门规定专项用途并经国务院批准的财政性资金。财政性资金是指企业取得的来源于政府及其有关部门的财政补助、补贴、贷款贴息，以及其他各类财政专项资金，包括直接减免的增值税和即征即退、先征后退、先征后返的各种税收，但不包括企业按规定取得的出口退税款。

【特别提示】企业的不征税收入用于支出所形成的费用，不得在计算应纳税所得额时扣除；企业的不征税收入用于支出所形成的资产，其计算的折旧、摊销不得在计算应纳税所得额时扣除。

【知识链接】企业取得的各项免税收入用于支出所形成的各项成本费用，除另有规定外，可以在计算应纳税所得额时扣除。

（三）免税收入

企业的下列收入为免税收入：

（1）国债利息收入。

（2）符合条件的居民企业之间的股息、红利等权益性投资收益（该收益是指居民企业直接投资于其他居民企业取得的投资收益，且该收益不包括连续持有居民企业公开发行并上市流通的股票不足 12 个月取得的投资收益）。

（3）在中国境内设立机构、场所的非居民企业从居民企业取得与该机构、场所有实际联系的股息、红利等权益性投资收益（该收益不包括连续持有居民企业公开发行并上市流通的股票不足 12 个月取得的投资收益）。

（4）符合条件的非营利组织的收入。

（5）非营利组织其他免税收入。具体包括：接受其他单位或者个人捐赠的收入；除《企业所得税法》第七条规定的财政拨款以外的其他政府补助收入，但不包括因政府购买服务取得的收入；按照省级以上民政、财政部门规定收取的会费；不征税收入和免税收入孳生的银行存款利息收入；财政部、国家税务总局规定的其他收入。

【点拨指导】不征税收入和免税收入都是企业的收入。不征税收入属于非营利性活动带来的经济收益，理论上不应列为应税所得范畴，其本身不负有纳税义务；而免税收入属于应税收入的组成部分，是国家为了实现某些经济和社会目标，在特定时期对特定项目取得的经济利益给予的税收优惠。也就是说，不征税收入是本身就不负有纳税义务的收入；而免税收入是本来应当纳税，但国家免除其纳税义务的收入。

（四）准予扣除项目

税前扣除项目包括成本、费用、税金、损失和其他支出。

（1）成本是指企业在生产经营活动中发生的销售成本、销货成本、业务支出及其他耗费。

（2）费用是指企业每一纳税年度在生产经营活动中发生的销售费用、管理费用和财务费用，已经计入成本的有关费用除外。

（3）税金是指企业发生的除企业所得税和允许抵扣的增值税以外的各项税金及其附加。

【特别提示】可以扣除的税金是指各项税金及附加，包括消费税、资源税、土地增值税、关税、城镇土地使用税、房产税、车船税、印花税、城市维护建设税、教育费附加和地方教育附加等，但缴纳的企业所得税和增值税不得扣除。

【点拨指导】根据会计利润表分析，利润表中利润总额之前能够体现的税金可以扣除。“税前扣除”中的“税”字指的是企业所得税。企业所得税税前可以扣除的税金不包括企业所得税本身。另外，增值税是价外税，不在利润表中体现。

（4）损失是指企业在生产经营活动中发生的固定资产和存货的盘亏、毁损、报废损失，转让财产损失，呆账损失，坏账损失，自然灾害等不可抗力因素造成的损失及其他损失。企业发生的损失减除责任人赔偿和保险赔款后的余额，依照国务院财政、税务主管部门的规定扣除。企业已经作为损失处理的资产，在以后纳税年度又全部收回或者部分收回时，应当计入当期收入。

（5）其他支出是指除成本、费用、税金、损失外，企业在生产经营活动中发生的与生产经营活动有关的、合理的支出。

（五）不得扣除项目

（1）向投资者支付的股息、红利等权益性投资收益款项。

（2）企业所得税税款。

（3）税收滞纳金，即纳税人违反税收法规被税务机关处以的滞纳金。

（4）罚金、罚款和被没收财物的损失。

【点拨指导】合同违约金、银行罚息、罚款（经营性罚款）和诉讼费可以在企业所得税税前扣除。行政性罚款不得在企业所得税税前扣除，如企业因排污超标而被环保部门处以的罚款等。

（5）企业发生的公益性捐赠支出以外的捐赠支出。

（6）赞助支出，即企业发生的与生产经营活动无关的各种非广告性支出。

【特别提示】广告费和业务宣传费支出应与赞助支出严格区分，如果是广告性质的赞助支出，则按广告费的标准限额内扣除。

（7）未经核定的准备金支出。它是指不符合国务院财政、税务主管部门规定的各项资产减值准备、风险准备等准备金支出。

（8）企业之间支付的管理费、企业内部营业机构之间支付的租金和特许权使用费，以及非银行企业内部营业机构之间支付的利息。

（9）与取得收入无关的其他支出。

（六）准予限额扣除项目（包括但不限于）

（1）工资薪金。企业发生的合理的工资薪金支出准予扣除。

（2）社会保险费和住房公积金。

1）企业依照国务院有关主管部门或者省级人民政府规定的范围和标准为职工缴纳的“五险一金”，即基本养老保险费、基本医疗保险费、失业保险费、工伤保险费、生育保险费等基本社会保险费和住房公积金准予扣除。

2）企业为投资者或者职工支付的补充养老保险费、补充医疗保险费，在国务院财政、税务主管部门规定的范围和标准内，准予扣除。企业依照国家有关规定为特殊工种职工支付的人身安全保险费和符合国务院财政、税务主管部门规定可以扣除的商业保险费准予扣除。

3）企业参加财产保险，按照规定缴纳的保险费准予扣除，企业为投资者或者职工支付的商业保险费不得扣除。

（3）职工福利费、工会经费、职工教育经费。

1）企业发生的职工福利费支出，不超过工资薪金总额14%的部分准予扣除。

2）企业拨缴的工会经费，不超过工资薪金总额2%的部分准予扣除。

3）除国务院财政、税务主管部门另有规定外，企业发生的职工教育经费支出，不超过工资薪金总额8%的部分准予扣除；超过部分，准予在以后纳税年度结转扣除。

【特别提示】软件企业职工培训费可以全额扣除，扣除职工培训费后的职工教育经费的余额应当按照工资薪金总额的8%扣除。

【归纳总结】职工福利费、工会经费、职工教育经费这三项中，只有职工教育经费支出超额后可在以后纳税年度结转扣除，其他两项经费不能在以后纳税年度结转扣除。

（4）业务招待费。企业发生的与生产经营活动有关的业务招待费支出，按照发生额的60%扣除，但最高不得超过当年销售（营业）收入的5‰。

（5）广告费和业务宣传费。企业发生的符合条件的广告费和业务宣传费支出，除国务院财政、税务主管部门另有规定外，不超过当年销售（营业）收入15%的部分准予扣除；超过部分，准予在以后纳税年度结转扣除。

【特别提示】广告费和业务宣传费支出可以在以后纳税年度结转扣除，而业务招待费不能在以后纳税年度结转扣除。

【点拨指导】在计算业务招待费、广告费和业务宣传费的扣除限额时，销售（营业）收入包括销售货物收入、提供劳务收入、租金收入、视同销售收入等，但不包括营业外收入，同时，销售（营业）收入为不含增值税的收入。

（6）利息费用。企业在生产经营活动中发生的下列利息支出准予扣除：

1）非金融企业向金融企业借款的利息支出、金融企业的各项存款利息支出和同业拆借利息支出、企业经批准发行债券的利息支出。

2）非金融企业向非金融企业借款的利息支出，不超过按照金融企业同期同类贷款利率计算的数额的部分。

（7）借款费用。

1）企业在生产经营活动中发生的合理的不需要资本化的借款费用，准予扣除。

2）企业为购置、建造固定资产、无形资产和经过12个月以上的建造才能达到预定可销售状态的存货发生借款的，在有关资产购置、建造期间发生的合理的借款费用，应当予以资本化，作为资本性支出计入有关资产的成本；有关资产交付使用后发生的借款利息，可在发生当期扣除。

（8）公益性捐赠支出。企业发生的公益性捐赠支出，在年度利润总额12%以内的部分，准予在计算应纳税所得额时扣除；超过年度利润总额12%的部分，准予结转以后3年内在计算应纳税所得额时扣除。

【点拨指导】年度利润总额是指企业依照国家统一会计制度的规定计算的年度会计利润。公益性捐赠是指企业通过公益性社会组织或者县级以上人民政府及其部门，用于法律规定的慈善活动、公益事业的捐赠。纳税人直接向受赠人的捐赠不允许税前扣除。

【知识链接】非公益性捐赠支出全额不得税前扣除。

（9）有关资产的费用。企业按规定计算的固定资产折旧费、无形资产和递延资产的摊销费准予扣除。

（10）依照法律、法规规定的准予扣除的其他项目。

（七）亏损弥补

纳税人发生年度亏损的，可以用下一纳税年度的所得弥补，下一纳税年度的所得不足以弥补的，可以逐年延续弥补，但是延续弥补期最长不得超过5年。5年内不管是盈利还是亏损，都能够实际弥补。税法所指亏损的概念，不是企业财务会计报告中所反映的亏损额，而是企业财务会计报告中的亏损额经税务机关按税法规定核实调整后的金额。

【情境引例解析】

《企业所得税法》第十八条规定，企业纳税年度发生的亏损，准予向以后年度结转，用以后年度的所得弥补，但结转年限最长不得超过5年。税法规定发生的年度亏损准予结转，主要是基于纳税主体的持续经营。因厂房搬迁变更主管税务机关，仅仅属于法律形式的简单改变，纳税人在办理变更税务登记证后，有关企业所得税的纳税事项由变更后的纳税人承继，包括之前未弥补完的亏损，可在规定的限期内继续弥补。

六、企业所得税征收管理

（一）企业所得税的纳税期限

企业所得税实行按年计征，分月或分季预缴，年终汇算清缴，多退少补的征纳方法。纳税年度自公历1月1日起至12月31日止。

按月或按季预缴的，应当自月份或者季度终了之日起15日内，向税务机关报送预缴企业所得税纳税申报表，预缴税款。

企业应当自年度终了之日起5个月内，向税务机关报送年度企业所得税纳税申报表，并汇算清缴，结清应缴税款或应退税款。对于2021年度及以后年度企业所得税汇算清缴，纳税人在纳税年度内预缴企业所得税税款超过汇算清缴应纳税款的，纳税人应及时申请退税，主管税务机关应及时按有关规定办理退税，不再抵缴其下一年度应缴企业所得税税款。

企业在一个纳税年度中间开业，或者终止经营活动，使该纳税年度的实际经营期不足12个月的，应当以其实际经营期为一个纳税年度。企业依法清算时，应当以清算期间作为一个纳税年度。企业应当在办理注销登记前，就其清算所得向税务机关申报并依法缴纳企业所得税。

企业在年度中间终止经营活动的，应当自实际经营终止之日起60日内，向税务机关办理当期企业所得税汇算清缴。

（二）企业所得税的纳税地点

除税收法律、行政法规另有规定外，居民企业一般以企业登记注册地为纳税地点；但登记注册地在境外的，以实际管理机构所在地为纳税地点。

居民企业在中国境内设立不具有法人资格的分支机构或者营业机构的，应当由该居民企业汇总计算并缴纳企业所得税。企业汇总计算并缴纳企业所得税时，应当统一核算应纳税所得额。

非居民企业在中国境内设立机构、场所的，应当就其所设机构、场所取得的来源于中国境内的所得，以及发生在中国境外但与其所设机构、场所有实际联系的所得，以机构、场所所在地为纳税地点。

非居民企业在中国境内设立两个或者两个以上机构、场所的，经税务机关审核批准，可以选择由其主要机构、场所汇总缴纳企业所得税。

非居民企业在中国境内未设立机构、场所的，或者虽设立机构、场所但取得的所得与其所设机构、场所没有实际联系的所得，以扣缴义务人所在地为纳税地点。

除国务院另有规定外，企业之间不得合并缴纳企业所得税。

第2节　企业所得税的会计核算

情境引例

企业处置资产，对于企业所得税来说，是否视同销售确认计算企业所得税的收入？

【点拨指导】“对于企业所得税来说，视同销售确认计算企业所得税的收入”简称“企业所得税视同销售确认收入”或“企业所得税视同销售”。“对于增值税来说，视同销售确认计算增值税的收入”简称“增值税视同销售确认收入”或“增值税视同销售”。

一、企业所得税会计的认知

在我国，企业所得税会计简称所得税会计。我国所得税会计采用资产负债表债务法核算，要求企业从资产负债表出发，通过比较资产负债表列示的资产、负债按照会计准则的规定确定的账面价值与按照税法的规定确定的计税基础，将两者之间的差异分为应纳税暂时性差异与可抵扣暂时性差异，确认相关的递延所得税负债与递延所得税资产，并在此基础上确定每一会计期间利润表中的所得税费用。

（一）企业所得税会计的差异分析

会计准则与税法计算基础不尽相同，在会计准则与税法计算基础不同的情况下，所得税在会计核算时通常会产生两种差异，即永久性差异和暂时性差异。

1. 永久性差异

永久性差异是指由于会计准则与税法对收入或费用等支出项目的计算口径不同而形成的、不能在以后各期转回的差异。由于会计准则与税法的计算口径不同，收入或费用项目在计算税前会计利润时包括在内，而在计算应纳税所得额时不包括在内，或者相反，因此形成了差异。若该差异在以后期间不能转回，则为永久性差异。例如，企业购买国债获得的利息收入，按会计准则的要求应确认为投资收益，因而包括在税前会计利润（利润总额）中，而税法为了鼓励企业投资国债，规定国债利息收入免征企业所得税，因而不包括在应纳税所得额中。这就体现了企业会计准则与税法在收入确认方面的永久性差异。

2. 暂时性差异

暂时性差异是指资产、负债的账面价值与其计税基础不同产生的差异。资产、负债的账面价值与其计税基础不同，产生了在未来收回资产或清偿负债的期间内，应纳税所得额增加或减少并导致未来期间应缴纳的企业所得税增加或减少的情况，形成企业的负债或资产。在有关暂时性差异发生当期，符合确认条件的情况下，应当确认相关的递延所得税负债或递延所得税资产。

根据对未来期间应纳税所得额的影响，暂时性差异分为应纳税暂时性差异和可抵扣暂时性差异。

除因资产、负债的账面价值与其计税基础不同产生的暂时性差异以外，按照税法规定可以结转以后年度的未弥补亏损和税款抵减，也视同可抵扣暂时性差异处理。

（1）应纳税暂时性差异。应纳税暂时性差异是指在确定未来收回资产或清偿负债期间的应纳税所得额时，将导致产生应税金额的暂时性差异，即在未来期间不考虑该事项影响的应纳税所得额的基础上，该暂时性差异的转回会进一步增加转回期间的应纳税所得额和应纳企业所得税，在其产生当期，应确认相关的递延所得税负债。

【点拨指导】 *应纳税暂时性差异会导致未来期间多缴纳企业所得税。*

应纳税暂时性差异通常产生于以下情况：

1）资产的账面价值大于其计税基础。资产的账面价值代表的是企业在持续使用或最终出售该项资产时取得的经济利益的总额。资产的计税基础是指企业在收回资产账面价值的过程中，计算应纳税所得额时按照税法规定可以自应税经济利益中扣除（抵扣）的金额，即某项资产在未来期间计税时可以税前扣除的金额。

资产的账面价值大于其计税基础，则该项资产未来期间产生的经济利益不能全部税前扣除，两者之间的差额需要缴税，从而产生应纳税暂时性差异，应确认相关的递延所得税负债。例如，一项资产的账面价值为500万元，计税基础为375万元，两者之间的差额会造成未来期间应纳税所得额和应纳企业所得税的增加，在其产生当期，应确认相关的递延所得税负债。

2）负债的账面价值小于其计税基础。负债的账面价值为企业预计在未来期间清偿该项负债时的经济利益流出。负债的计税基础是指负债的账面价值减去未来期间按照税法规定可予税前扣除的金额[①]之后的差额。用公式表示为：

负债的计税基础＝账面价值－未来期间按照税法规定可予税前扣除的金额

【特别提示】对于预收收入，所产生负债的计税基础是其账面价值减去未来期间非应税收入的金额[②]。

用公式表示为：

负债的计税基础＝账面价值－未来期间非应税收入的金额

负债的账面价值与其计税基础不同产生的暂时性差异，实质上是未来期间按照税法规定可予税前扣除的金额（即与该项负债相关的费用支出在未来期间可予税前扣除的金额），即

$$
\begin{aligned}
\begin{matrix}\text{负债产生的}\\\text{暂时性差异}\end{matrix} &= \text{账面价值} - \text{计税基础} \\
&= \text{账面价值} - \left(\text{账面价值} - \begin{matrix}\text{未来期间按照税法规定}\\\text{可予税前扣除的金额}\end{matrix}\right) \\
&= \text{未来期间按照税法规定可予税前扣除的金额}
\end{aligned}
$$

负债的账面价值小于其计税基础，意味着该项负债未来期间按照税法规定可予税前扣除的金额为负数，即应在未来期间应纳税所得额的基础上调增，增加未来期间的应纳税所得额和应纳企业所得税，从而产生应纳税暂时性差异，应确认相关的递延所得税负债。例如，一项负债的账面价值为200万元，计税基础为300万元，两者之间的差额会造成未来期间应纳税所得额和应纳企业所得税的增加，在其产生当期，应确认相关的递延所得税负债。

（2）可抵扣暂时性差异。可抵扣暂时性差异是指在确定未来收回资产或清偿负债期间的应纳税所得额时，将导致产生可抵扣金额的暂时性差异。该差异在未来期间转回时会减少转回期间的应纳税所得额，减少未来期间应纳企业所得税。在可抵扣暂时性差异产生当期，符合确认条件时，应当确认相关的递延所得税资产。

---

① “未来期间按照税法规定可予税前扣除的金额”的全称为“未来期间计算应纳税所得额时按照税法规定可予税前扣除的金额”。

② 除非特别说明，本书不考虑“预收收入所产生负债的计税基础”的情形。

【点拨指导】可抵扣暂时性差异会导致未来期间少缴纳企业所得税。

可抵扣暂时性差异通常产生于以下情况：

1）资产的账面价值小于其计税基础。资产的账面价值小于其计税基础，意味着资产在未来期间产生的经济利益少，按照税法规定允许税前扣除的金额多，两者之间的差额会减少企业在未来期间的应纳税所得额并减少应纳企业所得税，符合有关条件时，应当确认相关的递延所得税资产。例如，一项资产的账面价值为500万元，计税基础为650万元，则企业在未来期间就该项资产可以在其自身取得经济利益的基础上多扣除150万元（650－500），未来期间应纳税所得额会减少，应纳企业所得税也会减少，形成可抵扣暂时性差异，在其产生当期，应确认相关的递延所得税资产。

2）负债的账面价值大于其计税基础。如前所述，负债的账面价值与其计税基础不同产生的暂时性差异，实质上是未来期间按照税法规定可予税前扣除的金额，即与该项负债相关的费用支出在未来期间可予税前扣除的金额。

$$\begin{aligned}\text{负债产生的暂时性差异} &= \text{账面价值}-\text{计税基础}\\ &= \text{账面价值}-\left(\text{账面价值}-\begin{matrix}\text{未来期间按照税法规定}\\ \text{可予税前扣除的金额}\end{matrix}\right)\\ &= \text{未来期间按照税法规定可予税前扣除的金额}\end{aligned}$$

负债的账面价值大于其计税基础，意味着未来期间按照税法规定与负债相关的全部或部分支出可以自未来应税经济利益中扣除，减少未来期间的应纳税所得额和应纳企业所得税。符合有关确认条件时，应确认相关的递延所得税资产。例如，一项负债的账面价值为500万元，计税基础为300万元，两者之间的差额会造成未来期间应纳税所得额和应纳企业所得税减少，在其产生当期，符合确认条件时，应确认相关的递延所得税资产。

（3）特殊项目产生的暂时性差异。

1）未作为资产、负债确认的项目产生的暂时性差异。某些交易或事项发生以后，因不符合资产、负债确认条件而未体现为资产负债表中的资产或负债，但按照税法规定能够确定其计税基础的，其账面价值0与计税基础之间的差异构成暂时性差异。如企业发生的符合条件的广告费和业务宣传费支出，除另有规定外，不超过当年销售（营业）收入15%的部分准予扣除；超过部分，准予在以后纳税年度结转扣除。该类费用在发生时按照会计准则的规定计入当期损益，不形成资产负债表中的资产，但按照税法的规定可以确定其计税基础，两者之间的差异也形成暂时性差异。

【工作实例4-1】 甲公司当年发生600万元广告费和业务宣传费支出，发生时已作为销售费用计入当期损益。税法规定，企业发生的符合条件的广告费和业务宣传费支出，除另有规定外，不超过当年销售（营业）收入15%的部分准予扣除；超过部分，准予在以后纳税年度结转扣除。甲公司当年实现销售收入2 000万元。

【工作要求】（1）确定甲公司广告费和业务宣传费支出于当年12月31日的账面价值。

（2）确定甲公司广告费和业务宣传费支出于当年 12 月 31 日的计税基础。

（3）对甲公司广告费和业务宣传费支出的账面价值与计税基础的差异进行分析。

【工作实施】（1）该广告费和业务宣传费支出因按照会计准则规定在发生时已计入当期损益，不体现为期末资产负债表中的资产，如果将其视为资产，则其账面价值为 0。

（2）按照税法规定广告费和业务宣传费支出税前列支有一定的标准限制，根据当期甲公司销售（营业）收入的 15%计算，当期可予税前扣除 300 万元（2 000×15%），当期未予税前扣除的 300 万元（600－300）可以向以后年度结转，因此其计税基础为 300 万元。

（3）该项资产的账面价值 0 小于其计税基础 300 万元，差额为 300 万元，将于未来期间减少企业的应纳税所得额，为可抵扣暂时性差异，符合确认条件时，应确认相关的递延所得税资产。

2）可抵扣亏损及税款抵减产生的暂时性差异。按照税法规定可以结转以后年度的未弥补亏损及税款抵减，虽不是因资产、负债的账面价值与计税基础不同产生的，但与可抵扣暂时性差异具有同样的作用，均能减少未来期间的应纳税所得额，进而减少未来期间的应纳企业所得税，会计处理上视同可抵扣暂时性差异，符合条件的情况下，应确认与其相关的递延所得税资产。

【工作实例 4－2】 甲公司本年由于政策性原因首次发生经营亏损 1 200 万元，经税务机关审定的应纳税所得额为－1 200 万元。按照税法规定，该亏损 1 200 万元可用于抵减以后 5 个年度的应纳税所得额。该公司预计在未来 5 年期间能够产生足够的应纳税所得额弥补该亏损。

【工作要求】分析甲公司亏损产生的暂时性差异。

【工作实施】该经营亏损 1 200 万元不是资产、负债的账面价值与其计税基础不同产生的，但从性质上可以减少未来期间企业的应纳税所得额和应纳企业所得税，属于可抵扣暂时性差异。企业预计未来期间能够产生足够的应纳税所得额弥补该亏损时，应确认相关的递延所得税资产。

（二）企业所得税会计核算的一般程序

按照企业会计准则的规定，企业应于资产负债表日采用资产负债表债务法核算企业所得税。发生特殊交易或事项时，如企业合并，在确认交易或事项产生的资产、负债时应确认相关的所得税影响。企业所得税的会计核算一般应遵循以下程序。

1. 确定资产和负债的账面价值

确定资产和负债的账面价值，具体来说，指的是按照企业会计准则的规定，确定资产负债表中除递延所得税资产和递延所得税负债以外的其他资产和负债的账面价值。

【点拨指导】资产、负债的账面价值是指企业按照相关会计准则的规定核算后在资产负债表中列示的金额。对于计提了减值准备的各项资产的账面价值，则是指其账面余额减去已计提的减值准备后的金额。例如，企业持有的应收账款账面余额为1 000万元，企业对该应收账款计提了100万元的坏账准备，其账面价值为900万元。

2. 确定资产和负债的计税基础

按照企业会计准则中对于资产和负债计税基础的确定方法，以《企业所得税法》等税收法规为基础，确定资产负债表中有关资产和负债的计税基础。

3. 确认递延所得税（递延所得税费用）

比较资产、负债的账面价值与其计税基础，对于两者之间存在差异的，分析其性质，除企业会计准则中规定的特殊情况外，分别可抵扣暂时性差异与应纳税暂时性差异并乘以企业所得税税率，从而确定资产负债表日递延所得税资产和递延所得税负债的应有金额，并与期初递延所得税资产和递延所得税负债的余额相比，确定当期应予进一步确认的递延所得税资产和递延所得税负债金额或应予转销（转回）的金额，作为构成当期利润表所得税费用中的递延所得税费用。

递延所得税费用的计算公式如下：

$$\text{递延所得税费用}=\left(\text{递延所得税负债的期末余额}-\text{递延所得税负债的期初余额}\right)-\left(\text{递延所得税资产的期末余额}-\text{递延所得税资产的期初余额}\right)$$

4. 确认当期所得税（当期所得税费用）

就企业当期发生的交易或事项，按照适用的税法规定计算确定当期应纳税所得额，将应纳税所得额与适用的企业所得税税率计算的结果确认为当期应纳企业所得税，作为当期利润表所得税费用中的当期所得税费用。

当期所得税费用的计算公式如下：

当期所得税费用＝应纳税所得额×当期适用税率

5. 确认利润表中的所得税费用

利润表中的所得税费用包括当期所得税费用和递延所得税费用两部分。

所得税费用的计算公式如下：

所得税费用＝当期所得税费用＋递延所得税费用

二、企业所得税会计科目的设置

（一）“递延所得税资产”科目

“递延所得税资产”科目核算企业根据《企业会计准则第18号——所得税》（简称所得税准则）确认的可抵扣暂时性差异产生的所得税资产。根据税法规定可用以后年度税前利润弥补的亏损产生的所得税资产，也在本科目核算。本科目应当按照可抵扣暂时性差异等项目进行明细核算。

资产负债表日，若企业初次确认递延所得税资产，借记“递延所得税资产”科目，贷记“所得税费用——递延所得税费用”等科目。以后各期的资产负债表日递延所得税资产的应有余额大于其账面余额的，应按其差额确认，借记“递延所得税资产”科目，贷记“所得税费用——递延所得税费用”等科目；资产负债表日递延所得税资产的应有余额小于其账面余额的，做相反的会计分录。

企业合并中取得资产、负债的入账价值与其计税基础不同形成可抵扣暂时性差异的，应于购买日确认递延所得税资产，借记本科目，贷记“商誉”等科目。

与直接计入所有者权益的交易或事项相关的递延所得税资产，借记本科目，贷记“资本公积——其他资本公积”科目。

资产负债表日，预计未来期间很可能无法获得足够的应纳税所得额用于抵扣可抵扣暂时性差异的，按原已确认的递延所得税资产中应减记的金额，借记“所得税费用——递延所得税费用”“资本公积——其他资本公积”等科目，贷记本科目。

本科目期末余额在借方，反映企业已确认的递延所得税资产的余额。

（二）“递延所得税负债”科目

“递延所得税负债”科目核算企业根据所得税准则确认的应纳税暂时性差异产生的所得税负债。本科目应当按照应纳税暂时性差异项目进行明细核算。

资产负债表日，若企业初次确认递延所得税负债，借记“所得税费用——递延所得税费用”等科目，贷记“递延所得税负债”科目。以后各期的资产负债表日递延所得税负债的应有余额大于其账面余额的，应按其差额确认，借记“所得税费用——递延所得税费用”等科目，贷记“递延所得税负债”科目；资产负债表日递延所得税负债的应有余额小于其账面余额的，做相反的会计分录。

企业合并中取得资产、负债的入账价值与其计税基础不同形成应纳税暂时性差异的，应于购买日确认递延所得税负债，同时调整商誉，借记“商誉”等科目，贷记本科目。

与直接计入所有者权益的交易或事项相关的递延所得税负债，借记“资本公积——其他资本公积”科目，贷记本科目。

本科目期末余额在贷方，反映企业已确认的递延所得税负债的余额。

（三）“所得税费用”科目

“所得税费用”科目核算企业确认的应从当期利润总额中扣除的所得税费用。本科目可按“当期所得税费用”“递延所得税费用”进行明细核算。期末，应将本科目的余额转入“本年利润”科目，结转后本科目无余额。

企业所得税纳税期限的期末，企业按照税法规定计算确定的当期应纳企业所得税，借记“所得税费用——当期所得税费用”科目，贷记“应交税费——应交所得税”科目。

资产负债表日，递延所得税资产的应有余额大于“递延所得税资产”科目余额的，按其差额（若初次确认递延所得税资产，则按初次确认的递延所得税资产金额），借记“递延所得税资产”科目，贷记“所得税费用——递延所得税费用”“资本公积——其他资本公积”等科目；递延所得税资产的应有余额小于“递延所得税资产”科目余额的，按其差额，做相反的会计分录。

资产负债表日，递延所得税负债的应有余额大于“递延所得税负债”科目余额的，按其差额（若初次确认递延所得税负债，则按初次确认的递延所得税负债金额），借记“所得税费用——递延所得税费用”“资本公积——其他资本公积”等科目，贷记“递延所得税负债”科目；递延所得税负债的应有余额小于“递延所得税负债”科目余额的，按其差额，做相反的会计分录。

(四)“应交税费——应交所得税”科目

“应交税费——应交所得税”科目反映企业所得税的当期应缴、实际缴纳和退补情况。本科目的贷方反映当期应缴和应补缴的企业所得税，借方反映实际缴纳和补缴的企业所得税；贷方余额反映当期应缴未缴的企业所得税，借方余额反映多缴的企业所得税。纳税人在当期期末，应当按照当期应纳企业所得税，借记“所得税费用——当期所得税费用”科目，贷记本科目。实际缴纳时，借记本科目，贷记“银行存款”科目。

【特别提示】由于企业所得税一般是按月或按季预缴，应当自月份或者季度终了之日起15日内，向税务机关报送预缴企业所得税纳税申报表，预缴税款；自年度终了之日起5个月内，向税务机关报送年度企业所得税纳税申报表，并汇算清缴，结清应缴纳的企业所得税税款。因此，实务中对于“所得税费用——当期所得税费用”“应交税费——应交所得税”，每一年度要根据预缴（按月预缴，则每年需要预缴12次；按季预缴，则每年需要预缴4次）以及汇算清缴次数进行多次账务处理。为研究方便，本节的大部分例题将每一年度上述相关多次的账务处理在年末合并为一次账务处理。

三、递延所得税负债和递延所得税资产的确认和计量

企业在计算确定应纳税暂时性差异与可抵扣暂时性差异以后，应当按照所得税准则规定的原则确认相关的递延所得税负债及递延所得税资产。

(一) 递延所得税负债的确认和计量

1. 递延所得税负债的确认

(1) 递延所得税负债的计算公式为：

递延所得税负债＝应纳税暂时性差异×预计税率

（2）递延所得税负债确认的一般原则。除所得税准则中明确规定可不确认递延所得税负债的情况以外，企业对于所有的应纳税暂时性差异均应确认相关的递延所得税负债。除直接计入所有者权益的交易或事项以及企业合并中取得资产、负债相关的以外，在确认递延所得税负债的同时，应增加利润表中的所得税费用。

【工作实例 4－3】 甲公司本年 1 月 1 日开始计提折旧的某设备，取得成本为 600 000 元，采用年限平均法计提折旧，预计使用年限为 10 年，假设净残值为 0。假定计税时允许按缩短年限法将折旧年限缩短为 5 年计提折旧，假设净残值为 0。甲公司适用的企业所得税税率一直为 25%。假定该公司不存在其他会计与税收处理的差异。本年 12 月 31 日企业估计该项固定资产的可收回金额为 540 000 元。

【工作要求】 计算甲公司应确认的递延所得税负债。

【工作实施】（1）本年 12 月 31 日，该固定资产的账面净值为：

该固定资产的账面净值＝固定资产原价－累计折旧
＝600 000－600 000÷10
＝540 000(元)

本年 12 月 31 日，企业估计该项固定资产的可收回金额为 540 000 元，因此没有发生减值，不需要计提固定资产减值准备。

该固定资产的账面价值＝固定资产的原价－累计折旧－减值准备
＝600 000－600 000÷10－0
＝540 000(元)

（2）本年 12 月 31 日，该固定资产的计税基础为：

该固定资产的计税基础＝600 000－600 000÷5＝480 000(元)

（3）该固定资产的账面价值 540 000 元大于其计税基础 480 000 元，差额为 60 000 元，将于未来期间增加企业的应纳税所得额，为应纳税暂时性差异，应确认相关的递延所得税负债 15 000 元（60 000×25%）。

（3）不确认递延所得税负债的特殊情况。有些情况下，虽然资产、负债的账面价值与其计税基础不同，产生了应纳税暂时性差异，但出于各方面考虑，会计准则规定不确认相关的递延所得税负债，主要包括：

1）商誉的初始确认。非同一控制下的企业合并中，企业合并成本大于合并中取得的被购买方可辨认净资产公允价值份额，其差额应按照会计准则规定确认为商誉。因会计与税法的划分标准不同，会计上作为非同一控制下的企业合并，按照税法规定计税时作为免税合并的情况下，商誉的计税基础为 0，其账面价值与计税基础形成应纳税暂时性差异，所得税准则规定不确认与其相关的递延所得税负债。

【工作实例 4－4】 甲公司以增发市场价值为 60 000 000 元的本企业普通股为对

价购入乙公司100%的净资产，以此对乙公司进行吸收合并，且在合并之前甲公司和乙公司之间不存在任何关联关系。假定该项企业合并符合税法规定的企业所得税免税合并条件，且甲公司、乙公司选择进行免税处理。购买日乙公司各项可辨认资产、负债的公允价值及其计税基础如表4-1所示。

表4-1　购买日乙公司各项可辨认资产、负债的公允价值及其计税基础　　单位：元

项目	公允价值（账面价值）	计税基础	暂时性差异
固定资产	27 000 000	15 500 000	11 500 000
应收账款	21 000 000	21 000 000	0
存货	17 400 000	12 400 000	5 000 000
其他应付款	(3 000 000)	0	(3 000 000)
应付账款	(12 000 000)	(12 000 000)	0
不包括递延所得税的可辨认资产、负债的公允价值	50 400 000	36 900 000	13 500 000

【工作要求】计算甲公司上述交易中应确认的递延所得税负债及商誉的金额。

【工作实施】乙公司适用的企业所得税税率为25%，该项交易中应确认的递延所得税负债及商誉的金额计算如下：

企业合并成本＝60 000 000(元)

可辨认净资产的公允价值(可辨认资产、负债的公允价值)＝50 400 000(元)

递延所得税资产＝3 000 000×25%＝750 000(元)

递延所得税负债＝(11 500 000＋5 000 000)×25%＝4 125 000(元)

考虑递延所得税后可辨认净资产的公允价值(可辨认资产、负债的公允价值)＝50 400 000＋750 000－4 125 000

＝47 025 000(元)

商誉＝60 000 000－47 025 000＝12 975 000(元)

因该合并符合税法规定的企业所得税免税合并条件，在当事各方选择进行免税处理的情况下，购买方在免税合并中取得的被购买方有关资产、负债应维持其原计税基础不变。被购买方原账面上未确认商誉，即商誉的计税基础为0。

该项合并中所确认的商誉金额12 975 000元与其计税基础0之间产生的应纳税暂时性差异，不再进一步确认相关的递延所得税影响。

需要说明的是，按照会计准则规定在非同一控制下企业合并中确认了商誉，并且按照企业所得税法律制度的规定商誉在初始确认时计税基础等于账面价值的，该商誉在后续计量过程中因会计准则与税法规定不同产生暂时性差异的，应当确认相关的所得税影响。

2）除企业合并以外的其他交易或事项中，如果该项交易或事项发生时既不影响会计利润，也不影响应纳税所得额，则所产生的资产、负债的初始确认金额与其计税基础

不同，形成应纳税暂时性差异的，交易或事项发生时不确认相应的递延所得税负债。该规定主要是考虑到交易发生时既不影响会计利润，也不影响应纳税所得额，确认递延所得税负债的直接结果是增加有关资产的账面价值或降低所确认负债的账面价值，使得资产、负债在初始确认时，违背历史成本原则，影响会计信息的可靠性。

3）与子公司、联营企业、合营企业投资等相关的应纳税暂时性差异，一般应确认递延所得税负债，但同时满足以下两个条件的除外：一是投资企业能够控制暂时性差异转回的时间；二是该暂时性差异在可预见的未来很可能不会转回。满足上述条件时，投资企业可以运用自身的影响力决定暂时性差异的转回，如果不希望其转回，则在可预见的未来该项暂时性差异不会转回，从而投资企业无须确认相关的递延所得税负债。

【特别提示】对于采用权益法核算的长期股权投资，其账面价值与计税基础产生的有关暂时性差异是否应确认相关的所得税影响，应当考虑该项投资的持有意图：①如果企业拟长期持有，则因初始投资成本的调整产生的暂时性差异预计未来期间不会转回，对未来期间没有所得税影响；因确认投资损益产生的暂时性差异，如果在未来期间逐期分回现金股利或利润时免税（我国税法规定，符合条件的居民企业之间的股息、红利等权益性投资收益免征企业所得税），则也不存在对未来期间的所得税影响；因确认应享有被投资单位其他权益变动而产生的暂时性差异，在长期持有的情况下预计未来期间也不会转回。因此，在准备长期持有的情况下，对于采用权益法核算的长期股权投资账面价值与计税基础之间的差异，投资企业一般不确认相关的所得税影响。②如果投资企业改变持有意图拟对外出售，按照税法规定，企业在转让或者处置投资资产时，投资资产的成本准予扣除。在持有意图由长期持有转变为拟近期出售的情况下，因长期股权投资的账面价值与计税基础不同产生的有关暂时性差异，均应确认相关的所得税影响。

2. 递延所得税负债的计量

所得税准则规定，资产负债表日，对于递延所得税负债，应当根据适用税法规定，按照预期收回该资产或清偿该负债期间的适用税率计量。即递延所得税负债应以相关应纳税暂时性差异转回期间按照税法规定适用的所得税税率计量。无论应纳税暂时性差异的转回期间如何，相关的递延所得税负债不要求折现。

（二）递延所得税资产的确认和计量

1. 递延所得税资产的确认

（1）递延所得税资产的计算公式为：

递延所得税资产＝可抵扣暂时性差异×预计税率

（2）递延所得税资产确认的一般原则。递延所得税资产产生于可抵扣暂时性差异，确认因可抵扣暂时性差异产生的递延所得税资产应以未来期间可能取得的应纳税所得额为限。在可抵扣暂时性差异转回的未来期间内，企业无法产生足够的应纳税所得额以利用可抵扣暂时性差异的影响，使得与可抵扣暂时性差异相关的经济利益无法实现的，不应确认递延所得税资产；企业有明确的证据表明其于可抵扣暂时性差异转回的未来期间能够产生足够的应纳税所得额，进而可以利用可抵扣暂时性差异的，则应以可能取得的应纳税所得额为限，确认相关的递延所得税资产。

在判断企业于可抵扣暂时性差异转回的未来期间能否产生足够的应纳税所得额时，应考虑企业在未来期间通过正常的生产经营活动能够实现的应纳税所得额以及以前期间产生的应纳税暂时性差异在未来期间转回时将增加的应纳税所得额。

另外，对于递延所得税资产的确认还应注意以下两个问题：

1）对与子公司、联营企业、合营企业的投资相关的可抵扣暂时性差异，同时满足下列条件的，应当确认相关的递延所得税资产：一是暂时性差异在可预见的未来很可能转回；二是未来很可能获得用来抵扣可抵扣暂时性差异的应纳税所得额。

对联营企业和合营企业等的投资产生的可抵扣暂时性差异，主要产生于权益法下被投资单位发生亏损时，投资企业按照持股比例确认应予承担的部分，相应减少长期股权投资的账面价值，但税法规定长期股权投资的成本在持有期间不发生变化，从而造成长期股权投资的账面价值小于其计税基础，产生可抵扣暂时性差异。

投资企业对有关投资计提减值准备的情况下，也会产生可抵扣暂时性差异。

2）对于按照税法规定可以结转以后年度的未弥补亏损和税款抵减，应视同可抵扣暂时性差异处理。在有关的亏损或税款抵减金额得到税务部门的认可或预计能够得到税务部门的认可且预计可利用未弥补亏损或税款抵减的未来期间内能够取得足够的应纳税所得额时，除所得税准则规定不予确认的情况外，应当以未来很可能取得的应纳税所得额为限，确认相应的递延所得税资产，同时减少确认当期的所得税费用。

【工作实例4-5】 甲公司本年1月1日开始计提折旧的某项固定资产，原价为1 200 000元，甲公司在会计核算时估计其使用寿命为5年，采用年限平均法计提折旧，预计净残值为0。税法规定类似固定资产按照10年计算确定可税前扣除的折旧额，预计净残值为0。本年12月31日，企业估计该项固定资产的可收回金额为960 000元。

【工作要求】 计算甲公司应确认的递延所得税资产。

【工作实施】（1）本年12月31日，该项固定资产的账面净值为：

固定资产的账面净值＝固定资产原价－累计折旧
＝1 200 000－1 200 000÷5＝960 000（元）

由于本年12月31日，企业估计该项固定资产的可收回金额为960 000元，因此没有发生减值，不需要计提固定资产减值准备。

固定资产的账面价值＝固定资产的原价－累计折旧－减值准备
＝1 200 000－1 200 000÷5－0＝960 000（元）

（2）本年12月31日，该项固定资产的计税基础为：

固定资产的计税基础=1 200 000−1 200 000÷10=1 080 000(元)

(3) 该固定资产的账面价值 960 000 元小于其计税基础 1 080 000 元，差额为 120 000 元，将于未来期间减少企业的应纳税所得额，为可抵扣暂时性差异，符合确认条件时，应确认相关的递延所得税资产 30 000 元 (120 000×25%)。

(4) 不确认递延所得税资产的情况。某些情况下，企业发生的某项交易或事项不属于企业合并，交易发生时既不影响会计利润，也不影响应纳税所得额，且该项交易中产生的资产、负债的初始确认金额与其计税基础不同，产生可抵扣暂时性差异的，所得税准则规定在交易或事项发生时不确认相应的递延所得税资产。

【工作实例 4－6】 甲公司进行内部研究开发所形成的无形资产成本为 2 000 000 元，按照税法规定可于未来期间税前扣除的金额为 4 000 000 元 (2 000 000×200%)，其计税基础为 4 000 000 元。

【工作要求】 计算甲公司上述事项中应确认的递延所得税资产。

【工作实施】 该项无形资产并非产生于企业合并，且在初始确认时既不影响会计利润，也不影响应纳税所得额，确认其账面价值与计税基础之间产生暂时性差异的所得税影响需要调整该项资产的历史成本，所得税准则规定这种情况下不确认相关的递延所得税资产。

2. 递延所得税资产的计量

与递延所得税负债的计量原则一致，确认递延所得税资产时，应当以预期收回该资产期间的适用企业所得税税率为基础。无论相关的可抵扣暂时性差异转回期间如何，递延所得税资产均不要求折现。

企业在确认递延所得税资产以后，资产负债表日应当对递延所得税资产的账面价值进行复核。如果未来期间很可能无法取得足够的应纳税所得额以利用可抵扣暂时性差异带来的利益，应当减计递延所得税资产的账面价值。减计的递延所得税资产，除原确认时计入所有者权益的，其减计金额也应计入所有者权益外，其他的情况均应增加所得税费用。

因无法取得足够的应纳税所得额利用可抵扣暂时性差异减计递延所得税资产账面价值，以后期间根据新的环境和情况判断能够产生足够的应纳税所得额利用可抵扣暂时性差异，使得递延所得税资产包含的经济利益能够实现的，应相应恢复递延所得税资产的账面价值。

【特别提示】 无论是递延所得税资产还是递延所得税负债的计量，均应考虑资产负债表日企业预期收回资产或清偿负债方式的所得税影响，在计量递延所得税资产和递延所得税负债时，应当采用与收回资产或清偿债务的预期方式相一致的税率和计税基础。例如，企业持有某项固定资产，一般情况下是为企业的正常生产经营活动提供必要的生产条件，但在某一时点，企业决定将该固定资产对外出售，实现其为企业带来的未来经济利益，且假设税法规定长期资产处置时适用的企业所得税税率与一般情况不同，则企业在计量因该资产产生的应纳税暂时性差异或可抵扣暂时性差异的所得税影响时，应考虑该资产带来的经济利益预期实现方式的影响。

（三）特殊交易或事项涉及的递延所得税的确认

1. 与直接计入所有者权益的交易或事项相关的递延所得税

与当期及以前期间直接计入所有者权益的交易或事项相关的当期所得税及递延所得税应当计入所有者权益。直接计入所有者权益的交易或事项主要有：会计政策变更采用追溯调整法或对前期差错更正采用追溯重述法调整期初留存收益；以公允价值计量且其变动计入其他综合收益的金融资产公允价值的变动金额；同时包含负债及权益成分的金融工具在初始确认时计入所有者权益；自用房地产转为采用公允价值模式计量的投资性房地产时公允价值大于原账面价值的差额计入其他综合收益等。

2. 与企业合并相关的递延所得税

在企业合并中购买方取得的可抵扣暂时性差异，比如，购买日取得的被购买方在以前期间发生的未弥补亏损等可抵扣暂时性差异，按照税法规定可以用于抵减以后年度应纳税所得额，但在购买日不符合递延所得税资产确认条件而不予以确认。购买日后12个月内，如获得新的或进一步的信息表明购买日的相关情况已经存在，预期被购买方在购买日可抵扣暂时性差异带来的经济利益能够实现，应当确认相关的递延所得税资产，同时减少商誉，商誉不足冲减的，差额部分确认为当期损益。除上述情况以外，确认与企业合并相关的递延所得税资产，应当计入当期损益。

3. 与股份支付相关的当期及递延所得税

与股份支付相关的支出在按照会计准则规定确认为成本费用时，其相关的所得税影响应区别于税法的规定进行处理：如果税法规定与股份支付相关的支出不允许税前扣除，则不形成暂时性差异；如果税法规定与股份支付相关的支出允许税前扣除，在按照会计准则规定确认成本费用的期间内，企业应当根据会计期末取得的信息估计可税前扣除的金额，计算确定其计税基础及由此产生的暂时性差异，符合确认条件的情况下，应当确认相关的递延所得税。

根据相关税法规定，对于附有业绩条件或服务条件的股权激励计划，企业按照会计准则的相关规定确认的成本费用在等待期内不得税前抵扣，待股权激励计划可行权时方可抵扣，可抵扣的金额为实际行权时的股票公允价值与激励对象支付的行权金额之间的差额。因此，企业未来可以在税前抵扣的金额与等待期内确认的成本费用金额很可能存在差异。企业应根据期末的股票价格估计未来可以税前抵扣的金额，以未来期间很可能取得的应纳税所得额为限确认递延所得税资产。此外，如果预计未来期间可抵扣的金额超过等待期内确认的成本费用，超出部分形成的递延所得税资产应直接计入所有者权益，而不是计入当期损益。

4. 与单项交易相关的递延所得税

对于不是企业合并、交易发生时既不影响会计利润也不影响应纳税所得额（或可抵扣亏损），且初始确认的资产和负债导致产生等额应纳税暂时性差异和可抵扣暂时性差异的单项交易（包括承租人在租赁期开始日初始确认租赁负债并计入使用权资产的租赁交易，以及因固定资产等存在弃置义务而确认预计负债并计入相关资产成本的交易等，以下简称单项交易），不适用上述关于豁免初始确认递延所得税负债和递延所得税资产的规定。企业对该单项交易因资产和负债的初始确认所产生的应纳税暂时性差异和可抵扣暂时性差异，应当在交易发生时分别确认相应的递延所得税负债和递延所得税资产。

5. 发行方分类为权益工具的金融工具相关股利的所得税影响

对于企业（指发行方）按照《企业会计准则第 37 号——金融工具列报》等规定分类为权益工具的金融工具（如分类为权益工具的永续债等），相关股利支出按照税法相关规定在企业所得税税前扣除的，企业应当在确认应付股利时，确认与股利相关的所得税影响。该股利的所得税影响通常与过去产生可供分配利润的交易或事项更为直接相关，企业应当按照与过去产生可供分配利润的交易或事项时所采用的会计处理相一致的方式，将股利的所得税影响计入当期损益或所有者权益项目（含其他综合收益项目）。对于所分配的利润来源于以前产生损益的交易或事项，该股利的所得税影响应当计入当期损益；对于所分配的利润来源于以前确认在所有者权益中的交易或事项，该股利的所得税影响应当计入所有者权益项目。

（四）适用税率变化对已确认递延所得税资产和递延所得税负债的影响

因税收法规的变化，企业在某一会计期间适用的企业所得税税率发生变化的，企业应对已确认的递延所得税资产和递延所得税负债按照新的税率重新计量。递延所得税资产和递延所得税负债的金额代表的是有关可抵扣暂时性差异或应纳税暂时性差异于未来期间转回时，导致企业应缴纳的企业所得税金额的减少或增加的情况。适用税率变动的情况下，应对原已确认的递延所得税资产及递延所得税负债的金额进行调整，反映税率变化带来的影响。

除直接计入所有者权益的交易或事项产生的递延所得税资产及递延所得税负债，相关的调整金额应计入所有者权益以外，其他情况下因税率变化产生的调整金额应确认或冲减税率变化当期的所得税费用（或收益）。

四、所得税费用的确认和计量

所得税会计的主要目的之一是确定当期应缴纳的企业所得税以及利润表中的所得税费用。在按照资产负债表债务法核算企业所得税的情况下，利润表中的所得税费用包括当期所得税费用和递延所得税费用两个部分。

（一）当期所得税

当期所得税是当期所得税费用的简称，是指企业按照税法规定计算确定的针对当期发生的交易和事项，应向税务机关缴纳的企业所得税。

企业在确定当期所得税时，对于当期发生的交易或事项，会计处理与税法处理不同的，应在会计利润的基础上，按照适用税收法规的规定进行调整，计算出当期应纳税所得额，按照应纳税所得额与适用企业所得税税率计算确定当期所得税。一般情况下，应纳税所得额可在会计利润的基础上，考虑会计与税收法规之间的差异，按照以下公式计算确定：

应纳税所得额＝会计利润＋按照会计准则规定计入利润表但计税时不允许税前扣除的费用
±计入利润表的费用与按照税法规定可予税前抵扣的金额之间的差额
±计入利润表的收入与按照税法规定应计入应纳税所得额的收入之间的差额
－税法规定的不征税收入±其他需要调整的因素

当期所得税费用＝应纳税所得额×当期适用税率

（二）递延所得税

递延所得税是递延所得税费用的简称，是指按照所得税准则规定当期应予确认的递延所得税资产和递延所得税负债金额，即递延所得税资产及递延所得税负债当期发生额或予以转销的金额的综合结果，但不包括计入所有者权益的交易或事项的所得税影响。其计算公式为：

递延所得税费用＝（递延所得税负债的期末余额－递延所得税负债的期初余额）
－（递延所得税资产的期末余额－递延所得税资产的期初余额）

应当说明的是，企业因确认递延所得税资产和递延所得税负债产生的递延所得税，一般应计入所得税费用，但以下两种情况除外。

1. 与直接计入所有者权益的交易或事项相关的递延所得税

某项交易或事项按照会计准则规定应计入所有者权益的，由该交易或事项产生的递延所得税资产或递延所得税负债及其变化也应计入所有者权益，不构成利润表中的递延所得税费用（或收益）。

【工作实例4-7】 甲公司持有的某项以公允价值计量且其变动计入其他综合收益的其他债权投资，成本为120万元，会计期末，其公允价值为260万元，该公司适用的企业所得税税率为25%。除该事项外，该公司不存在其他会计与税收法规之间的差异，且递延所得税资产和递延所得税负债不存在期初余额。

【工作要求】 对甲公司上述企业所得税相关业务进行账务处理。

【工作实施】（1）会计期末在确认140万元（260－120）的公允价值变动时：

借：其他债权投资　　1 400 000
　贷：其他综合收益　　1 400 000

（2）确认应纳税暂时性差异对企业所得税的影响时：

借：其他综合收益　　350 000
　　贷：递延所得税负债（1 400 000×25%）　　350 000

2. 与企业合并相关的递延所得税

企业合并中取得的资产、负债，其账面价值与计税基础不同，应确认相关递延所得税。该递延所得税的确认影响合并中产生的商誉或计入当期损益的金额，不影响所得税费用。

【工作实例 4-8】 甲公司本年 1 月 1 日购买乙公司 80%股权，形成非同一控制下的企业合并。因会计准则规定与适用税法规定的处理方法不同，在购买日产生可抵扣暂时性差异 1 200 万元。假定购买日及未来期间企业适用的企业所得税税率为 25%。购买日，因预计未来期间无法取得足够的应纳税所得额，未确认与可抵扣暂时性差异相关的递延所得税资产 300 万元。购买日确认的商誉为 200 万元。

（1）假定在购买日后 6 个月，甲公司预计能够产生足够的应纳税所得额用以抵扣企业合并时产生的可抵扣暂时性差异 1 200 万元，且该事实于购买日已经存在。

（2）假定在购买日后 6 个月，甲公司根据新的事实预计能够产生足够的应纳税所得额用以抵扣企业合并时产生的可抵扣暂时性差异 1 200 万元，且该新的事实于购买日并不存在。

【工作要求】 对甲公司上述企业所得税相关业务进行账务处理。

【工作实施】 第一种情况下，甲公司应做如下账务处理。

借：递延所得税资产（12 000 000×25%）　　3 000 000
　　贷：商誉　　2 000 000
　　　　所得税费用——递延所得税费用　　1 000 000

第二种情况下，甲公司应做如下账务处理。

借：递延所得税资产　　3 000 000
　　贷：所得税费用——递延所得税费用　　3 000 000

（三）所得税费用

计算确定当期所得税费用及递延所得税费用以后，利润表中应予确认的所得税费用为两者之和，即

所得税费用＝当期所得税费用＋递延所得税费用

【工作实例 4-9】 甲公司 2021 年度利润表中利润总额为 4 000 万元，该公司适用的企业所得税税率为 25%。递延所得税资产及递延所得税负债不存在期初余额。2021 年发生的有关交易和事项中，会计处理与税法处理存在差别的有：

（1）2021 年 1 月开始计提折旧的一项固定资产，成本为 2 000 万元，使用年限为 10 年，假设净残值为 0，会计处理按双倍余额递减法计提折旧，税收处理按直线法计提折旧。假设税法规定的使用年限及净残值与会计规定相同。

（2）向关联企业直接捐赠现金 800 万元。按照税法规定，企业向关联方的直接捐赠支出不得税前扣除。

（3）当期取得作为交易性金融资产核算的股票投资成本为 1 100 万元，2021 年 12 月 31 日其公允价值为 2 200 元。税法规定，以公允价值计量的金融资产持有期间市价变动不计入应纳税所得额。

（4）违反环保法规定应支付罚款 300 万元。税法规定，罚金、罚款和被没收财物的损失不得税前扣除。

（5）存货原账面价值为 3 800 万元，经测试发生减值 800 万元，期末对持有的存货计提了 800 万元的存货跌价准备。税法规定，未经核定的准备金支出不得税前扣除。

甲公司上述交易或事项均按照企业会计准则的规定进行了处理。预计在未来期间有足够的应纳税所得额用于抵扣可抵扣暂时性差异。假设除上述事项外，没有其他影响所得税核算的因素。

【工作要求】（1）计算甲公司 2021 年度当期的应纳企业所得税。

（2）计算甲公司 2021 年度递延所得税费用。

（3）计算甲公司 2021 年度利润表中应确认的所得税费用。

（4）对甲公司确认的所得税费用进行账务处理。

【工作实施】甲公司 2021 年资产负债表相关资产、负债项目账面价值与计税基础如表 4-2 所示。

表 4-2　甲公司 2021 年资产负债表相关资产、负债项目账面价值与计税基础　　单位：万元

项目	账面价值	计税基础	差异	
			应纳税暂时性差异	可抵扣暂时性差异
存货	3 000	3 800		800
固定资产				
固定资产原价	2 000	2 000		
减：累计折旧	400	200		
减：固定资产减值准备	0	0		
固定资产账面价值	1 600	1 800		200
交易性金融资产	2 200	1 100	1 100	
其他应付款	300	300		
总计			1 100	1 000

（1）确定 2021 年 12 月 31 日资产和负债的账面价值（见表 4-2）。

（2）确定 2021 年 12 月 31 日资产和负债的计税基础（见表 4-2）。

（3）确认 2021 年度递延所得税（递延所得税费用）。

$$\begin{array}{l}2021\text{年12月31日资产的账面}\\ \text{价值小于计税基础部分的差额}\end{array}=(3\,800-3\,000)+(1\,800-1\,600)=1\,000(\text{万元})$$

1 000万元为可抵扣暂时性差异，应确认相关的递延所得税资产250万元（1 000×25%）。

2021年12月31日资产的账面价值大于计税基础部分的差额＝2 200－1 100＝1 100(万元)

1 100万元为应纳税暂时性差异，应确认相关的递延所得税负债275万元（1 100×25%）。

2021年度递延所得税费用＝(递延所得税负债的期末余额－递延所得税负债的期初余额)－(递延所得税资产的期末余额－递延所得税资产的期初余额)

＝(275－0)－(250－0)＝25(万元)

（4）确认2021年度当期所得税（当期所得税费用）。

2021年度应纳税所得额＝4 000＋200＋800(直接捐赠现金800万元为永久性差异)－1 100＋300(违反环保法支付的罚款300万元为永久性差异)＋800

＝5 000(万元)

2021年度当期所得税费用(应纳企业所得税)＝应纳税所得额×当期适用税率

＝5 000×25%＝1 250(万元)

（5）确认2021年度利润表中的所得税费用。

2021年度所得税费用＝当期所得税费用＋递延所得税费用

＝1 250＋25＝1 275(万元)

（6）确认所得税费用的账务处理如下。

借：所得税费用——当期所得税费用	12 500 000	
——递延所得税费用	250 000	
递延所得税资产	2 500 000	
贷：应交税费——应交所得税		12 500 000
递延所得税负债		2 750 000

或分为两个分录：

借：所得税费用——当期所得税费用	12 500 000	
贷：应交税费——应交所得税		12 500 000
借：所得税费用——递延所得税费用	250 000	
递延所得税资产	2 500 000	
贷：递延所得税负债		2 750 000

【工作实例4－10】 接工作实例4－9，假定甲公司2022年当期应纳税所得额为8 100万元。资产负债表中有关资产、负债的账面价值与计税基础相关资料如表4－3所示，除所列项目外，其他资产、负债项目不存在会计与税收的差异。

表4－3 甲公司2022年资产负债表相关资产、负债项目账面价值与计税基础 单位：万元

项目	账面价值	计税基础	差异	
			应纳税暂时性差异	可抵扣暂时性差异
存货	6 000	6 200		200
固定资产				
固定资产原价	2 000	2 000		
减：累计折旧	720	400		
减：固定资产减值准备	220	0		
固定资产账面价值	1 060	1 600		540
交易性金融资产	2 200	1 080	1 120	
预计负债	300	0		300
总计			1 120	1 040

【工作要求】（1）计算甲公司2022年度递延所得税费用。

（2）计算甲公司2022年度应确认的所得税费用。

（3）对甲公司确认的所得税费用进行账务处理。

【工作实施】（1）确定2022年12月31日资产和负债的账面价值（见表4－3）。

（2）确定2022年12月31日资产和负债的计税基础（见表4－3）。

（3）确认2022年度递延所得税（递延所得税费用）。2022年12月31日资产的账面价值小于计税基础部分的差额以及负债的账面价值大于计税基础部分的差额共计1 040万元((6 200－6 000)＋(1 600－1 060)＋(300－0))，为累计应确认的可抵扣暂时性差异；2022年期末递延所得税资产余额为260万元（1 040×25%），2022年期初递延所得税资产余额为250万元，则应确认递延所得税资产（递延所得税资产增加额）10万元（260－250）。

2022年12月31日资产的账面价值大于计税基础部分的差额是1 120万元（2 200－1 080)，为累计应确认的应纳税暂时性差异；2022年期末递延所得税负债余额为280万元（1 120×25%），2022年期初递延所得税负债余额为275万元，则应确认递延所得税负债（递延所得税负债增加额）5万元（280－275）。

$$
\begin{aligned}
2022\text{年递延所得税费用} &= \left(\begin{matrix}\text{递延所得税负债的}\\\text{期末余额}\end{matrix} - \begin{matrix}\text{递延所得税负债的}\\\text{期初余额}\end{matrix}\right) \\
&\quad - \left(\begin{matrix}\text{递延所得税资产的}\\\text{期末余额}\end{matrix} - \begin{matrix}\text{递延所得税资产的}\\\text{期初余额}\end{matrix}\right) \\
&= (280-275)-(260-250) \\
&= -5(\text{万元})(\text{负数代表收益})
\end{aligned}
$$

（4）确认 2022 年度当期所得税（当期所得税费用）。

2022 年度应纳税所得额＝8 100(万元)

2022 年度当期所得税费用(应纳企业所得税)＝应纳税所得额×当期适用税率
＝8 100×25%＝2 025(万元)

（5）确认 2022 年度利润表中的所得税费用。

2022 年度所得税费用＝当期所得税费用＋递延所得税费用
＝2 025＋(－5)＝2 020(万元)

（6）确认所得税费用的账务处理如下。

借：所得税费用——当期所得税费用	20 250 000	
递延所得税资产	100 000	
贷：所得税费用——递延所得税费用		50 000
应交税费——应交所得税		20 250 000
递延所得税负债		50 000

或分为两个分录：

借：所得税费用——当期所得税费用	20 250 000	
贷：应交税费——应交所得税		20 250 000
借：递延所得税资产	100 000	
贷：所得税费用——递延所得税费用		50 000
递延所得税负债		50 000

（四）合并财务报表中因抵销未实现内部销售损益产生的递延所得税

企业在编制合并财务报表时，因抵销未实现内部销售损益导致合并资产负债表中资产、负债的账面价值与其纳入合并范围的企业按照适用税法规定确定的计税基础之间产生暂时性差异的，在合并资产负债表中应当确认递延所得税资产或递延所得税负债，同时调整合并利润表中的所得税费用，但与直接计入所有者权益的交易或事项及企业合并相关的递延所得税除外。

企业在编制合并财务报表时，按照合并报表的编制原则，应将纳入合并范围的企业之间发生的未实现内部交易损益予以抵销，因此所涉及的资产负债项目在合并资产负债表中列示的价值与其所属的企业个别资产负债表中的价值会不同，进而可能产生与有关资产、负债所属个别纳税主体计税基础的不同，从合并财务报表作为一个完整经济主体的角度，企业应当确认该暂时性差异的所得税影响。

【工作实例 4－11】 甲公司拥有乙公司 80%表决权股份，能够控制乙公司的生产经营决策。本年 9 月甲公司以 700 万元将一批自产产品销售给乙公司，该批产品在甲公司的生产成本为 600 万元。至本年 12 月 31 日，乙公司尚未对外销售该批产品。假定所涉及的产品未发生减值。甲公司、乙公司适用的企业所得税税率均为 25%，且在未来期间预计不会发生变化。税法规定，企业的存货以历史成本作为计税基础。

【工作要求】对甲公司上述企业所得税相关业务进行账务处理。

【工作实施】（1）甲公司在编制合并财务报表时，对于与乙公司发生的内部交易应进行以下抵销处理。

借：营业收入　　7 000 000

　贷：营业成本　　6 000 000

　　存货　　1 000 000

（2）经过上述抵销处理后，该项内部交易涉及的存货在合并资产负债表中体现的价值为600万元（700－100），即未发生减值的情况下，为出售方的成本，而其计税基础为700万元，两者之间产生了100万元可抵扣暂时性差异，与该暂时性差异相关的递延所得税在乙公司并未确认，为此在合并财务报表中应进行以下处理。

借：递延所得税资产（1 000 000×25%）　　250 000

　贷：所得税费用　　250 000

五、企业所得税的会计核算实务

会计准则与税法计算基础不尽相同，在会计准则与税法计算基础相同的情况下，不产生差异，不需要进行纳税调整；在会计准则与税法计算基础不同的情况下，所得税会计通常会产生两种差异，即永久性差异和暂时性差异，此时需要进行纳税调整，其中，对于暂时性差异需要确认相关的递延所得税影响。企业所得税的会计核算实务的内容非常多，以下仅就部分业务进行说明。

（一）与资产相关的企业所得税会计核算

1. 固定资产的企业所得税会计核算

（1）固定资产折旧的企业所得税会计核算。

1）固定资产折旧方法的不同会产生差异。会计准则规定，企业可以根据固定资产经济利益的预期实现方式合理选择折旧方法，如可以按照年限平均法计提折旧，也可以按照双倍余额递减法、年数总和法等计提折旧，前提是有关方法能够反映固定资产为企业带来经济利益的实现情况。而税法规定，除某些按规定可以加速折旧的情况外，一般情况下，可以税前扣除的是按照直线法（年限平均法）计提的折旧。这样会产生固定资产账面价值与计税基础之间的差异，需要确认相关的递延所得税影响。

2）固定资产折旧年限的不同会产生差异。税法一般规定每一类固定资产的最低折旧年限，而在会计处理时，折旧年限是按照会计准则的规定由企业按照固定资产能够为企业带来经济利益的期限估计确定的。因此，折旧年限的不同也会产生固定资产账面价值与计税基础之间的差异，需要确认相关的递延所得税影响。

【工作实例4-12】 2019年12月25日，甲公司购入一辆由管理部门专门使用的汽车，取得的增值税专用发票上注明价款240 000元、增值税额31 200元。甲公司取得的增值税专用发票2019年12月符合抵扣规定。该汽车预计使用期限为4年，会计上采用直线法按照4年计提折旧（假设不考虑残值），税法上采用年数总和法按照4年计提折旧（假设不考虑残值）。假定甲公司每年的利润总额均为3 000 000元；甲公司未对该汽车计提减值准备；无其他纳税调整项目，且每年企业所得税税率均为25%。

【工作要求】 对甲公司上述企业所得税相关业务进行账务处理。

【工作实施】（1）2019年12月25日购入该汽车时：

借：固定资产——汽车	240 000
应交税费——应交增值税（进项税额）（240 000×13%）	31 200
贷：银行存款	271 200

（2）计算2020年度利润表中的所得税费用。

1）确定2020年12月31日资产的账面价值。2020年，会计上计提折旧60 000元（240 000÷4）。

$$\begin{matrix}\text{2020 年 12 月 31 日}\\ \text{固定资产的账面价值}\end{matrix}=\begin{matrix}\text{固定资产成本}\\ \text{（原值）}\end{matrix}-\begin{matrix}\text{固定资产}\\ \text{累计折旧}\end{matrix}-\begin{matrix}\text{固定资产}\\ \text{减值准备}\end{matrix}$$

$$=240\,000-60\,000-0$$

$$=180\,000(\text{元})$$

2020年度每月分别计提折旧时：

借：管理费用	5 000
贷：累计折旧（60 000÷12）	5 000

2）确定2020年12月31日资产的计税基础。2020年，按税法规定计提折旧96 000元（240 000×4÷(1+2+3+4)）。

$$\begin{matrix}\text{2020 年 12 月 31 日}\\ \text{固定资产的计税基础}\end{matrix}=\begin{matrix}\text{固定资产成本}\\ \text{（原值）}\end{matrix}-\begin{matrix}\text{按照税法规定}\\ \text{计算确定的累计折旧}\end{matrix}$$

$$=240\,000-96\,000=144\,000(\text{元})$$

3）确认2020年度递延所得税（递延所得税费用）。2020年12月31日固定资产的账面价值180 000元大于计税基础144 000元，差额为36 000元（180 000－144 000），将于未来期间增加企业的应纳税所得额，为应纳税暂时性差异。2020年期末应确认相关的递延所得税负债9 000元（36 000×25%）。

$$\begin{matrix}\text{2020 年度}\\ \text{递延所得税费用}\end{matrix}=\left(\begin{matrix}\text{递延所得税负债的}\\ \text{期末余额}\end{matrix}-\begin{matrix}\text{递延所得税负债的}\\ \text{期初余额}\end{matrix}\right)$$

$$-\left(\begin{matrix}\text{递延所得税资产的}\\ \text{期末余额}\end{matrix}-\begin{matrix}\text{递延所得税资产的}\\ \text{期初余额}\end{matrix}\right)$$

$$=(9\,000-0)-(0-0)=9\,000(\text{元})$$

4）确认2020年度当期所得税（当期所得税费用）。

$$2020\text{年度当期所得税费用}=\text{应纳税所得额}\times\text{当期适用税率}$$
$$=(3\ 000\ 000+60\ 000-96\ 000)\times 25\%$$
$$=741\ 000(\text{元})$$

5）确认2020年度利润表中的所得税费用。

$$2020\text{年度所得税费用}=\text{当期所得税费用}+\text{递延所得税费用}$$
$$=741\ 000+9\ 000=750\ 000(\text{元})$$

确认所得税费用的账务处理如下。

借：所得税费用——当期所得税费用	741 000	
——递延所得税费用	9 000	
贷：应交税费——应交所得税		741 000
递延所得税负债		9 000

（3）计算2021年度利润表中的所得税费用。

1）确定2021年12月31日资产的账面价值。2021年，会计上计提折旧60 000元（240 000÷4）。

$$\begin{matrix}2021\text{年}12\text{月}31\text{日}\\ \text{固定资产的账面价值}\end{matrix}=\begin{matrix}\text{固定资产}\\ \text{成本(原值)}\end{matrix}-\begin{matrix}\text{固定资产}\\ \text{累计折旧}\end{matrix}-\begin{matrix}\text{固定资产}\\ \text{减值准备}\end{matrix}$$
$$=240\ 000-(60\ 000+60\ 000)-0=120\ 000(\text{元})$$

2021年度每月分别计提折旧时：

借：管理费用	5 000	
贷：累计折旧（60 000÷12）		5 000

2）确定2021年12月31日资产的计税基础。2021年，按税法规定计提折旧72 000元（240 000×3÷(1+2+3+4)）。

$$\begin{matrix}2021\text{年}12\text{月}31\text{日}\\ \text{固定资产的计税基础}\end{matrix}=\begin{matrix}\text{固定资产成本}\\ \text{(原值)}\end{matrix}-\begin{matrix}\text{按照税法规定计算}\\ \text{确定的累计折旧}\end{matrix}$$
$$=240\ 000-(96\ 000+72\ 000)=72\ 000(\text{元})$$

3）确认2021年度递延所得税（递延所得税费用）。2021年12月31日固定资产的账面价值120 000元大于计税基础72 000元，差额为48 000元（120 000－72 000），为累计应确认的应纳税暂时性差异。

$$2021\text{年期末递延所得税负债余额}=48\ 000\times 25\%=12\ 000(\text{元})$$

由于2021年期初递延所得税负债余额为9 000元，2021年期末应进一步确认递延所得税负债（递延所得税负债增加额）3 000元（12 000－9 000）。

$$\begin{matrix}2021\text{年度递延}\\ \text{所得税费用}\end{matrix}=\left(\begin{matrix}\text{递延所得税负债的}\\ \text{期末余额}\end{matrix}-\begin{matrix}\text{递延所得税负债的}\\ \text{期初余额}\end{matrix}\right)$$

$$-\left(\begin{matrix}\text{递延所得税资产的}\\\text{期末余额}\end{matrix}-\begin{matrix}\text{递延所得税资产的}\\\text{期初余额}\end{matrix}\right)$$

$$=(12\ 000-9\ 000)-(0-0)=3\ 000(\text{元})$$

4）确认 2021 年度当期所得税（当期所得税费用）。

$$\begin{aligned}\text{2021 年度当期所得税费用}&=\text{应纳税所得额}\times\text{当期适用税率}\\&=(3\ 000\ 000+60\ 000-72\ 000)\times25\%\\&=747\ 000(\text{元})\end{aligned}$$

5）确认 2021 年度利润表中的所得税费用。

$$\begin{aligned}\text{2021 年度所得税费用}&=\text{当期所得税费用}+\text{递延所得税费用}\\&=747\ 000+3\ 000=750\ 000(\text{元})\end{aligned}$$

借：所得税费用——当期所得税费用	747 000	
——递延所得税费用	3 000	
贷：应交税费——应交所得税		747 000
递延所得税负债		3 000

（4）计算 2022 年度利润表中的所得税费用。

1）确定 2022 年 12 月 31 日资产的账面价值。2022 年，会计上计提折旧 60 000 元（240 000÷4）。

$$\begin{matrix}\text{2022 年 12 月 31 日}\\\text{固定资产的账面价值}\end{matrix}=\begin{matrix}\text{固定资产成本}\\\text{（原值）}\end{matrix}-\begin{matrix}\text{固定资产}\\\text{累计折旧}\end{matrix}-\begin{matrix}\text{固定资产}\\\text{减值准备}\end{matrix}$$

$$=240\ 000-(60\ 000+60\ 000+60\ 000)-0=60\ 000(\text{元})$$

2022 年度每月分别计提折旧时：

借：管理费用	5 000	
贷：累计折旧（60 000÷12）		5 000

2）确定 2022 年 12 月 31 日资产的计税基础。2022 年，按税法规定计提折旧 48 000 元（240 000×2÷(1+2+3+4)）。

$$\begin{matrix}\text{2022 年 12 月 31 日}\\\text{固定资产的计税基础}\end{matrix}=\begin{matrix}\text{固定资产成本}\\\text{（原值）}\end{matrix}-\begin{matrix}\text{按照税法规定}\\\text{计算确定的累计折旧}\end{matrix}$$

$$=240\ 000-(96\ 000+72\ 000+48\ 000)=24\ 000(\text{元})$$

3）确认 2022 年度递延所得税（递延所得税费用）。2022 年 12 月 31 日固定资产的账面价值 60 000 元大于计税基础 24 000 元，差额为 36 000 元（60 000−24 000），为累计应确认的应纳税暂时性差异。

$$\text{2022 年期末递延所得税负债余额}=36\ 000\times25\%=9\ 000(\text{元})$$

由于 2022 年期初递延所得税负债余额为 12 000 元，2022 年期末应转回递延所得税负债（递延所得税负债减少额）3 000元（12 000－9 000）。

$$\begin{aligned}\text{2022年度递延所得税费用} &= \left(\text{递延所得税负债的期末余额} - \text{递延所得税负债的期初余额}\right) \\ &\quad - \left(\text{递延所得税资产的期末余额} - \text{递延所得税资产的期初余额}\right) \\ &= (9\,000-12\,000)-(0-0) \\ &= -3\,000(\text{元})(\text{负数代表收益})\end{aligned}$$

4）确认2022年度当期所得税（当期所得税费用）。

$$\begin{aligned}\text{2022年度当期所得税费用} &= \text{应纳税所得额} \times \text{当期适用税率} \\ &= (3\,000\,000+60\,000-48\,000)\times 25\% \\ &= 753\,000(\text{元})\end{aligned}$$

5）确认2022年度利润表中的所得税费用。

$$\begin{aligned}\text{2022年度所得税费用} &= \text{当期所得税费用} + \text{递延所得税费用} \\ &= 753\,000+(-3\,000)=750\,000(\text{元})\end{aligned}$$

借：所得税费用——当期所得税费用	753 000	
递延所得税负债	3 000	
贷：应交税费——应交所得税		753 000
所得税费用——递延所得税费用		3 000

（5）计算2023年度利润表中的所得税费用。

1）确定2023年12月31日资产的账面价值。2023年，会计上计提折旧60 000元（240 000÷4）。

$$\begin{aligned}\text{2023年12月31日固定资产的账面价值} &= \text{固定资产成本（原值）} - \text{固定资产累计折旧} - \text{固定资产减值准备} \\ &= 240\,000-(60\,000+60\,000+60\,000+60\,000)-0=0\end{aligned}$$

2023年度每月分别计提折旧时：

借：管理费用	5 000	
贷：累计折旧（60 000÷12）		5 000

2）确定2023年12月31日资产的计税基础。2023年，按税法规定计提折旧24 000元（240 000×1÷(1＋2＋3＋4)）。

$$\begin{aligned}\text{2023年12月31日固定资产的计税基础} &= \text{固定资产成本（原值）} - \text{按照税法规定计算确定的累计折旧} \\ &= 240\,000-(96\,000+72\,000+48\,000+24\,000)=0\end{aligned}$$

3）确认2023年度递延所得税（递延所得税费用）。2023年12月31日固定资产的账面价值与计税基础均为0，两者之间不存在暂时性差异，前期已经确认的与该固定资产相关的递延所得税负债应予全额转回。2023 年期末递延所得税负债余额为 0，由于 2023 年期初递延所得税负债余额为 9 000 元，2023 年期末应转回递延所得税负债（递延所得税负债减少额）9 000 元（9 000－0）。

$$\begin{aligned}\text{2023 年度递延所得税费用} &= \left(\text{递延所得税负债的期末余额} - \text{递延所得税负债的期初余额}\right) \\ &\quad - \left(\text{递延所得税资产的期末余额} - \text{递延所得税资产的期初余额}\right) \\ &= (0-9\ 000)-(0-0) \\ &= -9\ 000(\text{元})(\text{负数代表收益})\end{aligned}$$

4）确认 2023 年度当期所得税（当期所得税费用）。

$$\begin{aligned}\text{2023 年度当期所得税费用} &= \text{应纳税所得额}\times\text{当期适用税率} \\ &= (3\ 000\ 000+60\ 000-24\ 000)\times 25\% \\ &= 759\ 000(\text{元})\end{aligned}$$

5）确认 2023 年度利润表中的所得税费用。

$$\begin{aligned}\text{2023 年度所得税费用} &= \text{当期所得税费用}+\text{递延所得税费用} \\ &= 759\ 000+(-9\ 000)=750\ 000(\text{元})\end{aligned}$$

借：所得税费用——当期所得税费用	759 000	
递延所得税负债	9 000	
贷：应交税费——应交所得税		759 000
所得税费用——递延所得税费用		9 000

（2）固定资产减值的企业所得税会计核算。

1）计提固定资产减值准备会产生差异。在持有固定资产的期间内，会计上可能对固定资产计提了减值准备，但税法上规定在计提当期不允许税前扣除，也会造成固定资产的账面价值与计税基础的差异，需要确认相关的递延所得税影响。在计算当期应纳税所得额时，企业应在会计利润总额的基础上，加上按照税法规定不允许从当期应纳税所得额中扣除的同期计提的资产减值准备金额，调整为当期应纳税所得额。

2）计提固定资产减值准备后固定资产的折旧会进一步产生差异。对固定资产而言，会计上计提减值准备后，应按计提减值准备后的账面价值及尚可使用寿命或尚可使用年限（含预计净残值等的变更）重新计算每期的折旧率、折旧额，重新计算的金额与税法上可在应纳税所得额中抵扣的折旧额的差额，应从当期利润总额中减去，计算出企业当期的应纳税所得额。

【工作实例 4－13】 甲公司 2019 年 12 月购入一台电子设备，取得增值税专用发票，发票上注明价款 15 万元、增值税额 1.95 万元，甲公司取得的增值税专用发票

2019年12月符合抵扣规定。该设备预计使用3年，预计净残值为0，采用平均年限法计提折旧。其使用年限、折旧方法、净残值与税法规定一致。2020年12月31日，会计上认定该设备可能发生减值，估计现行销售净价为8万元。2020年的会计利润为80万元。2021年12月31日，会计上认定该设备未再发生减值，2021年的会计利润为80万元。2022年12月31日，会计上认定该设备未再发生减值，2022年的会计利润为80万元。甲公司预计在未来期间有足够的应纳税所得额用于抵扣可抵扣暂时性差异。假设无其他纳税调整项目，且每年企业所得税税率均为25%。

【工作要求】对甲公司上述企业所得税相关业务进行账务处理。

【工作实施】（1）2019年12月购入设备时：

借：固定资产	150 000	
应交税费——应交增值税（进项税额）	19 500	
贷：银行存款		169 500

（2）计算2020年度利润表中的所得税费用。

1）确定2020年12月31日资产的账面价值。2020年，会计上计提折旧50 000元（150 000÷3）。2020年12月31日固定资产的账面价值为80 000元，会计上需要计提固定资产减值准备20 000元（150 000－50 000－80 000）。

借：管理费用	50 000	
贷：累计折旧		50 000
借：资产减值损失	20 000	
贷：固定资产减值准备		20 000

2）确定2020年12月31日资产的计税基础。2020年，按税法规定计提折旧50 000元（150 000÷3）。

$$\begin{aligned}\text{2020年12月31日固定资产的计税基础} &= \text{固定资产成本（原值）} - \text{按照税法规定计算确定的累计折旧}\\ &= 150\,000 - 50\,000 = 100\,000(\text{元})\end{aligned}$$

3）确认2020年度递延所得税（递延所得税费用）。2020年12月31日固定资产的账面价值80 000元小于计税基础100 000元，差额为20 000元（100 000－80 000），为应确认的可抵扣暂时性差异，符合确认条件时，应确认相关的递延所得税资产5 000元（20 000×25%）。

$$\begin{aligned}\text{2020年度递延所得税费用} &= \left(\text{递延所得税负债的期末余额} - \text{递延所得税负债的期初余额}\right)\\ &\quad - \left(\text{递延所得税资产的期末余额} - \text{递延所得税资产的期初余额}\right)\\ &= (0-0)-(5\,000-0)\\ &= -5\,000(\text{元})(\text{负数代表收益})\end{aligned}$$

4）确认2020年度当期所得税（当期所得税费用）。

2020年度当期所得税费用＝应纳税所得额×当期适用税率

＝(800 000＋20 000)×25％＝205 000(元)

5）确认2020年度利润表中的所得税费用。

2020年度所得税费用＝当期所得税费用＋递延所得税费用

＝205 000＋(－5 000)＝200 000(元)

借：所得税费用——当期所得税费用	205 000
递延所得税资产	5 000
贷：应交税费——应交所得税	205 000
所得税费用——递延所得税费用	5 000

（3）计算2021年度利润表中的所得税费用。

1）确定2021年12月31日资产的账面价值。2021年，会计上计提折旧40 000元（80 000÷2）。

2021年12月31日固定资产的账面价值＝固定资产成本（原值）－固定资产累计折旧－固定资产减值准备

＝150 000－(50 000＋40 000)－20 000＝40 000(元)

借：管理费用	40 000
贷：累计折旧	40 000

2）确定2021年12月31日资产的计税基础。2021年，按税法规定计提折旧50 000元（150 000÷3）。

2021年12月31日固定资产的计税基础＝固定资产成本（原值）－按照税法规定计算确定的累计折旧

＝150 000－(50 000＋50 000)＝50 000(元)

3）确认2021年度递延所得税（递延所得税费用）。2021年12月31日固定资产的账面价值40 000元小于计税基础50 000元，差额为10 000元（50 000－40 000），为累计应确认的可抵扣暂时性差异。2021年期末递延所得税资产余额为2 500元（10 000×25％），由于2021年期初递延所得税资产余额为5 000元，2021年期末应转回递延所得税资产（递延所得税资产减少额）2 500元（5 000－2 500）。

2021年度递延所得税费用＝（递延所得税负债的期末余额－递延所得税负债的期初余额）

－（递延所得税资产的期末余额－递延所得税资产的期初余额）

＝(0－0)－(2 500－5 000)＝2 500(元)

4）确认2021年度当期所得税（当期所得税费用）。

2021年度当期所得税费用＝应纳税所得额×当期适用税率

＝(800 000＋40 000－50 000)×25%＝197 500(元)

5）确认2021年度利润表中的所得税费用。

2021年度所得税费用＝当期所得税费用＋递延所得税费用

＝197 500＋2 500

＝200 000(元)

借：所得税费用——当期所得税费用　　197 500

　　　　　　——递延所得税费用　　2 500

　贷：应交税费——应交所得税　　197 500

　　递延所得税资产　　2 500

（4）计算2022年度利润表中的所得税费用。

1）确定2022年12月31日资产的账面价值。2022年，会计上计提折旧40 000元（80 000÷2）。

2022年12月31日固定资产的账面价值＝固定资产成本（原值）－固定资产累计折旧－固定资产减值准备

＝150 000－(50 000＋40 000＋40 000)－20 000＝0

借：管理费用　　40 000

　贷：累计折旧　　40 000

2）确定2022年12月31日资产的计税基础。2022年，按税法规定计提折旧50 000元（150 000÷3）。

2022年12月31日固定资产的计税基础＝固定资产成本（原值）－按照税法规定计算确定的累计折旧

＝150 000－(50 000＋50 000＋50 000)＝0

3）确认2022年度递延所得税（递延所得税费用）。2022年12月31日固定资产的账面价值与计税基础均为0，两者之间不存在暂时性差异，前期已经确认的与该固定资产相关的递延所得税资产应予全额转回。2022年期末递延所得税资产余额为0，由于2022年期初递延所得税资产余额为2 500元，2022年期末应转回递延所得税资产（递延所得税资产减少额）2 500元（2 500－0）。

2022年度递延所得税费用＝(递延所得税负债的期末余额－递延所得税负债的期初余额)－(递延所得税资产的期末余额－递延所得税资产的期初余额)

＝(0－0)－(0－2 500)＝2 500(元)

4）确认 2022 年度当期所得税（当期所得税费用）。

2022 年度当期所得税费用＝应纳税所得额×当期适用税率
＝(800 000＋40 000－50 000)×25%
＝197 500(元)

5）确认 2022 年度利润表中的所得税费用。

2022 年度所得税费用＝当期所得税费用＋递延所得税费用
＝197 500＋2 500
＝200 000(元)

借：所得税费用——当期所得税费用　　197 500
　　　　　　　——递延所得税费用　　2 500
　贷：应交税费——应交所得税　　197 500
　　　递延所得税资产　　2 500

2. 无形资产的企业所得税会计核算

(1) 内部研究开发形成的无形资产的企业所得税会计核算。除内部研究开发形成的无形资产以外，其他方式取得的无形资产，初始确认时按照会计准则规定确定的入账价值与按照税法规定确定的计税基础之间一般不存在差异。内部研究开发形成的无形资产，会计准则规定其成本为开发阶段符合资本化条件以后至达到预定用途前发生的支出，除此之外，研究开发过程中发生的其他支出应予费用化计入损益。税法规定，自行开发的无形资产，以开发过程中该资产符合资本化条件后至达到预定用途前发生的支出为计税基础。对于研究开发费用（简称研发费用）的加计扣除，税法规定企业为开发新技术、新产品、新工艺发生的研究开发费用，未形成无形资产计入当期损益的，在按照规定据实扣除的基础上，按照研究开发费用的 50%加计扣除；形成无形资产的，按照无形资产成本的 150%摊销［企业开展研发活动中实际发生的研发费用，未形成无形资产计入当期损益的，在按规定据实扣除的基础上，在 2018 年 1 月 1 日至 2023 年 12 月 31 日（实际执行至 2022 年 12 月 31 日）期间，再按照实际发生额的 75%在税前加计扣除；形成无形资产的，在上述期间按照无形资产成本的 175%在税前摊销。企业开展研发活动中实际发生的研发费用，未形成无形资产计入当期损益的，在按规定据实扣除的基础上，自 2023 年 1 月 1 日起，再按照实际发生额的 100%在税前加计扣除；形成无形资产的，自 2023 年 1 月 1 日起，按照无形资产成本的 200%在税前摊销。制造业企业开展研发活动中实际发生的研发费用，未形成无形资产计入当期损益的，在按规定据实扣除的基础上，自 2021 年 1 月 1 日起，再按照实际发生额的 100%在税前加计扣除；形成无形资产的，自 2021 年 1 月 1 日起，按照无形资产成本的 200%在税前摊销］。对于内部研究开发形成的无形资产，一般情况下，初始确认时按照会计准则规定确定的成本与其计税基础应当是相同的。对于享受税收优惠无形资产的研究开发支出，在形成无形资产时，按照会计准则规定确定无形资产的成本为研究开发过程中符合资本化条件后至达到预定用途前发生的支出，而税法规定按照上述无形资产成本的150%［在2018年1月1日至2023年12月31日（实际执行至2022年12月31日）期间，为175%；自2023年1月1日起，为200%；制造业企业自2021年1月1日起，为200%］摊销，其计税基础应在会计入账价值的基础上加计50%［在2018年1月1日至2023年12月31日（实际执行至2022年12月31日）期间，为75%；自2023年1月1日起，为100%；制造业企业自2021年1月1日起，为100%］，因而产生账面价值与计税基础在初始确认时的差异。另外，会计准则中规定有例外条款，即如果该无形资产的确认（初始确认）不是产生于企业合并交易，同时在确认（初始确认）时既不影响会计利润，也不影响应纳税所得额，按照所得税准则的规定，不确认该暂时性差异的所得税影响。在这种情况下，无形资产在初始确认时，对于会计与税收规定之间存在的暂时性差异不予确认；在持续持有过程中，在初始未予确认暂时性差异的所得税影响范围内的摊销额等的差异也不予确认。

【特别提示】除烟草制造业、住宿和餐饮业、批发和零售业、房地产业、租赁和商务服务业、娱乐业、财政部和国家税务总局规定的其他行业以外，其他行业企业均可享受研发费用加计扣除的具体政策。

【工作实例4-14】 甲公司自2023年1月1日起自行研究开发一项新专利技术。甲公司各年实现利润总额均为20 000万元。税法规定，企业开展研发活动中实际发生的研发费用，未形成无形资产计入当期损益的，在按规定据实扣除的基础上，自2023年1月1日起，再按照实际发生额的100%在税前加计扣除；形成无形资产的，自2023年1月1日起，按照无形资产成本的200%在税前摊销。2023年度研究开发支出为1 200万元，其中费用化支出为300万元，资本化支出为900万元。至2023年12月31日尚未达到预定可使用状态。2024年发生资本化支出1 300万元，2024年7月1日该项专利技术获得成功并取得专利权。甲公司预计该项专利权的使用年限为10年，采用直线法进行摊销，均与税法规定相同。假设无其他纳税调整项目，且每年企业所得税税率均为25%。

【工作要求】对甲公司上述企业所得税相关业务进行账务处理。

【工作实施】（1）2023年12月31日所得税会计处理如下：

2023年12月31日研发支出账面价值＝900(万元)

2023年12月31日研发支出计税基础＝900×200%＝1 800(万元)

2023年12月31日可抵扣暂时性差异＝1 800－900＝900(万元)

自行研发的无形资产确认时（根据资本化部分确认无形资产），既不影响应纳税所得额，也不影响会计利润，因此不确认该暂时性差异的所得税影响，即不确认相关的递延所得税资产，因此，递延所得税费用为0，但应调减应纳税所得额300万元（300×100%）（根据费用化部分调减应纳税所得额）。

2023年度应交所得税(当期所得税费用)=应纳税所得额×当期适用税率
=(20 000−300×100%)×25%
=(20 000−300)×25%
=4 925(万元)

借：所得税费用——当期所得税费用 49 250 000
贷：应交税费——应交所得税 49 250 000

(2) 2024年12月31日所得税会计处理如下。

2024年12月31日无形资产账面价值=(900+1 300)−(900+1 300)÷10÷12×6
=2 090(万元)

2024年12月31日无形资产计税基础=(900+1 300)×200%−(900+1 300)×200%÷10÷12×6
=4 180(万元)

2024年12月31日累计可抵扣暂时性差异=4 180−2 090=2 090(万元)

自行研发的无形资产确认时（根据资本化部分确认无形资产），既不影响应纳税所得额，也不影响会计利润，所以不确认该暂时性差异的所得税影响，即不确认相关的递延所得税资产，因此，递延所得税费用为0，但应调减应纳税所得额110万元（(900+1 300)×200%÷10÷12×6−(900+1 300)÷10÷12×6)（根据费用化部分调减应纳税所得额）。

2024年度应交所得税(当期所得税费用)=[20 000+(900+1 300)÷10÷12×6−(900+1 300)×200%÷10÷12×6]×25%=(20 000−110)×25%
=4 972.5(万元)

借：所得税费用——当期所得税费用 49 725 000
贷：应交税费——应交所得税 49 725 000

(2) 无形资产后续计量的企业所得税会计核算。无形资产在后续计量时，会计与税收的差异主要产生于对无形资产摊销年限或方法的确定、是否需要摊销以及无形资产减值准备的计提。

1) 无形资产摊销年限或方法的不同会产生差异。会计准则规定，源自合同性权利或其他法定权利取得的无形资产，其使用寿命通常不应超过合同性权利或其他法定权利的期限。但如果企业使用资产的预期期限短于合同性权利或其他法定权利规定的期限的，则应当按照企业预期使用的期限来确定其使用寿命。如果合同性权利或其他法定权利能够在到期时因续约等延续，则仅当有证据表明企业续约不需要付出重大成本时，续约期才能够包括在使用寿命的估计中。没有明确的合同或法律规定无形资产的使用寿命的，企业应当综合各方面因素判断。无形资产摊销方法包括直线法、产量法等。企业选择的无形资产摊销方法应当能够反映与该项无形资产有关的经济利益的预期实现方式，并一致地运用于不同会计期间；无法可靠确定其预期实现方式的，应当采用直线法进行摊销。税法规定，无形资产按照直线法计算的摊销费用准予扣除。无形资产的摊销年限不得低于10年。作为投资或者受让的无形资产，有关法律规定或者合同约定了使用年限的，可以按照规定或者约定的使用年限分期摊销。当税法规定的摊销年限、摊销方法与会计确定的使用寿命及摊销方法不一致时，会造成该类无形资产账面价值与计税基础的差异，需要确认相关的递延所得税影响。

2）无形资产是否需要摊销会产生差异。会计准则规定，应根据无形资产使用寿命情况，区分使用寿命有限的无形资产和使用寿命不确定的无形资产。对于使用寿命不确定的无形资产，不要求摊销，在会计期末应进行减值测试。税法规定，企业取得无形资产的成本（外购商誉除外），应在一定期限内摊销，有关摊销额允许税前扣除。对于使用寿命不确定的无形资产，会计处理时不予摊销，但计税时按照税法规定确定的摊销额允许税前扣除，这会造成该类无形资产账面价值与计税基础的差异，需要确认相关的递延所得税影响。

3）计提无形资产减值准备会产生差异。在对无形资产计提减值准备的情况下，所计提的减值准备不允许税前扣除，也会造成其账面价值与计税基础的差异，需要确认相关的递延所得税影响。这与前述计提固定资产减值准备产生差异在原理上是一样的。

【工作实例4-15】 甲公司本年1月1日取得某项无形资产，成本为1 000 000元。企业根据各方面情况判断，无法合理预计其带来未来经济利益的期限，将其作为使用寿命不确定的无形资产。本年12月31日，对该项无形资产进行的减值测试表明未发生减值。企业在计税时，对该项无形资产按照10年的期间摊销，有关摊销额允许税前扣除。假设无其他纳税调整项目，且每年企业所得税税率均为25%。本年度甲公司的利润总额为240 000元。

【工作要求】 对甲公司上述企业所得税相关业务进行账务处理。

【工作实施】（1）确定本年12月31日资产的账面价值。会计上将该无形资产作为使用寿命不确定的无形资产，在未发生减值的情况下，本年12月31日其账面价值为取得成本1 000 000元。

（2）确定本年12月31日资产的计税基础。

该无形资产在本年12月31日的计税基础＝1 000 000－1 000 000÷10
＝1 000 000－100 000＝900 000(元)

（3）确认本年度递延所得税（递延所得税费用）。本年12月31日该无形资产的账面价值1 000 000元大于计税基础900 000元，差额为100 000元（1 000 000－900 000），将于未来期间增加企业的应纳税所得额，为应纳税暂时性差异，应确认相关的递延所得税负债25 000元（100 000×25%）。

$$本年度递延所得税费用=\left(\begin{matrix}递延所得税负债的\\期末余额\end{matrix}-\begin{matrix}递延所得税负债的\\期初余额\end{matrix}\right)-\left(\begin{matrix}递延所得税资产的\\期末余额\end{matrix}-\begin{matrix}递延所得税资产的\\期初余额\end{matrix}\right)$$

$$=(25\ 000-0)-(0-0)=25\ 000(元)$$

（4）确认本年度当期所得税（当期所得税费用）。

本年度当期所得税费用＝应纳税所得额×当期适用税率

＝(240 000－100 000)×25%＝35 000(元)

（5）确认本年度利润表中的所得税费用。

本年度所得税费用＝当期所得税费用＋递延所得税费用

＝35 000＋25 000＝60 000(元)

借：所得税费用——当期所得税费用　　35 000
　　　　　　　——递延所得税费用　　25 000
　贷：应交税费——应交所得税　　35 000
　　　递延所得税负债　　25 000

3. 存货的企业所得税会计核算

会计准则规定，资产负债表日，存货应当按照成本与可变现净值孰低计量。当存货成本低于可变现净值时，存货按成本计量；当存货成本高于可变现净值时，存货按可变现净值计量，同时按照成本与可变现净值的差额计提存货跌价准备，计入当期损益。而税法规定，存货计提的跌价准备不计入应纳税所得额，这会造成该类资产账面价值与计税基础的差异，需要确认相关的递延所得税影响。

【工作实例 4-16】 甲公司为增值税一般纳税人。2020 年 12 月 31 日，甲公司 A 商品的账面成本为 50 万元，但由于 A 商品的市场价格下跌，预计可变现净值为 40 万元。2020 年甲公司的利润总额为 50 万元。2021 年 12 月 31 日，A 商品的市场价格有所上升，使得 A 商品的预计可变现净值变为 46 万元。2021 年甲公司的利润总额为 50 万元。2022 年 7 月 10 日，将 A 商品售出，取得销售收入 51 万元（不含增值税）。2022 年甲公司的利润总额为 50 万元。甲公司预计在未来期间有足够的应纳税所得额用于抵扣可抵扣暂时性差异。假设无其他纳税调整项目，且每年企业所得税税率均为 25%。

【工作要求】 对甲公司上述企业所得税相关业务进行账务处理。

【工作实施】（1）2020 年 12 月 31 日，由于可变现净值小于账面价值，应计提存货跌价准备 100 000 元（500 000－400 000）。

借：资产减值损失——存货减值损失　　100 000
　贷：存货跌价准备　　100 000

2020 年 12 月 31 日，A 商品的账面价值 400 000 元小于计税基础 500 000 元，差额为 100 000 元（500 000－400 000），为可抵扣暂时性差异，符合确认条件时，应确认相关的递延所得税资产 25 000 元（100 000×25%）。

$$\text{2020 年度递延所得税费用}=\left(\text{递延所得税负债的期末余额}-\text{递延所得税负债的期初余额}\right)-\left(\text{递延所得税资产的期末余额}-\text{递延所得税资产的期初余额}\right)$$

$$=(0-0)-(25\,000-0)$$

$$=-25\,000(\text{元})(\text{负数代表收益})$$

$$\text{2020 年度当期所得税费用}=\text{应纳税所得额}\times\text{当期适用税率}=(500\,000+100\,000)\times25\%=150\,000(\text{元})$$

$$\text{2020 年度所得税费用}=\text{当期所得税费用}+\text{递延所得税费用}=150\,000+(-25\,000)=125\,000(\text{元})$$

借：所得税费用——当期所得税费用　　150 000
　　递延所得税资产　　25 000
　贷：应交税费——应交所得税　　150 000
　　　所得税费用——递延所得税费用　　25 000

（2）2021 年 12 月 31 日，由于 A 商品的市场价格上升，A 商品的可变现净值有所恢复，累计应计提的存货跌价准备为 40 000 元（500 000－460 000），而已经计提的存货跌价准备为 100 000 元，因此当期应冲减已计提的存货跌价准备 60 000 元（100 000－40 000）。

借：存货跌价准备　　60 000
　贷：资产减值损失——存货减值损失　　60 000

2021 年 12 月 31 日，A 商品的账面价值 460 000 元小于计税基础 500 000 元，差额为 40 000 元（500 000－460 000），为累计应确认的可抵扣暂时性差异。2021 年期末递延所得税资产余额为 10 000 元（40 000×25%），由于 2021 年期初递延所得税资产余额为 25 000 元，2021 年期末应转回递延所得税资产（递延所得税资产减少额）15 000 元（25 000－10 000）。

$$\text{2021 年度递延所得税费用}=\left(\text{递延所得税负债的期末余额}-\text{递延所得税负债的期初余额}\right)-\left(\text{递延所得税资产的期末余额}-\text{递延所得税资产的期初余额}\right)$$

$$=(0-0)-(10\,000-25\,000)=15\,000(\text{元})$$

$$\text{2021 年度当期所得税费用}=\text{应纳税所得额}\times\text{当期适用税率}=(500\,000-60\,000)\times25\%=110\,000(\text{元})$$

$$\text{2021 年度所得税费用}=\text{当期所得税费用}+\text{递延所得税费用}=110\,000+15\,000=125\,000(\text{元})$$

借：所得税费用——当期所得税费用 110 000
——递延所得税费用 15 000
贷：应交税费——应交所得税 110 000
递延所得税资产 15 000

(3) 2022年7月10日，商品售出。

借：银行存款 576 300
贷：主营业务收入 510 000
应交税费——应交增值税（销项税额）(510 000×13%) 66 300
借：主营业务成本 460 000
存货跌价准备 40 000
贷：库存商品 500 000

2022年12月31日，甲商品的账面价值与计税基础均为0，两者之间不存在暂时性差异，前期已经确认的与该存货相关的递延所得税资产应予全额转回。2022年期末递延所得税资产余额应为0，由于2022年期初递延所得税资产余额为10 000元，2022年期末应转回递延所得税资产（递延所得税资产减少额）10 000元（10 000－0）。

$$\begin{aligned}\text{2022年度递延所得税费用} &= \left(\text{递延所得税负债的期末余额} - \text{递延所得税负债的期初余额}\right) \\ &\quad - \left(\text{递延所得税资产的期末余额} - \text{递延所得税资产的期初余额}\right) \\ &= (0-0)-(0-10\,000)=10\,000(\text{元})\end{aligned}$$

$$\begin{aligned}\text{2022年度当期所得税费用} &= \text{应纳税所得额} \times \text{当期适用税率} \\ &= (500\,000-40\,000)\times 25\% = 115\,000(\text{元})\end{aligned}$$

$$\begin{aligned}\text{2022年度所得税费用} &= \text{当期所得税费用} + \text{递延所得税费用} \\ &= 115\,000+10\,000=125\,000(\text{元})\end{aligned}$$

借：所得税费用——当期所得税费用 115 000
——递延所得税费用 10 000
贷：应交税费——应交所得税 115 000
递延所得税资产 10 000

（二）与负债相关的企业所得税会计核算

1. 预计负债的企业所得税会计核算

按照《企业会计准则第13号——或有事项》的规定，与或有事项相关的义务同时满足下列条件的，应当确认为预计负债：(1) 该义务是企业承担的现时义务；(2) 履行该义务很可能导致经济利益流出企业；(3) 该义务的金额能够可靠地计量。预计负债应当按照履行相关现时义务所需支出的最佳估计数进行初始计量。所需支出存在一个连续范围，且该范围内各种结果发生的可能性是相同的，最佳估计数应当按照该范围内的中间值确定。税法规定，有关支出应于实际发生时税前扣除，因为该类事项产生的预计负债在期末的计税基础为其账面价值与未来期间可税前扣除的金额之间的差额，这种情况下，计税基础为零。一般情况下，上述预计负债会形成可抵扣暂时性差异，符合确认条件时，应确认相关的递延所得税资产；在某些特殊情况下，因有些事项确认的预计负债，如果税法规定其支出无论是否实际发生均不允许税前扣除，即未来期间按照税法规定可予抵扣的金额为零，则其账面价值与计税基础相同，这种情况下不产生暂时性差异。

【工作实例4-17】 本年11月，甲、乙两公司因商标权引起纠纷，甲公司提起诉讼。至本年12月31日法院尚未判决。乙公司向律师咨询得知，乙公司败诉的可能性为80%，如果败诉，赔偿金额可能为60万～80万元，诉讼费为2万元。假设乙公司本年会计利润总额为120万元，企业所得税税率为25%。不考虑其他纳税调整事项。

【工作要求】 对乙公司上述企业所得税相关业务进行账务处理。

【工作实施】（1）确定本年12月31日负债的账面价值。

$$\text{乙公司按照最佳估计数计算应确认的预计负债}=(60+80)\div 2=70(\text{万元})$$

借：营业外支出——诉讼赔偿	700 000
管理费用——诉讼费	20 000
贷：预计负债——未决诉讼	720 000

本年12月31日预计负债的账面价值为720 000元。

（2）确定本年12月31日负债的计税基础。税法规定，有关的支出应于发生时税前扣除，因此

$$\begin{gathered}\text{本年12月31日}\\\text{该预计负债的计税基础}\end{gathered}=\text{账面价值}-\begin{gathered}\text{未来期间按照税法规定}\\\text{可予税前扣除的金额}\end{gathered}$$
$$=720\ 000-720\ 000=0$$

（3）确认本年度递延所得税（递延所得税费用）。本年12月31日预计负债的账面价值720 000元大于其计税基础0，差额为720 000元，将于未来期间减少企业的应纳税所得额，为可抵扣暂时性差异，符合确认条件时，应确认相关的递延所得税资产180 000元（720 000×25%）。

$$\begin{gathered}\text{本年度递延}\\\text{所得税费用}\end{gathered}=\left(\begin{gathered}\text{递延所得税负债的}\\\text{期末余额}\end{gathered}-\begin{gathered}\text{递延所得税负债的}\\\text{期初余额}\end{gathered}\right)$$
$$-\left(\begin{gathered}\text{递延所得税资产的}\\\text{期末余额}\end{gathered}-\begin{gathered}\text{递延所得税资产的}\\\text{期初余额}\end{gathered}\right)$$
$$=(0-0)-(180\ 000-0)$$
$$=-180\ 000(\text{元})(\text{负数代表收益})$$

（4）确认本年度当期所得税（当期所得税费用）。

本年度当期所得税费用＝应纳税所得额×当期适用税率
＝(1 200 000＋720 000)×25%＝480 000(元)

（5）确认本年度利润表中的所得税费用。

本年度所得税费用＝当期所得税费用＋递延所得税费用
＝480 000＋(−180 000)＝300 000(元)

借：所得税费用——当期所得税费用	480 000	
递延所得税资产	180 000	
贷：应交税费——应交所得税		480 000
所得税费用——递延所得税费用		180 000

2. 应付职工薪酬的企业所得税会计核算

会计准则规定，企业为获得职工提供的服务给予的各种形式的报酬以及其他相关支出均应作为企业的成本、费用，在未支付之前确认为负债。税法规定，企业发生的合理的工资薪金支出准予据实扣除。企业发生的职工福利费支出，不超过工资薪金总额14%的部分准予扣除。企业拨缴的工会经费，不超过工资薪金总额 2%的部分准予扣除。除国务院财政、税务主管部门另有规定外，企业发生的职工教育经费支出，不超过工资薪金总额 8%的部分准予扣除；超过部分，准予在以后纳税年度结转扣除。不合理的工资薪金支出部分不予扣除，属于永久性差异，不确认递延所得税；职工福利费支出超支部分不予扣除，属于永久性差异，不确认递延所得税；工会经费超支部分不予扣除，属于永久性差异，不确认递延所得税；职工教育经费超支部分本年度不予扣除，准予在以后纳税年度结转扣除，这会造成应付职工薪酬账面价值与计税基础的差异，需要确认相关的递延所得税资产。

【工作实例 4-18】 甲公司 2021 年度应付职工薪酬为 131.5 万元，其中：工资薪金 100 万元（为合理的工资薪金）、职工福利费 20 万元、工会经费 2.5 万元、职工教育经费 9 万元。甲公司 2022 年度应付职工薪酬为 128 万元，其中：工资薪金 100 万元（为合理的工资薪金）、职工福利费 25 万元、工会经费 2.5 万元、职工教育经费 0.5 万元。甲公司 2021 年度和 2022 年度税前会计利润均为 500 万元，假设无其他纳税调整项目，且每年企业所得税税率均为 25%。

【工作要求】 对甲公司上述企业所得税相关业务进行账务处理。

【工作实施】（1）计算 2021 年度利润表中的所得税费用。

1）确定 2021 年 12 月 31 日负债的账面价值。

借：生产成本等科目（1 000 000＋200 000＋25 000＋90 000）	1 315 000	
贷：应付职工薪酬——工资		1 000 000
——职工福利费		200 000

——工会经费 25 000

——职工教育经费 90 000

2021年12月31日应付职工薪酬的账面价值为1 315 000元。

2）确定2021年12月31日负债的计税基础。

职工福利费超支额＝200 000－1 000 000×14%＝60 000(元)

本年度不能扣除，以后纳税年度也不能扣除，属于永久性差异。

工会经费超支额＝25 000－1 000 000×2%＝5 000(元)

本年度不能扣除，以后纳税年度也不能扣除，属于永久性差异。

职工教育经费超支额＝90 000－1 000 000×8%＝10 000(元)

本年度不能扣除，但准予在以后纳税年度结转扣除，形成暂时性差异。

2021年12月31日应付职工薪酬的计税基础＝账面价值－未来期间按照税法规定可予税前扣除的金额

＝1 315 000－(90 000－1 000 000×8%)

＝1 305 000(元)

3）确认2021年度递延所得税（递延所得税费用）。2021年12月31日应付职工薪酬的账面价值1 315 000元大于其计税基础1 305 000元，差额为10 000元，将于未来期间减少企业的应纳税所得额，为可抵扣暂时性差异，符合确认条件时，应确认相关的递延所得税资产2 500元（10 000×25%）。

2021年度递延所得税费用＝(递延所得税负债的期末余额－递延所得税负债的期初余额)－(递延所得税资产的期末余额－递延所得税资产的期初余额)

＝(0－0)－(2 500－0)

＝－2 500(元)(负数代表收益)

4）确认2021年度当期所得税（当期所得税费用）。

2021年度当期所得税费用＝应纳税所得额×当期适用税率

＝[5 000 000＋(200 000－1 000 000×14%)

＋(25 000－1 000 000×2%)

＋(90 000－1 000 000×8%)]×25%

＝1 268 750(元)

5）确认2021年度利润表中的所得税费用。

2021年度所得税费用＝当期所得税费用＋递延所得税费用

＝1 268 750＋(－2 500)＝1 266 250(元)

借：所得税费用——当期所得税费用　　1 268 750
　　递延所得税资产　　2 500
　贷：应交税费——应交所得税　　1 268 750
　　　所得税费用——递延所得税费用　　2 500

(2) 计算 2022 年度利润表中的所得税费用。

1) 确定 2022 年 12 月 31 日负债的账面价值。

借：生产成本等科目　　1 280 000
　贷：应付职工薪酬——工资　　1 000 000
　　　　　　　　　——职工福利费　　250 000
　　　　　　　　　——工会经费　　25 000
　　　　　　　　　——职工教育经费　　5 000

2022 年 12 月 31 日应付职工薪酬的账面价值为 1 280 000 元。

2) 确定 2022 年 12 月 31 日负债的计税基础。

$$职工福利费超支额=250\ 000-1\ 000\ 000\times 14\%=110\ 000(元)$$

本年度不能扣除，以后纳税年度也不能扣除，属于永久性差异。

$$工会经费超支额=25\ 000-1\ 000\ 000\times 2\%=5\ 000(元)$$

本年度不能扣除，以后纳税年度也不能扣除，属于永久性差异。

$$职工教育经费扣除限额=1\ 000\ 000\times 8\%=80\ 000(元)$$

本年度实际发生额为 5 000 元，上年度结转扣除额为 10 000 元，由于 5 000+10 000=15 000(元)<80 000(元)，因此本年度实际发生额 5 000 元和上年度结转扣除额 10 000 元，均可于本年度扣除。

$$\begin{array}{c}2022年12月31日\\应付职工薪酬的计税基础\end{array}=账面价值-\begin{array}{c}未来期间按照税法规定\\可予税前扣除的金额\end{array}$$
$$=1\ 280\ 000-0=1\ 280\ 000(元)$$

3) 确认 2022 年度递延所得税（递延所得税费用）。2022 年 12 月 31 日应付职工薪酬的账面价值 1 280 000 元等于其计税基础 1 280 000 元，两者之间不存在暂时性差异，前期已经确认的与应付职工薪酬相关的递延所得税资产应予全额转回。2022 年期末递延所得税资产余额应为 0，由于 2022 年期初递延所得税资产余额为 2 500 元，因此

$$\begin{array}{c}2022年期末应转回递延所得税资产\\（递延所得税资产减少额）\end{array}=2\ 500-0=2\ 500(元)$$

$$\begin{array}{c}2022年度递延\\所得税费用\end{array}=\left(\begin{array}{c}递延所得税负债的\\期末余额\end{array}-\begin{array}{c}递延所得税负债的\\期初余额\end{array}\right)$$

$$-\left(\begin{matrix}\text{递延所得税资产的}\\\text{期末余额}\end{matrix}-\begin{matrix}\text{递延所得税资产的}\\\text{期初余额}\end{matrix}\right)$$

=(0−0)−(0−2 500)=2 500(元)

4）确认2022年度当期所得税（当期所得税费用）。

2022年度当期所得税费用=应纳税所得额×当期适用税率
=[5 000 000+(250 000−1 000 000×14%)
+(25 000−1 000 000×2%)−10 000]×25%
=1 276 250(元)

5）确认2022年度利润表中的所得税费用。

2022年度所得税费用=当期所得税费用+递延所得税费用
=1 276 250+2 500=1 278 750(元)

借：所得税费用——当期所得税费用　　1 276 250
　　　　　　——递延所得税费用　　2 500
　贷：应交税费——应交所得税　　1 276 250
　　　递延所得税资产　　2 500

3. 应缴纳的税收滞纳金等的企业所得税会计核算

企业应缴纳的税收滞纳金和罚款等，在尚未支付之前按照会计准则规定确认为费用，同时作为负债反映。税法规定，税收滞纳金、行政性的罚金、罚款和被没收财物的损失，不能税前扣除，企业应缴纳的税收滞纳金和罚款等计税基础为账面价值减去未来期间按照税法规定可予税前扣除的金额（零）之间的差额，即计税基础等于账面价值，不产生暂时性差异。

【工作实例4-19】 甲公司本年12月接到下列处罚书面通知书：(1) 因违反当地有关环保法规的规定，接到环保部门的处罚通知，要求支付罚款50万元，至本年12月31日该项罚款尚未支付。(2) 因违反税收法规的规定，接到税务部门的处罚通知，要求支付税收滞纳金40万元。至本年12月31日，该项税收滞纳金尚未支付。甲公司本年度税前会计利润为160万元，假设无其他纳税调整项目，企业所得税税率为25%。税法规定，企业因违反国家有关法律法规支付的罚款和滞纳金，计算应纳税所得额时不允许税前扣除。

【工作要求】 对甲公司上述企业所得税相关业务进行账务处理。

【工作实施】

借：营业外支出——环保罚款　　500 000
　　　　　　——税收滞纳金　　400 000
　贷：其他应付款——环保部门　　500 000

——税务部门 400 000

本年 12 月 31 日其他应付款的账面价值＝500 000＋400 000＝900 000(元)

本年 12 月 31 日其他应付款的计税基础＝900 000－0＝900 000(元)

本年 12 月 31 日其他应付款的账面价值 900 000 元等于其计税基础 900 000 元，不形成暂时性差异。

本年度当期所得税费用＝应纳税所得额×当期适用税率

＝(1 600 000＋900 000)×25％＝625 000(元)

借：所得税费用——当期所得税费用 625 000

贷：应交税费——应交所得税 625 000

【归纳总结】暂时性差异与非暂时性差异（永久性差异）会计核算的相同点和不同点如下：

(1) 相同点：发生暂时性差异和非暂时性差异时，均需要进行企业所得税纳税调整。

(2) 不同点：发生暂时性差异确认递延所得税（其中，应纳税暂时性差异应当确认递延所得税；可抵扣暂时性差异在符合确认条件时，应当确认递延所得税）；发生非暂时性差异不确认递延所得税。

（三）特殊项目产生暂时性差异的企业所得税会计核算

1. 未作为资产、负债确认的项目产生暂时性差异的企业所得税会计核算

某些交易或事项发生以后，因不符合资产、负债确认条件而未体现为资产负债表中的资产或负债，但按照税法规定能够确定其计税基础的，其账面价值（零）与计税基础之间的差异构成暂时性差异。例如，企业发生的符合条件的广告费和业务宣传费支出，除另有规定外，不超过当年销售（营业）收入 15％的部分准予扣除；超过部分准予在以后纳税年度结转扣除。该类费用在发生时按照会计准则规定计入当期损益，不形成资产负债表中的资产，但按照税法规定可以确定其计税基础的，两者之间的差异也形成暂时性差异。

【工作实例 4－20】 甲公司 2021 年发生 680 万元广告费和业务宣传费支出，款项已通过银行存款支付，发生时已作为销售费用计入当期损益。税法规定，该类支出不超过当年销售收入 15％的部分允许当期税前扣除，超过部分允许向以后年度结转税前扣除。甲公司 2022 年发生 500 万元广告费和业务宣传费支出，发生时已作为销售费用计入当期损益。甲公司 2021 年和 2022 年实现的销售收入均为 4 000 万元，税前会计利润均为 500 万元。甲公司预计在未来期间有足够的应纳税所得额用于抵扣可抵扣暂时性差异。假设无其他纳税调整项目，且每年企业所得税税率均为 25％。

【工作要求】对甲公司上述企业所得税相关业务进行账务处理。

【工作实施】（1）计算2021年度利润表中的所得税费用。

1）确定2021年12月31日资产的账面价值。广告费和业务宣传费在发生时按照会计准则规定计入当期损益，不形成资产负债表中的资产，则

2021年12月31日资产的账面价值＝0

2）确定2021年12月31日资产的计税基础。

2021年广告费和业务宣传费扣除限额＝40 000 000×15%＝6 000 000(元)

2021年广告费和业务宣传费实际发生额＝6 800 000(元)

2021年广告费和业务宣传费超支额＝6 800 000－6 000 000＝800 000(元)

广告费和业务宣传费超支额800 000元本年度需要进行纳税调增，但准予在以后纳税年度结转扣除。

2021年12月31日资产的计税基础＝800 000(元)

3）确认2021年度递延所得税（递延所得税费用）。2021年12月31日资产的账面价值0小于计税基础800 000元，差额为800 000元（800 000－0），为可抵扣暂时性差异，符合确认条件时，应确认相关的递延所得税资产200 000元（800 000×25%）。

$$\begin{aligned}\text{2021年度递延所得税费用} &= \left(\text{递延所得税负债的期末余额} - \text{递延所得税负债的期初余额}\right) \\ &\quad - \left(\text{递延所得税资产的期末余额} - \text{递延所得税资产的期初余额}\right) \\ &= (0-0)-(200\ 000-0) \\ &= -200\ 000(\text{元})(\text{负数代表收益})\end{aligned}$$

4）确认2021年度当期所得税（当期所得税费用）。

2021年度当期所得税费用＝应纳税所得额×当期适用税率

＝(5 000 000＋800 000)×25%＝1 450 000(元)

5）确认2021年度利润表中的所得税费用。

2021年度所得税费用＝当期所得税费用＋递延所得税费用

＝1 450 000＋(－200 000)＝1 250 000(元)

借：所得税费用——当期所得税费用	1 450 000	
递延所得税资产	200 000	
贷：应交税费——应交所得税		1 450 000
所得税费用——递延所得税费用		200 000

（2）计算2022年度利润表中的所得税费用。

1）确定2022年12月31日资产的账面价值。广告费和业务宣传费在发生时按照会计准则规定计入当期损益，不形成资产负债表中的资产，则

2022 年 12 月 31 日资产的账面价值＝0

2）确定 2022 年 12 月 31 日资产的计税基础。

2022 年广告费和业务宣传费扣除限额＝40 000 000×15%＝6 000 000（元）
2022 年广告费和业务宣传费实际发生额＝5 000 000（元）
2021 年准予结转以后年度扣除的广告费和业务宣传费＝800 000（元）

由于 5 000 000＋800 000＝5 800 000（元）＜6 000 000（元），2022 年广告费和业务宣传费实际发生额 5 000 000 元和 2021 年准予结转以后年度扣除的广告费和业务宣传费 800 000 元，在 2022 年均可全部扣除，2022 年度应进行纳税调减 800 000 元。

2022 年 12 月 31 日资产的计税基础＝0

3）确认 2022 年度递延所得税（递延所得税费用）。2022 年 12 月 31 日，甲公司资产的账面价值与计税基础均为 0，两者之间不存在暂时性差异，前期已经确认的与该资产相关的递延所得税资产应予全额转回。2022 年期末递延所得税资产余额为 0，由于 2022 年期初递延所得税资产余额为 200 000 元，2022 年期末应转回递延所得税资产（递延所得税资产减少额）200 000 元（200 000－0）。

$$\begin{aligned}\text{2022 年度递延所得税费用} &= \left(\text{递延所得税负债的期末余额} - \text{递延所得税负债的期初余额}\right) \\ &\quad - \left(\text{递延所得税资产的期末余额} - \text{递延所得税资产的期初余额}\right) \\ &= (0-0)-(0-200\ 000)=200\ 000\text{（元）}\end{aligned}$$

4）确认 2022 年度当期所得税（当期所得税费用）。

2022 年度当期所得税费用＝应纳税所得额×当期适用税率
＝（5 000 000－800 000）×25%＝1 050 000（元）

5）确认 2022 年度利润表中的所得税费用。

2022 年度所得税费用＝当期所得税费用＋递延所得税费用
＝1 050 000＋200 000＝1 250 000（元）

借：所得税费用——当期所得税费用	1 050 000	
——递延所得税费用	200 000	
贷：应交税费——应交所得税		1 050 000
递延所得税资产		200 000

2. 可抵扣亏损及税款抵减产生暂时性差异的企业所得税会计核算

税法规定，企业某一纳税年度发生的亏损可以用下一年度的所得弥补，下一年度的所得不足以弥补的，可以逐年延续弥补，但最长不得超过 5 年。企业会计准则规定，企业预计在未来期间能够产生足够的应纳税所得额来抵扣亏损时，应确认相应的递延所得税资产，即将亏损视为可抵扣暂时性差异。对因亏损弥补而产生的暂时性差异要在以后亏损抵扣期内持续反映，进行相关计算并做相应的会计核算。

【工作实例4-21】 甲公司执行企业会计准则，企业所得税税率为25%，能够持续经营。如果发生亏损，预计未来连续5年内能够产生足够的应纳税所得额来弥补。假定在相关业务中不存在永久性差异，此前也没有产生过暂时性差异。2019年发生亏损40万元，没有产生其他暂时性差异；2020年实现利润总额25万元，当年没有产生除2019年度结转亏损之外的其他暂时性差异；2021年实现利润总额3万元，计提坏账准备10万元，除此以外当年没有产生除2019年度结转亏损之外的其他暂时性差异；2022年预计实现利润总额50万元，转回2021年已计提的坏账准备10万元，除此以外当年没有产生除2019年度结转亏损之外的其他暂时性差异。

【工作要求】 对甲公司上述企业所得税相关业务进行账务处理。

【工作实施】（1）2019年，按照所得税会计准则的规定，年末对因发生亏损而确认的递延所得税资产按照预期弥补该亏损期间适用的企业所得税税率进行计量。由于预计未来期间公司能够产生足够的应纳税所得额来抵扣亏损，因此

$$\text{应确认相关的递延所得税资产}=40\times25\%=10(\text{万元})$$

$$\begin{aligned}\begin{matrix}\text{2019年度递延}\\\text{所得税费用}\end{matrix}&=\left(\begin{matrix}\text{递延所得税负债的}\\\text{期末余额}\end{matrix}-\begin{matrix}\text{递延所得税负债的}\\\text{期初余额}\end{matrix}\right)\\&\quad-\left(\begin{matrix}\text{递延所得税资产的}\\\text{期末余额}\end{matrix}-\begin{matrix}\text{递延所得税资产的}\\\text{期初余额}\end{matrix}\right)\\&=(0-0)-(10-0)=-10(\text{万元})(\text{负数代表收益})\end{aligned}$$

2019年度发生亏损40万元，因此2019年度当期所得税费用为0。

$$\begin{aligned}\text{2019年度所得税费用}&=\text{当期所得税费用}+\text{递延所得税费用}\\&=0+(-10)=-10(\text{万元})\end{aligned}$$

借：递延所得税资产——2019年亏损　　100 000

　贷：所得税费用——递延所得税费用　　100 000

（2）2020年，当年的应纳税所得额为当年的会计利润总额25万元，全部用于弥补上年度结转的亏损25万元后，尚有15万元（40－25）的亏损待以后年度继续弥补。预计未来期间公司能够产生足够的应纳税所得额来抵扣亏损，应确认相关的递延所得税资产。2020年期末递延所得税资产余额为3.75万元（15×25%），由于2020年期初递延所得税资产余额为10万元，因此2020年期末应转回递延所得税资产（递延所得税资产减少额）6.25万元（10－3.75或25×25%）。

$$\begin{matrix}\text{2020年度递延}\\\text{所得税费用}\end{matrix}=\left(\begin{matrix}\text{递延所得税负债的}\\\text{期末余额}\end{matrix}-\begin{matrix}\text{递延所得税负债的}\\\text{期初余额}\end{matrix}\right)$$

$$-\left(\begin{matrix}\text{递延所得税资产的}\\\text{期末余额}\end{matrix}-\begin{matrix}\text{递延所得税资产的}\\\text{期初余额}\end{matrix}\right)$$

$$=(0-0)-(3.75-10)=6.25(\text{万元})$$

2020年度仍有15万元亏损待弥补，因此2020年度当期所得税费用为0。

$$\text{2020年度所得税费用}=\text{当期所得税费用}+\text{递延所得税费用}$$
$$=0+6.25=6.25(\text{万元})$$

借：所得税费用——递延所得税费用　　62 500

　贷：递延所得税资产——2019年亏损　　62 500

(3) 2021年，按税法规定，企业计提的资产减值损失不得在税前扣除。

$$\text{2021年度应纳税所得额}=\text{会计利润总额}+\text{计提的资产减值损失}$$
$$=3+10=13(\text{万元})$$

全部用于弥补2019年度结转的未弥补完的亏损13万元，尚有2万元（15－13）的亏损待以后年度继续弥补。预计未来期间公司能够产生足够的应纳税所得额来抵扣亏损，应确认相关的递延所得税资产。

$$\text{2021年期末与亏损相关的递延所得税资产余额}=2\times25\%=0.5(\text{万元})$$

由于2021年期初与亏损相关的递延所得税资产余额为3.75万元，2021年期末应转回与亏损相关的递延所得税资产（递延所得税资产减少额）3.25万元（3.75－0.5或13×25%）。

同时，因坏账准备而产生的差异为可抵扣暂时性差异，符合确认条件时，应确认与坏账准备相关的递延所得税资产2.5万元（10×25%）。

$$\begin{matrix}\text{2021年度递延}\\\text{所得税费用}\end{matrix}=\left(\begin{matrix}\text{递延所得税负债的}\\\text{期末余额}\end{matrix}-\begin{matrix}\text{递延所得税负债的}\\\text{期初余额}\end{matrix}\right)$$
$$-\left(\begin{matrix}\text{递延所得税资产的}\\\text{期末余额}\end{matrix}-\begin{matrix}\text{递延所得税资产的}\\\text{期初余额}\end{matrix}\right)$$
$$=(0-0)-[(2.5+0.5)-(0+3.75)]$$
$$=0.75(\text{万元})$$

由于2021年度仍有2万元亏损待弥补，2021年度当期所得税费用为0。

$$\text{2021年度所得税费用}=\text{当期所得税费用}+\text{递延所得税费用}$$
$$=0+0.75=0.75(\text{万元})$$

借：所得税费用——递延所得税费用　　7 500

　　递延所得税资产——2021年坏账准备　　25 000

　贷：递延所得税资产——2019年亏损　　32 500

(4) 2022年，本年度弥补2019年度结转亏损后的应纳税所得额为：

$$\text{本年度弥补2019年度结转亏损后的应纳税所得额}=\text{2019年亏损}+\text{2020年应纳税所得额}+\text{2021年应纳税所得额}+\text{2022年应纳税所得额}=-40+25+13+(50-10)=38\text{(万元)}$$

2022年度亏损全部弥补完毕，则2022年期末与亏损相关的递延所得税资产余额为0。另外，由于2022年期初与亏损相关的递延所得税资产余额为0.5万元，2022年期末应转回与亏损相关的递延所得税资产（递延所得税资产减少额）0.5万元（0.5−0）。

同时，由于2022年全部转回坏账准备，2022年与坏账准备相关的期末递延所得税资产余额为0。由于2022年期初与坏账准备相关的递延所得税资产余额为2.5万元，应转回与坏账准备相关的递延所得税资产（递延所得税资产减少额）2.5万元（2.5−0）。

$$\text{2022年度递延所得税费用}=\left(\text{递延所得税负债的期末余额}-\text{递延所得税负债的期初余额}\right)-\left(\text{递延所得税资产的期末余额}-\text{递延所得税资产的期初余额}\right)=(0-0)-[(0+0)-(0.5+2.5)]=3\text{(万元)}$$

由于2022年度应纳税所得额为38万元，2022年度当期所得税费用为9.5万元（38×25%）。

$$\text{2022年度所得税费用}=\text{当期所得税费用}+\text{递延所得税费用}=9.5+3=12.5\text{(万元)}$$

借：所得税费用——当期所得税费用	95 000	
——递延所得税费用	30 000	
贷：应交税费——应交所得税		95 000
递延所得税资产——2019年亏损		5 000
——2021年坏账准备		25 000

（四）特定业务与特殊业务企业所得税的会计核算

1. 处置资产业务的企业所得税会计核算

根据《中华人民共和国企业所得税法实施条例》等税法的规定，企业发生非货币性资产交换，以及将货物、财产、劳务用于捐赠、偿债、赞助、集资、广告、样品、职工福利或者利润分配等用途的，应当视同销售货物、转让财产或者提供劳务，但国务院财政、税务主管部门另有规定的除外。

企业发生下列情形的处置资产，除将资产转移至境外以外，由于资产所有权属在形式和实质上均不发生改变，可作为内部处置资产，不视同销售确认收入，相关资产的计税基础延续计算：（1）将资产用于生产、制造、加工另一产品。（2）改变资产形状、结构或性能。（3）改变资产用途（如自建商品房转为自用或经营）。（4）将资产在总机构及其分支机构之间转移。（5）上述两种或两种以上情形的混合。（6）其他不改变资产所有权属的用途。

企业将资产移送他人的下列情形，因资产所有权属已发生改变而不属于内部处置资产，应按规定视同销售确定收入（除另有规定外，应按照被移送资产的公允价值确定销售收入）：（1）用于市场推广或销售。（2）用于交际应酬。（3）用于职工奖励或福利。（4）用于股息分配。（5）用于对外捐赠。（6）其他改变资产所有权属的用途。

【情境引例解析】

对于资产所有权属在形式和实质上均不发生改变的（资产转移至境外的除外），可作为内部处置资产，企业所得税不视同销售。

对于资产所有权属已发生改变的，即将资产移送他人的，企业所得税视同销售。

【归纳总结】视同销售业务中会计、增值税和企业所得税的处理比较如表 4-4 所示。

表 4-4　视同销售业务中会计、增值税和企业所得税的处理比较

<table>
<tr><th colspan="2">项目</th><th>会计上是否确认收入</th><th>增值税是否视同销售</th><th>企业所得税是否视同销售</th></tr>
<tr><td colspan="2">将货物交付其他单位或者个人代销</td><td>√</td><td>√</td><td>√</td></tr>
<tr><td rowspan="2">销售代销货物（针对代销行为本身）</td><td>收取手续费</td><td>×</td><td>√</td><td>×</td></tr>
<tr><td>视同买断</td><td>√</td><td>√</td><td>√</td></tr>
<tr><td rowspan="2">设有两个以上机构并实行统一核算的纳税人，将货物从一个机构移送到其他机构用于销售</td><td>相关机构未设在同一县（市）</td><td>×</td><td>√</td><td>×</td></tr>
<tr><td>相关机构设在同一县（市）</td><td>×</td><td>×</td><td>×</td></tr>
<tr><td rowspan="2">将货物用于在建工程等内部处置</td><td>自产、委托加工</td><td>×</td><td>×</td><td>×</td></tr>
<tr><td>购进</td><td>×</td><td>×（进项税额可以抵扣）</td><td>×</td></tr>
<tr><td rowspan="2">将货物用于集体福利（食堂、浴室）</td><td>自产、委托加工</td><td>√（有观点认为×）</td><td>√</td><td>√</td></tr>
<tr><td>购进</td><td>×</td><td>×（进项税额不能抵扣）</td><td>√</td></tr>
<tr><td rowspan="2">将货物用于个人消费（给个人）</td><td>自产、委托加工</td><td>√</td><td>√</td><td>√</td></tr>
<tr><td>购进</td><td>×</td><td>×（进项税额不能抵扣）</td><td>√</td></tr>
<tr><td colspan="2">将货物用于投资（自产、委托加工、购进）</td><td>根据不同情况，√或×</td><td>√</td><td>√</td></tr>
<tr><td colspan="2">将货物用于分配（自产、委托加工、购进）</td><td>√</td><td>√</td><td>√</td></tr>
<tr><td colspan="2">将货物用于无偿赠送（自产、委托加工、购进）</td><td>×</td><td>√</td><td>√</td></tr>
</table>

续表

项目		会计上是否确认收入	增值税是否视同销售	企业所得税是否视同销售
将货物用于交际应酬	自产、委托加工	×	√	√
	购进	×	×	√
将货物用于市场推广、广告样品	自产、委托加工	×	√	√
	购进	×	√	√

【特别提示】(1) 企业所得税将福利定义为职工福利，应理解为包括集体福利和个人消费两部分。将自产、委托加工或购进的货物用于集体福利（食堂、浴室），企业所得税是否视同销售确认收入，国家税务总局对此回复：企业所得税方面的确认收入，不区分集体和个人。但有人认为将自产、委托加工或购进的货物用于集体福利属于内部处置资产，资产所有权未发生转移，因此企业所得税不视同销售（则不确认收入）。本书建议，企业在具体操作时应咨询当地税务机关，根据税法的规定结合当地税务机关的答复来进行操作。

(2) 将自产、委托加工的货物用于个人消费，会计上应当确认收入。但将自产、委托加工的货物用于集体福利，在会计上是否确认收入，有两种观点。一种观点认为：将自产、委托加工的货物用于集体福利，会计上应当确认收入。初级会计资格考试教材《初级会计实务》便持这一观点。另一种观点认为：将自产、委托加工的货物用于集体福利，至少不符合《企业会计准则第 14 号——收入》中收入确认条件中的“企业因向客户转让商品而有权取得的对价很可能收回”这一条，因此会计上不确认收入。

本教材采用第一种观点。

(3) 企业所得税确认收入，会计上不确认收入，则需要进行纳税调整；企业所得税确认收入，会计上也确认收入，则不需要进行纳税调整。

【知识链接】《企业会计准则第 14 号——收入》有以下规定：

企业应当在履行了合同中的履约义务，即在客户取得相关商品控制权时确认收入。取得相关商品控制权是指能够主导该商品的使用并从中获得几乎全部的经济利益。

当企业与客户之间的合同同时满足下列条件时，企业应当在客户取得相关商品控制权时确认收入：(1) 合同各方已批准该合同并承诺将履行各自义务；(2) 该合同明确了合同各方与所转让商品或提供劳务（以下简称转让商品）相关的权利和义务；(3) 该合同有明确的与所转让商品相关的支付条款；(4) 该合同具有商业实质，即履行该合同将改变企业未来现金流量的风险、时间分布或金额；(5) 企业因向客户转让商品而有权取得的对价很可能收回。

对于《企业会计准则第 14 号——收入》，在境内外同时上市的企业以及在境外上市并采用国际财务报告准则或企业会计准则编制财务报表的企业，自 2018 年 1 月 1 日起施行；其他境内上市企业，自 2020 年 1 月 1 日起施行；执行企业会计准则的非上市企业，自 2021 年 1 月 1 日起施行。同时，允许企业提前执行。执行本准则的企业，不再执行2006年印发的《企业会计准则第14号——收入》和《企业会计准则第15号——建造合同》，以及2006年印发的《〈企业会计准则第14号——收入〉应用指南》。

对于作为内部处置资产的情况，企业所得税不视同销售，不影响当期应纳税所得额及应纳企业所得税。而对于不属于内部处置资产（属于对外处置资产）的情况，企业所得税视同销售，这就影响当期应纳税所得额及应纳企业所得税。

（1）将资产[①]用于在建工程的企业所得税会计核算。

将自产、委托加工的货物用于在建工程，在2016年5月1日起全面试行营改增后，增值税不视同销售；将购进的货物用于在建工程，在2016年5月1日起全面试行营改增后，购进货物的进项税额可以抵扣，即对于已经抵扣的进项税额无须做进项税额转出处理。

将自产、委托加工或者购进的货物用于在建工程，由于资产所有权属在形式和实质上均未发生改变，因此属于内部处置资产，企业所得税不视同销售，这样不影响当期应纳税所得额及应纳企业所得税。

将自产、委托加工或者购进的货物用于在建工程，根据《企业会计准则第14号——收入》，不符合会计收入确认的条件，会计上不确认收入。

因此，将资产用于在建工程，会计处理与企业所得税处理一致，不需要进行纳税调整。

【工作实例4-22】 甲公司本年12月领用本公司自产产品30件用于建造厂房，该产品每件成本为800元，市场价格（不含税）为1 200元/件，增值税税率为13%。本年度的利润总额为600 000元，假设没有其他纳税调整项目。

【工作要求】对甲公司上述企业所得税相关业务进行账务处理。

【工作实施】

借：在建工程	24 000	
贷：库存商品（800×30）		24 000
借：所得税费用——当期所得税费用	150 000	
贷：应交税费——应交所得税（600 000×25%）		150 000

由于会计处理与企业所得税处理一致，不需要进行纳税调整。

（2）将资产用于职工福利的企业所得税会计核算。

职工福利包括集体福利和个人消费两部分。

将自产、委托加工的货物用于集体福利或个人消费，增值税视同销售确认收入；将购进的货物用于集体福利或个人消费，购进货物的进项税额不能抵扣，对于已经抵扣的进项税额需要做进项税额转出处理。

将自产、委托加工或者购进的货物用于集体福利，国家税务总局对此回复：不属于内部处置资产，企业所得税视同销售确认收入。

---

① 含货物、财产、劳务等，本部分相关讲解主要以货物为例。下同。

将自产、委托加工或者购进的货物用于个人消费，不属于内部处置资产，企业所得税视同销售确认收入。

将自产、委托加工的货物用于集体福利或个人消费，根据《企业会计准则第14号——收入》，符合会计收入确认的条件，会计上确认收入。将购进的货物用于集体福利或个人消费，根据《企业会计准则第14号——收入》，不符合会计收入确认的条件，会计上不确认收入。

将自产、委托加工的货物用于集体福利或个人消费，会计处理与企业所得税处理一致，不需要进行纳税调整。将购进的货物用于集体福利或个人消费，企业所得税应按购进的货物的公允价值确定销售收入（实际上视同销售收入＝视同销售成本＝被移送资产的公允价值即购入价格），会计上不确认收入，因此，会计处理与企业所得税处理不一致，需要进行纳税调整。

【工作实例4-23】 甲公司本年12月领用本公司自产产品30件发放给生产工人作为职工福利（个人消费），该产品成本为800元/件，市场价格（不含税）为1 200元/件，增值税税率为13%。该批产品已经发放给职工，且在发放时，其控制权由甲公司转移给职工。年终假设未考虑该笔业务之前的利润总额为600 000元，没有其他纳税调整项目。

【工作要求】 对甲公司上述企业所得税相关业务进行账务处理。

【工作实施】

借：生产成本	40 680	
贷：应付职工薪酬——非货币性福利（30×1 200×(1+13%)）		40 680
借：应付职工薪酬——非货币性福利	40 680	
贷：主营业务收入（30×1 200）		36 000
应交税费——应交增值税（销项税额）（30×1 200×13%）		4 680
借：主营业务成本（30×800）	24 000	
贷：库存商品		24 000

本年度应纳税所得额＝600 000＋(36 000－24 000)＝612 000(元)

应纳企业所得税＝612 000×25%＝153 000(元)

借：所得税费用——当期所得税费用	153 000	
贷：应交税费——应交所得税		153 000

将自产、委托加工的货物用于个人消费，会计处理与企业所得税处理一致，不需要进行纳税调整。也就是说，由于甲公司在进行账务处理时已经确认会计收入，税法上无须在纳税申报表中填写视同销售收入和视同销售成本的信息。

【工作实例4-24】 甲公司本年12月将购入的产品30件发放给生产工人作为职工福利（个人消费），该产品不含增值税买价为每件2 000元，取得增值税专用发票，增值税税率为13%。年终假设未考虑该笔业务之前的利润总额为100 000元，没有其他纳税调整项目。

【工作要求】 对甲公司上述企业所得税相关业务进行账务处理。

【工作实施】（1）购入产品时：

借：库存商品（30×2 000）	60 000	
应交税费——待认证进项税额（30×2 000×13%）	7 800	
贷：银行存款		67 800

（2）取得的增值税专用发票符合抵扣规定时：

借：应交税费——应交增值税（进项税额）	7 800	
贷：应交税费——待认证进项税额		7 800

（3）决定发放福利时：

借：生产成本	67 800	
贷：应付职工薪酬——非货币性福利		67 800

（4）实际发放福利时：

借：应付职工薪酬——非货币性福利	67 800	
贷：库存商品		60 000
应交税费——应交增值税（进项税额转出）		7 800

本年度应纳税所得额＝100 000＋(60 000－60 000)＝100 000(元)

应纳企业所得税＝100 000×25%＝25 000(元)

借：所得税费用——当期所得税费用	25 000	
贷：应交税费——应交所得税		25 000

将购进的货物用于个人消费，企业所得税应按购进的货物的公允价值确定销售收入（实际上视同销售收入＝视同销售成本＝被移送资产的公允价值即购入价格），会计上不确认收入，会计处理与企业所得税处理不一致，需要进行纳税调整。甲公司在年终企业所得税汇算清缴时，应按照购入价格 60 000 元确认视同销售收入，同时按照购入价格 60 000 元确认视同销售成本。

（3）将资产用于对外捐赠（无偿赠送）的企业所得税会计核算。

将自产、委托加工或者购进的货物用于对外捐赠，增值税视同销售确认收入。

将自产、委托加工或者购进的货物用于对外捐赠，因资产所有权属已发生改变而不属于内部处置资产，企业所得税视同销售确认收入。

将自产、委托加工或者购进的货物用于对外捐赠，由于不符合《企业会计准则第 14 号——收入》中收入确认条件中的“企业因向客户转让商品而有权取得的对价很可能收回”这一条，因此会计上不确认收入。

【点拨指导】 对外捐赠虽然发生了所有权的转移，但企业并未获得经济利益，企业资产、所有者权益都没有增加。对外捐赠不是企业的经营活动，更不是实质上的销售行为，因此不符合收入确认的条件，不能作为收入处理，只能按成本进行结转。所以，将资产用于对外捐赠，会计处理与企业所得税处理不一致，需要进行纳税调整。

另外，纳税人发生的公益性捐赠支出，在年度利润总额12%以内的部分，准予在计算应纳税所得额时扣除；超过年度利润总额12%的部分，准予结转以后3年内在计算应纳税所得额时扣除。纳税人将自产、委托加工或者购进的原材料、固定资产、无形资产和有价证券等用于捐赠，应分解为按公允价值视同对外销售和捐赠两项业务进行所得税处理，即税法规定纳税人对外捐赠资产应视同销售计算缴纳流转税及企业所得税。

纳税人捐赠资产是其非日常产生的经济利益流出，在会计处理上该支出不分公益性与非公益性捐赠，一律在“营业外支出”科目核算，即不论税法如何界定，会计处理都作为企业的支出在当年会计利润中扣除。

会计处理上按捐赠全额及相关税费记入“营业外支出”科目，而税法规定了符合条件的捐赠税前扣除的比例限制等因素的影响，因此，对于公益性捐赠，若支出额超支，准予结转以后3年内在计算应纳税所得额时扣除，则形成可抵扣暂时性差异，符合确认条件时，应确认相关的递延所得税资产；而对于非公益性捐赠（直接捐赠），由于税前不能扣除，因此形成永久性差异，应当按直接捐赠额直接调增捐赠当年的应纳税所得额。

【知识链接】 2017年2月24日，第十二届全国人民代表大会常务委员会第二十六次会议决定对《企业所得税法》进行修改，将第九条修改为：“企业发生的公益性捐赠支出，在年度利润总额12%以内的部分，准予在计算应纳税所得额时扣除；超过年度利润总额12%的部分，准予结转以后三年内在计算应纳税所得额时扣除。”

【工作实例4-25】 甲公司本年将成本20 000元、售价28 000元的自产A产品直接向贫困灾区捐赠；将成本200 000元、售价230 000元的自产B产品通过民政部向地震灾区捐赠。甲公司本年会计利润总额为700 000元，企业所得税税率为25%，销售自产A产品和B产品的增值税税率均为13%，无其他纳税调整事项。

【工作要求】 对甲公司上述企业所得税相关业务进行账务处理。

【工作实施】（1）对外捐赠自产A产品时：

借：营业外支出　　23 640

　贷：库存商品——A产品　　20 000

　　　应交税费——应交增值税（销项税额）（28 000×13%）　　3 640

因对外捐赠企业所得税视同销售确认收入，而会计上不确认收入，产生的差异需要进行纳税调增，金额为8 000元（28 000－20 000）。

税法允许税前扣除的非公益性捐赠金额为0，非公益性捐赠纳税调增额为23 640元。

（2）对外捐赠自产B产品时：

借：营业外支出　　229 900

　贷：库存商品——B产品　　200 000

　　　应交税费——应交增值税（销项税额）（230 000×13%）　　29 900

因对外捐赠企业所得税视同销售确认收入，而会计上不确认收入，产生的差异需要进行纳税调增，金额为 30 000 元（230 000－200 000）。

税法允许税前扣除的公益性捐赠金额＝700 000×12%＝84 000(元)

公益性捐赠纳税调增额＝229 900－84 000＝145 900(元)

（3）确认所得税费用时，145 900 元的公益性捐赠超支额形成了可抵扣暂时性差异，符合确认条件时，即预计以后 3 年内有足够的应纳税所得额可以从中扣除，应确认相关的递延所得税资产 36 475 元（145 900×25%）。

$$\begin{aligned}\text{本年度递延所得税费用}&=\left(\text{递延所得税负债的期末余额}-\text{递延所得税负债的期初余额}\right)\\&\quad-\left(\text{递延所得税资产的期末余额}-\text{递延所得税资产的期初余额}\right)\\&=(0-0)-(36\ 475-0)\\&=-36\ 475(\text{元})(\text{负数代表收益})\end{aligned}$$

$$\begin{aligned}\text{本年度当期所得税费用}&=\text{应纳税所得额}\times\text{当期适用税率}\\&=(700\ 000+8\ 000+23\ 640+30\ 000+145\ 900)\times 25\%\\&=226\ 885(\text{元})\end{aligned}$$

$$\begin{aligned}\text{本年度所得税费用}&=\text{当期所得税费用}+\text{递延所得税费用}\\&=226\ 885+(-36\ 475)=190\ 410(\text{元})\end{aligned}$$

借：所得税费用——当期所得税费用　　226 885
　　递延所得税资产　　36 475
　贷：应交税费——应交所得税　　226 885
　　　所得税费用——递延所得税费用　　36 475

（4）将资产用于对外投资的企业所得税会计核算。

将自产、委托加工或者购进的货物用于对外投资，增值税视同销售确认收入。

将自产、委托加工或者购进的货物用于对外投资，因资产所有权属已发生改变而不属于内部处置资产，企业所得税视同销售确认收入。按照《财政部 国家税务总局关于非货币性资产投资企业所得税政策问题的通知》（财税〔2014〕116 号）的规定，居民企业以非货币性资产对外投资确认的非货币性资产转让所得，可在不超过 5 年期限内，分期均匀计入相应年度的应纳税所得额，按规定计算缴纳企业所得税。企业以非货币性资产对外投资而取得被投资企业的股权，应以非货币性资产的原计税成本为计税基础，加上每年确认的非货币性资产转让所得，逐年进行调整。被投资企业取得非货币性资产的计税基础，应按非货币性资产的公允价值确定。

大多数非货币性资产交换适用《企业会计准则第 7 号——非货币性资产交换》，但下列各项适用其他相关会计准则：

1）企业以存货换取客户的非货币性资产的，适用《企业会计准则第14号——收入》。

2）非货币性资产交换中涉及企业合并的，适用《企业会计准则第20号——企业合并》《企业会计准则第2号——长期股权投资》《企业会计准则第33号——合并财务报表》。

3）非货币性资产交换中涉及由《企业会计准则第22号——金融工具确认和计量》规范的金融资产的，金融资产的确认、终止确认和计量适用《企业会计准则第22号——金融工具确认和计量》和《企业会计准则第23号——金融资产转移》。

4）非货币性资产交换中涉及由《企业会计准则第21号——租赁》规范的使用权资产或应收融资租赁款等的，相关资产的确认、终止确认和计量适用《企业会计准则第21号——租赁》。

5）非货币性资产交换的一方直接或间接对另一方持股且以股东身份进行交易的，或者非货币性资产交换的双方均受同一方或相同多方最终控制，且该非货币性资产交换的交易实质是交换的一方向另一方进行了权益性分配或交换的一方接受了另一方权益性投入的，适用权益性交易的有关会计处理规定。

如果以非货币性资产对外投资适用《企业会计准则第7号——非货币性资产交换》，则按照规定区分公允价值计量模式和账面价值计量模式进行会计处理。《企业会计准则第7号——非货币性资产交换》规定，非货币性资产交换同时满足下列条件的，应当以公允价值为基础计量：1）该项交换具有商业实质；2）换入资产或换出资产的公允价值能够可靠地计量。不满足上述条件的非货币性资产交换，应当以账面价值为基础计量。

如果非货币性资产交换具有商业实质且换入资产或换出资产的公允价值能够可靠地计量，对于换入资产，应当以换出资产的公允价值和应支付的相关税费作为换入资产的成本进行初始计量；对于换出资产，应当在终止确认时，将换出资产的公允价值与其账面价值之间的差额计入当期损益。有确凿证据表明换入资产的公允价值更加可靠的，对于换入资产，应当以换入资产的公允价值和应支付的相关税费作为换入资产的初始计量金额；对于换出资产，应当在终止确认时，将换入资产的公允价值与换出资产账面价值之间的差额计入当期损益。若属于“居民企业以非货币性资产对外投资确认的非货币性资产转让所得”且选择执行《财政部 国家税务总局关于非货币性资产投资企业所得税政策问题的通知》（财税〔2014〕116号）中“居民企业以非货币性资产对外投资确认的非货币性资产转让所得，可在不超过5年期限内，分期均匀计入相应年度的应纳税所得额，按规定计算缴纳企业所得税”的规定的，则需要进行纳税调整。除此以外，会计准则与企业所得税的处理一致。

如果非货币性资产交换不具有商业实质或者换入资产和换出资产的公允价值不能够可靠地计量，对于换入资产，企业应当以换出资产的账面价值和应支付的相关税费作为换入资产的初始计量金额；对于换出资产，终止确认时不确认损益。由于税法上需要确认损益，因此会计准则与企业所得税的处理产生了差异，需进行纳税调整。另外，若属于“居民企业以非货币性资产对外投资确认的非货币性资产转让所得”且选择执行《财政部 国家税务总局关于非货币性资产投资企业所得税政策问题的通知》（财税〔2014〕116号）中“居民企业以非货币性资产对外投资确认的非货币性资产转让所得，可在不超过5年期限内，分期均匀计入相应年度的应纳税所得额，按规定计算缴纳企业所得税”的规定的，也需要进行纳税调整。

【工作实例4-26】 甲公司和乙公司为非同一控制下的两家公司，均属于居民企业。2021年12月1日，甲公司以本公司库存商品为对价取得乙公司有表决权的股份20%，准备长期持有该股份。甲公司该商品账面余额800 000元，市场价为1 000 000元，未计提存货跌价准备。甲公司销售该库存商品适用的增值税税率为13%。2021—2025年每年的税前会计利润均为5 000 000元，假设无其他纳税调整项目，且每年企业所得税税率均为25%。甲公司各项“非货币性资产投资”事项均选择执行《财政部国家税务总局关于非货币性资产投资企业所得税政策问题的通知》（财税〔2014〕116号）中“居民企业以非货币性资产对外投资确认的非货币性资产转让所得，可在不超过5年期限内，分期均匀计入相应年度的应纳税所得额，按规定计算缴纳企业所得税”的规定。

【工作要求】 对甲公司上述业务进行账务处理。

【工作实施】

（1）甲公司以库存商品对乙公司进行投资时。

借：长期股权投资	1 130 000
贷：主营业务收入	1 000 000
应交税费——应交增值税（销项税额）（1 000 000×13%）	130 000
借：主营业务成本	800 000
贷：库存商品	800 000

（2）计算2021年度利润表中的所得税费用。

1）确认2021年度递延所得税（递延所得税费用）。

甲公司非货币性资产投资应确认的转让所得＝1 000 000－800 000＝200 000（元），分5年均匀计入当年应纳税所得额，所以2021年度应计入应纳税所得额的金额＝200 000÷5＝40 000（元），应调减应纳税所得额＝200 000－40 000＝160 000（元）。

2021年12月31日调减的应纳税所得额160 000元将于未来期间增加企业的应纳税所得额，为应纳税暂时性差异。2021年期末应确认相关的递延所得税负债40 000元（160 000×25%）。

2021年度递延所得税费用＝40 000(元)

2）确认2021年度当期所得税（当期所得税费用）。

2021年度当期所得税费用＝应纳税所得额×当期适用税率

＝(5 000 000－160 000)×25%＝1 210 000(元)

3）确认2021年度利润表中的所得税费用。

2021年度所得税费用＝当期所得税费用＋递延所得税费用

＝1 210 000＋40 000＝1 250 000(元)

确认所得税费用的账务处理如下。

借：所得税费用——当期所得税费用　　1 210 000

　　　　　　——递延所得税费用　　40 000

　贷：应交税费——应交所得税　　1 210 000

　　递延所得税负债　　40 000

（3）计算2022年度利润表中的所得税费用。

1）确认2022年度递延所得税（递延所得税费用）。

2022年12月31日调增的应纳税所得额40 000元应转回相关的递延所得税负债。

2022年期末应转回相关的递延所得税负债（递延所得税负债减少额）10 000元（40 000×25%）。

2022年度递延所得税费用＝－10 000(元)

2）确认2022年度当期所得税（当期所得税费用）。

2022年度当期所得税费用＝应纳税所得额×当期适用税率

＝(5 000 000＋40 000)×25%＝1 260 000(元)

3）确认2022年度利润表中的所得税费用。

2022年度所得税费用＝当期所得税费用＋递延所得税费用

＝1 260 000＋(－10 000)＝1 250 000(元)

确认所得税费用的账务处理如下。

借：所得税费用——当期所得税费用　　1 260 000

　　递延所得税负债　　10 000

　贷：应交税费——应交所得税　　1 260 000

　　所得税费用——递延所得税费用　　10 000

2023年度、2024年度、2025年度的会计处理均与2022年度的会计处理相同。

【工作实例4－27】 甲公司本年将本公司生产用设备对外投资，设备的账面原价为120 000元，假设在交换日的累计折旧为40 000元，公允价值为70 000元。甲公司本年会计利润总额为120 000元，企业所得税税率为25%，销售设备的增值税税率为13%，无其他纳税调整事项。甲公司各项“非货币性资产投资”事项均选择不执行《财政部 国家税务总局关于非货币性资产投资企业所得税政策问题的通知》（财税〔2014〕116号）中“居民企业以非货币性资产对外投资确认的非货币性资产转让所得，可在不超过5年期限内，分期均匀计入相应年度的应纳税所得额，按规定计算缴纳企业所得税”的规定。

【工作要求】对甲公司上述企业所得税相关业务进行账务处理。

【工作实施】(1) 如果非货币性资产交换具有商业实质且换入资产或换出资产的公允价值能够可靠地计量，则会计处理为：

借：固定资产清理	80 000	
累计折旧	40 000	
贷：固定资产——设备		120 000
借：长期股权投资	70 000	
资产处置损益 (80 000+9 100−70 000)	19 100	
贷：固定资产清理		80 000
应交税费——应交增值税（销项税额）(70 000×13%)		9 100

这种情形的会计处理与企业所得税的处理一致，不需要进行纳税调整。

(2) 如果非货币性资产交换不具有商业实质或者换入资产和换出资产的公允价值不能够可靠地计量，则会计处理为：

借：固定资产清理	80 000	
累计折旧	40 000	
贷：固定资产——设备		120 000
借：长期股权投资 (80 000+9 100)	89 100	
贷：固定资产清理		80 000
应交税费——应交增值税（销项税额）(70 000×13%)		9 100

以非货币性资产对外投资时企业所得税视同销售确认收入，而如果非货币性资产交换不具有商业实质或者换入资产和换出资产的公允价值不能够可靠地计量，在会计上不确认损益。这种情形的会计处理与企业所得税的处理产生差异，需要进行纳税调整。一方面，应当确认资产处置损益（损失）19 100 元；另一方面，本年年底，甲公司长期股权投资的账面价值为 89 100 元，计税基础为 70 000 元。长期股权投资的账面价值 89 100 元大于其计税基础 70 000 元，差额为 19 100 元，将于未来期间增加企业的应纳税所得额，为应纳税暂时性差异，应确认相关的递延所得税负债 4 775 元 (19 100×25%)。

$$\begin{aligned}\text{本年度递延所得税费用} &= \left(\text{递延所得税负债的期末余额} - \text{递延所得税负债的期初余额}\right) \\ &\quad - \left(\text{递延所得税资产的期末余额} - \text{递延所得税资产的期初余额}\right) \\ &= (4\ 775-0)-(0-0)=4\ 775(\text{元})\end{aligned}$$

$$\begin{aligned}\text{本年度当期所得税费用} &= \text{应纳税所得额} \times \text{当期适用税率} \\ &= (120\ 000-19\ 100)\times 25\% = 25\ 225(\text{元})\end{aligned}$$

$$\begin{aligned}\text{本年度所得税费用} &= \text{当期所得税费用} + \text{递延所得税费用} \\ &= 25\ 225+4\ 775=30\ 000(\text{元})\end{aligned}$$

借：所得税费用——当期所得税费用　　25 225
　　　　　　——递延所得税费用　　4 775
　贷：应交税费——应交所得税　　25 225
　　　递延所得税负债　　4 775

（5）将资产用于利润分配的企业所得税会计核算。

将自产、委托加工或者购进的货物用于利润分配，增值税视同销售确认收入。

将自产、委托加工或者购进的货物用于利润分配，因资产所有权属已发生改变而不属于内部处置资产，企业所得税视同销售确认收入。

将自产、委托加工或者购进的货物用于利润分配，根据《企业会计准则第14号——收入》符合会计收入确认的条件，会计上确认收入。

因此，将货物用于利润分配，会计处理与企业所得税处理一致，不需要进行纳税调整。

【工作实例4-28】 甲公司为增值税一般纳税人，本年12月将生产的一批A产品作为452 000元的股利分配给股东。该批A产品的市场售价为400 000元，实际成本为360 000元，该批A产品已经分配给股东，且在发出时，其控制权由甲公司转移给股东。甲公司企业所得税税率为25%，A产品的增值税税率为13%，无其他纳税调整事项。

【工作要求】对甲公司上述企业所得税相关业务进行账务处理。

【工作实施】用A产品分配股利时：

借：应付股利　　452 000
　贷：主营业务收入　　400 000
　　　应交税费——应交增值税（销项税额）（400 000×13%）　　52 000

结转A产品成本时：

借：主营业务成本　　360 000
　贷：库存商品——A产品　　360 000

会计处理与企业所得税的处理一致，不需要进行纳税调整。

2. 债务重组的企业所得税会计核算

《企业所得税法》相关法规规定，以低于债务计税成本的现金、非现金资产以及债务转换为资本的方式偿还债务的，债务人应当将重组债务的计税成本与支付的现金金额或者非现金资产的公允价值（包括与转让非现金资产相关的税费）或者债权人因放弃债权而享有的股权的公允价值的差额，确认为债务重组所得，计入当期应纳税所得额；债权人应当将重组债权的计税成本与收到的现金金额或非现金资产的公允价值或者享有的股权的公允价值之间的差额，确认为当期的债务重组损失，冲减应纳税所得额。

企业会计准则规定，债务重组采用以资产清偿债务或者将债务转为权益工具方式进行的，债权人应当在受让的相关资产符合其定义和确认条件时予以确认。放弃债权的公允价值与账面价值之间的差额，一般记入“投资收益”科目。

在通常情况下，企业会计准则中的“重组债务的账面价值”“重组债权的账面余额”与《企业所得税法》相关规定中“重组债务的计税成本”“重组债权的计税成本”的金额是相同的，但有时也会出现不一致，比如债权人对重组债权计提了坏账准备，这时重组债权的账面余额与计税成本就不相同，需要进行纳税调整。

【工作实例 4-29】 2021 年 12 月 10 日，甲公司因购货而欠乙公司 120 000 元款项。由于甲公司现金流量严重不足，未能及时清偿欠款。2022 年 7 月 18 日，两公司进行协商，乙公司同意减免债务本金 60 000 元，甲公司立即支付余款。假定乙公司 2021 年底对该项应收账款已计提坏账准备 24 000 元，且 2021 年乙公司的利润总额为 60 000 元，无其他纳税调整项目；2022 年 12 月 31 日，乙公司有确凿证据表明未来期间很可能有足够的应纳税所得额用来抵扣可抵扣暂时性差异，且 2022 年乙公司的利润总额为 120 000 元。假设乙公司 2021 年和 2022 年均无其他纳税调整项目。

【工作要求】对乙公司上述企业所得税相关业务进行账务处理。

【工作实施】（1）2021 年底，乙公司应收账款的账面价值为 96 000 元（120 000－24 000），计税基础为 120 000 元。应收账款的账面价值 96 000 元小于其计税基础 120 000 元，差额为 24 000 元，将于未来期间减少企业的应纳税所得额，为可抵扣暂时性差异，符合确认条件时，应确认相关的递延所得税资产 6 000 元（24 000×25%）。

$$\begin{aligned}\text{2021 年度递延所得税费用} &= \left(\text{递延所得税负债的期末余额} - \text{递延所得税负债的期初余额}\right) \\ &\quad - \left(\text{递延所得税资产的期末余额} - \text{递延所得税资产的期初余额}\right) \\ &= (0-0)-(6\,000-0) \\ &= -6\,000(\text{元})(\text{负数代表收益})\end{aligned}$$

税法认为企业计提的坏账准备不允许税前扣除，因此应调增应纳税所得额 24 000 元。

$$\begin{aligned}\text{2021 年度当期所得税费用} &= \text{应纳税所得额} \times \text{当期适用税率} \\ &= (60\,000+24\,000)\times 25\% = 21\,000(\text{元})\end{aligned}$$

$$\begin{aligned}\text{2021 年度所得税费用} &= \text{当期所得税费用} + \text{递延所得税费用} \\ &= 21\,000+(-6\,000) = 15\,000(\text{元})\end{aligned}$$

借：所得税费用——当期所得税费用	21 000	
递延所得税资产	6 000	
贷：应交税费——应交所得税		21 000
所得税费用——递延所得税费用		6 000

（2）2022年7月18日，乙公司收到甲公司还款时：

借：银行存款	60 000	
坏账准备	24 000	
投资收益	36 000	
贷：应收账款——甲公司		120 000

（3）2022年12月31日，应收账款的账面价值与计税基础均为0，两者之间不存在暂时性差异，前期已经确认的与该应收账款相关的递延所得税资产应予全额转回。2022年期末递延所得税资产余额应为0，由于2022年期初递延所得税资产余额为6 000元，2022年期末应转回递延所得税资产（递延所得税资产减少额）6 000元（6 000－0）。

$$\begin{aligned}\text{2022年度递延所得税费用} &= \left(\text{递延所得税负债的期末余额} - \text{递延所得税负债的期初余额}\right) \\ &\quad - \left(\text{递延所得税资产的期末余额} - \text{递延所得税资产的期初余额}\right) \\ &= (0-0)-(0-6\,000)=6\,000(\text{元})\end{aligned}$$

2022年底，根据税法的规定，对于已经提取坏账准备的应收账款，由于2021年度纳税申报时已调增应纳税所得额，处置应收账款而冲销的坏账准备应允许企业做相反的纳税调整。因此，2022年度应调减应纳税所得额24 000元。

$$\text{2022年度当期所得税费用}=(120\,000-24\,000)\times 25\%=24\,000(\text{元})$$

$$\begin{aligned}\text{2022年度所得税费用} &= \text{当期所得税费用}+\text{递延所得税费用} \\ &= 24\,000+6\,000=30\,000(\text{元})\end{aligned}$$

借：所得税费用——当期所得税费用	24 000	
——递延所得税费用	6 000	
贷：应交税费——应交所得税		24 000
递延所得税资产		6 000

（五）预提企业所得税代扣代缴的会计核算

非居民企业在中国境内未设立机构、场所的，或者虽设立机构、场所但取得的所得与其所设机构、场所没有实际联系的，其来源于中国境内的所得应缴纳的企业所得税，实行源泉扣缴，以支付人为扣缴义务人。税款由扣缴义务人在每次支付或者到期应支付时，从支付或者到期应支付的款项中扣缴。对非居民企业在中国境内取得工程作业和劳务所得应缴纳的企业所得税，税务机关可以指定工程价款或者劳务费的支付人为扣缴义务人。扣缴义务人每次代扣的税款，应当自代扣之日起7日内缴入国库，并向所在地的税务机关报送扣缴企业所得税报告表。

代扣企业所得税时，扣缴义务人应借记“其他应付款”等科目，贷记“应交税费——代扣代交所得税”科目；实际缴纳代扣的企业所得税时，扣缴义务人应借记“应交税费——代扣代交所得税”科目，贷记“银行存款”科目。

【工作实例4-30】 美国甲公司在中国境内未设立机构场所，但当年取得来源于中国境内的所得300 000元。

【工作要求】对甲公司上述企业所得税相关业务进行账务处理。

【工作实施】(1) 代扣企业所得税时：

借：应付账款（或者其他应付款）	300 000	
贷：应交税费——代扣代交所得税（300 000×10%）		30 000
银行存款		270 000

(2) 实际代缴企业所得税时：

借：应交税费——代扣代交所得税	30 000	
贷：银行存款		30 000

（六）减免企业所得税的会计核算

1. 直接减免企业所得税的会计核算

纳税人对法定直接减免的企业所得税，国家未指定特定用途的，可以不进行账务处理。但严谨起见，应当先借记“所得税费用——当期所得税费用”等科目，贷记“应交税费——应交所得税”科目，然后借记“应交税费——应交所得税”科目，贷记“所得税费用——当期所得税费用”等科目。

纳税人对法定直接减免的企业所得税，国家指定特定用途的，应当先借记“所得税费用——当期所得税费用”等科目，贷记“应交税费——应交所得税”科目，再借记“应交税费——应交所得税”科目，贷记“实收资本”等科目。

2. 先征后返、先征后退和即征即退企业所得税的会计核算

纳税人对实行先征后返、先征后退和即征即退企业所得税的减免方式，应当先按正常计税要求计算缴纳企业所得税，并进行相应的会计核算。本月缴纳以前期间应缴未缴的企业所得税，则借记“应交税费——应交所得税”科目，贷记“银行存款”科目；在收到退税款时，借记“银行存款”科目，贷记“其他收益”科目（也可分为两步：在确认先征后返、先征后退或即征即退企业所得税时，借记“其他应收款”科目，贷记“其他收益”科目；日后收到退税款时，借记“银行存款”科目，贷记“其他应收款”科目）。

“先征后返、先征后退和即征即退企业所得税的会计核算”与第2章“增值税会计”中“先征后返、先征后退和即征即退增值税的会计核算”类似，这里不再赘述。

（七）预缴企业所得税和汇算清缴企业所得税的会计核算

企业所得税一般按月或按季预缴，应当自月份或者季度终了之日起15日内，向税务机关报送预缴企业所得税纳税申报表，预缴税款；自年度终了之日起5个月内，向税

务机关报送年度企业所得税纳税申报表，并汇算清缴，结清应缴纳的企业所得税。

1. 预缴企业所得税的会计核算

企业计提应预缴的企业所得税时，应借记“所得税费用——当期所得税费用”科目，贷记“应交税费——应交所得税”科目；实际缴纳应预缴的企业所得税时，应借记“应交税费——应交所得税”科目，贷记“银行存款”科目。

【点拨指导】企业所得税预缴纳税申报表中几个需要注意的问题：

（1）填报预缴企业所得税的基数为实际利润额。

$$实际利润额=利润总额+\frac{特定业务计算的}{应纳税所得额}-\frac{不征税收入和税基}{减免应纳税所得额}-\frac{固定资产加速折旧}{(扣除)调减额}-\frac{弥补以前}{年度亏损}$$

（2）特定业务计算的应纳税所得额：从事房地产开发等特定业务的纳税人，填报按照税收规定计算的特定业务的应纳税所得额。房地产开发企业销售未完工开发产品取得的预售收入，按照税法规定的预计计税毛利率计算的预计毛利额填入此行。

（3）不征税收入和税基减免应纳税所得额：填报属于税法规定的不征税收入、免税收入、减计收入、所得减免、抵扣应纳税所得额等金额。

（4）固定资产加速折旧（扣除）调减额：填报按照《财政部 国家税务总局关于完善固定资产加速折旧企业所得税政策的通知》（财税〔2014〕75号）等相关规定，固定资产税收上采取加速折旧、会计上未加速折旧的纳税调整情况。

（5）弥补以前年度亏损：填报按照税收规定可在企业所得税税前弥补的以前年度尚未弥补的亏损额。

由此可见，企业所得税预缴时不但可以从利润总额中扣除不征税收入、免税收入、减计收入、所得减免、抵扣应纳税所得额，而且可以扣除固定资产加速折旧（扣除）调减额，还可以弥补以前年度亏损，这在一定程度上可以减少企业流动资金的压力。

【工作实例4-31】 甲公司的企业所得税税率为25%，企业所得税按季预缴。本年第一季度甲公司实现的会计利润总额为200万元，取得国债利息收入10万元，以前年度未弥补亏损为30万元。甲公司“长期借款”账户记载，年初向中国建设银行借款100万元，年利率为6%；年初向乙公司借款20万元，年利率为10%。上述款项全部用于生产经营。另外甲公司计提资产减值准备10万元。甲公司本年第二季度实际利润额的累计金额为280万元，第三季度实际利润额的累计金额为-20万元，第四季度实际利润额的累计金额为220万元。假设无其他纳税调整事项。

【工作要求】对甲公司上述企业所得税相关业务进行账务处理。

【工作实施】（1）计算并缴纳本年第一季度应预缴的企业所得税。预缴企业所得税的基数为实际利润额。

$$实际利润额=利润总额+\frac{特定业务计算的}{应纳税所得额}-\frac{不征税收入和税基}{减免应纳税所得额}$$

$$\underline{\ }\begin{matrix}\text{固定资产加速折旧}\\\text{(扣除)调减额}\end{matrix}\underline{\ }\begin{matrix}\text{弥补以前}\\\text{年度亏损}\end{matrix}$$

$$=200+0-10-0-30=160(\text{万元})$$

本年第一季度应预缴企业所得税＝160×25%＝40(万元)

对于其他永久性差异（长期借款利息超支＝20×(10%－6%)＝0.8（万元））和暂时性差异（资产减值准备 10 万元），预缴时不做纳税调整。

本年 3 月末（本年第一季度末）计提第一季度应预缴的企业所得税时：

借：所得税费用——当期所得税费用　　400 000

　贷：应交税费——应交所得税　　400 000

本年 4 月初缴纳应预缴的企业所得税时：

借：应交税费——应交所得税　　400 000

　贷：银行存款　　400 000

（2）计算并缴纳本年第二季度应预缴的企业所得税。本年第二季度末计提第二季度应预缴的企业所得税时：

借：所得税费用——当期所得税费用　　300 000

　贷：应交税费——应交所得税（(2 800 000－1 600 000)×25%）　　300 000

本年 7 月初缴纳本年第二季度应预缴的企业所得税时：

借：应交税费——应交所得税　　300 000

　贷：银行存款　　300 000

（3）计算并缴纳本年第三季度应预缴的企业所得税。本年第三季度实际利润额的累计金额为亏损，暂不预缴企业所得税，也不做会计处理。

（4）计算并缴纳本年第四季度应预缴的企业所得税。本年第四季度实际利润额的累计金额为 220 万元，由于第四季度实际利润额的累计金额 220 万元小于以前季度（第二季度）实际利润额的累计金额 280 万元，本年第四季度暂不预缴企业所得税也不做会计处理。

需要说明的是：

（1）根据所得税准则的规定，对于暂时性差异产生的对递延所得税的影响，应按照及时性原则，在产生时立即确认，而非在季度末或者年末确认。工作实例 4－31 中计提资产减值准备形成的暂时性差异，应该在计提资产减值准备的同时做以下会计分录。

借：递延所得税资产（100 000×25%）　　25 000

　贷：所得税费用——递延所得税费用　　25 000

（2）工作实例 4－31 中，假设经税务机关审核，甲公司汇算清缴后全年应纳税所得额为 240 万元，则应纳企业所得税为 60 万元（240×25%），而企业已经预缴企业所得税 70 万元，按照相关规定，主管税务机关应及时办理退税，或者抵缴下一年度应缴纳的税款。

2. 汇算清缴企业所得税的会计核算

企业汇算清缴企业所得税时，若全年应纳企业所得税大于全年已预缴的企业所得税，则其差额为应补缴的企业所得税，企业应借记“以前年度损益调整”科目，贷记“应交税费——应交所得税”科目；实际缴纳应补缴的企业所得税时，应借记“应交税费——应交所得税”科目，贷记“银行存款”科目。最后企业应当将“以前年度损益调整”科目的余额转入“利润分配”科目，借记“利润分配——未分配利润”科目，贷记“以前年度损益调整——所得税费用”科目；同时还需要相应地调整盈余公积，借记“盈余公积”科目，贷记“利润分配——未分配利润”科目。

企业汇算清缴企业所得税时，若全年应纳企业所得税小于全年已预缴的企业所得税，则其差额为多缴的企业所得税，企业应借记“应交税费——应交所得税”科目，贷记“以前年度损益调整”科目；若经税务机关审核批准退还多缴的企业所得税，则企业应借记“银行存款”科目，贷记“应交税费——应交所得税”科目；若多缴的企业所得税不办理退税，则可以挂账用以抵缴未来应预缴的企业所得税。最后企业应当将“以前年度损益调整”科目的余额转入“利润分配”科目，借记“以前年度损益调整——所得税费用”科目，贷记“利润分配——未分配利润”科目；同时还需要相应地调整盈余公积，借记“利润分配——未分配利润”科目，贷记“盈余公积”科目。

【点拨指导】企业所得税汇算清缴账务处理有三种方法：

方法一：调增或调减的企业所得税在年终结账前自行调整。如果汇算清缴发生在年度报告报出之前，可以采用该方法。在这种情况下因汇算清缴发生纳税调整而调增或调减企业所得税，应视同报告年度当年发生的会计事项处理：调整报告年度的所得税费用和应缴纳的企业所得税，并根据结转所得税费用的会计分录登记报告年度总账和明细账，然后按照调整后的总账和明细账的余额或发生额，编制报告年度的会计报表。

这种做法的优点在于符合权责发生制原则，能够保证本期的收入和成本费用（包括所得税费用）均在本期账簿中反映，使得账簿与报表保持一致，增强本期账簿信息的相关性、可靠性，并且省去下年度调账的烦琐工作，使得账务处理更清楚。实务中有许多中小企业采用这种方法来核算企业所得税汇算清缴事项。但是，这种方法有一定的局限性：它只适用于规模较小、业务简单，或者应纳税所得额调整事项较少的企业，并且需要会计人员具有丰富的经验和较高的专业素质，能够驾驭本企业的会计工作。

方法二：调增或调减的企业所得税在下一年度直接转入“利润分配——未分配利润”账户。对于企业所得税汇算清缴，某些中小企业由于其会计报表无须对外公开，使用面非常窄，仅供经营管理和报税使用，因此根据重要性原则，采用简化的会计处理方法。这些中小企业尽管在结账前未完成企业所得税调整，但也没有通过“以前年度损益调整”账户核算，而是直接冲减“利润分配——未分配利润”账户。

这种简化处理方法的理论依据是重要性原则，期末补缴的企业所得税不会对决策产生重大影响，“应交税费——应交所得税”账户仍然能够反映所缴企业所得税的金额，并且能够保持年终账表一致。在实务中，对于这种简化处理方法，在税务检查和报表审计过程中一般也不要求作为差错调整，因此，许多小企业采用该方法处理企业所得税汇算清缴事项。

方法三：调增或调减的企业所得税作为资产负债表日后调整事项处理。随着会计制度、会计准则的不断完善，会计原则与税收法规在企业所得税方面的区别越来越大，产生的差异也越来越多，年终企业所得税汇算清缴的工作量随之加大。规模较大、业务繁多的企业，或者与税务机关发生纳税争议的企业，无法在12月报表报出之前完成企业所得税汇算清缴，将导致本年度最终应缴纳的企业所得税与预缴企业所得税不一致。在本年度已结账、新年度建账后，无法将其差额计入本年度，只有在下一年度账簿中反映。为了将其与下一年度的所得税费用进行区分，须通过“以前年度损益调整”账户反映。这种处理方法的理论基础是将纳税调整作为资产负债表日后调整事项。纳税调整属于资产负债表日已经存在，而在资产负债表日后得以证实的事项，即在资产负债表日反映的所得税费用及应缴纳的企业所得税数据已不再可靠，应依据新的证据对其进行调整。

这种处理方法以所得税和资产负债表日后事项等会计准则和相关会计制度作为依据，基本符合相关规定。但是，它也有不足之处：只调整报告年度的报表而不调整报告年度的凭证与账簿，导致账表不一致，违背了会计核算程序即根据账簿和凭证编制报表的原理，从而无法进行账表核对。

本教材采用的是第三种方法。

【工作实例4-32】 甲公司的企业所得税税率为25%，企业所得税按季预缴。2021年第一季度甲公司实现的会计利润总额为200万元，取得国债利息收入10万元，以前年度未弥补亏损为30万元。甲公司“长期借款”账户记载，年初向中国建设银行借款100万元，年利率为6%；年初向乙公司借款60万元，年利率为10%。上述款项全部用于生产经营。另外甲公司计提资产减值准备10万元。2021年第二季度实际利润额的累计金额为280万元，第三季度实际利润额的累计金额为360万元，第四季度实际利润额的累计金额为560万元。假设无其他纳税调整事项。甲公司于2022年3月10日进行企业所得税汇算清缴。

【工作要求】 对甲公司上述企业所得税相关业务进行账务处理。

【工作实施】（1）所得税准则规定，对于暂时性差异产生的对递延所得税的影响，应该按照及时性原则，在产生时立即确认，而非在季度末或者年末确认。计提资产减值准备形成的暂时性差异，应该在计提资产减值准备的同时做以下会计分录：

借：递延所得税资产（100 000×25%）　　25 000

　　贷：所得税费用——递延所得税费用　　25 000

（2）计算并缴纳2021年第一季度应预缴的企业所得税。预缴企业所得税的基数为实际利润额。

$$\text{实际利润额}=\text{利润总额}+\begin{matrix}\text{特定业务计算的}\\\text{应纳税所得额}\end{matrix}-\begin{matrix}\text{不征税收入和税基}\\\text{减免应纳税所得额}\end{matrix}$$

$$-\begin{matrix}\text{固定资产加速折旧}\\\text{(扣除)调减额}\end{matrix}-\text{弥补以前年度亏损}$$

$$=2\ 000\ 000+0-100\ 000-0-300\ 000=1\ 600\ 000(\text{元})$$

2021年第一季度应预缴企业所得税＝1 600 000×25％＝400 000（元）

对于其他永久性差异（长期借款利息超支＝600 000×(10％－6％)＝24 000（元））和暂时性差异（资产减值准备 100 000 元），预缴时不做纳税调整。

2021年3月末（2021年第一季度末）计提第一季度应预缴的企业所得税时：

借：所得税费用——当期所得税费用　　400 000

　贷：应交税费——应交所得税　　400 000

2021年4月初缴纳应预缴的企业所得税时：

借：应交税费——应交所得税　　400 000

　贷：银行存款　　400 000

（3）计算并缴纳2021年第二季度应预缴的企业所得税。2021年6月末（2021年第二季度末）计提第二季度应预缴的企业所得税时：

借：所得税费用　　300 000

　贷：应交税费——应交所得税（(2 800 000－1 600 000)×25％）　　300 000

2021年7月初缴纳2021年第二季度应预缴的企业所得税时：

借：应交税费——应交所得税　　300 000

　贷：银行存款　　300 000

（4）计算并缴纳2021年第三季度应预缴的企业所得税。2021年9月末（2021年第三季度末）计提第三季度应预缴的企业所得税时：

借：所得税费用　　200 000

　贷：应交税费——应交所得税（(3 600 000－2 800 000)×25％）　　200 000

2021年10月初缴纳2021年第三季度应预缴的企业所得税时：

借：应交税费——应交所得税　　200 000

　贷：银行存款　　200 000

（5）计算并缴纳2021年第四季度应预缴的企业所得税。2021年12月末（2021年第四季度末）计提第四季度应预缴的企业所得税时：

借：所得税费用　　500 000

　贷：应交税费——应交所得税（(5 600 000－3 600 000)×25％）　　500 000

2022年1月初缴纳2021年第四季度应预缴的企业所得税时：

借：应交税费——应交所得税　　500 000

　贷：银行存款　　500 000

（6）2022年3月10日进行所得税汇算清缴时：

2021 年度应纳税所得额＝会计利润总额±纳税调整项目金额
＝5 600 000＋600 000×(10%－6%)＋100 000
＝5 724 000(元)

2021 年度实际应纳企业所得税＝5 724 000×25%＝1 431 000(元)

汇算清缴时应补缴企业所得税＝1 431 000－(400 000＋300 000＋200 000＋500 000)
＝31 000(元)

1）计提应补缴的企业所得税时：

借：以前年度损益调整——所得税费用　　31 000
　贷：应交税费——应交所得税　　31 000

2）补缴企业所得税时：

借：应交税费——应交所得税　　31 000
　贷：银行存款　　31 000

3）将“以前年度损益调整”科目的余额转入利润分配时：

借：利润分配——未分配利润　　31 000
　贷：以前年度损益调整——所得税费用　　31 000

4）因净利润变动调整盈余公积时：

借：盈余公积（31 000×10%）　　3 100
　贷：利润分配——未分配利润　　3 100

（八）资产负债表日后事项企业所得税的会计核算

企业发生的调整事项应当调整资产负债表日的财务报表。对于年度财务报告而言，由于资产负债表日后事项发生在报告年度的次年，报告年度的有关账目已经结转，特别是损益类科目在结账后已无余额。因此，年度资产负债表日后发生的调整事项，应具体分以下情况进行处理：

（1）涉及损益的事项，通过“以前年度损益调整”科目核算。调整增加以前年度利润或调整减少以前年度亏损的事项，记入“以前年度损益调整”科目的贷方；调整减少以前年度利润或调整增加以前年度亏损的事项，记入“以前年度损益调整”科目的借方。

涉及损益的调整事项，发生在该企业资产负债表日所属年度（即报告年度）企业所得税汇算清缴前的，应调整报告年度的应纳税所得额、应纳企业所得税额；发生在该企业报告年度所得税汇算清缴后的，应调整本年度（即报告年度的次年）的应纳企业所得税额。①

---

① 纳税人企业所得税汇算清缴自纳税年度终了之日起 5 个月内，依照税收法律、法规、规章及其他有关企业所得税的规定，自行计算本纳税年度应纳税所得额和应纳企业所得税额。纳税人在该企业报告年度所得税汇算清缴后但在汇算清缴期内（报告年度 5 月 31 日前）发现当年企业所得税申报有误的，也可在汇算清缴期内重新办理企业所得税年度纳税申报，调整报告年度的“应交税费——应交所得税”科目，其会计处理与报告年度企业所得税汇算清缴前资产负债表日后调整事项相同。

由以前年度损益调整增加的所得税费用，记入“以前年度损益调整”科目的借方，同时贷记“应交税费——应交所得税”等科目；由以前年度损益调整减少的所得税费用，记入“以前年度损益调整”科目的贷方，同时借记“应交税费——应交所得税”等科目。调整完成后，将“以前年度损益调整”科目的贷方或借方余额转入“利润分配——未分配利润”科目。

（2）涉及利润分配调整的事项，直接在“利润分配——未分配利润”科目核算。

（3）不涉及损益及利润分配的事项，调整相关科目。

（4）通过上述账务处理后，还应同时调整财务报表相关项目的数字，包括：1）资产负债表日编制的财务报表相关项目的期末数或本年发生数；2）当期编制的财务报表相关项目的期初数或上年数；3）经过上述调整后，如果涉及报表附注内容，还应当做相应调整。

【工作实例4-33】 甲公司是一家上市公司，为增值税一般纳税人，适用的增值税税率为13%，企业所得税税率为25%，2021年的财务报告于2022年4月30日经批准对外报出。2021年度企业所得税汇算清缴于2022年3月25日完成。甲公司按净利润的10%提取法定盈余公积，提取法定盈余公积之后，不再做其他分配。甲公司2021年12月31日涉及一项未决诉讼，估计败诉的可能性为80%，如果败诉，很可能向乙公司赔偿80万元。该案件的起因系甲公司与乙公司签订的一项买卖合同，合同约定甲公司在2021年10月供应给乙公司一批物资。甲公司未能按照合同发货，致使乙公司发生重大经济损失，乙公司通过法律程序要求甲公司赔偿经济损失120万元，该诉讼案件在2021年12月31日尚未判决。甲公司2021年度会计利润为9 000万元。税法规定，上述预计负债产生的损失仅允许在实际支出时予以税前扣除。2022年3月6日，经法院一审判决，甲公司需要偿付乙公司经济损失110万元，甲公司与乙公司均不再上诉，赔款已经支付。

【工作要求】（1）对甲公司上述企业所得税相关业务进行账务处理。

（2）对乙公司上述企业所得税相关业务进行账务处理。

【工作实施】（1）甲公司的账务处理如下。

1）2021年12月31日甲公司确认预计负债时：

借：营业外支出	800 000	
贷：预计负债		800 000

2）2021年12月31日甲公司确认所得税费用时：

借：所得税费用——当期所得税费用	22 700 000	
递延所得税资产（800 000×25%）	200 000	
贷：应交税费——应交所得税（(90 000 000+800 000)×25%）		22 700 000
所得税费用——递延所得税费用		200 000

3）2022年3月6日，甲公司支付赔款并对2022年资产负债表日后事项进行处理。

①记录应当支付的赔偿款时：

借：以前年度损益调整——调整营业外支出　　300 000

　　预计负债　　800 000

　　贷：其他应付款　　1 100 000

②支付赔偿款时（该业务为 2022 年的业务）：

借：其他应付款　　1 100 000

　　贷：银行存款　　1 100 000

需要注意的是，这里只是通过“其他应付款”科目进行过渡，不能直接在第①笔分录中贷记“银行存款”科目。会计准则规定，对于调整事项，不能调整报告年度资产负债表中的“货币资金”项目以及现金流量表（正表）。

③此诉讼案件结案发生在报告年度企业所得税汇算清缴之前，应调整报告年度的企业所得税。

借：应交税费——应交所得税（1 100 000×25%）　　275 000

　　贷：以前年度损益调整——调整所得税费用　　275 000

④转回预计负债产生的递延所得税资产时：

借：以前年度损益调整——调整所得税费用　　200 000

　　贷：递延所得税资产（800 000×25%）　　200 000

⑤将“以前年度损益调整”科目的余额转入利润分配时：

借：利润分配——未分配利润（(300 000×75%）或（300 000－75 000))

　　225 000

　　以前年度损益调整——调整所得税费用（275 000－200 000）　　75 000

　　贷：以前年度损益调整——调整营业外支出　　300 000

⑥因净利润变动调整盈余公积时：

借：盈余公积　　22 500

　　贷：利润分配——未分配利润（225 000×10%）　　22 500

4）调整报告年度 2021 年财务报表相关项目的数字（财务报表略）。

①资产负债表项目的调整：调减递延所得税资产 20 万元，调减应交税费 27.5 万元，调增其他应付款项目 110 万元，调减预计负债 80 万元，调减盈余公积 2.25 万元，调减未分配利润 20.25 万元（22.5－2.25）。

②利润表项目的调整：调增营业外支出 30 万元，调减所得税费用 7.5 万元（27.5－20）。

③所有者权益变动表项目的调整：调减净利润 22.5 万元；提取盈余公积项目中盈余公积一栏调减 2.25 万元，未分配利润一栏调减 20.25 万元。

5）调整 2022 年 2 月资产负债表相关项目的年初数（略）。

（2）乙公司的账务处理如下。

1）2021 年末乙公司不编制会计分录，但是需要披露。

2）2022 年 3 月 6 日，乙公司接受赔款并对 2022 年资产负债表日后事项进行处理。

①记录应当收到的赔偿款时：

借：其他应收款　　1 100 000

　贷：以前年度损益调整——调整营业外收入　　1 100 000

②收到赔偿款时（该业务为2022年的业务）：

借：银行存款　　1 100 000

　贷：其他应收款　　1 100 000

需要注意的是，这里只是通过“其他应收款”科目进行过渡，不能直接在第①笔分录中借记“银行存款”科目。会计准则规定，对于调整事项，不能调整报告年度资产负债表中的“货币资金”项目以及现金流量表（正表）。

③此诉讼案件结案发生在报告年度企业所得税汇算清缴之前，应调整报告年度的企业所得税。

借：以前年度损益调整——调整所得税费用　　275 000

　贷：应交税费——应交所得税（1 100 000×25%）　　275 000

④将“以前年度损益调整”科目的余额转入利润分配时：

借：以前年度损益调整——调整营业外收入　　1 100 000

　贷：利润分配——未分配利润（1 100 000－275 000）　　825 000

　　以前年度损益调整——调整所得税费用　　275 000

⑤因净利润变动调整盈余公积时：

借：利润分配——未分配利润　　82 500

　贷：盈余公积（825 000×10%）　　82 500

【点拨指导】假设工作实例4-33中，2022年3月6日，经法院一审判决，甲公司需要偿付乙公司经济损失50万元，甲公司与乙公司不再上诉，赔款已经支付。甲公司对2022年资产负债表日后事项进行处理。

（1）记录应当支付的赔偿款时：

借：预计负债　　800 000

　贷：其他应付款　　500 000

　　以前年度损益调整——调整营业外支出　　300 000

（2）支付赔偿款时（该业务为2022年的业务）：

借：其他应付款　　500 000

　贷：银行存款　　500 000

这里只是通过“其他应付款”科目进行过渡，不能直接在第（1）笔分录中贷记“银行存款”科目。会计准则规定，对于调整事项，不能调整报告年度资产负债表中的“货币资金”项目以及现金流量表（正表）。

（3）此诉讼案件结案发生在报告年度企业所得税汇算清缴之前，应调整报告年度的企业所得税。

借：应交税费——应交所得税（500 000×25%）　　125 000

　贷：以前年度损益调整——调整所得税费用　　125 000

（4）转回预计负债产生的递延所得税资产时：

借：以前年度损益调整——调整所得税费用　200 000

　贷：递延所得税资产（800 000×25%）　200 000

（5）将“以前年度损益调整”科目的余额转入利润分配时：

借：以前年度损益调整——调整营业外支出　300 000

　贷：利润分配——未分配利润（(300 000×75%）或（300 000−75 000））　225 000

　　以前年度损益调整——调整所得税费用（200 000−125 000）　75 000

（6）因净利润变动调整盈余公积时：

借：利润分配——未分配利润（225 000×10%）　22 500

　贷：盈余公积　22 500

【工作实例4-34】 接工作实例4-33，假定甲公司不服并提出上诉，但甲公司的法律顾问认为二审判决很可能维持一审判决。税法规定，上述预计负债产生的损失仅允许在实际支出时于税前扣除。

【工作要求】对甲公司上述企业所得税相关业务进行账务处理。

【工作实施】（1）确认新增的预计负债时：

借：以前年度损益调整——调整营业外支出　300 000

　贷：预计负债　300 000

（2）确认新增的预计负债产生的递延所得税资产时：

借：递延所得税资产（300 000×25%）　75 000

　贷：以前年度损益调整——调整所得税费用　75 000

（3）将“以前年度损益调整”科目的余额转入利润分配时：

借：利润分配——未分配利润　225 000

　　以前年度损益调整——调整所得税费用　75 000

　贷：以前年度损益调整——调整营业外支出　300 000

（4）因净利润变动调整盈余公积时：

借：盈余公积（225 000×10%）　22 500

　贷：利润分配——未分配利润　22 500

【工作实例4-35】 接工作实例4-33，假定甲公司2022年2月25日完成2021年度企业所得税汇算清缴，其他条件不变。

【工作要求】对甲公司上述企业所得税相关业务进行账务处理。

【工作实施】资产负债表日后事项中涉及报告年度所属期间的调整事项发生于报告年度企业所得税汇算清缴（2022年2月25日）之后，应调整报告年度利润表的收入、费用等，但按照税法规定，在此期间所涉及的应缴纳的企业所得税可以从以下两个方面考虑：

第一，纳税人企业所得税汇算清缴自纳税年度终了之日起5个月内，依照税收法律、法规、规章及其他有关企业所得税的规定，自行计算本纳税年度应纳税所得额和应纳企业所得税额。纳税人在汇算清缴期内发现当年企业所得税申报有误的，可在汇算清缴期内重新办理企业所得税年度纳税申报。因此，甲公司在自行汇算清缴日（2022年2月25日）之后发生的资产负债表日后调整事项，可以在税法规定的清缴期内（2022年5月31日）重新到税务机关办理企业所得税的纳税申报，调整报告年度的“应交税费——应交所得税”科目，其会计处理与企业所得税汇算清缴之前资产负债表日后调整事项相同。

第二，资产负债表日后调整事项发生在甲公司自行汇算清缴（2022年2月25日）之后，甲公司并未在税法规定的汇算清缴日（2022年5月31日）内重新办理企业所得税年度纳税申报，按照税法的据实扣除原则，资产负债表日后调整事项在实际发生时税法上可以作为本年度的纳税调整事项。但按照所得税准则的规定，调整事项产生的资产负债的账面价值与计税基础的暂时性差异，应确认为报告年度的递延所得税资产。在这种情况下，甲公司的会计处理与工作实例4-33相比，只有第3）项中的第③笔会计分录不同，其余完全相同。即此诉讼案件结案发生在报告年度企业所得税汇算清缴之后，应调整本年度的企业所得税，但计入报告年度的递延所得税。

借：递延所得税资产（1 100 000×25%）　　275 000

　贷：以前年度损益调整——调整所得税费用　　275 000

第3节　企业所得税的纳税申报

情境引例

甲公司实际发生的成本费用未能及时取得有效凭证，能否在企业所得税税前扣除？

一、企业所得税的预缴纳税申报实务

查账征收企业所得税的居民纳税义务人及在中国境内设立机构、场所的非居民纳税义务人在月（季）度预缴企业所得税时应填制中华人民共和国企业所得税月（季）度预缴纳税申报表（A类）（见表4-5）及其附表（略）；实行核定征收管理办法缴纳企业所得税的纳税人在月（季）度申报缴纳企业所得税时应填制中华人民共和国企业所得税月（季）度和年度纳税申报表（B类）（略）。

表 4-5　中华人民共和国企业所得税月（季）度预缴纳税申报表（A 类）

税款所属期间：2021 年 10 月 1 日至 2021 年 12 月 31 日

纳税人识别号（统一社会信用代码）：91370722004056710T

纳税人名称：山东宏远有限公司　　　　金额单位：人民币元（列至角分）

<table>
<tr><th colspan="10">优惠及附报事项有关信息</th></tr>
<tr><td rowspan="2">项目</td><td colspan="2">一季度</td><td colspan="2">二季度</td><td colspan="2">三季度</td><td colspan="2">四季度</td><td rowspan="2">季度平均值</td></tr>
<tr><td>季初</td><td>季末</td><td>季初</td><td>季末</td><td>季初</td><td>季末</td><td>季初</td><td>季末</td></tr>
<tr><td>从业人数</td><td>略</td><td>略</td><td>略</td><td>略</td><td>略</td><td>略</td><td>略</td><td>略</td><td>略</td></tr>
<tr><td>资产总额（万元）</td><td>略</td><td>略</td><td>略</td><td>略</td><td>略</td><td>略</td><td>略</td><td>略</td><td>略</td></tr>
<tr><td>国家限制或禁止行业</td><td colspan="4">□是　☑否</td><td colspan="4">小型微利企业</td><td>□是　☑否</td></tr>
<tr><td></td><td colspan="8">附报事项名称</td><td>金额或选项</td></tr>
<tr><td>事项 1</td><td colspan="8">（填写特定事项名称）</td><td>略</td></tr>
<tr><td>事项 2</td><td colspan="8">（填写特定事项名称）</td><td>略</td></tr>
</table>

	预缴税款计算	本年累计
1	营业收入	30 000 000.00
2	营业成本	15 000 000.00
3	利润总额	2 270 000.00
4	加：特定业务计算的应纳税所得额	
5	减：不征税收入	
6	减：资产加速折旧、摊销（扣除）调减额（填写 A201020）	
7	减：免税收入、减计收入、加计扣除（7.1＋7.2＋…）	400 000.00
7.1	符合条件的居民企业之间的股息、红利等权益性投资收益免征企业所得税	400 000.00
7.2	（填写优惠事项名称）	
8	减：所得减免（8.1＋8.2＋…）	
8.1	（填写优惠事项名称）	
8.2	（填写优惠事项名称）	
9	减：弥补以前年度亏损	
10	实际利润额（3＋4－5－6－7－8－9）\ 按照上一纳税年度应纳税所得额平均额确定的应纳税所得额	1 870 000.00
11	税率（25%）	25%
12	应纳所得税额（10×11）	467 500.00
13	减：减免所得税额（13.1＋13.2＋…）	
13.1	（填写优惠事项名称）	
13.2	（填写优惠事项名称）	
14	减：本年实际已缴纳所得税额	342 500.00
15	减：特定业务预缴（征）所得税额	

16	本期应补（退）所得税额（12－13－14－15）\ 税务机关确定的本期应纳所得税额		125 000.00
汇总纳税企业总分机构税款计算			
17	总机构	总机构本期分摊应补（退）所得税额（18＋19＋20）	
18		其中：总机构分摊应补（退）所得税额（16×总机构分摊比例__%）	
19		财政集中分配应补（退）所得税额（16×财政集中分配比例__%）	
20		总机构具有主体生产经营职能的部门分摊所得税额（16×全部分支机构分摊比例__%×总机构具有主体生产经营职能部门分摊比例__%）	
21	分支机构	分支机构本期分摊比例	
22		分支机构本期分摊应补（退）所得税额	
实际缴纳企业所得税计算			
23	减：民族自治地区企业所得税地方分享部分（□免征 □减征：减征幅度__%）	本年累计应减免金额［(12－13－15)×40%×减征幅度］	
24	实际应补（退）所得税额		

谨声明：本纳税申报表是根据国家税收法律法规及相关规定填报的，是真实的、可靠的、完整的。

纳税人（签章）：山东宏远有限公司　　2022年01月12日

经办人：略 经办人身份证：略 代理机构签章： 代理机构统一社会信用代码：	受理人： 受理税务机关（章）： 受理日期：　年　月　日

国家税务总局监制

二、企业所得税的年度汇算清缴纳税申报实务

【情境引例解析】

根据《国家税务总局关于企业所得税若干问题的公告》（国家税务总局公告2011年第34号）的规定，企业当年度实际发生的相关成本、费用，由于各种原因未能及时取得该成本、费用的有效凭证，企业在预缴季度所得税时，可暂按账面发生金额进行核算，但在汇算清缴时，应补充提供该成本、费用的有效凭证。举例来说，甲公司2021年度发生的成本费用，只要在2022年5月31日企业所得税汇算清缴工作结束前取得发票，就可以在2021年度税前扣除。

实行查账征收企业所得税的居民纳税人在年度企业所得税汇算清缴时，应填写“中华人民共和国企业所得税年度纳税申报表（A类）”的附表（见表4-6至表4-10，包

括但不限于，即部分附表略）及“中华人民共和国企业所得税年度纳税申报表（A 类）”（见表 4 - 11）。

A105000

表 4 - 6　纳税调整项目明细表

行次	项目	账载金额	税收金额	调增金额	调减金额
		1	2	3	4
1	一、收入类调整项目（2+3+4+5+6+7+8+10+11）	*	*		
2	（一）视同销售收入（填写 A105010）	*			*
3	（二）未按权责发生制原则确认的收入（填写 A105020）				
4	（三）投资收益（填写 A105030）				
5	（四）按权益法核算长期股权投资对初始投资成本调整确认收益	*	*	*	
6	（五）交易性金融资产初始投资调整	*	*		*
7	（六）公允价值变动净损益		*		
8	（七）不征税收入	*	*		
9	其中：专项用途财政性资金（填写 A105040）	*	*		
10	（八）销售折扣、折让和退回				
11	（九）其他				
12	二、扣除类调整项目（13+14+15+16+17+18+19+20+21+22+23+24+26+27+28+29+30）	*	*	1 402 500.00	
13	（一）视同销售成本（填写 A105010）	*		*	
14	（二）职工薪酬（填写 A105050）	2 922 500.00	2 860 000.00	62 500.00	
15	（三）业务招待费支出	200 000.00	120 000.00	80 000.00	*
16	（四）广告费和业务宣传费支出（填写 A105060）	*	*	500 000.00	
17	（五）捐赠支出（填写 A105070）	20 000.00	20 000.00		
18	（六）利息支出	500 000.00	500 000.00		
19	（七）罚金、罚款和被没收财物的损失		*		*
20	（八）税收滞纳金、加收利息	760 000.00	*	760 000.00	*
21	（九）赞助支出		*		*
22	（十）与未实现融资收益相关在当期确认的财务费用				

续表

行次	项目	账载金额	税收金额	调增金额	调减金额
		1	2	3	4
23	（十一）佣金和手续费支出				
24	（十二）不征税收入用于支出所形成的费用	*	*		*
25	其中：专项用途财政性资金用于支出所形成的费用（填写A105040）	*	*		*
26	（十三）跨期扣除项目				
27	（十四）与取得收入无关的支出		*		*
28	（十五）境外所得分摊的共同支出	*	*		*
29	（十六）党组织工作经费				
30	（十七）其他				
31	三、资产类调整项目（32＋33＋34＋35）	*	*		
32	（一）资产折旧、摊销（填写A105080）				
33	（二）资产减值准备金		*		
34	（三）资产损失（填写A105090）				
35	（四）其他				
36	四、特殊事项调整项目（37＋38＋39＋40＋41＋42＋43）	*	*		
37	（一）企业重组及递延纳税事项（填写A105100）				
38	（二）政策性搬迁（填写A105110）	*	*		
39	（三）特殊行业准备金（填写A105120）（39.1＋39.2＋39.4＋39.5＋39.6＋39.7）				
39.1	1. 保险公司保险保障基金				
39.2	2. 保险公司准备金				
39.3	其中：已发生未报案未决赔款准备金				
39.4	3. 证券行业准备金				
39.5	4. 期货行业准备金				
39.6	5. 中小企业融资（信用）担保机构准备金				
39.7	6. 金融企业、小额贷款公司准备金（填写A105120）	*	*		

续表

行次	项目	账载金额	税收金额	调增金额	调减金额
		1	2	3	4
40	（四）房地产开发企业特定业务计算的纳税调整额（填写A105010）	*			
41	（五）有限合伙企业法人合伙人应分得的应纳税所得额				
42	（六）发行永续债利息支出				
43	（七）其他	*	*		
44	五、特别纳税调整应税所得	*	*		
45	六、其他	*	*		
46	合计（1+12+31+36+44+45）	*	*	1 402 500.00	

A105050　　**表4-7　职工薪酬支出及纳税调整明细表**

行次	项目	账载金额	实际发生额	税收规定扣除率	以前年度累计结转扣除额	税收金额	纳税调整金额	累计结转以后年度扣除额
		1	2	3	4	5	6（1－5）	7（1+4－5）
1	一、工资薪金支出	1 500 000.00	1 500 000.00	*	*	1 500 000.00		*
2	其中：股权激励			*	*			*
3	二、职工福利费支出	250 000.00	250 000.00	0.14	*	210 000.00	40 000.00	*
4	三、职工教育经费支出	142 500.00	142 500.00	*		120 000.00	22 500.00	22 500.00
5	其中：按税收规定比例扣除的职工教育经费	142 500.00	142 500.00	0.08		120 000.00	22 500.00	22 500.00
6	按税收规定全额扣除的职工培训费用			1.00	*			*
7	四、工会经费支出	30 000.00	30 000.00	0.02	*	30 000.00		*
8	五、各类基本社会保障性缴款	600 000.00	600 000.00	*	*	600 000.00		*
9	六、住房公积金	400 000.00	400 000.00	*	*	400 000.00		*
10	七、补充养老保险				*			*
11	八、补充医疗保险				*			*
12	九、其他			*	*			*
13	合计（1+3+4+7+8+9+10+11+12）	2 922 500.00	2 922 500.00	*		2 860 000.00	62 500.00	22 500.00

A105060　　表4-8　广告费和业务宣传费等跨年度纳税调整明细表

行次	项目	广告费和业务宣传费	保险企业手续费及佣金支出
		1	2
1	一、本年支出	5 000 000.00	
2	减：不允许扣除的支出		
3	二、本年符合条件的支出（1－2）	5 000 000.00	
4	三、本年计算扣除限额的基数	30 000 000.00	
5	乘：税收规定扣除率	0.15	
6	四、本企业计算的扣除限额（4×5）	4 500 000.00	
7	五、本年结转以后年度扣除额（3＞6，本行＝3－6；3≤6，本行＝0）	500 000.00	
8	加：以前年度累计结转扣除额		
9	减：本年扣除的以前年度结转额［3＞6，本行＝0；3≤6，本行＝8与（6－3）孰小值］		
10	六、按照分摊协议归集至其他关联方的金额（10≤3与6孰小值）		*
11	按照分摊协议从其他关联方归集至本企业的金额		*
12	七、本年支出纳税调整金额（3＞6，本行＝2＋3－6＋10－11；3≤6，本行＝2＋10－11－9）	500 000.00	
13	八、累计结转以后年度扣除额（7＋8－9）	500 000.00	

A105070　　表4-9　捐赠支出及纳税调整明细表　　单位：元（列至角分）

行次	项目	账载金额	以前年度结转可扣除的捐赠额	按税收规定计算的扣除限额	税收金额	纳税调增金额	纳税调减金额	可结转以后年度扣除的捐赠额
		1	2	3	4	5	6	7
1	一、非公益性捐赠		*	*	*		*	*
2	二、限额扣除的公益性捐赠（3＋4＋5＋6）	20 000.00		272 400.00	20 000.00			
3	前三年度（2018年）	*		*	*	*		*
4	前二年度（2019年）	*		*	*	*		
5	前一年度（2020年）	*		*	*	*		
6	本年（2021年）	20 000.00	*	272 400.00	20 000.00		*	
7	三、全额扣除的公益性捐赠		*	*		*	*	*
8	1.		*	*		*	*	*
9	2.		*	*		*	*	*

续表

行次	项目	账载金额	以前年度结转可扣除的捐赠额	按税收规定计算的扣除限额	税收金额	纳税调增金额	纳税调减金额	可结转以后年度扣除的捐赠额
		1	2	3	4	5	6	7
10	3.		*	*		*	*	*
11	合计（1+2+7）	20 000.00		272 400.00	20 000.00			
附列资料	2015 年度至本年发生的公益性扶贫捐赠合计金额		*	*		*	*	*

A107010　**表 4－10　免税、减计收入及加计扣除优惠明细表**　单位：元（列至角分）

行次	项目	金额
1	一、免税收入（2+3+9+…+16）	400 000.00
2	（一）国债利息收入免征企业所得税	
3	（二）符合条件的居民企业之间的股息、红利等权益性投资收益免征企业所得税（4+5+6+7+8）	400 000.00
4	1. 一般股息红利等权益性投资收益免征企业所得税（填写 A107011）	400 000.00
5	2. 内地居民企业通过沪港通投资且连续持有 H 股满 12 个月取得的股息红利所得免征企业所得税（填写 A107011）	
6	3. 内地居民企业通过深港通投资且连续持有 H 股满 12 个月取得的股息红利所得免征企业所得税（填写 A107011）	
7	4. 居民企业持有创新企业 CDR 取得的股息红利所得免征企业所得税（填写 A107011）	
8	5. 符合条件的永续债利息收入免征企业所得税（填写 A107011）	
9	（三）符合条件的非营利组织的收入免征企业所得税	
10	（四）中国清洁发展机制基金取得的收入免征企业所得税	
11	（五）投资者从证券投资基金分配中取得的收入免征企业所得税	
12	（六）取得的地方政府债券利息收入免征企业所得税	
13	（七）中国保险保障基金有限责任公司取得的保险保障基金等收入免征企业所得税	
14	（八）中国奥委会取得北京冬奥组委支付的收入免征企业所得税	
15	（九）中国残奥委会取得北京冬奥组委分期支付的收入免征企业所得税	
16	（十）其他（16.1+16.2）	
16.1	1. 取得的基础研究资金收入免征企业所得税	
16.2	2. 其他	
17	二、减计收入（18+19+23+24）	
18	（一）综合利用资源生产产品取得的收入在计算应纳税所得额时减计收入	
19	（二）金融、保险等机构取得的涉农利息、保费减计收入（20+21+22）	
20	1. 金融机构取得的涉农贷款利息收入在计算应纳税所得额时减计收入	

续表

行次	项目	金额
21	2. 保险机构取得的涉农保费收入在计算应纳税所得额时减计收入	
22	3. 小额贷款公司取得的农户小额贷款利息收入在计算应纳税所得额时减计收入	
23	（三）取得铁路债券利息收入减半征收企业所得税	
24	（四）其他（24.1+24.2）	
24.1	1. 取得的社区家庭服务收入在计算应纳税所得额时减计收入	
24.2	2. 其他	
25	三、加计扣除（26+27+28+29+30）	500 000.00
26	（一）开发新技术、新产品、新工艺发生的研究开发费用加计扣除（填写A107012）	500 000.00
27	（二）科技型中小企业开发新技术、新产品、新工艺发生的研究开发费用加计扣除（填写A107012）	
28	（三）企业为获得创新性、创意性、突破性的产品进行创意设计活动而发生的相关费用加计扣除（加计扣除比例及计算方法：________）	
28.1	其中：第四季度相关费用加计扣除	
28.2	前三季度相关费用加计扣除	
29	（四）安置残疾人员所支付的工资加计扣除	
30	（五）其他（30.1+30.2+30.3）	
30.1	1. 企业投入基础研究支出加计扣除	
30.2	2. 高新技术企业设备器具加计扣除	
30.3	3. 其他	
31	合计（1+17+25）	900 000.00

A100000　　**表4-11　中华人民共和国企业所得税年度纳税申报表（A类）**

税款所属期间：2021年01月01日至2021年12月31日

纳税人统一社会信用代码（纳税人识别号）：91370722004056710T

纳税人名称：（公章）山东宏远有限公司　　　　金额单位：元（列至角分）

行次	类别	项目	金额
1	利润总额计算	一、营业收入（填写A101010\101020\103000）	30 000 000.00
2		减：营业成本（填写A102010\102020\103000）	15 000 000.00
3		减：税金及附加	500 000.00
4		减：销售费用（填写A104000）	7 000 000.00
5		减：管理费用（填写A104000）	6 000 000.00
6		减：财务费用（填写A104000）	500 000.00
7		减：资产减值损失	
8		加：公允价值变动收益	
9		加：投资收益	1 070 000.00

续表

行次	类别	项目	金额
10	利润总额计算	二、营业利润（1－2－3－4－5－6－7＋8＋9）①	3 050 000.00
11		加：营业外收入（填写 A101010\101020\103000）	
12		减：营业外支出（填写 A102010\102020\103000）	780 000.00
13		三、利润总额（10＋11－12）	2 270 000.00
14	应纳税所得额计算	减：境外所得（填写 A108010）	670 000.00
15		加：纳税调整增加额（填写 A105000）	1 402 500.00
16		减：纳税调整减少额（填写 A105000）	
17		减：免税、减计收入及加计扣除（填写 A107010）	900 000.00
18		加：境外应税所得抵减境内亏损（填写 A108000）	
19		四、纳税调整后所得（13－14＋15－16－17＋18）	2 102 500.00
20		减：所得减免（填写 A107020）	
21		减：弥补以前年度亏损（填写 A106000）	
22		减：抵扣应纳税所得额（填写 A107030）	
23		五、应纳税所得额（19－20－21－22）	2 102 500.00
24	应纳税额计算	税率（25%）	0.25
25		六、应纳所得税额（23×24）	525 625.00
26		减：减免所得税额（填写 A107040）	
27		减：抵免所得税额（填写 A107050）	
28		七、应纳税额（25－26－27）	525 625.00
29		加：境外所得应纳所得税额（填写 A108000）	225 000.00
30		减：境外所得抵免所得税额（填写 A108000）	205 000.00
31		八、实际应纳所得税额（28＋29－30）	545 625.00
32		减：本年累计实际已缴纳的所得税额	467 500.00
33		九、本年应补（退）所得税额（31－32）	78 125.00
34		其中：总机构分摊本年应补（退）所得税额（填写 A109000）	
35		财政集中分配本年应补（退）所得税额（填写 A109000）	
36		总机构主体经营部门分摊本年应补（退）所得税额（填写 A109000）	
37	实际应纳税额计算	减：民族自治地区企业所得税地方分享部分：（□免征　□减征：减征幅度__%）	
38		十、本年实际应补（退）所得税额（33－37）	

① 第 10 行"营业利润"填报纳税人当期的营业利润，根据上述项目计算填报。已执行《财政部关于修订印发 2019 年度一般企业财务报表格式的通知》（财会〔2019〕6 号）和《财政部关于修订印发 2018 年度金融企业财务报表格式的通知》（财会〔2018〕36 号）的纳税人，根据利润表对应项目填列，不执行本行计算规则。利润表中的营业利润＝3 000－1 500－50－700－600－50＋100－2＋40＋35＋32＝305（万元）。另外，发生固定资产处置净损益（收益）100 万元，不再计入营业外收入，而计入资产处置收益；发生无形资产处置净损益（损失）2 万元，不再计入营业外支出，而计入资产处置损失。

【工作引例解析】

(1) 计算山东宏远有限公司应补（退）缴的企业所得税。

1）逐笔分析经济业务，并计算出会计利润总额。

会计利润总额＝3 000－1 500－(200－150)－700－600－50＋100－2＋40＋35＋32－78
＝227(万元)

2）计算境外税后所得额。

境外税后所得额＝35＋32＝67(万元)

3）计算本期纳税调整额。

广告费和业务宣传费的扣除限额＝3 000×15%＝450(万元)

由于500万元＞450万元，因此

广告费和业务宣传费应调增所得额＝500－450＝50(万元)

业务招待费的扣除限额＝3 000×5‰＝15(万元)

业务招待费发生额的60%＝20×60%＝12(万元)

由于20万元＞12万元，因此

业务招待费应调增所得额＝20－12＝8(万元)

公益性捐赠支出的扣除限额＝227×12%＝27.24(万元)

由于2万元＜27.24万元，因此公益性捐赠支出无须进行纳税调整。

支付的税收滞纳金应调增所得额＝76(万元)

职工福利费的扣除限额＝150×14%＝21(万元)

由于25万元＞21万元，因此

职工福利费应调增所得额＝25－21＝4(万元)

职工教育经费的扣除限额＝150×8%＝12(万元)

由于14.25万元＞12万元，因此

职工教育经费应调增所得额＝14.25－12＝2.25(万元)

工会经费的扣除限额＝150×2%＝3(万元)

由于3万元＝3万元，因此工会经费无须进行纳税调整。

纳税调整增加额合计＝50＋8＋76＋4＋2.25＝140.25(万元)

纳税调整减少额合计＝0

4）计算免税、减计收入及加计扣除。

新技术的研究开发费用加计扣除额＝50×100%＝50(万元)

权益性投资收益免税收入额＝40(万元)

免税、减计收入及加计扣除＝50＋40＝90(万元)

5）计算本期应纳税所得额。

应纳税所得额＝会计利润总额－境外税后所得额＋纳税调整增加额－纳税调整减少额
－免税、减计收入及加计扣除＋境外应税所得抵减境内亏损
－所得减免－弥补以前年度亏损－抵扣应纳税所得额
＝227－67＋140.25－0－90＋0－0－0－0
＝210.25(万元)

6）计算本期实际应纳企业所得税。

境内所得应纳企业所得税＝210.25×25%＝52.562 5(万元)

境外所得换算为含税收入的所得：

A国的含税收入所得＝35÷(1－30%)＝50(万元)

B国的含税收入所得＝32÷(1－20%)＝40(万元)

境外所得应纳企业所得税＝(50＋40)×25%＝22.5(万元)

A国的抵扣限额＝50×25%＝12.5(万元)

B国的抵扣限额＝40×25%＝10(万元)

在A国实际缴纳企业所得税15万元，高于抵扣限额，只能抵扣12.5万元，超过限额的2.5万元当年不得抵扣。在B国实际缴纳企业所得税8万元，低于抵扣限额10万元，可全额抵扣。

境外所得抵免企业所得税＝12.5＋8＝20.5(万元)

境外所得应补缴企业所得税＝22.5－20.5＝2(万元)

实际应纳企业所得税＝境内所得应纳企业所得税－减免企业所得税
－抵免企业所得税＋境外所得应纳企业所得税
－境外所得抵免企业所得税
＝52.562 5－0－0＋22.5－20.5
＝54.562 5(万元)

7）计算山东宏远有限公司2021年度应补缴或退回的企业所得税。

2021年度应补缴企业所得税＝实际应纳企业所得税－本年累计实际已纳企业所得税
＝54.562 5－(34.25＋12.5)
＝7.812 5(万元)

(2) 对山东宏远有限公司2021年度的递延所得税费用进行账务处理。

1）企业发生的符合条件的广告费和业务宣传费支出，除国务院财政、税务主管部

门另有规定外，不超过当年销售（营业）收入15%的部分，准予扣除；超过部分，准予结转以后纳税年度扣除。

广告费和业务宣传费的扣除限额＝3 000×15%＝450(万元)

由于500万元>450万元，因此

当年广告费和业务宣传费应调增所得额＝500－450＝50(万元)

但准予结转以后纳税年度扣除。产生可抵扣暂时性差异50万元，符合条件时，应确认递延所得税资产12.5万元（50×25%）。

借：递延所得税资产　　125 000

　贷：所得税费用——递延所得税费用　　125 000

2）除国务院财政、税务主管部门或者省级人民政府另有规定外，企业发生的职工教育经费支出，不超过工资薪金总额8%的部分准予扣除，超过部分准予结转以后纳税年度扣除。

职工教育经费的扣除限额＝150×8%＝12(万元)

由于14.25万元>12万元，因此

当年职工教育经费应调增所得额＝14.25－12＝2.25(万元)

但准予结转以后纳税年度扣除。产生可抵扣暂时性差异2.25万元，符合条件时，应确认递延所得税资产0.562 5万元（2.25×25%）。

借：递延所得税资产　　5 625

　贷：所得税费用——递延所得税费用　　5 625

3）企业取得的下列所得已在境外缴纳的所得税额，可以从其当期应纳税额中抵免，抵免限额为该项所得依照《企业所得税法》规定计算的应纳税额；超过抵免限额的部分，可以在以后5个年度内，用每年度抵免限额抵免当年应抵税额后的余额进行抵补：①居民企业来源于中国境外的应税所得；②非居民企业在中国境内设立机构、场所，取得发生在中国境外但与该机构、场所有实际联系的应税所得。

在A国实际缴纳所得税15万元，高于抵扣限额，只能抵扣12.5万元，超过限额的2.5万元当年不得抵扣，可以在以后5个年度内，用每年度抵免限额抵免当年应抵税额后的余额进行抵补。符合条件时，应确认递延所得税资产2.5万元。

借：递延所得税资产　　25 000

　贷：所得税费用——递延所得税费用　　25 000

（3）对山东宏远有限公司2021年第四季度的预缴企业所得税进行账务处理。

1）2021年12月31日计提2021年第四季度应预缴的企业所得税时：

借：所得税费用——当期所得税费用　　125 000

　贷：应交税费——应交所得税　　125 000

2）2022年1月12日缴纳2021年第四季度应预缴的企业所得税时：

借：应交税费——应交所得税　125 000

　贷：银行存款　125 000

(4) 对山东宏远有限公司2022年5月15日的企业所得税汇算清缴进行账务处理。

1) 计提应补缴的企业所得税时：

借：以前年度损益调整——所得税费用　78 125

　贷：应交税费——应交所得税　78 125

2) 补缴企业所得税时：

借：应交税费——应交所得税　78 125

　贷：银行存款　78 125

3) 将"以前年度损益调整"科目的余额转入利润分配时：

借：利润分配——未分配利润　78 125

　贷：以前年度损益调整——所得税费用　78 125

4) 因净利润变动调整盈余公积时：

借：盈余公积（78 125×10%）　7 812.5

　贷：利润分配——未分配利润　7 812.5

(5) 山东宏远有限公司2022年1月12日对2021年第四季度的预缴企业所得税进行纳税申报，填写"中华人民共和国企业所得税月（季）度预缴纳税申报表（A类）"（见表4-5）及其附表（略）。

(6) 山东宏远有限公司2022年5月15日进行企业所得税年度纳税申报（企业所得税汇算清缴），填写"纳税调整项目明细表"（见表4-6），"职工薪酬支出及纳税调整明细表"（见表4-7），"广告费和业务宣传费等跨年度纳税调整明细表"（见表4-8），"捐赠支出及纳税调整明细表"（见表4-9），"免税、减计收入及加计扣除优惠明细表"（见表4-10）等，最后自动生成"中华人民共和国企业所得税年度纳税申报表（A类）"（见表4-11）。

技能训练

1. 甲公司于2021年年末以1 000万元（含增值税）购入一项生产用固定资产，在会计上估计其使用寿命为5年，取得增值税普通发票。税法规定，该项生产用固定资产最低折旧年限为10年。假定会计与税法均按年限平均法计提折旧，净残值均为0。甲公司的企业所得税税率为25%，2022年税前会计利润为1 000万元。该固定资产未发生减值。

要求：对甲公司企业所得税相关业务进行账务处理。

2. 甲公司本年发生1 800万元广告费和业务宣传费支出，会计上在发生时已作为销售费用计入当期损益。税法规定，企业发生的符合条件的广告费和业务宣传费支出，除国务院财政、税务主管部门另有规定外，不超过当年销售（营业）收入15%的部分，准予扣除；超过部分，准予结转以后纳税年度扣除。甲公司本年实现销售（营业）收入10 000万元，本年会计利润为3 000万元。

要求：对甲公司企业所得税相关业务进行账务处理。

3. 甲公司的企业所得税税率为25%，本年税前会计利润为1 000万元，无其他纳税调整项目。税法规定，企业因违反国家有关法律法规支付的罚款和滞纳金，计算应纳税所得额时不允许税前扣除。本年12月因违反当地有关环保法规的规定，接到环保部门的处罚通知，要求支付罚款800万元，至本年12月31日该项罚款尚未支付。

要求：对甲公司企业所得税相关业务进行账务处理。

实战演练

甲公司适用的企业所得税税率为25%。税法规定，各项资产减值准备不允许税前扣除，无形资产按照10年摊销。甲公司各年的税前会计利润均为10 000万元。本年有关科目的情况如下：

（1）应收账款本年年初余额为3 000万元，本年年末余额为5 000万元；坏账准备本年年初余额为300万元，本年计提200万元，本年年末余额为500万元；递延所得税资产本年年初余额为75万元（300×25%）。

（2）库存商品本年年初余额为25 000万元，本年年末余额为30 000万元；存货跌价准备本年年初余额为2 000万元，本年转回400万元，本年计提100万元，本年年末余额为1 700万元；递延所得税资产本年年初余额为500万元（2 000×25%）。

（3）商誉本年年初余额为8 000万元，本年年末余额为8 000万元；商誉减值准备本年年初余额为0，本年计提1 000万元，本年年末余额为1 000万元（假定需要确认递延所得税）。

（4）无形资产本年年初账面价值和计税基础均为7 200万元（其中成本为8 000万元，累计摊销800万元），本年年末未计提减值准备前账面价值为6 400万元（其中成本为8 000万元，累计摊销1 600万元）；无形资产减值准备本年年初余额为0，本年计提100万元，本年年末余额为100万元。

要求：

（1）确认甲公司本年度递延所得税费用。

（2）确认甲公司本年度当期所得税费用。

（3）确认甲公司本年度所得税费用。

（4）对甲公司本年12月31日的企业所得税相关业务进行账务处理。

第5章

个人所得税会计

素养提升

纳税人应当充分运用国家出台的个人所得税税收政策，促进产业行业发展，合法合规纳税。

1. 我国自2019年1月1日起开始全面实施综合与分类相结合的个人所得税改革，这次改革通过提高基本费用减除标准、增加专项附加扣除、优化调整税率结构、扩大低档税率的级距等方式，使广大纳税人的税收负担普遍降低，个人所得税税负水平更趋合理、公平。

2. 我国出台了个人所得税“赡养老人”专项附加扣除政策，有利于强化孝敬父母的社会风尚，减轻老百姓赡养老人的家庭支出负担，实现社会公平。

能力目标

（1）能根据相关业务资料计算个人所得税。

（2）能设置个人所得税的会计科目，并根据相关业务资料对个人所得税进行会计核算。

（3）能根据相关业务资料填写个人所得税纳税申报表及其附表，并进行个人所得税的纳税申报。

工作引例

代扣代缴个人所得税的计算、会计核算和纳税申报

2022年2月15日，山东宏远有限责任公司（纳税人识别号：91370722900987654M）对2022年1月发放的工资进行扣缴个人所得税的网上纳税申报，该公司有6名员工，三险一金的计提基数为个人的上年度月平均工资、薪金额（与本年度每月税前工资、薪金收入相等），养老保险、医疗保险、失业保险、住房公积金的计提比例分别为8%，2%，0.5%，8%，且该公司所有员工的三险一金都可税前扣除。

（1）张玲（法定代表人，身份证号：370702197802280000）每月税前工资、薪金收入为75 000元，三险一金的计提基数为75 000元，个人负担的养老保险、医疗保险、失业保险、住房公积金分别为6 000元、1 500元、375元、6 000元[①]，子女教育专项附加扣除额为2 000元，赡养老人专项附加扣除额为2 000元。

（2）马芳（财务负责人，身份证号：370702197902130141）每月税前工资、薪金收入为42 000元，三险一金的计提基数为42 000元，个人负担的养老保险、医疗保险、失业保险、住房公积金分别为3 360元、840元、210元、3 360元，子女教育专项附加扣除额为1 000元，赡养老人专项附加扣除额为2 000元。

（3）王芳（经理，身份证号：370702198002150325）每月税前工资、薪金收入为36 000元，三险一金的计提基数为36 000元，个人负担的养老保险、医疗保险、失业保险、住房公积金分别为2 880元、720元、180元、2 880元，子女教育专项附加扣除额为1 000元，住房贷款利息专项附加扣除额为1 000元，赡养老人专项附加扣除额为2 000元。

（4）王明（记账会计兼办税员，身份证号：370702198202190045）每月税前工资、薪金收入为10 000元，三险一金的计提基数为10 000元，个人负担的养老保险、医疗保险、失业保险、住房公积金分别为800元、200元、50元、800元，子女教育专项附加扣除额为1 000元，住房贷款利息专项附加扣除额为1 000元，赡养老人专项附加扣除额为1 000元。

（5）刘刚（销售人员，身份证号：370702198502130458）每月税前工资、薪金收入为8 000元，三险一金的计提基数为8 000元，个人负担的养老保险、医疗保险、失业保险、住房公积金分别为640元、160元、40元、640元，住房贷款利息专项附加扣除额为1 000元。

（6）李丽（采购人员，身份证号：370702198602130123）每月税前工资、薪金收入为5 600元，三险一金的计提基数为5 600元，个人负担的养老保险、医疗保险、失业保险、住房公积金分别为448元、112元、28元、448元，住房贷款利息专项附加扣除额为1 000元。

工作要求

（1）计算山东宏远有限责任公司2022年1月代扣（预扣）的个人所得税额。

（2）对山东宏远有限责任公司2022年1月代扣（预扣）个人所得税的业务以及2022年2月代缴个人所得税的业务进行账务处理。

（3）2022年2月15日山东宏远有限责任公司进行扣缴个人所得税申报，填写“个人所得税基础信息表（A表）（适用于扣缴义务人填报）”“个人所得税扣缴申报表”。

工作引例解析 见本章第3节。

① 本书中的三险一金数据均是理论数据，没有考虑实务中三险一金的缴费基数不能超过上年度本市职工平均工资的300%。

第 1 节　个人所得税的认知

情境引例

某公司车辆登记人为该公司的股东张某，请问针对该车辆，张某是否需要缴纳个人所得税?

一、个人所得税的概念

个人所得税是指以个人取得的各项应税所得为征税对象所征收的一种所得税。

二、个人所得税的纳税人

个人所得税的纳税人依据住所和居住时间两个标准分为居民个人和非居民个人。

(一) 居民个人

在中国境内有住所，或者无住所而一个纳税年度内在中国境内居住累计满 183 天的个人，为居民个人。居民个人从中国境内和境外取得的所得，依照《个人所得税法》的规定缴纳个人所得税。

(二) 非居民个人

在中国境内无住所又不居住，或者无住所而一个纳税年度内在中国境内居住累计不满 183 天的个人，为非居民个人。非居民个人从中国境内取得的所得，依照《个人所得税法》的规定缴纳个人所得税。

【点拨指导】上述纳税年度自公历 1 月 1 日至 12 月 31 日。

【特别提示】在中国境内无住所的个人，在中国境内居住累计满 183 天的年度连续不满 6 年的，经向主管税务机关备案，其来源于中国境外且由境外单位或者个人支付的所得，免予缴纳个人所得税；在中国境内居住累计满 183 天的任一年度中有一次离境超过 30 天的，其在中国境内居住累计满 183 天的年度的连续年限重新起算。

【特别提示】在中国境内无住所的个人，在一个纳税年度内在中国境内居住累计不超过 90 天的，其来源于中国境内的所得，由境外雇主支付并且不由该雇主在中国境内的机构、场所负担的部分，免予缴纳个人所得税。

三、个人所得税的应税项目

个人所得税的征税范围包括个人取得的各项应税所得，《个人所得税法》列举了9项个人应税所得。

（一）工资、薪金所得

工资、薪金所得是指个人因任职或者受雇而取得的工资、薪金、奖金、年终加薪、劳动分红、津贴、补贴及与任职或受雇有关的其他所得。

【点拨指导】年终加薪和劳动分红，不分种类和取得的情况，一律按照“工资、薪金所得”项目征收个人所得税。

（二）劳务报酬所得

劳务报酬所得是指个人从事劳务取得的所得，包括从事设计、装潢、安装、制图、化验、测试、医疗、法律、会计、咨询、讲学、翻译、审稿、书画、雕刻、影视、录音、录像、演出、表演、广告、展览、技术服务、介绍服务、经纪服务、代办服务以及其他劳务取得的所得。

上述各项所得一般属于个人独立从事自由职业取得的所得或属于独立个人劳动所得。

【特别提示】个人担任董事职务所取得的董事费收入，属于劳务报酬性质，按劳务报酬所得项目征税。

【点拨指导】劳务报酬所得是指个人独立从事非雇佣劳务所取得的所得。

【特别提示】个人兼职取得的收入应按照“劳务报酬所得”（而非“工资、薪金所得”）项目缴纳个人所得税。

【点拨指导】劳务报酬所得与工资、薪金所得的区别：劳务报酬所得是个人独立从事某种技艺或独立提供某种劳务取得的所得，不存在雇佣与被雇佣的关系。而工资、薪金所得是个人从事非独立劳动，从所在单位或者任职单位领取的劳动报酬。区分劳务报酬所得和工资、薪金所得的关键，主要在于是否存在雇佣与被雇佣的关系。

（三）稿酬所得

稿酬所得是指个人因其作品以图书、报刊等形式出版、发表而取得的所得。

（四）特许权使用费所得

特许权使用费所得是指个人提供专利权、商标权、著作权、非专利技术以及其他特许权的使用权取得的所得。提供著作权的使用权取得的所得，不包括稿酬所得。

（五）经营所得

经营所得是指：(1) 个体工商户从事生产、经营活动取得的所得，个人独资企业投资人、合伙企业的个人合伙人来源于境内注册的个人独资企业、合伙企业生产、经营的所得；(2) 个人依法从事办学、医疗、咨询以及其他有偿服务活动取得的所得；(3) 个人对企业、事业单位承包经营、承租经营以及转包、转租取得的所得；(4) 个人从事其他生产、经营活动取得的所得。

个体工商户、个人独资企业、合伙企业或个人从事种植业、养殖业、饲养业、捕捞业取得的所得，暂不征收个人所得税。

个体工商户和从事生产经营的个人，取得与生产、经营活动无关的其他各项应税所得，应分别按照有关规定，计算征收个人所得税。

出租车归属为个人的，属于经营所得，包括：从事个体出租车运营的出租车驾驶员取得的收入；出租车属个人所有，但挂靠出租汽车经营单位或企事业单位，驾驶员向挂靠单位缴纳管理费的；或出租汽车经营单位将出租车所有权转移给驾驶员的，出租车驾驶员从事客货运营取得的收入。

出租汽车经营单位对出租车驾驶员采取单车承包或承租方式运营，出租车驾驶员从事客运取得的收入，按照“工资、薪金所得”项目征收个人所得税。

（六）财产租赁所得

财产租赁所得是指个人出租不动产、机器设备、车船以及其他财产而取得的所得。

（七）财产转让所得

财产转让所得是指个人转让有价证券、股权、合伙企业中的财产份额、不动产、机器设备、车船以及其他财产取得的所得。转让境内上市公司股票净所得暂免征收个人所得税，但 2010 年 1 月 1 日起，对个人转让上市公司限售股征收个人所得税。转让境外上市公司股票所得按照“财产转让所得”缴纳个人所得税。

（八）利息、股息、红利所得

利息、股息、红利所得是指个人拥有债权、股权而取得的利息、股息、红利所得。

（九）偶然所得

偶然所得是指个人得奖、中奖、中彩及其他偶然性质的所得。

【情境引例解析】

《财政部 国家税务总局关于企业为个人购买房屋或其他财产征收个人所得税问题的批复》(财税〔2008〕83 号) 指出，符合以下情形的房屋或其他财产，不论所有权人是否将财产无偿或有偿交付企业使用，其实质均为企业对个人进行了实物性质的分配，应依法计征个人所得税：(1) 企业出资购买房屋及其他财产，将所有权登记为投资者个人、投资者家庭成员或企业其他人员的；(2) 企业投资者个人、投资者家庭成员或企业其他人员向企业借款用于购买房屋及其他财产，将所有权登记为投资者、投资者家庭成员或企业其他人员，且借款年度终了后未归还借款的。具体来说，对个人独资企业、合伙企业的个人投资者或其家庭成员取得的上述所得，视为企业对个人投资者的利润分配，按照“经营所得”项目计征个人所得税。对除个人独资企业、合伙企业以外其他企业的个人投资者或其家庭成员取得的上述所得，视为企业对个人投资者的红利分配，按照“利息、股息、红利所得”项目计征个人所得税；对企业其他人员取得的上述所得，按照“工资、薪金所得”项目计征个人所得税。

因此，股东张某应按照“利息、股息、红利所得”项目计算缴纳个人所得税。

四、个人所得税的税率

(一) 工资、薪金所得，劳务报酬所得，稿酬所得，特许权使用费所得个人所得税的预扣率（预扣预缴）

1. 居民个人工资、薪金所得预扣预缴个人所得税的预扣率

居民个人工资、薪金所得预扣预缴个人所得税的预扣率表如表5-1所示。

表5-1 居民个人工资、薪金所得预扣预缴个人所得税的预扣率表

级数	累计预扣预缴应纳税所得额	预扣率（%）	速算扣除数（元）
1	不超过36 000元的部分	3	0
2	超过36 000元至144 000元的部分	10	2 520
3	超过144 000元至300 000元的部分	20	16 920
4	超过300 000元至420 000元的部分	25	31 920
5	超过420 000元至660 000元的部分	30	52 920
6	超过660 000元至960 000元的部分	35	85 920
7	超过960 000元的部分	45	181 920

2. 居民个人劳务报酬所得预扣预缴个人所得税的预扣率

居民个人劳务报酬所得预扣预缴个人所得税的预扣率表如表5-2所示。

表5-2 居民个人劳务报酬所得预扣预缴个人所得税的预扣率表

级数	预扣预缴应纳税所得额	预扣率（%）	速算扣除数（元）
1	不超过20 000元的	20	0
2	超过20 000元至50 000元的部分	30	2 000
3	超过50 000元的部分	40	7 000

3. 居民个人稿酬所得、特许权使用费所得预扣预缴个人所得税的预扣率

居民个人稿酬所得、特许权使用费所得适用20%的比例预扣率。

（二）工资、薪金所得，劳务报酬所得，稿酬所得，特许权使用费所得个人所得税的适用税率（非预扣预缴）

1. 居民个人综合所得个人所得税的适用税率（按年汇算清缴）

工资、薪金所得，劳务报酬所得，稿酬所得，特许权使用费所得统称为综合所得。居民个人综合所得适用 3%～45%的超额累进税率。居民个人综合所得个人所得税的税率表（按年）如表 5－3 所示。

表 5－3　居民个人综合所得个人所得税的税率表（按年）

级数	全年应纳税所得额	税率（%）	速算扣除数（元）
1	不超过 36 000 元的	3	0
2	超过 36 000 元至 144 000 元的部分	10	2 520
3	超过 144 000 元至 300 000 元的部分	20	16 920
4	超过 300 000 元至 420 000 元的部分	25	31 920
5	超过 420 000 元至 660 000 元的部分	30	52 920
6	超过 660 000 元至 960 000 元的部分	35	85 920
7	超过 960 000 元的部分	45	181 920

说明：表 5－3 所称全年应纳税所得额是指依照《个人所得税法》第六条的规定，居民个人取得综合所得以每一纳税年度收入额减除费用 60 000 元以及专项扣除、专项附加扣除和依法确定的其他扣除后的余额。

2. 非居民个人工资、薪金所得，劳务报酬所得，稿酬所得，特许权使用费所得个人所得税的适用税率

非居民个人工资、薪金所得，劳务报酬所得，稿酬所得，特许权使用费所得个人所得税的税率表（与按月换算后的综合所得税率表一样）如表 5－4 所示（依照表 5－3 按月换算后）。

表 5－4　非居民个人工资、薪金所得，劳务报酬所得，稿酬所得，特许权使用费所得个人所得税的税率表（与按月换算后的综合所得税率表一样）

级数	应纳税所得额	税率（%）	速算扣除数（元）
1	不超过 3 000 元的	3	0
2	超过 3 000 元至 12 000 元的部分	10	210
3	超过 12 000 元至 25 000 元的部分	20	1 410
4	超过 25 000 元至 35 000 元的部分	25	2 660
5	超过 35 000 元至 55 000 元的部分	30	4 410
6	超过 55 000 元至 80 000 元的部分	35	7 160
7	超过 80 000 元的部分	45	15 160

（三）经营所得的适用税率

经营所得，适用 5%～35%的超额累进税率。经营所得个人所得税的税率表如表 5－5 所示。

表5-5 经营所得个人所得税的税率表

级数	全年应纳税所得额	税率（%）	速算扣除数（元）
1	不超过30 000元的	5	0
2	超过30 000元至90 000元的部分	10	1 500
3	超过90 000元至300 000元的部分	20	10 500
4	超过300 000元至500 000元的部分	30	40 500
5	超过500 000元的部分	35	65 500

（四）财产租赁所得，财产转让所得，利息、股息、红利所得和偶然所得的适用税率

财产租赁所得，财产转让所得，利息、股息、红利所得和偶然所得，适用比例税率，税率为20%。

【特别提示】为了配合国家住房制度改革，支持住房租赁市场的健康发展，从2008年3月1日起，对个人出租住房取得的所得暂减按10%的税率征收个人所得税。

五、个人所得税应纳税额的计算

（一）居民个人综合所得应纳税额的计算

1. 居民个人综合所得应纳税额的预扣预缴方法

自2019年1月1日起，扣缴义务人向居民个人支付工资、薪金所得，劳务报酬所得，稿酬所得，特许权使用费所得时，按以下方法预扣预缴个人所得税，并向主管税务机关报送个人所得税扣缴申报表。年度预扣预缴税额与年度应纳税额不一致的，由居民个人于次年3月1日至6月30日向主管税务机关办理综合所得年度汇算清缴，税款多退少补。

（1）扣缴义务人向居民个人支付工资、薪金所得时，应当按照累计预扣法计算预扣税款，并按月办理全员全额扣缴申报。

具体计算公式如下：

$$\text{本期应预扣预缴个人所得税}=\left(\text{累计预扣预缴应纳税所得额}\times\text{预扣率}-\text{速算扣除数}\right)-\text{累计减免税额}-\text{累计已预扣预缴税额}$$

$$\text{累计预扣预缴应纳税所得额}=\text{累计收入}-\text{累计免税收入}-\text{累计减除费用}-\text{累计专项扣除}-\text{累计专项附加扣除}-\text{累计依法确定的其他扣除}$$

式中，累计减除费用，按照5 000元/月乘以纳税人当年截至本月在本单位的任职受雇月份数计算。

专项扣除包括居民个人按照国家规定的范围和标准缴纳的基本养老保险、基本医疗保险、失业保险等社会保险费和住房公积金等；专项附加扣除包括子女教育、继续教育、大病医疗、住房贷款利息或者住房租金、赡养老人、3岁以下婴幼儿照护等支出，具体范围、标准和实施步骤由国务院确定，并报全国人民代表大会常务委员会备案。

上述公式中，计算居民个人工资、薪金所得预扣预缴税额的预扣率、速算扣除数，按表5-1执行。

【特别提示】(1) 自2020年7月1日起，对一个纳税年度内首次取得工资、薪金所得的居民个人，扣缴义务人在预扣预缴个人所得税时，可按照5 000元/月乘以纳税人当年截至本月月份数计算累计减除费用。首次取得工资、薪金所得的居民个人，是指自纳税年度首月起至新入职时，未取得工资、薪金所得或者未按照累计预扣法预扣预缴过连续性劳务报酬所得个人所得税的居民个人。正在接受全日制学历教育的学生因实习取得劳务报酬所得的，扣缴义务人预扣预缴个人所得税时，可按照《国家税务总局关于发布〈个人所得税扣缴申报管理办法（试行）〉的公告》规定的累计预扣法计算并预扣预缴税款。(2) 自2021年1月1日起，对上一完整纳税年度内每月均在同一单位预扣预缴工资、薪金所得个人所得税且全年工资、薪金收入不超过6万元的居民个人，扣缴义务人在预扣预缴本年度工资、薪金所得个人所得税时，累计减除费用自1月份起直接按照全年6万元计算扣除。即在纳税人累计收入不超过6万元的月份，暂不预扣预缴个人所得税；在其累计收入超过6万元的当月及年内后续月份，再预扣预缴个人所得税。扣缴义务人应当按规定办理全员全额扣缴申报，并在《个人所得税扣缴申报表》相应纳税人的备注栏注明“上年各月均有申报且全年收入不超过6万元”字样。对按照累计预扣法预扣预缴劳务报酬所得个人所得税的居民个人，扣缴义务人比照上述规定执行。

【特别提示】享受子女教育、继续教育、住房贷款利息或者住房租金、赡养老人、3岁以下婴幼儿照护专项附加扣除的纳税人，自符合条件开始，可以向支付工资、薪金所得的扣缴义务人提供上述专项附加扣除有关信息，由扣缴义务人在预扣预缴税款时，按其在本单位本年可享受的累计扣除额办理扣除；也可以在次年3月1日至6月30日内，向汇缴地主管税务机关办理汇算清缴申报时扣除。享受大病医疗专项附加扣除的纳税人，由其在次年3月1日至6月30日内，自行向汇缴地主管税务机关办理汇算清缴申报时扣除。

【点拨指导】《个人所得税专项附加扣除暂行办法》《个人所得税专项附加扣除操作办法（试行）》《国务院关于设立3岁以下婴幼儿照护个人所得税专项附加扣除的通知》的主要内容如下。

1. 子女教育

纳税人的子女接受全日制学历教育的相关支出，按照每个子女每月1 000元的标准定额扣除。

学历教育包括义务教育（小学、初中教育）、高中阶段教育（普通高中、中等职业、技工教育）、高等教育（大学专科、大学本科、硕士研究生、博士研究生教育）。

年满3岁至小学入学前处于学前教育阶段的子女，按上述规定执行。

父母可以选择由其中一方按扣除标准的100%扣除，也可以选择由双方分别按扣除标准的50%扣除，具体扣除方式在一个纳税年度内不能变更。

纳税人需要留存备查资料包括：子女在境外接受教育的，应当留存境外学校录取通知书、留学签证等境外教育佐证资料。

计算时间认定：学前教育阶段，为子女年满3周岁当月至小学入学前一月。学历教育，为子女接受全日制学历教育入学的当月至全日制学历教育结束的当月。学历教育的期间，包含因病或其他非主观原因休学但学籍继续保留的休学期间，以及施教机构按规定组织实施的寒暑假等假期。

2. 继续教育

纳税人在中国境内接受学历（学位）继续教育的支出，在学历（学位）教育期间按照每月400元定额扣除。同一学历（学位）继续教育的扣除期限不能超过48个月。纳税人接受技能人员职业资格继续教育、专业技术人员职业资格继续教育的支出，在取得相关证书的当年，按照3 600元定额扣除。

个人接受本科及以下学历（学位）继续教育，符合《个人所得税专项附加扣除暂行办法》规定扣除条件的，可以选择由其父母扣除，也可以选择由本人扣除。

纳税人需要留存备查资料包括：纳税人接受技能人员职业资格继续教育、专业技术人员职业资格继续教育的，应当留存职业资格相关证书等资料。

计算时间认定：学历（学位）继续教育，为在中国境内接受学历（学位）继续教育入学的当月至学历（学位）继续教育结束的当月，同一学历（学位）继续教育的扣除期限最长不得超过48个月。学历（学位）继续教育的期间，包含因病或其他非主观原因休学但学籍继续保留的休学期间，以及施教机构按规定组织实施的寒暑假等假期。技能人员职业资格继续教育、专业技术人员职业资格继续教育，为取得相关证书的当年。

3. 大病医疗

在一个纳税年度内，纳税人发生的与基本医保相关的医药费用支出，扣除医保报销后个人负担（指医保目录范围内的自付部分）累计超过15 000元的部分，由纳税人在办理年度汇算清缴时，在80 000元限额内据实扣除。

纳税人发生的医药费用支出可以选择由本人或者其配偶扣除；未成年子女发生的医药费用支出可以选择由其父母一方扣除。

纳税人及其配偶、未成年子女发生的医药费用支出，按《个人所得税专项附加扣除暂行办法》第十一条的规定分别计算扣除额。

纳税人需要留存备查资料包括：大病患者医药服务收费及医保报销相关票据原件或复印件，或者医疗保障部门出具的纳税年度医药费用清单等资料。

计算时间认定：为医疗保障信息系统记录的医药费用实际支出的当年。

4. 住房贷款利息

纳税人本人或者配偶单独或者共同使用商业银行或者住房公积金个人住房贷款为本人或者其配偶购买中国境内住房，发生的首套住房贷款利息支出，在实际发生贷款利息的年度，按照每月1 000元的标准定额扣除，扣除期限最长不超过240个月。纳税人只能享受一次首套住房贷款的利息扣除。

首套住房贷款是指购买住房享受首套住房贷款利率的住房贷款。

经夫妻双方约定，可以选择由其中一方扣除，具体扣除方式在一个纳税年度内不能变更。

夫妻双方婚前分别购买住房发生的首套住房贷款，其贷款利息支出，婚后可以选择其中一套购买的住房，由购买方按扣除标准的100%扣除，也可以由夫妻双方对各自购买的住房分别按扣除标准的50%扣除，具体扣除方式在一个纳税年度内不能变更。

纳税人需要留存备查资料包括：住房贷款合同、贷款还款支出凭证等资料。

计算时间认定：为贷款合同约定开始还款的当月至贷款全部归还或贷款合同终止的当月，扣除期限最长不得超过240个月。

5. 住房租金

纳税人在主要工作城市没有自有住房而发生的住房租金支出，可以按照以下标准定额扣除：

（1）直辖市、省会（首府）城市、计划单列市以及国务院确定的其他城市，扣除标准为每月1 500元。

（2）除（1）所列城市以外，市辖区户籍人口超过100万的城市，扣除标准为每月1 100元；市辖区户籍人口不超过100万的城市，扣除标准为每月800元。

纳税人的配偶在纳税人的主要工作城市有自有住房的，视同纳税人在主要工作城市有自有住房。

市辖区户籍人口，以国家统计局公布的数据为准。

主要工作城市是指纳税人任职受雇的直辖市、计划单列市、副省级城市、地级市（地区、州、盟）全部行政区域范围；纳税人无任职受雇单位的，为受理其综合所得汇算清缴的税务机关所在城市。

夫妻双方主要工作城市相同的，只能由一方扣除住房租金支出。

住房租金支出由签订租赁住房合同的承租人扣除。

纳税人及其配偶在一个纳税年度内不能同时分别享受住房贷款利息和住房租金专项附加扣除。

纳税人需要留存备查资料包括：住房租赁合同或协议等资料。

计算时间认定：为租赁合同（协议）约定的房屋租赁期开始的当月至租赁期结束的当月。提前终止合同（协议）的，以实际租赁期限为准。

6. 赡养老人

纳税人赡养1位及以上被赡养人的赡养支出，统一按照以下标准定额扣除：

（1）纳税人为独生子女的，按照每月2 000元的标准定额扣除。

（2）纳税人为非独生子女的，由其与兄弟姐妹分摊每月2 000元的扣除额度，每人分摊的额度不能超过每月1 000元。可以由赡养人均摊或者约定分摊，也可以由被赡养人指定分摊。约定或者指定分摊的须签订书面分摊协议，指定分摊优先于约定分摊。具体分摊方式和额度在一个纳税年度内不能变更。

被赡养人是指年满60岁的父母，以及子女均已去世的年满60岁的祖父母、外祖父母。

纳税人需要留存备查资料包括：约定或指定分摊的书面分摊协议等资料。

计算时间认定：为被赡养人年满60周岁的当月至赡养义务终止的年末。

7. 3岁以下婴幼儿照护

纳税人照护3岁以下婴幼儿子女的相关支出，按照每个婴幼儿每月1 000元的标准定额扣除。

父母可以选择由其中一方按扣除标准的100%扣除，也可以选择由双方分别按扣除标准的50%扣除，具体扣除方式在一个纳税年度内不能变更。

纳税人享受3岁以下婴幼儿照护专项附加扣除，应当填报配偶及子女的姓名、身份证件类型（如居民身份证、子女出生医学证明等）及号码以及本人与配偶之间扣除分配比例等信息。

纳税人需要留存备查资料包括：子女的出生医学证明等资料。

计算时间认定：为婴幼儿出生的当月至年满3周岁的前一个月。

（2）扣缴义务人向居民个人支付劳务报酬所得、稿酬所得、特许权使用费所得，按次或者按月预扣预缴个人所得税。

具体预扣预缴方法如下：

劳务报酬所得、稿酬所得、特许权使用费所得以收入减除费用后的余额为收入额。其中，稿酬所得的收入额减按70%计算。

劳务报酬所得、稿酬所得、特许权使用费所得每次收入不超过4 000元的，减除费用按800元计算；每次收入4 000元以上的，减除费用按收入的20%计算。

【点拨指导】劳务报酬所得、稿酬所得、特许权使用费所得，属于一次性收入的，以取得该项收入为一次；属于同一项目连续性收入的，以一个月内取得的收入为一次。

劳务报酬所得、稿酬所得、特许权使用费所得，以每次收入额为预扣预缴应纳税所得额。劳务报酬所得适用20%～40%的超额累进预扣率（见表5-2），稿酬所得、特许权使用费所得适用20%的比例预扣率。

$$\begin{matrix}\text{劳务报酬所得}\\\text{应预扣预缴税额}\end{matrix}=\begin{matrix}\text{预扣预缴}\\\text{应纳税所得额}\end{matrix}\times\text{预扣率}-\text{速算扣除数}$$

$$\begin{matrix}\text{稿酬所得、特许权使用费}\\\text{所得应预扣预缴税额}\end{matrix}=\begin{matrix}\text{预扣预缴}\\\text{应纳税所得额}\end{matrix}\times 20\%$$

2. 居民个人综合所得应纳税额的汇算清缴方法

自2019年1月1日起，居民个人的综合所得（工资、薪金所得，劳务报酬所得，稿酬所得，特许权使用费所得），以每一纳税年度的收入额减除费用60 000元以及专项扣除、专项附加扣除和依法确定的其他扣除后的余额，为应纳税所得额。各项所得的计算，以人民币为单位。所得为人民币以外的货币的，按照人民币汇率中间价折合成人民币缴纳税款。

居民个人的综合所得适用七级超额累进税率，其应纳税额的计算公式为：

$$\begin{aligned}\text{应纳个人所得税}&=\text{年应纳税所得额}\times\text{适用税率}-\text{速算扣除数}\\&=\left(\begin{array}{c}\text{每一纳税}\\\text{年度的收入额}\end{array}-60\,000-\begin{array}{c}\text{专项扣除、专项附加扣除}\\\text{和依法确定的其他扣除}\end{array}\right)\\&\quad\times\text{适用税率}-\text{速算扣除数}\\&=[\text{工资、薪金收入}+\text{劳务报酬收入}\times(1-20\%)\\&\quad+\text{稿酬收入}\times(1-20\%)\times70\%+\text{特许权使用费收入}\times(1-20\%)\\&\quad-60\,000-\text{专项扣除、专项附加扣除和依法确定的其他扣除}]\\&\quad\times\text{适用税率}-\text{速算扣除数}\end{aligned}$$

【特别提示】劳务报酬所得、稿酬所得、特许权使用费所得以收入减除20%的费用后的余额为收入额。稿酬所得的收入额减按70%计算。

专项扣除包括居民个人按照国家规定的范围和标准缴纳的基本养老保险、基本医疗保险、失业保险等社会保险费和住房公积金等；专项附加扣除包括子女教育、继续教育、大病医疗、住房贷款利息或者住房租金、赡养老人、3岁以下婴幼儿照护等支出，具体范围、标准和实施步骤由国务院确定，并报全国人民代表大会常务委员会备案。其他扣除包括个人缴付符合国家规定的企业年金、职业年金，个人购买符合国家规定的商业健康保险、税收递延型商业养老保险的支出，以及国务院规定可以扣除的其他项目。

专项扣除、专项附加扣除和依法确定的其他扣除，以居民个人一个纳税年度的应纳税所得额为限额；一个纳税年度扣除不完的，不结转以后年度扣除。

【知识链接】居民个人取得综合所得，按年计算个人所得税；有扣缴义务人的，由扣缴义务人按月或者按次预扣预缴税款；需要办理汇算清缴的，应当在取得所得的次年3月1日至6月30日内办理汇算清缴。预扣预缴办法由国务院税务主管部门制定。

（二）非居民个人工资、薪金所得，劳务报酬所得，稿酬所得，特许权使用费所得应纳税额的计算

自2019年1月1日起，扣缴义务人向非居民个人支付工资、薪金所得，劳务报酬所得，稿酬所得和特许权使用费所得时，应当按以下方法按月或者按次代扣代缴个人所得税：

非居民个人的工资、薪金所得，以每月收入额减除费用5 000元后的余额为应纳税所得额；劳务报酬所得、稿酬所得、特许权使用费所得，以每次收入额为应纳税所得额，适用非居民个人工资、薪金所得，劳务报酬所得，稿酬所得，特许权使用费所得个人所得税的税率表（见表5-4）计算应纳税额。其中，劳务报酬所得、稿酬所得、特许

权使用费所得以收入减除20%的费用后的余额为收入额；稿酬所得的收入额减按70%计算。

非居民个人工资、薪金所得，劳务报酬所得，稿酬所得，特许权使用费所得应纳税额
=应纳税所得额×税率－速算扣除数

具体来说：

（1）非居民个人的工资、薪金所得适用七级超额累进税率，其应纳税额的计算公式为：

应纳个人所得税=月应纳税所得额×适用税率－速算扣除数
=（每月工资、薪金收入额－5 000）×适用税率－速算扣除数

（2）非居民个人的劳务报酬所得适用七级超额累进税率，其应纳税额的计算公式为：

应纳个人所得税=应纳税所得额×适用税率－速算扣除数
=每次收入额×适用税率－速算扣除数
=劳务报酬收入×（1－20%）×适用税率－速算扣除数

（3）非居民个人的稿酬所得适用七级超额累进税率，其应纳税额的计算公式为：

应纳个人所得税=应纳税所得额×适用税率－速算扣除数
=每次收入额×适用税率－速算扣除数
=稿酬收入×（1－20%）×70%×适用税率－速算扣除数

（4）非居民个人的特许权使用费所得适用七级超额累进税率，其应纳税额的计算公式为：

应纳个人所得税=应纳税所得额×适用税率－速算扣除数
=每次收入额×适用税率－速算扣除数
=特许权使用费收入×（1－20%）×适用税率－速算扣除数

【知识链接】非居民个人取得工资、薪金所得，劳务报酬所得，稿酬所得，特许权使用费所得，有扣缴义务人的，由扣缴义务人按月或者按次代扣代缴税款，不办理汇算清缴。

（三）经营所得应纳税额的计算

自2019年1月1日起，经营所得以每一纳税年度的收入总额减除成本、费用以及损失后的余额，为应纳税所得额。

经营所得个人所得税的计算公式为：

应纳个人所得税=应纳税所得额×适用税率－速算扣除数
=（全年收入总额－成本、费用、损失）×适用税率－速算扣除数

取得经营所得的个人，没有综合所得的，计算其每一纳税年度的应纳税所得额时，应当减除费用6万元、专项扣除、专项附加扣除以及依法确定的其他扣除。

【特别提示】自2021年1月1日起至2022年12月31日，对个体工商户经营所得年应纳税所得额不超过100万元的部分，在现行优惠政策基础上，再减半征收个人所得税。个体工商户不区分征收方式，均可享受。自2023年1月1日至2024年12月31日上述政策继续执行。

【知识链接】纳税人取得经营所得，按年计算个人所得税，由纳税人在月度或者季度终了后15日内向税务机关报送纳税申报表，并预缴税款；在取得所得的次年3月31日前办理汇算清缴。

（四）财产租赁所得应纳税额的计算

财产租赁所得以一个月内取得的收入为一次。财产租赁所得，每次收入不超过4 000元的，减除费用800元；4 000元以上的，减除20%的费用，其余额为应纳税所得额。财产租赁所得应纳税额的计算公式分别为：

（1）每次（月）收入不超过4 000元的：

应纳个人所得税＝[每次(月)收入额－准予扣除项目－修缮费用(800元为限)－800]×20%

（2）每次（月）收入超过4 000元的：

应纳个人所得税＝[每次(月)收入额－准予扣除项目－修缮费用(800元为限)]×(1－20%)×20%

【特别提示】纳税人负担的该出租财产实际发生的修缮费用，以每次扣除800元为限，一次扣除不完的，准予在下一次继续扣除，直到扣完为止。

（五）财产转让所得应纳税额的计算

财产转让所得以转让财产的收入额减除财产原值和合理费用后的余额，为应纳税所得额。财产转让所得应纳税额的计算公式为：

应纳个人所得税＝应纳税所得额×适用税率
＝(收入总额－财产原值－合理税费)×20%

【特别提示】对个人出售自有住房取得的所得按照“财产转让所得”项目计征个人所得税，但对个人转让自用5年以上并且是家庭唯一生活用房取得的所得，免征个人所得税；对股票转让所得，暂不征收个人所得税。

（六）利息、股息、红利所得和偶然所得应纳税额的计算

利息、股息、红利所得和偶然所得个人所得税按次征收。利息、股息、红利所得，

以支付利息、股息、红利时取得的收入为一次；偶然所得，以每次取得该项收入为一次。利息、股息、红利所得和偶然所得的应纳税所得额即为每次收入额。利息、股息、红利所得和偶然所得应纳税额的计算公式为：

应纳个人所得税＝应纳税所得额×适用税率＝每次收入额×20%

【特别提示】利息、股息、红利所得，偶然所得和其他所得，其应纳税所得额就是收入全额，不扣除任何费用。

【点拨指导】自2015年9月8日起，个人从公开发行和转让市场取得的上市公司股票，持股期限超过1年的，其股息、红利所得暂免征收个人所得税；持股期限在1个月以内（含1个月）的，其股息、红利所得全额计入应纳税所得额；持股期限在1个月以上至1年（含1年）的，暂减按50%计入应纳税所得额。上述所得统一适用20%的税率计征个人所得税。注意：该规定是从上市公司取得股息、红利。个人购买社会福利彩票、体育彩票中奖获取的所得，凡一次中奖收入不超过1万元的，暂免征收个人所得税；超过1万元的，应当全额按照“偶然所得”项目计征个人所得税。

六、个人所得税的征收管理

（一）个人所得税的代扣代缴（含预扣预缴）

1. 个人所得税的扣缴义务人

我国实行个人所得税代扣代缴和个人自行申报纳税相结合的征收管理制度。个人所得税采取代扣代缴办法，有利于控制税源，保证税收收入，简化征纳手续，加强个人所得税管理。税法规定，个人所得税以支付所得的单位或者个人为扣缴义务人。纳税人有中国公民身份号码的，以其中国公民身份号码为纳税人识别号；纳税人没有中国公民身份号码的，由税务机关赋予其纳税人识别号。扣缴义务人扣缴税款时，纳税人应当向扣缴义务人提供纳税人识别号，扣缴义务人应当按照国家规定办理全员全额扣缴申报，并向纳税人提供其个人所得和已扣缴税款等信息。扣缴义务人在向纳税人支付各项应纳税所得时，必须履行代扣代缴税款的义务。扣缴义务人对纳税人的应扣未扣税款应由纳税人予以补缴。

对扣缴义务人按照所扣缴的税款，税务机关应付给2%的手续费。

2. 个人所得税代扣代缴的范围

居民个人取得综合所得，按年计算个人所得税；有扣缴义务人的，由扣缴义务人按月或者按次预扣预缴税款；需要办理汇算清缴的，应当在取得所得的次年3月1日至6月30日内办理汇算清缴。预扣预缴办法由国务院税务主管部门制定。

居民个人向扣缴义务人提供专项附加扣除信息的，扣缴义务人按月预扣预缴税款时应当按照规定予以扣除，不得拒绝。

非居民个人取得工资、薪金所得，劳务报酬所得，稿酬所得和特许权使用费所得，有扣缴义务人的，由扣缴义务人按月或者按次代扣代缴税款，不办理汇算清缴。

纳税人取得利息、股息、红利所得，财产租赁所得，财产转让所得和偶然所得，按月或者按次计算个人所得税，有扣缴义务人的，由扣缴义务人按月或者按次代扣代缴税款。

扣缴义务人向个人支付应纳税所得（包括现金、实物和有价证券）时，不论纳税人是否属于本单位人员，均应代扣代缴其应纳的个人所得税税款。

【点拨指导】全员全额扣缴申报是指扣缴义务人在代扣税款的次月15日内，向主管税务机关报送其支付所得的所有个人的有关信息、支付所得数额、扣除事项和数额、扣缴税款的具体数额和总额以及其他相关涉税信息资料。实行个人所得税全员全额扣缴申报的应税所得包括：

（1）工资、薪金所得；

（2）劳务报酬所得；

（3）稿酬所得；

（4）特许权使用费所得：

（5）利息、股息、红利所得；

（6）财产租赁所得；

（7）财产转让所得；

（8）偶然所得。

3. 个人所得税的代扣代缴期限

扣缴义务人每月或者每次预扣、代扣的税款，应当在次月15日内缴入国库，并向税务机关报送扣缴个人所得税申报表。

（二）个人所得税的自行申报

1. 个人所得税自行申报的范围

有下列情形之一的，纳税人应当依法办理纳税申报：

（1）取得综合所得需要办理汇算清缴；

（2）取得应税所得没有扣缴义务人；

（3）取得应税所得，扣缴义务人未扣缴税款；

（4）取得境外所得；

（5）因移居境外注销中国户籍；

（6）非居民个人在中国境内从两处以上取得工资、薪金所得；

（7）国务院规定的其他情形。

【点拨指导】取得综合所得需要办理汇算清缴的情形包括：

（1）从两处以上取得综合所得，且综合所得年收入额减除专项扣除的余额超过6万元；

（2）取得劳务报酬所得、稿酬所得、特许权使用费所得中一项或者多项所得，且综合所得年收入额减除专项扣除的余额超过6万元；

（3）纳税年度内预缴税额低于应纳税额；

（4）纳税人申请退税。

纳税人申请退税，应当提供其在中国境内开设的银行账户，并在汇算清缴地就地办理税款退库。

【点拨指导】2019年1月1日至2023年12月31日居民个人取得的综合所得，年度综合所得收入不超过12万元且需要汇算清缴补税的，或者年度汇算清缴补税金额不超过400元的，居民个人可免于办理个人所得税综合所得汇算清缴。居民个人取得综合所得时存在扣缴义务人未依法预扣预缴税款的情形除外。

【特别提示】自2022年1月1日起，对于持有股权、股票、合伙企业财产份额等权益性投资的个人独资企业、合伙企业，一律适用查账征收方式计征个人所得税。

2. 个人所得税自行申报的期限

居民个人取得综合所得，按年计算个人所得税；有扣缴义务人的，由扣缴义务人按月或者按次预扣预缴税款；需要办理汇算清缴的，应当在取得所得的次年3月1日至6月30日内办理汇算清缴。预扣预缴办法由国务院税务主管部门制定。

纳税人取得经营所得，按年计算个人所得税，由纳税人在月度或者季度终了后15日内向税务机关报送个人所得税纳税申报表，并预缴税款；在取得所得的次年3月31日前办理汇算清缴。

【特别提示】自2022年7月14日起，按月申报预缴经营所得个人所得税的市场主体办理歇业后，可自下一季度起调整为按季预缴申报。被税务机关认定为非正常户的市场主体，在解除非正常状态之前，歇业期间不适用上述简化纳税申报方式。

纳税人取得应税所得没有扣缴义务人的，应当在取得所得的次月15日内向税务机关报送个人所得税纳税申报表，并缴纳税款。

【特别提示】《个人所得税法》第十条规定，取得应税所得，扣缴义务人未扣缴税款，纳税人应当依法办理纳税申报。《个人所得税法》第十三条规定，纳税人取得应税所得，扣缴义务人未扣缴税款的，纳税人应当在取得所得的次年6月30日前，缴纳税款；税务机关通知限期缴纳的，纳税人应当按照期限缴纳税款。

居民个人从中国境外取得所得的，应当在取得所得的次年3月1日至6月30日内申报纳税。

非居民个人在中国境内从两处以上取得工资、薪金所得的，应当在取得所得的次月15日内申报纳税。

纳税人因移居境外注销中国户籍的，应当在注销中国户籍前办理税款清算。

纳税人办理汇算清缴退税或者扣缴义务人为纳税人办理汇算清缴退税的，税务机关审核后，按照国库管理的有关规定办理退税。

3. 个人所得税自行申报的地点及其他要求

（1）需要办理汇算清缴的纳税人，应当在取得所得的次年3月1日至6月30日内，向任职、受雇单位所在地主管税务机关办理纳税申报，并报送个人所得税年度自行纳税申报表。

(2) 纳税人有两处以上任职、受雇单位的，选择向其中一处任职、受雇单位所在地主管税务机关办理纳税申报。

(3) 纳税人没有任职、受雇单位的，向户籍所在地或经常居住地主管税务机关办理纳税申报。

(4) 纳税人取得经营所得，按年计算个人所得税，由纳税人在月度或季度终了后15 日内，向经营管理所在地主管税务机关办理预缴纳税申报，并报送"个人所得税经营所得纳税申报表（A 表)"。在取得所得的次年 3 月 31 日前，向经营管理所在地主管税务机关办理汇算清缴，并报送"个人所得税经营所得纳税申报表（B 表)"；从两处以上取得经营所得的，选择向其中一处经营管理所在地主管税务机关办理年度汇总申报，并报送"个人所得税经营所得纳税申报表（C 表)"。

(5) 纳税人取得应税所得，扣缴义务人未扣缴税款的，应当区别以下情形办理纳税申报：

1) 居民个人取得综合所得的，按照上述 (1) (2) (3) 条办理。

2) 非居民个人取得工资、薪金所得，劳务报酬所得，稿酬所得，特许权使用费所得的，应当在取得所得的次年 6 月 30 日前，向扣缴义务人所在地主管税务机关办理纳税申报，并报送"个人所得税自行纳税申报表（A 表)"。有两个以上扣缴义务人均未扣缴税款的，选择向其中一处扣缴义务人所在地主管税务机关办理纳税申报。

非居民个人在次年 6 月 30 日前离境（临时离境除外）的，应当在离境前办理纳税申报。

3) 纳税人取得利息、股息、红利所得，财产租赁所得，财产转让所得和偶然所得的，应当在取得所得的次年 6 月 30 日前，按相关规定向主管税务机关办理纳税申报，并报送"个人所得税自行纳税申报表（A 表)"。

税务机关通知限期缴纳的，纳税人应当按照期限缴纳税款。

(6) 居民个人从中国境外取得所得的，应当在取得所得的次年 3 月 1 日至 6 月 30日内，向中国境内任职、受雇单位所在地主管税务机关办理纳税申报；在中国境内没有任职、受雇单位的，向户籍所在地或中国境内经常居住地主管税务机关办理纳税申报；户籍所在地与中国境内经常居住地不一致的，选择其中一地主管税务机关办理纳税申报；在中国境内没有户籍的，向中国境内经常居住地主管税务机关办理纳税申报。

(7) 纳税人因移居境外注销中国户籍的，应当在申请注销中国户籍前，向户籍所在地主管税务机关办理纳税申报，进行税款清算。

1) 纳税人在注销户籍年度取得综合所得的，应当在注销户籍前，办理当年综合所得的汇算清缴，并报送"个人所得税年度自行纳税申报表"。尚未办理上一年度综合所得汇算清缴的，应当在办理注销户籍纳税申报时一并办理。

2) 纳税人在注销户籍年度取得经营所得的，应当在注销户籍前，办理当年经营所得的汇算清缴，并报送"个人所得税经营所得纳税申报表（B 表)"。从两处以上取得经营所得的，还应当一并报送“个人所得税经营所得纳税申报表（C表）”。尚未办理上一年度经营所得汇算清缴的，应当在办理注销户籍纳税申报时一并办理。

3）纳税人在注销户籍当年取得利息、股息、红利所得，财产租赁所得，财产转让所得和偶然所得的，应当在注销户籍前，申报当年上述所得的完税情况，并报送“个人所得税自行纳税申报表（A表）”。

4）纳税人有未缴或者少缴税款的，应当在注销户籍前，结清欠缴或未缴的税款。纳税人存在分期缴税且未缴纳完毕的，应当在注销户籍前，结清尚未缴纳的税款。

5）纳税人办理注销户籍纳税申报时，需要办理专项附加扣除、依法确定的其他扣除的，应当向税务机关报送“个人所得税专项附加扣除信息表”“商业健康保险税前扣除情况明细表”“个人税收递延型商业养老保险税前扣除情况明细表”等。

（8）非居民个人在中国境内从两处以上取得工资、薪金所得的，应当在取得所得的次月15日内，向其中一处任职、受雇单位所在地主管税务机关办理纳税申报，并报送“个人所得税自行纳税申报表（A表）”。

第2节　个人所得税的会计核算

情境引例

个人所得税的扣缴义务人在扣缴客户端中申报成功后，发现填报数据有误，应当如何处理？

一、个人所得税会计科目的设置

个人所得税有代扣代缴和自行申报两种缴纳方式，根据缴纳方式的不同，会计科目的设置也有所不同。

个人所得税的扣缴义务人应在“应交税费”科目下设置“代扣代交个人所得税”明细科目，其贷方发生额反映扣缴义务人应代扣代缴（含预扣预缴）的个人所得税，借方发生额反映扣缴义务人实际缴纳（代缴、预缴）的个人所得税，期末余额在贷方反映扣缴义务人尚未缴纳（代缴、预缴）的个人所得税。个人所得税的扣缴义务人也可以不在“应交税费”科目下设置“代扣代交个人所得税”明细科目，而是通过设置“应交个人所得税”明细科目代替。

个体工商户、个人独资企业投资者、合伙企业自然人合伙人等取得经营所得的个人，属于取得应税所得没有扣缴义务人的纳税人，需要自行申报缴纳个人所得税，因此，个体工商户、个人独资企业、合伙企业等应在“应交税费”科目下设置“应交个人所得税”明细科目，其贷方发生额反映个体工商户、个人独资企业投资者、合伙企业自然人合伙人等应缴纳的个人所得税，借方发生额反映个体工商户、个人独资企业投资者、合伙企业自然人合伙人等实际缴纳的个人所得税，期末余额在贷方反映个体工商户、个人独资企业投资者、合伙企业自然人合伙人等尚未缴纳的个人所得税。

二、代扣代缴个人所得税的会计核算

（一）工资、薪金所得个人所得税的会计核算

居民个人取得综合所得，按年计算个人所得税；有扣缴义务人的，由扣缴义务人按月或者按次预扣预缴税款；需要办理汇算清缴的，应当在取得所得的次年 3 月 1 日至 6 月 30 日内办理汇算清缴。预扣预缴办法由国务院税务主管部门制定。非居民个人取得工资、薪金所得，有扣缴义务人的，由扣缴义务人按月或者按次代扣代缴税款，不办理汇算清缴。

企业作为个人所得税的扣缴义务人，应按规定扣缴该企业职工应缴纳的个人所得税。企业为职工代扣代缴（含预扣预缴）个人所得税有两种情况：第一，职工自己承担个人所得税税款，企业只负有代扣代缴（含预扣预缴）个人所得税的义务；第二，企业既承担个人所得税税款，又负有代扣代缴（含预扣预缴）个人所得税的义务。但无论是哪一种，对个人所得税的会计核算都是相同的（但第二种情况对于企业来说是存在税收风险的，主要体现在企业承担的个人所得税税款不能在企业所得税税前扣除）。企业在向职工支付工资、薪金并按规定代扣、预扣职工的个人所得税，以及代扣三险一金时，借记“应付职工薪酬”科目，贷记“银行存款”“应交税费——代扣代交个人所得税”“其他应付款——代扣代交三险一金”等科目；实际缴纳代扣、预扣的个人所得税，以及缴纳代扣的三险一金时，借记“应交税费——代扣代交个人所得税”“其他应付款——代扣代交三险一金”科目，贷记“银行存款”等科目。

【工作实例 5 - 1】 我国居民个人张某为独生子女，就职于我国甲公司。本年每月税前工资、薪金收入为 30 000 元，每月减除费用 5 000 元。张某个人每月负担的基本养老保险为 2 400 元，基本医疗保险为 600 元，失业保险为 150 元，住房公积金为 2 400 元，三险一金合计 5 550 元。假设赡养老人每月专项附加扣除金额为 2 000 元。张某没有其他专项附加扣除和依法确定的其他扣除。张某在上一完整纳税年度内全年工资、薪金收入超过 6 万元。居民个人工资、薪金所得预扣预缴个人所得税的预扣率表如表 5 - 1 所示。

【工作要求】（1）计算甲公司本年 1 月应为张某预扣预缴的个人所得税。

（2）对甲公司本年 1 月的上述业务进行账务处理。

【工作实施】

（1）计算甲公司本年 1 月应为张某预扣预缴的个人所得税：

张某工资、薪金所得的应纳税所得额＝30 000－5 000－5 550－2 000
＝17 450(元)

甲公司应为张某预扣预缴的个人所得税＝17 450×3%＝523.5(元)

（2）本年1月发放工资并预扣个人所得税时：

借：应付职工薪酬　30 000.00
　贷：银行存款（30 000－523.5－5 550）　23 926.50
　　应交税费——代扣代交个人所得税　523.50
　　其他应付款——代扣代交三险一金　5 550.00

本年2月申报期内实际缴纳预扣的个人所得税时：

借：应交税费——代扣代交个人所得税　523.50
　贷：银行存款　523.50

本年2月申报期内实际缴纳应由个人承担的三险一金时：

借：其他应付款——代扣代交三险一金　5 550
　贷：银行存款　5 550

（二）劳务报酬所得、稿酬所得、特许权使用费所得个人所得税的会计核算

居民个人取得综合所得，按年计算个人所得税；有扣缴义务人的，由扣缴义务人按月或者按次预扣预缴税款；需要办理汇算清缴的，应当在取得所得的次年3月1日至6月30日内办理汇算清缴。预扣预缴办法由国务院税务主管部门制定。非居民个人取得劳务报酬所得，稿酬所得和特许权使用费所得，有扣缴义务人的，由扣缴义务人按月或者按次代扣代缴税款，不办理汇算清缴。

企业支付给个人劳务报酬、稿酬、特许权使用费时，作为扣缴义务人应代扣代缴个人所得税。企业在支付上述费用并代扣个人所得税时，借记“生产成本”“管理费用”“销售费用”“无形资产”等科目，贷记“银行存款”“库存现金”“应交税费——代扣代交个人所得税”等科目；实际缴纳代扣的个人所得税时，借记“应交税费——代扣代交个人所得税”科目，贷记“银行存款”科目。

【工作实例5-2】 甲公司本年10月支付外聘兼职专家王某（居民个人）培训费，未扣除个人所得税之前的培训费为28 000元，甲公司为王某预扣预缴了个人所得税。假设不考虑增值税等因素。居民个人劳务报酬所得预扣预缴个人所得税的预扣率表如表5-2所示。

【工作要求】（1）计算甲公司本年10月应为王某预扣预缴的个人所得税。

（2）对甲公司上述业务进行账务处理。

【工作实施】（1）计算甲公司预扣预缴的个人所得税：

王某劳务报酬所得的应纳税所得额＝28 000×(1－20%)＝22 400(元)

甲公司应为王某预扣预缴的个人所得税＝22 400×30%－2 000＝4 720(元)

（2）本年10月支付劳务报酬并预扣个人所得税时：

借：管理费用　　28 000

　贷：银行存款（28 000－4 720）　　23 280

　　　应交税费——代扣代交个人所得税　　4 720

本年11月申报期内实际缴纳预扣的个人所得税时：

借：应交税费——代扣代交个人所得税　　4 720

　贷：银行存款　　4 720

【工作实例5-3】 作家刘某（居民个人）在甲出版社出版专著。甲出版社本年1月一次性支付稿酬，未扣除个人所得税之前的稿酬为50 000元，甲出版社为刘某预扣预缴了个人所得税。

【工作要求】（1）计算甲出版社本年1月应为刘某预扣预缴的个人所得税。

（2）对甲出版社上述业务进行账务处理。

【工作实施】（1）计算甲出版社应为刘某预扣预缴的个人所得税：

刘某稿酬所得的应纳税所得额＝50 000×(1－20%)×70%＝28 000(元)

甲出版社应为刘某预扣预缴的个人所得税＝28 000×20%＝5 600(元)

（2）本年1月支付稿酬并预扣个人所得税时：

借：生产成本　　50 000

　贷：银行存款（50 000－5 600）　　44 400

　　　应交税费——代扣代交个人所得税　　5 600

本年2月申报期内实际缴纳预扣的个人所得税时：

借：应交税费——代扣代交个人所得税　　5 600

　贷：银行存款　　5 600

（三）利息、股息、红利所得，财产租赁所得和偶然所得等个人所得税的会计核算

纳税人（个人）取得利息、股息、红利所得，财产租赁所得和偶然所得，按月或者按次计算个人所得税；有扣缴义务人的，由扣缴义务人按月或者按次代扣代缴税款。

企业支付内部职工集资利息并代扣个人所得税时，借记“财务费用”科目，贷记“银行存款”“库存现金”“应交税费——代扣代交个人所得税”等科目；实际缴纳代扣的个人所得税时，借记“应交税费——代扣代交个人所得税”科目，贷记“银行存款”科目。

股份公司向个人支付的股利包括现金股利和股票股利。公司支付现金股利时，代扣代缴的个人所得税从应付现金股利中直接扣除。公司进行利润分配时，按应支付给个人的现金股利，借记“利润分配——应付股利”科目，贷记“应付股利”科目；实际支付现金股利并代扣个人所得税时，借记“应付股利”科目，贷记“银行存款”“库存现金”

"应交税费——代扣代交个人所得税"等科目；实际缴纳代扣的个人所得税时，借记"应交税费——代扣代交个人所得税"科目，贷记"银行存款"科目。

公司派发股票股利或以盈余公积对个人股东转增股本，应代扣代缴个人所得税。公司按转增股本的金额，向个人收取现金以备代缴，或委托证券代理机构从个人股东账户代扣。当公司派发股票股利或以盈余公积对个人股东转增股本时，借记"利润分配——未分配利润""盈余公积"科目，贷记"股本"或"实收资本"科目；计提需要代扣的个人所得税时，借记"其他应收款——个人所得税"科目，贷记"应交税费——代扣代交个人所得税"科目；收到个人股东缴来税款或证券代理机构扣缴税款时，借记"银行存款""库存现金"科目，贷记"其他应收款——个人所得税"科目；实际缴纳代扣的个人所得税时，借记"应交税费——代扣代交个人所得税"科目，贷记"银行存款"科目。

企业支付给个人财产租赁所得、偶然所得时，作为扣缴义务人应代扣代缴个人所得税。企业在支付上述费用并代扣个人所得税时，借记"生产成本""管理费用""销售费用""营业外支出"等科目，贷记"银行存款""库存现金""应交税费——代扣代交个人所得税"等科目；实际缴纳代扣的个人所得税时，借记"应交税费——代扣代交个人所得税"科目，贷记"银行存款"科目。

【情境引例解析】

（1）预扣预缴、代扣代缴类报表申报，申报成功未缴款前可在该类报表的"申报表报送"模块点击【作废申报】按钮作废申报后重新填写报送，或点击【更正申报】按钮修改申报表后重新报送；申报成功且缴款后只能在"申报表报送"模块点击【更正申报】按钮进行更正申报操作。

（2）代理经营所得申报，申报成功未缴款前可点击【启动更正】或【作废】按钮重新填写报送；申报成功且缴款后只能点击【启动更正】按钮修改申报表后重新报送。

【工作实例5-4】 根据利润分配方案，股东王某本年3月从甲公司分得现金股利，扣除个人所得税之前的现金股利金额为40 000元，甲公司为王某代扣代缴了个人所得税。

【工作要求】（1）计算甲公司本年3月应为王某代扣代缴的个人所得税。

（2）对甲公司上述业务进行账务处理。

【工作实施】（1）通过利润分配方案时：

借：利润分配——应付股利　　40 000

　贷：应付股利　　40 000

（2）本年3月实际发放现金股利并代扣个人所得税时：

王某利息、股息、红利所得的应纳税所得额＝40 000（元）

甲公司应为王某代扣代缴的个人所得税＝40 000×20%＝8 000（元）

借：应付股利　　40 000

贷：银行存款（40 000－8 000）　　32 000

　　应交税费——代扣代交个人所得税　　8 000

（3）本年 4 月申报期内实际缴纳代扣的个人所得税时：

借：应交税费——代扣代交个人所得税　　8 000

　贷：银行存款　　8 000

（四）财产转让所得个人所得税的会计核算

纳税人（个人）取得财产转让所得，按月或者按次计算个人所得税；有扣缴义务人的，由扣缴义务人按月或者按次代扣代缴税款。

企业向个人购买的财产属于购建企业固定资产项目的，代扣的个人所得税应作为企业购建固定资产的价值组成部分，借记“固定资产”科目，贷记“银行存款”“应交税费——代扣代交个人所得税”科目；企业向个人购买的财产属于无形资产项目的，代扣的个人所得税应作为企业取得无形资产的价值组成部分，借记“无形资产”科目，贷记“银行存款”“应交税费——代扣代交个人所得税”科目；企业向个人购买的财产属于原材料项目的，代扣的个人所得税应作为企业取得原材料的价值组成部分，借记“原材料”科目，贷记“银行存款”“应交税费——代扣代交个人所得税”科目。实际缴纳代扣的个人所得税时，借记“应交税费——代扣代交个人所得税”科目，贷记“银行存款”科目。

【工作实例 5-5】 王某本年 11 月将 2 年前购买的房屋转让给甲公司，原价为 400 000 元，购入时缴纳相关税费 8 000 元；王某转让房屋的售价为 600 000 元，转让房屋的相关税费为 37 500 元。

【工作要求】（1）计算甲公司本年 11 月应为王某代扣代缴的个人所得税。

（2）对甲公司上述业务进行账务处理。

【工作实施】（1）计算甲公司应为王某代扣代缴的个人所得税：

王某财产转让所得的应纳税所得额＝600 000－(400 000＋8 000)－37 500
＝154 500(元)

甲公司应为王某代扣代缴的个人所得税＝154 500×20%＝30 900(元)

（2）支付购买的房屋款项并代扣个人所得税时：

借：固定资产　　600 000

　贷：银行存款（600 000－30 900）　　569 100

　　应交税费——代扣代交个人所得税　　30 900

实际缴纳代扣的个人所得税时：

借：应交税费——代扣代交个人所得税　　30 900

　贷：银行存款　　30 900

三、自行申报个人所得税的会计核算

纳税人取得经营所得，按年计算个人所得税，由纳税人在月度或者季度终了后15日内向税务机关报送个人所得税纳税申报表，并预缴税款；在取得所得的次年3月31日前办理汇算清缴。纳税人计提预缴的个人所得税时，借记“所得税费用”科目，贷记“应交税费——应交个人所得税”科目；实际预缴个人所得税时，借记“应交税费——应交个人所得税”科目，贷记“银行存款”“库存现金”等科目。年度终了，计算出全年实际应缴纳的个人所得税，若需要补缴个人所得税，则按照需要补缴的个人所得税金额借记“所得税费用”或“以前年度损益调整”科目，贷记“应交税费——应交个人所得税”科目；实际补缴个人所得税时，借记“应交税费——应交个人所得税”科目，贷记“银行存款”“库存现金”等科目。若需要税务机关退回多缴的个人所得税，则按照需要退回的个人所得税金额，借记“应交税费——应交个人所得税”科目，贷记“所得税费用”或“以前年度损益调整”科目；实际收到税务机关退回的个人所得税时，借记“银行存款”“库存现金”等科目，贷记“应交税费——应交个人所得税”科目。

【工作实例5-6】 个人独资企业甲2022年经过主管税务机关核定，按照2021年度实际应纳个人所得税金额，确定本年各季度的预缴个人所得税金额为15 000元。个人独资企业甲汇算清缴时计算的2022年度个人所得税为80 000元。个人独资企业乙2022年经过主管税务机关核定，按照2021年度实际应纳个人所得税金额，确定本年各季度的预缴个人所得税金额为15 000元。个人独资企业乙汇算清缴时计算的2022年度个人所得税为50 000元。

【工作要求】（1）对个人独资企业甲上述业务进行账务处理。

（2）对个人独资企业乙上述业务进行账务处理。

【工作实施】（1）个人独资企业甲2022年每季度末计提预缴的个人所得税时：

借：所得税费用	15 000	
贷：应交税费——应交个人所得税		15 000

个人独资企业甲2022年每季度的次月申报期内预缴个人所得税时：

借：应交税费——应交个人所得税	15 000	
贷：银行存款		15 000

2022年年度终了个人独资企业甲汇算清缴全年个人所得税。由于个人独资企业甲2022年全年已经预缴个人所得税60 000元（15 000×4），2023年3月31日前汇算清缴时，需要补缴个人所得税20 000元（80 000－60 000），账务处理如下。

2023年3月31日前计提应补缴的个人所得税时：

借：所得税费用（或“以前年度损益调整”）	20 000	
贷：应交税费——应交个人所得税		20 000

2023年3月31日前补缴个人所得税时：

借：应交税费——应交个人所得税　　20 000

　贷：银行存款　　20 000

(2) 个人独资企业乙2022年每季度末计提预缴的个人所得税时：

借：所得税费用　　15 000

　贷：应交税费——应交个人所得税　　15 000

个人独资企业乙2019年每季度的次月申报期内预缴个人所得税时：

借：应交税费——应交个人所得税　　15 000

　贷：银行存款　　15 000

2022年年度终了个人独资企业乙汇算清缴全年个人所得税。由于个人独资企业乙2022年全年已经预缴个人所得税60 000元（15 000×4），2023年3月31日前汇算清缴时，需要由税务机关退回多缴的个人所得税10 000元（60 000－50 000），账务处理如下。

2023年3月31日前计提应由税务机关退回的个人所得税时：

借：应交税费——应交个人所得税　　10 000

　贷：所得税费用（或“以前年度损益调整”）　　10 000

2023年3月31日前收到由税务机关退回的个人所得税时：

借：银行存款　　10 000

　贷：应交税费——应交个人所得税　　10 000

第3节　个人所得税的纳税申报

情境引例

实务中，企业对本企业员工的个人所得税网上申报时，需要税务会计人员填写本企业每一位员工的个人所得税金额吗？

一、个人所得税代扣代缴的纳税申报

扣缴义务人代扣代缴个人所得税时，应当填报“个人所得税基础信息表（A表）（适用于扣缴义务人填报）”（见表5-6）、“个人所得税扣缴申报表”（见表5-7）。

【工作引例解析】

(1) 计算山东宏远有限责任公司2019年1月代扣（预扣）的个人所得税。

居民个人的综合所得，以每一纳税年度的收入额减除费用6万元以及专项扣除、专项附加扣除和依法确定的其他扣除后的余额，为应纳税所得额。

表5-6 个人所得税基础信息表（A表）

（适用于扣缴义务人填报）

扣缴义务人名称：山东宏远有限责任公司

扣缴义务人纳税人识别号（统一社会信用代码）：91370722900987654M

序号	纳税人基本信息（带*必填）						任职受雇从业信息					联系方式					银行账户		投资信息		其他信息		华侨、港澳台、外籍个人信息（带*必填）					备注
	纳税人识别号	*纳税人姓名	*身份证件类型	*身份证件号码	*出生日期	*国籍/地区	类型	职务	学历	任职受雇从业日期	离职日期	手机号码	户籍所在地	经常居住地	联系地址	电子邮箱	开户银行	银行账号	投资额（元）	投资比例	是否残疾/孤老/烈属	残疾/烈属证号	*出生地	*性别	*首次入境时间	*预计离境时间	*涉税事由	
1	2	3	4	5	6	7	8	9	10	11	12	13	14	15	16	17	18	19	20	21	22	23	24	25	26	27	28	29
1	370702197802280000	张玲	居民身份证	370702197802280000	19780228	中华人民共和国	雇员																					
2	370702197902130141	马芳	居民身份证	370702197902130141	19790213	中华人民共和国	雇员																					
3	370702198002150325	王芳	居民身份证	370702198002150325	19800215	中华人民共和国	雇员																					
4	370702198202190045	王明	居民身份证	370702198202190045	19820219	中华人民共和国	雇员																					
5	370702198502130458	刘刚	居民身份证	370702198502130458	19850213	中华人民共和国	雇员																					
6	370702198602130123	李丽	居民身份证	370702198602130123	19860213	中华人民共和国	雇员																					

谨声明：本表是根据国家税收法律法规及相关规定填报的，是真实的、可靠的、完整的。

扣缴义务人（签章）：山东宏远有限责任公司　　2019年02月15日

经办人签字：略 经办人身份证件号码：略 代理机构签章： 代理机构统一社会信用代码：	受理人： 受理税务机关（章）： 受理日期：　年　月　日

国家税务总局监制

表 5－7 个人所得税扣缴申报表

税款所属期：2022 年 01 月 01 日至 2022 年 01 月 31 日

扣缴义务人名称：山东宏远有限责任公司

扣缴义务人纳税人识别号（统一社会信用代码）：91370722900987654M

金额单位：人民币元（列至角分）

序号	姓名	身份证件类型	身份证件号码	纳税人识别号	是否为非居民个人	所得项目	本月（次）情况														累计情况										减按计税比例	准予扣除的捐赠额	税款计算							备注
							收入额计算			减除费用	专项扣除				其他扣除						累计收入额	累计减除费用	累计专项扣除	累计专项附加扣除						累计其他扣除			应纳税所得额	税率/预扣率	速算扣除数	应纳税额	减免税额	已扣缴税额	应补/退税额	
							收入	费用	免税收入		基本养老保险费	基本医疗保险费	失业保险费	住房公积金	年金	商业健康保险	税延养老保险	财产原值	允许扣除的税费	其他				子女教育	继续教育	住房贷款利息	住房租金	赡养老人	3岁以下婴幼儿照护											
1	2	3	4	5	6	7	8	9	10	11	12	13	14	15	16	17	18	19	20	21	22	23	24	25	26	27	28	29	30	31	32	33	34	35	36	37	38	39	40	41
1	张玲	居民身份证	370702197802280000	370702197802280000		工资、薪金所得	75 000			5 000	6 000	1 500	375	6 000							75 000	5 000	13 875	2 000				2 000					52 125	10%	2 520	2 692.5			2 692.5	
2	马芳	居民身份证	370702197902130141	370702197902130141		工资、薪金所得	42 000			5 000	3 360	840	210	3 360							42 000	5 000	7 770	1 000				2 000					26 230	3%		786.9			786.9	
3	王芳	居民身份证	370702198002150325	370702198002150325		工资、薪金所得	36 000			5 000	2 880	720	180	2 880							36 000	5 000	6 660	1 000		1 000		2 000					20 340	3%		610.2			610.2	
4	王明	居民身份证	370702198202190045	370702198202190045		工资、薪金所得	10 000			5 000	800	200	50	800							10 000	5 000	1 850	1 000		1 000		1 000					150	3%		4.5			4.5	
5	刘刚	居民身份证	370702198502130458	370702198502130458		工资、薪金所得	8 000			5 000	640	160	40	640							8 000	5 000	1 480			1 000							520			15.6			15.6	
6	李丽	居民身份证	370702198602130123	370702198602130123		工资、薪金所得	5 600			5 000	448	112	28	448							5 600	5 000	1 036			1 000							0			0			0	
合计							176 600			30 000	14 128	3 532	883	14 128							176 600	30 000	32 671	5 000		4 000		7 000					99 365			4 109.7			4 109.7	

谨声明：本表是根据国家税收法律法规及相关规定填报的，是真实的、可靠的、完整的。

扣缴义务人（签章）：山东宏远有限责任公司　　2022 年 02 月 15 日

经办人签字：略	受理人：
经办人身份证件号码：略	受理税务机关（章）：
代理机构签章：	受理日期：　　年　　月　　日
代理机构统一社会信用代码：	

居民个人取得综合所得，按年计算个人所得税；有扣缴义务人的，由扣缴义务人按月或者按次预扣预缴税款；需要办理汇算清缴的，应当在取得所得的次年3月1日至6月30日内办理汇算清缴。预扣预缴办法由国务院税务主管部门制定。

1）计算张玲应纳个人所得税（由山东宏远有限责任公司代扣（预扣）个人所得税）。

张玲2022年1月工资、薪金所得的应纳税所得额＝75 000－5 000－(6 000＋1 500＋375＋6 000)－(2 000＋2 000)＝52 125(元)

张玲2022年1月工资、薪金所得的应纳个人所得税(由山东宏远有限责任公司代扣(预扣)个人所得税)＝52 125×10%－2 520＝2 692.5(元)

2）计算马芳应纳个人所得税（由山东宏远有限责任公司代扣（预扣）个人所得税）。

马芳2022年1月工资、薪金所得的应纳税所得额＝42 000－5 000－(3 360＋840＋210＋3 360)－(1 000＋2 000)＝26 230(元)

马芳2022年1月工资、薪金所得的应纳个人所得税(由山东宏远有限责任公司代扣(预扣)个人所得税)＝26 230×3%＝786.9(元)

3）计算王芳应纳个人所得税（由山东宏远有限责任公司代扣（预扣）个人所得税）。

王芳2022年1月工资、薪金所得的应纳税所得额＝36 000－5 000－(2 880＋720＋180＋2 880)－(1 000＋1 000＋2 000)＝20 340(元)

王芳2022年1月工资、薪金所得的应纳个人所得税(由山东宏远有限责任公司代扣(预扣)个人所得税)＝20 340×3%＝610.2(元)

4）计算王明应纳个人所得税（由山东宏远有限责任公司代扣（预扣）个人所得税）。

王明2022年1月工资、薪金所得的应纳税所得额＝10 000－5 000－(800＋200＋50＋800)－(1 000＋1 000＋1 000)＝150(元)

王明2022年1月工资、薪金所得的应纳个人所得税(由山东宏远有限责任公司代扣(预扣)个人所得税)＝150×3%＝4.5(元)

5）计算刘刚应纳个人所得税（由山东宏远有限责任公司代扣（预扣）个人所得税）。

$$\begin{aligned}\text{刘刚 2022 年 1 月工资、薪金所得的应纳税所得额} &= 8\,000-5\,000-(640+160+40+640)-1\,000 \\ &= 520(\text{元})\end{aligned}$$

$$\text{刘刚 2022 年 1 月工资、薪金所得的应纳个人所得税（由山东宏远有限责任公司代扣（预扣）个人所得税）} = 520\times 3\% = 15.6(\text{元})$$

6）计算李丽应纳个人所得税（由山东宏远有限责任公司代扣（预扣）个人所得税）。

$$\begin{aligned}\text{李丽 2022 年 1 月工资、薪金所得的应纳税所得额} &= 5\,600-5\,000-(448+112+28+448)-1\,000 \\ &= -1\,436(\text{元})\end{aligned}$$

因此，李丽应纳个人所得税为0（由山东宏远有限责任公司代扣（预扣）的个人所得税为0）。

$$\begin{aligned}\text{2022 年 1 月山东宏远有限责任公司代扣（预扣）的个人所得税合计} &= 2\,692.5+786.9+610.2+4.5+15.6 \\ &= 4\,109.7(\text{元})\end{aligned}$$

$$\begin{aligned}\text{2022 年 1 月山东宏远有限责任公司代扣的三险一金合计} &= 13\,875+7\,770+6\,660+1\,850+1\,480+1\,036 \\ &= 32\,671(\text{元})\end{aligned}$$

（2）对山东宏远有限责任公司2022年1月代扣（预扣）个人所得税的业务以及2022年2月代缴个人所得税的业务进行账务处理。

2022年1月发放工资并代扣（预扣）个人所得税及代扣应由个人承担的三险一金时：

借：应付职工薪酬（75 000+42 000+36 000+10 000+8 000+5 600）
　　　　176 600.00
　贷：应交税费——代扣代交个人所得税　　4 109.70
　　　其他应付款——代扣代交三险一金　　32 671.00
　　　银行存款（176 600−4 109.7−32 671）　　139 819.30

2022年2月10日代缴个人所得税税款时：

借：应交税费——代扣代交个人所得税　　4 109.70
　贷：银行存款　　4 109.70

2022年2月代缴应由个人承担的三险一金时：

借：其他应付款——代扣代交三险一金　　32 671
　贷：银行存款　　32 671

（3）山东宏远有限责任公司2022年2月15日对2022年1月的个人所得税进行纳税申报，填写“个人所得税基础信息表（A表）（适用于扣缴义务人填报）”“个人所得税扣缴申报表”。

第一步：填写“个人所得税基础信息表（A表）（适用于扣缴义务人填报）”（见表5-6）。

第二步：填写“个人所得税扣缴申报表”（见表5-7）。

【情境引例解析】

实务中，个人所得税网上申报系统给出的“个人所得税扣缴申报表”中已经编辑好相应的个人所得税计算公式，仅需税务会计人员录入本企业每位员工的收入额和专项扣除等信息，“个人所得税扣缴申报表”会自动计算出本企业每位员工的个人所得税以及本企业所有员工的个人所得税合计数。

二、个人所得税自行申报的纳税申报

纳税人自行申报个人所得税时，根据不同的情况应当分别填报“个人所得税年度自行纳税申报表（A表）（仅取得境内综合所得年度汇算适用）”（见表5-8）、“个人所得税经营所得纳税申报表”（略）等申报表。

表5-8　个人所得税年度自行纳税申报表（A表）
（仅取得境内综合所得年度汇算适用）

税款所属期：2022年01月01日至2022年12月31日

纳税人姓名：张明

纳税人识别号：280×××××××××××××××　　金额单位：人民币元（列至角分）

<table>
<tr><td colspan="6">基本情况</td></tr>
<tr><td>手机号码</td><td>1315555××××</td><td>电子邮箱</td><td>123×××@163.com</td><td>邮政编码</td><td>210000</td></tr>
<tr><td>联系地址</td><td colspan="5">江苏省（区、市）南京市××区（县）××街道（乡、镇）____</td></tr>
<tr><td colspan="6">纳税地点（单选）</td></tr>
<tr><td colspan="3">1. 有任职受雇单位的，需选本项并填写“任职受雇单位信息”：</td><td colspan="3">☑任职受雇单位所在地</td></tr>
<tr><td rowspan="2">任职受雇单位信息</td><td>名称</td><td colspan="4">江苏兴扬运咨询有限公司</td></tr>
<tr><td>纳税人识别号</td><td colspan="4">91370722004021309P</td></tr>
<tr><td colspan="3">2. 没有任职受雇单位的，可以从本栏次选择一地：</td><td colspan="3">□户籍所在地　□经常居住地</td></tr>
<tr><td colspan="2">户籍所在地/经常居住地</td><td colspan="4">____省（区、市）____市____区（县）____街道（乡、镇）____</td></tr>
<tr><td colspan="6">申报类型（单选）</td></tr>
<tr><td colspan="3">☑首次申报</td><td colspan="3">□更正申报</td></tr>
<tr><td colspan="6">综合所得个人所得税计算</td></tr>
<tr><td colspan="4">项目</td><td>行次</td><td>金额</td></tr>
<tr><td colspan="4">一、收入合计（第1行=第2行+第3行+第4行+第5行）</td><td>1</td><td>210 000.00</td></tr>
<tr><td colspan="4">（一）工资、薪金</td><td>2</td><td>120 000.00</td></tr>
<tr><td colspan="4">（二）劳务报酬</td><td>3</td><td>40 000.00</td></tr>
<tr><td colspan="4">（三）稿酬</td><td>4</td><td>30 000.00</td></tr>
<tr><td colspan="4">（四）特许权使用费</td><td>5</td><td>20 000.00</td></tr>
<tr><td colspan="4">二、费用合计［第6行=(第3行+第4行+第5行)×20%］</td><td>6</td><td>18 000.00</td></tr>
</table>

三、免税收入合计（第7行=第8行+第9行）	7	7 200.00
（一）稿酬所得免税部分［第8行=第4行×(1−20%)×30%］	8	7 200.00
（二）其他免税收入（附报《个人所得税减免税事项报告表》）	9	
四、减除费用	10	60 000.00
五、专项扣除合计（第11行=第12行+第13行+第14行+第15行）	11	22 200.00
（一）基本养老保险费	12	9 600.00
（二）基本医疗保险费	13	2 400.00
（三）失业保险费	14	600.00
（四）住房公积金	15	9 600.00
六、专项附加扣除合计（附报《个人所得税专项附加扣除信息表》）（第16行=第17行+第18行+第19行+第20行+第21行+第22行+第23行）	16	48 000.00
（一）子女教育	17	24 000.00
（二）继续教育	18	
（三）大病医疗	19	
（四）住房贷款利息	20	
（五）住房租金	21	
（六）赡养老人	22	24 000.00
（七）3岁以下婴幼儿照护	23	
七、其他扣除合计（第24行=第25行+第26行+第27行+第28行+第29行+第30行）	24	
（一）年金	25	
（二）商业健康保险（附报《商业健康保险税前扣除情况明细表》）	26	
（三）税延养老保险（附报《个人税收递延型商业养老保险税前扣除情况明细表》）	27	
（四）允许扣除的税费	28	
（五）个人养老金	29	
（六）其他	30	
八、准予扣除的捐赠额（附报《个人所得税公益慈善事业捐赠扣除明细表》）	31	
九、应纳税所得额（第32行=第1行−第6行−第7行−第10行−第11行−第16行−第24行−第31行）	32	54 600.00
十、税率（%）	33	10%
十一、速算扣除数	34	2 520.00
十二、应纳税额（第35行=第32行×第33行−第34行）	35	2 940.00
全年一次性奖金个人所得税计算（无住所居民个人预判为非居民个人取得的数月奖金，选择按全年一次性奖金计税的填写本部分）		
一、全年一次性奖金收入	36	
二、准予扣除的捐赠额（附报《个人所得税公益慈善事业捐赠扣除明细表》）	37	
三、税率（%）	38	
四、速算扣除数	39	
五、应纳税额［第40行=(第36行−第37行)×第38行−第39行］	40	

<table>
<tr><td colspan="4">税额调整</td></tr>
<tr><td colspan="2">一、综合所得收入调整额（需在“备注”栏说明调整具体原因、计算方式等）</td><td>41</td><td></td></tr>
<tr><td colspan="2">二、应纳税额调整额</td><td>42</td><td></td></tr>
<tr><td colspan="4">应补/退个人所得税计算</td></tr>
<tr><td colspan="2">一、应纳税额合计（第43行=第35行+第40行+第42行）</td><td>43</td><td>2 940.00</td></tr>
<tr><td colspan="2">二、减免税额（附报《个人所得税减免税事项报告表》）</td><td>44</td><td></td></tr>
<tr><td colspan="2">三、已缴税额</td><td>45</td><td>6 000.00</td></tr>
<tr><td colspan="2">四、应补/退税额（第46行=第43行−第44行−第45行）</td><td>46</td><td>−3 060.00</td></tr>
<tr><td colspan="4">无住所个人附报信息</td></tr>
<tr><td>纳税年度内在中国境内居住天数</td><td></td><td>已在中国境内居住年数</td><td></td></tr>
<tr><td colspan="4">退税申请
（应补/退税额小于0的填写本部分）</td></tr>
<tr><td colspan="4">☑申请退税（需填写“开户银行名称”“开户银行省份”“银行账号”） □放弃退税</td></tr>
<tr><td>开户银行名称</td><td>中国工商银行</td><td>开户银行省份</td><td>江苏</td></tr>
<tr><td>银行账号</td><td colspan="3">6222023803013297×××</td></tr>
<tr><td colspan="4">备注</td></tr>
<tr><td colspan="4"></td></tr>
<tr><td colspan="4">谨声明：本表是根据国家税收法律法规及相关规定填报的，本人对填报内容（附带资料）的真实性、可靠性、完整性负责。

纳税人签字：张明　　2023年03月10日</td></tr>
<tr><td colspan="2">经办人签字：略
经办人身份证件类型：略
经办人身份证件号码：略
代理机构签章：
代理机构统一社会信用代码：</td><td colspan="2">受理人：

受理税务机关（章）：

受理日期：　　年　　月　　日</td></tr>
</table>

国家税务总局监制

【工作实例5-7】 居民个人张明为中国境内江苏兴扬运咨询有限公司员工，其身份证载明的公民身份号码为280×××××××××××××××，手机号码为1315555××××，电子邮箱为123×××@163.com，邮政编码为210000，联系地址为江苏省南京市××区××街道，任职受雇单位纳税人识别号为91370722004021309P，张明银行账号为6222023803013297×××，开户银行名称为中国工商银行，开户银行省份为江苏。2022年张明取得的收入情况如下：

（1）每月取得中国境内江苏兴扬运咨询有限公司支付的税前工资、薪金收入10 000元。三险一金的计提基数为10 000元，每月个人负担的养老保险、医疗保险、失业保险、住房公积金分别为800元、200元、50元、800元，每月子女教育专项附加扣除额为2 000元，每月赡养老人专项附加扣除额为2 000元。

（2）为中国境内乙公司提供咨询全年取得税前劳务报酬收入共计40 000元。

（3）出版小说一部，全年取得中国境内丙出版社支付的税前稿酬收入共计30 000元。

(4) 全年取得中国境内丁公司支付的税前特许权使用费收入共计 20 000 元。

江苏兴扬运咨询有限公司、乙公司、丙出版社、丁公司已经为张明预缴（代扣代缴）个人所得税共计 6 000 元。

【工作要求】(1) 计算张明 2022 年综合所得的应纳税所得额。

(2) 计算张明 2022 年综合所得的应纳个人所得税。

(3) 计算张明 2022 年综合所得汇算清缴时应补缴或者申请退回的个人所得税。

(4) 张明 2023 年 3 月 10 日对 2022 年度的综合所得的个人所得税进行汇算清缴，填写“个人所得税年度自行纳税申报表（A 表）（仅取得境内综合所得年度汇算适用）”。

【工作实施】

(1) 2022 年综合所得的应纳税所得额

＝10 000×12＋40 000×(1－20%)＋30 000×(1－20%)×70%＋20 000×(1－20%)
　－60 000－800×12－200×12－50×12－800×12－2 000×12－2 000×12

＝54 600(元)

(2) 2022 年综合所得的应纳个人所得税＝54 600×10%－2 520＝2 940(元)

(3) 2022 年综合所得应申请退回的个人所得税＝6 000－2 940＝3 060(元)

(4) 填写“个人所得税年度自行纳税申报表（A 表）（仅取得境内综合所得年度汇算适用）”（见表 5－8）。

技能训练

1. 英国人汤姆为我国非居民个人，在甲外资企业工作，本年 5 月未扣除个人所得税的工资、薪金为人民币 11 800 元。该收入均来源于中国境内，且不享受免税优惠政策。假设不考虑增值税等因素。

要求：

(1) 计算甲外资企业本年 5 月应为汤姆代扣代缴的个人所得税。

(2) 对甲外资企业与汤姆个人所得税相关业务进行账务处理。

2. 我国居民个人李某本年 1 月转让给甲公司一项专利使用权，未扣除个人所得税的转让收入为 30 000 元。假设不考虑增值税等因素。

要求：

(1) 计算甲公司本年 1 月应为李某预扣预缴的个人所得税。

(2) 对甲公司与李某个人所得税相关业务进行账务处理。

实战演练

我国居民个人张某为甲公司员工，本年 1 月含税工资、薪金为 12 500 元。甲公司每月代扣由张某个人负担的养老保险 1 000 元、医疗保险 250 元、失业保险 62.5

元、住房公积金 1 000 元。张某本年 1 月专项附加扣除和依法确定的其他扣除合计为 2 000 元。

要求：

（1）计算甲公司本年 1 月应为张某预扣预缴的个人所得税。

（2）对甲公司与张某个人所得税相关业务进行账务处理。

第6章

其他税种会计（上）

素养提升

纳税人应当充分运用国家出台的相关税收政策，促进产业行业发展，合法合规纳税。

1. 我国通过征收进口关税、增值税、消费税来提高进口商品的价格，以减少进口商品对我国商品的不良影响，保护和促进我国产业的发展。

2. 我国征收资源税，有利于促进国家资源的适度开采和节约使用，促进产业结构优化升级，促进资源再生产业的发展，实现我国经济社会可持续发展。

能力目标

（1）能根据相关业务资料计算关税、城市维护建设税和教育费附加及地方教育附加、资源税、土地增值税、城镇土地使用税。

（2）能设置关税、城市维护建设税和教育费附加及地方教育附加、资源税、土地增值税、城镇土地使用税的会计科目，能根据相关业务资料对关税、城市维护建设税和教育费附加及地方教育附加、资源税、土地增值税、城镇土地使用税进行会计核算。

（3）能根据相关业务资料填写增值税及附加税费申报表、财产和行为税纳税申报表以及相关申报表，并能进行城市维护建设税和教育费附加及地方教育附加、资源税、土地增值税、城镇土地使用税的纳税申报。

工作引例

城市维护建设税、教育费附加和地方教育附加的计算、会计核算和纳税申报

接第2章“增值税会计”的“工作引例一、一般纳税人增值税的计算、会计核算和纳税申报”。

工作要求

（1）计算西安光明有限责任公司2022年6月的应纳城市维护建设税、教育费附加和地方教育附加。

（2）对西安光明有限责任公司2022年6月计提城市维护建设税、教育费附加和地方教育附加的业务以及2022年7月缴纳城市维护建设税、教育费附加和地方教育附加的业务进行账务处理。

（3）西安光明有限责任公司2022年7月10日对2022年6月的城市维护建设税、教育费附加和地方教育附加进行税费申报，填写"增值税及附加税费申报表（一般纳税人适用）附列资料（五）（附加税费情况表）"以及"增值税及附加税费申报表（一般纳税人适用）"的第39～41栏次。

工作引例解析 见本章第2节。

第1节　关税会计

情境引例

关税的纳税申报需要填制纳税申报表吗？

一、关税的认知

（一）关税的概念

关税是海关依法对进出境货物、物品征收的一种税。所谓"境"指关境，又称"海关境域"或"关税领域"，是国家海关法全面实施的领域。通常情况下，一国关境与国境是一致的，包括国家全部的领土、领海、领空，但也有不一致的情况。

【知识链接】海关在征收进口货物、物品关税的同时，还代征进口环节的增值税，对于消费品应税货物或物品还代征进口环节的消费税。

【点拨指导】关境与国境不一致的情况。根据《中华人民共和国香港特别行政区基本法》和《中华人民共和国澳门特别行政区基本法》的规定，香港和澳门保持自由港地位，为我国单独的关税地区，即单独关境区。单独关境区是不完全适用该国海关法律、法规或实施单独海关管理制度的区域。因此我国的关境小于国境。而欧盟的国家都位于同一关境内，但是不同国境，因此其关境大于国境。

关税通常分为进口关税、出口关税和过境关税。我国目前对进出境货物征收的关税分为进口关税和出口关税两类。

（二）关税的纳税人

进口货物的收货人、出口货物的发货人、进出境物品的所有人，是关税的纳税义务人。

【特别提示】关税的纳税人是货物或物品的所有者，接受纳税人委托办理货物报关等有关手续的代理人，可以代办纳税手续，但不是纳税义务人。

（三）关税的课税对象和税目

关税的征税对象是指准许进出我国关境的货物和物品。凡准许进出口的货物，除国家另有规定的以外，均应由海关征收进口关税或出口关税。对从境外采购进口的原产于中国境内的货物，也应按规定征收进口关税。货物是指贸易性商品；物品是指入境旅客随身携带的行李物品、个人邮递物品、各种运输工具上的服务人员携带进口的自用物品和馈赠物品以及其他方式进境的个人物品。

关税税则，又称进出口税则，是一国政府根据国家包括关税政策在内的经济政策，通过一定的立法程序，制定、公布并实施的进出口货物和物品应税的关税税目税率表。《中华人民共和国进出口税则》是《进出口关税条例》的组成部分，主要包括进口税则、出口税则、规则与说明等，是海关计征关税的依据。

关税税目以世界海关组织《商品名称及编码协调制度》（以下简称《协调制度》）为基础，由税则号列（以下简称税号）和目录条文等组成。其中，税号在税则号列栏中列示，目录条文在货品名称栏中列示。税号采用 8 位数字编码结构，前 6 位数字及对应的目录条文与《协调制度》保持一致；第 7、8 位数字及对应的目录条文是依据《协调制度》的分类原则和方法，根据我国实际需要而制定的。关税税目适用规则包括归类规则等。进出口货物的商品归类，应当按照《税则》规定的目录条文和归类总规则、类注、章注、子目注释、本国子目注释，以及其他归类注释确定，并归入相应的税号。《中华人民共和国进出口税则（2023）》中的关税税目数共计 8 948 个。

（四）关税的税率

1. 税率的种类

关税的税率分为进口税率和出口税率两种。我国进口税则设有最惠国税率、协定税率、特惠税率、普通税率、关税配额税率等。适用最惠国税率、协定税率、特惠税率、关税配额税率的进口货物在一定期限内可以实行暂定税率。我国出口税则设置一栏税率，即为出口税率。适用出口税率的出口货物在一定期限内可以实行暂定税率。

【点拨指导】我国对进口商品基本上都实行从价税。我国对部分进口商品实行从量税、复合税、选择税和滑准税。

2. 税率的确定

进出口货物应当依照《海关进出口税则》规定的归类原则归入合适的税目，按照适用的税率征税。关税税率的确定原则如下（包括但不限于）：

（1）进出口货物应按纳税义务人申报进口或者出口之日实施的税率征税。

（2）进口货物到达之前，经海关核准先行申报的，应该按照装载此货物的运输工具申报进境之日实施的税率征税。

（3）经海关批准集中申报的进出口货物，应当适用每次货物进出口时海关接受该货物申报之日实施的税率。

（五）关税的计税依据

我国对进出口货物主要采取从价计征的办法，以商品价格为标准征收关税。因此，关税主要以进出口货物的完税价格为计税依据。进出口货物的完税价格，由海关以该货物的成交价格为基础审查确定。成交价格不能确定时，完税价格由海关依法估定。

1. 进口货物的完税价格

（1）一般贸易项下进口的货物以海关审定的成交价格为基础的到岸价格作为完税价格。

【点拨指导】成交价格是指一般贸易项下进口货物的买方为购买该项货物向卖方实际支付或应当支付的价格。在确定成交价格时，应当注意以下几点：（1）在货物成交过程中，进口人在成交价格外另支付给卖方的佣金，应计入成交价格，而向境外采购代理人支付的买方佣金则不能列入，如已包括在成交价格中应予以扣除；（2）卖方付给进口人的正常回扣，应从成交价格中扣除；（3）卖方违反合同规定延期交货的罚款，卖方在货价中冲减时，罚款不能从成交价格中扣除。

通常情况下，到岸价格主要包括以下三个部分：（1）货价；（2）货物运抵我国关境内输入地点起卸前的包装费、运费、保险费和其他劳务费等费用；（3）为了在境内生产、制造、使用或出版、发行而向境外支付的与该进口货物有关的专利、商标、著作权，以及专有技术、计算机软件和资料等费用。

【特别提示】购货佣金不计入成交价格。

为避免低报、瞒报价格偷逃关税，进口货物的到岸价格不能确定时，本着公正、合理的原则，海关应当按照规定估定完税价格。

（2）特殊贸易下进口货物的完税价格。某些特殊、灵活贸易方式（如寄售等）下进口的货物，在进口时没有成交价格可作为依据，为此，《中华人民共和国进出口关税条例》对这些进口货物制定了确定其完税价格的方法，本书从略。

2. 出口货物的完税价格

出口货物以海关审定的货物售予境外的离岸价格，扣除出口关税后作为完税价格。其计算公式为：

出口货物完税价格＝离岸价格÷(1＋出口关税税率)

式中，离岸价格应以该项货物运离关境前的最后一个口岸的离岸价格为实际离岸价格。

【特别提示】确定离岸价格时，应当注意以下几点：

（1）若该项货物从内地起运，则从内地口岸至最后出境口岸所支付的国内段运输费用应予扣除。

（2）离岸价格不包括装船以后发生的费用。

（3）出口货物在成交价格以外支付给国外的佣金应予扣除，未单独列明的不予扣除。

（4）出口货物在成交价格以外，买方另行支付的货物包装费，应计入成交价格。

（5）当离岸价格不能确定时，完税价格由海关估定。

3. 进出口货物完税价格的审定

当存在以下几种情况时，进出口货物的完税价格需要审定：

（1）进出口货物的收发货人或其代理人向海关申报进出口货物的成交价格明显偏低，而又不能提供合法证据和正当理由的。

（2）申报价格明显低于海关掌握的相同或类似货物的国际市场上公开成交货物的价格，而又不能提供合法证据和正当理由的。

（3）申报价格经海关调查认定买卖双方之间有特殊经济关系或对货物的使用、转让互相订有特殊条件或特殊安排，影响成交价格的，以及其他特殊成交情况，海关认为需要估价的。

（六）关税应纳税额的计算

1. 从价税计算方法

从价税是最普遍的关税计征方法，它以进（出）口货物的完税价格作为计税依据。其应纳税额的计算公式为：

应纳关税＝应税进(出)口货物数量×单位完税价格×比例税率

2. 从量税计算方法

从量税是以进（出）口货物的数量为计税依据的一种关税计征方法。其应纳税额的计算公式为：

应纳关税＝应税进(出)口货物数量×单位货物税额

3. 复合税计算方法

复合税是对某种进（出）口货物同时使用从价计征和从量计征的一种关税计征方法。其应纳税额的计算公式为：

应纳关税＝应税进(出)口货物数量×单位货物税额
＋应税进(出)口货物数量×单位完税价格×比例税率

4. 滑准税计算方法

滑准税是指关税的税率随着进（出）口货物价格的变动而反方向变动的一种税率形式，即价格越高，税率越低，税率为比例税率。因此，实行滑准税率的进（出）口货物应纳关税额的计算方法与从价税的计算方法相同。其应纳税额的计算公式为：

应纳关税＝应税进(出)口货物数量×单位完税价格×滑准税税率

【工作实例6-1】 甲企业为增值税一般纳税人，本年7月进口A型高档化妆品，其货价为165 000美元，货物运抵我国关境内输入地点起卸前的包装费为1 500美元，运费为3 000美元，保险费为500美元，款项以银行存款支付。当日汇率为1美元＝7元人民币。A型高档化妆品适用的进口关税税率为60%，进口增值税税率为13%，进口消费税税率为15%，材料按实际成本核算。甲企业从海关取得了海关进口增值税专用缴款书，该海关进口增值税专用缴款书本年7月已经申请稽核比对并且稽核比对结果为相符。

【工作要求】 计算甲企业当月进口货物的应纳进口关税、进口环节增值税和进口环节消费税。

【工作实施】

关税完税价格＝165 000＋1 500＋3 000＋500＝170 000(美元)
＝170 000×7＝1 190 000(元)

应纳进口关税＝1 190 000×60%＝714 000(元)

A材料采购成本(组成计税价格)＝(1 190 000＋714 000)÷(1－15%)
＝2 240 000(元)

应纳进口环节消费税＝2 240 000×15%＝336 000(元)

应纳进口环节增值税＝2 240 000×13%＝291 200(元)

（七）关税的征收管理

1. 关税的申报（报关）和缴纳

（1）关税的申报（报关）。进口货物的纳税义务人应当自运输工具申报进境之日起14日内，出口货物的纳税义务人除海关特准外，应当在货物运抵海关监管区后装货的24小时以前，向货物进（出）境地海关申报，海关根据税则归类和完税价格计算应缴纳的关税和进口环节代征税款，并填发税款缴款书。

（2）关税的缴纳。纳税义务人应当自海关填发税款缴款书之日起15日内，向指定银行缴纳税款。纳税义务人因不可抗力或者在国家税收政策调整的情形下，不能按期缴纳税款的，经海关总署批准，可以延期缴纳税款，但最长不得超过6个月。

【特别提示】 *若关税缴款期限届满日遇星期六、星期日等休息日或者法定节假日，则关税缴纳期限顺延至休息日或者法定节假日之后的第一个工作日。*

纳税义务人未按期缴纳税款的，从滞纳税款之日起，按日（周末或法定节假日不予扣除）加收滞纳税款0.5‰的滞纳金。具体计算公式为：

关税滞纳金金额＝滞纳关税金额×滞纳金征收比率×滞纳天数

【点拨指导】如果纳税义务人自海关填发缴款书之日起 3 个月仍未缴纳税款，经海关关长批准，海关可以采取强制扣缴、变价抵缴等强制措施。强制扣缴，即海关从纳税义务人在开户银行或者其他金融机构的存款中直接扣缴税款。变价抵缴，即海关将应税货物依法变卖，以变卖所得抵缴税款。

【情境引例解析】

关税的纳税申报没有单独的纳税申报表。进口关税的纳税申报需要填写"中华人民共和国海关进口货物报关单"，出口关税的纳税申报需要填写"中华人民共和国海关出口货物报关单"。

2. 关税的退还、补征和追缴

（1）关税的退还。关税的退还是指关税纳税人按海关核定的税额缴纳关税后，因某种原因的出现，海关将实际征收多于应当征收的关税税额（称为溢征关税）退还给原纳税人的一种行政行为。海关发现多征税款的，应当立即通知纳税义务人办理退还手续。纳税义务人发现多缴税款的，自缴纳税款之日起 1 年内，可以以书面形式要求海关退还多缴的税款并加算银行同期活期存款利息；海关应当自受理退税申请之日起 30 日内查实并通知纳税义务人办理退还手续。纳税义务人应当自收到通知之日起 3 个月内办理有关退税手续。

（2）关税的补征和追缴。关税的补征和追征是指海关在纳税人按海关核定的税额缴纳关税后，发现实际征收税额少于应征税额（短征关税）时，责令纳税人补缴所差税款的一种行政行为。根据短征关税的原因，将海关征收原短征关税的行为分为补征和追征两种。因纳税人违反海关规定造成短征关税的，称为追征；非因纳税人违反海关规定造成短征关税的，称为补征。

进出口货物放行后，海关发现少征或者漏征税款的，应当自缴纳税款或者货物放行之日起 1 年内，向纳税义务人补征税款。但因纳税义务人违反规定造成少征或者漏征税款的，海关可以自缴纳税款或者货物放行之日起 3 年内追征税款，并从缴纳税款或者货物放行之日起按日加收少征或者漏征税款万分之五的滞纳金。

海关发现海关监管货物因纳税义务人违反规定造成少征或者漏征税款的，应当自纳税义务人应缴纳税款之日起 3 年内追征税款，并从应缴纳税款之日起按日加收少征或者漏征税款万分之五的滞纳金。

二、关税的会计核算

（一）关税会计科目的设置

为正确反映和核算关税有关纳税事项，根据具体的进口业务和出口业务，纳税人可以在"应交税费"科目中设置"应交进口关税"和"应交出口关税"两个二级明细科目，其贷方分别登记应缴纳的进口和出口关税，借方分别登记已缴纳的进口和出口关税；期末贷方余额分别反映应缴未缴的进口和出口关税，期末借方余额分别反映多缴的进口和出口关税。

纳税人也可以不设置“应交税费——应交进口关税”和“应交税费——应交出口关税”科目，在实际缴纳进口关税时，直接借记“在途物资”“原材料”等科目，贷记“银行存款”等科目；在实际缴纳出口关税时，直接借记“税金及附加”等科目，贷记“银行存款”等科目。

（二）进口关税的会计核算实务

1. 工业企业进口业务关税的会计核算

工业企业直接或通过外贸企业从国外进口原材料，对于应缴纳的进口关税，可以不通过“应交税费”科目核算，而是将其与进口原材料的价款、国外运费、装卸费、保险费、国内费用一并直接计入进口原材料的采购成本，借记“在途物资”“原材料”等科目，贷记“银行存款”“应付账款”等科目。

企业根据与外商签订的加工装配和补偿贸易合同引进的国外设备，对于应支付的进口关税，按规定以企业专用拨款等支付。支付时，借记“在建工程——引进设备工程”科目，贷记“银行存款”等科目。

【工作实例6－2】 接工作实例6－1。

【工作要求】 对甲工业企业上述业务进行账务处理。

【工作实施】（1）购入现汇时：

借：银行存款——美元存款　　900 000

　贷：银行存款——人民币存款　　900 000

（2）对外付汇，缴纳进口关税、增值税，计算进口A材料的采购成本时：

借：在途物资——A材料　　1 035 000

　　应交税费——应交增值税（进项税额）　　134 550

　贷：银行存款——美元存款　　900 000

　　　　　　——人民币存款（135 000＋134 550）　　269 550

（3）材料验收入库时：

借：原材料——A材料　　1 035 000

　贷：在途物资——A材料　　1 035 000

2. 商业企业进口业务关税的会计核算

（1）商业企业自营进口业务关税的会计核算。商品流通企业自营进口业务所计缴的关税，在会计核算上是通过设置“应交税费——应交进口关税”和“在途物资”科目加以反映的。纳税人按应缴纳的进口关税额，借记“在途物资”科目，贷记“应交税费——应交进口关税”科目；实际缴纳进口关税时，借记“应交税费——应交进口关税”科目，贷记“银行存款”科目。对于应缴纳的进口关税，也可不通过“应交税费——应交进口关税”科目，直接借记“在途物资”科目，贷记“银行存款”“应付账款”等科目。

【工作实例6-3】 甲外贸公司为增值税一般纳税人，本年7月从国外自营进口商品一批，成交价格折合人民币为1 000 000元，进口关税税率为20%，进口增值税税率为13%，货款尚未支付，根据海关开出的专用缴款书，以银行转账支票付讫税款。甲外贸公司从海关取得的海关进口增值税专用缴款书，本年7月已经申请稽核比对并且稽核比对结果为相符。

【工作要求】（1）计算甲外贸公司的应纳进口关税。

（2）计算甲外贸公司的采购成本。

（3）计算甲外贸公司的应纳进口环节增值税。

（4）对甲外贸公司上述业务进行账务处理。

【工作实施】（1）甲公司的应纳进口关税为：

应纳进口关税＝1 000 000×20%＝200 000(元)

（2）甲外贸公司的采购成本为：

物资采购成本＝1 000 000＋200 000＝1 200 000(元)

（3）甲外贸公司的应纳进口环节增值税为：

应纳进口环节增值税＝1 200 000×13%＝156 000(元)

（4）缴纳进口关税、增值税时：

借：在途物资	1 200 000	
应交税费——应交增值税（进项税额）	156 000	
贷：应付账款		1 000 000
银行存款		356 000

商品验收入库时：

借：库存商品	1 200 000	
贷：在途物资		1 200 000

（2）代理进口业务关税的会计核算。代理进出口业务，对受托方来说，一般不垫付货款，多以收取手续费形式为委托方提供代理服务，因此，由于进出口商品而计缴的关税应由委托方缴纳，受托代理进出口业务的一方只是代垫或代付关税，日后要与委托方结算。在会计核算上也通过设置“应交税费——应交进口关税”科目来反映，其对应科目是“应付账款”“应收账款”“银行存款”等。

【工作实例6-4】 甲进出口公司（增值税一般纳税人）本年7月接受乙公司（增值税一般纳税人）的委托进口商品一批，进口货款为2 550 000元人民币，已汇入甲进出口公司存款账户。该进口商品我国口岸CIF价格为240 000美元，进口关税税率为20%，进口增值税税率为13%，当日的外汇牌价为1美元=7.1元人民币，代理手续费（不含增值税）按货价的2%收取。现该批商品已运达，向委托单位办理结算。从海关取得的海关进口增值税专用缴款书本年7月已经申请稽核比对并且稽核比对结果为相符。

【工作要求】（1）计算甲进出口公司的应纳进口关税。

（2）计算甲进出口公司的代理手续费及增值税销项税额。

（3）对甲进出口公司上述业务进行账务处理。

【工作实施】（1）计算甲进出口公司的应纳进口关税和进口环节增值税。

商品货价=240 000×7.1=1 704 000(元)

应纳进口关税=1 704 000×20%=340 800(元)

应纳进口环节增值税=(1 704 000+340 800)×13%=265 824(元)

（2）计算甲进出口公司的代理手续费及增值税销项税额。

代理手续费=1 704 000×2%=34 080(元)

甲进出口公司收取代理手续费应计提的增值税销项税额=34 080×6%
=2 044.8(元)

（3）对甲进出口公司的业务进行账务处理。

收到委托单位划来进口货款时：

借：银行存款	2 550 000	
贷：应付账款——乙公司		2 550 000

收到进口单证向外方支付货款时：

借：应付账款（或应收账款）——外商	1 704 000	
贷：银行存款		1 704 000

缴纳进口关税和增值税时：

借：应付账款——乙公司	606 624	
贷：应交税费——应交进口关税		340 800
——应交增值税（进项税额）		265 824
借：应交税费——应交进口关税	340 800	
——应交增值税（进项税额）	265 824	
贷：银行存款		606 624

将进口商品交付委托单位并收取手续费时：

借：应付账款——乙公司	1 740 124.80	

贷：其他业务收入（或主营业务收入）　　34 080.00

应交税费——应交增值税（销项税额）　　2 044.80

应付账款（或应收账款）——外商　　1 704 000.00

将委托单位剩余的进口货款退回时：

借：应付账款——乙公司（2 550 000－606 624－1 740 124.8）　　203 251.20

贷：银行存款　　203 251.20

（三）出口关税的会计核算实务

1. 工业企业出口关税的会计核算

工业企业出口产品可不通过“应交税费——应交出口关税”科目核算，而是按应缴纳的出口关税额，缴纳时直接借记“税金及附加”科目，贷记“银行存款”科目。

【工作实例6-5】 甲合金厂本年1月向英国出口一批物资，离岸价折合人民币为700 000元，该批物资的出口关税税率为40%，关税以支票支付。

【工作要求】（1）计算甲合金厂的应纳出口关税。

（2）对甲合金厂上述业务进行账务处理。

【工作实施】（1）甲合金厂的应纳出口关税：

应纳出口关税＝700 000÷(1＋40%)×40%＝200 000(元)

（2）对甲合金厂的业务进行账务处理。

缴纳出口关税时：

借：税金及附加　　200 000

贷：银行存款　　200 000

2. 商业企业出口关税的会计核算

（1）商业企业自营出口业务关税的会计核算。商业企业自营出口时按商品应缴纳的出口关税额，借记“税金及附加”科目，贷记“应交税费——应交出口关税”科目；实际缴纳出口关税时，借记“应交税费——应交出口关税”科目，贷记“银行存款”科目。企业也可以不通过“应交税费——应交出口关税”科目核算，而是直接借记“税金及附加”科目，贷记“银行存款”科目。

【工作实例6-6】 甲公司为一家外贸公司，本年3月直接对外出口产品一批，离岸价格折合人民币为3 600 000元，出口关税税率为20%。

【工作要求】（1）计算甲公司的应纳出口关税。

（2）对甲公司上述业务进行账务处理。

【工作实施】（1）甲公司的应纳出口关税：

应纳出口关税＝3 600 000÷(1＋20%)×20%＝600 000(元)

（2）对甲公司的业务进行账务处理。

计提出口关税时：

借：税金及附加　　600 000
　贷：应交税费——应交出口关税　　600 000

实际缴纳出口关税时：

借：应交税费——应交出口关税　　600 000
　贷：银行存款　　600 000

（2）商业企业代理出口业务关税的会计核算。代理出口业务是指进出口企业代委托方办理对外销售、发运、制单及结汇的全过程。代理出口企业按计算代缴的出口关税额，借记“应收账款”科目，贷记“应交税费——应交出口关税”科目；实际缴纳出口关税时，借记“应交税费——应交出口关税”科目，贷记“银行存款”科目。日后再与委托方结算。

【工作实例6-7】 甲进出口公司为增值税一般纳税人，本年7月代理乙公司出口商品一批，离岸价格折合人民币为560 000元，出口关税税率为40%，收取手续费10 000元（不含增值税）。

【工作要求】（1）计算甲进出口公司的应纳出口关税。

（2）对甲进出口公司上述业务进行账务处理。

【工作实施】（1）计提并缴纳关税时：

应纳出口关税＝560 000÷(1＋40%)×40%＝160 000(元)

借：应收账款——乙公司　　160 000
　贷：应交税费——应交出口关税　　160 000
借：应交税费——应交出口关税　　160 000
　贷：银行存款　　160 000

（2）计算应收取的手续费时：

收取代理手续费应计提的增值税销项税额＝10 000×6%＝600(元)

借：应收账款——乙公司　　10 600
　贷：其他业务收入（或主营业务收入）　　10 000
　　　应交税费——应交增值税（销项税额）　　600

（3）收到乙公司支付的税款及手续费时：

借：银行存款（160 000＋10 600）　　170 600
　贷：应收账款——乙公司　　170 600

第2节　城市维护建设税[1]、教育费附加和地方教育附加会计

情境引例

甲公司为增值税一般纳税人，缴纳增值税，不缴纳消费税。本年2月应缴纳的增值税为80 000元，本年1月还有100 000元的进项税额未抵扣，即本年2月应缴纳的增值税为0。请问本年3月的申报期内该公司还需要申报缴纳城市维护建设税吗？

一、城市维护建设税、教育费附加和地方教育附加的认知

（一）城市维护建设税、教育费附加和地方教育附加的概念

城市维护建设税（简称城建税）是以纳税人依法实际缴纳的增值税、消费税税额（简称两税税额）为计税依据所征收的一种税。征收城市维护建设税的主要目的是筹集城镇设施建设和维护资金。

教育费附加、地方教育附加是以纳税人依法实际缴纳的增值税、消费税税额为计征依据所征收的附加费。

（二）城市维护建设税的纳税人和扣缴义务人、教育费附加和地方教育附加的缴纳人和扣缴义务人

城市维护建设税的纳税人、教育费附加和地方教育附加的缴纳人，是在我国境内缴纳增值税、消费税的单位和个人。

【特别提示】单位包括国有企业、集体企业、私营企业、股份制企业、其他企业和行政单位、事业单位、军事单位、社会团体、其他单位；个人包括个体工商户以及其他个人。

代扣代缴、代收代缴增值税、消费税的单位和个人，同时也是城市维护建设税、教育费附加和地方教育附加的代扣代缴、代收代缴义务人。

对进口货物或者境外单位和个人向境内销售劳务、服务、无形资产缴纳的增值税、消费税税额，不征收城市维护建设税、教育费附加和地方教育附加。

① 本书中的“城市维护建设税”部分主要根据2021年9月1日起施行的《中华人民共和国城市维护建设税法》编写。

（三）城市维护建设税的税率、教育费附加和地方教育附加的征收率

1. 城市维护建设税的税率

城市维护建设税实行差别比例税率。按照纳税人所在地的不同，设置了三档比例税率（见表6-1）。

表6-1　城市维护建设税税率表

纳税人所在地	税率
市区	7%
县城和镇	5%
市区、县城和镇以外的其他地区	1%

对下列两种情况，可按缴纳增值税和消费税所在地的规定税率就地缴纳城市维护建设税：

（1）由受托方代扣代缴、代收代缴增值税和消费税的单位和个人，其代扣代缴、代收代缴的城市维护建设税按受托方所在地适用税率执行。

（2）流动经营等无固定纳税地点的单位和个人，在经营地缴纳增值税和消费税的，其城市维护建设税的缴纳按经营地适用税率执行。

2. 教育费附加和地方教育附加的征收率

教育费附加的征收率为3%，地方教育附加的征收率为2%。

（四）城市维护建设税的计税依据、教育费附加和地方教育附加的计征依据

城市维护建设税的计税依据以及教育费附加和地方教育附加的计征依据，为纳税人依法实际缴纳的增值税、消费税税额。

依法实际缴纳的增值税、消费税税额，是指纳税人依照增值税、消费税相关法律法规和税收政策规定计算的应当缴纳的增值税、消费税税额（不含因进口货物或境外单位和个人向境内销售劳务、服务、无形资产缴纳的增值税、消费税税额），加上增值税免抵税额，扣除直接减免的增值税、消费税税额和期末留抵退税退还的增值税税额后的金额。

直接减免的增值税、消费税税额，是指依照增值税、消费税相关法律法规和税收政策规定，直接减征或免征的增值税、消费税税额，不包括实行先征后返、先征后退、即征即退办法退还的增值税、消费税税额。

纳税人自收到留抵退税额之日起，应当在下一个税费申报期从城市维护建设税、教育费附加和地方教育附加计税（费）依据中扣除。留抵退税额仅允许在按照增值税一般计税方法确定的城市维护建设税、教育费附加和地方教育附加计税（费）依据中扣除。当期未扣除完的余额，在以后税费申报期按规定继续扣除。

对于增值税小规模纳税人更正、查补此前按照一般计税方法确定的城市维护建设

税、教育费附加和地方教育附加计税（费）依据，允许扣除尚未扣除完的留抵退税额。

对增值税免抵税额征收的城市维护建设税、教育费附加和地方教育附加，纳税人应在税务机关核准免抵税额的下一个税费申报期内向主管税务机关申报缴纳。

【特别提示】纳税人违反增值税、消费税有关税法而加收的滞纳金和罚款，是税务机关对纳税人违法行为的经济制裁，不作为城市维护建设税的计税依据，但纳税人在被查补增值税、消费税和被处以罚款时，应同时对其偷（逃）漏的城市维护建设税进行补税、征收滞纳金和罚款。

【点拨指导】城市维护建设税、教育费附加和地方教育附加按减免后实际缴纳的增值税、消费税税额计征，即随增值税、消费税的减免而减免（出口货物、劳务或者跨境销售服务、无形资产增值税免抵税额除外）。

【特别提示】对由于减免增值税、消费税而发生退税的，可同时退还已征收的城市维护建设税、教育费附加和地方教育附加。但对出口货物、劳务和跨境销售服务、无形资产以及因优惠政策退还增值税、消费税的，不退还已缴纳的城市维护建设税、教育费附加和地方教育附加。

【知识链接】对进口货物或者境外单位和个人向境内销售劳务、服务、无形资产缴纳的增值税、消费税税额，不征收城市维护建设税、教育费附加和地方教育附加。

【特别提示】因纳税人多缴发生的增值税、消费税退税，同时退还已缴纳的城市维护建设税、教育费附加和地方教育附加。增值税、消费税实行先征后返、先征后退、即征即退的，除另有规定外，不予退还随增值税、消费税附征的城市维护建设税、教育费附加和地方教育附加。

【归纳总结】出口不退，进口不征，免抵要征。

【情境引例解析】

城市维护建设税的申报缴纳是以当月实际申报缴纳的增值税、消费税额为计税依据的。甲公司本年2月应缴纳的增值税为0，本年3月的申报期内增值税和城市维护建设税均应当零申报缴纳。

（五）应纳城市维护建设税、教育费附加和地方教育附加的计算

$$\text{应纳城市维护建设税}=\text{纳税人依法实际缴纳的增值税、消费税税额}\times\text{适用税率}(7\%,5\%\text{或者}1\%)$$

$$\text{应纳教育费附加}=\text{纳税人依法实际缴纳的增值税、消费税税额}\times\text{征收率}(3\%)$$

$$\text{应纳地方教育附加}=\text{纳税人依法实际缴纳的增值税、消费税税额}\times\text{征收率}(2\%)$$

【特别提示】由省、自治区、直辖市人民政府根据本地区实际情况，以及宏观调控需要确定，自2019年1月1日至2021年12月31日，对增值税小规模纳税人可以在50%的税额幅度内减征资源税、城市维护建设税、房产税、城镇土地使用税、印花税（不含证券交易印花税）、耕地占用税、教育费附加、地方教育附加。增值税小规模纳税人已依法享受资源税、城市维护建设税、房产税、城镇土地使用税、印花税、耕地占用

税、教育费附加、地方教育附加其他优惠政策的，可叠加享受上述优惠政策。自2022年1月1日至2024年12月31日，由省、自治区、直辖市人民政府根据本地区实际情况，以及宏观调控需要确定，对增值税小规模纳税人、小型微利企业和个体工商户可以在50%的税额幅度内减征资源税、城市维护建设税、房产税、城镇土地使用税、印花税（不含证券交易印花税）、耕地占用税和教育费附加、地方教育附加。增值税小规模纳税人、小型微利企业和个体工商户已依法享受资源税、城市维护建设税、房产税、城镇土地使用税、印花税、耕地占用税、教育费附加、地方教育附加其他优惠政策的，可叠加享受上述规定的优惠政策。

【工作实例6-8】 甲公司位于县城，本年3月销售产品应纳增值税120万元、消费税100万元；进口产品应纳增值税20万元。

【工作要求】 计算甲公司上述业务的应纳城市维护建设税、教育费附加和地方教育附加。

【工作实施】

应纳城市维护建设税=(120+100)×5%=11(万元)

应纳教育费附加=(120+100)×3%=6.6(万元)

应纳地方教育附加=(120+100)×2%=4.4(万元)

（六）城市维护建设税、教育费附加和地方教育附加的征收管理

1. 城市维护建设税的纳税义务发生时间、教育费附加和地方教育附加的缴纳义务发生时间

城市维护建设税的纳税义务发生时间、教育费附加和地方教育附加的缴纳义务发生时间，与增值税、消费税的纳税义务发生时间一致，分别与增值税、消费税同时缴纳。

【点拨指导】 同时缴纳是指在缴纳增值税、消费税时，应当在增值税、消费税同一缴纳地点、同一缴纳期限内，一并缴纳对应的城市维护建设税、教育费附加和地方教育附加。采用委托代征、代扣代缴、代收代缴、预缴、补缴等方式缴纳增值税、消费税的，应当同时缴纳城市维护建设税、教育费附加和地方教育附加。代扣代缴，不含因境外单位和个人向境内销售劳务、服务、无形资产代扣代缴增值税情形。

2. 城市维护建设税的纳税期限、教育费附加和地方教育附加的缴纳期限

城市维护建设税的纳税期限、教育费附加和地方教育附加的缴纳期限与增值税、消费税的纳税期限一致。增值税、消费税的纳税期限分别为1日、3日、5日、10日、15日、1个月或者1个季度；纳税人的具体纳税期限，由税务机关根据纳税人应纳税额的大小分别核定；不能按照固定期限纳税的，可以按次纳税。

【特别提示】 扣缴义务人解缴税费的期限依照上述规定执行。

3. 城市维护建设税的纳税地点、教育费附加和地方教育附加的缴纳地点

纳税人实际缴纳增值税、消费税的地点，就是该纳税人缴纳城市维护建设税、教育

费附加和地方教育附加的地点。有特殊情况的，按下列原则和办法确定纳税地点或者缴纳地点：

（1）代扣代缴、代收代缴增值税、消费税的单位和个人，同时也是城市维护建设税、教育费附加和地方教育附加的代扣代缴、代收代缴义务人，其纳税地点或者缴纳地点为代扣代收地。

（2）对流动经营等无固定纳税地点的单位和个人，应随同增值税、消费税在经营地缴纳城市维护建设税、教育费附加和地方教育附加。

二、城市维护建设税、教育费附加和地方教育附加的会计核算

企业计提城市维护建设税时，应借记“税金及附加”“固定资产清理”等科目，贷记“应交税费——应交城市维护建设税”科目；实际缴纳城市维护建设税时，应借记“应交税费——应交城市维护建设税”科目，贷记“银行存款”科目。“应交税费——应交城市维护建设税”科目期末贷方余额反映企业应缴未缴的城市维护建设税。

企业计提教育费附加时，应借记“税金及附加”“固定资产清理”等科目，贷记“应交税费——应交教育费附加”科目；实际缴纳教育费附加时，应借记“应交税费——应交教育费附加”科目，贷记“银行存款”科目。“应交税费——应交教育费附加”科目期末贷方余额反映企业应缴未缴的教育费附加。

企业计提地方教育附加时，应借记“税金及附加”“固定资产清理”等科目，贷记“应交税费——应交地方教育附加”科目；实际缴纳地方教育附加时，应借记“应交税费——应交地方教育附加”科目，贷记“银行存款”科目。“应交税费——应交地方教育附加”科目期末贷方余额反映企业应缴未缴的地方教育附加。

【工作实例 6-9】 接工作实例 6-8。

【工作要求】对甲公司上述业务进行账务处理。

【工作实施】（1）计提城市维护建设税、教育费附加和地方教育附加时：

借：税金及附加	220 000	
贷：应交税费——应交城市维护建设税		110 000
——应交教育费附加		66 000
——应交地方教育附加		44 000

（2）缴纳城市维护建设税、教育费附加和地方教育附加时：

借：应交税费——应交城市维护建设税	110 000	
——应交教育费附加	66 000	
——应交地方教育附加	44 000	
贷：银行存款		220 000

三、城市维护建设税、教育费附加和地方教育附加的申报实务

纳税人对城市维护建设税、教育费附加和地方教育附加进行申报时，应当根据不同的情形分别填报“增值税及附加税费预缴表附列资料（附加税费情况表）”（略），以及“增值税及附加税费预缴表”（略）；“增值税及附加税费申报表（一般纳税人适用）附列资料（五）（附加税费情况表）”（见表2-5），以及“增值税及附加税费申报表（一般纳税人适用）”（见表2-6）；“增值税及附加税费申报表（小规模纳税人适用）附列资料（二）（附加税费情况表）”（见表2-7），以及“增值税及附加税费申报表（小规模纳税人适用）”（见表2-9）；“消费税附加税费计算表”（见表3-3），以及“消费税及附加税费申报表”（见表3-4）。

【工作引例解析】

（1）计算西安光明有限责任公司2022年6月的应纳城市维护建设税、教育费附加和地方教育附加。

应纳城市维护建设税＝30 753×7%＝2 152.71(元)

应纳教育费附加＝30 753×3%＝922.59(元)

应纳地方教育附加＝30 753×2%＝615.06(元)

（2）对西安光明有限责任公司2022年6月计提城市维护建设税、教育费附加和地方教育附加的业务以及2022年7月缴纳城市维护建设税、教育费附加和地方教育附加的业务进行账务处理。

2022年6月30日计提城市维护建设税、教育费附加和地方教育附加时：

借：税金及附加（2 152.71＋922.59＋615.06）	3 690.36
贷：应交税费——应交城市维护建设税	2 152.71
——应交教育费附加	922.59
——应交地方教育附加	615.06

2022年7月10日缴纳2022年6月应纳城市维护建设税、教育费附加和地方教育附加时：

借：应交税费——应交城市维护建设税	2 152.71
——应交教育费附加	922.59
——应交地方教育附加	615.06
贷：银行存款	3 690.36

（3）西安光明有限责任公司2022年7月10日对2022年6月的城市维护建设税、教育费附加和地方教育附加进行税费申报，填写“增值税及附加税费申报表（一般纳税人适用）附列资料（五）（附加税费情况表）”（见表2-5）以及“增值税及附加税费申报表（一般纳税人适用）”（见表2-6）的第39～41栏次。

【工作实例6-10】 接第2章“增值税会计”的“工作引例二、小规模纳税人增值税的计算、会计核算和纳税申报”，当地规定，小规模纳税人“六税两费”按50%幅度减征。

【工作要求】（1）计算西安正信财务咨询有限公司2022年1月的应纳城市维护建设税、教育费附加和地方教育附加。

（2）对西安正信财务咨询有限公司2022年1月计提城市维护建设税、教育费附加和地方教育附加的业务以及2022年2月缴纳城市维护建设税、教育费附加和地方教育附加的业务进行账务处理。

（3）西安正信财务咨询有限公司2022年2月8日对2022年1月的城市维护建设税、教育费附加和地方教育附加进行税费申报，填写“增值税及附加税费申报表（小规模纳税人适用）附列资料（二）（附加税费情况表）”以及“增值税及附加税费申报表（小规模纳税人适用）”的第23～25栏次。

【工作实施】（1）计算西安正信财务咨询有限公司2022年1月的应纳城市维护建设税、教育费附加和地方教育附加。

应纳城市维护建设税＝5 000×7%＝350(元)

应纳教育费附加＝5 000×3%＝150(元)

应纳地方教育附加＝5 000×2%＝100(元)

作为增值税小规模纳税人城市维护建设税减征额＝350×50%＝175(元)

作为增值税小规模纳税人教育费附加减征额＝150×50%＝75(元)

作为增值税小规模纳税人地方教育附加减征额＝100×50%＝50(元)

本期应补(退)城市维护建设税＝350－175＝175(元)

本期应补(退)教育费附加＝150－75＝75(元)

本期应补(退)地方教育附加＝100－50＝50(元)

（2）对西安正信财务咨询有限公司2022年1月计提城市维护建设税、教育费附加和地方教育附加的业务以及2022年2月缴纳城市维护建设税、教育费附加和地方教育附加的业务进行账务处理。

2022年1月31日计提城市维护建设税、教育费附加和地方教育附加时：

第一种观点：按照财政部会计司就相关问题的答复，不需要单独对于减征的“六税两费”进行会计处理。

借：税金及附加	300	
贷：应交税费——应交城市维护建设税		175
——应交教育费附加		75
——应交地方教育附加		50

第二种观点：单独对于减征的“六税两费”进行会计处理。

借：税金及附加	600	

贷：应交税费——应交城市维护建设税　　350
　　　　　　——应交教育费附加　　150
　　　　　　——应交地方教育附加　　100

借：应交税费——应交城市维护建设税　　175
　　　　　　——应交教育费附加　　75
　　　　　　——应交地方教育附加　　50

贷：其他收益　　300

以上两种观点对计算企业所得税的应纳税所得额的影响是一致的。本书采用第一种观点。

2022 年 2 月 8 日缴纳 2022 年 1 月应纳城市维护建设税、教育费附加和地方教育附加时：

借：应交税费——应交城市维护建设税　　175
　　　　　　——应交教育费附加　　75
　　　　　　——应交地方教育附加　　50

贷：银行存款　　300

（3）西安正信财务咨询有限公司 2022 年 2 月 8 日对 2022 年 1 月的城市维护建设税、教育费附加和地方教育附加进行税费申报，填写“增值税及附加税费申报表（小规模纳税人适用）附列资料（二）（附加税费情况表）”（见表 2－7）以及“增值税及附加税费申报表（小规模纳税人适用）”（见表 2－9）的第 23～25 栏次。

【工作实例 6－11】 接第 3 章“消费税会计”的“工作引例　消费税的计算、会计核算和纳税申报”。

【工作要求】（1）计算陕西金帝卷烟有限公司 2022 年 6 月的应纳城市维护建设税、教育费附加和地方教育附加。

（2）对陕西金帝卷烟有限公司 2022 年 6 月计提城市维护建设税、教育费附加和地方教育附加的业务以及 2022 年 7 月缴纳城市维护建设税、教育费附加和地方教育附加的业务进行账务处理。

（3）陕西金帝卷烟有限公司 2022 年 7 月 9 日对 2022 年 6 月的城市维护建设税、教育费附加和地方教育附加进行税费申报，填写“消费税附加税费计算表”以及“消费税及附加税费申报表”的第 15～17 栏次。

【工作实施】（1）计算陕西金帝卷烟有限公司 2022 年 6 月的应纳城市维护建设税、教育费附加和地方教育附加。

应纳城市维护建设税＝1 345 000×7%＝94 150(元)

应纳教育费附加＝1 345 000×3%＝40 350(元)

应纳地方教育附加＝1 345 000×2%＝26 900(元)

（2）对陕西金帝卷烟有限公司 2022 年 6 月计提城市维护建设税、教育费附加和地方教育附加的业务以及2022年7月缴纳城市维护建设税、教育费附加和地方教育附加的业务进行账务处理。

2022年6月30日计提城市维护建设税、教育费附加和地方教育附加时:

借:税金及附加(94 150+40 350+26 900)　161 400

　贷:应交税费——应交城市维护建设税　94 150

　　　　　　——应交教育费附加　40 350

　　　　　　——应交地方教育附加　26 900

2022年7月9日缴纳2022年6月应纳城市维护建设税、教育费附加和地方教育附加时:

借:应交税费——应交城市维护建设税　94 150

　　　　　——应交教育费附加　40 350

　　　　　——应交地方教育附加　26 900

　贷:银行存款　161 400

(3)陕西金帝卷烟有限公司2022年7月9日对2022年6月的城市维护建设税、教育费附加和地方教育附加进行税费申报,填写"消费税附加税费计算表"(见表3-3)以及"消费税及附加税费申报表"(见表3-4)的第15~17栏次。

第3节　资源税会计①

情境引例

我公司开采应税产品自用,是否应当缴纳资源税?

一、资源税的认知

(一)资源税的概念

资源税是对在中华人民共和国领域和中华人民共和国管辖的其他海域开发应税资源的单位和个人征收的一种税。

(二)资源税的纳税人

资源税的纳税人是指在中华人民共和国领域和中华人民共和国管辖的其他海域开发应税资源的单位和个人。

① 本节主要根据自2020年9月1日起施行的《中华人民共和国资源税法》编写。

【特别提示】单位是指国有企业、集体企业、私营企业、股份制企业、其他企业和行政单位、事业单位、军事单位、社会团体及其他单位；个人是指个体经营者（个体工商户）和其他个人。

【特别提示】资源税对生产者或开采者征收，并且于其销售或自用时一次性征收，批发、零售等环节不征收资源税。资源税为价内税。

（三）资源税的征税范围

应税资源的具体范围由《中华人民共和国资源税法》（简称《资源税法》）所附《资源税税目税率表》确定。我国目前资源税的征税范围仅涉及矿产品和盐两大类，具体包括：

（1）能源矿产。包括：原油；天然气、页岩气、天然气水合物；煤；煤成（层）气；铀、钍；油页岩、油砂、天然沥青、石煤；地热。

（2）金属矿产。包括：黑色金属和有色金属。

（3）非金属矿产。包括：矿物类、岩石类和宝玉石类。

（4）水气矿产。包括：二氧化碳气、硫化氢气、氦气、氡气；矿泉水。

（5）盐。包括：钠盐、钾盐、镁盐、锂盐；天然卤水；海盐。

纳税人开采或者生产应税产品自用的，应当依照《资源税法》的规定缴纳资源税；但是，自用于连续生产应税产品的，不缴纳资源税。

【情境引例解析】

《资源税法》规定，纳税人开采或者生产应税产品自用的，应当依照本法规定缴纳资源税；但是，自用于连续生产应税产品的，不缴纳资源税。因此，你公司开采应税产品，若自用于连续生产应税产品的，不缴纳资源税；若自用于其他方面的，需要缴纳资源税。

【特别提示】自2016年7月1日起，河北省试点开征水资源税，水资源费改税方式将地表水和地下水纳入征税范围，实行从量定额计征。自2017年12月1日起在北京、天津、山西、内蒙古、山东、河南、四川、陕西、宁夏等9个省（自治区、直辖市）扩大水资源税改革试点。

国务院根据国民经济和社会发展需要，依照《资源税法》的原则，对取用地表水或者地下水的单位和个人试点征收水资源税。征收水资源税的，停止征收水资源费。

水资源税根据当地水资源状况、取用水类型和经济发展等情况实行差别税率。

【特别提示】中外合作开采陆上、海上石油资源的企业依法缴纳资源税。2011年11月1日前已依法订立中外合作开采陆上、海上石油资源合同的，在该合同有效期内，继续依照国家有关规定缴纳矿区使用费，不缴纳资源税；合同期满后，依法缴纳资源税。

【点拨指导】开采企业直接出口应税资源产品，按离岸价格计算销售额征收资源税。

【特别提示】进口应税资源产品不缴纳资源税。此规则同城市维护建设税的规定。

（四）资源税的税目和税率

资源税的税目和税率依照《资源税税目税率表》（见表6-2）执行。

表6-2　资源税税目税率表

<table>
<tr><th colspan="3">税目</th><th>征税对象</th><th>税率</th></tr>
<tr><td rowspan="7">能源矿产</td><td colspan="2">原油</td><td>原矿</td><td>6%</td></tr>
<tr><td colspan="2">天然气、页岩气、天然气水合物</td><td>原矿</td><td>6%</td></tr>
<tr><td colspan="2">煤</td><td>原矿或者选矿</td><td>2%～10%</td></tr>
<tr><td colspan="2">煤成（层）气</td><td>原矿</td><td>1%～2%</td></tr>
<tr><td colspan="2">铀、钍</td><td>原矿</td><td>4%</td></tr>
<tr><td colspan="2">油页岩、油砂、天然沥青、石煤</td><td>原矿或者选矿</td><td>1%～4%</td></tr>
<tr><td colspan="2">地热</td><td>原矿</td><td>1%～20%或者每立方米1～30元</td></tr>
<tr><td rowspan="11">金属矿产</td><td>黑色金属</td><td>铁、锰、铬、钒、钛</td><td>原矿或者选矿</td><td>1%～9%</td></tr>
<tr><td rowspan="10">有色金属</td><td>铜、铅、锌、锡、镍、锑、镁、钴、铋、汞</td><td>原矿或者选矿</td><td>2%～10%</td></tr>
<tr><td>铝土矿</td><td>原矿或者选矿</td><td>2%～9%</td></tr>
<tr><td>钨</td><td>选矿</td><td>6.5%</td></tr>
<tr><td>钼</td><td>选矿</td><td>8%</td></tr>
<tr><td>金、银</td><td>原矿或者选矿</td><td>2%～6%</td></tr>
<tr><td>铂、钯、钌、锇、铱、铑</td><td>原矿或者选矿</td><td>5%～10%</td></tr>
<tr><td>轻稀土</td><td>选矿</td><td>7%～12%</td></tr>
<tr><td>中重稀土</td><td>选矿</td><td>20%</td></tr>
<tr><td>铍、锂、锆、锶、铷、铯、铌、钽、锗、镓、铟、铊、铪、铼、镉、硒、碲</td><td>原矿或者选矿</td><td>2%～10%</td></tr>
<tr><td rowspan="5">非金属矿产</td><td rowspan="5">矿物类</td><td>高岭土</td><td>原矿或者选矿</td><td>1%～6%</td></tr>
<tr><td>石灰岩</td><td>原矿或者选矿</td><td>1%～6%或者每吨（或者每立方米）1～10元</td></tr>
<tr><td>磷</td><td>原矿或者选矿</td><td>3%～8%</td></tr>
<tr><td>石墨</td><td>原矿或者选矿</td><td>3%～12%</td></tr>
<tr><td>萤石、硫铁矿、自然硫</td><td>原矿或者选矿</td><td>1%～8%</td></tr>
</table>

续表

税目			征税对象	税率
非金属矿产	矿物类	天然石英砂、脉石英、粉石英、水晶、工业用金刚石、冰洲石、蓝晶石、硅线石（矽线石）、长石、滑石、刚玉、菱镁矿、颜料矿物、天然碱、芒硝、钠硝石、明矾石、砷、硼、碘、溴、膨润土、硅藻土、陶瓷土、耐火粘土、铁矾土、凹凸棒石粘土、海泡石粘土、伊利石粘土、累托石粘土	原矿或者选矿	1%～12%
		叶蜡石、硅灰石、透辉石、珍珠岩、云母、沸石、重晶石、毒重石、方解石、蛭石、透闪石、工业用电气石、白垩、石棉、蓝石棉、红柱石、石榴子石、石膏	原矿或者选矿	2%～12%
		其他粘土（铸型用粘土、砖瓦用粘土、陶粒用粘土、水泥配料用粘土、水泥配料用红土、水泥配料用黄土、水泥配料用泥岩、保温材料用粘土）	原矿或者选矿	1%～5%或者每吨（或者每立方米）0.1～5元
非金属矿产	岩石类	大理岩、花岗岩、白云岩、石英岩、砂岩、辉绿岩、安山岩、闪长岩、板岩、玄武岩、片麻岩、角闪岩、页岩、浮石、凝灰岩、黑曜岩、霞石正长岩、蛇纹岩、麦饭石、泥灰岩、含钾岩石、含钾砂页岩、天然油石、橄榄岩、松脂岩、粗面岩、辉长岩、辉石岩、正长岩、火山灰、火山渣、泥炭	原矿或者选矿	1%～10%
		砂石	原矿或者选矿	1%～5%或者每吨（或者每立方米）0.1～5元
	宝玉石类	宝石、玉石、宝石级金刚石、玛瑙、黄玉、碧玺	原矿或者选矿	4%～20%
水气矿产	二氧化碳气、硫化氢气、氦气、氡气		原矿	2%～5%
	矿泉水		原矿	1%～20%或者每立方米1～30元
盐	钠盐、钾盐、镁盐、锂盐		选矿	3%～15%
	天然卤水		原矿	3%～15%或者每吨（或者每立方米）1～10元
	海盐			2%～5%

《资源税税目税率表》中规定实行幅度税率的，其具体适用税率由省、自治区、直辖市人民政府统筹考虑该应税资源的品位、开采条件以及对生态环境的影响等情况，在《资源税税目税率表》规定的税率幅度内提出，报同级人民代表大会常务委员会决定，

并报全国人民代表大会常务委员会和国务院备案。《资源税税目税率表》中规定征税对象为原矿或者选矿的，应当分别确定具体适用税率。

纳税人开采或者生产不同税目应税产品的，应当分别核算不同税目应税产品的销售额或者销售数量；未分别核算或者不能准确提供不同税目应税产品的销售额或者销售数量的，从高适用税率。纳税人开采销售共伴生矿，共伴生矿与主矿产品销售额分开核算的，对共伴生矿暂不计征资源税；没有分开核算的，共伴生矿按主矿产品的税目和适用税率计征资源税。财政部、国家税务总局另有规定的，从其规定。

（五）资源税的计税依据

资源税按照《资源税税目税率表》实行从价计征或者从量计征。

《资源税税目税率表》中规定可以选择实行从价计征或者从量计征的，具体计征方式由省、自治区、直辖市人民政府提出，报同级人民代表大会常务委员会决定，并报全国人民代表大会常务委员会和国务院备案。

实行从价计征的，应纳税额按照应税资源产品（以下称应税产品）的销售额乘以具体适用税率计算。实行从量计征的，应纳税额按照应税产品的销售数量乘以具体适用税率计算。

应税产品为矿产品的，包括原矿和选矿产品。

1. 销售额

（1）资源税应税产品（以下简称应税产品）的销售额，按照纳税人销售应税产品向购买方收取的全部价款确定，不包括增值税税款。

计入销售额中的相关运杂费用，凡取得增值税发票或者其他合法有效凭据的，准予从销售额中扣除。相关运杂费用是指应税产品从坑口或者洗选（加工）地到车站、码头或者购买方指定地点的运输费用、建设基金以及随运销产生的装卸、仓储、港杂费用。

纳税人扣减的运杂费用明显偏高导致应税产品价格偏低且无正当理由的，主管税务机关可以合理调整计税价格。

（2）纳税人申报的应税产品销售额明显偏低且无正当理由的，或者有自用应税产品行为而无销售额的，主管税务机关可以按下列方法和顺序确定其应税产品销售额：

1）按纳税人最近时期同类产品的平均销售价格确定。

2）按其他纳税人最近时期同类产品的平均销售价格确定。

3）按后续加工非应税产品销售价格，减去后续加工环节的成本利润后确定。

4）按应税产品组成计税价格确定。

组成计税价格＝成本×(1＋成本利润率)÷(1－资源税税率)

上述公式中的成本利润率由省、自治区、直辖市税务机关确定。

5）按其他合理方法确定。

(3) 外购应税产品购进金额、购进数量的扣减。

纳税人用已纳资源税的应税产品进一步加工应税产品销售的，不再缴纳资源税。纳税人外购应税产品与自采应税产品混合销售或者混合加工为应税产品销售的，在计算应税产品销售额或者销售数量时，准予扣减外购应税产品的购进金额或者购进数量；当期不足扣减的，可结转下期扣减。纳税人应当准确核算外购应税产品的购进金额或者购进数量，未准确核算的，一并计算缴纳资源税。

【特别提示】纳税人核算并扣减当期外购应税产品购进金额、购进数量，应当依据外购应税产品的增值税发票、海关进口增值税专用缴款书或者其他合法有效凭据。

纳税人以外购原矿与自采原矿混合为原矿销售，或者以外购选矿产品与自产选矿产品混合为选矿产品销售的，在计算应税产品销售额或者销售数量时，直接扣减外购原矿或者外购选矿产品的购进金额或者购进数量。

纳税人以外购原矿与自采原矿混合洗选加工为选矿产品销售的，在计算应税产品销售额或者销售数量时，按照下列方法进行扣减：

$$\frac{\text{准予扣减的外购应税}}{\text{产品购进金额(数量)}}=\frac{\text{外购原矿购进}}{\text{金额(数量)}}\times\left(\frac{\text{“本地区原矿”}}{\text{“适用税率”}}\div\frac{\text{“本地区选矿”}}{\text{“产品适用税率”}}\right)$$

不能按照上述方法计算扣减的，按照主管税务机关确定的其他合理方法进行扣减。

(4) 纳税人将其开采的原煤，自用于连续生产洗选煤的，在原煤移送使用环节不缴纳资源税；将开采的原煤加工为洗选煤销售的，以洗选煤销售额乘以折算率作为应税煤炭销售额，计算缴纳资源税。

【特别提示】洗选煤销售额包括洗选副产品的销售额，不包括洗选煤从洗选煤厂到车站、码头等的运输费用。

折算率可通过洗选煤销售额扣除洗选环节成本、利润计算，也可通过洗选煤市场价格与其所用同类原煤市场价格的差额及综合回收率计算。折算率由省、自治区、直辖市财税部门或其授权地市级财税部门确定。

纳税人同时以自采未税原煤和外购已税原煤加工洗选煤的，应当分别核算；未分别核算的，按上述规定计算缴纳资源税。

纳税人将其开采的原煤自用于其他方面的，视同销售原煤；将其开采的原煤加工为洗选煤自用的，视同销售洗选煤。

【点拨指导】用于其他方面是指以应税产品投资、分配、抵债、赠与、以物易物等，视同销售，应依法计算缴纳资源税。

2. 销售数量

(1) 销售数量包括纳税人开采或者生产应税产品的实际销售数量和自用于应当缴纳资源税情形的应税产品数量。

(2) 纳税人不能准确提供应税产品销售数量的，以应税产品的产量或者主管税务机关确定的折算比换算成的数量为计征资源税的销售数量。

【点拨指导】原矿和精矿的销售额或者销售数量应当分别核算，未分别核算的，从高确定计税销售额或者销售数量。

【特别提示】纳税人的减税、免税项目，应当单独核算销售额和销售数量；未单独核算或者不能准确提供销售额和销售数量的，不予减税或者免税。

（六）资源税应纳税额的计算

资源税的应纳税额按照从价定率或者从量定额的办法，分别以应税产品的销售额乘以纳税人具体适用的比例税率或者以应税产品的销售数量乘以纳税人具体适用的定额税率计算。计算公式如下：

（1）实行从价定率计征办法的应税产品，资源税应纳税额按销售额和比例税率计算：

应纳资源税＝应税产品的销售额×适用的比例税率

（2）实行从量定额计征办法的应税产品，资源税应纳税额按销售数量和定额税率计算：

应纳资源税＝应税产品的销售数量×适用的定额税率

【特别提示】纳税人开采或者生产同一税目下适用不同税率应税产品的，应当分别核算不同税率应税产品的销售额或者销售数量；未分别核算或者不能准确提供不同税率应税产品的销售额或者销售数量的，从高适用税率。

【工作实例6-12】　山东德胜铁矿有限公司的纳税人识别号为91370709864220086Y，法定代表人为张明，注册地址和生产经营地址均为山东省济南市开发区胜利路999号，开户银行为中国工商银行济南胜利路支行，账号为3301022009011512365，电话号码为0531-88888××，其资源税纳税期限为1个月。山东德胜铁矿有限公司2022年9月生产铁矿原矿8 000吨。当月对外销售铁矿原矿5 000吨，双方买卖合同（2022年9月20日签订）上记载的每吨不含增值税售价为600元，合计不含增值税售价为3 000 000元。已售出的铁矿原矿的成本为2 200 000元。该批铁矿原矿已经发出，款项以银行存款收讫。该批铁矿原矿的资源税税率为2%。

【工作要求】计算山东德胜铁矿有限公司2022年9月上述业务的增值税销项税额和应纳资源税。

【工作实施】

增值税销项税额＝5 000×600×13%＝390 000(元)

应纳资源税＝5 000×600×2%＝60 000(元)

（七）资源税的征收管理

资源税由税务机关依照《资源税法》和《中华人民共和国税收征收管理法》的规定征收管理。海上开采的原油和天然气资源税由海洋石油税务管理机构征收管理。税务机关与自然资源等相关部门应当建立工作配合机制，加强资源税征收管理。

1. 资源税的纳税义务发生时间

纳税人销售应税产品，纳税义务发生时间为收讫销售款或者取得索取销售款凭据的当日；自用应税产品的，纳税义务发生时间为移送应税产品的当日。

2. 资源税的纳税期限

资源税按月或者按季申报缴纳；不能按固定期限计算缴纳的，可以按次申报缴纳。

纳税人按月或者按季申报缴纳的，应当自月度或者季度终了之日起15日内，向税务机关办理纳税申报并缴纳税款；按次申报缴纳的，应当自纳税义务发生之日起15日内，向税务机关办理纳税申报并缴纳税款。

3. 资源税的纳税地点

纳税人应当在矿产品的开采地或者海盐的生产地缴纳资源税。

二、资源税的会计核算

（一）直接销售应税产品资源税的会计核算

企业直接销售应税产品，在计提资源税时，借记“税金及附加”科目，贷记“应交税费——应交资源税”科目；实际缴纳资源税时，借记“应交税费——应交资源税”科目，贷记“银行存款”科目。

【工作实例6－13】 接工作实例6－12。

【工作要求】对山东德胜铁矿有限公司上述业务进行账务处理。

【工作实施】（1）确认收入及结转成本时：

借：银行存款	3 390 000	
贷：主营业务收入（5 000×600）		3 000 000
应交税费——应交增值税（销项税额）		390 000
借：主营业务成本	2 200 000	
贷：库存商品		2 200 000

（2）计提资源税时：

借：税金及附加	60 000	
贷：应交税费——应交资源税		60 000

（3）缴纳资源税时：

借：应交税费——应交资源税	60 000	
贷：银行存款		60 000

（二）自产自用应税产品应纳资源税的会计核算

企业自产自用应税产品，自用于连续生产应税产品的，不缴纳资源税。企业自产自用应税产品，自用于其他方面的，视同销售，应当依照规定缴纳资源税。企业自产自用应税产品按规定计提资源税时，借记“生产成本”“制造费用”“应付职工薪酬”等科目，贷记“应交税费——应交资源税”科目；实际缴纳资源税时，借记“应交税费——应交资源税”科目，贷记“银行存款”科目。

【点拨指导】（1）纳税人开采原煤直接对外销售的：

原煤应纳资源税＝原煤销售额×适用税率

式中，销售额不含从坑口到车站、码头等的运输费用。

（2）将开采的原煤自用于连续生产洗选煤的，在原煤移送使用环节不缴纳资源税；自用于其他方面的，视同销售原煤，在移送环节缴纳资源税。

原煤及洗选煤销售额中包含的运输费用、建设基金以及随运销产生的装卸、仓储、港杂等费用应与煤价分别核算，凡取得相应凭据的，允许在计算煤炭计税销售额时予以扣减。

（3）纳税人将其开采的原煤加工为洗选煤对外销售的：

洗选煤应纳资源税＝洗选煤销售额×折算率×适用税率

【工作实例6-14】 甲煤炭开采企业本年7月将开采的价值为3 000万元的原煤自用于连续生产洗选煤5万吨（洗选煤的成本为4 000万元），并全部销售，开具的增值税专用发票注明金额5 000万元、增值税额650万元。另取得从甲煤炭开采企业到码头含增值税的运费收入50万元。该批洗选煤已经发出，款项以银行存款收讫。该批洗选煤在发出时，其控制权由甲煤炭开采企业转移给客户。假设洗选煤的折算率为80%，煤炭的资源税税率为6%。

【工作要求】 对甲煤炭开采企业上述业务进行账务处理。

【工作实施】

洗选煤应纳资源税＝洗选煤销售额×折算率×适用税率

洗选煤销售额包括洗选副产品的销售额，不包括洗选煤从洗选煤厂到车站、码头等的运输费用。

甲煤炭开采企业销售洗选煤应纳资源税＝5 000×80%×6%＝240(万元)

（1）移送原煤用于生产洗选煤时：

将开采的原煤自用于连续生产洗选煤的，在原煤移送使用环节不缴纳资源税。

借：生产成本	30 000 000	
贷：原材料		30 000 000
借：生产成本	10 000 000	
贷：应付职工薪酬、制造费用等科目（40 000 000－30 000 000）		10 000 000

（2）生产的洗选煤入库时：

借：库存商品　　40 000 000
　　贷：生产成本　　40 000 000

（3）销售洗选煤时：

借：银行存款　　56 500 000
　　贷：主营业务收入　　50 000 000
　　　　应交税费——应交增值税（销项税额）　　6 500 000

销售洗选煤并提供运输服务属于混合销售行为，运输收入应当按照主业销售货物来计算缴纳增值税。

借：银行存款　　500 000.00
　　贷：其他业务收入（500 000÷(1＋13％)）　　442 477.88
　　　　应交税费——应交增值税（销项税额）（500 000÷(1＋13％)×13％）　　57 522.12

借：主营业务成本　　40 000 000
　　贷：库存商品　　40 000 000

（4）计提资源税时：

借：税金及附加　　2 400 000
　　贷：应交税费——应交资源税　　2 400 000

（5）缴纳资源税时：

借：应交税费——应交资源税　　2 400 000
　　贷：银行存款　　2 400 000

三、资源税的纳税申报实务

纳税人对资源税进行纳税申报时，应当填报“资源税税源明细表”（见表6-3）、“财产和行为税减免税明细申报附表”（略）、“财产和行为税纳税申报表”（见表6-4）。

【点拨指导】“财产和行为税纳税申报表”适用于申报城镇土地使用税、房产税、契税、耕地占用税、土地增值税、印花税、车船税、烟叶税、环境保护税、资源税。本表根据各税种税源明细表自动生成，申报前需填写税源明细表。本表包含一张附表，即“财产和行为税减免税明细申报附表”。

【工作实例6-15】 接工作实例6-12、工作实例6-13。

【工作要求】山东德胜铁矿有限公司2022年10月10日对2022年9月的资源税进行纳税申报，填写“资源税税源明细表”“财产和行为税纳税申报表”。

【工作实施】填写“资源税税源明细表”（见表6-3）、“财产和行为税纳税申报表”（见表6-4）。

表 6-3　资源税税源明细表

税款所属期限：自 2022 年 09 月 01 日至 2022 年 09 月 30 日

纳税人识别号（统一社会信用代码）：91370709864220086Y

纳税人名称：山东德胜铁矿有限公司　　　　金额单位：人民币元（列至角分）

申报计算明细										
序号	税目	子目	计量单位	销售数量	准予扣减的外购应税产品购进数量	计税销售数量	销售额	准予扣除的运杂费	准予扣减的外购应税产品购进金额	计税销售额
	1	2	3	4	5	6=4−5	7	8	9	10=7−8−9
1	铁矿	原矿	吨	5 000.00			3 000 000.00	0.00	0.00	3 000 000.00
2										
合计							3 000 000.00	0.00	0.00	3 000 000.00

减免税计算明细									
序号	税目	子目	减免性质代码和项目名称	计量单位	减免税销售数量	减免税销售额	适用税率	减征比例	本期减免税额
	1	2	3	4	5	6	7	8	9①=5×7×8
									9②=6×7×8
1									
2									
合计									

表 6-4　财产和行为税纳税申报表

纳税人识别号（统一社会信用代码）：91370709864220086Y
纳税人名称：山东德胜铁矿有限公司　　　　金额单位：人民币元（列至角分）

序号	税种	税目	税款所属期起	税款所属期止	计税依据	税率	应纳税额	减免税额	已缴税额	应补（退）税额
1	资源税	铁矿	2022年09月01日	2022年09月30日	3 000 000.00	2%	60 000.00	0.00	0.00	60 000.00
2	土地增值税		2022年09月30日	2022年09月30日	35 554 285.72	30%	10 666 285.72	0.00	0.00	10 666 285.72
3	城镇土地使用税		2022年07月01日	2022年09月30日	12 000.00	7	21 000.00	0.00	0.00	21 000.00
4	房产税		2022年07月01日	2022年09月30日	56 000 000.00	1.2%	168 000.00	0.00	0.00	168 000.00
5	车船税	乘用车	2022年09月01日	2022年12月31日	1	360	210.00	0.00	0.00	210.00
6	印花税	买卖合同	2022年09月01日	2022年09月30日	3 200 000.00	0.3‰	960.00	0.00	0.00	960.00
7	印花税	产权转移书据	2022年09月01日	2022年09月30日	120 000 000.00	0.5‰	60 000.00	0.00	0.00	60 000.00
8	契税		2022年10月10日	2022年10月10日	10 000 000.00	3%	300 000.00	0.00	0.00	300 000.00
9										
10										
11	合计	—	—	—	—	—	11 276 365.72	0.00	0.00	11 276 365.72

声明：此表是根据国家税收法律法规及相关规定填写的，本人（单位）对填报内容（及附带资料）的真实性、可靠性、完整性负责。

纳税人（签章）：山东德胜铁矿有限公司　2022年10月10日

经办人：略 经办人身份证号：略 代理机构签章： 代理机构统一社会信用代码：	受理人： 受理税务机关（章）： 受理日期：　年　月　日

第 4 节　土地增值税会计

情境引例

甲公司利用一块闲置土地的使用权换取乙房地产公司的新建商品房，作为本单位职工的居住用房，这种行为是否应该缴纳土地增值税？

一、土地增值税的认知

（一）土地增值税的概念

土地增值税是对转让国有土地使用权、地上建筑物及其他附着物产权并取得收入的单位和个人，就其转让房地产所取得的增值额征收的一种税。

（二）土地增值税的纳税人

土地增值税的纳税人为转让国有土地使用权、地上建筑物及其附着物（统称转让房地产）并取得收入的单位和个人。

【特别提示】单位包括各类企业单位、事业单位、国家机关和社会团体及其他组织；个人包括个体工商户。

【知识链接】转让房地产过程中，转让方缴纳增值税、城市维护建设税和教育费附加及地方教育附加、印花税、土地增值税、企业所得税（或者个人所得税）；承受方缴纳契税、印花税，符合抵扣规定的可以抵扣增值税。

（三）土地增值税的征税范围

1. 土地增值税征税范围的一般规定

（1）土地增值税只对转让国有土地使用权及其地上建筑物和附着物的行为征纳，对出让国有土地使用权的行为不征纳。国有土地使用权是指土地使用人根据国家法律、合同等规定，对国家所有的土地享有的使用权利。土地增值税只对企业、单位和个人转让国有土地使用权的行为征纳。对属于集体所有的土地，按现行法律规定须先由国家征用后才能转让。

国有土地使用权出让是指国家以土地所有者的身份将土地使用权在一定年限内让与土地使用者，并由土地使用者向国家支付土地出让金的行为。由于土地使用权的出让方是国家，出让收入在性质上属于政府凭借所有权在土地一级市场上收取的租金，因此政府出让土地的行为及取得的收入不在土地增值税的征税之列。

【知识链接】国有土地使用权出让、转让时，承受人均应缴纳契税。

（2）土地增值税既对转让国有土地使用权的行为征纳，也对转让地上建筑物及其他附着物产权的行为征纳。税法规定，纳税人转让地上建筑物和其他附着物的产权，取得的增值性收入，也应计算缴纳土地增值税。换言之，纳入土地增值税征税范围的增值额是纳税人转让房地产所取得的全部增值额，而非仅是土地使用权转让的收入。

（3）土地增值税只对有偿转让的房地产征纳，对以继承、赠与等方式无偿转让的房地产，不予征纳。不征土地增值税的房地产赠与行为包括以下两种情况：

1）房产所有人、土地使用权所有人将房屋产权、土地使用权赠与直系亲属或承担直接赡养义务人的行为。

2）房产所有人、土地使用权所有人通过中国境内非营利的社会团体、国家机关将房屋产权、土地使用权赠与教育、民政和其他社会福利、公益事业的行为。

【特别提示】社会团体是指中国青少年发展基金会、中国宋庆龄基金会、国家减灾委员会、中国红十字会、中国残疾人联合会、中国老龄事业发展基金会、中国老区建设促进会，以及经民政部门批准成立的其他非营利的公益性组织。

2. 土地增值税征税范围的特殊规定

（1）企业改制重组。

1）按照《中华人民共和国公司法》的规定，非公司制企业整体改建为有限责任公司或者股份有限公司，有限责任公司（股份有限公司）整体改建为股份有限公司（有限责任公司），对改建前的企业将国有土地、房屋权属转移、变更到改建后的企业，暂不征收土地增值税。

整体改建是指不改变原企业的投资主体，并承继原企业权利、义务的行为。

2）按照法律规定或者合同约定，两个或两个以上企业合并为一个企业，且原企业投资主体存续的，对原企业将国有土地、房屋权属转移、变更到合并后的企业，暂不征收土地增值税。

3）按照法律规定或者合同约定，企业分设为两个或两个以上与原企业投资主体相同的企业，对原企业将国有土地、房屋权属转移、变更到分立后的企业，暂不征收土地增值税。

4）单位、个人在改制重组时以国有土地、房屋进行投资，对其将国有土地、房屋权属转移、变更到被投资的企业，暂不征收土地增值税。

5）上述改制重组有关土地增值税政策不适用于房地产转移任意一方为房地产开发企业的情形。

6）改制重组后再转让房地产，需要申报缴纳土地增值税。

（2）房地产开发企业将开发的房地产转变用途。房地产开发企业将开发的部分房地产转为企业自用或用于出租等商业用途时，如果产权未发生转移，不征收土地增值税。

（3）房地产的交换。房地产交换是指一方以房地产与另一方的房地产进行交换的行为。由于这种行为既发生了房产产权、土地使用权的转移，交换双方又取得了实物形态的收入，因此属于土地增值税的征税范围。但对个人之间互换自有居住用房地产的，经当地税务机关核实，可以免征土地增值税。

【知识链接】土地使用权互换、房屋互换，互换价格相等的，互换双方计税依据为零；互换价格不相等的，以其差额为计税依据，由支付差额的一方缴纳契税。

（4）合作建房。对于一方出地，另一方出资金，双方合作建房，建成后按比例分房自用的，暂免征收土地增值税；建成后转让的，应征收土地增值税。

（5）房地产的出租。房地产出租不属于土地增值税的征税范围。

【知识链接】房地产开发企业建造的商品房在出售前不征收房产税，但对出售前房地产开发企业已使用或出租、出借的商品房应按规定征收房产税。

（6）房地产的抵押。对于房地产的抵押，在抵押期间不征收土地增值税；如果抵押期满以房地产抵债，发生房地产权属转移，应列入土地增值税的征税范围。

【知识链接】土地、房屋权属的抵押不属于契税的征税范围。以土地、房屋权属偿还债务，视同发生权属转移，承受人应当缴纳契税。

（7）房地产的代建行为。房地产的代建行为不属于土地增值税的征税范围。

（8）房地产的重新评估。房地产进行重新评估而产生的评估增值不属于土地增值税的征税范围。

（9）土地使用者处置土地使用权。土地使用者转让、抵押或置换土地，无论其是否取得了该土地的使用权属证书，无论其在转让、抵押或置换土地过程中是否与对方当事人办理了土地使用权属证书变更登记手续，只要土地使用者享有占有、使用、收益或处分该土地的权利，且有合同等证据表明其实质转让、抵押或置换了土地并取得了相应的经济利益，土地使用者及其对方当事人就应依照税法规定缴纳土地增值税和契税等。

【归纳总结】土地增值税和契税的征收情形都要求有产权权属变动。土地增值税还强调取得收入，而契税不要求必须取得收入。

（四）土地增值税的税率

土地增值税实行四级超率累进税率（见表6－5）。

表6－5　土地增值税税率表

级数	增值额与扣除项目金额的比率	税率（%）	速算扣除系数（%）
1	不超过50%的部分（含50%）	30	0
2	超过50%至100%的部分（含100%）	40	5
3	超过100%至200%的部分（含200%）	50	15
4	超过200%的部分	60	35

（五）土地增值税的计税依据

土地增值税的计税依据是纳税人转让房地产所取得的增值额。转让房地产的增值额是纳税人转让房地产的收入减除税法规定的扣除项目金额后的余额。土地增值额的大小取决于转让房地产的收入额和扣除项目金额两个因素。

1. 应税收入的确定

纳税人转让房地产取得的应税收入，应包括转让房地产的全部价款及有关的经济收益。从收入的形式来看，包括货币收入、实物收入和其他收入。

【特别提示】营改增后，土地增值税纳税人转让房地产取得的收入为不含增值税收入。免征增值税的，确定计税依据时，转让房地产取得的收入不扣减增值税额。

【情境引例解析】

甲公司应当缴纳土地增值税。该公司以地换房，虽然没有取得货币收入，但是取得了实物收入并且发生了土地使用权转移，因此，该公司应该缴纳土地增值税。

2. 扣除项目及其金额

税法准予纳税人从房地产转让收入额中减除的扣除项目具体包括以下内容：

（1）取得土地使用权所支付的金额（适用新建房转让和存量房地产转让）。取得土地使用权所支付的金额包括以下两方面的内容。

1）纳税人为取得土地使用权所支付的地价款。

2）纳税人在取得土地使用权时按国家统一规定缴纳的有关费用。

【特别提示】按国家统一规定缴纳的有关费用（取得土地使用权时），是指纳税人在取得土地使用权过程中为办理有关手续，按国家统一规定缴纳的有关登记、过户手续费。房地产开发企业为取得土地使用权所支付的契税，应视同“按国家统一规定缴纳的有关费用”，计入“取得土地使用权所支付的金额”中扣除。

（2）房地产开发成本（适用新建房转让）。房地产开发成本是指纳税人开发房地产项目实际发生的成本，包括土地的征用及拆迁补偿费、前期工程费、建筑安装工程费、基础设施费、公共配套设施费、开发间接费用等。

（3）房地产开发费用（适用新建房转让）。房地产开发费用是指与房地产开发项目有关的销售费用、管理费用和财务费用。根据现行财务会计制度的规定，这三项费用作为期间费用，按照实际发生额直接计入当期损益。但在计算土地增值税时，房地产开发费用并不按照纳税人实际发生额扣除，应分别按以下两种情况扣除。

1）财务费用中的利息支出，凡能够按转让房地产项目计算分摊并提供金融机构证明的，允许据实扣除，但最高不能超过按商业银行同类同期贷款利率计算的金额。其他房地产开发费用按规定（即取得土地使用权所支付的金额和房地产开发成本，下同）计算的金额之和的5%以内计算扣除。其计算公式为：

$$\text{最多允许扣除的房地产开发费用}=\text{利息（最高不能超过按商业银行同类同期贷款利率计算的金额）}+\left(\text{取得土地使用权所支付的金额}+\text{房地产开发成本}\right)\times 5\%$$

2）财务费用中的利息支出，凡不能按转让房地产项目计算分摊利息支出或不能提供金融机构证明的（也包含全部使用自有资金的无借款的情况），房地产开发费用按规定计算的金额之和的10%以内计算扣除。计算扣除的具体比例，由各省、自治区、直辖市人民政府规定。其计算公式为：

$$\text{最多允许扣除的房地产开发费用}=\left(\text{取得土地使用权所支付的金额}+\text{房地产开发成本}\right)\times 10\%$$

【特别提示】财政部、国家税务总局对扣除项目金额中利息支出的计算问题做了两点专门规定：一是利息的上浮幅度按国家的有关规定执行，超过上浮幅度的部分不允许扣除；二是对于超过贷款期限的利息部分和加罚的利息不允许扣除。

3）房地产开发企业既向金融机构借款，又有其他借款的，其房地产开发费用计算扣除时不能同时适用上述第1）、2）项所述两种办法。

4）土地增值税清算时，已经计入房地产开发成本的利息支出，应调整至财务费用中计算扣除。

（4）与转让房地产有关的税金（适用新建房转让和存量房地产转让）。与转让房地产有关的税金是指在转让房地产时缴纳的城市维护建设税、印花税。因转让房地产缴纳的教育费附加，也可视同税金予以扣除。

【特别提示】自2016年5月1日销售不动产营改增之后，转让不动产不再缴纳营业税，而是缴纳增值税，但增值税属于价外税，不作为税金单独扣除。

根据《财政部 国家税务总局关于土地增值税一些具体问题规定的通知》（财税字〔1995〕48号）的规定，房地产开发企业在转让房地产时缴纳的印花税已列入管理费用，故不允许单独再扣除。非房地产开发企业转让房地产时缴纳的印花税允许在此扣除。

【点拨指导】从法理来看，地方教育附加是可以视同“与转让房地产有关的税金”作为土地增值税的扣除项目（“土地增值税的扣除项目”是“计算土地增值税增值额的扣除项目”的简称）的，但国家层面没有明确的文件规定，各地具体执行也不一样。纳税人应当事先咨询当地税务机关，然后进行具体的操作。

（5）财政部规定的其他扣除项目（适用新建房转让）。对从事房地产开发的纳税人可按规定计算的金额之和加计20%扣除。此条优惠只适用于从事房地产开发的纳税人，除此之外的其他纳税人不适用。

（6）旧房及建筑物的扣除金额（适用存量房地产转让）。

1）按评估价格扣除。旧房及建筑物的评估价格是指在转让已使用的房屋及建筑物时，由政府批准设立的房地产评估机构评定的重置成本价乘以成新度折扣率后的价格。

评估价格须经当地税务机关确认。

【知识链接】重置成本价是指对旧房及建筑物，按转让时的建材价格及人工费用计算，建造同样面积、同样层次、同样结构、同样建设标准的新房及建筑物所需花费的成本费用。成新度折扣率是指按旧房的新旧程度所做的一定比例的折扣。

因此，转让旧房应按房屋及建筑物的评估价格、取得土地使用权所支付的地价款和按国家统一规定缴纳的有关费用，以及在转让环节缴纳的税金作为扣除项目金额计征土地增值税。对取得土地使用权时未支付地价款或不能提供已支付的地价款凭据的，在计征土地增值税时不允许扣除。

2）按购房发票金额计算扣除。纳税人转让旧房及建筑物，凡不能取得评估价格，但能提供购房发票的，经当地税务部门确认，《中华人民共和国土地增值税暂行条例》规定的扣除项目的金额，可按发票所载金额并从购买年度起至转让年度止每年加计5%计算。对于纳税人购房时缴纳的契税，凡能够提供契税完税凭证的，准予作为与转让房地产有关的税金予以扣除，但不作为加计5%的基数。

（六）土地增值税应纳税额的计算

1. 应纳税额的计算公式

土地增值税的计算公式为：

$$\text{应纳土地增值税}=\sum(\text{每级距的增值额}\times\text{适用税率})$$
$$=\text{增值额}\times\text{适用税率}-\text{扣除项目金额}\times\text{速算扣除系数}$$

2. 应纳税额的计算步骤

根据上述计算公式，土地增值税应纳税额的计算可分为以下四步：

（1）计算增值额。

$$\text{增值额}=\text{房地产转让收入}-\text{扣除项目金额}$$

（2）计算增值率。

$$\text{增值率}=\text{增值额}\div\text{扣除项目金额}\times100\%$$

（3）确定适用税率和速算扣除系数。按照计算出的增值率，从土地增值税税率表中确定适用税率和速算扣除系数。

（4）计算应纳税额。

$$\text{应纳土地增值税}=\text{增值额}\times\text{适用税率}-\text{扣除项目金额}\times\text{速算扣除系数}$$

【工作实例6-16】 甲房地产开发有限公司地处市区，本年1月整体转让一栋其2019年开发的普通住宅，并办理了产权转移手续。转让取得含税收入12 000万元，扣除项目中土地出让金为2 000万元，假设房地产开发成本只有建筑安装工程费，包括购买的建筑材料2 000万元（含增值税，取得增值税专用发票，税率为13%），支付给建筑公司建设工程款800万元（含增值税，取得增值税专用发票，税率为9%），房地产开发费用中的利息支出为1 100万元（不能按转让房地产项目计算分摊利息支出，也不能提供金融机构证明），房地产开发费用的计算扣除比例为10%。甲房地产开发有限公司取得的增值税专用发票均于取得的当月符合抵扣规定。当地税务机关认为：因转让房地产缴纳的教育费附加、地方教育附加均可视同“与转让房地产有关的税金”，作为土地增值税的扣除项目。

【工作要求】计算甲房地产开发有限公司的应纳土地增值税。

【工作实施】（1）销售房地产应纳增值税：

$$\begin{aligned}\text{销售房地产应纳增值税}&=\left(\text{全部价款和价外费用}-\text{当期允许扣除的土地价款}\right)\div(1+9\%)\times 9\%-\text{增值税进项税额}\\&=(120\ 000\ 000-20\ 000\ 000)\div(1+9\%)\times 9\%\\&\quad-20\ 000\ 000\div(1+13\%)\times 13\%-8\ 000\ 000\\&\quad\div(1+9\%)\times 9\%\\&=5\ 295\ 445.32(\text{元})\end{aligned}$$

（2）营改增后，土地增值税纳税人转让房地产取得的收入为不含增值税收入。

$$\begin{aligned}\text{转让房地产的收入(不含增值税收入)}&=120\ 000\ 000-(120\ 000\ 000-20\ 000\ 000)\\&\quad\div(1+9\%)\times 9\%\\&=111\ 743\ 119.27(\text{元})\end{aligned}$$

$$\text{取得土地使用权所支付的金额(土地价款)}=20\ 000\ 000(\text{元})$$

$$\begin{aligned}\text{房地产开发成本}&=20\ 000\ 000\div(1+13\%)+8\ 000\ 000\div(1+9\%)\\&=25\ 038\ 564.58(\text{元})\end{aligned}$$

$$\begin{aligned}\text{房地产开发费用}&=(\text{取得土地使用权所支付的金额}+\text{房地产开发成本})\times 10\%\\&=(20\ 000\ 000+25\ 038\ 564.58)\times 10\%\\&=4\ 503\ 856.46(\text{元})\end{aligned}$$

$$\begin{aligned}\text{与转让房地产有关的税金}&=\text{城市维护建设税}+\text{教育费附加}+\text{地方教育附加}\\&=5\ 295\ 445.32\times 7\%+5\ 295\ 445.32\times 3\%\\&\quad+5\ 295\ 445.32\times 2\%\\&=370\ 681.17+158\ 863.36+105\ 908.91\\&=635\ 453.44(\text{元})\end{aligned}$$

$$\begin{aligned}\text{加计扣除}&=(\text{取得土地使用权所支付的金额}+\text{房地产开发成本})\times 20\%\\&=(20\ 000\ 000+25\ 038\ 564.58)\times 20\%\\&=9\ 007\ 712.92(\text{元})\end{aligned}$$

$$\begin{aligned}\text{转让房地产的扣除项目金额合计}&=20\ 000\ 000+25\ 038\ 564.58+4\ 503\ 856.46\\&\quad+635\ 453.44+9\ 007\ 712.92\\&=59\ 185\ 587.40(\text{元})\end{aligned}$$

（3）转让房地产的增值额。

转让房地产的增值额＝111 743 119.27－59 185 587.40＝52 557 531.87(元)

（4）增值额与扣除项目金额的比率（增值率）。

增值额与扣除项目金额的比率(增值率)＝52 557 531.87÷59 185 587.40×100%

＝88.80%

适用税率为40%，速算扣除系数为5%。

应纳土地增值税＝52 557 531.87×40%－59 185 587.40×5%

＝18 063 733.38(元)

【工作实例6-17】 接工作实例6-12，山东德胜铁矿有限公司2022年9月底转让其自建的位于县城的一栋办公楼，取得含增值税销售收入12 000万元（作为产权转移书据的商品房销售合同中价税未分别列明）。山东德胜铁矿有限公司与购买方于2022年9月30日签订商品房销售合同。2012年建造该办公楼时，取得土地使用权所支付的金额为3 000万元，发生建造成本4 000万元。该办公楼转让时已经计提折旧3 200万元。转让时经政府批准的房地产评估机构评估，确定该办公楼的重置成本价为8 000万元，成新度折扣率为60%。产权转移书据印花税税率为0.5‰，山东德胜铁矿有限公司支付给房地产评估机构的评估费用为10万元（含增值税，取得增值税普通发票）。山东德胜铁矿有限公司选择简易计税方法缴纳增值税。当地税务机关认为：因转让房地产缴纳的教育费附加、地方教育附加均可视同“与转让房地产有关的税金”，作为土地增值税的扣除项目。

【工作要求】计算山东德胜铁矿有限公司2022年9月上述业务的应纳增值税和应纳土地增值税。

【工作实施】（1）计算应纳增值税。一般纳税人转让其2016年4月30日前自建的不动产，可以选择适用简易计税方法，以取得的全部价款和价外费用为销售额，按照5%的征收率计算应纳税额。纳税人应按照上述计税方法向不动产所在地主管税务机关预缴税款，向机构所在地主管税务机关申报纳税。

应预缴增值税＝120 000 000÷(1＋5%)×5%＝5 714 285.71(元)

应纳增值税＝应预缴增值税＝5 714 285.71(元)

（2）计算应纳土地增值税。营改增后，土地增值税纳税人转让房地产取得的收入为不含增值税收入。

转让房地产的收入(不含增值税收入)＝120 000 000÷(1＋5%)

＝114 285 714.29(元)

取得土地使用权所支付的金额＝30 000 000(元)

办公楼的评估价格＝80 000 000×60%＝48 000 000(元)

支付的评估费用=100 000(元)

应纳城市维护建设税=5 714 285.71×5%=285 714.29(元)

应纳教育费附加=5 714 285.71×3%=171 428.57(元)

应纳地方教育附加=5 714 285.71×2%=114 285.71(元)

应税产权转移书据印花税的计税依据，为产权转移书据所列的金额，不包括列明的增值税税款。

计算土地增值税时可扣除的印花税=120 000 000×0.5‰=60 000(元)

与转让房地产有关的税金等=285 714.29+171 428.57+114 285.71+60 000
=631 428.57(元)

计算土地增值税时允许扣除项目金额的合计数=30 000 000+48 000 000+100 000+631 428.57
=78 731 428.57(元)

转让办公楼的增值额=114 285 714.29−78 731 428.57=35 554 285.72(元)

增值率=35 554 285.72÷78 731 428.57×100%=45.16%

适用税率为30%，速算扣除系数为0。

应纳土地增值税=35 554 285.72×30%=10 666 285.72(元)

（七）土地增值税的征收管理

1. 土地增值税的纳税期限

纳税人应当自转让房地产合同签订之日起7日内向房地产所在地主管税务机关办理纳税申报，并在税务机关核定的期限内缴纳土地增值税。

根据《土地增值税暂行条例实施细则》的规定，对纳税人在项目全部竣工结算前转让房地产取得的收入可以预征土地增值税。具体办法由各省、自治区、直辖市地方税务局根据当地情况制定。因此，对纳税人预售房地产所取得的收入，当地税务机关规定预征土地增值税的，纳税人应当到主管税务机关办理纳税申报，并按规定比例预缴，待办理决算后，多退少补；当地税务机关规定不预征土地增值税的，也应在取得收入时先到税务机关登记或备案。

对实行预征办法的地区，除保障性住房外，东部地区省份预征率不得低于2%，中部和东北地区省份不得低于1.5%，西部地区省份不得低于1%，各地要根据不同类型房地产确定适当的预征率（地区的划分按照国务院有关文件的规定执行）。

2. 土地增值税的清算

（1）土地增值税的清算单位。土地增值税以国家有关部门审批的房地产开发项目为单位进行清算，对于分期开发的项目，以分期项目为单位清算。开发项目中同时包含普通住宅和非普通住宅的，应分别计算增值额。

（2）土地增值税的清算条件。

1）符合下列情形之一的，纳税人应进行土地增值税的清算：

①房地产开发项目全部竣工、完成销售的。

②整体转让未竣工决算房地产开发项目的。

③直接转让土地使用权的。

2）符合下列情形之一的，主管税务机关可要求纳税人进行土地增值税清算：

①已竣工验收的房地产开发项目，已转让的房地产建筑面积占整个项目可售建筑面积的比例在85%以上，或该比例虽未超过85%，但剩余的可售建筑面积已经出租或自用的。

②取得销售（预售）许可证满3年仍未销售完毕的。

③纳税人申请注销税务登记但未办理土地增值税清算手续的。

④省级税务机关规定的其他情况。

【归纳总结】应当进行清算的情形是纳税人的开发项目已经完全转让。

3. 土地增值税的纳税地点

土地增值税的纳税人应向房地产所在地主管税务机关办理纳税申报。

【特别提示】房地产所在地是指房地产的坐落地。纳税人转让的房地产坐落在两个或两个以上地区的，应按房地产所在地分别申报纳税。

二、土地增值税的会计核算

（一）房地产开发企业土地增值税的会计核算

房地产开发企业计提土地增值税时，借记“税金及附加”科目，贷记“应交税费——应交土地增值税”科目；实际缴纳土地增值税时，借记“应交税费——应交土地增值税”科目，贷记“银行存款”等科目。

房地产开发企业采取预售方式销售房地产的，对在项目全部竣工结算前转让房地产取得的收入，税务机关可以预征土地增值税，房地产开发企业按税法规定预缴的土地增值税，借记“应交税费——应交土地增值税”科目，贷记“银行存款”等科目；待项目办理完土地增值税清算时，借记“税金及附加”科目，贷记“应交税费——应交土地增值税”科目；若收到退回多缴的土地增值税，借记“银行存款”等科目，贷记“应交税费——应交土地增值税”科目；若补缴土地增值税，则做相反的会计分录。

【工作实例6-18】 接工作实例6-16。

【工作要求】对甲房地产开发有限公司上述业务进行账务处理。

【工作实施】（1）支付土地出让金时：

借：开发成本——土地出让金　　20 000 000

　　贷：银行存款　　20 000 000

（2）购买建筑材料时：

借：开发成本——建筑安装费（20 000 000÷(1+13%)）　　17 699 115.04

　　应交税费——应交增值税（进项税额）（20 000 000÷(1+13%)×13%）

2 300 884.96

　贷：银行存款　20 000 000.00

（3）支付建设工程款时：

借：开发成本——建筑安装费（8 000 000÷(1+9%)）　7 339 449.54

　　应交税费——应交增值税（进项税额）（8 000 000÷(1+9%)×9%）

660 550.46

　贷：银行存款　8 000 000.00

（4）转让住宅时：

借：银行存款　120 000 000.00

　贷：主营业务收入（120 000 000÷(1+9%)）　110 091 743.12

　　应交税费——应交增值税（销项税额）（120 000 000÷(1+9%)×9%）

9 908 256.88

（5）抵减销项税额时：

借：应交税费——应交增值税（销项税额抵减）（20 000 000÷(1+9%)×9%）

1 651 376.15

　贷：主营业务成本　1 651 376.15

（6）结转成本时：

借：开发产品　45 038 564.58

　贷：开发成本——土地出让金　20 000 000.00

　　　　　　——建筑安装费（17 699 115.04+7 339 449.54）　25 038 564.58

借：主营业务成本　45 038 564.58

　贷：开发产品　45 038 564.58

（7）计提城市维护建设税、教育费附加和地方教育附加时：

借：税金及附加　635 453.44

　贷：应交税费——应交城市维护建设税（5 295 445.32×7%）　370 681.17

　　　　　　——应交教育费附加（5 295 445.32×3%）　158 863.36

　　　　　　——应交地方教育附加（5 295 445.32×2%）　105 908.91

（8）缴纳城市维护建设税、教育费附加和地方教育附加时：

借：应交税费——应交城市维护建设税　370 681.17

　　　　　——应交教育费附加　158 863.36

　　　　　——应交地方教育附加　105 908.91

　贷：银行存款　635 453.44

（9）计提土地增值税时：

借：税金及附加　18 063 733.38

　贷：应交税费——应交土地增值税　18 063 733.38

（10）缴纳土地增值税时：

借：应交税费——应交土地增值税　　18 063 733.38
　贷：银行存款　　18 063 733.38

（二）非房地产开发企业土地增值税的会计核算

非房地产开发企业对于地上建筑物及其附着物连同国有土地使用权一并转让的业务通过“固定资产清理”等科目核算，按转让时应缴纳的土地增值税额，借记“固定资产清理”科目，贷记“应交税费——应交土地增值税”科目。实际缴纳土地增值税时，借记“应交税费——应交土地增值税”科目，贷记“银行存款”等科目。

【工作实例 6-19】 接工作实例 6-17。

【工作要求】 对山东德胜铁矿有限公司上述业务进行账务处理。

【工作实施】（1）固定资产转入清理时：

借：固定资产清理　　38 000 000
　　累计折旧　　32 000 000
　贷：固定资产（30 000 000＋40 000 000）　　70 000 000

（2）取得收入并计提增值税时：

借：银行存款　　120 000 000.00
　贷：固定资产清理　　114 285 714.29
　　　应交税费——简易计税（120 000 000÷(1＋5%)×5%）　　5 714 285.71

（3）向不动产所在地主管税务机关预缴增值税税款时：

借：应交税费——简易计税　　5 714 285.71
　贷：银行存款　　5 714 285.71

2022年10月申报期内向机构所在地主管税务机关申报纳税时，由于向不动产所在地主管税务机关预缴税款（5 714 285.71元）与向机构所在地主管税务机关申报纳税额（5 714 285.71元）相等，即不需要补缴增值税，因此只进行纳税申报，不进行账务处理。

（4）支付评估费用时：

借：固定资产清理　　100 000
　贷：银行存款　　100 000

（5）计提城市维护建设税、教育费附加和地方教育附加时：

借：固定资产清理　　571 428.57
　贷：应交税费——应交城市维护建设税　　285 714.29
　　　　　　　——应交教育费附加　　171 428.57
　　　　　　　——应交地方教育附加　　114 285.71

（6）实际缴纳城市维护建设税、教育费附加和地方教育附加时：

借：应交税费——应交城市维护建设税　　285 714.29
　　　　　　——应交教育费附加　　171 428.57
　　　　　　——应交地方教育附加　　114 285.71

　　贷：银行存款　　571 428.57

（7）缴纳印花税时：

　借：固定资产清理　　60 000

　　贷：银行存款　　60 000

（8）计提土地增值税时：

　借：固定资产清理　　10 666 285.72

　　贷：应交税费——应交土地增值税　　10 666 285.72

（9）缴纳土地增值税时：

　借：应交税费——应交土地增值税　　10 666 285.72

　　贷：银行存款　　10 666 285.72

（10）结转净收益时：

　借：固定资产清理（114 285 714.29－38 000 000－100 000
　　－571 428.57－60 000－10 666 285.72）　　64 888 000

　　贷：资产处置损益　　64 888 000

三、土地增值税的纳税申报实务

纳税人对土地增值税进行纳税申报时，应当填报“土地增值税税源明细表”（见表 6－6）、“财产和行为税减免税明细申报附表”（略）、“财产和行为税纳税申报表”（见表 6－4）。

表 6－6　土地增值税税源明细表（节选）[①]

税款所属期限：自 2022 年 09 月 30 日至 2022 年 09 月 30 日

纳税人识别号（统一社会信用代码）：91370709864220086Y

纳税人名称：山东德胜铁矿有限公司　　　　金额单位：人民币元（列至角分）；面积单位：平方米

土地增值税申报计算及减免信息
申报类型：
1. 从事房地产开发的纳税人预缴适用 □
2. 从事房地产开发的纳税人清算适用 □
3. 从事房地产开发的纳税人按核定征收方式清算适用 □
4. 纳税人整体转让在建工程适用□

① 土地增值税税源明细表原表的内容较多，涉及不同情形土地增值税的缴纳，为了教学需要，此处为节选后的土地增值税税源明细表。土地增值税税源明细表原表可以通过国家税务总局以下网址下载：http://www.chinatax.gov.cn/chinatax/n810341/n810825/c101434/c5163487/content.html，也可以扫描下面的二维码下载。

5. 从事房地产开发的纳税人清算后尾盘销售适用 □							
6. 转让旧房及建筑物的纳税人适用☑							
7. 转让旧房及建筑物的纳税人核定征收适用 □							
项目名称		略		项目编码		略	
项目地址		略					
项目总可售面积		略		自用和出租面积		略	
已售面积	略	其中：普通住宅已售面积	略	其中：非普通住宅已售面积	略	其中：其他类型房地产已售面积	略
清算时已售面积		略		清算后剩余可售面积		略	

申报类型	项目	序号	金额
6. 转让旧房及建筑物的纳税人适用 7. 转让旧房及建筑物的纳税人核定征收适用	一、转让房地产收入总额	1=2+3+4	114 285 714.29
	1. 货币收入	2	114 285 714.29
	2. 实物收入	3	
	3. 其他收入	4	
	二、扣除项目金额合计	(1) 5=6+7+10+15 (2) 5=11+12+14+15	78 731 428.57
	(1) 提供评估价格		
	1. 取得土地使用权所支付的金额	6	30 000 000.00
	2. 旧房及建筑物的评估价格	7=8×9	48 000 000.00
	其中：旧房及建筑物的重置成本价	8	80 000 000.00
	成新度折扣率	9	60%
	3. 评估费用	10	100 000.00
	(2) 提供购房发票		
	1. 购房发票金额	11	
	2. 发票加计扣除金额	12=11×5%×13	
	其中：房产实际持有年数	13	
	3. 购房契税	14	
	4. 与转让房地产有关的税金等	15=16+17+18+19	631 428.57
	其中：营业税	16	
	城市维护建设税	17	285 714.29
	印花税	18	60 000.00
	教育费附加	19	285 714.28
	三、增值额	20=1−5	35 554 285.72
	四、增值额与扣除项目金额之比（%）	21=20÷5	45.16%
	五、适用税率（核定征收率）（%）	22	30%
	六、速算扣除系数（%）	23	
	七、减免税额	24=26+28+30	

	其中：减免税（1）	减免性质代码和项目名称（1）	25	
		减免税额（1）	26	
	减免税（2）	减免性质代码和项目名称（2）	27	
		减免税额（2）	28	
	减免税（3）	减免性质代码和项目名称（3）	29	
		减免税额（3）	30	

【工作实例6-20】 接工作实例6-17、工作实例6-19。

【工作要求】山东德胜铁矿有限公司2022年10月10日对土地增值税进行纳税申报，填写“土地增值税税源明细表”“财产和行为税纳税申报表”。

【工作实施】填写“土地增值税税源明细表”（见表6-6）、“财产和行为税纳税申报表”（见表6-4）。

第5节 城镇土地使用税会计

情境引例

甲公司有一批地下建筑用地，请问其城镇土地使用税如何征收？

一、城镇土地使用税的认知

（一）城镇土地使用税的概念

城镇土地使用税是国家在城市、县城、建制镇和工矿区范围内，对使用土地的单位和个人，以其实际占用的土地面积为计税依据，按照规定的税额计算征收的一种税。

（二）城镇土地使用税的纳税人

城镇土地使用税的纳税人是指在税法规定的征税范围内使用土地的单位和个人。

【特别提示】单位包括国有企业、集体企业、私营企业、股份制企业、外商投资企业、外国企业以及其他企业和事业单位、社会团体、国家机关、军队以及其他单位；个人包括个体工商户以及其他个人。

城镇土地使用税的纳税人根据用地者的不同情况分别确定：

（1）城镇土地使用税由拥有土地使用权的单位或个人缴纳。

（2）拥有土地使用权的纳税人不在土地所在地的，由代管人或实际使用人缴纳。

（3）土地使用权未确定或权属纠纷未解决的，由实际使用人缴纳。

（4）土地使用权共有的，共有各方均为纳税人，以共有各方实际使用土地的面积占总面积的比例，分别计算缴纳城镇土地使用税。

【归纳总结】受益人纳税原则：谁使用，谁受益，谁纳税。

【特别提示】一般情况下，用于租赁的房屋，由出租方缴纳城镇土地使用税。但在城镇土地使用税征税范围内，承租集体所有建设用地的，由直接从集体经济组织承租土地的单位和个人，缴纳城镇土地使用税。

（三）城镇土地使用税的征税范围

凡在城市、县城、建制镇、工矿区范围内的土地，不论是国家所有的土地还是集体所有的土地，都属于城镇土地使用税的征税范围。

【特别提示】自2009年1月1日起，公园、名胜古迹内的索道公司经营用地，应按规定缴纳城镇土地使用税。

（四）城镇土地使用税的税率

城镇土地使用税采用定额税率，即采用有幅度的差别税额，按大、中、小城市和县城、建制镇、工矿区分别规定每平方米城镇土地使用税年应纳税额。

城镇土地使用税税率表如表6－7所示。

表6－7　城镇土地使用税税率表

级别	人口（人）	每平方米税额（元）
大城市	50万以上	1.5～30
中等城市	20万～50万	1.2～24
小城市	20万以下	0.9～18
县城、建制镇、工矿区		0.6～12

（五）城镇土地使用税的计税依据

城镇土地使用税以纳税人实际占用的土地面积为计税依据，土地面积计量标准为每平方米。即税务机关根据纳税人实际占用的土地面积，按照规定的税率计算应纳税额，向纳税人征收城镇土地使用税。

【情境引例解析】

根据《财政部 国家税务总局关于房产税城镇土地使用税有关问题的通知》（财税〔2009〕128号）的规定，对在城镇土地使用税征税范围内单独建造的地下建筑用地，按规定征收城镇土地使用税。其中，已取得地下土地使用权证的，按土地使用权证确认的土地面积计算应征税款；未取得地下土地使用权证或地下土地使用权证上未标明土地面积的，按地下建筑垂直投影面积计算应征税款。对上述地下建筑用地暂按应征税款的50%征收城镇土地使用税。

（六）城镇土地使用税应纳税额的计算

城镇土地使用税以纳税人实际占用的土地面积为计税依据，按照规定的适用税额计算征收。其计算公式为：

年应纳城镇土地使用税＝实际占用应税土地面积(平方米)×适用税额

【工作实例 6－21】 接工作实例 6－12，山东德胜铁矿有限公司生产经营用地的土地面积为 12 000 平方米，土地名称为 A 土地。山东德胜铁矿有限公司为土地使用权人。土地性质为国有土地。土地取得方式为转让。土地用途为工业用途。土地坐落地址为山东省济南市开发区东关街道青年路 100 号。土地所属主管税务所为山东省济南市开发区税务局。土地取得时间为 2018 年 7 月。该土地为一级土地，城镇土地使用税的单位税额为每平方米 7 元。按照当地规定，城镇土地使用税按年计算，每季度缴纳一次。山东德胜铁矿有限公司 2022 年 10 月 10 日对 2022 年第三季度的城镇土地使用税进行纳税申报。

【工作要求】计算山东德胜铁矿有限公司 2022 年第三季度的应纳城镇土地使用税。

【工作实施】

2022 年第三季度应纳城镇土地使用税＝12 000×7÷4＝21 000(元)

（七）城镇土地使用税的征收管理

1. 城镇土地使用税的纳税义务发生时间

（1）纳税人购置新建商品房，自房屋交付使用之次月起，缴纳城镇土地使用税。

（2）纳税人购置存量房，自办理房屋权属转移、变更登记手续，房地产权属登记机关签发房屋权属证书之次月起，缴纳城镇土地使用税。

（3）纳税人出租、出借房产（由房产所有人缴纳），自交付出租、出借房产之次月起，缴纳城镇土地使用税。

（4）以出让或转让方式有偿取得土地使用权的，由受让方从合同约定交付土地时间的次月起缴纳城镇土地使用税；合同未约定交付时间的，由受让方从合同签订的次月起缴纳城镇土地使用税。

（5）纳税人新征用的耕地，自批准征用之日起满 1 年时开始缴纳城镇土地使用税。

（6）纳税人新征用的非耕地，自批准征用次月起缴纳城镇土地使用税。

【特别提示】自 2009 年 1 月 1 日起，纳税人因土地的权利发生变化而依法终止城镇土地使用税纳税义务的，其应纳税款的计算应截至土地权利发生变化的当月末。

2. 城镇土地使用税的纳税期限

城镇土地使用税按年计算、分期缴纳，具体纳税期限由省、自治区、直辖市人民政府确定。以山东省为例，《国家税务总局山东省税务局关于财产和行为税有关政策问题的公告》（国家税务总局山东省税务局公告2019年第3号）规定：城镇土地使用税按季或半年缴纳的，申报纳税期限为季度或半年终了后15日内。

3. 城镇土地使用税的纳税地点

城镇土地使用税在土地所在地缴纳。纳税人使用的土地不属于同一省、自治区、直辖市管辖的，由纳税人分别向土地所在地的税务机关缴纳城镇土地使用税；在同一省、自治区、直辖市管辖范围内，纳税人跨地区使用的土地，其纳税地点由各省、自治区、直辖市税务局确定。

二、城镇土地使用税的会计核算

企业计提城镇土地使用税时，借记“税金及附加”科目，贷记“应交税费——应交城镇土地使用税”科目；实际缴纳城镇土地使用税时，借记“应交税费——应交城镇土地使用税”科目，贷记“银行存款”等科目。

【点拨指导】全面试行营改增后，“营业税金及附加”科目名称调整为“税金及附加”，该科目核算企业经营活动发生的消费税、城市维护建设税、资源税、教育费附加、房产税、城镇土地使用税、车船税、印花税等相关税费；利润表中的“营业税金及附加”项目调整为“税金及附加”项目。22号文件发布前，“四小税”（房产税、城镇土地使用税、车船税、印花税）计入“管理费用”科目，22号文件将其统一计入“税金及附加”科目，这与《小企业会计准则》的规定一致。

【工作实例6－22】 接工作实例6－21。

【工作要求】对山东德胜铁矿有限公司2022年第三季度计提城镇土地使用税的业务以及2022年10月缴纳城镇土地使用税的业务进行账务处理。

【工作实施】（1）2022年7月、8月、9月每月月底计提2022年第三季度各月的城镇土地使用税时，各月分别做如下分录：

借：税金及附加　　7 000

　贷：应交税费——应交城镇土地使用税（21 000÷3）　　7 000

（2）2022年10月10日实际缴纳2022年第三季度的城镇土地使用税时：

借：应交税费——应交城镇土地使用税　　21 000

　贷：银行存款　　21 000

三、城镇土地使用税的纳税申报实务

纳税人城镇土地使用税进行纳税申报时，应当填报“城镇土地使用税 房产税税源明细表”（见表6－8）、“财产和行为税减免税明细申报附表”（略）、“财产和行为税纳税申报表”（见表6－4）。

【工作实例6－23】 接工作实例6－21、工作实例6－22。

表 6-8　城镇土地使用税 房产税税源明细表

纳税人识别号（统一社会信用代码）：91370709864220086Y
纳税人名称：山东德胜铁矿有限公司　　　　金额单位：人民币元（列至角分）；面积单位：平方米

<table>
<tr><td colspan="12">一、城镇土地使用税税源明细①</td></tr>
<tr><td>*纳税人类型</td><td colspan="3">土地使用权人☑　集体土地使用人□
无偿使用人□　代管人□　实际使用人□
（必选）</td><td colspan="3">土地使用权人纳税人识别号
（统一社会信用代码）</td><td>91370709864220086Y</td><td colspan="2">土地使用权人名称</td><td colspan="2">山东德胜铁矿有限公司</td></tr>
<tr><td>*土地编号</td><td colspan="3">系统自动赋予编号</td><td colspan="3">土地名称</td><td>A土地</td><td colspan="2">不动产权证号</td><td colspan="2">略</td></tr>
<tr><td>不动产单元代码</td><td colspan="3">略</td><td colspan="3">宗地号</td><td>略</td><td colspan="2">*土地性质</td><td colspan="2">国有☑ 集体□（必选）</td></tr>
<tr><td>*土地取得方式</td><td colspan="3">划拨□　出让□　转让☑　租赁□
其他□（必选）</td><td colspan="3">*土地用途</td><td colspan="5">工业☑　商业□　居住□　综合□　房地产开发企业的开发用地□
其他□（必选）</td></tr>
<tr><td>*土地坐落地址
（详细地址）</td><td colspan="11">山东省（自治区、直辖市）济南市（区）开发县（区）东关乡镇（街道）青年路100号　　（必填）</td></tr>
<tr><td>*土地所属主管税务所（科、分局）</td><td colspan="11">系统自动带出</td></tr>
<tr><td>*土地取得时间</td><td>2018年07月</td><td>变更类型</td><td colspan="6">纳税义务终止（权属转移□　其他□）
信息项变更（土地面积变更□　土地等级变更□　减免税变更□
其他□）</td><td colspan="2">变更时间</td><td>年　月</td></tr>
<tr><td>*占用土地面积</td><td>12 000.00</td><td>地价</td><td colspan="2">略</td><td>*土地等级</td><td colspan="3">一级</td><td colspan="2">*税额标准</td><td>系统自动带出</td></tr>
</table>

① 首次进行纳税申报的纳税人，需要填写全部土地的相关信息。此后办理纳税申报时，纳税人的土地及相关信息未发生变化的，可仅对已填报的信息进行确认；发生变化的，仅就变化的内容进行填写。

<table>
<tr><td rowspan="5">减免税部分</td><td rowspan="2">序号</td><td rowspan="2">减免性质代码和项目名称</td><td colspan="2">减免起止时间</td><td rowspan="2">减免税土地面积</td><td rowspan="2">月减免税金额</td></tr>
<tr><td>减免起始月份</td><td>减免终止月份</td></tr>
<tr><td>1</td><td></td><td>年　月</td><td>年　月</td><td></td><td></td></tr>
<tr><td>2</td><td></td><td></td><td></td><td></td><td></td></tr>
<tr><td>3</td><td></td><td></td><td></td><td></td><td></td></tr>
</table>

<table>
<tr><td colspan="6">二、房产税税源明细①</td></tr>
<tr><td colspan="6">（一）从价计征房产税明细</td></tr>
<tr><td colspan="6"></td></tr>
<tr><td>*纳税人类型</td><td>产权所有人☑　经营管理人☐　承典人☐　房屋代管人☐　房屋使用人☐　融资租赁承租人☐（必选）</td><td>所有权人纳税人识别号（统一社会信用代码）</td><td>91370709864220086Y</td><td>所有权人名称</td><td>山东德胜铁矿有限公司</td></tr>
<tr><td>*房产编号</td><td>系统赋予编号</td><td>房产名称</td><td colspan="3">A房产</td></tr>
<tr><td>不动产权证号</td><td>略</td><td>不动产单元代码</td><td colspan="3">略</td></tr>
<tr><td>*房屋坐落地址（详细地址）</td><td colspan="5">山东省（自治区、直辖市）济南市（区）开发县（区）东关乡镇（街道）青年路100号（必填）</td></tr>
<tr><td>*房产所属主管税务所（科、分局）</td><td colspan="5">系统自动带出</td></tr>
<tr><td>房屋所在土地编号</td><td>系统自动带出</td><td>*房产用途</td><td colspan="3">工业☑　商业及办公☐　住房☐　其他☐　（必选）</td></tr>
<tr><td>*房产取得时间</td><td>2018年07月　｜　变更类型</td><td colspan="2">纳税义务终止（权属转移☐　其他☐）
信息项变更（房产原值变更☐　出租房产原值变更☐　减免税变更☐　申报租金收入变更☐　其他☐）</td><td>变更时间</td><td>年　月</td></tr>
<tr><td>*建筑面积</td><td>略</td><td>其中：出租房产面积</td><td colspan="3">0.00</td></tr>
<tr><td>*房产原值</td><td>80 000 000.00</td><td>其中：出租房产原值</td><td>0.00</td><td>计税比例</td><td>70%</td></tr>
</table>

① 首次进行纳税申报的纳税人，需要填写全部房产的相关信息，此后办理纳税申报时，纳税人的房产及相关信息未发生变化的，可仅对已填报的信息进行确认；发生变化的，仅就变化的内容进行填写。

减免税部分	序号	减免性质代码和项目名称	减免起止时间		减免税房产原值	月减免税金额
			减免起始月份	减免终止月份		
	1		年　月	年　月		
	2					
	3					
（二）从租计征房产税明细						
*房产编号			房产名称			
*房产所属主管税务所（科、分局）						
承租方纳税人识别号（统一社会信用代码）			承租方名称			
*出租面积			*申报租金收入			
*申报租金所属租赁期起			*申报租金所属租赁期止			
减免税部分	序号	减免性质代码和项目名称	减免起止时间		减免税租金收入	月减免税金额
			减免起始月份	减免终止月份		
	1		年　月	年　月		
	2					
	3					

【工作要求】山东德胜铁矿有限公司2022年10月10日对2022年第三季度的城镇土地使用税进行纳税申报，填写“城镇土地使用税 房产税税源明细表”中的“一、城镇土地使用税税源明细”和“财产和行为税纳税申报表”。

【工作实施】填写“城镇土地使用税 房产税税源明细表”（见表6-8）中的“一、城镇土地使用税税源明细”和“财产和行为税纳税申报表”（见表6-4）。

技能训练

1. 甲油田为增值税一般纳税人，本年1月生产原油100 000吨，当月对外销售70 000吨，每吨售价为5 000元（不含增值税），款项以银行存款收讫。原油的资源税税率为6%。

要求：

（1）计算甲油田本年1月的增值税销项税额和应纳资源税。

（2）对甲油田相关业务进行账务处理。

2. 甲公司为增值税一般纳税人，本年占用土地24 000平方米，其中企业自办的幼儿园占用土地4 800平方米。当地政府核定的城镇土地使用税额为每平方米2元，城镇土地使用税按季缴纳。

要求：

（1）计算甲公司本年第一季度的应纳城镇土地使用税。

（2）对甲公司本年第一季度的城镇土地使用税相关业务进行账务处理。

实战演练

甲公司位于市区，为增值税一般纳税人，经营内销与出口业务。本年1月应纳增值税为40万元，出口货物免抵增值税额为10万元。另外，进口货物应纳增值税为16万元，消费税为30万元。

要求：

（1）计算甲公司本年1月的应纳城市维护建设税、教育费附加和地方教育附加。

（2）对甲公司相关业务进行账务处理。

第7章

其他税种会计（下）

素养提升

纳税人应当充分运用国家出台的相关税收政策，促进产业行业发展，合法合规纳税。

1. 我国征收房产税，有利于抑制房产投资投机行为，调控房产市场价格，节约和优化配置社会资源，规范房地产行业的发展，缩小财富差距，实现社会公平。

2. 我国征收车船税，有利于引导汽车合理消费，调节全社会的财富分配，调整产业结构，促进节能减排。

能力目标

（1）能根据相关业务资料计算房产税、车船税、车辆购置税、印花税、契税。

（2）能设置房产税、车船税、车辆购置税、印花税、契税的会计科目，并根据相关业务资料对房产税、车船税、车辆购置税、印花税、契税进行会计核算。

（3）能根据相关业务资料填写“财产和行为税纳税申报表”以及相关申报表，并进行房产税、车船税、车辆购置税、印花税、契税的纳税申报。

工作引例

房产税的计算、会计核算和纳税申报

接工作实例6-12。山东德胜铁矿有限公司2022年度拥有一栋房产，房产名称为A房产，房产原值为80 000 000元，全部自用。山东德胜铁矿有限公司为房产的产权所有人，房屋坐落地址为山东省济南市开发区东关街道青年路100号，房产用途为工业用途，房产取得时间为2018年7月。当地规定房产税计算余值的扣除比例为30%。按照当地规定，房产税按年计算，每季度缴纳一次。山东德胜铁矿有限公司2022年10月10日对2022年第三季度的房产税进行纳税申报。

工作要求

（1）计算山东德胜铁矿有限公司2022年第三季度的应纳房产税。

（2）对山东德胜铁矿有限公司2022年第三季度计提房产税的业务以及2022年10月缴纳房产税的业务进行账务处理。

（3）山东德胜铁矿有限公司2022年10月10日对2022年第三季度的房产税进行纳税申报，填写“城镇土地使用税 房产税税源明细表”和“财产和行为税纳税申报表”。

工作引例解析 见本章第1节。

第1节 房产税会计

情境引例

甲公司为房产出租方（产权人），将房产交由承租方进行装修后无偿使用一定时间，请问无偿使用期间房产税应如何缴纳？

一、房产税的认知

（一）房产税的概念

房产税是以房产为征税对象，按照房产的计税余值或租金收入向房产所有人或经营管理人等征收的一种税。

（二）房产税的纳税人

房产税的纳税人是指在我国城市、县城、建制镇和工矿区内拥有房屋产权的单位和个人。具体包括产权所有人、承典人、房产代管人或者使用人。

【特别提示】单位包括国有企业、集体企业、私营企业、股份制企业、外商投资企业、外国企业以及其他企业和事业单位、社会团体、国家机关、军队以及其他单位；个人包括个体工商户以及其他个人。

（1）产权属于国家所有的，其经营管理的单位为纳税人；产权属于集体和个人的，集体单位和个人为纳税人。

（2）产权出典的，承典人为纳税人。产权出典是指产权所有人为了某种需要，将自己的房屋在一定期限内典当给他人使用，以押金形式换取一定数额的现金（或者实物），并立有某种合同（契约）的行为。在此，房屋所有人称为房屋出典人，支付现金（或者实物）的人称为房屋承典人。

【知识链接】 房产出租的，房产产权所有人（出租人）为纳税人。

（3）产权所有人、承典人均不在房产所在地的，房产代管人或者使用人为纳税人。

（4）产权未确定以及租典（租赁、出典）纠纷未解决的，房产代管人或者使用人为纳税人。

（5）无租使用其他单位房产的应税单位和个人，依照房产余值代缴纳房产税。

（三）房产税的征税范围

房产税的征税对象是房产，即有屋面和围护结构（有墙或两边有柱），能够遮风避雨，可供人们在其中生产、学习、工作、娱乐、居住或储藏物资的场所。房产税的征税范围是城市、县城、建制镇和工矿区的房屋，不包括农村的房屋。

【特别提示】 独立于房屋之外的建筑物，如围墙、烟囱、水塔、菜窖、室外游泳池等不属于房产税的征税范围。

【特别提示】 房地产开发企业建造的商品房，在出售前不征收房产税，但对出售前房地产开发企业已使用或出租、出借的商品房应按规定征收房产税。

（四）房产税的税率

我国现行房产税采用比例税率。从价计征和从租计征实行不同标准的比例税率。

（1）从价计征的，税率为 1.2%。

（2）从租计征的，税率为 12%。对个人出租住房，不区分用途，按 4%的税率征收房产税；对企事业单位、社会团体以及其他组织按市场价格向个人出租用于居住的住房，减按 4%的税率征收房产税。

（五）房产税的计税依据

房产税以房产的计税余值或房产的租金收入为计税依据。按房产的计税余值征税的，称为从价计征；按房产的租金收入征税的，称为从租计征。

1. 从价计征的房产税的计税依据

从价计征房产税的计税依据为房产的计税余值。房产税依照房产原值一次减除 10%～30%后的余值计算缴纳。具体减除幅度由省、自治区、直辖市人民政府确定。

（1）房产原值是指纳税人按照会计制度规定，在账簿“固定资产”科目中记载的房屋原价。

（2）房产原值应包括与房屋不可分割的各种附属设备或一般不单独计算价值的配套设施。主要有暖气、卫生、通风、照明、煤气等设备；各种管线，如蒸汽、压缩空气、石油、给水排水等管道及电力、电讯、电缆导线；电梯、升降机、过道、晒台等。属于房屋附属设备的排水、采暖、消防、中央空调、电气及智能化楼宇设备等，无论在会计核算中是否单独记账与核算，都应计入房产原值，计征房产税。

对更换房屋附属设备和配套设施的，在将其价值计入房产原值时，可扣减原来相应设备和设施的价值；对附属设备和配套设施中易损坏、需要经常更换的零配件，更新后不再计入房产原值。

（3）纳税人对原有房屋进行改建、扩建的，要相应增加房屋的原值。

2. 从租计征的房产税的计税依据

从租计征房产税的计税依据为房产的租金收入。计征房产税的租金收入不含增值税。

【特别提示】免征增值税的，确定计税依据时，租金收入不扣减增值税额。

房产的租金收入是指房屋产权所有人出租房产使用权所取得的报酬，包括货币收入和实物收入。对以劳务或其他形式为报酬抵付房租收入的，应根据当地同类房产的租金水平，确定一个标准租金额从租计征。

【点拨指导】对出租房产，约定有免收租金期限的，在免收租金期间由产权所有人按照房产原值缴纳房产税。

3. 对于投资联营的房产的计税规定

（1）对以房产投资联营、投资者参与投资利润分红、共担风险的，按房产余值作为计税依据计缴房产税。

（2）对以房产投资收取固定收入、不承担联营风险的，实际上是以联营名义取得房屋租金，应以出租方取得的租金收入为计税依据计缴房产税。

【情境引例解析】

房屋承租方将租用的房产进行装修，在一定期限内无租使用，其实质是承租方以房屋装修费抵顶租金，属于房屋出租。因此，应由房产的产权所有人，即出租方将承租方承担的装修费折算为租金收入，按规定缴纳房产税。

（六）房产税应纳税额的计算

1. 从价计征的房产税应纳税额的计算

从价计征是按房产的原值减除一定比例后的余值计征，其计算公式为：

从价计征应纳房产税＝应税房产原值×(1－扣除比例)×1.2％

式中，扣除比例幅度为10％～30％，具体扣除比例由省、自治区、直辖市人民政府规定。

2. 从租计征的房产税应纳税额的计算

从租计征是按房产的租金收入计征，其计算公式为：

从租计征应纳房产税＝租金收入×12％(或4％)

【工作实例7-1】 甲公司为增值税一般纳税人。本年上半年甲公司共有房产原值4 000万元，本年7月1日起该公司将原值200万元、占地面积400平方米的一栋仓库出租给某商场存放货物（6月30日交付该出租的仓库给商场），租期1年，每月租金收入2.5万元。本年9月10日甲公司对委托施工单位建设的生产车间办理验收手续，由在建工程转入固定资产原值500万元。当地规定房产税计算余值的扣除比例为30％。

【工作要求】计算甲公司本年的应纳房产税以及本年第四季度应纳房产税。

【工作实施】

本年从价计征应纳房产税＝(4 000－200)×(1－30％)×1.2％＋200×(1－30％)×1.2％÷12×6＋500×(1－30％)×1.2％÷12×3＝33.81(万元)

本年从租计征应纳房产税＝2.5×6×12％＝1.8(万元)

本年应纳房产税合计＝33.81＋1.8＝35.61(万元)

本年第四季度从价计征应纳房产税＝(4 000－200)×(1－30％)×1.2％÷12×3＋500×(1－30％)×1.2％÷12×3＝9.03(万元)

本年第四季度从租计征应纳房产税＝2.5×3×12％＝0.9(万元)

本年第四季度应纳房产税合计＝9.03＋0.9＝9.93(万元)

（七）房产税的征收管理

1. 房产税的纳税义务发生时间

（1）纳税人将原有房产用于生产经营，自生产经营之月起缴纳房产税。

（2）纳税人自行新建房屋用于生产经营，自建成的次月起缴纳房产税。

（3）纳税人委托施工企业建设的房屋，自办理验收手续的次月起缴纳房产税。

（4）纳税人购置新建商品房，自房屋交付使用的次月起缴纳房产税。

（5）纳税人购置存量房，自办理房屋权属转移、变更登记手续，房地产权所属登记机关签发房屋权属证书的次月起缴纳房产税。

（6）纳税人出租、出借房产，自交付出租、出借房产的次月起缴纳房产税。

（7）房地产开发企业自用、出租、出借本企业建造的商品房，自房屋使用或交付的次月起缴纳房产税。

（8）自2009年1月1日起，纳税人因房产的实物或权利状态发生变化而依法终止房产税的纳税义务的，其应纳税款的计算应截至房产的实物或权利发生变化的当月末。

2. 房产税的纳税期限

房产税实行按年计算、分期缴纳的征收办法。具体纳税期限由省、自治区、直辖市人民政府规定。以山东省为例，《国家税务总局山东省税务局关于财产和行为税有关政策问题的公告》（国家税务总局山东省税务局公告2019年第3号）规定：房产税按月、季或半年缴纳的，申报纳税期限为月份、季度或半年终了后15日内。

3. 房产税的纳税地点

房产税在房产所在地缴纳。房产不在同一地方的纳税人，应按房产的坐落地点分别向房产所在地的税务机关申报纳税。

二、房产税的会计核算

企业经营自用的房屋，按从价计征计算应缴纳的房产税额，借记“税金及附加”科目，贷记“应交税费——应交房产税”科目；实际缴纳房产税时，借记“应交税费——应交房产税”科目，贷记“银行存款”等科目。企业出租的房屋，按从租计征计算应缴纳的房产税额，借记“税金及附加”科目，贷记“应交税费——应交房产税”科目；实际缴纳房产税时，借记“应交税费——应交房产税”科目，贷记“银行存款”等科目。

【工作实例7-2】 接工作实例7-1。甲公司次年1月8日对本年第四季度的房产税进行申报缴纳。

【工作要求】 对甲公司本年第四季度的房产税业务进行账务处理。

【工作实施】（1）本年10月、11月、12月每月月底计提第四季度各月的房产税时，各月分别做如下分录：

借：税金及附加　　33 100

　贷：应交税费——应交房产税（99 300÷3）　　33 100

（2）次年1月8日实际缴纳本年第四季度的房产税时：

借：应交税费——应交房产税　　99 300

　贷：银行存款　　99 300

三、房产税的纳税申报实务

纳税人对房产税进行纳税申报时，应当填报“城镇土地使用税 房产税税源明细表”（见表6-8）、“财产和行为税减免税明细申报附表”（略）、“财产和行为税纳税申报表”（见表6-4）。

【工作引例解析】

（1）计算山东德胜铁矿有限公司2022年第三季度的应纳房产税。

2022年第三季度应纳房产税＝80 000 000×(1－30%)×1.2%÷4＝168 000(元)

（2）对山东德胜铁矿有限公司2022年第三季度计提房产税的业务以及2022年10月缴纳房产税的业务进行账务处理。

1）2022年7月、8月、9月每月月底计提2022年第三季度各月的房产税时，各月分别做如下分录：

借：税金及附加　　56 000

　贷：应交税费——应交房产税（168 000÷3）　　56 000

2）2022 年 10 月 10 日实际缴纳 2022 年第三季度的房产税时：

借：应交税费——应交房产税　　168 000

　　贷：银行存款　　168 000

（3）山东德胜铁矿有限公司 2022 年 10 月 10 日对 2022 年第三季度的房产税进行纳税申报，填写“城镇土地使用税 房产税税源明细表”（见表 6-8）中的“二、房产税税源明细”和“财产和行为税纳税申报表”（见表 6-4）。

第2节　车船税会计

情境引例

因暴雨天气，甲公司的一辆车被淹报废，是否可以申请退还车船税？

一、车船税的认知

（一）车船税的概念

车船税是指对在中国境内车船管理部门登记的车辆、船舶（简称车船）依法征收的一种税。

（二）车船税的纳税人和扣缴义务人

车船税的纳税人是指在中华人民共和国境内属于《中华人民共和国车船税法》（简称《车船税法》）规定的车辆、船舶的所有人或者管理人。

根据《中华人民共和国车船税法》的规定，从事机动车第三者责任强制保险业务的保险机构为机动车车船税的扣缴义务人（这里指的是代收代缴义务人），应当在收取保险费时依法代收车船税，并出具代收税款凭证。

【特别提示】扣缴义务人的概念有狭义和广义之分。狭义的扣缴义务人特指代扣代缴义务人，广义的扣缴义务人包括代扣代缴义务人和代收代缴义务人。本书对扣缴义务人采用广义概念。

【点拨指导】2006 年 3 月 21 日国务院颁布《机动车交通事故责任强制保险条例》，“机动车第三者责任强制保险”从此被“机动车交通事故责任强制保险”（简称“交强险”）代替。因此，就目前的情形，准确的说法应为：从事机动车交通事故责任强制保险业务的保险机构为机动车车船税的扣缴义务人。

（三）车船税的征收范围

车船税的征税范围是指在中华人民共和国境内属于《车船税法》所规定的应税车辆和船舶，具体包括：

（1）依法应当在车船登记管理部门登记的机动车辆和船舶。

（2）依法不需要在车船登记管理部门登记的在单位内部场所行驶或者作业的机动车辆和船舶。

车船登记管理部门是指公安、交通运输、农业、渔业、军队、武装警察部队等依法具有车船登记管理职能的部门和船舶检验机构；单位是指依照中国法律、行政法规规定，在中国境内成立的行政机关、企业、事业单位、社会团体以及其他组织。

【特别提示】境内单位和个人租入外国籍船舶的，不征收车船税。境内单位和个人将船舶出租到境外的，应依法征收车船税。经批准临时入境的外国车船和香港特别行政区、澳门特别行政区、台湾地区的车船，不征收车船税。

【特别提示】纯电动乘用车和燃料电池乘用车不属于车船税征税范围，对其不征收车船税。

（四）车船税的税目和税率

车船税的税目分为六大类，包括乘用车、商用车、挂车、其他车辆、摩托车和船舶。乘用车为核定载客人数9人（含）以下的车辆；商用车包括客车和货车，其中客车为核定载客人数9人以上的车辆（包括电车），货车包括半挂牵引车、挂车、客货两用汽车、三轮汽车和低速载货汽车等；其他车辆包括专用作业车和轮式专用机械车等（不包括拖拉机）；船舶包括机动船舶和游艇。

车船税采用定额税率，又称固定税额。根据《车船税法》的规定，对应税车船实行有幅度的定额税率，即对各类车船分别规定一个最低到最高限度的年税额。

车船税的税目和税率依照《车船税税目税额表》（见表7-1）执行。

表7-1　车船税税目税额表

税目		计税单位	年基准税额	备注
乘用车［按发动机汽缸容量（排气量）分档］	1.0升（含）以下的	每辆	60～360元	核定载客人数9人（含）以下
	1.0升以上至1.6升（含）的		300～540元	
	1.6升以上至2.0升（含）的		360～660元	
	2.0升以上至2.5升（含）的		660～1 200元	
	2.5升以上至3.0升（含）的		1 200～2 400元	
	3.0升以上至4.0升（含）的		2 400～3 600元	
	4.0升以上的		3 600～5 400元	

续表

税目		计税单位	年基准税额	备注
商用车	客车	每辆	480～1 440元	核定载客人数9人以上，包括电车
	货车	整备质量每吨	16～120元	包括半挂牵引车、三轮汽车和低速载货汽车等
挂车			按照货车税额的50%计算	
其他车辆	专用作业车		16～120元	不包括拖拉机
	轮式专用机械车		16～120元	
摩托车		每辆	36～180元	
机动船舶	净吨位不超过200吨（含）的	净吨位每吨	3元	拖船、非机动驳船分别按照机动船舶税额的50%计算；拖船按照发动机功率每1千瓦折合净吨位0.67吨计算征收车船税
	净吨位超过200吨但不超过2 000吨（含）的		4元	
	净吨位超过2 000吨但不超过10 000吨（含）的		5元	
	净吨位超过10 000吨的		6元	
游艇	艇身长度不超过10米（含）的	艇身长度每米	600元	
	艇身长度超过10米但不超过18米（含）的		900元	
	艇身长度超过18米但不超过30米（含）的		1 300元	
	艇身长度超过30米的		2 000元	
	辅助动力帆艇		600元	

（五）车船税的计税依据

车船税以车船的计税单位数量为计税依据。《车船税法》按车船的种类和性能，分别确定每辆、整备质量每吨、净吨位每吨和艇身长度每米为计税单位。具体如下：

（1）乘用车、商用客车和摩托车以辆数为计税依据。

（2）商用货车、挂车、专用作业车和轮式专用机械车以整备质量吨位数为计税依据。

（3）机动船舶以净吨位数为计税依据。

（4）游艇以艇身长度为计税依据。

（六）车船税应纳税额的计算

（1）车船税各税目应纳税额的计算公式为：

应纳车船税＝计税单位×适用年基准税额

【特别提示】

拖船和非机动驳船的应纳车船税＝计税单位×适用年基准税额×50%

（2）购置的新车船，购置当年的应纳税额自纳税义务发生的当月起按月计算。计算公式为：

应纳车船税＝适用年基准税额÷12×应纳税月份数

【工作实例7-3】 接工作实例6-12。山东德胜铁矿有限公司2022年9月25日新购置一辆乘用车，车牌号码为鲁A123××，车辆识别代码（车架号）为ABCD1232565001232，发动机汽缸容量为1.8升，载客人数为4人。按照当地规定，从事机动车第三者责任强制保险业务的保险机构为机动车车船税的扣缴义务人，应当在收取保险费时依法代收车船税，并出具代收税款凭证。但本例是特殊情况，即纳税人自行申报缴纳车船税。假设当地规定，对新购置的车船应当于车船购置的次月15日之前进行车船税纳税申报。车船税税率为：发动机汽缸容量为1.6升以上至2.0升（含）、载客人数9人（含）以下的乘用车每辆为360元。山东德胜铁矿有限公司于2022年10月10日对2022年9—12月的车船税进行纳税申报。

【工作要求】 计算山东德胜铁矿有限公司2022年9月新购置的乘用车在2022年9—12月的应纳车船税。

【工作实施】

2022年9—12月的应纳车船税＝360÷12×4＝120(元)

（七）车船税的征收管理

1. 车船税的申报缴纳或者征收方式

（1）自行申报方式。

没有扣缴义务人的，纳税人应当向主管税务机关自行申报缴纳车船税。扣缴义务人已代收代缴车船税的，纳税人不再向车辆登记地的主管税务机关申报缴纳车船税。

（2）代收代缴方式。

从事机动车第三者责任强制保险业务（现为“从事机动车交通事故责任强制保险业务”）的保险机构为机动车车船税的扣缴义务人，在收取保险费时依法代收车船税。

（3）委托代征方式。

根据《国家税务总局 交通运输部关于发布〈船舶车船税委托代征管理办法〉的公告》（国家税务总局 交通运输部公告2013年第1号）规定，自2013年2月1日起，税务机关可以委托交通运输部门海事管理机构代为征收船舶车船税税款。

2. 车船税的纳税义务发生时间

车船税的纳税义务发生时间为取得车船所有权或者管理权的当月。取得车船所有权或者管理权的当月，应当以购买车船的发票或其他证明文件所载日期的当月为准。

3. 车船税的纳税期限

车船税按年申报，分月计算，一次性缴纳。纳税年度为公历 1 月 1 日至 12 月 31 日。具体纳税申报期限由省、自治区、直辖市人民政府规定。

4. 车船税的纳税地点

车船税由税务机关负责征收。车船税的纳税地点为车船的登记地或者车船税扣缴义务人所在地。其中，纳税人自行申报缴纳车船税的，纳税地点为车船登记地（或者说“车船登记地的主管税务机关所在地”）；扣缴义务人代收代缴车船税的，纳税地点为扣缴义务人所在地。

依法不需要办理登记的车船，其车船税的纳税地点为车船的所有人或者管理人所在地。

5. 车船税征收管理的其他规定

（1）在一个纳税年度内，已完税的车船被盗抢、报废、灭失的，纳税人可以凭有关管理机关出具的证明和完税证明，向纳税所在地的主管税务机关申请退还自被盗抢、报废、灭失月份起至该纳税年度终了期间的税款。

已办理退税的被盗抢车船失而复得的，纳税人应当从公安机关出具相关证明的当月起计算缴纳车船税。

（2）已缴纳车船税的车船在同一纳税年度内办理转让过户的，不另纳税，也不退税。

（3）已经缴纳车船税的车船，因质量原因被退回生产企业或者经销商的，纳税人可以向纳税所在地的主管税务机关申请退还自退货月份起至该纳税年度终了期间的税款。退货月份以退货发票所载日期的当月为准。

（4）保险机构作为车船税扣缴义务人，在代收车船税并开具增值税发票时，应在增值税发票备注栏中注明代收车船税税款信息，具体包括保险单号、税款所属期（详细至月）、代收车船税金额、滞纳金金额、金额合计等。该增值税发票可作为纳税人缴纳车船税及滞纳金的会计核算原始凭证。

【情境引例解析】

根据《中华人民共和国车船税法实施条例》的规定，在一个纳税年度内，已完税的车船被盗抢、报废、灭失的，纳税人可以凭有关管理机关出具的证明和完税证明，向纳税所在地主管税务机关申请退还自被盗抢、报废、灭失月份起至该纳税年度终了期间的税款。

因此，甲公司因暴雨天气致使一辆车被淹报废，可以申请退还车船税。

二、车船税的会计核算

对于先计提后缴纳车船税的情况，企业计提车船税时，借记“税金及附加”科目，贷记“应交税费——应交车船税”科目；实际缴纳车船税时，借记“应交税费——应交车船税”科目，贷记“银行存款”等科目。

对于先缴纳后分摊车船税的情况，企业缴纳车船税时，借记“预付账款”科目，贷记“应交税费——应交车船税”科目，同时借记“应交税费——应交车船税”科目，贷记“银行存款”科目；以后各期分摊车船税时，再借记“税金及附加”科目，贷记“预付账款”科目。

【工作实例7-4】 接工作实例7-3。

【工作要求】 对山东德胜铁矿有限公司上述车船税涉税业务进行账务处理。

【工作实施】（1）2022年9月月末计提车船税时：

借：税金及附加	30	
贷：应交税费——应交车船税（120÷4）		30

（2）2022年10月10日缴纳2022年9—12月的车船税时：

借：预付账款	90	
应交税费——应交车船税	30	
贷：银行存款		120

（3）2022年10—12月，每月月末分摊各月应当承担的车船税时：

借：税金及附加	30	
贷：预付账款（90÷3）		30

该公司也可以根据企业会计准则的重要性原则，不进行分摊，而是在直接缴纳车船税时（2022年10月10日）做如下两个会计分录（当然，也可以在2022年9月月末做如下第一个会计分录，在2022年10月10日做如下第二个会计分录）：

借：税金及附加	120	
贷：应交税费——应交车船税		120
借：应交税费——应交车船税	120	
贷：银行存款		120

三、车船税的纳税申报实务

纳税人对车船税进行纳税申报时，应当填报“车船税税源明细表”（见表7-2）、“财产和行为税减免税明细申报附表”（略）、“财产和行为税纳税申报表”（见表6-4）。

【工作实例7-5】 同工作实例7-3、工作实例7-4。

【工作要求】 山东德胜铁矿有限公司2022年10月10日对新购置乘用车在2022年9—12月的车船税进行纳税申报，填写“车船税税源明细表”“财产和行为税纳税申报表”。

【工作实施】 填写“车船税税源明细表”（见表7-2）、“财产和行为税纳税申报表”（见表6-4）。

表7-2　车船税税源明细表

纳税人识别号（统一社会信用代码）：91370709864220086Y
纳税人名称：山东德胜铁矿有限公司

体积单位：升；质量单位：吨；功率单位：千瓦；长度单位：米

车辆税源明细

序号	车牌号码	＊车辆识别代码（车架号）	＊车辆类型	车辆品牌	车辆型号	＊车辆发票日期或注册登记日期	排（气）量	核定载客	整备质量	＊单位税额	减免性质代码和项目名称	纳税义务终止时间
1	鲁A123××	ABCD1232565001232	乘用车	略	略	2022年09月25日	1.8升	4人		360元		
2												
3												

船舶税源明细

序号	船舶登记号	＊船舶识别号	＊船舶种类	＊中文船名	初次登记号码	船籍港	发证日期	取得所有权日期	建成日期	净吨位	主机功率	艇身长度（总长）	＊单位税额	减免性质代码和项目名称	纳税义务终止时间
1															
2															
3															

第3节　车辆购置税会计

情境引例

甲公司购买了一辆机动车，因质量问题退回厂家，车辆购置税是否可以退还？退税金额如何计算？

一、车辆购置税的认知

（一）车辆购置税的概念

车辆购置税是对在中华人民共和国境内购置规定车辆的单位和个人征收的一种税。

（二）车辆购置税的纳税人

在我国境内购置汽车、有轨电车、汽车挂车、排气量超过150毫升的摩托车（以下统称应税车辆）的单位和个人，为车辆购置税的纳税人。

购置包括购买、进口、自产、受赠、获奖或者以其他方式取得并自用应税车辆的行为。

【点拨指导】纳税人进口自用应税车辆，是指纳税人直接从境外进口或者委托代理进口自用的应税车辆，不包括在境内购买的进口车辆。

【特别提示】单位包括国有企业、集体企业、私营企业、股份制企业、外商投资企业、外国企业以及其他企业和事业单位、社会团体、国家机关、部队以及其他单位；个人包括个体工商户以及其他个人。

（三）车辆购置税的征收范围

车辆购置税以列举的车辆作为征税对象，未列举的车辆不纳税。其征税范围包括汽车、有轨电车、汽车挂车、排气量超过150毫升的摩托车。

【点拨指导】地铁、轻轨等城市轨道交通车辆，装载机、平地机、挖掘机、推土机等轮式专用机械车，以及起重机（吊车）、叉车、电动摩托车，不属于应税车辆。

（四）车辆购置税的税率

车辆购置税采用10%的比例税率。

（五）车辆购置税的计税依据

1. 计税依据的基本规定

车辆购置税的计税依据即为应税车辆的计税价格。应税车辆的计税价格按照下列规定确定：

（1）纳税人购买自用应税车辆的计税价格，为纳税人实际支付给销售者的全部价款（含价外费用），不包括增值税税款。购买自用应税车辆计征车辆购置税的计税依据，与销售方计算增值税的计税依据一致。

$$\begin{aligned}\text{计税价格（不含增值税的销售价格）} &= \text{含增值税的销售价格} \div (1+\text{增值税税率或征收率}) \\ &= \left(\text{含增值税价款}+\text{价外费用}\right) \div \left(1+\text{增值税税率或征收率}\right)\end{aligned}$$

【点拨指导】 纳税人购买自用应税车辆实际支付给销售者的全部价款，依据纳税人购买应税车辆时相关凭证载明的价格确定，不包括增值税税款。

（2）纳税人进口自用应税车辆的计税价格，为关税完税价格加上关税和消费税，即组成计税价格。进口自用应税车辆计征车辆购置税的计税依据，与进口方计算增值税的计税依据一致。

1）如果进口自用车辆是属于消费税征税范围的小汽车、摩托车等应税车辆，则其组成计税价格为：

$$\begin{aligned}\text{计税价格（组成计税价格）} &= \text{关税完税价格}+\text{关税}+\text{消费税} \\ &= (\text{关税完税价格}+\text{关税}) \div (1-\text{消费税比例税率})\end{aligned}$$

2）如果进口自用车辆是不属于消费税征税范围的大卡车、大客车等应税车辆，则其组成计税价格公式简化为：

$$\text{计税价格（组成计税价格）} = \text{关税完税价格}+\text{关税}$$

（3）纳税人自产自用应税车辆的计税价格，按照纳税人生产的同类应税车辆（即车辆配置序列号相同的车辆）的销售价格确定，不包括增值税税款。没有同类应税车辆销售价格的，按照组成计税价格确定。组成计税价格的计算公式如下：

$$\text{组成计税价格} = \text{成本} \times (1+\text{成本利润率})$$

属于应征消费税的应税车辆，其组成计税价格应加计消费税税额。上述公式中的成本利润率由各省、自治区、直辖市和计划单列市税务局确定。

（4）纳税人以受赠、获奖或者其他方式取得自用应税车辆的计税价格，按照购置应税车辆时相关凭证载明的价格确定，不包括增值税税款。

2. 计税依据的特殊规定

免税、减税车辆由于转让、改变用途等原因不再属于免税、减税范围的，纳税人应当在办理车辆转移登记或者变更登记前缴纳车辆购置税。计税价格以免税、减税车辆初次办理纳税申报时确定的计税价格为基准，每满一年扣减10%。

（六）车辆购置税应纳税额的计算

1. 一般情况下自用应税车辆应纳税额或应退税额的计算

（1）购买自用应税车辆应纳税额的计算

购买自用应税车辆应纳税额的计算公式如下：

$$\begin{aligned}\text{应纳车辆购置税}&=\begin{matrix}\text{含增值税的}\\\text{销售价格}\end{matrix}\div\left(1+\begin{matrix}\text{增值税税率}\\\text{或征收率}\end{matrix}\right)\times\text{车辆购置税税率}\\&=\left(\begin{matrix}\text{含增值税}\\\text{价款}\end{matrix}+\text{价外费用}\right)\div\left(1+\begin{matrix}\text{增值税税率}\\\text{或征收率}\end{matrix}\right)\times\begin{matrix}\text{车辆}\\\text{购置税税率}\end{matrix}\\&=\text{不含增值税的销售价格}\times\text{车辆购置税税率}\end{aligned}$$

（2）进口自用应税车辆应纳税额的计算

纳税人进口自用应税车辆应纳税额的计算分为两种情况：

1）如果进口自用车辆是属于消费税征税范围的小汽车、摩托车等应税车辆，则其应纳税额的计算公式为：

$$\begin{aligned}\text{应纳车辆购置税}&=(\text{关税完税价格}+\text{关税}+\text{消费税})\times\text{车辆购置税税率}\\&=(\text{关税完税价格}+\text{关税})\div(1-\text{消费税比例税率})\\&\quad\times\text{车辆购置税税率}\end{aligned}$$

2）如果进口自用车辆是不属于消费税征税范围的大卡车、大客车等应税车辆，则其应纳税额的计算公式为：

$$\text{应纳车辆购置税}=(\text{关税完税价格}+\text{关税})\times\text{车辆购置税税率}$$

（3）自产自用应税车辆应纳税额的计算

1）纳税人自产自用应税车辆，若有同类应税车辆的销售价格，则其应纳税额的计算公式为：

$$\text{应纳车辆购置税}=\text{同类应税车辆的销售价格}\times\text{车辆购置税税率}$$

2）纳税人自产自用应税车辆，若没有同类应税车辆的销售价格，则其应纳税额的计算分为两种情况：

a. 如果自产自用车辆是属于消费税征税范围的小汽车、摩托车等应税车辆，则其应纳税额为：

$$\begin{aligned}\text{应纳车辆购置税}&=\text{组成计税价格}\times\text{车辆购置税税率}\\&=[\text{成本}\times(1+\text{成本利润率})+\text{消费税}]\times\text{车辆购置税税率}\\&=\text{成本}\times(1+\text{成本利润率})\div(1-\text{消费税比例税率})\\&\quad\times\text{车辆购置税税率}\end{aligned}$$

b. 如果自产自用车辆是不属于消费税征税范围的大卡车、大客车等应税车辆，则其应纳税额为：

应纳车辆购置税＝组成计税价格×车辆购置税税率
＝成本×(1＋成本利润率)×车辆购置税税率

（4）以受赠、获奖或者其他方式取得自用应税车辆应纳税额的计算

以受赠、获奖或者其他方式取得自用应税车辆应纳税额的计算公式如下：

应纳车辆购置税＝购置应税车辆时相关凭证载明的价格×车辆购置税税率

【特别提示】纳税人申报的应税车辆计税价格明显偏低又无正当理由的，由税务机关依照《税收征收管理法》的规定核定其应纳税额。

【工作实例7-6】 接工作实例6-12。山东德胜铁矿有限公司2022年9月25日新购置一辆乘用车，支付给销售方价款200 000元（含增值税），并取得销售方开具的机动车销售统一发票，款项以银行存款支付。买卖合同（2022年9月25日签订）只记载含增值税价款200 000元。车辆购置税的税率为10%。

【工作要求】计算山东德胜铁矿有限公司2022年9月的应纳车辆购置税。

【工作实施】

应纳车辆购置税＝200 000÷(1＋13%)×10%＝17 699.12(元)

2. 特殊情况下自用应税车辆应纳税额或应退税额的计算

（1）减税、免税条件消失车辆应纳税额的计算。免税、减税车辆由于转让、改变用途等原因不再属于免税、减税范围的，纳税人应当在办理车辆转移登记或者变更登记前缴纳车辆购置税。计税价格以免税、减税车辆初次办理纳税申报时确定的计税价格为基准，每满一年扣减10%，并据此计算缴纳车辆购置税。

已经办理免税、减税手续的车辆由于转让、改变用途等原因不再属于免税、减税范围的，纳税人、纳税义务发生时间、应纳税额按以下规定执行：

1）发生转让行为的，受让人为车辆购置税纳税人；未发生转让行为的，车辆所有人为车辆购置税纳税人。

2）纳税义务发生时间为车辆转让或者用途改变等情形发生之日。

3）应纳税额计算公式如下：

$$\text{应纳车辆购置税}=\text{初次办理纳税申报时确定的计税价格}\times(1-\text{使用年限}\times10\%)\times10\%-\text{已纳车辆购置税}$$

应纳税额不得为负数。

使用年限的计算方法是，自纳税人初次办理纳税申报之日起至不再属于免税、减税范围的情形发生之日止。使用年限取整计算，不满一年的不计算在内。

（2）应税车辆退回时应退税额的计算。纳税人将已征车辆购置税的车辆退回车辆生产企业或者销售企业的，可以向主管税务机关申请退还车辆购置税。退税额以已缴税款为基准，自缴纳税款之日至申请退税之日，每满一年扣减10%。

已征车辆购置税的车辆退回车辆生产或销售企业，纳税人申请退还车辆购置税的，应退税额计算公式如下：

应退车辆购置税＝已纳车辆购置税×(1－使用年限×10%)

应退税额不得为负数。

使用年限的计算方法是，自纳税人缴纳税款之日起至申请退税之日止。

【情境引例解析】

《中华人民共和国车辆购置税法》规定，纳税人将已征车辆购置税的车辆退回车辆生产企业或者销售企业的，可以向主管税务机关申请退还车辆购置税。退税额以已缴税款为基准，自缴纳税款之日至申请退税之日，每满一年扣减10%。

（七）车辆购置税的征收管理

1. 车辆购置税的纳税环节

车辆购置税由税务机关负责征收。车辆购置税实行一次性征收。购置已征车辆购置税的车辆，不再征收车辆购置税。但减税、免税条件消失的车辆，应按规定缴纳车辆购置税。车辆购置税是对应税车辆的购置行为课征，选择单一环节，实行一次课征制度。征税环节选择在使用环节（即最终消费环节）。具体而言，纳税人应当在向公安机关交通管理部门办理车辆注册登记前，缴纳车辆购置税。公安机关交通管理部门办理车辆注册登记，应当根据税务机关提供的应税车辆完税或者免税电子信息对纳税人申请登记的车辆信息进行核对，核对无误后依法办理车辆注册登记。

2. 车辆购置税的纳税义务发生时间

车辆购置税的纳税义务发生时间为纳税人购置应税车辆的当日。

【点拨指导】车辆购置税的纳税义务发生时间以纳税人购置应税车辆所取得的车辆相关凭证上注明的时间为准。

3. 车辆购置税的纳税期限

纳税人应当自纳税义务发生之日起60日内申报缴纳车辆购置税。

4. 车辆购置税的纳税地点

纳税人购置应税车辆，应当向车辆登记地的主管税务机关申报缴纳车辆购置税；购置不需要办理车辆登记的应税车辆的，应当向纳税人所在地的主管税务机关申报缴纳车辆购置税。

二、车辆购置税的会计核算

车辆购置税一般在发生当期直接缴纳，企业可以不通过“应交税费——应交车辆购置税”科目核算。企业实际缴纳车辆购置税时，直接借记“固定资产”等科目，贷记“银行存款”科目。

在特殊情况下，为了会计核算的需要，企业也可以通过“应交税费——应交车辆购置税”科目核算车辆购置税。企业购置应税车辆或者免税、减税车辆由于转让、改变用途等原因不再属于免税、减税范围的，按应计提或者补缴的车辆购置税额，借记“固定资产”等科目，贷记“应交税费——应交车辆购置税”等科目；实际缴纳车辆购置税时，借记“应交税费——应交车辆购置税”科目，贷记“银行存款”科目。

【特别提示】企业凡是不需要预提应纳税款的，或者与税务机关不存在税款债务关系的（即直接计算缴纳的税款），可以不通过“应交税费”科目核算。此类税种包括印花税、车辆购置税、耕地占用税、契税等。但这仅仅从简化工作量的角度考虑，会导致“应交税费”及其明细账户不能反映企业缴纳的所有税种及其金额，最多只能反映除印花税、车辆购置税、耕地占用税、契税以外的税种及金额，不便于分析企业的整体税负。因此，本书建议包括印花税、车辆购置税、耕地占用税、契税在内的所有税种，均通过“应交税费”账户核算。

【工作实例7-7】 接工作实例7-6。

【工作要求】对山东德胜铁矿有限公司上述车辆购置税涉税业务进行账务处理。

【工作实施】（1）计提车辆购置税时：

借：固定资产（200 000÷(1+13%)+17 699.12）　　194 690.27

　　应交税费——应交增值税（进项税额）（200 000÷(1+13%)×13%）

　　　　23 008.85

　贷：应交税费——应交车辆购置税　　17 699.12

　　　银行存款　　200 000.00

（2）缴纳车辆购置税时：

借：应交税费——应交车辆购置税　　17 699.12

　贷：银行存款　　17 699.12

或者将上述会计分录合并为：

借：固定资产　　194 690.27

　　应交税费——应交增值税（进项税额）　　23 008.85

　贷：银行存款　　217 699.12

三、车辆购置税的纳税申报实务

纳税人对车辆购置税进行纳税申报时，应当填报“车辆购置税纳税申报表”（见表7-3）。

表7-3 车辆购置税纳税申报表

填表日期：2022年10月10日 金额单位：元

纳税人名称	山东德胜铁矿有限公司	申报类型	☑征税 □免税 □减税
证件名称	营业执照	证件号码	91370709864220086Y
联系电话	0531-88888××	地址	山东省济南市开发区胜利路999号
合格证编号（货物进口证明书号）	略	车辆识别代号/车架号	ABCD1232565001232
厂牌型号	略		
排量（cc）	略	机动车销售统一发票代码	略
机动车销售统一发票号码	略	不含税价	176 991.15
海关进口关税专用缴款书（进出口货物征免税证明）号码			略

关税完税价格		关税		消费税	
其他有效凭证名称		其他有效凭证号码		其他有效凭证价格	
购置日期	2022年09月25日	申报计税价格	176 991.15	申报免（减）税条件或者代码	
是否办理车辆登记	否	车辆拟登记地点	济南		

纳税人声明：

本纳税申报表是根据国家税收法律法规及相关规定填报的，我确定它是真实的、可靠的、完整的。

纳税人（签名或盖章）：山东德胜铁矿有限公司

委托声明：

现委托（姓名）________（证件号码）____________办理车辆购置税涉税事宜，提供的凭证、资料是真实、可靠、完整的。任何与本申报表有关的往来文件，都可交予此人。

委托人（签名或盖章）： 被委托人（签名或盖章）：

以下由税务机关填写①

免（减）税条件代码					
计税价格	税率	应纳税额	免（减）税额	实纳税额	滞纳金金额
176 991.15	10%	17 699.12		17 699.12	
受理人： 年 月 日		复核人（适用于免、减税申报）： 年 月 日		主管税务机关（章）	

【工作实例7-8】 接工作实例7-6、工作实例7-7。

【工作要求】山东德胜铁矿有限公司2022年10月10日对2022年9月新购置乘用车的车辆购置税进行纳税申报，填写“车辆购置税纳税申报表”。

【工作实施】填写“车辆购置税纳税申报表”（见表7-3）。

① 车辆购置税在纳税申报时，由税务机关计算税额。

第 4 节　印花税会计[1]

情境引例

我公司和客户签订的印花税应税合同中列明不含增值税价款和增值税税款，请问印花税的计税依据是含增值税价款还是不含增值税价款？

一、印花税的认知

（一）印花税的概念

印花税是对书立应税凭证、进行证券交易的单位和个人征收的一种税。因纳税人主要是通过在应税凭证上粘贴印花税票来完成纳税义务，故名印花税。

（二）印花税的纳税人和扣缴义务人

在中华人民共和国境内书立应税凭证、进行证券交易的单位和个人，为印花税的纳税人，应当依照《中华人民共和国印花税法》（以下简称《印花税法》）的规定缴纳印花税。

在中华人民共和国境外书立在境内使用的应税凭证的单位和个人，应当依照《中华人民共和国印花税法》规定缴纳印花税。

纳税人为境外单位或者个人，在境内有代理人的，以其境内代理人为扣缴义务人；在境内没有代理人的，由纳税人自行申报缴纳印花税，具体办法由国务院税务主管部门规定。

证券登记结算机构为证券交易印花税的扣缴义务人，应当向其机构所在地的主管税务机关申报解缴税款以及银行结算的利息。

（三）印花税的征税范围

印花税征税范围中的应税凭证，是指《印花税法》所附《印花税税目税率表》列明的合同、产权转移书据和营业账簿。

【点拨指导】我国并非对所有类型的合同、产权转移书据和营业账簿征收印花税，只对《印花税法》所附《印花税税目税率表》列明的合同、产权转移书据和营业账簿征收印花税。

---

① 本教材中印花税的内容，主要根据 2022 年 7 月 1 日起施行的《中华人民共和国印花税法》编写。2022 年 6 月 30 日之前，纳税人仍然应当按照《中华人民共和国印花税暂行条例》计算缴纳印花税。

印花税征税范围中的证券交易，是指转让在依法设立的证券交易所、国务院批准的其他全国性证券交易场所交易的股票和以股票为基础的存托凭证。

证券交易印花税对证券交易的出让方征收，不对受让方征收。

【情境引例解析】

《印花税法》规定，应税合同的计税依据，为合同所列的金额，不包括列明的增值税税款。因此，你公司印花税应税合同中列明不含增值税价款和增值税税款，印花税的计税依据为合同所列的不含增值税价款。

（四）印花税的税目和税率

印花税的税率依照《印花税税目税率表》（见表7-4）执行。

表7-4　印花税税目税率表

税目		计税依据及税率	备注
合同（指书面合同）	借款合同	借款金额的万分之零点五	指银行业金融机构、经国务院银行业监督管理机构批准设立的其他金融机构与借款人（不包括同业拆借）的借款合同
	融资租赁合同	租金的万分之零点五	
	买卖合同	价款的万分之三	指动产买卖合同（不包括个人书立的动产买卖合同）
	承揽合同	报酬的万分之三	
	建设工程合同	价款的万分之三	
	运输合同	运输费用的万分之三	指货运合同和多式联运合同（不包括管道运输合同）
	技术合同	价款、报酬或者使用费的万分之三	不包括专利权、专有技术使用权转让书据
	租赁合同	租金的千分之一	
	保管合同	保管费的千分之一	
	仓储合同	仓储费的千分之一	
	财产保险合同	保险费的千分之一	不包括再保险合同
产权转移书据	土地使用权出让书据	价款的万分之五	转让包括买卖（出售）、继承、赠与、互换、分割
	土地使用权、房屋等建筑物和构筑物所有权转让书据（不包括土地承包经营权和土地经营权转移）	价款的万分之五	

续表

税目		计税依据及税率	备注
产权转移书据	股权转让书据（不包括应缴纳证券交易印花税的）	价款的万分之五	转让包括买卖（出售）、继承、赠与、互换、分割
	商标专用权、著作权、专利权、专有技术使用权转让书据	价款的万分之三	
营业账簿		实收资本（股本）、资本公积合计金额的万分之二点五	
证券交易		成交金额的千分之一	

（五）印花税的计税依据

1. 印花税计税依据的一般规定

印花税的计税依据为各种应税凭证上所记载的计税金额。具体规定为：

（1）应税合同的计税依据，为合同所列的金额，不包括列明的增值税税款。

（2）应税产权转移书据的计税依据，为产权转移书据所列的金额，不包括列明的增值税税款。

（3）应税营业账簿的计税依据，为账簿记载的实收资本（股本）、资本公积合计金额。

（4）证券交易的计税依据，为成交金额。

2. 印花税计税依据的特殊规定

（1）应税合同、产权转移书据未列明金额的，印花税的计税依据按照实际结算的金额确定。

（2）计税依据按照上述规定仍不能确定的，按照书立合同、产权转移书据时的市场价格确定；依法应当执行政府定价或者政府指导价的，按照国家有关规定确定。

（3）证券交易无转让价格的，按照办理过户登记手续时该证券前一个交易日收盘价计算确定计税依据；无收盘价的，按照证券面值计算确定计税依据。

（4）同一应税凭证由两方以上当事人书立的，按照各自涉及的金额分别计算应纳税额。

（5）已缴纳印花税的营业账簿，以后年度记载的实收资本（股本）、资本公积合计金额比已缴纳印花税的实收资本（股本）、资本公积合计金额增加的，按照增加部分计算应纳税额。

（六）印花税应纳税额的计算

印花税的应纳税额按照计税依据乘以适用税率计算。其计算公式为：

应纳印花税=计税依据×适用税率

同一应税凭证载有两个以上税目事项并分别列明金额的，按照各自适用的税目税率分别计算应纳税额；未分别列明金额的，从高适用税率。

【工作实例7-9】 甲公司为增值税一般纳税人。本年7月1日甲公司与乙公司签订买卖合同，合同列明不含增值税价款3 000万元，增值税额390万元。本年8月20日甲公司与乙公司签订融资租赁合同，合同列明不含增值税租赁费1 000万元，增值税额130万元。

【工作要求】 计算甲公司2022年7月和8月上述业务的应纳印花税。

【工作实施】

本年7月签订买卖合同的应纳印花税=3 000×0.3‰=0.9(万元)=9 000(元)

本年8月签订融资租赁合同的应纳印花税=1 000×0.05‰=0.05(万元)=500(元)

应纳印花税合计=0.9+0.05=0.95(万元)=9 500(元)

【工作实例7-10】 接工作实例6-12、工作实例6-17、工作实例7-6。假设山东德胜铁矿有限公司属于按期汇总缴纳印花税的纳税人，纳税期限为1个月，纳税申报期限为税款所属时期后15天内。

【工作要求】 计算山东德胜铁矿有限公司2022年9月相关业务的应纳印花税。

【工作实施】

(1) 销售铁矿原矿签订买卖合同的应纳印花税=3 000 000×0.3‰=900(元)

(2) 转让办公楼签订房屋等建筑物和构筑物所有权转让书据(不包括土地承包经营权和土地经营权转移)的应纳印花税=120 000 000×0.5‰
=60 000(元)

(3) 购置乘用车签订买卖合同的应纳印花税=200 000×0.3‰=60(元)

（七）印花税的征收管理

1. 印花税的缴纳方式

印花税可以采用粘贴印花税票或者由税务机关依法开具其他完税凭证的方式缴纳。

印花税票粘贴在应税凭证上的，由纳税人在每枚税票的骑缝处盖戳注销或者画销。

印花税票由国务院税务主管部门监制。

2. 印花税的纳税义务发生时间

印花税的纳税义务发生时间为纳税人书立应税凭证或者完成证券交易的当日。

证券交易印花税扣缴义务发生时间为证券交易完成的当日。

3. 印花税的纳税期限

印花税按季、按年或者按次计征。实行按季、按年计征的，纳税人应当自季度、年度终了之日起15日内申报缴纳税款；实行按次计征的，纳税人应当自纳税义务发生之日15日内申报缴纳税款。

证券交易印花税按周解缴。证券交易印花税扣缴义务人应当自每周终了之日起5日内申报解缴税款以及银行结算的利息。

4. 印花税的纳税地点

纳税人为单位的，应当向其机构所在地的主管税务机关申报缴纳印花税；纳税人为个人的，应当向应税凭证书立地或者纳税人居住地的主管税务机关申报缴纳印花税。

不动产产权发生转移的，纳税人应当向不动产所在地的主管税务机关申报缴纳印花税。

纳税人为境外单位或者个人，在境内有代理人的，以其境内代理人为扣缴义务人。境外单位或者个人的境内代理人应当按规定扣缴印花税，向境内代理人机构所在地（居住地）主管税务机关申报解缴税款。

纳税人为境外单位或者个人，在境内没有代理人的，纳税人应当自行申报缴纳印花税。境外单位或者个人可以向资产交付地、境内服务提供方或者接受方所在地（居住地）、书立应税凭证境内书立人所在地（居住地）主管税务机关申报缴纳；涉及不动产产权转移的，应当向不动产所在地主管税务机关申报缴纳。

证券登记结算机构为证券交易印花税的扣缴义务人，应当向其机构所在地的主管税务机关申报解缴税款以及银行结算的利息。

【特别提示】《印花税法》实施后，纳税人享受印花税优惠政策，继续实行“自行判别、申报享受、有关资料留存备查”的办理方式。纳税人对留存备查资料的真实性、完整性和合法性承担法律责任。

二、印花税的会计核算

由于印花税一般情况下是由企业以购买并一次贴足印花税票方式缴纳税款的，为了简化处理，企业可以不通过“应交税费”科目核算印花税。企业购买印花税票时，可以直接借记“税金及附加”科目，贷记“银行存款”科目。一次购买印花税票金额较大，且分期使用的，可以先借记“预付账款”科目，贷记“银行存款”科目；待实际使用时，再借记“税金及附加”科目，贷记“预付账款”科目。

在特殊情况下，为了会计核算的需要，企业也可以通过“应交税费——应交印花税”科目核算印花税。企业按应计提的印花税额，借记“税金及附加”等科目，贷记“应交税费——应交印花税”科目；实际缴纳印花税时，借记“应交税费——应交印花税”科目，贷记“银行存款”科目。一次购买印花税票金额较大且分期使用的，可以先借记“预付账款”科目，贷记“银行存款”科目；待实际使用时，再借记“税金及附加”科目，贷记“应交税费——应交印花税”科目，同时借记“应交税费——应交印花税”科目，贷记“预付账款”科目。

【工作实例7-11】 接工作实例7－9。

【工作要求】对甲公司的印花税业务进行账务处理。

【工作实施】（1）本年7月计算并缴纳印花税时：

借：税金及附加 9 000

　贷：银行存款 9 000

（2）本年8月计算并缴纳印花税时：

借：税金及附加 500

　贷：银行存款 500

【工作实例7-12】 接工作实例7－10。

【工作要求】对山东德胜铁矿有限公司上述印花税涉税业务进行账务处理。

【工作实施】（1）2022年9月计提销售铁矿原矿买卖合同的印花税：

借：税金及附加 900

　贷：应交税费——应交印花税 900

（2）2022年9月计提转让办公楼房屋等建筑物和构筑物所有权转让书据（不包括土地承包经营权和土地经营权转移）的印花税：

借：税金及附加 60 000

　贷：应交税费——应交印花税 60 000

（3）2022年9月计提购置乘用车买卖合同的印花税：

借：税金及附加 60

　贷：应交税费——应交印花税 60

（4）2022年10月10日缴纳印花税时：

借：应交税费——应交印花税（900＋60 000＋60） 60 960

　贷：银行存款 60 960

三、印花税的纳税申报实务

纳税人对印花税进行纳税申报时，应当填报“印花税税源明细表”（见表7－5）、“财产和行为税减免税明细申报附表”（略）、“财产和行为税纳税申报表”（见表6－4）。

【工作实例7-13】 接工作实例7－10、工作实例7－12。

【工作要求】山东德胜铁矿有限公司2022年10月10日对2022年9月的印花税进行纳税申报，填写“印花税税源明细表”“财产和行为税纳税申报表”。

【工作实施】填写“印花税税源明细表”（见表7－5）、“财产和行为税纳税申报表”（见表6－4）。

表 7－5　印花税税源明细表

纳税人识别号（统一社会信用代码）：91370709864220086Y
纳税人（缴费人）名称：山东德胜铁矿有限公司　　　　金额单位：人民币元（列至角分）

序号	应税凭证税务编号	应税凭证编号	*应税凭证名称	*申报期限类型	应税凭证数量	*税目	子目	*税款所属期起	*税款所属期止	*应税凭证书立日期	*计税金额	实际结算日期	实际结算金额	*税率	减免性质代码和项目名称	对方书立人信息		
																对方书立人名称	对方书立人纳税人识别号（统一社会信用代码）	对方书立人涉及金额
1			买卖合同	按期申报		买卖合同		2022 年 09 月 01 日	2022 年 09 月 30 日	2022 年 09 月 20 日	3 000 000.00			0.3‰				
2			产权转移书据	按次申报		产权转移书据	房屋等建筑物和构筑物所有权转让书据（不包括土地承包经营权和土地经营权转移）	2022 年 09 月 01 日	2022 年 09 月 30 日	2022 年 09 月 30 日	120 000 000.00			0.5‰				
3			买卖合同	按期申报		买卖合同		2022 年 09 月 01 日	2022 年 09 月 30 日	2022 年 09 月 25 日	200 000.00			0.3‰				

第5节　契税会计[①]

情境引例

政府对甲公司减免了土地出让金，是否同时减免契税？

一、契税的认知

（一）契税的概念

契税是以在中华人民共和国境内转移土地、房屋权属的行为为征税对象，向承受权属的单位和个人征收的一种财产税。

（二）契税的纳税人

在中华人民共和国境内转移土地、房屋权属，承受的单位和个人为契税的纳税人。

契税由权属的承受人缴纳。承受是指以受让、购买、受赠、互换等方式取得土地、房屋权属的行为。

【点拨指导】土地、房屋权属是指土地使用权和房屋所有权；单位是指企业单位、事业单位、国家机关、军事单位和社会团体以及其他组织；个人是指个体经营者（个体工商户）和其他个人，包括中国公民和外籍人员。

【归纳总结】对于转移土地、房屋权属的转让方和承受方的纳税情况如表7-6所示。

表7-6　对于转移土地、房屋权属的转让方和承受方的纳税情况一览表

转让方	承受方
（1）增值税（销售不动产、转让土地使用权） （2）城市建设维护税、教育费附加和地方教育附加 （3）印花税（土地使用权、房屋等建筑物和构筑物所有权转移书据） （4）土地增值税 （5）企业所得税（或个人所得税）	（1）印花税（土地使用权、房屋等建筑物和构筑物所有权转移书据） （2）契税

（三）契税的征税范围

契税以在我国境内转移土地、房屋权属的行为为征税对象。土地、房屋权属未发生

① 本节主要根据2021年9月1日起施行的《中华人民共和国契税法》编写。

转移的，不征收契税。契税的征税范围主要包括以下内容。

1. 土地使用权出让

土地使用权出让是指土地使用者向国家交付土地使用权出让费用，国家将土地使用权在一定年限内让与土地使用者的行为。

【情境引例解析】

对承受土地使用权应支付的土地出让金，要征收契税。不得因减免出让金而减免契税。

2. 土地使用权转让

土地使用权转让是指土地使用者以出售、赠与、互换方式将土地使用权转移给其他单位和个人的行为。土地使用权转让不包括土地承包经营权和土地经营权的转移。

3. 房屋买卖

房屋买卖是指房屋所有者将其房屋出售，由承受者交付货币、实物、无形资产或其他经济利益的行为。

4. 房屋赠与

房屋赠与是指房屋所有者将其房屋无偿转让给受赠者的行为。

5. 房屋互换

房屋互换是指房屋所有者之间相互交换房屋的行为。

【点拨指导】以作价投资（入股）、偿还债务、划转、奖励等方式转移土地、房屋权属的，应当缴纳契税。

土地、房屋权属的典当、分拆（分割）、出租、抵押，不属于契税的征税范围。

（四）契税的税率

契税采用比例税率，并实行 3%～5%的幅度税率。契税的具体适用税率由省、自治区、直辖市人民政府在上述规定的税率幅度内提出，报同级人民代表大会常务委员会决定，并报全国人民代表大会常务委员会和国务院备案。

【特别提示】个人购买 90 平方米及以下普通住房，且该住房属于家庭唯一住房的，契税税率暂统一为 1%。

（五）契税的计税依据

按照土地、房屋权属转移的形式、定价方法的不同，契税的计税依据确定如下：

（1）土地使用权出让、出售，房屋买卖，契税的计税依据为土地、房屋权属转移合同确定的成交价格，包括应交付的货币以及实物、其他经济利益对应的价款。

（2）土地使用权赠与、房屋赠与以及其他没有价格的转移土地、房屋权属行为，契税的计税依据为税务机关参照土地使用权出售、房屋买卖的市场价格依法核定的价格。

（3）土地使用权互换、房屋互换，互换价格相等的，互换双方计税依据为零；互换价格不相等的，以其差额为计税依据，由支付差额的一方缴纳契税。

（4）以划拨方式取得的土地使用权，经批准转让房地产时，契税的计税依据为补缴的土地使用权出让费用或者土地收益。

（5）契税的计税依据不包括增值税。免征增值税的，确定计税依据时，成交价格不扣减增值税额。

【点拨指导】纳税人申报的成交价格、互换价格差额明显偏低且无正当理由的，由税务机关依照《中华人民共和国税收征收管理法》的规定核定。

（六）契税应纳税额的计算

契税的应纳税额按照计税依据乘以具体适用税率计算。其计算公式为：

应纳契税＝计税依据×税率

【工作实例7-14】 接工作实例6-12。山东德胜铁矿有限公司2022年10月10日从山东运达房地产开发股份有限公司（纳税人识别号为91370209092090765A）购入一套办公用房，该商品房位于山东省济南市开发区光明路3号，面积为2 000平方米，成交价格为10 000 000元（不含增值税），款项于购买当日通过银行存款支付，取得由山东运达房地产开发股份有限公司开具的增值税专用发票。该增值税专用发票2022年10月符合抵扣规定。省政府规定契税税率为3%。山东德胜铁矿有限公司于2022年10月10日对契税进行纳税申报。[①]

【工作要求】计算山东德胜铁矿有限公司2022年10月相关业务的应纳契税。

【工作实施】

应纳契税＝10 000 000×3%＝300 000(元)

（七）契税的征收管理

1. 契税的纳税义务发生时间

契税的纳税义务发生时间是纳税人签订土地、房屋权属转移合同的当日，或者纳税人取得其他具有土地、房屋权属转移合同性质凭证的当日。

2. 契税的纳税期限

纳税人应当在依法办理土地、房屋权属登记手续前申报缴纳契税。纳税人办理纳税事宜后，税务机关应当开具契税完税凭证。纳税人办理土地、房屋权属登记，不动产登记机构应当查验契税完税、减免税凭证或者有关信息。未按照规定缴纳契税的，不动产登记机构不予办理土地、房屋权属登记。

---

① 目前，纳税人在房地产交易税收申报时一般使用不动产登记办税功能模块中的增量房交易纳税申报表、存量房交易纳税申报表、土地交易纳税申报表，合并申报增值税及附加税费、所得税、印花税、契税等。财产和行为税合并申报后，不动产登记办税有关申报表单仍可以继续使用。为教学方便，本例山东德胜铁矿有限公司于2022年10月10日通过“契税税源明细表”“财产和行为税纳税申报表”对契税进行纳税申报。

3. 契税的纳税地点

契税由土地、房屋所在地的税务机关依照《中华人民共和国契税法》和《税收征收管理法》的规定征收管理。

二、契税的会计核算

（1）企业购买房屋、建筑物等固定资产的同时获得土地使用权的，可以不通过“应交税费——应交契税”科目核算契税。企业实际缴纳契税时，直接借记“在建工程”“固定资产”等科目，贷记“银行存款”科目。

在特殊情况下，为了会计核算的需要，企业也可以通过“应交税费——应交契税”科目核算契税。企业购买房屋、建筑物等固定资产的同时获得土地使用权的，按应计提的契税，借记“在建工程”“固定资产”等科目，贷记“应交税费——应交契税”科目；实际缴纳契税时，借记“应交税费——应交契税”科目，贷记“银行存款”科目。

（2）企业单独购买土地使用权，可以不通过“应交税费——应交契税”科目核算契税。企业实际缴纳契税时，借记“无形资产”科目，贷记“银行存款”科目。

在特殊情况下，企业为了会计核算的需要，也可以通过“应交税费——应交契税”科目核算契税。企业单独购买土地使用权，按应计提的契税，借记“无形资产”科目，贷记“应交税费——应交契税”科目；实际缴纳契税时，借记“应交税费——应交契税”科目，贷记“银行存款”科目。

（3）房地产开发企业购入的土地使用权应缴纳的契税视开发情况而定：如果土地购入后就进行开发，则作为开发成本处理；如果土地购入后仅作为土地储备，则作为无形资产处理。

【工作实例7-15】 接工作实例7-14。

【工作要求】对山东德胜铁矿有限公司上述契税涉税业务进行账务处理。

【工作实施】（1）计提契税时：

借：固定资产——办公用房（10 000 000+300 000） 10 300 000
　　应交税费——应交增值税（进项税额）（10 000 000×9%） 900 000
　贷：银行存款（10 000 000×(1+9%)） 10 900 000
　　　应交税费——应交契税 300 000

（2）实际缴纳契税时：

借：应交税费——应交契税 300 000
　贷：银行存款 300 000

或者将上述会计分录合并为：

借：固定资产——办公用房（10 000 000+300 000） 10 300 000
　　应交税费——应交增值税（进项税额）（10 000 000×9%） 900 000

贷：银行存款（10 000 000×(1+9%)+300 000）　　11 200 000

三、契税的纳税申报实务

纳税人对契税进行纳税申报时，应当填报“契税税源明细表”（见表7-7）、“财产和行为税减免税明细申报附表”（略）、“财产和行为税纳税申报表”（见表6-4）。

表7-7　契税税源明细表

纳税人识别号（统一社会信用代码）：91370709864220086Y
纳税人名称：山东德胜铁矿有限公司　　金额单位：人民币元（列至角分）；面积单位：平方米

<table>
<tr><td>*税源编号</td><td>（系统自动带出）</td><td>*土地房屋坐落地址</td><td>山东省济南市开发区光明路3号</td><td>不动产单元代码</td><td>略</td></tr>
<tr><td>合同编号</td><td>略</td><td>*合同签订日期</td><td>2022年10月10日</td><td>*共有方式</td><td>☑单独所有
□按份共有
（转移份额：__）
□共同共有
（共有人：__）</td></tr>
<tr><td>*权属转移对象</td><td>房屋-存量房-非住房</td><td>*权属转移方式</td><td>房屋买卖</td><td>*用途</td><td>办公</td></tr>
<tr><td>*成交价格（不含增值税）</td><td>10 000 000.00</td><td>*权属转移面积</td><td>2 000.00</td><td>*成交单价</td><td>10 000 000.00</td></tr>
<tr><td>*评估价格</td><td colspan="2">10 000 000.00</td><td>*计税价格</td><td colspan="2">10 000 000.00</td></tr>
<tr><td>*适用税率</td><td colspan="2">3%</td><td>权属登记日期</td><td colspan="2">略</td></tr>
<tr><td>居民购房减免性质代码和项目名称</td><td colspan="2"></td><td>其他减免性质代码和项目名称（抵减金额：__）</td><td colspan="2"></td></tr>
</table>

【工作实例7-16】 接工作实例7-14、工作实例7-15。

【工作要求】 山东德胜铁矿有限公司2022年10月10日对契税进行纳税申报，填写“契税税源明细表”“财产和行为税纳税申报表”。

【工作实施】 填写“契税税源明细表”（见表7-7）、“财产和行为税纳税申报表”（见表6-4）。

技能训练

1. 甲运输公司为增值税一般纳税人，本年拥有载货汽车30辆（货车整备质量全部为10吨）、大型客车10辆、中型客车15辆。该省人民政府规定，载货汽车整备质量每吨车船税额为72元，大型客车每辆年车船税额为720元，中型客车每辆年车船税额为600元。

要求：

（1）计算甲运输公司全年的应纳车船税。

（2）对甲运输公司相关业务进行账务处理。

2. 甲公司为增值税一般纳税人，本年 7 月一次购买印花税票 1 000 元，准备在未来一定期间使用。本年 7 月签订一份买卖合同，合同所列不含增值税金额为 300 000 元，增值税额为 39 000 元；当月签订一份房屋等建筑物和构筑物所有权转让书据（不包括土地承包经营权和土地经营权转移），书据所列不含增值税金额为 200 000 元，增值税额为 18 000 元；新启用营业账簿 10 本，均不属于记载实收资本（股本）、资本公积的账簿。买卖合同的印花税税率为 0.3‰，房屋等建筑物和构筑物所有权转让书据（不包括土地承包经营权和土地经营权转移）的印花税税率为 0.5‰。

要求：

（1）计算甲公司本年 7 月应纳的印花税。

（2）对甲公司上述业务进行账务处理。

3. 甲公司为增值税一般纳税人，本年 1 月购入办公房一幢，价值 50 000 000 元（含增值税），取得对方开具的增值税普通发票，款项已付。当地政府规定的契税税率为 3%。

要求：

（1）计算甲公司的应纳契税。

（2）对甲公司相关业务进行账务处理。

实战演练

甲公司为增值税一般纳税人，本年拥有房屋原值为 1 000 万元（含甲公司幼儿园使用的房产原值 100 万元），将其中原值 300 万元的房屋出租，年租金为 24 万元（不含增值税），其他自用。当地政府规定按房产原值一次性减除 30%后的余值纳税，房产税按季缴纳。

要求：

（1）计算甲公司本年第一季度的应纳房产税。

（2）对甲公司本年第一季度的房产税相关业务进行账务处理。

参考文献

[1] 中国注册会计师协会. 会计. 北京：中国财政经济出版社，2023.

[2] 中国注册会计师协会. 税法. 北京：中国财政经济出版社，2023.

[3] 全国税务师职业资格考试教材编写组. 税法（Ⅰ）. 北京：中国税务出版社，2023.

[4] 全国税务师职业资格考试教材编写组. 税法（Ⅱ）. 北京：中国税务出版社，2023.

[5] 盖地. 税务会计学. 15版. 北京：中国人民大学出版社，2022.

[6] 梁俊娇，寇恩惠，王怡璞. 税务会计. 5版. 北京：中国人民大学出版社，2022.

[7] 苏强. 企业会计准则与税法处理差异分析及纳税调整操作实务. 北京：经济科学出版社，2016.

[8] 苏强. 营改增后增值税会计处理和税会差异调整操作实务. 北京：经济科学出版社，2017.

[9] 苏强. 企业所得税汇算清缴财税处理实务与申报表填报案例解析. 北京：经济科学出版社，2022.

[10] 东奥会计在线注会网上辅导税法基础班讲义. 2023.

[11] 中华会计网校注会网上辅导税法基础班讲义. 2023.

[12] 梁文涛. 企业纳税筹划方案设计. 北京：中国人民大学出版社，2015.

[13] 梁文涛. 企业纳税方案优化设计120例. 北京：中国税务出版社，2014.

[14] 梁文涛. 财税名家手把手教你算税、报税和缴税（实战与操作版）. 合肥：中国科学技术大学出版社，2014.

[15] 梁文涛. 税法. 6版. 北京：中国人民大学出版社，2022.

[16] 梁文涛.《税法（第6版）》习题集. 北京：中国人民大学出版社，2022.

[17] 梁文涛. 税法（简明版）. 3版. 北京：中国人民大学出版社，2022.

[18] 梁文涛. 纳税筹划. 6版. 北京：中国人民大学出版社，2022.

[19] 梁文涛.《纳税筹划（第6版）》习题集. 北京：中国人民大学出版社，2022.

[20] 梁文涛. 税务会计（简明版）. 2版. 北京：中国人民大学出版社，2022.

[21] 梁文涛.《税务会计（第5版）》习题集. 北京：中国人民大学出版社，2023.

[22] 梁文涛. 企业纳税实务. 4版. 北京：高等教育出版社，2023.

[23] 梁文涛. 企业纳税实务习题与实训. 4版. 北京：高等教育出版社，2023.

[24] 翟纯垲. 正解增值税账务处理新规，10个亮点与22个争议点全归纳. [2016-12-20]. https://www.shui5.cn/article/6c/109368.html.

[25] 何广涛，王淑媛.《增值税会计处理规定》解读（一）. 国际商务财会，2016(12)：74-78.

[26] 何广涛，王淑媛.《增值税会计处理规定》解读（二）. 国际商务财会，2017(1)：15-21.

[27] 何广涛，王淑媛.《增值税会计处理规定》解读（三）. 国际商务财会，2017(2)：11-16.

[28] 何广涛，王淑媛.《增值税会计处理规定》解读（四）. 国际商务财会，2017(3)：9-12.

[29] 何广涛，王淑媛.《增值税会计处理规定》解读（五）. 国际商务财会，2017(4)：7-11.

[30] 1990—2023年中华人民共和国相关财经、会计、税收等法律法规文件.

[31] 国家税务总局网站. http://www.chinatax.gov.cn/.

教师教学服务说明

中国人民大学出版社财会出版分社以出版经典、高品质的会计、财务管理、审计等领域各层次教材为宗旨。

为了更好地为一线教师服务，近年来财会出版分社着力建设了一批数字化、立体化的网络教学资源。教师可以通过以下方式获得免费下载教学资源的权限：

在中国人民大学出版社网站 www. crup. com. cn 进行注册，注册后进入“会员中心”，在左侧点击“我的教师认证”，填写相关信息，提交后等待审核。我们将在一个工作日内为您开通相关资源的下载权限。

如您急需教学资源或需要其他帮助，请在工作时间与我们联络：

中国人民大学出版社　财会出版分社

联系电话：010-62515987，62511076

电子邮箱：ckcbfs@ crup. com. cn

通讯地址：北京市海淀区中关村大街甲 59 号文化大厦 1501 室（100872）

人大社财会